그리스도교 세계의 안과 밖

중세와
그리스도교

믿음이란 한 알의 밀알이 땅에 떨어져 죽음으로 많은 열매를 맺음과 같이 진리의 열매를 위하여 스스로 죽는 것을
뜻합니다. 눈으로 볼 수는 없으나 영원히 살아 있는 진리와 목숨을 맞바꾸는 자들을 우리는 믿는 이라고 부릅니다.
「믿음의 글들」은 평생, 혹은 가장 귀한 순간에 진리를 위하여 죽거나 죽기를 결단하는 참 믿는 이들의, 참 믿는 이들을
위한, 참 믿음의 글들입니다.

His + STORY
그리스도교의 역사 2

그리스도교 세계의 안과 밖 ──────

중세와
그리스도교

--

MEDIEVAL TIMES AND
CHRISTIANITY

중세는
신앙이 지배한
시대였는가?

--

박흥식
지음

홍
성
사.

역사에서 신앙과 개혁의 길을 묻다

2017년은 종교개혁 500주년이라는 뜻깊은 해다. 그러나 한국 교회는 갱신과 개혁에 대한 기대로 그리스도교 공동체와 한국 사회에 새로운 희망을 주기보다는 세상으로부터 그 어느 때보다 따가운 질책을 받으며 곤혹스러운 시간을 보내고 있다. 오래전부터 교회는 세상의 고통이나 불의, 신앙의 사회적 차원에 대해서는 거의 관심을 보이지 않았고, 복음의 본질도 철저히 망각한 채 맘몬신과 성장·성공이라는 세속적 가치를 추구하는 데 여념이 없었다. 신자들이 그저 자신의 욕망을 신앙의 이름으로 포장해 추구하지만, 교회는 그런 풍조를 방임하거나 심지어 북돋고 있다. 교회가 세상에 귀감이 되기보다는 걱정거리로 전락해 있으며, 종교인들이 저지른 사회적 비리와 낯 뜨거운 일탈행위들은 일일이 열거할 수 없을 정도가 되었다. 철저히 세속화된 종교, 21세기 한국 그리스도교의 민낯이다. 이는 사실상 종교개혁 직전 부패와 모순으로 저항에 직면했던 유럽의 가톨릭교회와 비교해도 전혀 나을 것이 없다. 폭발적인 성장에 취해 스스로를 돌아볼 기회를 갖지 못했던 한국 교회는 치명적인 위기에 직면해서야 비로소 반성과 성찰을 강요받고 있다. 한때 세계 그리스도교의 희망이었던 한국 교회가 어쩌다 이 꼴이 되었을까? 길을 잃은 한국 교회는 일단 가던 길을 멈추고 지나온 길들을 찬찬히 돌아보며 길을 잃게 된 원인을 점검해 봐야 한다.

개신교인들은 종교개혁을 명분과 정당성을 갖춘 사건으로 확신한다. 그런데 지난 500년간 가톨릭교회에서 이탈하여 종교개혁가들이 건설한 새로운 교회가 과연 온전히 성경다운 교회상을 구현하고, 바람직한 발전을 거쳐 왔는지 냉철하게 돌아볼 시기가 되었다. 사실상 한국 교회뿐 아니라, 그리스도교 역사 중 상당 부분이 지구촌 공동체로부터 부정되고 있는 현실을 성찰해야 한다. 그리스도교는 현재 세상의 어두움을 밝히는 진리이기는커녕 일반적으로 기대되는 종교의 모습에도 크게 미흡하다는 평판을 받고 있다. 그로 인해 세상은 종교개혁 500주년을 그리 의미 있는 일로 평가하지 않으며, 오히려 그리스도교가 경제정의, 자유, 민주, 인권 등 현대 문명의 발전에 걸림돌이 되고 있는 현실에 주목한다. 그런 맥락에서 때마침 맞이하는 종교개혁 500주년은 통렬한 성찰의 계기가 되어야 한다. 정작 필요한 것은 거창한 과시용 행사들이 아니라, 세계 교회와 한국 교회가 어디에서 길을 잃었는지 역사의 경로를 되짚어 보며 차분하게 묻고 찾는 모색의 과정이다.

이 기획은 이러한 자기성찰로부터 비롯되었다. 그리스도인 공동체와 제도로서의 교회가 팔레스타인 지역에서 시작된 후 현재에 이르기까지 전 과정을 세속사의 전개와 더불어 찬찬히 살펴보며, 그 변화와 성장, 일탈과 갈등의 과정들 속에서 새로운 통찰과 전망을 얻고자 하는 시도다. 그리스도교 역사의 발전 과정에서 이루어졌던 개혁들과 일련의 운동들이 남긴 긍정적인 성과들뿐만 아니라, 의도하지 않았을지라도 결과적으로 부정적인 유산을 초래하게 된 원인들에 대해서도 관심을 두고 추적하려 한다. 세상의 길과 교회의 길이 다르다는 주장을 간과하지 않겠지만, 종교의 이름으로 자행되었던 흉악하고 반인륜적인 범죄들을 대면하려는 노력도 포기하지 않을 것이다. 그 과정에서 현재 길을 잃고 헤매는 한국 교회와 그리스도교인들에게 주는 시사점을 찾아보고자 한다.

이 기획이 기왕에 출판된 여러 세계교회사 시리즈와 차별을 보이는 부분은 대략 다음 세 가지로 요약할 수 있을 것이다.

첫째, 교회사와 세속사를 적극적으로 통합하여 그리스도교 역사를 전체사로 다루는 것을 목표로 삼는다. 그리스도교인들은 역사(歷史)가 하나님이 주관하는 역사(役事), 즉 'His Story'임을 고백하는 자들이다. 그럼에도 불구하고 기존의 교회사들은 제도로서의 교회, 교리, 신앙운동 등 제한적인 종교사를 서술하는 것으로 만족한다. 이 기획은 세속사를 전공하는 역사가들과 교회사가들이 상호 협력하여 교회사와 세속사를 그리스도교적 안목으로 통합적으로 서술하려는 시도다. 세속사에서는 교회사를 지엽적인 것으로 생각하는 경향이 있고, 교회사에서는 종교적인 주제에만 관심을 보이면서 사회사적인 풍부한 연구 성과들을 도외시해 왔다. 그러나 어느 시대를 막론하고 그리스도교는 정치는 물론 사회, 경제, 문화 등과도 밀접한 관계를 맺으며 상호작용했다. 종교인과 신자들의 삶의 현장이 세상이기 때문이다. 분량의 제한 때문에 세속사의 모든 주제를 포괄할 수는 없겠지만, 통상 세속사의 영역으로 다루어지던 주제들도 통합적인 안목으로 재해석하려 시도했다.

둘째, 우리 연구자들의 눈으로 세계 그리스도교의 발전 과정을 재해석하려고 시도했다. 그리스도교 역사를 다루는 번역서들은 넘쳐나지만 정작 한국인이 서양 학자들과 다른 시각으로 저술한 저서들은 아직 드물다. 그들의 변형된 제국주의적 시각이 아니라, 한국과 제3세계까지도 포괄하는 다중심성의 시각으로 그리스도교의 발전과 전개를 새롭게 해석하기 위해서는 한국과 같은 주변부 연구자들의 적극적인 기여가 요청된다. 유럽중심주의적 시각에서 벗어나야 할 필요성은 근현대 시기뿐 아니라, 근대 이전 시기의 역사에 대해서도 마찬가지로 절실하다. 이 책은 예루살렘과 땅끝을 균형 있게 살피는 태도를 견지하고자 했다.

셋째, 연구 업적의 축적과 방대한 사료들로 인해 한두 학자가 세계사 전체의 서술을 감당할 수는 없다. 그로 인해 해당 분야의 전문가들 중에 그리스도교 역사에 관심을 갖고 연구해 온 학자들을 엄선하여 저술을 의뢰함으로써 전문성에 있어서 미흡함이 없도록 배려했다. 이 기획에서는 통상적인 시대구분법을 감안해 세계사 전체를 다섯 부분으로 나누어 집필하도록 했다.

① 서양 고대에 해당되는 시기로, 그리스도교가 출현하여 제국의 종교로 발전하게 된 국면

② 서양 중세에 해당되는 15세기까지로, 그리스도교가 유럽 문명의 속성을 지니게 된 국면

③ 근대 전기를 대체로 포괄하는 16-17세기로, 종교개혁과 종교전쟁의 시기

④ 근대 혹은 '장기의 19세기'라고 불리는 시기로, 계몽주의와 혁명들 그리고 제국주의 시대

⑤ 시간적으로는 현대로 분류되는 20세기로, 공간적으로는 지구촌 전체를 아우르게 된 시대

이와 같이 국내 중견급 학자들이 협업하며 그리스도교 역사를 통사로 서술하는 기획은 사실상 국내에서 처음으로 시도되는 일이다. 학문 세계의 축적을 감안하면 무모하게 생각되는 측면도 있지만, 출판사와 저자들은 광야에 길을 내는 심정으로 용기를 내어 의기투합했다. '홍성강좌'라는 이름으로 필자들은 2016년 초부터 한 학기씩 관심 있는 독자들을 모아 파일럿 강의를 시작했고, 그 강의안과 교실에서 실제 이루어졌던 토론 내용 등을 보완하여 책으로 완성하는 절차를 밟았다. 집필에 참여한 여러 연구자들은 함께 콘셉트, 역할 분담, 용어 등 일부 사안들에 대해 의견을 나누었다. 각 권의 저술은 각 담당자들이 책임을 지며 소신껏 진행하기 때문에 어느 정도 견해 및 시각 차이도 피할 수 없을 것이다. 그렇지만 드러나게 될 차이들이 오히려 서로를 긍정적인 방향으로 이끄는 좋은 자극제가 되리라 기대한다.

역사에서 신앙과 개혁의 길을 묻는 긴 여정의 동반자로 당신을 초대한다.

2017년 9월

홍성강좌 기획위원

박흥식 (서울대 서양사학과 교수)

중세는 그리스도교 세계였는가?[1]

이 책은 중세 유럽의 그리스도교 역사를 새로운 시각으로 조망하려는 시도이다. 그리스도인들의 활동에만 주목하는 것을 진정한 의미의 '그리스도교 역사'라고 할 수 없다는 판단 때문에 여기에서는 통상 '교회사'에 포함시키지 않는 '세속사'의 영역까지 아우르려고 시도했다. 특정 사건이나 활동은 배경과 더불어 시대적 맥락을 포괄적으로 살펴야만 그 의미가 온전히 드러나기 때문이다. 기존에 교회사를 다루는 책들에서는 통상 그리스도교가 성장하고 또 작동하는 배경이자 맥락을 이루는 당대 사회와 환경 즉 '전체로서의 역사'를 다루지 않았다. 이 책에서는 교회사를 전체사의 영역으로 확장해 교회사의 주제들을 시대적 컨텍스트 속에서 재해석하고, 가급적 외부세계와의 상호관계도 살피려고 노력했다. 이와 같은 의미에서 책의 제목을 '중세와 그리스도교', 그리고 부제를 '그리스도교 세계의 안과 밖'이라 정했다.

움베르토 에코의 중세 재현

중세 미학과 기호학 분야에서 탁월한 연구로 명망을 얻은 이탈리아 학자 움베르토 에코(Umberto Eco, 1932-2016)는 수도원 독살 사건을 다룬 소설 《장미의 이름》을 1980년에 출판해 큰 주목을 받았다. 이 소설은 40여

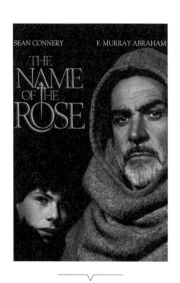

0-1 영화 〈장미의 이름〉 포스터

개국에서 번역되었으며 1986년에는 영화로도 제작되었다. 서구의 상당수 대학에서는 이 책을 중세사 수업 교재로 사용했고, 역사학 분야 학회들에서 학술토론의 주제로 삼기도 했다.[2] 학자들은 '장미의 이름 신드롬'을 계기로 중세를 대중에게 어떻게 전달해야 할지 시사점을 얻고자 했다. 에코는 중세의 사료들을 읽으며 익힌 시대적 감각을 토대로 이 소설에서 당대의 문화와 종교, 일상과 사상을 묘사했다.[3] 그는 수련 수사 아드소가 경험했을 법한 14세기 초 세계를 재구성하는 과정에서 수도원, 중세 필사본, 이단 재판, 빛의 미학, 청빈 논쟁, 육체적 본능과 사랑 등 다양한 소재들을 섬세하게 배치해 재현했다.

　〈뉴욕타임스〉는 서평을 통해 "현대인 중 중세를 가장 잘 이해한 사람"이라며 에코에게 찬사를 아끼지 않았다. 하지만 여러 제약으로 인해 한 편의 소설로 중세 전체를 오롯이 표현하는 것은 불가능했다. 에코는 생애 마지막에 이르러 '중세'를 주제로 일종의 방대한 백과사전도 기획했다. 그는 수백 명의 학자들을 동원했고, 유럽의 중세가 얼마나 다채롭고 풍요로운 시대였는지 드러내고자 했다. 이 시리즈의 '전체 서문'에서 에코는 중세에 대한 일반적인 오해와 편견에 대해 여러 쪽에 걸쳐 해명했다. 그에 따르면 중세는 암흑기가 아니었을 뿐 아니라, 고전 문화나 과학을 무시하지 않았다. 교회가 내세운 정통 교리만 넘쳐나던 시대도 아니었다.[4] 에코는 평생에 걸쳐 여러 장르를 넘나들며 르네상스기 인문주의자들로부터 시작된 중세에 대한 폄훼와 왜곡을 불식시키고자 노력했다. 과연 그의 노력은 어느 정도 성과를 거두었을까? 단정할 수는 없지만, 중세를 바르게 알리려는 그의 열정에도 불구하고 그 시대에 대한 인식이 현재까지도 그다지 개선되지는 않은 듯하다.

'암흑시대'라는 평판

전통적으로 유럽의 중세는 서로마제국이 멸망한 476년부터 비잔티움 제국(혹은 동로마제국)이 오스만 튀르크에 의해 멸망한 1453년 혹은 에스파냐에서 무어인들이 추방되고 콜럼버스가 아메리카 대륙을 발견한 1492년 사이를 지칭하는 시기로 한정한다. 대부분의 교과서 혹은 개론서도 이런 기준에 따라 서술한다. 특정 해에 한 시대가 시작되었다고 볼 수는 없기에 전문 연구자들은 통상 500년에서 1500년 사이 약 1,000년간을 중세(中世)로 간주한다.[5] 그런데 대다수의 사람들은 중세의 시공간적 맥락과 다양성을 깊이 고려하지 않고, 대체로 중세와 '암흑시대'(The Dark Ages)를 동일시한다. 그 결과 '중세적'이라는 용어는 오늘날 동서양 모두에서 낡고 부정적인 시대상을 표현하는 의미로 사용되고 있다.[6] 이 용어가 이와 같은 의미를 지니게 된 원인은 다양하지만, 고대나 근대와 달리 유독 중세에 대해서만 그토록 부정적으로 인식하게 된 데에는 특이한 내력이 있었다.

'암흑시대'(saeculum obscurum)라는 용어는 고대를 동경하던 이탈리아 인문주의자들이 14세기에 처음 사용했다. 그들이 볼 때 인류 역사상 문명의 두 정점이 있었는데, 로마와 피렌체로 상징되는 고대와 르네상스라는 찬란한 문화였다. 반면 그 사이에 놓여 있는 중세에는 그에 비견할 정도로 의미를 부여할 만한 것이 없었다. 그들은 중세의 고전 문명에 대한 무지를 강조하기 위해 '빛'과 대비되는 '암흑'이라는 당대인에게 익숙한 은유를 사

0-2 페트라르카의 책 《비밀스러운 갈등에 대한 나의 고민》 표지

용해 표현했다. 이와 같은 중세상을 제안한 인물이 프란체스코 페트라르카 (Francesco Petrarca, 1304-1374)였다. 그는 1347년에서 1352년 사이에 《비밀스러운 갈등에 대한 나의 고민 De secreto conflictu curarum mearum》이라는 제목의 3부작을 집필했다. 그리스-로마의 고전이라는 우물에서 인간에 대한 새로운 이해를 길어 올리려 시도하던 페트라르카는 신앙, 인문주의 등을 다룬 이 책에서 고전고대에 대해 무지한 중세를 배제하고 고대와 자신이 살고 있던 당대(當代)를 연결시키면서 역사가 자연적 시간에 의해 동일한 속도로 진행된다는 전통적 시간관을 거부했다. 그는 중세를 '암흑시대'로 평가절하한 반면, 당대와 미래에는 인간에게 긍정적인 발전이 가능하리라고 낙관했다.[7] 사실 이 책은 그가 사망할 때까지 출판되지 않았다. 따라서 그의 사상은 조반니 보카치오와 필리포 빌라니같이 긴밀히 교류하던 소규모 집단 내에서만 공유되었을 뿐이며, 좀더 광범위한 계층에게 알려진 것은 상당한 시간이 흐른 후였다. 인문주의 시대의 중세상은 특히 이성의 빛으로 비이성의 어둠을 물리쳐야 한다고 주장하던 계몽주의 시대에 더욱 확산되고 나아가 고착화되었다. 대표적으로 볼테르는 계몽운동과 문명의 승

리를 찬양하고, 중세를 "야만, 미신, 무지, 그리고 폭력이 지배했던" 시기라며 하찮게 여겼다.[8]

　인문주의자들에게서 유래한 중세에 대한 비판은 대략 두 가지로 요약된다. 첫째, 고대에서 중세로의 이행을 주도한 게르만들이 '위대한' 로마 혹은 고전 문명을 파괴한 '반(反)문명주의자'라는 주장이다. 그들은 게르만을 야만족과 동일시하고 고도로 발달한 인간주의적 문명을 파괴한 주범이라 단정한다. 그러나 로마 문명 및 사회는 멸망 직전에 이미 여러 한계에 봉착해 있었다. 게르만 대이동은 이미 내적인 문제로 위기에 봉착한 제국을 재편하게 만든 계기였을 뿐이다. 또 이들 새로운 이주민들은 로마에 미치지는 못했지만, 상당 수준의 문명을 이루고 있었기에 해체된 제국을 분할해 로마인을 피지배민으로 지배할 수 있었다. 그리고 대이동 과정에서 고대 문명이 적지 않게 파괴되었지만, 로마 문명을 존중하고 있던 게르만들은 의도적으로 기존 문명을 파괴하지 않았다. 대다수 게르만 지배층은 대이동 전에 이미 로마화되었고, 그리스도교(아리우스파)를 수용했으며, 제국의 유산들을 활용해 통치할 역량도 지녔다. 게르만들의 문명 파괴로 갑작스레 '암흑시대'가 도래한 것이 아니었다.

　둘째, 종교 혹은 제도로서의 그리스도교가 중세 내내 인간의 자유를 억압했으며, 그리스도교는 '신본(神本)주의', 르네상스 휴머니즘은 '인본(人本)주의'를 기반으로 한다는 이분법적인 논리로 비판한다. 이런 도식적인 해석은 인문주의자들의 사상을 왜곡하고 있다. 르네상스 시대의 회화들에서도 쉽게 확인할 수 있듯이 인문주의자들은 앞선 시대에 비해 인간주의적인 요소를 강조한 것이었지 반(反)그리스도교적 입장을 고수한 것이 아니었다. 그리고 중세 교회가 당대에 모든 영역을 통제하려 시도했고, 그로 인해 인간의 자유와 지성까지 억압하려는 태도를 보인 것은 사실이나, 그리스도교가 본질적으로 인간을 억압하는 속성을 지녔다고 평가하는 것은 적절치 않다. 만약 그렇다면 어떻게 이 종교가 인간의 문명적 발전을 견인하며 현재까지 존속할 수 있었겠는가?

　일부 인문주의자들이 고대-중세-근대를 극단적인 단절적 시각으로 인식하고, 특히 중세를 부정하려 든 것은 사실 자기 시대를 긍정적으로 표현하기 위한 전략이었다. 종교개혁가들도 앞선 시대를 폄하하며 왜곡된 중세상 형성에 동조한 바 있다. 이들은 개혁에 대한 명분을 얻기 위해 중세를 '암흑시대'로 치부하고 교회의 부패와 당대의 폐단을 과장하며 개혁의 필요성을 강조했다. 한편, 중세에서 근대로의 이행기 지식인들은 그리스와 로마 문명을 지나치게 미화한 반면, 암흑시대로 간주한 중세 문명을 객관적으로 평가할 만한 기준이나 척도를 제시한 바가 없다. 문명의 발전, 당대인의 삶의 질, 기술 발전 등 적절한 척도를 동원해 사회나 문명 전반을 비교하여 결론에 이르렀던 것이 아니다. 그리고 '위대한' 아테네와 로마제국이 유지되기 위해 권력 투쟁과 전쟁을 끊임없이 반복했고, 생산을 담당한 무수한 노예들의 희생을 당연시했으며, 엄청난 부와 재산은 결국 소수의 지배계층만이 독점했던 사실을 그 시대에 대한 평가에서 철저히 간과했다. 그들이 중요하게 생각하던 고전 사상과 지식 문화 같은 일부 측면을 중심으로 단편적으로 비평했을 뿐이다. 서로마제국의 몰락 후 고대의 화려했던 도시들이 위축되어 모든 면에서 퇴보한 듯이 보일 수도 있었겠지만, 중세 농촌 사회에서 진행되던 미시적이고 장구한 변화가 그리 부정적인 것만은 아니었다. 중세에는 과학이나 기술의 발전이 없었기에 고대에 비해서도 퇴보한 시대라는 일부 학자의 주장들에 대해서도 근래의 다양한 연구결과들이 충분히 반박하고 있다.[9] 수도사들이 개발한 농업 기술과 자연 동력은 유럽의 농촌에 생산력 증가와 더불어 활력을 불어넣었으며, 선박의 발전과 대포의 주조 등 다양한 영역에서 지속적인 혁신이 이루어졌다. 관개, 크랭크(crank), 야금술, 글라이더, 시계 등 중세 시대에 진행된 다양한 혁신과 시도가 없었더라면 근대적 성취가 불가능했다는 점은 이제 상식에 속한다.[10] 유달리 중세인들에 대해서만 우리와 크게 다른 부류의 인간으로 간주하며 부정적인 시선으로 바라봐야 할 이유는 별로 없을 듯하다. 유럽의 여느 대도시에서나 우리의 시야를 사로잡는 고딕 성당들은 주로 12, 13세기에 건축되었다. 철근을 사용하지 않고 그렇게 높고 멋진 구조물을 쌓아올린 기술만으로도 경탄을 금할 수 없다. 그것은 당대의 신학사상을 구현한 산물일 뿐 아니라,

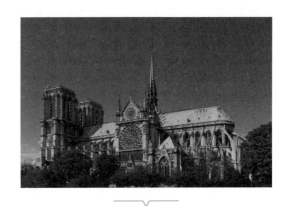

0-3 파리 노트르담 대성당

여러 세대에 걸친 기술의 혁신과 축적의 결실이었다. 아울러 그와 같은 유물들에서 중세인들이 지니고 있던 미적 감각마저도 우리들 못지않았다는 사실이 확인된다.

20세기 초까지도 일반 교양서뿐 아니라, 중세의 문학, 종교, 역사를 다루는 책들에서 중세를 암흑시대와 동일시하는 경우가 많았다.[11] 그러나 현재는 전문학술서는 물론이고, 다양한 사전류의 책들에서도 더 이상 그와 같은 평가를 지지하지 않는다.[12] 그렇지만 대중 사이에서는 오래된 낡은 관념이 여전히 강고하다. 중세를 암흑시대로 보는 관점은 중세를 잘못 이해한 결과이고, 중세가 역사에서 없었더라면 더 좋았으리라고 보는 태도는 그 시대에 대한 무지와 편견 때문이다. 이는 한편으로 중세 연구자들이 대중과의 소통을 위한 노력을 소홀히 한 결과이지만, 동시에 대중이 그 시대에 관심을 기울이려 하지 않은 탓도 있을 것이다. 중세에 대해 만연한 근대주의적 시각 혹은 '상상된 이미지'에서 벗어나야만 중세를 당대의 시각으로 균형 있게 이해할 수 있다.[13] 앞서 언급한 에코의 소설이 독자들의 관심을 끌었던 이유는 중세에 대한 현대인의 판타지를 어느 정도 충족시켰기 때문이다. 광신주의, 이교에 대한 편협성, 만연한 역병, 빈곤, 전쟁, 대량학살 등을 지적하며 중세를 암흑시대라고 주장한다면 유럽의 경우 이는 기껏해야 중세의 처음 몇 세기에만 해당한다고 할 수 있다. 한편 반인륜적인 마녀사냥이나 노예제도가 절정을 이루고 있었지만 당대인들 대부분이 반성 없이 그저 지켜보기만 했던 시기는 다름 아닌 '근대'였다는 사실도 떠올릴 필요가 있다. 그리고 끔찍한 세계대전이 두 차례나 반복된 시기는 합리성이 고도로 발달했다고 자부하던 20세기였다. 편견에 매몰되지 않고 한 시대 전체를 종합적이며 균형 있게 파악하는 것이 과거를 온전하게 이해하는 방식이될 터이다.

신앙이 지배했던 시대?

중세 유럽을 바라보는 또 다른 시각으로 '그리스도교 세계'(Christendom) 또는 '그리스도교 공동체'(civitas Christiana, Corpus Christianum)와 동일시하려는 입장이 있다. 그리스도교 세계라는 용어는 다양한 함의를 포함하고 있는데, 일반적으로 그리스도교적 가치관이 지배하거나 그리스도교 신앙에 의해 운용된 사회 및 국가로 정의한다. 역사적으로는 4세기에 콘스탄티누스 황제가 핵심적인 역할을 수행하며 구축한 후기 로마제국과 그 영향으로 형성된 중세 유럽을 지칭한다. 크리스토퍼 켈러(Christopher Keller, 1638-1707)가 이런 입장을 견지한 선구자였다. 켈러는 1694년 신설된 할레 대학 역사학 교수로 초빙되기 몇 해 전부터 고대사, 중세사, 그리고 자신이 살고 있던 17세기까지를 포괄한 근대사를 각각 저술했다.[14] 이 책들에 오늘날에도 친숙한, 역사시대를 고대, 중세, 근대의 세 시대로 나누는 시대구분이 처음 등장한다. 저자는 이른바 그리스도교적 관점으로 시대를 구분했으며, 중세를 '그리스도교 시대'라는 관점하에 "콘스탄티누스 황제 시기부터 오스만 튀르크에 의한 콘스탄티노폴리스의 함락까지" 서술했다. 독일과 유럽의 지식인들은 이러한 시대구분의 전통을 그대로 계승했다. 그에 따르면, 고대는 이교도 시대였고, 중세는 그리스도교 시대였다. 반면 근대는 탈그리스도교 시대로 나아갔으며, 통상 20세기를 지칭하는 현대는 다종교사회라는 성격으로 구분된다.

전통적인 역사문화적 관점은 서유럽이 중심된 그리스도교권을 '그리스도교 세계'로 상정하고, 교황을 수장으로 하는 서유럽과 라틴계 유럽만

0-4 켈러의 책 표지

을 포함시켰다. 그리스와 지중해 그리고 슬라브 지역을 아우르는 동방 그리스도교 영역은 배제했다. 한편 유럽이 애초부터 그리스도교적인 세계가 아니었다는 사실을 고려하여 더 넓은 의미의 유럽 개념을 주장하는 견해들도 있다. 이러한 시각에서 보면, 2세기 이래 소아시아와 그리스 및 지중해 주변에 퍼져 있던 그리스도교 공동체들이 4세기 초 콘스탄티누스 황제 시기에 혹독했던 박해가 종식되는 것을 계기로 이탈리아를 비롯한 로마제국 중심부에도 받아들여졌으며, 정치적 후원으로 인해 제국의 경계 내에서 그리스도교화가 빠른 속도로 진행되었다. 그 후 서로마제국이 몰락할 무렵 제국 너머로도 그리스도교가 전파되어 대략 1000년경에 이르면 현재 유럽 대륙을 아우르는 대부분의 지역에 그리스도교가 수용되었다. 물론 그 이후에도 유럽 내 일부 슬라브 지역은 비그리스도교 지역으로 남아 있었으며, 특히 리투아니아는 가장 늦은 1386년에 지배세력에 의해 그리스도교가 받아들여졌다. 개종을 적극 찬성하지 않은 민중들의 의식에 그리스도교가 깊이 뿌리내리기까지는 상당한 시간이 더 필요했다. 이러한 상황을 감안하면 중세 내내 유럽 대륙에 그리스도교화가 진행되고 있었다. 그와 같은 과정

0-5 기하학자 하나님

적 성격을 고려하지 않고, 공통적 역사적 경험이 미미하고 다양한 요소들
이 깃들어 있는 이 넓은 유럽 대륙과 긴 시간대를 포괄하는 중세 유럽 세계
를 하나의 단편적인 성격으로 규정하는 것은 무리가 따르는 일이 아닐 수
없다.

　　그리스도교 영역을 서유럽으로 한정할지라도 중세가 진정 신앙이 지
배했던 시대였으며, 이성과 합리성보다 신앙과 믿음이 우선한 그리스도교
세계였는지도 의문이다. 혹자는 7성사로 대변되는 성례전 체제가 확립되
어 신자들은 태어나서 죽을 때까지 삶의 기반이 신앙에 의해 구성되었다
거나, 교황을 중심으로 하는 교회 체제가 전 유럽에 걸쳐 확립된 것을 근거
로 이와 같이 주장한다. 그렇지만 신앙의 내용이나 민중문화 등을 들여다
보면, 그에 대해 회의적인 생각을 감출 수 없다. 남아 있는 대부분의 중세
사료는 성직자들의 기록이다. 우리들은 그 기록을 통해 종교인들이 무엇을
의도하고 또 어떤 사회를 만들려 했는지 파악할 수 있다. 중세 성직자들은
자신의 시대를 성경에 근거하고 그리스도교라는 세계관에 기초한 구속사
라는 관점에서 이해했다. 즉 예수에 의해 시작되었고, 최후의 심판이나 하

나님 나라의 완성이라는 목표를 향해 진행되는 구속사의 마지막 과정으로 봤다.[15] 반면, 통치와 치리의 대상이었던 민중들이 그와 같은 지배적인 세계관에 대해 어떻게 반응했으며, 교회의 가르침을 수용했는지 여부를 정확히 파악하기 어렵다. 오랜 기간 민중들은 성직자들의 세계관을 그대로 수용했으며, 중세 말에 가서야 집단 혹은 계층들 사이의 인식에 균열이 생기는 것으로 간주되어 왔다. 하지만 여러 새로운 연구들은 실상이 그와 달랐음을 시사한다.

우선, 태양신 숭배자였던 콘스탄티누스 황제는 이교에 대해 매우 관용적이었으며, 그로 인해 제국 말기의 그리스도교화가 이교 문화와 본격적으로 혼합되는 계기가 되었다. 이는 이교가 번성하던 그리스와 에데사 등만이 아니라, 게르만들이 정착한 서유럽 지역에서도 마찬가지였다. 동방의 이교나 게르만의 토속종교는 풍년이나 건강을 기원하는 주술형태로 중세 초에 살아남았으며, 그리스도교의 의식으로 폭넓게 수용되었다. 이교적 속성은 축제와 연극 등 중세 내내 민중들의 생활과 의식에 잔존했으며, 이는 다양한 자료에서 확인된다.[16]

20세기 후반의 미시사 혹은 문화사 연구들도 감춰져 있던 중세의 민중문화를 드러내고 있다. 카를로 진즈부르크가 집필한 《치즈와 구더기—16세기 한 방앗간 주인의 우주관》은 메노키오라는 이탈리아 북부 지방의 한 방앗간 주인에 대한 이단재판 기록을 토대로 했다.[17] 이 인물은 지식인이 아니었지만, 그리스도교를 교회의 가르침과 달리 자기 방식대로 독창적으로 이해하고 해석했다. 이는 종교기관들이 유럽에서 천 년에 걸쳐 그리스도교를 전수했지만, 민중들이 그대로 수용하지 않았음을 의미한다. 저자는 메노키오의 독자적 사고가 중세 민중문화의 전통에서 기원했다고 해석한다. 메노키오는 이단심문관과의 대화에서 살아 있는 생명체 중 가장 완벽한 존재인 천사는 하나님이 만든 것이 아니라, 혼돈과 무질서 중에 거대한 물질로부터 나왔다고 주장했다. 그는 하나님도 재료가 없이는 아무것도 만들 수 없다며 세상의 창조에 대해 유물론적 인식을 표출했다.[18] 그는 이단으로 판결받고 목숨을 잃게 될 위기에서도 그 모든 생각이 자신의 머리에서 나온 것이라고 반복적으로 주장했다. 저자는 이와 같은 전거들에 기반해, 중세 말 근대 초에 지배문화였던 그리스도교와 결이 다른 민중문화가 면면히 이어지고 있었음을 보여주었다.

엠마누엘 르루아 라뒤리의 《몽타이유—중세 말 남프랑스 어느 마을 사람들의 삶》도 중세인의 삶과 신앙에 대해 새로운 관점을 제공했다.[19] 여기에서도 라뒤리는 1차 사료인 재판기록을 활용해 1300년 전후 남부 프랑스의 농촌 문화를 성공적으로 재현했다. 당시 몽타이유 지역은 성 풍속이 느슨했으며, 매춘도 관용했다. 그리고 성에 대해 문란한 것은 성직자들도 마찬가지였다. 중세를 거치며 교회는 민중에게 체계적인 그리스도교 교리와 윤리를 주입하려 애썼지만, 그다지 성공적이지 못했다. 몽타이유 사회에서의 그리스도교는 그저 피상적으로 덧씌워져 있었던 것에 불과하다. 중세 내내 이교적인 문화가 유지되어 왔을 뿐 아니라, 민중에게 그리스도교 못지않게 큰 영향을 끼치고 있었다. 그로 인해 저자의 평가에 따르면 '그리스도교적 중세'는 하나의 신화였다.

이와 같은 발견들을 염두에 둘 때 장 들뤼모(Jean Delumeau)의 "유럽 세계는 16세기 이후 탈그리스도교화한 것이 아니"라거나, 심지어 자크 투사에르(Jacques Toussaert)의 "중세는 결코 그리스도교화한 적이 없었다"는 다소 과격한 주장에도 고개를 끄덕이게 된다.[20] 이들 새로운 연구들의 결론을 한마디로 줄이면, 중세 유럽은 통상적으로 생각하듯 교회가 신앙을 철저하게 통제하고 있던 그리스도교 사회가 아니었다는 것이다. 몇몇 연구의 결과만으로 중세 사회에 대한 기존의 관점을 완전히 전복시키기는 어렵겠지만, 전통적 해석을 그대로 수용할 수 없다는 사실도 명백해졌다.

현대 문명의 어린 시절

중세가 암흑시대도 아니고 그리스도교 세계도 아니라면 어떤 시대였다는 말인가? 에코는 《중세》의 '전체 서문'에서 중세의 시대적 성격이나 특성을 제시하기보다는, 중세가 무엇이 아닌지를 20쪽 이상에 걸쳐 설명했다. 그가 이런 방식으로 서술한 것은 중세의 성격을 단편적으로 규정하기가 곤란하기 때문이었다. 고대와 근대에 대해 단편적인 시대 규정이 없다는 점을 떠올리면 이해가 쉽다. 심지어 한 위인의 삶도 단편적으로 평가하기 어려운 데, 그 광활하고 오랜 시공간을 어찌 인상적인 몇 개의 단어로 규정할 수 있 겠는가. 더구나 중세는 1,000년에 걸쳐 계속 변신을 거듭했다. 개중에는 암흑시대로 보이는 지점도 있고, 그리스도교가 지배한 듯이 보이는 지점도 있다. 하지만 수많은 내적·외적 요인들이 어우러져 그 시대를 풍요롭게 하거나 위기로 내몰았고, 중세인들은 당대의 과제와 도전에 맞서며 근대 세계로 들어섰다. 중세의 성격을 명료하게 규정하는 것은 많은 부분을 생략하거나 왜곡을 각오해야 가능한 일이다. 사람에 비유하자면, 중세는 한 성인의 육체 및 사고의 골격과 근육이 형성되던 시기였다. 한 인간에게 과거의 시간은 흘러가 사라져버리는 것이 아니라, 내부에 축적되며 다양한 특성으로 발현된다. 그로 인해 후에 어린 시절에 겪었던 다양한 경험과 성장통이 성숙한 인간으로 거듭나기 위한 불가피한 과정이었음을 회고하게 된다. 이와 마찬가지로 중세는 현대 문명의 기반이 구축되던 "뿌리이자 출처이며 어린 시절"이었다.[21]

그럼에도 이 글에서 중세 유럽의 성격을 지칭하는 용어로 '그리스도교 세계'를 사용하는 까닭은 무엇인가? 우선, 중세 유럽은 사실상 그리스도교가 유일한 종교였다. 이교적 민중신앙과 유대교와 이슬람교의 지분이 어느 정도 존재했으나, 전체적으로 볼 때 이교와 민중종교의 영향력은 미미했거나 제한적이었다. 그리고 중세 유럽인 스스로가 '그리스도교 세계'라는 용어를 사용했다. 카롤루스가 그리스도교 세계의 대부분을 정복해 하나의 정치체로 통합해 가던 798년에 카롤링 제국을 대표하는 지식인 알퀴누스는 그 정치적 단위의 성격을 "그리스도교 왕국"(Imperium Christianum)이라 표현했다. 이 이후로 그리스도교는 최소한 명분에 있어서라도 서유럽의 정치체와 사회를 대변했다. 그로 인해 중세 성기 이래 중세 유럽이 '그리스도교 세계'로 불린 것은 하나의 전통이자 관행이 되었다. 그런 맥락에서 이 책의 부제로 '그리스도교 세계'라는 용어를 사용하기는 하지만, 필자가 중세를 '엄밀한 의미의 그리스도교 세계'로 규정하는 것은 아니다. 이 부분은 이 글을 모두 읽고 나서 독자들이 판단할 문제로 남겨두겠다.

책의 구성

홍성강좌의 두 번째 부분을 구성하는 이 책은 켈러의 시대구분을 차용해 콘스탄티누스 황제 통치기로부터 종교개혁 이전까지를 범위로 삼는다. 콘스탄티누스로 인한 전환이 그리스도교 역사에 결정적인 변화를 초래했으며 종교개혁은 그리스도교 역사에 또 다른 전환을 의미한다고 다수의 학자들이 받아들이고 있기 때문이다. 그렇지만 서양이라는 넓은 공간을 염두에 둘 때 천 년이 넘는 긴 시간을 동질적인 하나의 시대로 간주할 수 있을지에 대해서는 의견이 분분할 수밖에 없다. 어느 정도 전통적인 구분을 준용한 것이다.

이 책에서는 중세 시기를 성격에 따라 네 부분으로 나누었다. 제1부에 해당하는 300년에서 750년경 사이는 그리스도교 세계가 형성되는 시기인데, 고대적 요소와 중세적 요소가 중첩된 일종의 이행기이다. 서양의 라틴 문명에 있어서는 유년기에 해당한다. 이 기간에 중세를 구성하는 주요 요소들이 모습을 드러냈고, 비잔티움 지역은 물론 중동 지역에도 중대한 변화가 시작되었다. 이 시기에 그리스도교는 고대와는 확연히 다른 성격을 지니게 되었고, 그 세계의 외연도 확장되었다.

제2부는 1050년경까지를 다룬다. 서쪽에서 카롤링 왕국이 주변세력들을 제압하며 라틴 그리스도교 세계를 통합하고 있을 무렵, 중동지역을 기반으로 한 이슬람 세계의 급속한 성장은 비잔티움 제국을 비롯한 주변 지역에 새로운 긴장을 불어넣었다. 이 시기에 유럽에서는 봉건제라는 내적 통일성을 지닌 유사한 체제가 성장했으며, 외적으로 그리스도교 세계의 범주도 대략 확정되었다. 북유럽과 남부 유럽도 독특한 성격을 지닌 왕국이 출현하여 활기를 되찾았다. 상이한 경로를 밟고 있던 동서 그리스도교 세계는 1050년경 분열이 확정되면서 독자적인 성격이 더욱 심화되었다.

제3부는 중세 유럽의 전성기라 할 수 있는 11세기에서 13세기의 전개 과정을 살펴본다. 1000년 전후로 그리스도교 세계에서는 새로운 도약이 이

루어졌다. 이제 이민족의 침입으로 인한 위협은 서유럽에서 사라졌다. 농촌 사회가 안정화되면서 경제적으로 풍요를 누리게 되었고, 봉건 영주와 국가 조직들도 한층 견고해졌다. 교황은 서양 그리스도교 세계의 수장으로 확고한 입지를 지녔으며, 세속에 대해서까지 권위를 행사했다. 십자군 원정이라는 두 세기에 걸친 장기 프로젝트는 이 시기 그리스도교 세계가 지닌 역동성뿐 아니라 모순도 적나라하게 노출시켰다. 정치화된 교황과 봉건 군주들의 이해관계가 결부된 이 사건은 이슬람 세계는 물론이고 그리스도교 세계 전체에도 큰 후유증을 남겼다.

제4부는 지속되던 성장이 정체되고 위기에 직면한 시기로 14, 15세기를 다룬다. 1300년을 전후로 유럽의 성장은 한계에 도달했고, 다방면에 걸친 위기들이 중첩되어 이른바 '대전환의 시대'를 맞았다. 이 위기는 환경적·자연적 요인에서 비롯되었지만, 전성기의 중세 사회가 초래한 측면도 있었다. 그리스도교 세계는 이에 대응하는 과정에서 극심한 침체와 더불어 내부 모순을 드러냈고, 한편에서 새로운 희망의 단초들도 출현했다.

이 책은 천년이 넘는 긴 시간 동안 유럽 그리스도교 세계를 두루 여행하면서 기존 '중세 교회사'의 시각들을 재해석하고, 현재적 관점에서 그리스도교 역사를 비판적으로 성찰한다. 아무쪼록 이 책이 낯설고 편견이 심한 중세와 그리스도교에 대한 균형 잡힌 이해를 돕는 작은 길잡이가 되기를 희망한다.

2023년 12월

박흥식

주

1 —— 머리말은 필자가 《목회와 신학》 379(2021.01.), 128-134쪽에 「중세 문명 다시보기」라 는 제목으로 게재한 글을 부분적으로 수정한 것이다.

2 —— A. Haverkamp and A. Heit eds., *Ecos Rosenroman. Ein Kolloquium*(München, 1987).

3 —— 움베르토 에코, 《장미의 이름 창작노트》, 이윤기 역(열린책들, 1992), 35-39쪽.

4 —— 움베르토 에코 편, 《중세》 제1권, 김효정 · 최병진 역(시공사, 2015), 12-46쪽.

5 —— '중세'가 아닌 다른 용어로 그 시대를 표현하려는 시도도 있으며, 1800년까지도 중세와 동질적인 시기로 간주하려는 입장도 있다. Dietrich Gerhard, *Old Europe. A Study of Continuity, 1000-1800*(New York, 1981), pp. 3-7.

6 —— 중세사가 로빈슨은 1984년의 글에서 미국에서 '중세적'이라는 용어가 주로 고문, 전 쟁, 독재 등과 같은 명사를 수식하는 데 사용되고 있다고 밝혔다. Fred C. Robinson, "Medieval, The Middle Ages", *Speculum* 59(1984), pp. 752-754.

7 —— Theodor Ernst Mommsen, "Petrarch's Conception of the Dark Ages", *Speculum* 17(1942), pp. 226-242.

8 —— Voltaire, *Essai sur les mœurs et l'esprit des nations*(1756).

9 —— Edward Grant, *The Foundations of Modern Science in the Middle Ages. Their Religious, Institutional, and Intellectual Contexts*(Cambridge/N.Y., 1996) 참조.

10 —— Jean Gimpel, *The Medieval Machine: The Industrial Revolution of the Middle Ages*(New York, 1976) 참조.

11 —— 윌리엄 페이튼 커는 1904년 출판한 저서 서두에서 "암흑시대와 중세는 통상 동일한 의미로 사용되어 왔다"고 설명했다. William Paton Ker, *The Dark Ages*(New York, 1904).

12 —— Paul Fouracre(ed), *The New Cambridge Medieval History*: Volume 1 c.500 – c.700. (Cambridge, 2005), p. 90.

13 —— Otto Gerhard Oexle, "The Middle Ages through Modern Eyes. A Historical Problem", *Transactions of the Royal Historical Society* 9(1999), pp. 121-142 참조.

14 —— 라틴어로 저술한 켈러의 저작은 고대사, 중세사, 근대사가 각각 1685년, 1698년, 그리 고 1702년 출판되었다. 1702년에는 《고대, 중세, 근대로 구분하여 간명하게 서술한 보 편사. 잊지 말아야 할 것들을 중심으로 *Historia universalis, breviter ac perspicue exposita, in antiquam, et medii aevi novam divisa, cum notis perpetuis*》라는 제목으로 기존에 출판된 책들까지 모두 아울러 3권으로 간행되었다.

15 —— 1300년경 독일 엡스토르프 수녀원에서 제작된 세계지도는 당대의 세계관을 잘 반영 하고 있다. 이 책의 9장 1절 엡스토르프 세계지도에 대한 서술 참조.

16 —— Ramsay MacMullen, *Christianity and Paganism in the Fourth to Eighth Centuries*(New Haven, 1997) 참조. 한국에서도 크게 유행하는 핼러윈 축제는 본래 북유럽의 게르만들이 죽은 자들의 영혼을 달래기 위한 축제에서 기원했다. 만성절은 이러한 이교적 민중 문화를 그리스도교의 체제 안으로 흡수하기 위한 방안이었다.

17 —— 카를로 진즈부르크,《치즈와 구더기—16세기 한 방앗간 주인의 우주관》, 김정하·유제분 역(문학과지성사, 2001).

18 —— 진즈부르크,《치즈와 구더기》, 187-193쪽.

19 —— 엠마누엘 르루아 라뒤리,《몽타이유—중세 말 남프랑스 어느 마을 사람들의 삶》, 유희수 역(길, 2006).

20 —— 유희수,《사제와 광대—중세 교회문화와 민중문화》(문학과지성사, 2009), 79-80쪽에서 재인용.

21 —— 인용부호로 표시한 부분은 르 고프에게서 빌려왔다. 자크 르 고프,《서양 중세 문명》, 유희수 역(문학과지성사, 2008/개정판), 26쪽.

차례

1부
그리스도교 세계의 형성 (300-750)

개요

중세 서양 세계가 고대로부터 물려받은 가장 중요한 유산 중 하나는 그리스도교였다. 이 종교는 지중해 세계의 동쪽 끝으로부터 로마제국의 중심부까지 흘러 들어가 모진 박해 속에서도 기층 민중들에게 빠른 속도로 확산되었다. 그러던 중 4세기 초 그리스도교는 갈레리우스와 콘스탄티누스 두 황제를 거치며 예기치 않게 합법적 종교로 전환되었다. 제국 말기에 이루어진 그리스도교의 공인과 제국 종교로의 변신이라는 극적인 변화로 그리스도교는 지역종교에서 보편종교로 발돋움하였고, 중세 유럽을 형성하는 고유한 속성이 되었다.

그리스도교는 로마제국의 종교로 변신하는 과정에서 초기의 공동체적이며 민중적인 속성이 크게 약화되었다. 지역과 소규모 공동체 내에는 그와 같은 특성이 잔존했지만 교회 조직은 점차 제국의 공권력에 의존하는 경향을 띠었고, 제국과의 동맹으로 이교들을 탄압하는 데에도 앞장섰다. 그리스도교 내의 다수파는 주요 교리들을 정립하는 과정에서 정치적 해결을 선호하는 황제에게 주도권을 내어주어 종교문제도 정치적 결정에 좌우되는 상황을 초래했다. 고대에서 중세로의 이행기에 그리스도교는 괄목할 만한 성장과 제도적 발전을 이룬 반면, 황제 및 제국의 후원에 기대어 기득권화함으로써 여러 부작용도 나타났다.

이 책의 첫 부분은 통상적인 서양 중세사 시대구분과 달리 4세기부터 서술한다. 로마제국 말기에 일어난 두드러진 변화가 중세 그리스도교 세계의 특성을 결정했기에 그 이행과정에 대한 추적이 필요하기 때문이다. 이렇게 시작된 고대에서 중세로의 이행기는 750년경에 일단락되고 중세 유럽사의 틀이 확립된다. 750년경에서 1000년경까지는 이어지는 2부에서 다루게 될 것이다. 1부에서는 쇠락하던 고대 로마 및 지중해 세계에 그리스도교와 게르만이라는 두 요소가 흘러들어와 결정적인 변화를 초래하였을 뿐 아니라, 장차 중세 유럽을 구성하는 이 요소들이 이행기에 이전과는 상이한 성격으로 달라지게 된 요인과 과정을 규명한다. 더불어 그리스도교 세계와 경계를 마주하게 된 이슬람이 중세 형성기부터 중요한 구성 요소로 영향을 미치게 된 상황도 살펴볼 것이다.

1부는 네 부분으로 구성하였다. 1장에서는 그리스도교로 인해 로마제국에서 발생한 주요 변화들을 검토한다. 주목할 부분은 콘스탄티누스의 전환이 제국과 그리스도교 각각에 미친 영향이다. 주지하듯이 콘스탄티누스 황제의 등장은 그리스도교 역사에 결정적인 변화를 초래했다. 황제는 교회와 우호적인 관계를 맺으면서 제국을 새롭게 재편했고, 그 과정에서 그리스도교가 제국의 종교가 되었고, 그는 정통–이단을 둘러싼 신학적 갈등까지 주도적으로 해결함으로써 최고 종교지도자 지위를 재확립했다. 그렇지만 뒤이은 황제들은 토착종교 및 이교 정책에 일관성이 없었으며, 제국의 종교정책으로 다수의 신민들은 그리스도교가 어떤 종교인지도 모른 채 그리스도인임을 표방하게 되었다. 결국 콘스탄티누스의 전환은 그리스도교가 정체성의 혼돈을 겪게 된 중대한 계기였다.

한편 로마 주교, 즉 교황의 권위는 이 국면에서 황제의 제도적 지원, 제국 수도의 콘스탄티노폴리스로의 이전, 서방 유일의 총대주교좌 등의 요인들이 겹쳐져 형성된 것이다. 물론 제국이 위기를 맞았을 때 로마시와 서방 교회를 지켜내기 위해 지도력을 발휘한 교황들의 기여도 큰 역할을 했다. 이 과정에서 교황이 수행한 정치적·사회적 기능은 중세 내내 교황의 고유한 역할로 고착화되었다. 1장에서는 중세에 제국을 모방한 유럽 왕국들이 종교문제를 주도하고, 로마 교황이 정치적 역할을 포기하지 않게 된 전통의 연원과 원인을 분석하게 될 것이다.

2장에서는 게르만 대이동 이후 중세의 새로운 주역이 된 게르만들과 그들의 왕국들을 살펴본다. 고대에 로마제국의 변방 세력에 머물러 있던 게르만은 제국의 위기를 틈타 중세 유럽을 형성하는 주역으로 등장했다. 수세기에 걸친 게르만의 대이동으로 유럽의 문화 및 사회를 구성하는 다양한 요소들은 뒤섞였고, 그리스도교는 이질적인 여러 이민족들이 오랜 기간 간직하고 발전시켜 온 종교문화와 충돌하며 상호 영향을 받았다. 유럽이 그리스도교 단일 사회로 보임에도 민중문화의 저류에 이교적 요소들이 사라지지 않고 이어진 것은 이 이행기에 진행된 종교적 습합 혹은 종교적 혼합주의의 결과였다. 더불어 게르만 왕국들에서 로마 가톨릭으로의 개종이 지니는 의미를 이해하는 데에는 프랑크 왕국과 동고트 왕국과의 비교가 도움이 될 것이다.

3장에서는 "유럽의 그리스도교는 수도사들의 업적"이라는 명구가 내포하듯이 유럽 그리스도교의 문화를 일구고 새로운 종교적 전통을 만들어낸 주체였던 수도사와 수도원 공동체를 추적한다. 이집트 사막에서 은둔하며 그리스도를 추종하던 수행자들이 그리스도교의 영성과 본질을 일구는 역할을 하게 된 과정은 흥미로운 부분이다. 수도사 및 수도원 전통의 유래와 초기 공동체의 다양한 특성을 구분하고, 이들이 어떤 점에서 당대 교회와 신자들을 깨우는 귀감이 되었는지 분석할 것이다. 공동체적 성격을 강조하는 이탈리아의 수도원 문화는 비교적 늦게 출현했음에도 유럽 사회의 필요를 충족시키며 서방 수도원의 특징으로 자리 잡았다. 이 부분에서 베네딕투스가 그의 수도경험을 토대로 작성한 〈수도 규칙〉의 내용을 상세하게 검토할 것이다. 그러나 높은 이상과 모범적인 규칙에 따라 운영되었던 수도원도 결국 세속화의 과정을 피할 수는 없었다.

끝으로 4장에서는 그리스도교 세계의 다른 한 부분인 비잔티움 세계 내부의 변화와 이슬람 세계의 부상을 다룬다. 비잔티움 제국은 서로마 영토의 회복을 시도했고 일부 성과도 있었으나, 6세기를 지나며 동방 제국으로의 길을 받아들였고, 서방과는 다른 독특한 전제정과 그리스도교 문화를 형성했다. 한편 칼케돈 공의회에서 이단이 확정된 네스토리우스파는 제국 내에서 활동 기반을 상실하여 제국 경계 너머로 이동했다. 이는 페르시아 왕국 동쪽에서 종교의 자유를 모색하고 선교에 열심을 기울인 한 이단 종파가 문화적으로 이질적이며, 고유한 문명을 발전시켜 온 인도와 중국까지 선교하게 되는 흥미로운 결과를 낳았다.

수세기에 걸친 이행기를 지나 7, 8세기에 이르면 지중해를 중심으로 세 종류의 이질적 문명은 상호 경쟁하고 대립하며 각각의 문명을 발전시켜 갔다. 이들 비잔티움, 이슬람, 서방 라틴 세계는 모두 로마 문명의 유산을 계승한 상속자였다. 그중 가장 선진적이었던 비잔티움 제국은 서유럽 라틴 왕국과 종교적 기반을 공유했다. 라틴 세계는 주변의 지속된 군사적 위협과 서유럽의 열악한 문명적 유산으로 인해 안정된 기반을 구축하기까지 상당한 시간이 필요했다. 이들에 비해 가장 늦게 등장한 이슬람 문명은 단기간에 거대한 대제국으로 성장했다. 저명한 벨기에의 역사가 앙리 피렌은 "이슬람에 의해 진정한 의미에서 고대 세계가 종말을 고했고 바야흐로 중세가 시작"되었다고 평가하며 이슬람 문명의 출현에 세계사적 의미를 부여했다. '고대 후기' 논쟁을 비롯한 최근의 학문적 성과들은 피렌 테제의 연장선상에서 이슬람이 초래한 문명사적 전환을 새롭게 해석하고 있다. 중세의 라틴 그리스도교 문명은 고립된 채 홀로 성장한 것이 아니라, 비잔티움 및 이슬람 문명과의 긴밀한 관련 속에서 발전해 왔으므로 이 세 문명의 비교와 상호 영향을 통해 이해되어야 한다. 라틴 세계는 상당 기간 두 문명으로부터 배우는 입장이었기 때문이다.

콘스탄티누스의
전환

1

그리스도교 역사의 분기점

종교 관용 칙령

디오클레티아누스 황제(재위 284-305)에 대해서는 상반되는 평가가 공존한다. 그는 로마사에서 제국에 닥친 전례 없던 재앙과 위기를 성공적으로 극복한 영웅이자 책략가로 추앙되는 반면, 그리스도교와 관련해서는 대박해 시대를 연 인물로 기억된다. 그는 군인황제 시기의 대내외 위기를 성공적으로 수습했고, 제국을 재건하기 위해 전제정을 천명하고 속주를 재편했다. 더불어 군대, 화폐, 세금 등 다양한 분야에 걸쳐 개혁정책을 추진해 적지 않은 성과를 거두었다. 디오클레티아누스가 도입한 개혁조치 중 장기적으로 중요한 변화를 초래한 것은 '4제 통치' 제도이다.[1] 이는 서부와 동부에 각각 정제와 부제를 두어 총 네 명의 황제가 분할한 제국을 전담 통치함으로써 지역에 대한 장악력을 높여 제국을 효과적으로 방어할 수 있도록 한 제도였다. 이 제도는 한동안 비교적 잘 작동하였으나, 황제가 네 명이 되면서 로마 곳곳에 여러 궁전들이 건축되고 관리들도 크게 늘어 체제유지 비용이 대폭 증가했을 뿐 아니라, 디오클레티아누스가 퇴위한 후에는 이 체제가 오히려 장기간에 걸쳐 제국을 내전에 휘말리게 만든 원인으로 작용했다. 여러 황제들과 그 후보자들은 전제적인 권력기반을 구축하기 위해 4제 통치를 발판으로 삼아 끊임없이 권력투쟁에 몰두했다.

한편 디오클레티아누스 황제는 신들에게 합당한 경배를 드리지 않아 제국이 장기간 위기를 맞았다고 단정하고 전통 종교의 활력을 회복시키려 노력했다. 그 결과 로마 역사상 가장 잔혹했던 그리스도교 박해가 진행되었다. 이 대박해를 실질적으로 주도한 인물은 당시 부제였던 갈레리우스였는데, 그는 야심만만하고 감정을 억제할 줄 모르는 사람이었다. 그는 정제(재위 305-311)에 오른 후 말년에 심각한 고통을 동반하는 병마에 시달렸다. 세간에서는 그의 병이 그리스도교의 신이 분노해 내린 저주라며 화제가 되었다. 역사가 카이사레아의 유세비우스에 따르면, 갈레리우스는 311년 4월 30일

세르디카의 병상에서 그때까지 경건한 종교인들에게 저지른 잔악한 죄악을 반성하면서 〈종교 관용 칙령〉을 반포했다. 이 칙령에서 그는 그리스도인이 로마의 전통 신들을 숭배하지 않아 법에 따라 박해하고 처형했으나, 이제 더 이상 그들의 죄를 묻지 않고 용서하기로 결정했다고 밝혔다. 갈레리우스는 표현을 절제했지만, 실은 그동안 진행했던 박해가 의도했던 성과를 거두지 못했기에 극적인 정책 변화를 시도한 것이다. 그는 공공질서를 해치지만 않으면 그리스도교와 마니교를 포함해 모든 종교에 대해 신앙의 자유를 허용하겠으며, 제국은 여러 신들과의 평화를 통해 로마의 평화와 번영을 도모하려 한다고 천명했다. 황제는 이 칙령에서 제국의 다른 종교들에 비해 특히 그리스도교를 배려했는데, 향후 그리스도교 교회의 재건을 허용하고, 몰수한 재산을 보상하겠다고 약속했다. 그는 그리스도인들에게 제국의 안전을 위해 그들의 신에게 간구할 것을 당부하고 며칠 후 세상을 떠났다.[2]

이 〈종교 관용 칙령〉에 동부의 정제 갈레리우스 외에 콘스탄티누스와 리키니우스 등 모든 황제들, 그리고 여러 총독들의 이름이 함께 명기된 사실에서 확인되듯이 당시 황제들과 제국의 모든 통치자들은 이 칙령에 동의했다. 또한 각자의 통치지역에서 칙령의 내용에 따를 의무가 부여되었다. 관련 사안은 제국 전역에서 곧바로 실행에 옮겨졌기에 그리스도교는 공인 종교의 지위를 얻게 된 311년에 이미 상당히 광범위한 지역에서 각종 권리를 회복했다. 그로 인해 신자들은 자유롭게 집회를 열 수 있었으며, 몰수당한 재산도 반환받았다. 4세기 초 박해가 가혹하게 진행되었던 지역은 제국의 동부에 집중되어 있었다. 반면 서부에서는 그리스도인이 소수였기에 종교문제로 인한 갈등이 심각하지 않았으며 황제들도 그리스도교에 관용적이었다. 동부에서 정제 리키니우스와 권력을 다투던 부제 막시미누스 다이아는 본래 그리스도교에 적대적인 입장이었으며, 칙령이 반포되고 얼마 지나지 않아 다시 자신의 통치 지역에서 박해를 재개했다. 그 지역의 총독들도 막시미누스를 거스를 수는 없어 어쩔 수 없이 그와 유사한 태도를 견지했다. 이와 같은 상황을 개선하기 위해서는 재차 황제들의 개입이 필요했다.

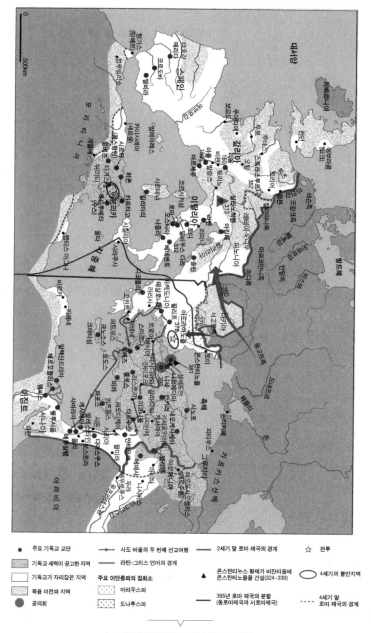

주요 기독교 교단
사도 바울의 두 번째 선교여행
2세기 말 로마 제국의 경계
☆ 전투

기독교 세력이 공고한 지역
라틴-그리스 언어의 경계

기독교가 자리잡은 지역
주요 이단종파의 집회소
콘스탄티누스 황제가 비잔티움에 콘스탄티노플을 건설(324~330)
4세기의 불안지역

복음 미전파 지역
아리우스파
395년 로마 제국의 분할 (동로마제국과 서로마제국)
4세기 말 로마 제국의 경계

공의회
도나투스파

1-1 4세기 유럽과 지중해 세계 내의 그리스도교 확산

밀라노 칙령은 존재하지 않았다

유세비우스(Eusebius Caesarea, 260?–339?)는 312년 10월 밀비우스 다리에서 "하나님의 개입에 의한" 콘스탄티누스의 승리를 찬양한 후《교회사》9권), 이어 313년 초 동부의 황제 리키니우스와의 만남에 대해 서술했다. 그는 두 황제가 "한 마음이 되어 그리스도인을 위한 더할 나위 없이 충실한 법령을 만들었다"고 기록했다.[3] 해당 사료에는 그 시기와 장소가 언급되어 있지 않지만, 이 법령은 통상 〈밀라노 칙령〉으로 간주되어 왔다.[4] 그런데 어찌된 일인지 당대 어떤 다른 사료에도 이 칙령의 공표에 대해 기록되지 않았고, 칙령들의 모음집에도 관련된 내용이 전하지 않는다. 유세비우스의 글에서도 그 법령의 내용은 소개되지 않고, 단지 그것을 박해를 일삼던 '폭군' 막시미누스 다이아에게 보냈다는 점만을 강조했다. 막시미누스는 그리스도교를 관용할 의사가 없었지만, 정적 리키니우스가 나서서 그리스도인에게 우호적인 정책을 추진했기 때문에 마지못해 총독들에게 관련 지시를 하달했다. 그는 서신에서 니코메디아 등에서 전통 신을 숭배하는 시민들이 갈등을 유발하는 그리스도인들을 그 지역에서 추방해 달라고 청원하고 있는데, 이 문제에 대해 긍정적으로 대응하라고 지시했다.[5] 반면 리키니우스는 동부의 총독들에게 그리스도교를 포함하여 모든 종교에 대해 억압하지 말고 관용하라고 전달했다. 그로부터 얼마 후 리키니우스는 무력으로 막시미누스를 제거함으로써 서부에서와 마찬가지로 비로소 동부의 그리스도인도 폭군의 압제에서 벗어나 종교의 자유를 향유하게 되었다.

당시 상황을 면밀히 되짚어 보면, 자연스레 몇 가지 의문이 생긴다. 그리스도교에 대한 박해를 중단시킨 것이 갈레리우스인가, 아니면 콘스탄티누스인가? 그리고 갈레리우스의 〈종교 관용 칙령〉과 우리가 알고 있는 〈밀라노 칙령〉은 어떤 연관이 있을까? 이에 대해 로마사 연구자들은 소위 〈밀라노 칙령〉이라고 알려진 포고는 존재하지 않았다는 다소 의외의 결론을 내린다. 사실 콘스탄티누스와 리키니우스 두 황제는 313년 초 밀라노에서 만나 앞선 〈종교 관용 칙령〉을 재확인했을 뿐이지, 어떤 새로운 칙령도 반포하지 않았다. 두 사람은 상호간의 동맹관계를 재확인하고, 리키니우스와 콘스탄티누스의 이복누이 사이의 혼인을 진행시키려 했다. 제국에는 이미 2년 전에 반포한 〈종교 관용 칙령〉이 실질적으로 효력을 발휘하고 있었기에 새삼스레 종교문제에 대한 새로운 칙령을 필요로 하지 않았다. 결국 소위 〈밀라노 칙령〉이라고 알려진 문서는 두 황제가 밀라노에서 반포한 새로운 칙령이 아니라, 리키니우스가 반그리스도교 정책을 시정하려고 동부에서 총독들에게 보낸 칙서를 가리킬 뿐이다. 유세비우스가 《교회사》에서 마치 새로운 칙령을 다시 반포한 듯이 서술했기에 오해가 초래되었던 것이다. 따라서 그리스도교 역사에서 대박해 시대를 끝낸 결정적인 분기점은 311년 갈레리우스의 〈종교 관용 칙령〉이었지, 그보다 2년 후에 반포되었다는 소위 〈밀라노 칙령〉이 아니었다. 16세기에 이탈리아 추기경 바로니오(Caesare Baronio 1538-1607)가 〈교회 연대기〉에 동시대 사료에 언급된 적이 전혀 없던 '밀라노 칙령'이란 용어를 처음 사용함으로써 신화가 만들어졌던 것이다.[6]

종교정책 전환의 근본 원인

교회사가들은 콘스탄티누스 황제(재위 306-337)가 313년 〈밀라노 칙령〉을 반포해 그리스도교를 공인함으로써 오랜 박해의 시대를 종결지었으며, 그리스도교와 로마제국 사이의 관계를 극적으로 변화시켰다는 점을 강조하고, 이를 일컬어 '콘스탄티누스의 전환'이라고 명명했다. 이런 시각은 황제와 가까웠던 당대의 역사가 유세비우스의 기록에 근거한 것이다. 그는 4세기 전반 제국의 상황과 콘스탄티누스에 대해 다른 어떤 사료로도 대체할 수 없는 기록들을 남겼으며,[7] 이를 통해 콘스탄티누스를 로마제국, 나아가 서방 세계를 그리스도교 세계로 전환시킨 영웅이자, 새로운 시대의 상징으로 만드는 데 크게 기여했다. 그는 콘스탄티누스를 "가장 자비하고 겸손한 황제"이자 "은혜롭고 관대한 군주"라고 칭송하며 이상적인 그리스도교 황제로 간주했다. 하지만 다수의 로마사 연구자들은 그의 기록이 과장되거나 편향되었음을 지적해 왔고, 콘스탄티누스의 개종과 그리스도교 후원이 진정성을 지닌 행동이었는지 의심한다. 더불어 콘스탄티누스의 전환은 이후 그리스도교의 역사에 긍정적인 결과뿐 아니라, 지속적이며 구조적

1-2 밀비우스 전투를 앞두고 하늘에 나타난 환상을 목격하는 콘스탄티누스

으로 교회의 본질을 훼손하는 부정적 유산을 남겼다는 사실도 간과되어서
는 안 된다.

　　로마 황제 중 그리스도교를 처음으로 공인한 것은 갈레리우스였지만,
콘스탄티누스도 갑작스럽게 태도를 바꿔 그리스도교에 각종 특혜를 주며
우호적인 입장으로 선회했다. 그 이유를 그가 그저 밀비우스 다리에서 기
적을 경험한 후 내린 결단으로 이해해야 할 것인가? 통계자료가 불충분하
기에 로마제국이나 고대 로마시의 인구를 추정하는 것은 조심스러울 수밖
에 없다. 그렇지만 인구통계에 대한 근래의 연구결과는 그리스도교의 발전
에 있어서 흥미로운 시사점을 제공한다. 로마제국 내의 그리스도인은 특히
3세기 후반에 놀라운 속도로 증가했다. 데키우스 황제(재위 249-251)가 칙령
을 거부하고 신들에게 제물을 바치지 않은 그리스도인들을 대대적으로 박
해했을 때에 그리스도인의 수는 제국 인구 6천만의 약 2퍼센트인 100만 명
정도에 불과했는데, 디오클레티아누스의 대박해가 전개된 300년경에는 약
5-600만까지 급증해 10퍼센트에 달했고, 콘스탄티누스 사후 350년경에
는 급기야 그리스도인이 제국 인구의 약 절반에 달했던 것으로 추정된다.[8]

　　전체적으로 보면 그리스도인은 소아시아를 비롯해 동부에 많았고, 서
부의 경우 주로 대도시에 집중되었으며, 주요 도시들에는 신자들이 10퍼센
트 이상 되었을 것이다. 로마시의 경우 2세기 말 그리스도인이 7천 명 정도

로 전체의 약 1퍼센트 수준이었으나, 300년경에는 주민의 절반을 상회하는 30만 명 정도가 그리스도인이었으리라 추정된다.[9] 이와 같은 인구통계를 고려하면 제국에 그리스도인의 비중이 급격히 늘어나고 있던 3세기 중반과 4세기 초에 시도되었던 대대적인 박해가 성공할 수 없던 사정이 좀더 쉽게 납득이 된다. 갈레리우스의 칙령과 콘스탄티누스의 친그리스도교적인 정책은 이런 급변하는 상황에서 출현했다. 이 시기에 황제들이 권력을 안정적으로 유지하기 위해서는 효과가 없는 무모한 박해를 철회하고, 정치적·사회적 잠재력을 지닌 그리스도인의 지지를 구하며 그들의 신에게 도움을 요청하는 방향으로 정책을 전환하는 것이 현명한 방안이었다. 이와 같은 상황을 감안하면, 황제들이 일부 지배세력의 반발에도 불구하고 그리스도교 세력을 기반으로 제국의 부흥을 도모한 것은 그리 놀라운 일이 아니었다. 갈레리우스에서 콘스탄티누스로 이어지는 그리스도교의 '공인'은 이 종교의 대대적이고 폭발적인 도약을 초래한 원인이 아니라, 그리스도인의 폭발적인 증가와 결속에 대한 정치적 대응이었다고 평가하는 것이 타당하다.[10]

콘스탄티누스 황제

종교정책의 수단과 목적

르네상스 연구로 정평이 난 야코프 부르크하르트는 일찍이 콘스탄티누스 황제(재위 306-337)를 정치적 야망과 권력욕의 화신이었으며, 권력 장악을 위해서는 모든 수단을 다 동원하는 것도 주저하지 않던 냉철한 권력 지향적 현실정치가로 평가했다. 그에게 종교는 단지 장식에 불과했다는 것이다.[11] 달리 평가하는 학자들도 있지만, 그가 내전을 거치며 정적들을 치밀하게 제거하고 제국 전체의 단독 통치자가 되는 전 과정을 돌아보면 부르크하르트의 평가를 과하다고 보기는 어렵다. 흔히 알려졌듯이 동부의 정제 리키니우스가 그리스도교를 박해했기 때문에 콘스탄티누스가 그에 맞서 '성전'을 일으킨 것은 아니었다. 리키니우스는 〈종교 관용 칙령〉을 준수하고 있었기에 두 황제 사이에 발생한 내전의 본질적인 원인은 종교문제보다 제국 전체를 독점적으로 장악하려던 콘스탄티누스의 욕망에 있었다.[12] 동부에서의 혼란은 종교의 자유가 허용된 후 세력이 커진 그리스도교가 배타적인 속성을 드러내면서 사회 갈등으로 발전했기 때문이었는데, 리키니우스가 단지 제우스 숭배자였다는 점을 내세워 모든 책임을 그에게 전가시키려는 태도는 적절하지 않다. 태양신 숭배자 콘스탄티누스가 패권을 장악하기 위해 '그리스도교 박해'라는 명분을 내세워 경쟁자를 제거했던 것이다.

유세비우스는 《교회사》와 《콘스탄티누스 전기》 등 많은 기록을 남겼으며, 당대의 여러 사건이나 정보들은 그의 '제국 중심의 정치신학' 관점에서 저술된 글을 통해서만 전해지고 있다. 그는 로마제국과 콘스탄티누스 황제가 하나님의 섭리를 실현하기 위해 선택된 도구라고 확신했으며, 자신이 그리스도교 역사의 정점을 목격하고 있다고 생각했다.[13] 하지만 로마제국이 하나님의 나라의 가시적인 구현체라는 그의 판단은 착각이었다. 이런 관점은 한 세기 후 아우구스티누스의 《하나님의 도성》에 의해서도 부정되었다. 기실 콘스탄티누스의 친그리스도교적 종교정책은 신앙보다는 정치적목적을 염두에 둔 조치였다. 그의 궁극적인 목표는 그리스도인과 그리스도교의 신을 동원한 제국의 부흥이었다. 그는 그리스도인들의 높은 도덕성과 규율을 새로운 제국 건설을 위한 기반으로 활용하고자 했다. 그에게 그리스도교는 수단적 가치를 지녔을 뿐이었다. 후대에 유스티니아누스나 카롤루스 등 대단한 권력을 구축한 황제들이 그를 전범으로 삼아 통치 이데올로기를 구현하려 했을 때에도 그와 별반 다르지 않았다.

콘스탄티누스 황제는 '불패의 태양신' 숭배자였다.[14] 그는 친그리스도교적 정책을 추진하던 320년대까지도 태양신 숭배를 고수하고 있었다.[15] 그는 예수와 태양신을 동일시하려는 태도를 견지했으며, 그와 같이 모순적인 정책이 가능하리라고 생각했다. 황제가 제작한 주화에 예수와 태양신을 동일시한 흔적들이 이를 뒷받침한다. 그리고 황제는 그리스도의 상징을 새긴 군기, 즉 라바룸(labarum)을 들고 나가 전쟁을 수행토록 했는데, 이 상징은 마술적 혹은 미신적 능력을 지니고 있는 부적처럼 취급되었다. 그가 321년

1-3 콘스탄티누스와 불멸의 태양신

태양신의 날을 법정 공휴일인 일요일로 지정한 것이나, 330년경부터 12월 25일을 그리스도가 지상에 오신 성탄절로 기념한 것도 태양신 숭배와 긴밀한 관련이 있다.[16] 유력한 해석에 따르면 성탄절은 본래 태양신을 숭배하는 이교도의 축일 동지절(12월 24일에서 다음 해 1월 6일 사이)에서 기원했다.[17] 이 절기는 농업의 신 사투르나스에게 바쳐진 날인데, 낮의 길이가 밤보다 길어지기 시작하기 때문에 태양신의 승리를 의미한다고도 여겨졌다. 차츰 이 절기가 그리스도교의 이교도에 대한 승리의 의미로 해석되었지만, 콘스탄티누스에게는 그리스도교의 신을 숭배하기 때문에 다른 신을 섬겨서는 안 된다는 의식이 없었다. 물론 그리스도인들이 황제의 결정을 결국 수용했다고 해서 태양신 숭배를 받아들였다고 오해해서는 안 될 것이다. 밀라노 칙령 이전에도 교회 내에서는 이교적 문화가 그리스도교 내로 진입하는 것에 대해 경계하고 있었다. 그리스도인은 이교적 의미가 아니라, 다른 맥락에서 이 변화를 해석했다.[18]

특권화된 교회와 역기능

콘스탄티누스 이래로 로마 황제들은 그리스도교에 유달리 커다란 특혜를 제공했다. 주교에게는 분쟁을 조정할 법관의 권한을 부여해 그리스도인뿐 아니라 이방인에 대해서도 재판권을 행사할 수 있었다. 피의자들은 원하면 세속 판사가 아니라 주교에게 재판을 받겠다고 선택할 수 있었는데,

이로 인해 주교의 권한은 크게 신장되었다. 사제는 공적 의무가 면제되었으며 면세의 혜택도 누렸다. 그리고 교회에는 재산을 증여받을 수 있는 권리를 부여했을 뿐 아니라, 교회 재산에 대해서는 면세 특권을 주었다. 이는 교회가 영속적인 조직으로 발전하는 데 긴요한 요소였다. 이를 계기로 교회에 기증이 크게 증가했다. 해산된 이교 신전이나 건물이 교회 재산으로 이전되기도 했다. 새로 건축하는 교회들은 부와 특권을 과시하듯이 거대하고 화려했다. 콘스탄티누스와 그의 후계자들은 중요한 상징적인 장소들마다 대형 교회들을 건축했다. 베들레헴의 예수 탄생 교회, 예루살렘의 성묘 교회, 로마의 베드로 대성당, 콘스탄티노폴리스의 하기아 소피아 등이 대표적이다. 이런 방식으로 획득한 부와 재산은 영구히 교회의 소유로 남았으며, 주교는 이와 같이 증가한 교회 재정을 관리하는 권한을 행사했다.

콘스탄티누스는 제국의 지속적인 안정과 발전을 위해 항구적 수도를 마련하는 일이 시급하다고 판단했다. 그는 리키니우스를 물리친 전승지 '비잔티온'(비잔티움의 그리스어 지명) 지역에 새로운 거점을 건설하고 로마 제국의 새로운 수도로 삼았다. 이는 한편으로 그 지역의 충성스러운 그리스도인 신민들을 핵심적인 통치기반으로 삼으려는 구상이었다. 황제는 330년에 자신의 이름을 따 지은 도시 콘스탄티노폴리스로 제국의 수도를 이전하고, 제국 발전을 위한 기반을 구축하기 위해 각종 유인책을 동원해 주민들을 확보했다. 이 새로운 문명의 중심부는 유럽과 아시아, 흑해와 지중해를 연결하는 탁월한 입지에 건설된 덕분에 풍요와 번영의 상징이 되었다. '비잔티움 제국'(Imperium Romanum)이 이 도시를 중심으로 향후 천 년간 발전을 향유하고 지속할 수 있던 점만 보아도 그의 선택은 성공적이었다고 평가할 만하다.[19]

이 시기에 교회는 제국의 행정기구를 모방해 주교 중심의 행정체계를 발전시켰다. 제국의 도시와 속주 체제에 일치하도록 주교구와 대주교구 및 총대주교구의 계서적 조직을 구축했다. 주교는 곧 총독에 준하는 서열로 간주될 정도로 고위직으로 인정되었고, 대체로 제국의 도시가 있는 곳마다 주교를 한 명씩 두도록 했다. 그리고 주교 직제 위에는 로마, 예루살렘,

알렉산드리아, 안티오키아 등 전통적인 그리스도교 중심지 네 곳에 총대주교좌가 존재했다. 이곳의 책임자들은 다른 지역의 주교보다 더 큰 권위와 특권을 지녔다. 330년에 제국의 새로운 수도가 된 콘스탄티노폴리스도 곧 이 지위를 획득했다.

콘스탄티누스 시대를 거치며 그리스도교는 그 이전 초기 교회 시기와는 성격이 확연히 달라졌으며, 교회는 통치권을 소유한 특권적인 기관이 되었다. 그리스도교의 전례에 있어서도 새로운 양상이 나타났다. 사제들이 전례에서 화려한 의복과 기물을 사용했고, 예배 공간을 꾸미는 장식물도 확연히 사치스러워졌다. 더불어 사제들이 격식화된 형식의 전례를 주관하면서 신자들을 수동적인 구경꾼으로 전락시켰다.[20] 4, 5세기에 로마제국의 영향력은 대내외로 위축되고 있었으나, 그리스도교 교회의 권력은 비약적으로 팽창하고 있었다. 이제 그리스도교 신앙을 갖는다는 사실이 부와 권력을 위한 지름길로 인식되었다. 귀족들은 성장하고 있던 그리스도교의 주교직을 차지하려 경쟁했으며, 이로 인해 종교의 본질에는 무관심한 부도덕한 성직자들도 양산되었다. 그와 더불어 새로이 획득한 권한과 부가 정치권력의 후원으로부터 초래된 것이었기에 이러한 변화는 교회로 하여금 권력에 의존하는 태도를 갖게 만들었고, 다양한 역기능을 낳았다. 황제 및 제국이 교회 내부의 사안에 지나칠 정도로 깊이 개입하고, 공의회에서 이단으로 판정된 교의를 두둔하며, 심지어 이교에 호의적인 태도를 보여 종교정책에 혼선을 가하더라도 교회는 그에 대해 적절한 비판적 기능을 행사하지 못했다. 황제의 적극적인 후원과 관여가 교회와 그리스도교에 새로운 그림자를 드리우고 있었다.

니케아 공의회와 제국교회

공의회를 통한 분쟁 해결

제국 동부에서 그리스도인이 빠른 속도로 늘어나 그리스도교와 타

종교 사이의 갈등이 빈번해지던 시기에, 동부의 성직자들 사이에서는 교리 문제, 특히 삼위일체론과 그리스도론으로 인한 논쟁이 가열되고 있었다. 삼위일체론은 성부, 성자, 성령 사이의 관계를 설명하는 교리를 말하고, 그리스도론이란 예수의 인성과 신성에 대한 해석을 의미한다. 반면 서부에서는 시급한 군사적인 위협에 당면하고 있었기에 신학 논쟁에 개입할 여력이 없었을 뿐 아니라, 크게 논란이 되지도 않았다. 콘스탄티누스 황제 당시 신학 논쟁을 주도하고 있던 세력은 알렉산드리아 학파와 안티오키아 학파였다. 두 학파 모두 예수가 하나님인 동시에 인간이라고 이해했지만, 두 속성이 내적으로 어떻게 연합되어 있는지에 대해서는 해석을 달리했다. 알렉산드리아 학파는 성부와 성자의 동질성과 그리스도 안에서 신성과 인성의 일치를 주장하면서 신성을 강조했고, 안티오키아 학파는 그리스도 안에서 신성과 인성을 분리시키고 인성을 중시하는 입장이었다.[21]

안티오키아 학파 출신 아리우스(250?-336)는 알렉산드리아 바우칼리스 교회의 사제로서 열정적인 설교자이자 재기 넘치는 인물이었기에 민중들로부터 명망을 얻고 있었다. 그는 예수가 성부 하나님의 피조물이므로 본질상 성부와 같을 수는 없다는 주장을 전개해 알렉산드리아의 주교 알렉산드로스와 충돌했다.[22] 일견 합리적으로 보이는 아리우스의 주장은 사실상 그리스도의 신성을 부정하는 입장이었기에 큰 파장을 불러일으켰다. 그는 알렉산드리아의 지역종교회의에서 이단으로 선고를 받고 추방되었으나, 그를 지지하는 안티오키아 세력이 알렉산드리아로의 귀환을 실현시킴으로써 갈등이 재연되었고 도시에서는 두 세력 사이에 충돌하는 사건까지 발생했다. 이 논쟁은 제국 다른 지역으로까지 확산되어 교회와 제국을 갈라놓았다. 당시 그리스도교 내에는 이런 분쟁을 해결할 범교회적 중앙기구가 존재하지 않았다. 제국의 단독 통치자가 된 콘스탄티누스는 교리상의 갈등이 제국을 재차 분열시킬 것을 우려했다. 황제는 국가와 그리스도교 사이에 새로운 협력관계가 형성된 사실을 과시라도 하듯 종교문제에 주도권을 발휘하여 325년 5월 20일 교리문제로 인한 교회 분쟁을 해결하기 위해 제국 내 주요 종교지도자들을 니케아로 소집했다.[23]

1-4 니케아 공의회

　통상 '공의회' 혹은 '보편 공의회'라고 번역하는 '콘실리움'(consilium)
은 본래 황제가 관련 전문가들의 조언을 듣는 자문회의를 지칭했다. 회합
이 열린 니케아는 교회 중심지도, 교인들이 많은 대도시도 아니었다. 황제의
여름 궁정이 있던 작은 도시에 불과했다. 니케아에서 열린 최초의 공의회에
서 최대 쟁점은 삼위일체 특히 성자의 본질에 대한 해석이었고, 부활절 일
시 확정도 중요한 사안이었다. 그 자리에 참석한 200여 명의 지도자들은 제
기된 안건을 논의했다.[24] 황제는 약 2개월에 걸친 회의기간 대부분 자리를
지키며 발언을 청취했다. 이 회의의 결론으로 성부와 성자의 동일 본질이라
는 원칙이 담긴 '니케아 신경'이 채택되자 17명의 주교가 반대 입장을 표명
했다. 황제는 반대자들을 제국에서 추방하겠다고 협박했으나, 아리우스와
그를 지지하던 두 명의 주교는 결국 끝까지 입장을 바꾸지 않아 파직된 채
추방되었다. 일부가 마지못해 동의한 사실에서 보듯 그 회합에서는 자유롭
게 의견을 개진하고 토론할 수 있는 환경이 주어지지 않았다. 황제는 강압
적으로 공의회의 결론을 관철했으며, 그 결정 사항을 제국법으로 제정해 선
포했다. 이로써 니케아에서 열린 최초의 공의회는 황제가 교회의 최고 지도

자로서의 지위를 가지며, 제국이 그리스도교적 정체성을 지니게 되었음을 분명하게 드러냈다. 니케아 공의회를 거치며 콘스탄티누스 황제는 이상적이며 권위 있는 종교지도자로 부상했으며, '정통' 신앙을 사수한 공로로 제도 교회의 찬양을 받았다. 이 사건은 역사가 유세비우스에게 콘스탄티누스의 등장이 하나님의 뜻을 올바로 성취해 나가는 결정적인 전기로 인식되었다.

제국과 교회 사이의 동맹

이단 논쟁이 과열되어 합리적인 대화와 토론이 어려웠던 탓도 있었지만, 교계 지도자들은 생각이 다른 상대방을 설득하며 의견을 조정하려 하지 않았다. 다수파는 황제에 의존하는 것이 이단들과 맞서는 최선의 전략이라 판단했다. 로마 황제의 힘을 빌린 '정통파' 세력은 자신들과 다른 주장 또는 해석을 내세우는 자들을 이단으로 낙인찍을 수 있는 권력을 지니게 되었다. 황제의 비호 아래 신학 및 교의 문제가 정치적 구조 안에 갇히는 결과를 초래했다. 이미 도나투스 논쟁 때에도 정통 세력은 그 사안에 별 관심이 없던 황제의 개입을 요청했고, 결국 황제가 군대까지 동원한 전례가 있었다.[25] 황제가 교의 문제에 통찰력을 지녔거나 균형 있는 태도를 보이지 않았음에도 불구하고 교회는 황제에게 종속적인 입장이었고, 콘스탄티누스는 스스로 '사도들과 동등한 종' 혹은 '열세 번째 사도'라 주장하며 하나님의 지상 대리자를 자처했다. 이로써 그는 후일 비잔티움 제국에서 '황제교황주의'라고 불리게 될 새로운 통치체제의 초석을 놓았다.

콘스탄티누스 시기에 구축된 제국과 교회 사이의 동맹은 두 진영 모두의 앞날에 빛과 더불어 짙은 그늘을 드리웠다. 제국은 그리스도교가 다양한 신민들을 하나로 통합할 힘과 종교적·도덕적 권위를 행사하기를 기대했다. 이는 로마제국 말기에 제국의 공권력이 사라진 지역들에서 주교들을 중심으로 발휘되었다. 그렇지만 교리논쟁이 치열하게 전개되던 4세기 이후 로마제국은 오랫동안 그리스도교 내의 다툼으로부터 자유로울 수 없었으며, 신앙 문제가 오히려 제국을 분열시키는 주요 요인으로 부상했다. 한편 황제는 종교 문제를 주로 통치의 차원에서 바라보았다. 그는 많은 특권을 부여받은 주교들이 제국의 충성스러운 신하가 되어 줄 것을 요구했고, 교회는 제국에 종속되어 감독을 받는 상황에 직면했다. 대박해 시대에 그리스도인들이 황제 숭배를 거부했던 이유가 국가에 복속되는 것을 꺼렸기 때문임을 생각하면 이는 일종의 퇴행이었다. 그와 더불어 삼위일체 논쟁에서 보듯 황제는 신학적으로 논란이 끝나지 않은 사안도 섣부른 정치적 해결을 추구했기에 공의회의 결정이 내려진 사안에 대해서 추후 재론하는 일이 반복되었다. 또 황제가 측근의 설득이나 입장의 변화에 따라 결정을 번복할 위험성도 상존했다. 실제로 콘스탄티누스 황제 주변에는 니코메디아의 주교 유세비우스 같은 아리우스파 종교지도자들이 많았기에 그들로부터 큰 영향을 받았다. 그 결과 황제는 328년에 태도를 바꿔 아리우스와 유세비우스를 복권시켰으며, 아리우스의 복직을 거부한 알렉산드리아의 대주교 아타나시우스를 유배 보내 수난을 겪게 했다. 콘스탄티누스가 죽음에 임박했을 때에도 그에게 세례를 집전한 인물은 유세비우스였다.[26]

이런 정책의 혼선은 콘스탄티누스의 아들들에게서도 재연되었다. 서부를 나누어 상속한 콘스탄티누스 2세와 콘스탄스 1세가 니케아 신조를 지지했던 것과 달리, 제국 동부를 넘겨받은 콘스탄티우스 2세(재위 337-361)는 아리우스파를 지지했다. 콘스탄티우스 2세는 한동안 경쟁자들을 의식해 정통파에 대한 박해를 거두었다가 351년 제국을 평정한 후에는 다시 아리우스파에게 우호적인 상황을 제공하고 아리우스파의 입장에서 교리를 통일하도록 후원했다. 한편 그는 니케아 신경을 수호하는 데 앞장선 아타나시우스를 눈엣가시 같은 존재로 여겨 여러 차례 추방했다. 아리우스파는 그와 같은 기회를 이용해 다시 힘을 회복했다. 아리우스파의 일시적인 승리는 예기치 않은 장기적인 영향도 끼쳤다. 니코메디아의 유세비우스는 자신이 콘스탄티노폴리스 총대주교(338-343)로 활동하던 시기에 황제를 설득해 울필라스를 콘스탄티노폴리스로 불러들여 주교로 서임할 수 있었고, 그가 고트족에게 아리우스파 그리스도교를 전파할 수 있도록 지원했다. 이 일시적인 반전의 계기로 인해 대부분의 게르만 부족들에게 아리우스파 그리스도교가 전파될 수 있었다.[27]

세력화된 종교집단의 정치적 승리

뒤이어 단일 황제가 된 율리아누스(재위 361-363)는 이교적 반동을 시도해 그리스도교에 대해 적대 정책을 취했고, 이교를 제재하는 법을 폐기하고 전통 종교의식을 부활시켰다. 당시에 제국 내에는 이교 중심의 정책으로 회귀하는 것을 반기는 사람들이 여전히 많았다. 정통파 세력에게는 율리아누스가 전쟁터에서 예기치 않게 사망하여 단기간에 그의 통치가 종식된 것이 천만다행이었다. 이어 동부의 통치를 담당한 아리우스파 황제 발렌스(재위 364-378)가 378년 고트족과의 아드리아노플 전투에서 목숨을 잃은 것이 아리우스파의 궁극적인 붕괴로 이어졌다. 제국 말기에 이루어진 정통파의 최종적인 승리는 우연으로 보이는 요소들로 점철되었다.[28] 뒤이어 등장한 테오도시우스 황제(재위 379-395)는 정통 교리를 열렬히 옹호했으며, 제국의 형식적인 그리스도교화를 완성했다. 이처럼 정통과 이단의 다툼은 무력을 독점한 황제의 입장에 의해 결정적으로 영향을 받았으며, 그로 인해 빈번히 부침을 겪었다.

니케아 공의회에서 콘스탄티누스 황제의 지원으로 헤게모니를 잡은 정통 세력이 소수파의 견해를 수용하지 않았기 때문에 니케아 신조에 대해서 동부의 상당수 주교들이 반발했다. 삼위일체 교리는 381년 테오도시우스 황제가 소집한 콘스탄티노폴리스 공의회에서 재차 결의되었지만, 451년 칼케돈 공의회에서 한 번 더 논의를 거치는 것이 불가피할 정도로 동부에서는 논란이 지속되었다. 칼케돈에서는 그리스도가 완전하고, 분리하거나 뒤섞을 수도 없는 두 가지 본성을 지닌다는 '양성론'이 공식적으로 천명되었다. 그로 인해 한 가지 본성만을 강조하는 '단성론'이나 네스토리우스파는 이단으로 확정되었다. 공의회를 거듭하며 삼위일체론과 그리스도론 논쟁의 초점은 조금씩 변화를 겪었고, 상이한 신학적 입장들은 분열된 채 경합했다. 결국 공의회들을 통해 도출된 도그마는 성서로부터도 벗어났고 민중으로부터도 멀어졌다.[29] 대부분의 신자들은 자신들이 속한 교회의 영향을 받았을 뿐 진정 고백해야 할 신조가 무엇인지 정확히 알지 못했다. 그로 인해 그리스도교의 기본 교리가 정립되고 관련 논란이 종결되기까지는 오랜 시간이 소요되었다. 그리스도교 내 신학적 견해 차이는 대화와 타협으로 극복하지 못했고, 주로 종교지도자의 규모나 정치적 힘에 의존했다. 그리고 정치적 역학관계의 변화로 인해 정통과 이단이 뒤바뀌는 상황도 여러 차례 있었다. 따라서 공의회의 결정은 진리 혹은 정통 신앙의 승리라고 하기보다는 세력화된 종교집단의 정치적 승리라고 평가해야 한다. 보이지 않는 하나님의 섭리가 황제를 통해 구현되었을 가능성을 부정할 수는 없지만, 교리논쟁에서 정통으로 천명된 그리스도교 세력과 이단으로 낙인찍힌 아리우스파 사이에 옳고 그름을 가르는 것은 결과론적인 시각이라 할 수 있다.

칼케돈에서의 결정 가운데 큰 파장을 낳은 또 다른 사안은 총대주교좌들 사이의 서열 문제였다. 로마 교황에게 최고의 서열을 인정하기는 했지만, 그 외에는 로마와 콘스탄티노폴리스가 동등한 위치에 있다고 규정했다. 서열의 기준을 정치적 제국교회 원칙으로 규정함으로써 비잔티움 제국의 수도 콘스탄티노폴리스가 장차 로마의 지위를 대신하리라 예상할 수 있었다. 로마 교회는 이에 대해 크게 반발했고, 전통에 따라 그 서열이 '정치적 지위'가 아니라, 사도에 의한 창설 여부여야 한다고 주장했다.[30] 이러한 논란은 장차 수위설을 둘러싸고 동서 교회가 치열하게 다툴 것을 예고했다.

 ## 교황제의 토대와 위기의 리더십

교황의 칭호와 지위

'교황'(敎皇)이라는 칭호는 '아버지'를 의미하는 라틴어 '파파papa'의 번역어다. 주교나 수도원장에 대한 칭호도 처음에는 이와 동일했다.[31] 이는 이 용어가 본래 어떤 직위에 대한 고유명사라기보다는 관계성을 표현하는 칭호임을 나타낸다. 교황 직위의 라틴어 표현 폰티펙스 막시무스(pontifex maximus) 혹은 폰티펙스 수무스(pontifex summus)는 주교(pontifex) 중 가장 높은 지위에 있는 성직자를 뜻했다. 로마제국에서 이 용어는 공식적인 종교적 의례를 거행할 때 그 의식을 주도하던 최고 종교지도자, 즉 '대사제'를 겸하던 이교도 황제를 지칭했다. 황제는 379년까지 이 칭호를 사용했는데, 4, 5세기를 거치며 로마 주교가 스스로를 칭하는 공식 명칭으로 전유(專有)했다. 그렇지만 일반적으로는 '파파'를 더 빈번하게 사용했다. 8세기 이후 이 용어는 관례적으로 교황을 지칭할 때만 사용되었고, 11세기에는 교황만이 호칭을 사용할 수 있다고 공식적으로 규정했다. 교황이 이 용어를 독점하게 된 역사적 맥락은 유럽에서 교황권이 확립되던 점진적인 상황을 보여준다. 통상 '로마 주교'를 1세기부터 '교황'이라고 부르고 있지만, 7, 8세기에 이르기까지도 그에게는 서방 라틴 그리스도교 세계 전체를 관장하는 권위가 부여되지 않았다. 따라서 그 이전 시기에는 '로마 주교'가 더 적합한 호칭이다. 최근에는 교황 대신 종교지도자로서의 의미를 강조하는 '교종'(敎宗)이라는 용어를 사용하자는 의견도 제기되고 있다. 설득력이 있는 주장이지만, 이미 정착되어 있는 교황이라는 용어 대신 다른 용어를 사용하는 것은 혼란만 야기할 공산도 있다. 이 책에서는 이와 같은 문제의식을 공유하되 '교황'이라는 용어를 사용할 것이다.

현재 로마 교회의 공식 지위는 로마의 주교 및 로마 교회 관구의 수도대주교, 서방 라틴 교회의 총대주교, 베드로의 후계자 및 로마의 후계자로서의 베드로 직책의 소유자이다.[32] 가톨릭교회의 공식 입장에 따르면, 이와 같은 지위는 신약성서에 등장하는 베드로에게서 유래한다. 초대 교황으로 불리는 베드로는 로마 교회를 설립했고, 그곳에서 순교했으며 후계자까지 직접 정했다고 주장되고 있다. 그렇지만 적지 않은 연구자들은 베드로의 행적이 불확실하다는 점을 지적한다. 베드로는 42-43년경에 예루살렘을 떠났는데 어디로 갔는지 불분명하고, 바울이 로마서를 집필하던 57-58년경과 로마에 잡혀 있었을 때 그가 로마에 있지 않았으리라고 추정한다. 그럼에도 불구하고 로마 교회에서 베드로의 두드러진 지위와 로마에서의 순교는 일반적으로 인정되어 왔다. 4세기 말까지 베드로로부터 로마 주교의 정통성을 확정하거나 공식화하려는 시도는 없었기에 당시에 베드로의 행적은 논란이 되지 않았다.

베드로의 후계자

루피누스(Rufinus of Aquileja, Tyrannius Rufinus, 345-411)는 유세비우스의《교회사》를 라틴어로 번역한 수도사이다. 그는 4세기 말에 두 세기 전 그리스어로 작성된 한 익명의 문서를 발굴하여 라틴어로 번역했다. 이 문서는 베드로와 로마 교황 사이의 잃어버린 연결고리를 상기시켜 주었기에 주목을 끌었다. 마태복음 16장 18-19절을 인용하면서, 그리스도가 베드로에게 천국 열쇠를 건네줬고, 지상권을 하사한 내용이 그 문서에 언급되어 있었다.[33] 루피누스가 공개한 또 다른 익명의 서신에는 로마 주교 클레멘스(재위 91-101?)가 예루살렘 교회를 책임지고 있던 예수의 동생 야고보에게 보낸 내용이 언급되어 있다. 베드로가 임종이 가까웠을 때 로마 공동체를 소집하여 "나는 클레멘스에게 지상에서 묶고 푸는 권위를 주노라. 그가 지상에서 묶고 풀면 하늘에서도 묶고 풀리리라"라고 선포했다는 것이다. 이는 클레멘스를 베드로의 유일한 계승자이자 모든 사도들을 대신하는 주교들의 머리로서 공개적으로 임명했다는 의미이다.[34] 이 미심쩍은 편지는 중세 내내 로마 교황의 베드로 계승설을 옹호하는 대표적인 근거로 활용되었으나, 문제는 베드로(64-68년 사이 사망)와 클레멘스 사이에 리누스(66-78)와 아나클레투스(79-91)라는 두 명의 로마 주교가 존재한다는 사실이다. 이런 의문에도 불구하고 4-5세기에 클레멘스의 서신을 근거로 로마 교황의 특별한 계승 방식과 성경적 토대가 확고한 논리와 기반을 얻었다. 로마 교황만이 베드로의 유일한 정통 후계자라는 것은 자명했으며, 이는 예수의 계시 및 가르침이 베드로와 그를 계승한 로마 주교들을 통해 가장 순수하게 보존되고 전승되어 왔다고 인정되었음을 의미한다.

교황제도는 로마제국의 보호하에 성장했다. 콘스탄티누스 황제가 그리스도교를 후원함으로써 로마 교회는 전적으로 새로운 국면을 맞았으며, 로마법을 빌려 합법적·제도적 기반을 마련하기 시작했다. 제국 말기에 도시 지역의 제도화된 그리스도교 세력을 대변하는 인물은 주교였다. 그는 도시의 종교공동체가 하나님의 은총 아래에 머물 수 있도록 종교의식 특히 성찬을 집전했고, 공동체의 필요를 다양한 방식으로 채웠다. 도시의 위기

1-5 사도 베드로(로마 바티칸 대성당)

가 심화될수록 주교들의 권위는 높아지고 관장하는 영역은 확대되었다. 공동체의 재판을 주관하고 질서를 유지하는 활동은 물론이고, 심지어 시장에서 공식적으로 사용하는 자와 저울도 주교의 공인을 필요로 하게 되었다. 거의 모든 공적인 영역에 그의 권위가 통용되었다. 여러 도시들 중에서도 로마의 주교는 베드로와 바울의 후광과 제국의 수도에 위치한 교회를 통솔한다는 지위에 힘입어 특별한 권위를 얻었다. 특히 콘스탄티누스가 330년 제국 수도를 비잔티온으로 이전한 사건은 교회가 황제의 간섭에서 벗어나 홀로서기를 시작하는 중요한 계기였다. 이로 인해 4세기는 '교황 정부의 잉태기'라 불린다. 대외적으로 게르만족의 대이동이 진행되어 위태로운 상황이었지만 로마 교회는 제국의 제도들을 모방해 제도적 기반을 갖추었으며, 로마 주교가 지도력을 발휘하여 시민들과 신자들은 위기를 극복해 나갈 수 있었다.

교황 다마수스와 레오

초기에 로마 주교의 권위를 확립하는 데 크게 기여한 인물은 다마수스 교황(Damasus 재위 366-384)이다. 그는 최초로 로마 교회를 '사도좌'(sedes apostolica)라고 언급하여 과거의 전통을 소환했다. 그는 382년에는 로마 시노드를 개최해 "로마 교회는 베드로와 바울에 의해 건설되었다"라고 천명했다. 다마수스의 이와 같은 행보는 동방으로 거처를 옮긴 로마 황제와 새로운 제국의 수도를 기반으로 콘스탄티노폴리스 총대주교좌에 교회 조직의 무게 중심이 기울기 시작하던 상황을 견제하려는 의도였다. 아무튼 다마수스가 잊고 있던 사도좌와 베드로 및 바울의 전통을 상기시킨 것은 이후 로마 교회의 수위설 주장에 중요한 근거로 활용되었다.[35] 그는 황제가 칙령을 통해 속주에 의사를 전달하던 제도를 모방해 베드로 계승자의 자격으로 지역 종교지도자들과 소통하는 수단으로 서신, 즉 '교서'를 발송했다. 이처럼 그는 교황으로서의 존재감을 뚜렷하게 과시했다.

다마수스는 그리스도교 역사에 길이 남을 중요한 프로젝트도 추진했다. 382년 수도사 히에로니무스(Hieronymus, 347?-420)에게 라틴어로 성경을 번역하도록 제안한 일이다. 서방의 그리스도교 공동체 내에 그리스어를 구사할 수 없는 자들이 많았기에 라틴어 성경의 필요성이 컸다. 히에로니무스는 383년 복음서 번역을 시작으로 405년에는 라틴어판 성서를 완성했다. '대중적인' 라틴어 성서라는 의미에서 '불가타'(Vulgata)라 불리게 된 이 성서는 4세기 말 로마 교양계층의 언어로 번역되었을 뿐 아니라, 로마의 법적 개념과 용어들로 성경을 해석한 문헌이다. 종교 의례에 사용되는 용어들도 5세기 초에는 라틴어로 대체되면서 그리스도교의 라틴화 작업이 진척되었다. 다음 교황들이 불가타 성경의 사용을 꺼려 공식적인 가톨릭의 표준 성서로 사용되기까지는 조금 더 시간이 필요했지만,[36] 이 성경은 중세 초기부터 20세기 중반 제2차 바티칸 공의회 때(1962-65)까지 라틴어를 통해 서유럽 교회가 통일되는 데 결정적으로 기여했다.

콘스탄티누스의 전환에 의해 4세기에 새로운 그리스도교 시대가 시작되었으나, 로마인들이 직면한 암울한 현실과 풍전등화의 상황으로 인해 매우 불안정했다. 로마는 이민족들에게 빈번히 공격을 당했고, 기본적인 식량도 넉넉하지 않은 상황이 일상화되었다. 이와 같은 위기에서 로마 주교,

즉 교황은 종교적인 권위를 토대로 로마의 통치자가 담당하던 복합적인 기능을 수행해야만 했다. 그는 게르만 지도자들과 만나 무차별적 약탈을 막아야 했고, 빈민과 약자들에 대한 보호와 식량 공급에도 앞장서야 했다. 종교 문제를 포함하여 다양한 분쟁들에 대해 재판권을 활용해 질서를 바로잡고, 문서를 취급하는 상서청을 운영하는 일도 그에게 맡겨졌다.

교황 인노켄티우스 1세(재위 401-417) 시기에는 교서를 작성해 이탈리아 지역은 물론이고, 에스파냐, 갈리아, 아프리카의 주교구들에 빈번히 발송했다. 그는 상황에 초연한 신앙, 갈등 극복, 법률적 지혜 등을 권위를 갖추어 조언하고 지시했다. 후에 이러한 교서들은 교황법과 교회법의 주요 내용을 구성했다. 초기 교서에는 주교들이 교황의 감독하에 있음이 강조되었다. 로마 주교들은 군사적 기능을 대신할 수 없었으나, 종교적 권위와 가용한 수단을 동원해 민중들을 위로하고 위험에 대해 저항했다.

서로마제국이 멸망하기 직전 교황의 본보기가 되어준 대표적인 인물은 레오 1세(재위 440-461)였다. 레오는 교황이 된 직후 행한 일련의 설교에서 교황좌의 정체성이 베드로와의 관련성에 있다는 사실을 환기시켰다. 그는 성서의 예수와 베드로의 대화를 근거로 베드로의 지위를 예수의 지상 대행자로 설정했고, 로마의 주교가 베드로의 후계자라는 논리를 발전시켰다. 그리고 이를 토대로 그리스도께서 베드로의 믿음 위에 교회를 세우겠다고 한 약속을 상기시키고, 로마 교회의 수위권을 주장했다.[37] 레오는 제국의 중심부에 교회가 재건된 것은 로마로부터 전 세계로 복음이 확산되리라는 하나님의 섭리라고 확신했다. 그는 그리스도교로 하나 된 로마를 만드는 과제를 완성하기 위해 라틴어 사용을 모든 공동체에 관철하려 했으며, 세속적인 힘을 동원해서라도 로마시에서 이단적인 집단들을 제거하려 부단히 노력했다. 이 과정은 결코 평화로운 설득에 의해 이루어질 수 없었다. 한편 제국의 입장에서 볼 때 레오의 구상은 문제가 있었다. 당장 게르만의 위협에 직면하여 교황과 갈등을 빚을 여력이 없었지만, 그리스도교가 가까스로 하나가 된 제국을 재차 분열시킬 수도 있었기 때문이다.

레오는 451년 칼케돈에서 개최된 공의회에 세 명의 사절을 파견하여 그리스도론 논쟁이 종결되는 데 결정적인 역할을 수행했다. 교황의 단호한 태도가 황제의 마음을 움직여 결국 그리스도론에 대한 서방의 입장이 관철될 수 있었다. 한편 이 공의회에서는 로마의 심기를 자극한 28조에 대한 승인이 있었다. "로마가 제국의 첫째 도시로서 첫째 서열을 보유하지만, 콘스탄티노폴리스는 새로운 로마이자 둘째 도시이기에 둘째 서열을 보유한다"는 결정이었다. 언뜻 별 문제가 없어 보이지만, 이는 사실상 두 도시가 동일한 서열에 있다는 의미였기에 로마 수위설에 대한 위협으로 인식되었다. 그로 인해 교황은 이 결정의 수용을 2년이나 유보했다.[38]

레오와 관련해서 늘 언급되는 내용은 그가 452년 훈족의 왕 아틸라와 만나 담판을 지었기에 로마시와 교회를 안전하게 지켜낼 수 있었다는 공적이다.[39] 하지만 이는 상당 부분 과장되었다. 아틸라가 알프스를 넘은 후 밀라노, 파도바, 베로나 등 북이탈리아의 도시들을 공격하며 파죽지세로 남진할 때 교황이 그의 막사에 홀로 찾아가 훈족의 지도자를 설득했고, 그가 탄복하여 철수한 것은 사실이 아니다. 레오는 당시 황제가 파견한 사절단의 일원에 불과했으며, 실제 어떤 대화를 나누었는지 알려져 있지도 않다. 교황의 방문보다는 로마 군대가 배후에서 헝가리에 있는 훈족의 본진을 공격해 상당한 전과를 거두었기에 아틸라가 어쩔 수 없이 후퇴했던 것이다.[40] 455년 반달족의 왕 가이세릭이 로마를 약탈하려 했을 때 레오는 전면에 나서 게르만들에 의해 도시가 무차별 파괴하는 것을 막아내려 노력했다. 하지만 이때도 도시는 무사하지 않았다. 반달족의 무력에 의해 카피톨 언덕의 제우스 신전이 파괴되었으며, 부자들의 저택들과 교회들도 피해를 모면하지 못하고 크게 약탈되었다.[41]

교황의 전범 대(大) 그레고리우스

제국이 위기에 직면했을 때 교황들이 나서서 피해를 최소화했지만, 서로마제국의 멸망을 돌이킬 수는 없었다. 오도아케르는 476년 제국을 와해시키고 이탈리아의 지배자가 된 후 로마가 아니라, 그로부터 멀리 떨어진 라벤나에 통치의 거점을 두었다. 동고트 왕국이 오도아케르 세력을 제거하고 이탈리아의 새로운 지배자가 되었을 때에도 마찬가지로 라벤나가 중심지였다. 서유럽에는 더 이상 황제가 존재하지 않았으며, 로마시는 두 세기 전과 달리 크게 황폐해졌다. 로마 주교는 세속 권력의 비호나 재정 지원 없이 파괴된 도시와 그 주변 지역을 수습하고 정치적, 행정적으로 관리하는 역할을 떠안았다. 그에게 그나마 위안거리라면 서로마제국의 권위를 이어받을 상속자가 로마 주교 외에는 달리 없었다는 사실이다. 로마 주교는 이제 원하든 원하지 않든 서로마를 상징하는 존재가 되었으며, 전임자들이 위기에 확립한 정치적 리더십을 토대로 혼란기를 극복하고 교회를 안정된 기반 위에 올려놓는 과제를 완수해야 했다.

한편 비잔티움에 머물고 있던 황제는 동부의 군사적 문제를 수습하는 일이 다급하여 서쪽으로 군대를 보낼 여력이 없었다. 한숨을 돌린 후에는 황제에게 종교적 분열을 극복하는 과제가 기다리고 있었다. 칼케돈 공의회 이후에도 로마의 교황과 콘스탄티노폴리스 총대주교 사이에 교리적 문제에서 이견이 뚜렷하여 황제는 이전처럼 로마의 입장을 지지할 수 없었다. 황제들은 이후 단성론을 지지하는 입장으로 기울었기에 로마 교회와는 갈등이 커졌다. 유능한 아나스타시우스 황제(재위 491-518)가 국정을 바로잡고 장기간 제위를 차지하면서 제국은 차츰 정치적·경제적 안정을 회복했는데, 이는 그가 전쟁을 치렀음에도 국고에 돈이 많이 쌓인 사실로도 확인된다. 로마 교회가 황제와 콘스탄티노폴리스 총대주교의 관심에서 다소 멀어지면서 동서 교회의 분열 조짐이 일기 시작했다. 교황은 이탈리아의 지배자가 된 동고트 왕국과 원만한 관계를 유지하며 지위를 안정시키려 했다. 그렇지만 비잔티움 제국과의 관계나 단성론에 대한 입장을 두고 로마 교회 내 강경파와 온건파 사이의 의견 차이로 갈등이 발생하기도 했다.

유스티누스 1세(재위 518-527)가 황제로 등극한 후 단성론을 배격하면서 동서 교회의 갈등은 사라지는 듯했다. 그런데 비잔티움에서 아리우스파에 대한 박해가 재개되자 동고트 왕국이 크게 반발함으로써 로마 교황은 한때 입지가 곤란했다. 유스티니아누스 황제(재위 527-565)의 대대적인 재정복운동으로 동고트 왕국이 쇠락한 후에는 랑고바르드족이 그 자리를 대신했다. 이들 게르만 세력은 6세기 중엽 이탈리아 중부까지 침입해 로마시에도 작지 않은 피해를 입혔다. 랑고바르드의 부상과 주기적인 역병은 이탈리아의 상황을 재차 어려움에 빠뜨렸다. 로마 주교는 황제에게 도움을 요청했지만, 제국도 페르시아의 공격을 방어하기에 급급해 적시에 필요한 도움을 제공할 수 없었다.

그레고리우스 1세(재위 590-604)는 서로마제국의 멸망 후 황제의 부재로 인한 내외의 위기를 딛고 교황권을 안정시켰을 뿐 아니라 역할을 재정립하여 교황의 전범으로 평가된다. 그는 로마의 원로원 가문 출신으로 공직을 맡고 있었으나, 부친 고르디아누스가 사망하자 모든 지위를 내려놓고 물려받은 영지와 주택을 개조해 시칠리아와 로마에 총 7개의 수도원을 건설했고, 그 자신도 로마의 성 안드레아 수도원에 들어가 금욕에 힘썼다. 당시만 해도 서방에 수도원제도가 깊이 뿌리내리지 않았으나, 그는 평생 수도사로서의 정체성을 지닌 채 구도자적인 삶을 선택했다. 고트족 출신 교황 펠라기우스 2세(재위 579-590)는 그레고리우스에게 여러 임무를 맡겼는데, 그중에는 콘스탄티노폴리스에 특사로 파견해 약 6년간 비잔티움 제국의 수도에 머물도록 한 일도 있었다. 그레고리우스는 거기서 황제는 물론 총대주교와 교류하며 임무를 수행했고, 돌아와 성 안드레아의 수도원장으로 복귀했다.

교황 펠라기우스가 역병으로 사망한 후 교황좌는 한동안 공석으로 남아 있었다. 그레고리우스는 후임 교황으로 추대되었으나, 자신의 연약함을 이유로 사양하다가 결국 수용했다. 그가 교황이 되어 가장 먼저 한 일은 기근과 전염병으로 귀족들마저 먹거리를 구하기 어려운 로마의 다급한 상황을 개선하는 과제였다. 그는 시칠리아에서 곡물을 수입할 수 있도록 조치했으며, 재정을 마련해 식량 부족 문제를 해결했다. 더불어 이탈리아의 새로운 위협이 되고 있던 랑고바르드족과의 협상을 통해 그들의 침공을 무마시켰다. 이처럼 그레고리우스는 통상 세속 통치자들이 담당하던 역할까지 적극 수행했다. 그는 교회가 소유하고 있던 여러 지역의 토지들과 기부받은 재원을 활용해 필요한 재정을 마련했다. 로마 교회는 이후로도 다양

한 재원의 마련과 원활한 식량공급을 위해 노력했고, 문서관리를 발전시키며 교회의 조직을 재정비했다.[42]

　　그레고리우스는 교회와 성직자를 개혁하는 일에 관심이 많았다. 이를 위해 재임 초기에《사목규범 Liber regulae pastoralis》을 저술했다. 이 책은 주교와 사제들의 활동에 대한 간결한 안내서로 바람직한 성직자의 모습을 제시했는데, 후대까지 사제 양성의 기본서로 널리 읽혔다. 그는 이 외에도 설교, 주석, 다양한 서신들을 남겼다. 그는 늘 그리스도의 재림이 멀지 않았으며, 교회와 성도는 그것을 대비해야 한다며 종말론적인 삶을 강조했다. 그가 성인들의 행적과 기적을 기록한《대화록 Dialogorum Libri》도 후대에 다양하게 활용되었는데, 특히 수도사 베네딕투스를 처음으로 발굴해 소개함으로써 베네딕투스회의 확산과 수도원 제도의 확립에 큰 영향을 끼쳤다.

　　혼란과 불안정한 상황 때문에 5, 6세기의 교황들은 이교도에게 그리스도교를 전파하는 사역을 엄두도 내지 못하고 있었다. 잉글랜드 지역의 앵글족에게 선교 사역을 시도한 사람은 그레고리우스였다. 베다(Beda, 비드, 672/673-735)가 서술한《영국민의 교회사 Historia ecclesiastica gentis Anglorum》에 따르면, 그레고리우스는 596년 안드레아 수도원의 수도사 40명을 바다 건너 선교사로 파견했다. 그들이 두려워 포기하려 했을 때에도 교황은 재차 권면하고 설득해 결국 기대하지 않았던 결실을 얻었다.[43] 이들은 선교를 시작한 이듬해 성탄절에 1만 명의 잉글랜드인에게 세례를 주었고, 차츰 캔터베리를 중심으로 잉글랜드에 견고한 교회 조직을 구축할 수 있었다. 이러한 성과를 통해 교황의 권위가 이탈리아 너머 유럽 전역으로 확대되는 전기가 마련되었으며, 로마 교회가 비잔티움에 의존적인 태도에서 어느 정도 벗어나는 계기가 되었다. 그렇지만 그레고리우스는 기본적으로 정치적인 성향의 인물이 아니었다. 그는 최고위 성직에 올랐음에도 불구하고 무척 겸손했을 뿐 아니라, 구도자적인 신앙 태도로 일관했다. 아프리카 교회의 도나투스파와 롬바르두스의 아리우스파에 대해서는 단호한 입장이었지만, 교회 정치를 통한 교황권의 확립에 적극 나서지 않았으며, 비잔티움

1-6 교황 그레고리우스 1세

교회와는 내내 갈등 관계에 있었다.

　한편 개신교 교황사가로서 명성이 높은 요하네스 할러는 가톨릭에서 칭송하는 그레고리우스에 대해 박한 평가를 내렸다. 그가 볼 때 그레고리우스는 많은 저작을 남겼지만 고대적 전통과 거리를 두고 있어 그리 지적이지 않았으며, 미신에 가까울 정도로 영성에 사로잡혀 있던 인물이었다.[44] 그레고리우스의 모습을 담은 그림은 당대와 후대에 걸쳐 이례적으로 많이 그려졌는데, 성령을 상징하는 비둘기가 어깨 위에 앉아 있는 영성 충만한 교황으로 묘사되었다. 그레고리우스는 자신의 생각보다는 성령의 인도에 따라 투박하게 글을 쓰려고 노력했으며, 하나님이 일으킨 기적을 통해 인간사에 대한 신적인 개입을 드러내려 했다고 한다. 실제로 그의 성인전에는 그의 생전뿐 아니라 사후에도 일어난 온갖 기적 기록이 가득하다.[45] 그레고리우스가 이루어 놓은 많은 이적과 업적에도 불구하고 로마시가 직면하고 있던 경제적인 상황은 회복되지 않았다. 그가 사망했을 때 생전에 그를 시샘하던 일부 시민은 애도를 표하기보다는 도시의 부를 축내고 낭비했다고 비판하며 그의 저작물들을 불태우기도 했다. 그렇지만 교회가 좀더 안정된 카롤링 시대에 들어서면서 그레고리우스는 성직자들이나 신도들에 의해 모범적인 교황으로 재발견되었다.

그레고리우스 교황과 관련하여 바로잡아야 할 오류가 있다. 흔히 '그레고리오 성가'라고 불리는 교회 전례 음악은 단선율로 불리는 무반주 단성 음악을 지칭하는데, 그레고리우스 1세가 지시해 통합한 것이라고 알려져 왔다. 카롤링 왕조 시기에 이르면 그리스도교의 전례에서 사용하던 교회음악들은 지역별로 상당한 차이를 지닌 채 불리고 있었다. 동서 교회의 차이는 물론이었고, 서방에서만 해도 갈리아, 에스파냐, 이탈리아 북부의 밀라노 등에서 다양한 형태의 성가들이 발전하고 있었다. 그로 인해 교황 그레고리우스 2세(재위 715-731)는 교회들로 하여금 로마 교회의 전통을 따르도록 하기 위해서 교황청이 주도해 성가들을 수집하도록 했고 이 가운데 일부를 통합하는 작업을 진행했다. 이렇게 정리된 전례 음악의 명칭에 당시 교황인 그레고리우스(2세)의 이름을 붙였는데, 공교롭게 동일한 이름으로 더 유명한 그레고리우스 1세와 혼동을 일으켰던 것이다.[46]

다마수스, 레오, 그리고 그레고리우스는 교황의 지위에 튼튼한 기초를 놓았으며, 이후 교황의 본보기로서 제시되었다. 교회는 공의회와 같은 공식적인 회의체를 통해서 교황의 권한이나 제도를 확립하지 않았다. 앞 시기의 전승과 관행이 교황제도의 기반이 되었으며, 업적은 후임 교황들에게 계승되었다. 로마 주교들은 로마 황제의 그늘에서 시작해, 성경적 기반과 클레멘스의 서신이라는 베드로의 권위를 힘입고, 위기 상황을 적극적으로 타개하면서 권위를 확보해 나갔다. 하지만 모든 교황이 이들처럼 모범적으로 사목활동을 전개한 것은 아니었다. 그레고리우스가 선종한 604년 이후 한 세기 이상 이들에 비견할 만한 모범적인 지도자나 혼란을 수습할 역량을 지닌 강력한 교황이 등장하지 않았다. 로마의 귀족들은 교황좌를 사유화하려 했고, 비잔티움 황제는 예전처럼 그 권위를 인정하려 들지 않았다. 로마 교회는 한동안 지도력의 부재로 서방 교회의 구심점 역할을 수행하지 못했다.

제국의 종교와 살아남은 이교

이교 관용과 이교의 부흥 시도

유세비우스는《교회사》10권의 마지막 장에서 하나님을 적대하고 제국의 발전을 가로막던 리키니우스를 포함한 악인들을 콘스탄티누스 황제가 모두 제거하고 제국 전역에 그리스도교 신앙에 의한 평화로운 통치를 구현했다고 치하하며 책을 마무리 지었다.[47] 그의 서술이 사실이라면 이후에 제국 내 이교와 이단들은 모두 자취를 감추었을 테지만 현실은 그와 사뭇 달랐다. 콘스탄티누스는 아리우스를 복권시켜주기는 했지만, 이단들과 영지주의에 대해서 비교적 강경하게 대처했다. 반면 그는 이교에 대해서는 관용적이었다. 그는 이교 신전을 용인했을 뿐 아니라, 이교에 상당한 자금을 지원했다. 이러한 정책은 그의 후계자들도 마찬가지였다. 황제들은 이교 숭배를 억압하거나 금지할 경우 완강한 저항이 뒤따르리라는 점을 잘 알고 있었기에 다종교 환경에서 제국의 종교적 화합과 평화를 우선적으로 추진했다.[48]

콘스탄티누스 황제의 세 아들 중 권력투쟁을 거쳐 단독 황제에 오른 콘스탄티우스 2세(재위 337-361)는 이교 제사 금지 조치를 재확인하고, 모든 이교 신전을 폐쇄하는 등 강압적인 종교정책을 취했다. 주류 종교가 된 그리스도교가 이제는 이교들을 적극 박해하는 공세적 입장에 서게 된 것이다. 그는 열렬한 아리우스파였기에 그 관점에서 그리스도교 교리의 통일도 추진했다. 그런데 그가 갑작스레 사망하고 율리아누스(재위 361-363)가 황제에 오르면서 상황이 반전되었다. 율리아누스는 그리스도교 신봉자들이 자신의 가족을 학살한 사실 때문에 그리스도교와 거리를 두면서 그리스 철학과 고전을 가까이했다. 당시의 이교는 내세의 구원을 추구하던 종교적 성격 외에 그리스 철학, 연금술, 이집트의 주술 등이 포괄된 개념이었다.[49] 그는 황제가 되기 전에 금욕적 이교도였으며, 엘레우시스의 밀교 의식에도 입문했다.[50] 율리아누스는 즉위 후 이교 재부흥을 위해 그동안 불법화되었던 피의 제사를 복원했고, 이교를 제재하는 법들을 폐기했으며, 모든 종교에 대해 관용을 선포했다. 그는 이교도들을 요직에 등용하는 일에도 적극적이었다. 하지만 363년 의욕적으로 페르시아와의 전쟁에 나섰다가 불의에 사망함으로써 더 이상 꿈을 펼치지는 못했다. 그는 모든 종교에 대해 자유를 부여했던 전통적인 종교정책으로의 복귀를 구상했던 것이다. 시대가 달라져 그의 이교 정책이 대다수 시민의 지지를 얻을 수 없었지만, 그리스도인들 사이에서는 이교의 시대가 도래해 그리스도교가 다시 박해받을 수도 있으리라는 공포를 갖게 만들기에 충분했다.

그리스도교의 국교화

테오도시우스 황제(재위 379-395)는 재임 초 이교와 비정통세력에게 관용적이었으나, 380년 〈테살로니카 칙령〉의 반포를 계기로 입장을 바꾸었다. 그는 니케아주의만이 보편교리라고 규정하고, 삼위일체를 수용하는 자들만 가톨릭교도라고 선언함으로써 전통적인 이교는 물론 아리우스파도 적극 배제하기 시작했다. 당시 이교들은 상당한 자유를 향유했고, 이교 신상들도 그대로 보존되고 있었다. 일부 그리스도인들은 그와 같은 정책에 반발해 폭동을 일으키기도 했는데, 이제 황제가 이단과 이교에 대해 단호한 태도를 보이면서 정통 교리의 입장에서 통일을 추진했다. 결정적인 전기는 그가 391년과 392년 네 차례에 걸쳐 선포한 반이교 칙령이었다. 그 칙령의 규정에 따라 모든 이교 제사 및 사원 출입이 금지되었고, 이교로의 개종도 허용되지 않았다. 테오도시우스가 이교 사제들의 특권을 박탈하고, 이교를 모두 불법종교화함으로써 제국에서는 그리스도교만 유일한 합법적 종교로 남게 되었다. 로마의 원로원도 이교들을 버리겠다고 서약했다. 그리스도교가 로마제국의 국교로 공식화됨으로써 교회도 제국 교회의 성격을 띠게 되었다. 이제 지배자의 종교에 반하는 이단과 로마의 전통적 이교 신앙은 교회의 적이며 제국에 대한 반역을 의미했다. 이교는 박해를 받았기에 공공의 영역에서 점차 사라졌다. 상당수의 이교 신전들과 제단들이 제거되었으며, 이교 신들을 숭배하던 고대 올림픽도 금지되었다.[51] 시차를 두고 점차 유대교에 대한 박해도 이루어졌다. 법으로 유대교 개종자와의 결혼이 금지되고, 유대인의 공직 취임을 금했다. 그렇지만 이런 조치에도 불구하고 유대교는 오랫동안 곳곳에서 건재했다.

그리스도교의 형식적인 국교화가 로마 사회에서 이교가 자취를 감추고 로마인 개개인이 철저히 그리스도인이 되는 길에 들어섰음을 의미하는 것은 아니다. 테오도시우스의 금지령들은 사회에서 철저히 관철되기보다는 오히려 무시되는 경우가 적지 않았다. 그 포고 이후에도 이교도들은 집정관이나 고위 행정직에 계속 등용되었다.[52] 대부분의 황제들은 실리주의적인 입장에서 다원주의 내지 종교들의 공존을 긍정적으로 생각했기에 강제력을 동원해 이교를 금지시키려는 의지가 약했고, 의지가 있었더라도 지속할 상황이 되지 못했다.

그리스도교와 이교의 공존 및 혼합

특히 동방에서 이교는 정치적 영향력을 상실했지만 학교를 비롯한 문화적 기반은 유지되었다. 엘리트 계층과 교회 지도자들은 그 유산을 포기하려 하지 않았다. 따라서 그리스도교와 이교는 대립하기보다는 공존하는 길을 모색했다. 에데사에서는 이교도 공동체들이 6세기 말까지 활동했고, 일부 이교 신전들은 심지어 10세기에도 종교적 기능을 수행했다. 비잔티움 황제 유스티니아누스는 이교에 대한 금지령을 재차 포고했지만, 그런 조치에도 불구하고 사람들 사이에서 이교에 대한 지향은 여전히 지속되었다. 엄밀한 의미에서 이교는 그리스도교 세계라고 상정되는 중세 유럽에서 완전히 사라진 적이 없으며, 일부 이교 문화는 그리스도교와 습합된 형태로 살아남았다.[53] 연극과 축제 등 다양한 민중 문화에서 그 흔적들을 추적하는 노력이 현재 시도되고 있다. 브라운에 따르면, 라벤나에서 거행되는 신년 축제에는 이교의 종교의식이 버젓이 거행되었고, 제국 말기의 달력에도 그리스도교적 요소와 이교가 혼합된 문화를 만들어가던 흔적이 남아 있다. 이교는 풍년이나 건강을 기원하는 주술의 형태로 민중들의 심성에 지속되었다. 이교 신앙은 신들과의 교류를 통해 세상에 영향을 발휘할 수 있는 능력

으로 간주되었고, 당대인의 의식에 깊이 뿌리내려 있었다.[54]

　이교가 금지되고, 이교 신전이 모두 폐쇄된다고 하더라도 모든 민중이 곧바로 충성스러운 그리스도인이 될 수 있는 상황도 아니었다. 그리스도인의 비중이 크게 늘어났으나, 신자들은 기존의 이교적 가치관과 종교적 태도를 여전히 간직하고 있었다. 현실에 있어서 민중들은 그리스도교를 선택하는 것이 이득이라는 사실이 확실해졌을 때 이교와 거리를 두고 그리스도교에 가까이 나아갔다. 이 경우에도 전통 종교의 속성들을 모두 포기하지는 않았기에 그리스도인으로 동화하는 과정에서 혼합주의 형태의 그리스도교가 등장하게 되었다. 그와 같은 맥락에서 학자들은 그리스도교의 장엄한 예배의식 도입, 성인 숭배, 각종 절기에 치러지는 축제 문화, 종교 음악 등이 고대의 이교 제의에서 온 것이라고 지적한다.[55] 이교는 많이 약화되었지만, 중세 내내 소멸하지 않았다. 민중들은 외적으로는 그리스도교의 하나님을 유일한 구세주로 삼은 것처럼 보이더라도, 절박한 상황에 직면하면 다시 전통 신들을 찾곤 했다. 당시에 개종한다거나 그리스도인이 된다는 것은 성경 지식에 기반해 회개하고 복음의 내용을 수용하겠다고 결단하는 것이 아니라, 단지 그리스도교적 종교의식에 참여하는 것을 의미했다.

　친그리스도교 황제들이 등장하여 교회를 보호해줌으로써 그리스도교는 성장과 발전을 위한 기회를 맞았지만, 새로운 문제에도 직면했다. 황제들은 교회를 제국의 통치 및 발전을 위한 수단으로 활용했으며, 주교들에게는 황제의 충성스런 신하로서 행동하는 것을 기대했다. 그리고 황제는 교회 내적이며 신앙의 본질에 관련된 교리문제조차 통치의 차원에서 관여하려 했다. 그로 인해 제국과 교회의 새로운 관계는 그리스도교에 중대한 도전을 의미하게 되었으며, 그리스도교화가 제국의 힘에 기댄 채 급속히 진행됨으로써 세속화를 비롯한 많은 위험에 노출되었다. 이로 인해 향후 유럽의 중세 교회는 혼합주의, 세속화, 기복신앙, 국가주의의 위험 등과 본격적으로 씨름해야 하는 상황을 맞았다. 이교적 문화가 만연한 종교에 그리스도교의 정신이 채워지기까지는 오랜 시간과 노력이 필요했다.[56]

맺음말

콘스탄티누스 시대는 그리스도교에 기회이자 위기였으며, 결국 그리스도교 역사에 결정적인 변화를 초래했다. 그렇지만 소위 〈밀라노 칙령〉이라고 알려진'황제의 포고가 존재하지 않았다는 사실은 반드시 바로잡을 필요가 있다. 이는 당대 친황제 성향의 역사가 유세비우스가 〈교회사〉에서 서술한 내용 때문에 생긴 오해였기 때문이다. 박해시대를 종결지은 것은 311년 갈레리우스가 포고한 〈종교 관용 칙령〉이었으며, 이것이 제국에 잘 작동하고 있었기 때문에 새로운 칙령은 필요하지 않았다. 콘스탄티누스는 권력을 안정시키고 제국을 재건하기 위해 그리스도인의 잠재적인 힘과 그들의 신을 필요로 했기에 철저히 정치적인 동기에서 그리스도교에 각종 특혜를 제공하고 우호적인 입장으로 선회했다. 그리스도교는 콘스탄티누스에 의해 제국의 종교가 되었으며, 이는 그리스도교 역사에 중대한 전환점이었다.

한편 권력의 보호에 안주한 교회는 제국에 의존적인 속성을 지니게 되었고, 종교문제에 대한 황제의 부당한 관여에 대해서조차 비판하거나 견제하지 못했다. 삼위일체와 같은 중대한 교리문제를 논의할 공의회에서 교계지도자들이 분열했던 배경에는 황제의 정치적 개입이 자리하고 있었다. 변화된 상황 때문에 제국도 종교문제로 인해 늘 다툼과 분열에서 벗어날 수 없었다. 콘스탄티누스가 이룩한 제국과 교회 사이의 동맹은 두 진영 모두에게 짙은 그늘을 남겼다.

콘스탄티누스 이후 로마 황제들의 종교정책은 일관되지 않았으며, 그로 인해 황제가 교체될 때마다 이교와 이단 문제에 있어 적지 않은 혼선이 빚어졌다. 특히 이단과 달리 토착종교 및 이교에 대해서는 완강한 저항이 뒤따르리라는 점을 잘 알고 있어 단호하지 않았다. 그로 인해 그리스도교가 제국의 국교로 선포된 이후에도 이교의 영향력은 사라지지 않았다. 이교들은 동방에서도 차츰 정치적 영향력을 상실했지만, 문화적 기반이 남아 있어 그리스도교와 혼합되는 현상이 일어났다. 제국 말기에 이르면 형식적으로는 거의 모든 인민이 그리스도인이었으나, 종교는 종교의식에 참여하는 것 이상을 의미하기 어려웠다. 다수의 신민들은 개종 과정에서도 그들의 전통종교를 포기해야 할 이유가 없었으며, 그리스도교가 어떤 종교인지도 모른 채, 그리고 신앙고백도 없이 그리스도인임을 표방하게 되었다. 그 결과 제국의 유산을 이어받은 중세 유럽의 그리스도교는 콘스탄티누스 이래 구조화된 혼합주의, 세속화, 국가주의 등의 성격을 지니게 되었다. 의도한 것은 아니었으나, 결국 콘스탄티누스의 전환은 제도교회가 정체성의 혼돈을 초래하게 만든 중대한 계기가 되었다. 콘스탄티누스 시대는 그리스도교가 신앙보다 제국에 의존하였을 때 어떤 결과가 초래될 수 있는지 보여주었다.

로마제국 말기 콘스탄티누스 황제의 적극적인 지원으로 제도적 토대를 구축하게 된 로마 교황은 제국 수도의 콘스탄티노폴리스 이전으로 홀로서기의 시험대를 맞았다. 다마수스, 레오, 그레고리우스 등은 로마의 지도자로서 게르만의 위협과 교회 조직을 추스르는 과제를 성공적으로 수행하면서 교황제의 기반을 견고히 세웠다. 이후에도 여러 위태로운 상황이 있었지만 로마 교황들은 리더십을 발휘하여 방대한 교회 조직을 아우르면서 중세 서유럽 세계 신앙의 구심점을 이루었다.

주

1 —— 이 용어는 'tetrarchia'의 번역어인데, '4인 공치제'(共治制)라고도 통용된다.

2 —— Lucius Caecilius Firmianus Lactantius, *De Mortibus Persecutorum*, XXXIV. 뒤에서 계속 인용할 유세비우스의 사료에도 이와 관련된 내용은 대체로 일치한다. Eusebius of Caesarea, *The Ecclesiastical History*(Cambridge, 1964-65), vol. II, pp. 316-321. 이 사료는 본래 그리스-독일어 대역판으로 출판되었고, 슈바르츠(E. Schwartz)가 주해를 했다. 하버드 대학에서 출판된 영어판은 이 독어판의 번역이다.

3 —— Eusebius, *The Ecclesiastical History*, vol. II, pp. 364-365.

4 —— 유세비우스의 교회사를 주해한 슈바르츠는 각주에 그 법령이 '밀라노 칙령'을 의미한다고 언급했다.

5 —— Eusebius, *The Ecclesiastical History*, vol. II, pp. 364-371.

6 —— 로마사 연구자 김경현은 《콘스탄티누스 황제와 기독교》를 통해 이 주제에 대해 상세히 검토했다. 관련 배경과 사료에 대해서는 이 책 153-162쪽의 서술을 참조하라. 김경현, 《콘스탄티누스 황제와 기독교》(세창출판사, 2017). 김경현, 「밀라노 칙령, 그 신화의 해체」, 《지식의 지평》 15(2013.11.) 233-246쪽, 특히 238-240쪽에도 관련 설명이 요약되어 있다.

7 —— 유세비우스의 대표적인 저작으로는 《교회사》, 《교회 신학》, 《콘스탄티누스 전기》, 《팔레스티나의 순교자들》, 《황제 찬양 연설》 등이 있다.

8 —— 로마시대 인구 통계를 둘러싼 다양한 연구와 추론들은 근래 번역된 다음 문헌을 참조하라. 로드니 스타크, 《기독교의 발흥》, 손현선 역(좋은씨앗, 2016), 19-33쪽.

9 —— 로마시의 각종 인구통계에 대해서는 다음 문헌을 참조하라. Louis William Countryman, *The Rich Christian in the Church of the Early Empire: Contradictions and Accommodations*, 1980.

10 —— 스타크가 소개하는 것처럼 이와 같은 주장은 이미 1928년 셜리 잭슨 케이스에 의해 처음으로 제기된 바 있다. 스타크, 《기독교의 발흥》, 28-29에서 재인용.

11 —— Jacob Burckhardt, *The Age of Constantine the Great*(New York, 1989).

12 —— 김경현, 《콘스탄티누스 황제와 기독교》, 208-215쪽.

13 —— 김경현, 《콘스탄티누스 황제와 기독교》, 230-243쪽.

14 —— 당시 로마 외에도 태양신에 대한 숭배는 여러 지역에서 다양한 형태로 표출되고 있었다. 대표적인 태양신으로는 이집트의 라, 그리스의 아폴로와 헬리오스, 로마의 솔, 그리고 페르시아의 미트라가 있었다.

15 —— 이는 당시의 각종 기념물이나 주화 등에 명백하게 표현되어 있다. 김경현, 《콘스탄티누스 황제와 기독교》, 163-176쪽.

16 —— 김경현, 《콘스탄티누스 황제와 기독교》, 176-196쪽. 그리스도교의 부활절 일자를 둘

러싼 논쟁에 대한 상세한 설명은 다음 책을 참조하라. E. G. 리처즈, 《시간의 지도, 달력》, 이민아 역(까치, 2003), 345-355쪽.

17 ── 샤프는 로마제국에서 12월에 있었던 축일들에 대해 소개하고 성탄절에 대한 여러 교부들의 입장을 설명하면서 크리소스토무스나 레오 교황도 이 절기의 제정이 로마의 동지절과 연관되었음을 인지하고 있었다고 지적했다. 필립 샤프, 《니케아 시대와 이후의 기독교》(크리스챤다이제스트, 2004), 365-366쪽.

18 ── 이와 관련한 상세한 논의는 사무엘레 바키오키, 《안식일에서 일요일로─초기 기독교의 일요일 준수 기원에 대한 역사적 고찰》, 이국헌 역(감은사, 2022), 329-375쪽 참조.

19 ── 배은숙, "콘스탄티노폴리스 창건의 지정학적 실익", 〈대구사학〉 133(2018.11.), 387-421쪽.

20 ── 전수홍, 《함께 읽는 세계교회사》 1(생활성서, 2009), 130-131쪽.

21 ── 아우구스트 프란츤, 《세계교회사》, 최석우 역(분도, 2001), 89-93; 유스토 L. 곤잘레스, 《중세교회사》, 서영일 역(은성, 1987), 48-50쪽.

22 ── 정통 가톨릭교리를 주장하는 세력을 아타나시우스파라고도 하는데, 이 인물은 알렉산드로스가 총애하던 명민한 성직자였으며, 그가 사망한 후 328년 스승의 직위를 계승했다.

23 ── 초기 공의회에 대한 상세한 설명은 김덕수, 《로마와 그리스도교》, 319-332쪽 참조.

24 ── 창세기 14장 14절에 근거한 구원사적 해석에 기인해 공식적으로는 318명의 주교가 소집되었다고 하지만, 실제로는 약 220명이 참여했다고 알려져 있다.

25 ── 아프리카 교회는 대박해의 후유증으로 분열되어 있었는데, 307년 카이킬리아누스가 카르타고의 주교가 되자 순수파인 도나투스의 지지자들이 반기를 들어 발생한 분란을 말한다. 도나투스 논쟁에 대해서는 다음 논문 참조. P. R. L. Brown, "Religious Dissent in the later Roman Empire: the Sace of North Africa", *History* 46(1961), pp. 83-101 R. A. Markus, "Christianity and Dissent in Roman North Africa: Changing Perspectives in Recent Work", *Studies in Church History* 9(1972), pp. 21-36.

26 ── 유스토 L. 곤잘레스, 《초대교회사》, 서영일 역(은성, 1987), 277-283쪽.

27 ── 2장 2절 울필라스와 게르만 부족의 개종 참조.

28 ── 게오르크 오스트로고르스키, 《비잔티움 제국사 324-1453》, 한정숙·김경연 역(까치, 1999), 29-31쪽.

29 ── 한스 큉, 《그리스도교. 본질과 역사》(분도출판사, 2002), 252-263쪽.

30 ── 샤츠, 《보편공의회사》, 80-83쪽.

31 ── 수도원장은 그리스어에서 기원한 '압바스abbas'를 사용하기도 했으나, 이 단어 역시

'아버지'라는 의미다. 작은 종교공동체에서 그 공동체를 이끌던 우두머리를 부르던 칭호였다. 그리스도교에는 이런 용어들이 많이 사용되었다. 사제(司祭)를 의미하는 용어 신부(神父)도 마찬가지이다.

32 —— 프란츤, 《세계교회사》, 125쪽.

33 —— Walter Ulmann, *A short history of the papacy in the Middle Ages*, 2nd ed.(London & New York, 2003), pp. 13-14.

34 —— Ulmann, *A short history of the papacy*, pp. 14-15.

35 —— Ulmann, *A short history of the papacy*, pp. 9-11.

36 —— Bernhard Schimmelpfennig, *Das Papstum. Grundzüge seiner Geschichte von der Antike bis zur Renaissance*(Darmstadt, 3rd. ed. 1987), p. 26.

37 —— Eamon Duffy, *Saints and Sinners. A History of the Popes*, 2nd ed.(New Haven & London, 2002), pp. 43-44.

38 —— Duffy, *Saints and Sinners*, pp. 45-46.

39 —— 필립 샤프 이래로 많은 교회사 관련 필자들이 이를 구체적으로 확인하지 않고 반복한다. 필립 샤프, 《니케아 시대와 이후의 기독교》(크리스챤다이제스트, 2004), 301쪽.

40 —— Horst Fuhrmann, *Von Petrus zu Johannes Paul II. Das Papstum: Gestalt und Gestalten*, 2nd ed.(München, 1984), p. 88.

41 —— Christopher Hibbert, *Rom. Biographie einer Stadt*(München, 1992), pp. 88-89.

42 —— J. Richards, "Gregor", *Lexikon des Mittelalters* vol. IV(München, 2003), col. 1663-1666.

43 —— 비드, 《영국민의 교회사》, 이동일 · 이동춘 역(나남, 2011), 50-51쪽.

44 —— Fuhrmann, *Von Petrus zu Johannes Paul II. Das Papstum*, pp. 92-93.

45 —— Jacobus de Voragine, *The Golden Legend*, trans. by W. G. Ryan(Princeton and Oxford, 2012), pp. 171-186.

46 —— 김미옥, 《중세 음악, 역사 · 이론》(심설당, 2005), 34-35쪽.

47 —— Eusebius, *The Ecclesiastical History*, vol. II, pp. 386-387.

48 —— Peter Brown, "Christianization and Religious Conflict", *Cambridge Ancient History* 13(1998), pp. 632-664, 특히 p. 641. H. A. Drake, *Constantine and the Bishops: The Politics of Intolerance*(Baltimore, 2000)도 참조. 우리말로 번역된 로드니 스타크, 《기독교 승리의 발자취》, 허성식 역(새물결플러스, 2020), 261-290쪽에는 이교 문제가 상세하게 설명되어 있다.

49 —— 데이비드 밴틀리 하트, 《그리스도교, 역사와 만나다》, 양세규 · 윤혜림 역(비아, 2020), 114-117쪽.

50 —— Karl Heinrich Johannes Geffcken, The last days of Greco-Roman paganism (Amsterdam, 1978).

51 —— 393년에 마지막 올림픽이 거행되었다.

52 —— 이와 관련해서는 폰 핼링의 자료가 유용하다. Raban von Haehling, *Die Religions-zugehörigkeit der hohen Amtsträger des Römischen Reiches seit Constantins I. Alleinherrschaft bis zum Ende der Theodosianischen Dynastie(324-450 bzw. 455 n. Chr.)*(Bonn 1978).

53 —— 스타크, 《기독교 승리의 발자취》, 270-273쪽.

54 —— K. W. Harl, "Sacrifice and Pagan Belief in Fifth- and Sixth-Century Byzantium", *Past and Present 128*(1990), pp. 26-27.

55 —— Ramsay MacMullen, *Christianity and Paganism in the Fourth to Eighth Centuries*(New Haven: Yale University Press. 1997), pp. 103-149.

56 —— R. A. Markus, *The End of Ancient Christianity*(Cambridge, 1990) 참조.

게르만 왕국의 형성과
혼합주의

2

문명 세계로의 편입

선진 문명과의 접촉

타키투스(Publius Cornelius Tacitus 55-120)가 저술한 《게르마니아》에 따르면, 게르만들은 여러 신들을 숭배했다. 그들은 보탄(Wotan, 오딘 또는 메르쿠리우스)을 최고의 신으로 섬겼을 뿐 아니라, 그리스와 로마의 신들과 이집트의 이시스 여신까지도 숭배했다. 고대 세계에도 현대인이 추측하는 것 이상으로 폭넓은 문화적 교류가 있었으리라 짐작된다.[1] 게르만들은 신들을 특정 공간에 가두거나 인간의 모습처럼 표현할 수 없다고 생각했다. 그로 인해 신상을 만들거나 신전을 건축하려 들지 않았으며, 숲과 산림도 신성시했다.[2] 한편 게르만 문화에서 신은 절대적인 존재가 아니었다. 제물을 바치며 숭배하던 신으로부터 원하는 것을 얻을 수 없거나 더 강력한 신이 출현하면, 이들은 언제라도 기존에 제물을 바치며 숭배하던 신을 포기하고 새로운 신을 받아들이는 실용적인 태도를 보였다. 물론 그들은 복수의 신을 섬기는 것도 꺼리지 않았다. 그리스도교가 로마제국의 변경에 머물던 게르만들의 종교가 될 수 있었던 이유도 그들이 그리스도교의 신 즉 하나님이 그들에게 승리를 가져다줄 수 있는 강력한 신이라고 판단했기 때문이다.

로마제국과 게르만 세계는 기원후 1세기 이래로 대체로 라인강과 도나우강을 경계로 분리되어 있었지만, 방대한 두 세계의 변경지대는 로마제국의 문명 및 영향력이 게르만 세계에 전달되는 통로로써 작동하고 있었다. 이 지역에서 종종 군사적 긴장과 충돌이 있었으나, 일상적으로는 상업적 교역과 왕래가 이루어졌고, 종교와 문화도 전달되었다. 특히 로마제국이 그리스도교를 공인한 4세기 이래로 그 주변세계에는 점차 그리스도교를 받아들여야 문명 세계로 편입될 수 있다는 인식이 확산되었다.

로마제국은 235년 세베루스 알렉산데르 황제(재위 222-235)가 살해되면서 반세기에 걸친 위기가 본격화되었다. 이 무렵에는 제국을 안정시킬 수 있는 확고한 군사력이 없었기에 내전들이 발생했고, 변경지역에서는 혼란

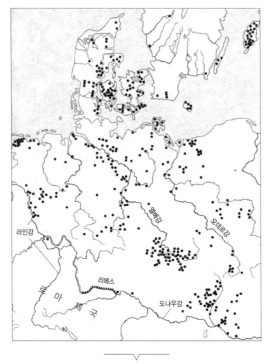

2-1 게르만 지역(1, 2세기)의 로마 수입품 발굴지

을 틈타 알레만족, 프랑크족, 작센족, 부르군트족 등 게르만 부족들과 페르시아 왕조의 도발이 이어졌다. 황제들은 그 이전부터 페르시아 문제를 해결하기 위해 군대를 동부에 집중시켰는데, 이로 인해 라인강 유역의 서부 지역은 군사적 공백상태가 되어 게르만들이 손쉽게 공략할 수 있었다. 한편 일부 게르만 부족장들은 로마제국의 용병으로 봉사하면서 로마의 선진 문명과 접촉할 기회를 가졌으며, 로마의 상품들과 문화를 수입하며 로마화되는 과정을 거치고 있었다.

대이동의 물결

4세기에 기후변화가 본격화되면서 기온이 낮아졌고, 그로 인해 게르만 거주 지역에 경작지와 목양지가 축소됨으로써 게르만들은 제국의 경계를 넘어 이전보다 빈번히 식량이나 약탈물을 얻기 위해 침입했다. 게르만 부족들은 이 무렵 인구가 늘고 있었으나, 경작할 땅이 부족했다. 그들이 기후가 온화한 로마제국 내부로 크고 작은 무리를 이루어 이주하고 있던 상황에서 제국 외부로부터 '대이동'을 촉발한 직접적이고 돌발적인 사건이 발생했다. 375년에 중앙아시아 유목민이라고 알려진 훈족 2-3만 명이 흑해 북쪽 지역에 머물던 동고트족을 압박한 것이다. 훈족이 동고트족을 밀어내자 이들 고트족의 이동을 시작으로 수많은 게르만족이 도나우 강을 넘어 제국 내부로 연쇄적으로 이동하는 도미노 현상이 일어났다. 376년 서고트족 전사 약 2만 명과 그들에게 종속된 사람들은 로마 황제 발렌스(재위 364-378)의 승인하에 제국 영토 내 도나우강 남쪽으로 이동했다. 황제는 정주를 허용하는 대가로 그 지역을 경작하면서 세금을 낼 것을 요구했다. 이주한 게르만들은 곧 주민의 수에 비해 부족한 토지와 과세 문제 등으로 제국과 갈등을 빚었으며, 급기야 무력으로 필요한 토지를 확보하기 시작했다.[3] 이를 용납할 수 없던 발렌스 황제는 378년 8월 서고트족을 흑해 연안 아드리아노폴리스에 묶어 두기 위해 전쟁을 벌였다. 그런데 예상과 달리 로마군은 이 전투로 큰 손실을 입었으며, 황제도 전장에서 목숨을 잃었다. 이처럼 참담한 결말은 제국이 더 이상 밀려들어오는 게르만을 억제할 힘을 갖고 있지 못했음을 시사한다.

고트족을 필두로 다른 게르만족들도 로마제국의 영토 내로 대대적인 이동을 개시했다. 이 대이동의 물결은 정치적·사회적 조직을 갖춘 부족들이 주도한 새로운 형태의 침입으로 이전에 약탈을 목적으로 이루어진 산발적 습격과는 전혀 성격이 달랐다. 알라릭이 이끄는 서고트족의 경우 401년부터 두 차례에 걸쳐 로마를 공격해 대규모 피해를 입혔다. 훈족의 이동으로 촉발된 게르만의 이동이 시작된 지 100년이 되는 476년에 서로마제국의 마지막 황제 로물루스 아우구스툴루스는 제국을 위해 복무하던 용병대장 오도아케르에 의해 폐위되었다. 서로마제국이 멸망한 후 옛 로마제국의 영토에는 서고트 왕국, 동고트 왕국, 부르군트 왕국, 반달 왕국, 프랑크 왕국 등 여러 게르만 왕국들이 건설되었다. 이들 게르만들은 로마인들이 상종도

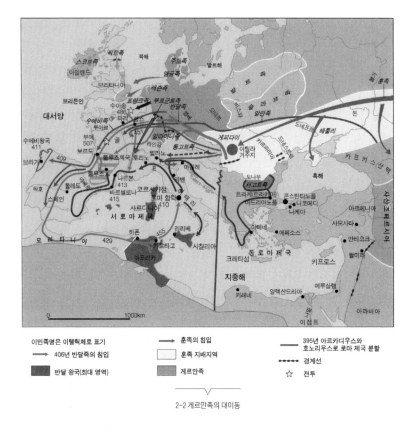

이민족명은 이탤릭체로 표기   ⟶ 훈족의 침입   ──── 395년 아르카디우스와
                                                        호노리우스로 로마 제국 분할
⟶ 406년 반달족의 침입   ▢ 훈족 지배지역   •••• 경계선
▮ 반달 왕국(최대 영역)   ▮ 게르만족   ☆ 전투

2-2 게르만족의 대이동

하지 않던 낯선 이방인들이 아니었다. 이들은 대체로 로마화되는 과정을 거치고 있던 이웃한 세력이었으며, 특히 그 지배계층은 이미 제국의 변방에서 교역, 용병, 약탈 등 여러 방식으로 로마 세계를 접했다.

로마제국 내에서 지배층과 인민이 진지하게 그리스도교 신앙의 수용 여부를 두고 사색하던 시기는 실은 게르만들의 침입으로 제국의 운명이 풍전등화에 놓여 있던 때였다. 이 불안정한 위기의 국면에 활동했던 대표적인 교회 지도자가 아우구스티누스(Augustinus, 354-430)였다. 그는 여러 이교와 사상에 심취해 방황하다가 회심한 인물로 395년에 북아프리카 히포의 주교가 되었는데, 《하나님의 도성》에서 서고트족의 침입을 계기로 혼란을 겪고 있던 그리스도교를 역사적으로 변증했다. 당시 로마인들은 그리스도교를 수용한 제국에 왜 치명적인 재난과 위기가 닥쳤는지 의문을 품고 있었고, 이교도 사제들은 그와 같은 재난은 로마의 신들에게 제대로 예배하지 않았기 때문에 초래된 결과라고 주장했다. 반면 아우구스티누스는 하나님의 섭리라는 관점에서 답변을 시도했다. 그는 로마가 쇠락한 것은 하나님이나 그리스도인에게 책임이 있는 것이 아니라, 로마인들이 참된 신을 섬기지 않았고 도덕적으로 타락한 것에 근본적인 원인이 있다고 설명했다. 제국의 그리스도교화는 표면적인 변화를 초래했을 뿐이고, 근본적인 변화로 이어지지 않았다고 평가했다. 아우구스티누스는 지상의 나라와 하나님의 나라를 구분하고, 하나님을 사랑하지 않고 참된 정의를 추구하지 않는 지상의 나라 로마는 멸망할 수밖에 없는 반면, 하나님의 나라는 영원하다고 주장하면서 그리스도교가 지상의 나라인 로마제국의 멸망과는 무관함을 변론했다.[4]

 ## 아리우스파 그리스도교의 전파

울필라스와 게르만 부족의 개종

늦어도 3세기 중엽에는 일부 게르만족이 그리스도교를 접촉한 사실이 확인된다. 기록에 따르면 고트족은 257년 갈라티아와 카파도키아를 대대적으로 공격했고, 그 성과로 많은 포로를 생포했다. 당시 포로들 중에는 그리스도인은 물론 성직자도 포함되었다. 이 그리스도인들은 끌려가 고트족과 함께 생활했는데 혹독한 생활 조건 속에서도 그리스도인의 정체성을 고수했고, 삶의 방식과 태도가 남달라 고트족에게 큰 감명을 주었다. 그 영향으로 고트족 중에 일부 개종자들이 생겨난 것으로 보인다. 하지만 고트족의 그리스도교로의 개종은 그리 순탄치 않았고, 여러 차례 내부의 강한 반발을 겪었다.[5]

콘스탄티누스 황제의 다키아 정복과 뒤이은 332년의 고트족과의 동맹 체결은 도나우 강 너머의 게르만 부족에게 아리우스파 그리스도교가 본격 전파되는 계기가 되었다. 황제가 그리스도교의 보호자를 자처했기 때문이다. 그의 아들 콘스탄티우스 2세 시기에는 게르만 사회에 속한 그리스도인의 사기를 높여주기 위해 341년경 이미 고트족 내부에서 영향력 있는 인물로 부상한 울필라스(Ulfilas, 311?-383)를 불러들여 콘스탄티노폴리스에서 주교로 서품하며 선교 사역을 후원했다. '고트족의 주교'라고 불린 울필라스는 서고트족을 그리스도교 세계와 긴밀하게 이어준 인물이다. 그는 카파도키아에서 포로로 끌려온 로마인의 후손으로 모계로부터 신앙을 전수받았고 고트족의 일파인 테르빙족 포로 공동체에서 성장한 후 성직자가 되었다.[6] 그는 본래 크림 반도 지역 고트족의 거처였던 고티아(Gothia)에 살던 그리스도인들, 특히 로마의 포로들과 그들의 후손들에게 관심을 보였다.[7] 주교가 된 울필라스는 로마제국의 경계 밖에 있던 고트족의 영토로 돌아가 사역을 펼치던 중 차츰 서고트인 개종자들과 많은 접촉을 하게 되었다. 그 후 정확한 이유는 알려지지 않았으나 348년에 그리스도인에 대한 박해 사건이 발생했다. 울필라스는 그때 추종자들과 함께 로마 속주 모에시아(Moesia)의 니코폴리스(Nicopoils) 지역으로 도피했다. 이때 콘스탄티우스 2세는 직접 마중 나왔을 뿐 아니라, 그들이 머물 토지까지 하사하는 정성을 보였다. 도나우강을 접하고 있는 이 지역에 새로운 터전을 마련한 울필라스와 그의 추종자들은 추방된 고티아의 그리스도인들을 신앙으로 격려했고 이어 성서의 고트어 번역작업에도 착수했다.[8] 울필라스는 성경지식이 풍부했으며, 성장기에 고트어 외에 라틴어와 그리스어도 학습할 기회를 가져 여러 언어에 능숙했다. 그는 결국 고트 문자를 개발해 신약성경의 4복음서를 번역했다. 고트족이 전례를 거행하기 위해서는 그들이 이해할 수 있는 언어로 옮겨진 성경이 필요했기 때문이다.[9]

한편 테르빙족 지도자 아타나릭(Athanaric)은 369년에서 372년 사이에도 서고트 지역에서 그리스도인에 대한 박해를 주도했다. 그는 조상들이 물려준 옛 종교에 대한 열의가 남달랐기에 그리스도교를 받아들인 자들과 피비린내 나는 전쟁을 벌였다. 이런 사정 때문에 서고트족의 집단 개종이 정확히 언제 이루어졌는지에 대해서는 논란이 있다. 전통적으로는 고트족이 로마 영토로 이주해 들어가는 376년경으로 추정되어 왔고, 울필라스가 사망할 무렵인 382년에서 395년 사이에 이루어졌다는 주장도 있다.[10] 후자의 입장이 좀더 설득력이 있어 보이는데, 그 이유는 울필라스와 그의 제자들이 속주 모에시아에 거주하고 있던 서고트인들에게 아리우스파 그리스도교를 전파한 후, 그들이 다른 게르만 부족들에게도 전파했을 것으로 추정되기 때문이다. 395년 이 지역의 서고트족이 알라릭의 통솔하에 서쪽으로 이동하면서 아리우스파가 좀더 광범위하게 수용되었을 것이다. 초기에 울필라스와 함께 박해를 피해 이동했던 그의 제자들은 서쪽으로 옮겨가지 않고 그 지역에 남았는데, 이들이 동고트에게 선교를 한 그리스도인들로 추측된다.[11]

사실 게르만 부족들은 의도적으로 아리우스파를 선택했던 것이 아니라, 그들이 접촉한 그리스도교를 수용했을 뿐이다. 이들이 종교회의에서 이단이라 평가받은 것은 후대의 결과이다. 게르만들은 무엇이 삼위일체에 대한 올바른 해석인지 고민할 이유도 없었다. 아리우스파 선교사들에 의해 고트족뿐 아니라, 반달족, 부르군트족, 랑고바르드족 등 소위 동게르만 부족들이 대이동을 전후로 그리스도교로 개종했다. 아리우스파를 수용한 게르만 지배자들은 대부분 자신들의 신념을 피지배자들에게 강요하려 들지 않았다. 그리고 가톨릭교회에 대해서 관용적인 태도를 보였기에 서유럽 주민들의 신앙생활은 그다지 방해받지 않았다. 대표적인 예외는 북아프리카 속주지역에 정주한 반달 왕국이었다. 특히 광신적인 아리우스파 국왕 가이제릭(재위 428-477)은 로마에 대해 적대적인 태도를 보였다. 그는 모든 로마의 대지주와 가톨릭 신자들을 왕국에서 추방했으며, 455년에는 선박을 이용해 도시 로마를 약탈하기도 했다. 이들의 폭력행위에 의해 반달리즘(Vandalism)이라는 용어가 광포한 약탈과 파괴행위를 의미하게 되었다.

동고트 왕국의 통치

게르만 왕국들의 건설은 로마제국의 지배계층에게 대격변을 초래하지 않았다. 무엇보다 제국 내부로 이동한 게르만 부족들은 로마인들에 비하

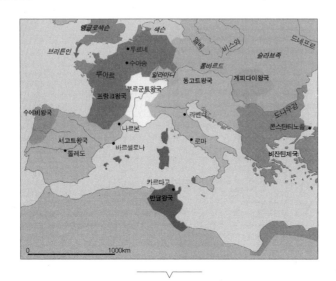

2-3 게르만 왕국들(6세기 초)

면 소수에 불과했는데, 어디에서나 대략 피정복민 주민의 2~5퍼센트에 불과했다. 침입자들은 대체로 이렇다 할 물리적 저항을 받지 않았기에 큰 어려움 없이 정주민들을 지배하에 둘 수 있었다. 이탈리아 반도를 차지한 동고트족의 경우 약 600만 명에 달하던 로마인 주민에 비해 게르만 주민은 20만 명을 넘지 않았으며, 전사들은 2만 5천 명 정도였다.[12] 그럼에도 불구하고 게르만들은 일정 기간 동안 로마인 지배계층과 협력하며 로마 세계의 일부를 장악해 통치할 수 있었다. 이들 게르만들은 사실 난데없이 외부에서 들어온 이방인이 아니었다. 그들 중 상당수, 특히 지배층은 이전에 로마 문화를 직간접적으로 경험할 기회를 가졌으며 통치 방식에 대해서도 파악하고 있었다.

동고트의 통치자 테오도릭(454-526)의 경우 청소년기에 약 10년간 콘스탄티노폴리스에 체류한 적이 있다. 제국은 게르만족과의 용병 계약이 잘 지켜지도록 지배층의 자제들을 볼모로 잡아두곤 했으며, 이를 계기로 이들 엘리트들을 로마화시키기 위해 노력했다. 테오도릭은 제국의 수도에 머무는 동안 총명함과 용맹을 겸비하여 로마 황제의 총애를 받았다. 그는 어린 시절에 라틴어는 물론 로마제국의 제도 및 통치에 대해 이해와 안목을 넓힐 수 있었으며, 이렇게 터득한 통치술와 행정기법을 토대로 후에 부족의 지배자가 된 후 왕국을 비교적 견고하게 유지했다. 서로마제국이 멸망한 후 테오도릭은 로마 황제 제논(재위 474-491)에 의해 사령관으로 임명되었고, 그의 지시로 이탈리아 지역으로 건너가 오도아케르를 제거하는 과제를 수행하게 되었다. 테오도릭은 몇 차례의 시도 끝에 493년 그 명령을 이행했으며, 이후 황제를 대리한 사령관의 지위와 동고트족의 왕이라는 이중의 정체성을 지닌 채 이탈리아를 통치했다.[13] 그는 이탈리아의 정복 후 비잔티움 제국의 지시 없이 독립적으로 권력을 행사했다.

동고트 왕국의 통치자 테오도릭은 정복 지역의 통치에 어느 정도 제한은 있었지만, 로마인 관리들로 하여금 행정과 사법을 담당하도록 위임했고, 영업 활동과 상업도 로마인들이 관장하도록 했다. 고트족은 사실상 군사적인 영역만 전담했다. 테오도릭은 대외적으로 반달족, 서고트족, 부르군트족, 프랑크족 등 다른 게르만 왕국들과 정략결혼을 맺으며 동맹관계를 발전시키는 데에도 주력했다. 왕국 외부에 군사적 위협이 사라짐으로써 테오도릭의 통치 동안 이탈리아 반도에는 평화와 경제적 번영이 찾아왔다. 로마제국 시기에 준하는 안정과 경제발전을 회복하고 있었기에 로마인들이 그의 통치를 부정적으로 생각할 이유가 없었다.[14]

종교적 갈등

게르만들은 아리우스파 그리스도교를 받아들인 후 자신들의 언어로 의례를 시행했을 뿐 아니라, 엄격함을 완화시켰고 토속신앙적인 요소들도 많이 가미했다. 그로 인해 그들의 의례는 정통 가톨릭교회의 예배와 점차 차이가 뚜렷해졌다. 이와 같은 종교 문화적 차이는 결국 주민들 간에 갈등 요인으로 부각되어 게르만족과 로마인이 통합되는 데에도 커다란 장애로 작용했다. 아리우스파에 속한 지배집단은 로마인들의 가톨릭 신앙에 대해 충분한 관용을 베풀고 있었으나, 서로 분리된 채 종교활동을 수행하고 있었기에 상호간에 긴밀한 관계로 발전하지 못했다.[15] 로마인들은 노골적으로 표현하지 않았을지라도 문화적으로 열등한 정복자들을 무시하거나 폄하하는 태도를 견지하고 있었다. 종교적 차이 외에 문화적·인종적 편견도 게르만 왕국들 내에서 이주민과 정착민이 긴밀히 결속할 수 없었던 주요 요인이었다. 결국 내부에서 큰 갈등이 돌출되거나 전쟁과 같은 외부의 위협이 가해질 경우 극복하기 어려운 위기로 발전할 요인이 잠복해 있던 셈이다. 실제로 이러한 요인들 때문에 대부분의 게르만 왕국은 몇 세대를 지속하지 못했다.

동고트 왕국 말기에 큰 갈등으로 부상한 것도 결국 종교문제였다. 6세기 초반 비잔티움 제국에서의 종교정책 변화는 동고트 왕국에 예기치 못한 치명적인 결과를 초래했다. 단성론은 콘스탄티노폴리스에서 큰 영향력을 지녔던 수도원장 에우티케스에게서 비롯되었는데, 그는 그리스도가 육신을 입은 후 인성이 신성에 흡수되어 실제로는 신성 하나만 지녔다고 주장하는 소수파였다. 이러한 가르침은 논란을 빚다가 451년 칼케돈 공의회에서 결국 이단으로 단죄되었다. 하지만 알렉산드리아 지역을 중심으로 지지가 강해 비잔티움 제국 내에서는 무시할 수 없는 영향력을 갖고 있었다. 유스티니아누스는 숙부 유스티누스가 황제로 재임하던 시절 통치에 참여할 기회가 주어졌기에 황제가 되기 전에도 제국의 각종 정책에 관여했다. 그는 특히 종교문제에서 정통 신앙을 수호하겠다는 의지가 확고해 전임 황제 아나스타시우스 1세의 단성론 정책을 폐기하고 로마 교회와의 관계를 재건하려 시도했다.[16] 그로 인해 유스티니아누스는 아리우스파는 물론이고 유대인과 이교도를 공직에서 배제시키고 일관되게 박해했다. 한편 동고트 왕국의 테오도릭은 비잔티움 제국에서 추진하던 일련의 종교정책과 아리우스파 박해에 대한 소식을 접한 후 왕국 내에서 지속해 오던 가톨릭과 아리우스파의 공존을 중단시키고 가톨릭교회의 폐쇄를 지시했다.[17] 유스티니아누스는 테오도릭의 지배를 약화시키기 위해 이탈리아에 대한 압력을 꾸준히 높였고, 그 국면에서 526년 테오도릭이 사망했다. 그 후 역량 있는 후계자의 부재로 동고트 왕국은 안정을 회복하지 못하고 혼란을 겪었다. 그 무렵 비잔티움 제국의 황제로 등극한 유스티니아누스(재위 527-565)는 벨리사리우스를 파견해 장기간에 걸친 군사적 원정을 전개해 반달 왕국을 멸망시켰고, 이어 동고트 왕국도 결정적으로 약화시켰다.

유스티니아누스는 제국의 그리스도교화와 이교도 근절을 위해 혁혁한 공로를 세운 황제라는 평가를 받는다. 그는 529년 이교주의의 상징이었던 아테네의 아카데미아를 폐지했으며, 그곳에서 쫓겨난 학자들은 제국 경계 밖 페르시아에서 새로운 터전을 찾을 수밖에 없을 정도로 단성론에 대해 일관된 태도를 보였다.[18] 그렇지만 그는 얼마 후 완화된 입장으로 선회했다. 황후 테오도라가 일관되게 단성론자들을 지지하는 입장을 나타냈고, 게다가 대표적인 단성론자인 에데사의 주교 야곱 바라데우스의 선교를 후원했음에도 불구하고, 황제는 그녀를 견지했다. 비잔티움 제국은 종교적인 측면에서 다양한 지역적 특성을 지닌 채 분열되어 있었기에 하나의 일관된 정책을 관철하기가 용이하지 않았다.

프랑크 왕국의 개종

클로비스의 개종

로마제국에 인접해 있던 프랑크족은 본래 라인강 하류와 북해의 해안 지역이 원거주지였다. 이들은 살리족과 리푸아리족 등 10여 개의 작은 부족으로 나뉘어져 있어 오랫동안 제국에 맞설 힘을 지니지 못했다. 이들은 소규모로 제국 군대에 편입되어 용병으로 복무하면서 제국의 충실한 동맹자가 되는 길을 선택했으며, 그로 인해 로마 문화의 영향을 많이 받았다. 그렇지만 서로마제국이 결정적인 쇠락 국면에 들어서자 프랑크족도 비로소 자신들의 영향력을 확대시켜 나갈 기회를 포착할 수 있었다. 이들은 다른 부족들에 비하면 비교적 늦은 5, 6세기에 약 15-20만 명이 로마제국의 영토였던 오늘날의 네덜란드와 벨기에 방면으로 이동했고, 상당수 주민은 여전히 본래 거주지에 머물렀다.

부족 이동이 한창 진행되고 있던 481년 살리 프랑크족의 지도자 칠

데릭이 사망했고, 나이 열다섯에 불과했던 그의 아들 클로비스(466?-511)
가 뒤이어 부족을 이끌었다. 그는 지도력을 발휘해 프랑크족 내 다른 부족
들을 차츰 통합했고, 지역 주교들의 조언도 받아들이며 정복지를 통치했
다. 484년 당시 서방에서 가장 강력했던 서고트족의 지도자 에루리크(재위
466-484)가 죽자, 프랑크족은 그 기회를 이용해 남서부 갈리아에 세력의 중
심이 있던 서고트 왕국을 피레네 이남으로 밀어내기 시작했다. 이어 486년
에는 '로마인의 왕'을 자칭하던 시아그리우스를 제거한 후 파리 주변을 차
지했다. 클로비스는 이어지는 알레만족(496년) 및 서고트족(507년)과의 전쟁
에서도 승리해 결국 무력으로 갈리아의 패권을 장악했고, 메로빙 왕조를
굳건한 기반 위에 건설했다.[19]

클로비스는 라인강 동쪽 지역에서 정복전쟁을 전개하던 496년경 갑
작스럽게 3천여 명의 신하들과 함께 로마 가톨릭으로 개종했다. 그가 개종
한 이유에 대해서는 다양한 추측들이 있다. 투르의 그레고리우스가 남긴
기록에 따르면, 프랑크 족의 군대가 알레만족과의 전쟁에서 전멸당할 위
기에 처했을 때 클로비스는 이미 가톨릭을 믿고 있던 부르군트 출신의 부
인 클로틸다가 하나님의 아들이라고 이야기하던 예수 그리스도를 떠올렸
다. 그녀가 평소 남편에게 우상숭배를 중단하고 그리스도교의 하나님을 믿
으라고 여러 차례 권한 바 있었는데, 그는 다급한 상황에서 자신이 의지하
던 신들에게 도움을 요청했으나 별다른 응답을 받지 못하자 하나님의 능력
을 시험할 생각에 이르렀다. 적을 제압해 승리하도록 도와주면 하나님을 믿
고 세례를 받겠다는 서원을 마치자마자 기적적으로 상황이 반전되어 클로
비스는 전쟁에서 이겼고, 결국 세례를 수용했다는 것이다.[20] 이 승리는 그에
게 결정적인 사건이었으나, 약속을 그다지 신뢰하지 않는 게르만 왕이 단지
한 차례의 서원 때문에 가톨릭으로 개종했다는 서술에 대해서는 다소 의
구심이 든다. 자신의 개종은 왕국 전체의 운명에도 커다란 영향을 미칠 사
안이었기 때문이다. 클로비스는 개종 후에도 친척과 가까운 부하들을 무참
히 살해할 정도로 종교적·윤리적으로 변화된 태도를 보이지 않았다.

클로틸다는 오랜 기간 랭스의 주교 레미기우스를 비롯하여 갈리아

의 주교들과 긴밀히 소통하고 있었다. 당시 아리우스파를 신봉한 서고트족이 갈리아에서 위세를 떨치며 프랑크족을 위협하고 있었기에 가톨릭 세력은 현실을 타개할 대안을 모색하지 않을 수 없었다. 종교지도자들이 클로비스와도 접촉해 보호자로 삼겠다고 제안까지 했던 것으로 보이지만 개종이라는 성과를 얻지는 못했다. 그렇지만 알레만족과의 전쟁 이전에 클로비스가 부인의 간청을 받아들여 두 아들에게 가톨릭 세례를 허용했다는 사실은 종교적으로 아리우스파에 기울지 않았으며, 가톨릭을 존중하는 입장을 취하고 있었음을 시사한다.[21] 서유럽 지역에 건설된 대다수 게르만 왕국들이 아리우스파를 선택함으로 인해 수세에 몰린 가톨릭 세력은 클로비스를 통해 갈리아 지역에서의 불리한 종교적 형세를 만회하고자 노력했고, 레미기우스는 알레만족과의 전쟁이 끝난 후에도 클로비스에게 재차 개종을 설득했던 것으로 보인다.[22]

클로비스의 개종에는 정치적인 요인이 결정적인 영향을 미쳤다고 볼 수 있다. 본래 그는 게르만 왕국들과의 협력을 중시하는 입장이었다. 그로 인해 동고트의 테오도릭에게 자신의 여동생을 출가시켰고, 본인은 부르군트 왕국의 공주와 혼인했다. 이 왕국들은 모두 아리우스파 그리스도교에 속했으며, 클로비스의 집안에도 아리우스파를 신봉하는 사람들이 많았다.[23] 그럼에도 불구하고 클로비스가 결국 가톨릭을 선택한 것은 성공적인 정복과정과 통치에 대한 구상이 우선적으로 고려되었기 때문이다. 그는 로마 가톨릭으로 개종할 경우 갈리아 지역의 헤게모니 장악에 어떤 득실이 있을지 저울질했고, 갈리아 지역 귀족들과 가톨릭 세력을 끌어들여야 정복전쟁을 유리하게 전개할 수 있으리라 판단했을 것이다. 그리고 그의 예상대로 프랑크 왕국은 정통 신앙의 수용으로 주변세력과의 전쟁 국면에서 갈리아 주교들과 로마계 귀족들의 적극적인 협조를 받을 수 있었고, 나아가 비잔티움 황제의 지지도 기대할 수 있었다. 반면 이웃 게르만 왕국들에게 프랑크 왕국의 가톨릭으로의 개종은 커다란 위협이 되었다. 왕국 내의 갈리아-로마 귀족들이 프랑크족과 협력할 가능성이 커졌기 때문이다. 클로비스의 결단은 프랑크인과 로마인 주민들 사이의 긴밀한 융합도 가능케 해 왕국 내부의 진정한 통합을 위한 토대를 구축하게 되었다.[24] 후에 피피누스와 카롤루스의 통치 시기에 프랑크 왕국이 로마 교황과 긴밀한 협조관계로 발전할 수 있던 것도 이러한 종교적 기반 때문이었다.

국가교회의 등장

갈리아 주교들의 입장에서는 클로비스의 개종으로 주변 아리우스파 국가들의 압박에서 벗어날 수 있는 전기가 마련되었기에 이를 가톨릭의 승리로 기억할 만했다. 클로비스는 휘하의 장군들과 부하들이 개종에 부정적인 반응을 보일까 하여 염려했으나, 그들은 그리스도교의 하나님이 알레만족과의 전쟁에서 승리를 가져다준 것으로 믿게 되면서 흔쾌히 강력한 새로운 신을 받아들였다. 클로비스의 개종을 통해 가톨릭은 알프스와 피레네 산맥 북쪽지역에도 적극적으로 전파될 수 있었다. 주목할 점은 프랑크 왕국의 개종이 개별적인 신앙고백에 토대를 둔 종교적 사건이 아니라, 통치자의 결단에 따른 정치적인 사안이었다는 사실이다. 통상 세례는 부활절에 받는 것이 일반적이었으나, 비엔의 아비투스는 그 특별한 의미를 기리고자 클로비스에게 성탄절에 세례를 받도록 제안했다. 그리스도가 태어난 날에 세례를 받음으로써 국왕 자신과 그가 통치하는 왕국에게 새로운 하늘의 영광이 시작되는 의미를 부여하고자 했던 것이다. 랭스에서 거행된 클로비스와 그의 신하 3천 명에 대한 성대한 세례식을 계기로 클로비스는 물론 프랑크 왕국은 종교적으로 새로이 태어났으며, 왕권도 새로운 정당성을 부여받을 수 있었다.[25]

클로비스의 개종과 종교정책으로 프랑크 왕국 내에서 그리스도교는 일종의 국가교회가 되었다. 콘스탄티누스가 지배하던 로마제국에서와 마찬가지로 교회는 국가에 예속되었고, 국왕이 종교회의를 소집하고 주관했다. 주교 임명도 왕과 귀족들이 주도했다. 당시 갈리아의 주교구들은 아직 로마와 직접적인 관계를 맺고 있지 않았다. 로마제국 말기처럼 교회가 왕국으로부터 보호를 받은 반면, 국가의 요구에 대해 거부할 힘이 없어 세속화의 위험도 컸다. 더불어 이 시기의 그리스도교는 전례에 치중하는 형식적인 성격

2-4 클로비스의 세례

을 띠고 있었다. 신자들이 내적으로 복음을 받아들였는가가 그리 중시되지 않았다. 그리스도교는 중세 전 시기를 통해 유럽인의 심층에 계속 내면화되는 과정에 있었다. 그리고 서유럽인의 그리스도교 신앙이 내면화되는 과정에는 재속성직자들보다 수도사들의 활동이 결정적인 역할을 수행했다.

 게르만 왕국들에게 지배적이었던 아리우스파 그리스도교는 6세기 말에 큰 전환을 맞았다. 서고트 왕국은 507년 클로비스에게 패한 후 피레네 산맥 남쪽에서 톨레도를 중심으로 비교적 안정적인 통치를 이어갔다. 그렇지만 소수의 지배라는 불리한 조건에다가 가톨릭을 믿고 있던 피지배민과 종교적인 차이로 인해 국가적 통합에 어려움을 겪었다. 한때 국왕이 가톨릭 교도들을 강제로 아리우스파로 개종시키려 시도했으나 크나큰 반발만 불러일으킬 뿐이었다. 그런 상황에서 즉위한 국왕 레카레드(재위 586-601)는 적대적인 두 교회의 대립이 왕국을 분열시키는 상황을 해소하기 위해 589년 개최된 톨레도 공의회에서 스스로 아리우스파를 포기하고 가톨릭으로 개종하는 결단을 내렸다. 이는 왕국 전체의 개종과 더불어 내부의 종교적·사회적 긴장을 획기적으로 해소하게 되었음을 의미했다. 이러한 조치로 서고트 왕국은 프랑크 왕국과 같이 국왕이 교회 조직의 우두머리가 되는 국가교회의 모습을 갖추었으며, 고위 성직자들을 적극적으로 국정에 참여시켰다.[26] 8세기 전반 랑고바르드 국왕 리우트프란트(재위 712-744)는 이탈리아를 지배하려는 목표를 성취하기 위해 로마 가톨릭으로 개종함으로써 교황 및 이탈리아 주민들과 우호적인 관계를 맺으려 시도했다.[27] 이는 유럽에서 합법적 왕국을 통해 발전을 꾀하던 모든 국가들이 결국 이주민 정복자들의 종교를 스스로 포기하고 피지배자의 종교인 가톨릭을 선택하지 않을 수 없던 사회적 상황을 보여준다. 이로써 라틴 세계에서 아리우스파 이단의 역사는 일단락되었다.

토착 신앙과 성인 숭배

토착 신앙 및 이교와의 타협

유럽의 그리스도교화와 그리스도교의 유럽화는 동시에 진행되었다. 그리스도교는 유럽에 확산되는 과정에서 유럽의 토착 종교 및 이교들과 광범위하게 접촉했을 뿐 아니라, 그 영향을 받았다. 특히 4세기에 이교와의 공존을 추구하던 로마 황제들의 종교정책과 그리스도교에 대한 이해 없이 무작정 수용한 주민들로 인해 그리스도교에는 상이한 성격의 종교적 요소들이 침투했다. 콘스탄티누스 황제는 그리스도교를 공인한 후에도 태양신 숭배는 물론 이교적인 종교제의를 계속 허용했다. 앞서 언급했듯이 태양일(일요일)과 성탄절 등 적지 않은 그리스도교 축일에는 이교적 문화가 혼재되어 있었다. 신년 축제의 경우 그리스도교와는 아무런 관련이 없는 이교적 전통의 일부였지만, 지중해 세계 전역에서 연례행사로 성대하게 거행되었다. 여러 주교들이 이에 강하게 반대했지만, 이 행사는 시민들이 즐기는 축제로 꿋꿋이 지속되었다.[28] 4세기 말 그리스도교가 국교로 선포된 후 제국 내 이교도들의 신상과 신전들은 대부분 파괴되었다. 하지만 겉모습만 그리스도교로 위장한 채 다시 출현하는 경우가 적지 않았다. 사람들의 심성에 이교에 대한 지향이 여전했기 때문이다.

특히 제국 동부에서는 그리스도교와 이교의 혼재가 심했다. 동방의 교부들 대부분은 이교 및 그리스 고전 교육의 영향을 받은 자들이었기에 개인적으로 차이는 있지만 이교에 대해 우호적인 태도를 보이는 경우가 많았다. 당시에는 아테네, 안티오키아, 알렉산드리아 등에 있는 이교 학교들이 운영되고 있었다. 그리고 마술, 축제, 연극, 서커스, 부적, 점술 등 민중 문화 전반에도 이교 관습과 미신적 요소들이 많았다. 그리스도교가 로마의 국교가 된 후에도 제국에서 이교는 사라지지 않았으며, 이교 신도들은 신들에게 종교 박해자들을 응징해 달라고 호소하며 열광적으로 매달렸다. 시간이 지나 그리스도교가 이교와의 경쟁에서 승리한 후에는 이교 문화의 일부가 축제, 결혼, 장례 등과 각종 축일 등의 형태로 그리스도교 내로 흡수되었다.[29]

　　4세기에서 7세기 사이 게르만 대이동으로 인한 혼란기에 제국의 서부에서 그리스도교가 빠른 속도로 전파될 수 있었던 이유 중에는 토착 신앙 및 이교와의 타협이 있었다. 프랑크족이 이주한 갈리아 지방은 로마시대에 이미 그리스도교가 전파되어 교회 조직이 존재했다. 그렇지만 개종한 게르만들은 통치자의 결단에 의해 그리스도인이 되었기에 새로운 종교를 충분히 학습하거나 내면화할 기회를 갖지 못했다. 당시 종교기관에 의해 제도적으로 양성되었거나 준비된 성직자는 매우 제한적이었기에 개종자 대부분은 기존 종교의 관습에 대해 성찰할 여지가 없었다. 그들의 심성은 민간 신앙에서 크게 벗어나지 않은 채 혼합된 신앙관습이 지배했다. 특히 로마의 지배를 받지 않았던 게르만 지역에는 토착 신앙의 영향이 더욱 깊이 배어 있었으며, 민중들은 자연물이나 성스러운 것을 존중했고 정령을 숭배했다. 그들은 그리스도교의 신이 그들의 고유한 신들처럼 풍년이나 현실적인 복을 제공하는 존재이리라고 기대했다. 사제들은 이교적 관습 중 일부만 그리스도교적 형식으로 변형시키거나 덧붙이며 현실에 타협하는 태도를 취했다. 예를 들면 민중의 요청에 의해 풍년을 기원하되, 특정 성인의 날을 택해 성수를 뿌려 강복을 내림으로써 그리스도교적 전통을 덧씌우는 절충적 방식이 도입되었다.[30]

　　로마제국 내에서는 물론 경계 너머의 게르만에게도 개종 시에 이교

2-5 살리 법전

문화 혹은 토착 신앙의 포기를 요구하지 않았다. 개종자들은 단지 그들에게 풍요와 승리를 제공할 더 강력한 신을 선택한 것일 뿐이었다. 예전의 종교적 관습이나 미신은 심지어 법으로도 보호되었다. 단적인 사례는 살리법전(Lex Salica)에서 확인된다. 이 법전은 클로비스가 507년 서고트족을 갈리아에서 몰아낸 후 라틴어로 편찬한 것인데, 여기에 당시 프랑크 왕국에서 희생제 만찬에 사용할 커다란 거세된 수퇘지를 영물로 삼아 따로 구별해 보호했던 사실이 확인된다. 이는 게르만들에게 "경작지가 황금빛으로 물들 수 있도록 보장해 주는 존재"였다. 따라서 이 영물을 해하는 경우 엄중한 책임을 물어 큰 벌금을 지불하도록 했다.[31] 이와 같은 법령의 존재는 프랑크인들이 그리스도교를 받아들인 후에도 풍년이 하나님께 달려 있다고 믿기보다, 가시적인 영물의 특별한 능력이 여전히 통용되리라 생각했음을 시사한다. 프랑크 왕국은 국왕은 물론이고 신민 모두가 가톨릭으로 개종하여 그리스도교가 국가종교의 위상을 얻었지만, 종교의 내용에 있어서는 여전히 과거의 토착 신앙을 떨쳐버리지 않았다. 533년과 541년 두 번에 걸쳐 오를레앙에서 개최된 종교회의에서는 그 지역에 우상에게 제물을 바쳐왔던 신자들이 적지 않았음을 알려준다.[32] 특히 교구조직의 확립이 늦었던 농촌 지역은 이교적 관습이 사라지지 않고 오랫동안 지속되었다.

점진적인 그리스도교화 전략

게르만 왕국에서는 이교 신전을 그리스도교의 성전으로 삼는 일도 빈번했다. 갈리아의 브리우드(Brioude)에 위치한 마르스와 헤르메스의 신전 터에 성 율리우스(St. Julian) 교회를 건축한 것이 대표적인 사례이다. 이교적 신들의 이름 대신 새로이 성인 혹은 순교자의 이름을 갖게 된 건축물이 자랑스레 보존되었던 것이다. 이러한 이교적 과거와 그리스도교적 현재가 융합되던 상황은 제국의 동부에서 더 일반적이었다.[33] 동부에서는 이러한 문제에 대해 관심을 표하는 기록을 찾기 어렵지만, 라틴 교회의 지도자들은 이와 같은 상황 때문에 그리스도인에게 이교 신앙의 잔재가 계속 머물러 있으며, 기회가 주어지면 다시 모습을 드러내리라 우려했다. 아를의 주교 카이사리우스는 교인들에게 이러한 영적 상황에 대해 경계했다.[34]

한편 교황 그레고리우스는 잉글랜드 선교사들에게 선교에서 토착화를 강조하고 성상의 사용을 용인했다. "이교도의 신전을 전부 파괴할 필요는 없소. 단지 그 안에 있는 우상만 제거하시오. 그들의 신전을 성수(聖水)를 뿌려 정화한 뒤 그리스도를 위한 제단을 세우고 성자의 유골을 안치하시오. 그들의 성소(聖所)가 파괴되지 않은 것을 본 사람들은 잘못된 믿음을 차츰 포기하고, 그들에게 익숙한 장소에서 진정한 신을 경배하기 위해 몰려들 것이오. …… 굳어진 마음을 단번에 풀어헤치기는 어려운 법이오. 산의 정상에 오르려면 서서히 한 걸음씩 나아가야지, 단번에 뛰어갈 수는 없는 일이오."[35] 교황의 진술처럼 당시 그리스도교는 이교적 잔재를 일소할 수 없었다. 그로 인해 성수의 마술적 능력으로 정화하는 방법을 택했다. 이런 방식으로 개종자들에게 내재하는 종교심을 그리스도교의 절대자에게로 점진적으로 옮겨놓는 것이 현실적이며 동시에 효과적이라 판단했다. 하지만 신자들이 과거의 신과 종교로부터 떠나야 할 필요성이나 계기가 주어지지 않는 상황에서 교황의 의도가 성공을 거두기는 쉽지 않았다.

초기에 그리스도교 선교사들은 기적을 통해 그리스도교의 하나님이 이방 신보다 강력하다는 사실을 보여주는 데 주력했다. 성인전을 비롯해 당대의 여러 기록들은 그들이 경험한 신비한 기적들로 채워져 있는데, 그런 불가사의한 능력들이 선교의 동력이었다. 한편 자연세계를 신성하게 여기는 종교적 습성이나 기적에 대한 당대인의 태도는 이전의 토속신앙과도 연결되어 있었다. 그리스도교는 기적이나 치유를 바라던 이교적 관습이나 심성에 일부 요소만 변경하거나 덧붙였다. 그리스도교가 지배종교가 된 후에도 유럽에는 성직자가 충분하지 않았고, 이교 문화에 길들여진 민중들에게 그리스도교를 어떻게 가르쳐야 할지 표준화된 신앙규범도 마련되어 있지 않았다. 이것이 개종자가 이교 신앙의 잔재로부터 자유롭지 못한 또 다른 이유였다. 사제나 수도사의 입장에서는 민중에게 낯선 성경의 내용을 설교해 이해시키는 것보다 여러 기적으로 널리 알려져 있는 마르티누스(Martinus, 프랑스식 이름 생 마르탱, 316-397)와 같은 성인의 삶을 배우고 나아가 숭배하도록 가르치는 것이 훨씬 효과적이었다.[36]

성인 및 성유골 숭배

그리스도교는 이생에서 신앙을 위해 목숨을 잃었거나 성인에 걸맞은 덕행과 기적을 베푼 바 있는 인물을 사후에 시성을 통해 성인으로 추대한다. 엄격한 제도적 절차가 마련되기 이전인 고대 말과 중세 초 사이에 성인으로 추앙된 자들이 많다. 성인 숭배는 로마제국이 그리스도교를 박해하던 시기에 공동체 내에 발생한 순교자 혹은 금욕, 덕행, 기적 등으로 그 행적이 본이 되는 교회 지도자를 기리는 관습에서 본격화되었다. 그 기원은 대박해 시대 이전에 신자들 혹은 신앙공동체가 성인의 무덤에 모여 경배하고 그곳을 거룩한 장소로 의미부여하는 경향에서 비롯되었다. 이는 고대에 죽은 육체를 부정하게 생각하던 태도와는 확연히 다른 부활 신앙의 영향이라 해석된다. 그로 인해 로마 성벽 밖에 형성된 카타콤이라 불린 공동묘지들이 신성한 장소로 부상했다. 신앙 공동체들은 성인의 무덤을 중심으로 모였으며, 점차 이곳이 종교 의식의 중심이 되었다. 이들 성인들의 무덤이 공동체의 본이자 자산이 되면서 신자들은 성인의 축일을 기념하고 그들이 실천한 신앙의 모범을 권장했다. 이곳이 종교적 영성을 함양하는 특별한 공간으로 자리 잡게 되자 공동체 구성원들의 생활공간에서 성인의 무덤이 위치한 곳까지 순례가 행해지기도 했다.[37]

성인의 유해와 무덤이 신성한 공간이자 지역 종교생활의 거점으로 부상하면서 차츰 이를 도시 내 공동체의 거주 지역으로 수용하려는 경향도 생겨났다. 사람들은 성인의 무덤 곁에 머무르기를 원했고, 사후에는 그의 곁에 매장되기를 소망했다. 그 결과 성인의 무덤 주변에 일반 성도의 무덤들도 조성되었다. 그리고 이들 순교자가 묻힌 곳에 공동체가 예배하는 성전을 건축하고, 교회 건축물을 특정 성인에게 봉헌하는 사례도 늘어났다. 산 자들이 사는 도시와 죽은 자들이 묻힌 도시 밖 무덤 사이의 경계가 무너진 것이다. 성인들의 무덤은 하늘과 땅이 만나는 특별한 장소라는 의미가 부여되었다. 성인들은 죽어서도 하나님과 인간 사이를 중재하고, 기적을 통해 하나님의 현존을 드러낸다고 믿었다. 신자들은 성인의 무덤에 그의 영혼이 머무르고, 하나님이 성인들을 통해 세속세계에 관여한다고 이해했다. 그로 인해 하나님과 친밀한 관계에 있는 성인들에게 전구(轉求), 즉 하나님께 대신 기도해 줄 것을 요청했다. 이처럼 중세 초기 민중의 신앙심은 성인을 통해 발현되었다고 할 수 있을 정도로 성인 숭배 문화는 신앙생활 전반에서 큰 비중을 차지하였다.

순교자 및 성인 숭배는 고대 말과 중세 초기에 성인의 유골과 유물을 숭배하는 성유골 및 성유물 숭배로 확장되었다. 신자들은 성유물이나 성유골이 성인의 사망 이후에도 기적을 일으킬 능력이 있다고 믿었기에 성인의 시체나 유골을 일부라도 차지하려고 경쟁했다. 성유물도 성인이 세상에 남긴 임재나 기적의 흔적이었기 때문에 유골 못지않게 의미를 지녔다. 콘스탄티누스 황제의 모친 헬레나는 325년 예루살렘 성지 순례를 계기로 성지에 대한 숭배와 성인 숭배 문화를 확산시키는 데 기여했다. 전설에 따르면 그녀는 예수가 매달렸던 십자가와 그의 무덤을 발견했다 한다. 그리고 그 장소에 성묘교회를 건축하는 등 성지에 몇몇 기념비적인 교회를 건축하는 데

2-6 303년 13세에 순교한 생트 푸아의 성유골함

결정적인 역할을 했다. 그녀가 예수의 유적을 성역화한 것이 계기가 되어 점차 성지순례 붐이 일어났다.[38] 헬레나는 성유물에도 집착이 컸는데, 예수를 십자가에 박았던 못을 발견했다고 알려져 있다. 그리고 예수뿐 아니라, 성경적 인물과 직접 관련된 유물들을 성물로 특별 취급하는 데에도 기여했다. 그녀는 그와 같은 공헌 때문에 후에 성녀로 추앙되었다.

기적, 성인 숭배, 성유물 숭배 그리고 나아가 순례는 그리스도교 신앙과 관습에 의해 상호 연계되는 의미를 지니게 되었다. 로마제국 말기부터 각종 특혜를 받고 있던 주교들은 5세기 이래 막대한 부를 관리하게 되었고, 성인 및 성유물 숭배를 통해 교회의 부와 권력을 과시하는 경향을 나타냈다. 특히 서방 교회에서는 누구의 성유골을 소유하고 있느냐에 따라 교회의 명성이나 위계에 영향을 미쳤다. 이는 비잔티움 및 근동의 종교문화와 비교할 때 중요한 차이를 나타낸다. 동지중해와 근동에도 성유골과 순례지들이 존재하지만, 교회의 권력구조를 지탱하는 토대로 작용하지는 않았다.[39]

성인 숭배의 이교적 기원

대부분의 학자들은 성인숭배 문화가 자연에서 신성한 것을 찾던 게르만들의 토착 신앙은 물론 로마의 정령숭배와 연관이 있다고 해석한다. 일부는 성인숭배 전통에 근동 이교 신앙의 영향까지 거론한다. 그리스도교는 무덤에 영혼이 머무른다고 가르치지 않았지만, 성인숭배는 무덤에 영혼이 존재한다는 사고와 연결되어 있었다. 중세 초 그리스도교 지도자들조차 이러한 경향이 다신교적 문화의 영향이라고 비판했다.[40] 사망한 영웅을 기리고 높이는 문화는 여러 전통들에 기원이 있으며, 헬레니즘 시대에도 죽은 자를 영웅시하는 문화가 존재했다. 가톨릭에서는 그리스도교의 성인숭배가 다신교의 영웅숭배와는 다르다고 주장한다. 성인은 그리스도의 은총에 힘입어 그리스도와 완벽하게 결합해 성화의 길로 나아간 존재이고 그 위대함은 그리스도에 기반한다는 것이다.[41] 하지만 당대인들 중 상당수 지식인 계층이 유골과 순교자 숭배를 다신교적 풍속이자 미신이라고 지적한 사실은 시사하는 바가 크다. 이를 감안하면 성인숭배는 이교적·다신교적 사상에 물들어 있던 사람들이 그리스도교를 받아들여 개종자가 된 후 이전에 익숙했던 문화를 교회로 들여와 그리스도교와 혼합시킨 결과로 이해하는 것이 자연스럽다. 기적이나 치유가 절실했던 당대인의 종교적 태도가 이전의 자연적인 토속 신앙을 소환했을 것이다. 그러면서도 의식적으로는 그리스도교가 토착 신앙보다 강력한 종교적 효력을 지녔다고 믿으려 했다.

특정 신이 개인이나 가문, 집단, 나아가 국가를 보호하는 수호신이나 정령을 숭배하는 사상은 로마에 깊이 뿌리내린 이교문화였다. 이런 문화가 그리스도교에서 특정 직업집단을 보호하는 방식 등으로 적용된 것이 수호성인제도였다.[42] 성인들마다 고유한 날이 지정되고, 성자들마다 고유한 영역이 할당되었다. 예를 들면 로쿠스는 페스트를 치유하는 데 능력이 있었고, 크리스토포루스는 치통에서 보호해주며, 에라스무스는 출산을 돌보고 난파선을 구호하는 데 특화된 성인이었다.[43] 특정 물건, 장소, 일자 등이 신성하다고 기념하는 문화는 로마 이교들의 영향이었다. 이들 성인숭배의 절정은 마리아 숭배였다. 3-4세기에 등장한 마리아 숭배는 여신을 숭배하던 동방적 전통으로부터 생성하고 발전했다. 마리아 숭배는 특히 431년 에페소 공의회에서 성모 마리아를 '하나님을 낳으신 분'(theotokos)으로서 마땅히 공경해야 한다고 규정한 것이 중요한 계기가 되었다. 서방에서는 6세기에 이르면 마리아가 미사경본에 등장한다. 마리아 숭배는 11, 12세기에 클레르보의 베르나르 등의 영향으로 크게 확산되었으며, 중세 말 흑사병이 유행하던 때에 개인은 물론 도시나 지역공동체 전체를 보호하는 존재로 인식되며 재차 절정에 이르렀다.

맺음말

콘스탄티누스로부터 테오도시우스 황제에 이르기까지 그리스도교가 로마제국 내에서 공인되고 국교로 인정되고 있던 4세기에 제국 변방에 있던 게르만들은 제국 내부로 대이동을 진행했다. 새로운 시대의 시작이었다. 게르만들은 처음 접한 아리우스파 그리스도교를 우여곡절 끝에 대부분 수용하기에 이르렀으나, 장기적으로 볼 때 정통-이단을 구분하는 다툼에서 자유로울 수 없었고, 결국 그리스도교 분열의 피해자가 되었다.

동고트와 프랑크 왕국의 상반된 운명은 정통 혹은 이단 종파의 수용이 큰 영향을 미쳤다. 동고트는 테오도릭의 통치력으로 이탈리아 반도에서 일찌감치 안정과 번영을 회복했지만, 아리우스파 그리스도교를 신앙했기에 로마계 주민들과 통합을 이룰 수 없었을 뿐 아니라, 비잔티움 제국의 견제와 공격의 주요 대상이 되었다. 반면 게르만 왕국들 중 가장 늦게 개종한 프랑크 왕국의 경우 라틴 세계가 아리우스파 때문에 분열되어 있는 상황을 감안해 정치적 유불리를 저울질했고, 결국 클로비스는 가톨릭으로의 전략적인 개종을 선택했다. 이로 인해 로마 가톨릭교회도 서유럽에서 겪고 있던 열세를 만회할 새로운 반전의 기회를 잡게 되었다. 결국 프랑크 왕국은 주변세력과의 전쟁에서 갈로-로마계 귀족들과 교회의 지원을 받을 수 있었고, 장기적으로 로마 교황과 연대할 수 있는 토대도 구축했다.

중세 초 게르만 왕국들의 그리스도교화는 신민들의 자유로운 선택에 의해 점진적으로 이루어진 것이 아니었다. 그보다는 통치자의 결단에 의해 일시에 위로부터 아래로 이루어진 정치적인 사건에 가까웠다. 왕국의 개종 여부에 있어서 신민들은 수동적인 존재에 불과했고, 새로운 종교를 이해하고 파악할 기회가 부족했다. 더군다나 성직자가 절대적으로 부족했을 뿐 아니라, 교회 조직도 체계적으로 확립되어 있지 않아 성직자나 신민 모두에 대해 내실 있는 종교교육이 이루어질 수 없었다. 로마제국의 유산으로 게르만 지역에도 국가교회의 전통이 이어졌기에 교회 조직은 정치적으로 이용될 여지가 컸다.

형식화된 종교 의례로는 종교적 갈망을 충족시킬 수 없었기에, 신민들은 상황에 따라 토착 신앙이나 이교에서 복을 빌고 위안을 찾으려는 이중적인 태도를 보였다. 그리스도교가 이교와의 경쟁에서 정치적으로는 승리했지만, 신민들의 심성에는 기존 토착 신앙 및 이교 문화가 여전히 잔존해 있었다. 그 결과 중세 초 유럽의 그리스도교는 이교 혹은 토착 종교와의 습합 현상이 두드러졌다. 한편 성인은 중세 초 이교적 전통에 길들여 있던 자들에게 신앙의 모범으로서 효과적인 신앙의 구심점이 되었다. 성인숭배 문화가 널리 확산된 근저에는 이교적 종교 전통의 영향이 있었으며, 이는 중세 초를 거치며 순례와 결합하여 그리스도교적 종교문화로 정착했다.

주

1 —— 타키투스는 게르만 최고의 신 '보탄'을 라틴어로 '메르쿠리우스'로 표기했다. 그의 책에 따르면, 게르만들은 헤라클레스와 마르스뿐 아니라 이시스에게도 제물과 경배를 올렸다. 타키투스, 《게르마니아》, 천병희 역(숲, 2012), 40-41쪽.

2 —— 타키투스, 《게르마니아》, 41쪽.

3 —— 게르만의 초기 이주 상황에 대해서 상당한 논쟁이 진행되고 있다. Guy Halsall, *Barbarian Migrations and the Roman West 376-568*(Cambridge, 2007), pp. 175-178.

4 —— 혼돈의 시기를 헤쳐나간 지도자 아우구스티누스를 역사적으로 이해하는 데에는 다음 서적이 도움이 된다. 피터 브라운, 《아우구스티누스》, 정기문 역(새물결, 2012).

5 —— Philostorgios, *Historia ecclesiastica* II. 5, ed. by J. Bidez & F. Winkelmann(Berlin 1971); Sozomenos, *Historia ecclesiastica*. II 6 ed. by J. Bidez & G. C. Hansen (Berlin, 1960).

6 —— 동고트족, 서고트족, 반달족, 프랑크족 등은 모두 대이동 과정에서 새롭게 형성된 세력들이다. 한 예로 후일 아키텐에 정착한 알라릭이 통솔한 서고트족은 고대 고트족의 일부가 아니라, 대이동기를 거치며 새로 형성된 집단이다. 도나우 강변의 테르빙족과 그레우퉁족, 그리고 라다가이수스가 이끌던 고트족 잔류세력이 새로이 연합했다. 피터 히더, 《로마제국 최후의 100년》(뿌리와이파리, 2008), 637쪽.

7 —— 이 인물과 더 상세한 역사적 맥락에 대해서는 E. A. Thompson, *The Visigoths in the Time of Ulfila*(Oxford: Clarendon Press, 1966) 참조.

8 —— H. Wolfram, "Ulfila", *Lexikon des Mittelalters* vol. VIII(München, 2003), col. 1189-1190.

9 —— 전승에 따르면 울필라스는 구약성경도 번역했다고 하나 확실하지는 않다. Codex Argenteus(은의 서)는 울필라스가 번역한 고트어 성경의 6세기 필사본으로써 현재 스웨덴 웁살라 대학에 보존되어 있다. 이 성경은 게르만 언어로 옮겨진 최초의 성경이다.

10 —— 전자의 주장은 오이겐 에빅Eugen Ewig, 후자의 주장은 톰슨E. A. Thompson이 대변해 왔다. Eugen Ewig, "The First Contacts of Christianity with the Germans and the Conversion of the Goths", Jedin and Dolan eds., *History of the Church*, vol. 2(New York, 1980), pp. 225-230. E. A. Thompson, *The Visigoths in the Time of Ulfila*, 1966.

11 —— James C. Russell, *The Germanisation of Early Medieval Christianity*(New York/ Oxford, 1994), pp. 137-138.

12 —— Herwig Wolfram, *Die Germanen*, 7th ed.(München, 2002), p. 87.

13 —— Halsall, *Barbarian Migrations*, pp. 286-287.

14 —— Herwig Wolgram, *History of the Goths*(Berkeley, L.A., London, 1990), pp. 306-

315.

15 —— Peter Heather, *The Goths*(Malden, 1998), pp. 259-261.

16 —— Halsall, *Barbarian Migrations*, pp. 291-292.

17 —— 에스파냐의 서고트족에 이어 8세기 전반 랑고바르드 국왕 리우트프란트마저 로마 가
톨릭으로 개종했다. 이 사건은 서방에서 합법적 왕국을 통한 발전을 꾀하던 세력이
라면 로마 가톨릭을 선택하지 않을 수 없게 된 상황을 시사한다. 이로써 서방에서 아
리우스파의 짧지 않은 역사는 일단락되었다. Jeffrey Richards, *The Popes and the
papacy in the Early Middle Ages 476-752*(London, 1979), pp. 36-45.

18 —— 오스트로고르스키,《비잔티움 제국사 324-1453》(까치 1999), 48-58쪽.

19 —— Halsall, *Barbarian Migrations*, pp. 304-305.

20 —— Gregory of Tours, *Historiae*, II. 30.

21 —— J. N. Hillgarth ed., *Christianity and Paganism, 350-750: The Conversion of
Western Europe*(Philadelphia, 1969), p. 74.

22 —— *Gregorii episcopi Turonensis Libri Historiarum*, ed. Bruno Krusch and Wil-
helm Levison, MGH SRM I 1,(Hannover 1951), II. 31.

23 —— I. N. Wood, "Gregory of Tours and Clovis", *Revue belge de philologie et
d'histoire* 63(1985), pp. 249-272.

24 —— Halsall, *Barbarian Migrations*, pp. 306-307.

25 —— Bishop Avitus of Vienne to Clovis(c. 496), ed., R. Peiper, *MGH, AA*, VI. 2(Berlin,
1883), pp. 75-76. Hillgarth ed., *Christianity and Paganism*, pp. 76-78에서 재인
용.

26 —— Hillgarth ed., *Christianity and Paganism*, 90-93. 로저 콜린스, "비시고트 스페
인, 409-711", 레이몬드 카 외,《스페인사》, 김원중·황보영조 역(까치, 2006), 70-73
쪽 참조.

27 —— Roger Collins, *Early Medieval Europe 300-1000, 2ⁿᵈ ed.*(New York, 1999), pp.
231-232.

28 —— Peter Brown, *The Rise of Western Christendom: Triumph and Diversity. A.D.
200-1000*, 10ᵗʰ Anniversary Revised Edition(Chichester, West Sussex 2013), p.
85; M. Meslin, *La fête des Kalandes de Janvier dans l'empire romain*(Brussels,
1970).

29 —— Brown, *The Rise of Western Christendom*. pp. 172-173.

30 —— Brown, *The Rise of Western Christendom*. pp. 154. 카이사리우스의 설교에서는
당시 민중문화에서 그리스도교와 이교 전통이 혼합되던 여러 양상을 엿볼 수 있다.

Caesarius of Arles, *Sermons* 33. 4, 50. 1.

31 —— Pactus Legis Salicae II §16. Katherine Fischer Drew, *The Laws of the Salian Franks*(Philadelphia, 1991), p. 67. 범법자가 지불해야 하는 벌금이 무려 700 데나리에 달했다. 1 데나리우스가 통상 하루 임금에 해당했으니, 요구되는 벌금이 2년 연봉을 넘어서는 거액이었다.

32 —— *Concilium Arurelianense, anno 533*, canon 20: *Concilium Arurelianense, anno 541*, canon 15 *MGH Concilia* 1, 64 and 90.

33 —— Brown, *The Rise of Western Christendom*. pp. 148-151.

34 —— Brown, *The Rise of Western Christendom*. pp. 151-154.

35 —— Pope Gregory the Great, *Epistle* XI, 56.

36 —— 생 마르탱은 아미앵에서 군인으로 복무하던 시절 헐벗은 거지에게 자신의 외투를 반으로 잘라 나눠준 것으로 유명한 4세기 인물로 중세 내내 서유럽에서 누구보다 큰 인기를 누린 성인이다. Voragine, *The Golden Legend*, pp. 678-686.
가톨릭에서는 '성인 공경'이라는 용어를 사용하지만, 학계에서는 일반적으로 '성인 숭배'라는 용어를 사용한다. 본래 의미에 걸맞은 뉘앙스는 두 용어의 중간일 것으로 판단되는데 이 글에서는 보다 일반화된 후자의 용어를 채택한다.

37 —— 피터 브라운,《성인 숭배》, 정기문 역(새물결, 2002), 111-119쪽.

38 —— 김덕수,《로마와 그리스도교》, 273-274쪽

39 —— 브라운,《성인숭배》, 58쪽.

40 —— 브라운,《성인숭배》, 87-89쪽.

41 —— [모든 성인 대축일 기획] 성인공경의 참 의미, 박영호 기자, 〈가톨릭 신문〉 2000년 10월 29일자 https://www.catholictimes.org/article/article_view.php?aid=173923. (2020년 5월 15일 검색.)

42 —— Keith Thomas, *Religion and The Decline of Magic*(New York, 1971), pp. 27-28.

43 —— 성인들의 전문 분야는 책마다 다소 차이가 있는데, 이를 열거한 전형적인 목록은 다음 책들에서 얻을 수 있다. T. J. Pettigrew, *On Superstitions connected with the History and Practice of Medicine*(1883), pp. 37-38; W. G. Black, *Folk-Medicine*(1883), pp. 90-94. 한편 인문주의자 에라스무스는 이러한 성인 숭배 풍속을 일컬어 '미신의 바다'라고 조롱했다.

수도사의 영성과
수도원 제도

3

본보기가 된 수도사와 수도 공동체

금욕의 실천

그리스도교의 수도생활은 고대 인도에서 유래했다고 추정될 정도로 불교를 비롯한 여러 종교나 문명에도 은거하며 수도하는 종교전통들이 존재했다. 특히 금욕적인 삶은 고대 동방에서 두루 존경을 받았다. 고대 그리스 철학이나 동방의 종교들에서도 금욕적 전통은 큰 비중을 차지했으며 중시되었다. 스토아 철학을 비롯한 자연법 사상에서는 내적인 자유를 위해 금욕을 권장했다. 플라톤도 지혜, 용기, 절제, 정의라는 네 가지 덕을 실현하기 위한 방편으로 금욕을 꼽았다. 예수와 동시대를 살았던 유대교 철학자이자 지도자 알렉산드리아의 필론(Philon Judaeus, BC 15-AD 45)도 금욕을 통한 인간의 완성을 가르쳤다. 이와 같은 오랜 지향은 그리스도교에 대한 인식에도 영향을 미쳤다. 사람들은 예수 그리스도와 사도들을 금욕적 삶의 본을 보이고 나아가 실천한 자들로 이해하고, 이러한 삶을 추종하려 했다. 사도들이 독신을 실천하고 재물을 포기하라고 권고하던 언설 등도 모두 이에 부합한다고 생각되었다. 당대의 종교 및 철학 조류들은 금욕에 대한 가르침과 실천을 둘러싸고 서로 경쟁적 관계에 있었으며, 영지주의와 같이 이원론적 사고를 토대로 한 유사 그리스도교에서도 금욕은 특별히 강조되었다.[1]

2-3세기 무렵 그리스도교 내에서 예수를 따르는 온전한 삶을 살기 위해 동방에서 자발적으로 금욕을 실천하며 기도에 몰두하는 수도사들이 있었다. 이들은 홀로 유랑하며 수도생활을 했고, 종종 설교하거나 가르침을 베풀기도 했다. 초기 지도자들 중 알렉산드리아의 오리게네스는 세상에서 벗어나 홀로 은둔하며 그리스도인다운 삶을 선택하는 자들에 대해 긍정했다. 초대교회에 널리 수용되었던 임박한 종말에 대한 확신도 금욕적 삶을 살도록 재촉했다. 그렇지만 금욕과 고행을 선택한 사람들은 개인의 신앙과 구원에 특별한 관심을 보인 자들이었다. 지역의 신앙공동체에 점차로 많은

사람들이 모여들면서 공동체적 생활이 관상과 금욕적인 삶에 몰두하는 데 방해가 되었다. 이에 불가피하게 세상과 단절을 선택하고, 천상세계와의 특별한 교감을 추구하려던 자들은 사막으로 나아갔다. 여기에 그리스도교에 대한 간헐적인 박해도 추가적인 동기로 작용했다.[2]

본보기가 된 사막교부들

3세기에 이집트와 시리아에는 그리스도를 따르는 삶의 한 형태로 세속을 벗어나 홀로 금욕을 철저히 실천하는 자들이 등장했다. 이들 수도사들은 고독과 침묵에서 큰 유익을 얻고자 불모지 사막으로 들어가 생활했다. 초기에 가장 유명한 수도사는 안토니우스(251?-356?)였다. 안토니우스는 270년경 나일강 좌안에 위치한 고향에서 멀지 않은 동굴에서 한 은수자에게 의탁하여 10년간 금욕생활을 한 후 그곳을 떠나 좀더 깊은 요새에 은거해 20년을 생활했고, 마지막으로는 더 깊은 사막으로 들어가 은둔했다. 사막의 고독 속에서 세상과 근본적으로 절연하고 하나님께 온전히 투신하기 위해 모든 것을 포기한 삶을 선택한 것이다. 그는 당대에 큰 명성을 얻어 찾는 자들이 무척 많았다. 수도승 생활을 열렬히 옹호하던 알렉산드리아의 대주교 아타나시우스는 이 인물의 삶에서 그리스도인은 물론 이교도도 감화할 만한 수도생활의 모델을 발견했고, 그의 전기를 저술했다.[3] 사막교부들은 세상으로부터 점진적으로 은둔하다가 결국 보다 깊은 황량한 사막에 거점을 두었고 그곳에서 관상과 금욕에 몰두했다. 안토니우스는 전기에서 사막에서 하나님만을 바라보며 사탄의 온갖 유혹을 이겨낸 인물로 추앙되었다.[4]

사막교부들의 생활방식은 매우 다양했으나 교부들의 뚜렷한 개성이 독창적인 모습을 만들어 냈다. 약간의 개인차가 있으나 노동과 기도는 금욕생활 중에도 필수적이었다. 구원을 위해 하나님께 나아가는 것이 중요한 관심사였기에 기도에 우선순위를 두었으나, 삶을 영위하려면 최소한의 노동도 뒤따라야 했고, 이는 다른 사람을 구제하는 수단이 되기도 했다.[5] 은수자(隱修者), 즉 독수도승 중에는 독특한 방식으로 금욕을 실천하는 자들

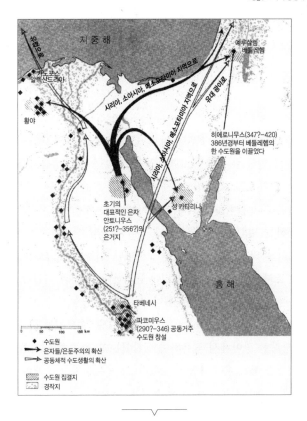

3-1 이집트 주변의 초기 수도원

도 있었다. 널리 알려진 본보기는 시리아의 주상(柱上) 성자 시메온(Symeon, 390-459)이다. 그는 본래 양치기였는데, 회심 후 수도자가 되어 청결한 삶을 추구하기 위해 자신의 발을 쇠사슬로 묶고 수행했다. 기행으로 인해 유명해져 많은 사람들이 찾자 그는 사람들과 거리를 두기 위해 기둥에 올라가서 생활하기 시작했으며, 30여 년간 점점 더 높이 이동했다. 그는 몸을 눕힐 수도 없고 비바람과 햇볕을 가릴 수도 없는 비좁은 나무 위에서 살았다. 목에 쇠사슬을 두르고, 머리카락도 자르지 않은 채 초인적인 금욕적 실천을 하여 명성을 얻었다. 그는 이를 모범적 그리스도인의 삶이라 확신했다. 많은 제자들이 그를 추종했고 그를 보기 위해 일부러 찾아오는 자들도 많았다.

그는 모인 청중들을 향해 매일 회심을 촉구하는 설교를 했다. 시메온은 예외적으로 교회의 요구에 응하기도 했는데, 아랍인에게 전도하기 위해 기둥에서 내려온 일이 있었다.[6]

초기 수도 공동체

4세기 초 은수자들 주위에 차츰 구도적 삶을 본받으려는 자들이 모여들자, 특정 인물을 중심으로 의도하지 않았던 공동생활이 전개되기도 했다. 물론 그와 별도로 이집트에는 홀로 지내던 은수자들이 계속 존재했으며, 그들은 자신들처럼 홀로 금욕을 실천하는 것이 더 거룩하고 완전한 삶을 추구하는 방식이라고 생각했다. 은수자들의 생활방식은 수도원이라는 공동체적 삶의 기본적인 토대를 구성했다. 이들은 이집트 나일강 하류의 북서쪽 스케티스, 켈리아, 니트리아 등의 사막 지역과 나일강 상류의 테바이스 등을 중심으로 모여 생활했다. 이들 초기 공동체 중 로마제국의 군인 출신 파코미우스(Pachomius 290?-346)가 이끄는 수도원이 두각을 나타냈다. 그도 황량한 광야에서 금욕하며 생활했는데, 추종하는 자들이 많아지자 공동생활을 통해 은수자들을 도왔다. 그는 은둔자들이 모여 있던 테바이스 지역의 타베네시(Tabennesi)에 첫 공동거주 수도원을 창설했으며, 공동생활을 통해 은수자들이 스스로에게만 관심을 집중하는 태도에서 벗어나도록 지도했다.

320년경 파코미우스는 현존하는 가장 오래된 수도 규칙을 작성했다. 규칙의 주요 내용은 세상과는 단절하되, 예배, 노동, 의식주는 공동으로 거행하도록 했다. 수도원장이 공동체 운영을 책임지고 수도자들은 규칙에 따라 생활하며 원장에게 복종하도록 했다. 이제 수도자들은 수도원 내에서 이전 광야생활에서 목표로 삼았던 관상, 고행, 금욕, 무소유(청빈) 등을 계속해서 추구할 수 있게 된 반면, 개성 있는 생활방식에는 다소 제한이 가해졌다. 이와 같은 표준적인 생활양식은 이후 여러 수도 규칙의 모델이 되었다.[7]

금욕적 전통은 이집트에서 기원해 팔레스타인과 시리아로 확산되었

3-2 은수자들의 생활

고, 시차를 두고 갈리아 지역은 물론 아일랜드까지 영향을 미쳤다. 순례차 이집트를 잠시 들렀거나, 일정 기간 동안 이집트에서 수도사와 수도원을 경험한 고행자들이 본거지로 돌아가 수도원을 세우는 경우가 많아졌다. 팔레스타인과 시리아에도 그와 같은 영향으로 여러 수도원이 설립되었다. 물론 이집트의 전통과 연관이 없는 수도원들도 있었다. 하리톤이 예루살렘 근교에 건설한 수도원들은 좁다란 골짜기에 세워졌는데, 공동체를 위한 시설과 개인 거처를 별도로 마련했다. 특히 시리아에는 수도원과 무관한 독자적이며 엄격한 금욕 전통이 형성되었다. 여기에는 마니교의 금욕적 성향이나 페르시아의 오랜 박해도 영향을 미쳤다.[8]

이집트 이외의 지역에 동방의 고유한 수도원 형식을 정착시킨 인물은 바실리우스(Basilius, 330-379)였다. 그는 아리우스에 맞서 니케아 신조를 적극 옹호한 신학자로도 평판이 높았는데, 본래 아나톨리아 지방 북동부 폰토스의 귀족 가문 출신이었다. 그는 수도사의 삶을 동경하여 이집트를 비롯해 여러 지역을 여행하면서 다양한 수도생활을 관찰하고 경험했다. 카이사레아의 주교가 된 후에는 성경을 토대로 수도 규칙을 작성했고, 이어 카파도키아에 수도원을 설립하는 등 수도원 공동체의 기반을 마련하려 노력했다. 바실리우스는 수도원을 참된 교회의 본질이라고 생각했고, 도시 내에 수도원을 건설해 구제와 교육의 기능까지 수행하게 했다. 그가 만든 수도원은 더 이상 세상과 단절되지 않았으며, 재속사제 양성소로서 새로운 역할을 담당했다. 이것이 동방 수도원의 전형으로 간주된다.[9] 그 영향으로 4세기 말에는 콘스탄티노폴리스에도 수도원이 건설되었으며, 451년 칼케돈 공의회에서는 주교에게 수도원을 감독하는 권한을 부여했다. 이들 수도원들은 차츰 영향력이 커져 4, 5세기에 비잔티움 제국이 여러 논쟁에 휩싸였을 때 교리문제는 물론이고, 교회 정치나 세속의 문제에까지 개입했다.

서방 수도원 전통의 형성

선구자들

동방보다는 늦었지만, 로마제국에 종교의 자유가 허용되고 그리스도교 신자들의 증가도 눈에 띄게 늘고 있던 4세기 후반 서로마 지역, 특히 이탈리아에서 수도사적 삶에 대한 열망이 일어 수도 공동체들이 형성되었다. 서방 수도원의 발전에는 금욕적인 동방 수도원을 접할 기회를 가졌던 여러 선구자들이 기여했다. 서방에서는 수도원의 귀족적 성격도 두드러졌는데, 특히 귀족 가문의 여성들이 수도원 설립에 중요한 후원자로 나섰다. 히에로니무스를 추종하던 과부 마르셀라는 도시를 벗어나 전원에서 여성들의 금욕 공동체 형성을 주도했다. 귀족들 중에는 도시에 있는 자신의 저택을 수도원으로 변형시켜 제공하는 일도 드물지 않았다.[10] 금욕적인 삶을 추구했던 밀라노의 주교 암브로시우스(Ambrosius 340?-397)는 밀라노와 그 주변에 많은 수도원을 설립해 밀라노가 수도원 중심지가 되는 데 기여했다. 그는 여성들로 이루어진 수도 공동체 즉 수녀원도 설립했다.[11]

히포의 주교 아우구스티누스는 동방 수도원의 영향이 적지 않았던 북아프리카 지역에서 모범적인 수도원을 만들기 위해 꾸준히 노력하면서 불합리한 점들을 개선했다. 그는 마니교로부터 돌아서서 완전한 회심을 하는 과정에서 안토니우스의 영향을 많이 받았을 뿐 아니라,[12] 개종 후에도 금욕하며 수도사처럼 생활했다. 주교가 된 후에는 교구에 속한 재속 성직자들에게 수도사처럼 생활하는 것이 바람직하다고 강조하며 그와 같은 삶을 권고했다.[13] 에스파냐 교회는 아빌라의 주교 프리스킬리아누스(340?-385)가 이원론에 가까운 극단적 금욕운동을 확산시킨 영향으로 금욕운동이 발달했다. 하지만 그가 마니교도로 몰려 처형된 후에는 동방 정교회 형태의 수도원이 발전하는 계기가 되었다. 이 시기에 라틴권 수도원과도 교류가 있었다. 갈리아 지역에는 프리스킬리아누스의 영향으로 프와티에와 투르 지역에 이미 4세기에 금욕운동이 확산되었다.

후에 투르의 주교가 된 마르티누스는 본래 군인이었다. 그는 사령관이었던 부친을 따라 이탈리아로 가서 그리스도를 받아들였고, 부친의 직업도 이어받았다. 아미앵으로 파견받은 마르티누스는 어느 날 헐벗은 채 추위에 떨고 있는 거지를 보았고, 자신이 입고 있던 외투의 절반을 잘라 주었다. 세베루스가 기록한 성인전에 따르면 그는 그날 밤 자신이 내어준 반쪽짜리 외투를 입고 있는 그리스도를 보았다고 한다. 그리고 그리스도가 둘러싼 천사들에게 "그리스도교에 이제 막 입문한 마르티누스가 이것을 내게 덮어주었다"라고 말하는 것을 들었다 한다. 이 경험은 그를 결정적으로 변화시켰다. 그는 군인으로 2년간 더 복무한 후 전향해 수도사의 길을 걸었다.[14] 금욕적 정신을 지향했던 그였으나 은둔하는 삶에 머무르기보다는 필요하다고 판단되면 세상과 교회의 사안에 직접 관여하였다. 많은 추종자들을 거느리게 된 마르티누스는 투르에서 주교로 사역을 하면서도 수도사의 정체성을 잃지 않았다. 그는 동방의 금욕주의적 전통에 갈리아적 교회의 상황을 접목시켜 독자적인 수도원 전통을 발전시켰다. 마르티누스는 사후 그를 추종하던 세베루스가 저술한 성인전에 의해 아키텐 지역에서 새롭게 조명을 받았다. 특히 클로비스가 마르티누스를 프랑크 왕국의 수호성인으로 숭배하면서 그의 독특한 수도 방식도 널리 확산되었다.[15]

한편 마르세유, 레랭 등이 위치한 론강 유역에도 고유한 성격의 수도

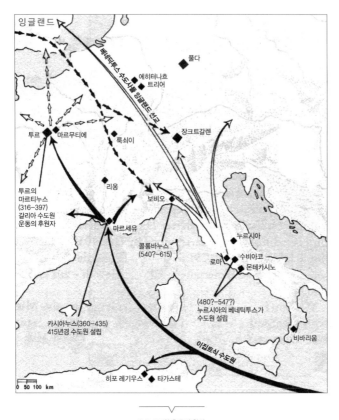

잉글랜드

풀다

에히터나흐
트리어

베네딕투스 수도사를 잉글랜드 선교

장크트갈렌

투르 마르무티에

룩쇠이

투르의
마르티누스
(316-397)
갈리아 수도원
운동의 후원자

리옹

보비오

마르세유

콜룸바누스
(540?-615)

누르시아

로마 수비아코
몬테카시노

카시아누스(360-435)
415년경 수도원 설립

(480?-547?)
누르시아의 베네딕투스가
수도원 설립

비바리움

이집트식 수도원

0 50 100 km

히포 레기우스 타가스테

3-3 수도원 운동의 확산

원들이 건립되었다. 이 지역에는 로마의 유산이 많이 잔존했는데, 그에 부
합하게 귀족적이며 훈련을 강조하는 동방적 전통이 발전했다. 동방 수도원
이 서방에 어떤 경로를 통해 영향을 미쳤는지 그 전모를 추적하기는 어렵
다. 하지만 동방 수도원을 경험한 수도사들이 초기에 개별적으로 동방적 수
도원 문화를 이식한 사례들은 확인된다. 호노라투스는 동방 지역에 순례
를 떠나 그곳의 수도원을 경험하고, 돌아와 레랭에 금욕적인 수도원을 세
웠다. 마르세유에서도 이집트에서 수도한 요한네스 카시아누스(360-435)가
415년 이래 활동하면서 비로소 수도원 운동이 시작되었다. 그는 〈공동생활
제도 De institutis coenobiorum〉와 〈24 교부의 영적 담화 24 Collationes

Patrum〉 등을 집필해 동방 수도원에서 경험한 바를 기록으로 남겼다. 그의 저술들은 수도생활에 대한 관심이 확대되고 있던 서방 수도원에 큰 영향을 끼쳤으며,[16] 귀족들로 하여금 정신적인 삶과 영적 완성을 추구하도록 인도했다. 론강 유역에서 성장한 수도사들 중에는 학식이 있는 인물들이 많았는데 상당수가 프로방스는 물론 갈리아 지역의 주교가 되었으며, 소속된 지역에서도 유사한 성격의 수도원들을 설립하여 수도 문화의 확산을 이끌었다.[17]

수도사들이 일군 아일랜드 교회

아일랜드 수도원은 기원이 독특하며, 특유의 문화를 간직하고 발전시켰다. 이는 아일랜드가 로마제국의 지배를 받은 적이 없는 섬이라는 사실과 켈트인 사회가 분권적 소규모 부족들로 조직되어 도시가 발전하기 어려운 환경이었다는 사실에 그 원인이 있다. 431년에 교황 첼레스티누스 1세 (422-32)는 팔라디우스(Palladius, 363?-432)를 주교로 임명해 아일랜드에 파송한 일이 있다. 팔라디우스는 그곳에서 아직 문명도, 복음도 접하지 못한 켈트인들을 대면했다. 당시 아일랜드 남쪽에는 그리스도인들이 소수 존재했던 것으로 알려지지만, 팔라디우스는 이렇다 할 성과를 얻지 못했고, 스코틀랜드로 가다가 목숨을 잃었다.[18]

아일랜드 선교의 역사는 통상 수도원을 개척한 파트리키우스(Patricius, 385?-461? 영어식 이름은 Patrick 패트릭)로부터 시작한다.[19] 그는 브리튼 섬에서 출생했으나 16세 때 해적에 의해 아일랜드로 끌려가 노예 신세가 되었다. 6년간의 감금생활 후 탈출해 부모에게 돌아왔으나, 그 후 다시 갈리아 지역을 전전했고 마르탱 수도원을 거쳐 레랭에서 수도사가 되었다. 고향에 돌아온 파트리키우스는 환시를 보고 하나님의 음성을 들었고, 431년경 아일랜드로 가서 30년간 선교활동을 펼쳤다. 그의 활동을 알 수 있는 기록이 상세하지는 않지만, 그는 이교와 우상숭배 등이 만연했고 그리스도교에 우호적이지 않아 포교가 어려운 환경에도 불구하고 전도를 통해 놀라운 반향을 일으켰으며, 많은 사람을 개종시켰다.[20] '선교사 주교'의 지위를 지니

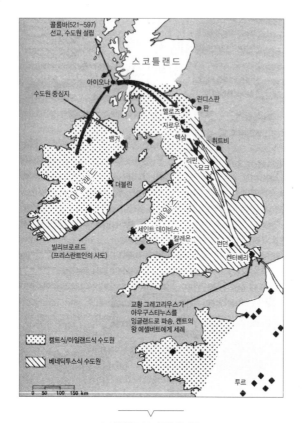

3-4 아일랜드 수도사들의 선교활동

고 있던 파트리키우스와 그의 제자들은 선교활동을 하며 수도원을 여럿 세
웠다. 수도원 건설은 주로 6세기 전반 이래로 진행되었다. 대표적으로는 브
렌단이 설립한 클론퍼트 수도원(Clonfert, 559년), 콜룸바(Columba, 521-597)가
설립한 데리(Derry, 549), 더로우(Durrow, 556), 아이오나(Iona, 563) 수도원 등
이 있다. 이들의 활동으로 아일랜드에서는 수도원장이 지역교회를 통솔하
는 수도원 중심 교회체제가 확립되었고, 속인들은 수도원을 중심으로 신앙
생활을 했다. 그리고 수도원 공동체 연합이 아일랜드 교회를 이루었다. 이
들 수도원의 금욕적 성격을 반영하듯 상당수 수도원은 대체로 궁벽한 장소
나 험한 바위 섬의 고립된 장소에 세워졌다.[21]

아일랜드 수도원은 레랭을 통해 전수된 동방적 전통이 큰 줄기를 이루었지만, 초기 지도자들이 아일랜드의 현실에 맞추어 변형시켰다. 이들은 세속으로부터의 단절과 고행을 비롯해 철저한 금욕 전통을 강조했다. 그리고 참회를 중시해 공개적인 고해를 의무화했고, 단식에 있어서도 엘리야, 예수, 모세의 본을 추종해 1년에 40일씩 세 차례를 시행했다. 후에 7성사 중 하나로 자리 잡게 된 고해성사는 아일랜드에서 기원한 전통으로 추정되고 있다. 수련을 마친 수도사들은 가족이나 고향을 떠나 타지를 순례하며 복음을 전하는 전통이 형성되었다. 그 결과 많은 선교사들이 양성되어 파견되었고, 이들이 스코틀랜드는 물론 유럽 대륙에 선교 열풍을 불어넣었다.[22] 6, 7세기에 아일랜드 수도원에서 선교를 위해 파송한 인원은 독일 115명, 프랑스 45명, 잉글랜드 44명, 벨기에 36명, 스코틀랜드 25명, 그리고 이탈리아 13명 등을 헤아린다.[23]

이 시기에 파견된 대표적인 선교사는 콜룸바누스(Columbanus, 540?-615)였다. 그는 그레고리우스가 교황좌에 오르던 다음 해인 591년에 수도사 12명과 함께 브르타뉴 해안가에 도착했다. 이들 아일랜드 수도사들은 갈리아 지역을 편력하면서 그리스도교적 생활태도와 행동규범의 본을 보이며 설교했다. 아일랜드에서 고립된 채 금욕적인 삶을 충실히 실천하던 콜룸바누스에게 프랑크 왕국 그리스도인의 신앙은 불철저한 것으로 비춰졌다. 갈리아에서 준수하고 있던 부활절 일자에 대한 문제제기도 그 중 하나였다. 그는 이 사안을 교황에게 서신으로 문의했지만 답신을 받지는 못했다. 당시 유럽 대륙의 그리스도교가 의례와 성유물 및 성인 숭배에 신앙생활의 초점을 두고 있던 반면, 콜룸바누스는 하나님과 인간의 관계, 죄와 참회를 강조했다. 콜룸바누스 일행의 금욕적인 생활방식, 게르만의 이교적 관습에 대한 투쟁, 비그리스도교적 생활방식을 영위하는 프랑크 귀족에 대한 용감한 비판 등은 많은 사람들을 감명시켰다.[24]

콜룸바누스는 궁정을 선교의 주요 목표로 삼았다. 아마도 국왕과 왕실의 신하들이 갖고 있는 영향력과 더불어 변화의 필요성을 느꼈기 때문일 것이다. 이들의 선교활동은 큰 성공을 거두었으며, 왕실은 수도원 건설을 포함해 여러 활동을 지원해주었다. 새로이 입회한 수도사들 중에는 고위 귀족 출신 자제들도 많이 포함되었다. 그는 부르군트의 룩쇠이(Luxeuil)와 퐁텐(Fontaine) 등에 수도원을 세우고 엄격한 수도 규칙을 만들어 지키게 했다.[25] 한편 콜룸바누스는 수도원이 주교의 감독하에 통제를 받는 것을 거부하여 지역 교회세력과 갈등을 빚기도 했고, 국왕이나 왕실에 대해서도 좀처럼 타협하지 않고 일관된 태도를 고수하다가 좌절을 겪기도 했다. 그는 부르군트 국왕 테우데리크 2세(재위 595-613)의 세속적인 생활방식을 여러 차례 비판했는데, 국왕의 혼외자식들을 축성해 달라는 요청마저 거부함으로써 국외로 추방되는 운명을 맞았다. 룩쇠이 수도원은 이후 프랑크 출신 수도원장이 맡아 운영했으며, 콜룸바누스는 생의 마지막 기간을 알레마니아 지역의 브레겐츠와 이탈리아의 보비오(Bobbio) 등에서 활동했다. 그의 사역 거점들에는 아일랜드식 대수도원들이 건축되었고, 상당한 기간 동안 영향력을 유지했다.[26]

아일랜드 지역의 수도원은 7세기에서 9세기 사이에 종교 활동의 절정을 맞았다. 이곳에서 활발하게 이루어졌던 필사 및 수공업 작업은 잉글랜드 지역의 수도원에 계승되었다. 수도사들에게는 기도와 예배 외에 규칙적인 학업과 노동의 의무가 부여되어 있었으며, 수도원 학교도 설립되어 선발된 수사들이 라틴어 읽기와 쓰기를 학습했다. 동 시기 이탈리아 수도원에서 볼 수 있던 자유학예에 대한 교육도 이루어졌다. 엄격하고 체계적인 훈련 덕분에 당대에 아일랜드 수사들의 필사 능력은 높은 평판을 얻었다.[27]

수도사적 삶의 이상화

앞서 살펴보았듯이 4세기 이래 6세기까지 서방에는 다양한 형태의 수도원들이 존재했다. 초기에 큰 영향을 미친 지도자의 영향으로 수도원마다 지역별로 독특한 전통이 형성되었다. 하지만 그들 수도원들이 본질적인 성격 차이를 보인 것은 아니었다. 초기에 서방 수도원에서도 금욕적 성격과 고행에 대한 강조가 두드러졌다. 동방에 비해 다소 완화되었을지라도 금욕은 어디에서나 중시되었으며, 강조점의 차이로 인해 달라 보였다고 할 수 있다. 그렇지만 수도자들은 자신들의 전통에 대한 애착과 자부심이 상당했다. 마르티누스의 영향을 받은 투르의 그레고리우스 같이 주교들이 수도사적 삶을 강조하고, 또 수도원을 설립해 성직자들에게 영향을 미치고, 성인 숭배의 본거지로 삼으려 한 것도 유사했다. 한편 수도원장들은 대체로 수도원에 머물며 세속 사회를 가까이 하지 않으려 했다. 수도원은 주교의 감독을 받아야 한다는 사실을 받아들였지만, 종종 성인 숭배를 둘러싸고 주교와 갈등을 빚기도 했다. 성인이 지닌 신성성과 영향력을 주교나 수도원장 모두 필요로 했기 때문이다.[28]

수도원의 발전은 중세 초 수도사의 삶의 방식이 진정한 그리스도인의 모습으로 폭넓게 인정되고 있던 사회적 분위기와도 관련이 있었다. 아타나시우스가 안토니우스와 같은 은수자의 삶을 발굴해 책으로 저술해 보급했듯이 초기 교회 지도자들은 금욕적인 삶의 실천이 세속적인 삶보다 고귀하다고 강조했다. 이들은 성직자들은 물론이고 모든 그리스도인에게 순종하는 수도사의 삶을 이상적인 신앙인의 모습이라고 주장하며, 독실한 금욕자로 만들려 했다. 이러한 유산은 중세 내내 유효하게 작동하여 수도원에 입회하여 수도사로 살며 금욕적인 생활을 해야 죄와 구원의 문제를 해결할 수 있다고 인식되었다. 진지한 속인들은 현직에서 물러나면 수도사적인 삶을 선택하는 경우가 많았다. 그것이 어려울 경우 수도사들에게 기도라도 요청해야 했다. 지배계층의 수도원 후원과 건축은 이러한 배경하에 발전했다. 수도사들의 모범적인 삶과 선교 활동도 수도원적 생활양식이 유럽 전역에 전파되는 데 기여했다. 한편으로 이들은 극단적인 이원론을 비판하면서도 사실상 이분법적인 삶의 태도를 지향했다. 카시아누스는 수도원 담 너머의 생활을 '율법에 따른 삶'이라 하고, 수도원 담 내부에서의 수행을 '복음에 따른 삶'이라고 구분지었는데,[29] 이와 같은 태도가 잘 드러난다. 일부 변경 지역을 제외한 라틴 세계 대부분이 그리스도교를 받아들이고 있었지만, 단지 교회의 일원이 되는 사람과 죄와 철저히 투쟁하고 있던 선택된 사람으로 구분 짓고 있었다.

3-5 수도 규칙을 하사하는 베네딕투스

이탈리아 수도원의 특징

　이탈리아 지역은 중세 초 유럽 수도원 문화의 중심으로 거듭났는데, 통상 동방 수도원과 대비되어 네 가지 요소가 강조된다. 우선 부유한 귀족 계급이 수도원 설립에 주도적 역할을 수행했다. 신앙에 감화를 받은 지배계급 중에 자식을 수도원에 보내는 경우가 많아졌고, 수도사 혹은 종교지도자에게 큰 재산이나 토지를 기부해 그곳에 수도원이 건립되는 경우도 빈번했다. 수도사들 중 다수가 빈민 출신이었으나 이들은 수도원에서 귀족 출신 수도사들과 사귀며 귀족 문화를 경험하고 경우에 따라 신분 상승을 이룰 수도 있었다. 그렇지만 수도사들 사이의 신분 차이로 인해 공동생활 중에 갈등이 발생하는 경우가 적지 않았다. 수도 규칙에 겸손, 공손, 청빈, 순종 등이 강조된 배경에는 이러한 사회적·문화적 요인이 있었다. 둘째, 수도원의 설립과 운영에서 주교들이 중요한 역할을 수행했다. 주교들이 지역 수도원도 관할하고 감독했기에 자연스레 수도원과 재속교회 두 기관은 밀접한 관계를 유지하게 되었다. 셋째, 서방의 수도원에서도 금욕의 이상이 중시되었지만, 종교기관으로 독자적인 성격을 확보하지 못하고 지역교회 및 주교에게 종속되어 독자성이 위협을 받았다. 넷째, 일부 수도원은 궁벽한 곳에 세워지기도 했지만, 대체로 촌락이나 도시 주변에 위치했고, 주교의 통

제도 받았기에 동방에 비해 세속으로부터 은둔하거나 절연한다는 관념이 현저히 약했다.[30]

이러한 특징들이 후에 서방 수도원의 특징으로 확립되기까지는 베네딕투스(Benedictus of Norcia, 480?-547?)의 공이 컸다. 베네딕투스는 이탈리아 노르시아의 부유한 귀족 가문에서 출생했다. 그는 학업을 위해 로마로 갔다가 회의를 느끼고 로마 근교 수비아코로 이주했고, 그곳에서 로마누스라는 수도사를 만나 그의 권고로 동굴에서 은수생활을 했다. 차츰 베네딕투스의 존재가 알려져 그를 따르는 제자들이 많았으나, 엄격한 규칙을 요구하는 것에 불만을 품거나 그를 시기하는 몇몇 사람들이 있어 공동체 생활에서 여러 차례 어려움을 겪었다. 그는 525년경 수비아코를 떠나 이탈리아 남부의 몬테카시노로 갔다. 당시 그곳에는 그 지역 주민들이 섬기는 아폴로 신전이 있었는데, 베네딕투스는 그들에게 이교를 버리고 바른 신앙으로 개종하도록 설득했고, 529년 그곳에 수도자들의 공동생활을 위한 수도원을 세워 정착했다.[31] 그는 그곳에서 수도생활을 하는 자들이 모범으로 삼게 된 수도 규칙을 만들었다.

6세기 말 서방에는 갈리아식, 아일랜드식, 이탈리아식 등 다양한 수도원들이 혼재했다. 개별 수도원에서는 당시 유통되던 여러 수도 규칙들 중 자신들에게 가장 적합하다고 판단되는 내용을 선택해 규칙으로 삼았다. 소위 '혼합 규칙의 시대'라고 하는 이 시기에는 베네딕투스 규칙과 콜룸바누스의 아일랜드 수도원 규칙 등이 뒤섞여 적용된 경우가 적지 않았다.[32] 대표적으로 룩쇠이 수도원은 발데베르트가 수도원장이던 시절(Waldebert, 재위 629?-668?) 콜룸바누스의 규칙에 베네딕투스 규칙을 가미해 혼합 규칙을 만들어 사용했다. 상세한 내용에 대해서는 알려져 있지 않지만, 당시 수도원에서는 고행 훈련을 완화하고 공동체 관리를 위해 베네딕투스의 실제적인 지침들을 선호했던 것으로 보인다. 이와 같은 특징은 같은 시기 에스파냐 수도원에서도 나타난다.[33] 7세기 이후 베네딕투스 수도 규칙이 지닌 합리성과 배려의 정신이 다른 규칙들을 압도하게 되면서 결국 카롤링 시대를 거치며 이 규칙이 서방 수도원을 통합했다.

3-6 수녀에게 수도 규칙을 하사하는 베네딕투스

잉글랜드 선교

아일랜드 선교사들이 유럽 대륙에서 선교하던 시기에 역으로 대륙에서 주변 미선교 지역으로 복음을 전하려는 시도도 있었다. 이탈리아 수도사들에 의한 잉글랜드 선교가 대표적인 사례다. 이를 추진한 그레고리우스 1세는 게르만 지역에 본격적인 선교에 나선 첫 교황이었다. 베다의《영국민의 교회사》에 따르면 그레고리우스는 전임 교황 펠라기우스 2세(재위 579-590) 때 요크에서 온 앵글족 출신 노예들을 노예시장에서 우연히 만난 후 잉글랜드 선교의 필요성을 확신했다. 그는 교황에게 잉글랜드의 개종을 위해 직접 선교사들을 이끌고 떠나겠다고 요청했으나, 허락을 받지 못했다.[34] 그 후 교황에 오른 그레고리우스는 자신이 몸담았던 로마의 성 안드레아 수도원 원장 아우구스티누스를 40명의 수도사와 함께 596년에 잉글랜드 켄트에 파견했다. 이는 서유럽 수도사들이 수도원 내에 머물며 수도에만 열중하던 관행을 깨고 선교활동에 나서는 계기가 되었다.

잉글랜드 남부 켄트를 다스리던 강력한 왕 에셀버트(재위 589-616)는 이탈리아 수도사들의 입국을 보고받고 그들을 만나본 후 선교활동을 허용했다. 잉글랜드에는 이미 로마 영향으로 그리스도교가 알려져 있었고, 왕비도 그리스도교 신앙의 소유자였기에 한 세기 전 프랑크 왕국에서 클로비스가 그리스도교를 통해 거둔 성공을 재연하기를 기대했기 때문이다. 국왕이 캔터베리에 거처를 제공하고 생필품도 제공해 줌으로써 아우구스티누스와 이탈리아 수도사들은 순조롭게 포교활동을 전개할 수 있었다.[35] 그들은 그곳에 건립한 수도원을 거점으로 삼아 적극적으로 활동했는데 예상 밖으로 단기간에 놀라운 성공을 거두었다. 598년의 한 기록에 따르면, 직전해 성탄절에 잉글랜드인 1만 명이 세례를 받았다고 한다. 에셀버트는 자신의 정치적 헤게모니를 견고히 하기 위해 유럽 대륙에서 영향력이 큰 외래종교를 십분 활용하려 했던 것으로 추정된다.[36]

이탈리아 선교사들은 이미 웨일스 지역에 기반을 구축하고 있던 켈트 주교들에게 앵글로색슨족의 개종에 협력을 요청했지만, 그곳의 성직자들은 자신들과 전쟁까지 벌였던 앵글로색슨족을 도우려하지 않았다. 그럼에도 불구하고 선교사들은 결국 7세기 초 캔터베리와 요크에 두 주교구를 설립했고, 7세기 말에는 잉글랜드 대부분 지역을 그리스도교화할 수 있었다. 그들의 활동이 기반이 되어 그레고리우스 교황의 재임기간(590-604)에 잉글랜드의 교회 조직이 로마 교회와 연결되면서 교황의 영향하에 놓이게 되었다. 이 선교활동은 로마 교회가 비잔티움 제국이 차지하고 있던 종교적 위상에 버금가는 권위를 확보하는 데 결정적으로 기여했다. 교황이 선교의 주도권을 행사했기 때문에 앵글로색슨 교회는 처음부터 로마 교회와 긴밀한 관계를 유지했고, 교황의 권위와 영향력을 인정했다. 한편 잉글랜드 교회는 몇 세대가 흐른 뒤 유럽 대륙에 보니파티우스(Bonifatius/Wynfried, 약 675-754)와 같은 앵글로색슨 선교사를 파견해 이교를 고수하던 게르만 지역을 복음화하는 성과를 거두었다.

베네딕투스 수도 규칙

몬테카시노 수도원을 설립한 누르시아의 베네딕투스는 직접 작성한 〈수도 규칙〉 서두에서 하나님의 부르심에 응답한 수도사들에게 주님의 가르침에서 벗어나지 않고 충실히 순종해야 한다고 강조하며 이를 위해 주님을 섬기는 학교, 즉 수도원을 설립했다고 밝혔다.[37] 그는 수도원이 단지 참회와 기도생활을 하며 은둔하는 자들이 모인 곳이 아니라, 함께 공동생활을 하며 온전한 마음으로 하나님을 추구하는 진정한 공동체가 되어야 한다고 생각했다. 베네딕투스는 동방 수도원과 다른 서방 수도원의 길을 모색하는 과정에서 성경에 부합한 구체적인 규칙이 필요하다는 점을 절감하여 오랜 경험과 성경의 가르침을 토대로 〈베네딕투스 수도 규칙 Regula Benedicti〉을 완성했다. 이 규칙은 수도원의 생활, 조직, 징계 등에 대해 상세히 규정하고 있기에 서양 수도원의 특징과 더불어 수도사의 일상을 구체적으로 엿볼 수 있다. 그는 이런 노력을 통해 수도사들의 영성을 함양하고 그리스도교의 본질을 추구했으며, 결과적으로 서양 그리스도교의 전통과 발전에 장기간에 걸쳐 지대한 영향을 미쳤다. 우리는 이 〈수도 규칙〉을 통해 중세 수도원의 정신과 추구하던 바를 파악할 수 있다.

입회 서약과 의식

수도원에 들어가려는 자는 쉽게 받아들여지지 않았다. 약 1년의 수련기를 거쳐 의지가 확고한지 시험한 후 자유의사에 의해 입회시켰다. 그리고 공동체에 받아들여진 자는 서약을 해야 했는데, 〈수도 규칙〉은 입회자가 서약해야 할 내용을 세 가지 용어로 표현한다. 첫째, '정주'이다. 이는 특정 공동체에 소속되어 항구히 머물겠다는 의미이다. 둘째, '수도승 생활에 정진'이다. 이것은 세속에서 살던 것과 달리 수도승으로서의 행동양식으로 삶을 전향하겠다고 약속하는 것을 말한다. 셋째, '순종'이다. 이는 수도 규칙과 장상(長上), 즉 수도원장에 순종한다는 의미인데 공동생활을 위해 형제 상호간의 순종도 포함한다. 이 세 가지 요소는 각각 분리된 것이 아니라, 한 약속의 세 가지 측면을 말한다.[38]

그보다 포괄적인 의미에서 수도자에게 요구되는 세 종류의 서약이 있었다. 첫째, 지니고 있는 재산을 가난한 사람에게 나누어주거나 수도원에 양도하고 아무런 소유도 갖고 있지 않은 상태에서 청빈하게 생활할 것을 요구받았다. 수도원에서는 개인의 소유를 허용하지 않았고, 모든 것에 대해 공동의 소유라는 원칙이 적용되었다.[39] 둘째는 독신 혹은 정결이었다. 이 부분은 규칙에 명시된 것이 아니지만, 3, 4세기부터 수도성직자에게 원칙으로 확립되었다. 공동체의 규정을 철저히 준수하려면 당연히 독신을 유지할 수밖에 없었다. 셋째, 앞서도 언급한 복종 혹은 순명이다. 수도원에서 그리스도를 대신하는 수도원장에게 절대적으로 복종하며 겸손히 생활하겠다는 서약을 필요로 했다.[40] 물론 수도원장은 주어진 권한을 남용해서는 안 되고, 가부장처럼 엄격함과 사랑으로 세심하게 공동체를 돌보고 책임 있게 지도해야 했다.[41] 수도사들은 서원 예식의 단계로써 하나님 앞에 서약하고, 증서를 작성해 하나님께 봉헌한다는 의사를 표했다. 이어 하나님과 공동체의 도움을 구하는 기도가 끝나면 비로소 세속의 옷을 벗고 수도사의 옷을 입는 착복식을 거행했다. 자신을 전적으로 포기하고 공동체의 일원으로 받아들여지는 것이다. 이 과정에는 새로운 이름을 받으며 삭발하는 의식도 포함되었다. 이와 같은 의식은 새로운 존재로서 평생 하나님께 모든 것을 헌신한다는 것을 상징했다.[42]

기도와 노동

수행을 위한 가장 중요한 활동은 '기도와 노동'이었다. 이 둘 중에서도 우선순위는 기도에 있었다. '하나님의 일'(Opus Dei)이라는 표현은 본래 수도사의 생활 전 영역을 뜻했지만, 베네딕투스는 주로 기도를 설명할 때 이 용어를 사용했다. 수도사들은 매일 4-5시간 기도하며, 6-7시간 노동하는 생활을 반복해야만 했다. 기도와 노동은 시간상으로 엄격히 규정되어 있었는데, 이는 성서의 시편(시 119:164, 62)에 근거했다. 〈수도 규칙〉은 기도

하는 태도도 강조하는데, '경외심을 갖고', '지극한 겸손과 순수한 신앙심'으로 기도해야 한다고 지적한다.[43]

　성무일도(聖務日禱) 혹은 성무일과(聖務日課)는 수도자들에게 주어진 의무적인 활동을 의미하는데, 공적 기도를 드리는 시간을 지칭한다.[44] 수도자는 새벽부터 밤까지 하루에 여덟 번에 걸쳐 기도했다. 〈밤 기도(새벽 2시 기상 후)〉, 〈아침 기도〉, 〈제1시 기도〉, 〈제3시 기도〉, 〈제6시 기도〉, 〈제9시 기도〉, 〈저녁 기도〉, 〈끝 기도〉로 기도 시간이 여러 차례에 걸쳐 나누어져 있었고,[45] 심지어 각 기도 시간마다 읽고 외울 성경말씀까지 정해 두었다. 시편은 일주일에 한 번씩 낭송하고, 성경의 나머지 부분은 1년에 한 번 낭독하는 것이 기본이었다.[46]

　베네딕투스는 "한가함은 영혼의 원수"라고 단정했다. 그러므로 정해진 시간에 육체노동을 하고, 또 다른 정해진 시간에 성서 등 경건서적의 독서를 하도록 권고했다. 물론 노동과 독서하는 시간은 절기에 따라 달리 정해 두었다. 그는 "자신의 손으로 노동함으로써 비로소 참다운 수도승들이 된다"고 생각했다.[47] 여기에서 노동은 정신노동과 육체노동 모두를 뜻하며 수도원 내 작업실에서 책을 필사하는 작업, 수도원 땅을 경작하는 일, 수공업 등을 모두 포함했다. 이와 같은 땀 흘려 일하는 육체노동을 강조한 것은 수도원이 자급자족을 할 수 있어야 세속에 의존하지 않고 독립적일 수 있다는 점도 고려한 것이다. 여름철과 겨울철에 차이를 두었지만, 각 수도사의 일상은 정해진 기도와 노동의 시간표에 따라 질서정연하게 이루어졌다.

　수도사들 중에는 귀족은 물론 노예 출신도 적지 않게 포함되었다. 수도원 밖의 세속 사회에서 존재하는 현격한 신분적 차이를 감안하면 그들이 함께 생활하면서 신분에 따른 갈등이 발생할 가능성이 적지 않았을 것이다. 그런 이유에서 〈수도 규칙〉은 수도원장의 자질을 논하면서 신분에 따라 편애하거나 차별해서는 안 된다는 점을 지적하고 노예와 자유인 출신 사이에 서열을 두지 말라고 강조했다. 세상과 달리 수도원에서는 "노예이거나 자유인이거나 우리 모두는 그리스도 안에서 하나"라고 인식하며 신분을 초월해 더불어 생활하고 노동하며 그리스도교 세계의 이상을 구현하려

했다.[48] 천한 신분에 속한 사람들만 노동에 종사하는 것이 아니라는 정신이 표현되었다. 하지만, 시간이 흘러가면서 수도사의 노동은 주로 필사작업과 같은 일로 국한되었으며, 다른 종류의 육체 노동은 수도원에서 봉사하는 속인들을 동원했다. 그리고 실제로 여러 이유로 인해 수도원에서도 신분상의 차별을 온전히 극복하기는 어려웠다.

공동체적 생활규범

〈수도 규칙〉의 생활에 대한 규정에는 연약한 자도 섬세하게 배려하려는 태도와 그리스도교적 정신이 뚜렷하게 반영되어 있다. 몇몇 사례를 살펴보자.

첫째, 수도사들의 식사와 관련해서는 양과 횟수를 규정했다. 당시에는 하루 2회 식사가 보통이었는데, 통상 매끼 요리된 두 가지 음식을 준비하도록 했다. 이는 기본적으로 특정 음식을 먹을 수 없는 자를 배려한 것이었다. 수도사들이 노동을 많이 한 경우에는 수도원장의 재량으로 빵을 충분히 제공할 수 있었다. 하지만 과식을 피할 것을 권고했다. 더불어 허약한 사람과 병자에게는 제한적으로 고기를 허용했다.[49] 포도주는 가급적 절제를 권장했으나, 이를 수용하지 못하는 자에게는 1인당 0.5리터 이하로 허용했다. 또 노동이 끝난 후이거나 여름철 더위 등으로 더 많은 양이 필요할 경우에는 과음하지 않는 선에서 당사자와 합의하도록 권했다.[50]

둘째, 취침 규정에는 침구와 잘 때의 복장까지 구체적으로 정해 두었다. 수도사들은 가급적 모두 한 공간에서 자는 것을 권장했고, 밤에도 기도에 참여해야 하므로 옷을 입은 채 잠자리에 들도록 했다. 일어날 시간이 되었는데 잠이 많아 그러지 못하는 자가 있으면 조용히 깨워주라고 조언했다.[51]

셋째, 수도원에서의 중요한 문제는 모두가 모인 상태에서 회의를 통해 결정하도록 했다. 결정권은 수도원장에게 있지만, 그가 형제들의 의견을 경청한 후 신중하고 공정하게 일을 처리하기 위해 모두가 참여하는 회의를 거치도록 의무화했다. 한편 별로 중요하지 않은 일은 장로들의 의견만 듣고

결정해도 좋다고 했다. 독재적인 리더십의 행사가 바람직하지 않다는 점을 지적한 것이다.[52]

넷째, 수도원장은 그리스도의 역할을 대신하여 수도원의 모든 활동과 생활을 통제하는 권한을 부여받았다. 하지만 목자로서의 책임에 부합하게 공정하고 엄정하게 공동체의 영혼들을 돌보며 주어진 권한을 사용해야 한다고 강조했다. 말보다는 행동으로 본을 보이는 것이 필요하다는 언급도 빼놓지 않았다.[53]

다섯째, 수도원에는 수도원장 외에 수도원 학교장, 재정과 살림살이를 책임지는 당가(當家),[54] 필사실 담당자, 수도원 토지에 속해 있는 예속민들에게 세금과 부역을 징수하는 담당자 등 여러 중요한 직책들이 있어서 일을 분담했다.

여섯째, 규칙에는 수도원을 방문하는 모든 손님을 그리스도처럼 맞이하라고 명령했다.[55] 고대 말 이래 중세에도 순례자, 여행자, 빈자 등은 수도원이나 수녀원에서 식사와 잠자리를 청할 수 있었다. 수도원은 불시에 찾아오는 방문객도 환대하는 개방적인 그리스도교적 문화의 보루였다.

베네딕투스 수도 규칙의 특징

수도 규칙의 내용에서 확인할 수 있듯이 여기에는 베네딕투스 자신의 수도생활의 경험적 지혜가 토대를 이루었으며, 수도사 개인의 연약함을 배려하는 성격이 두드러졌다. 이와 같은 점에서 은둔하며 금욕 및 참회에 몰두하는 비잔티움 지역의 생활양식과는 현저한 차이를 보였다. 베네딕투스 수도 규칙은 그 성격이 보편적이고 합리적이었기에 중세 서유럽에서 표준적인 수도원 모델로 수용될 수 있었다. 7세기 이래 서유럽과 중부 유럽 대부분의 수도원들은 베네딕투스 규칙을 채택했다. 그레고리우스 교황 이래로 로마 교황들이 이 교단을 대대적으로 지원한 것도 베네딕투스 교단이 급속히 서유럽 지역에 확대된 계기가 되었다.

이 수도 규칙은 수도원의 생활에서 육체 노동, 문화적 활동, 종교적 영성 추구가 균형을 이루고 있다. 이와 같은 성격으로 인해 수도원은 생산의 중심지요, 책의 필사나 건축으로 대변되는 문화의 본거지요, 종교적 영향력의 중심지가 될 수 있었다. 그리고 이러한 특징으로 인해 중세 초기의 종교 문화는 수도원을 중심으로 발달하게 되었다. 한편 농촌을 기반으로 한 수도원은 게르만 및 이교 지역의 그리스도교화에 주교구보다도 더 유용한 방편이었다.

수도원에는 차츰 다른 노동력들이 유입되어 수도승들은 고대의 지식을 보전하는 필사작업에만 전념할 수 있었다. 그리고 수도사들은 노동의 가치에 대해 긍정했기에 노동에 대한 새로운 직업윤리를 출현시켰다. 이런 측면은 종교개혁 시대에 재발견되었다. 또 지적인 능력과 경험적 지혜를 겸비한 수도사들은 다양한 실용기술을 개발하거나 발전시키기도 했다. 농업과 관련해 관개기술, 개간 방법, 수력을 동력으로 이용하는 기술 등을 발전시켰다. 카롤링 시대 후기에 등장하는 로마네스크 건축은 수도원에서 발전했다. 이처럼 수도원은 여러 부분에서 당대 사회의 역량을 집적해 전수하는 역할을 했다.

여성들로 이루어진 수녀원도 베네딕투스의 수도 규칙에 따라 운영되었다. 수녀들도 수도사들과 마찬가지로 입회 서약을 했으며, 기도와 노동에 전념했다. 수녀들은 직물이나 수예품 가공을 특화한 경우가 많았다. 그리고 수녀원의 학교에서는 귀족의 딸들이 공부를 할 기회를 가질 수 있었다. 중세 지배층은 교회 조직을 통해 사회를 지배하는 데에 관심을 가져 수도원의 설립을 주도하는 경우가 많았고, 설립 가문이나 지배계층의 가족들이 지역의 수도원 혹은 수녀원의 장을 장악하는 것이 빈번했다.

맺음말

동방의 사막에서 시작된 금욕적 수행 문화는 은수자들이 절대자와 교감하며 깊은 영성을 추구하는 전통으로 발전했다. 초기 교회 지도자들은 수도원을 참된 공동체의 모델로 간주했고, 이 종교기관을 적극적으로 설립하면서 수도사적 삶을 권고했다. 수도원들이 본질에 있어서 큰 차이를 보인 것은 아니지만, 중세 초만 해도 동방은 물론 서방 지역에 설립자들의 정신이 깃들어 있는 다양한 형태 및 성격의 수도원들이 출현하여 고유한 그리스도교 문화를 일구었다.

중세 초 수도원이 크게 확산될 수 있었던 까닭은 수도사적인 생활방식이 이상적인 그리스도인의 모습이라는 인식이 널리 공유되고 있었기 때문이다. 한편 프랑스와 이탈리아 지역의 초기 수도원들은 금욕과 고행을 강조하며 헌신된 성직자를 양성했고, 지역의 성인 숭배 본거지로 발전했다. 반면 동방 수도원의 영향을 받은 아일랜드 수도원은 수도원 중심의 교회체제를 확립했고, 스코틀랜드는 물론 유럽 대륙에 선교 열풍을 불어넣었다. 이들 수도사들은 당시 의례와 성인 숭배에 의존하던 유럽 대륙의 그리스도교를 혁신하는 데 기여했고, 세속화된 종교문화를 용기 있게 비판하기도 했다. 그렇지만 9세기 이후 이들의 고유한 전통은 점차 대륙의 문화들과 섞이며 희석되었다.

서방 수도생활의 모범으로 간주되던 〈베네딕투스 수도 규칙〉은 중세 수도원에 깃들어 있던 정신과 공동생활의 성격을 엿볼 수 있는 사료이다. 서방의 수도사들은 참회와 고행 같은 개인의 영성을 추구하는 면도 게을리하지 않았지만, 여러 수도사들이 공동생활을 하며 주님을 섬겼다. 이를 위해 수도사들은 다양한 노동으로 이루어진 경제적 활동에 종사했고, 교육, 필사, 건축 등의 문화적 활동에도 적극 참여했다. 이로 인해 중세 초 그리스도교 문화는 수도원을 중심으로 발달하게 되었다.

수도원은 세속과 거리를 두고 있었으나, 속세와 단절된 세계는 아니었다. 영향력이 큰 수도원일수록 국왕이나 지역 귀족가문의 후원을 받았고, 필요할 경우 세속적인 역할도 요구받았다. 수도원이 소유한 토지와 재산을 비롯하여 점차 커져가던 세속적인 영향력은 현실사회에서 힘을 발휘했고, 이는 수도원이 지향했던 본래적 이상과 충돌하면서 부패의 가능성을 초래했다.

주

1 —— Karl Suso Frank, *Geschichte des Christlichen Mönchtums*, 5th ed.(Darmstadt, 1993), pp. 1-10.

2 —— Frank, *Geschichte des Christlichen Mönchtums*, pp. 13-14.

3 —— Jacobus de Voragine, *The Golden Legend*, pp. 93-96.

4 —— 뤼시앵 레뇨,《사막교부, 이렇게 살았다》, 허성식 역(분도, 2009), 26-34쪽.

5 —— 레뇨,《사막교부, 이렇게 살았다》, 149-156쪽.

6 —— Jean Décarreaux, *Die Mönche und die abendländische Zivilisation*(Wiesbaden, 1964), pp. 89-90.

7 —— Frank, *Geschichte des Christlichen Mönchtums*, pp. 22-26; 곤잘레스,《초대교회사》, 228-232쪽.

8 —— Frank, *Geschichte des Christlichen Mönchtums*, pp. 26-31.

9 —— Frank, *Geschichte des Christlichen Mönchtums*, pp. 32-34.

10 —— Frank, *Geschichte des Christlichen Mönchtums*, pp. 36-37.

11 —— Frank, *Geschichte des Christlichen Mönchtums*, p. 38.

12 —— Augustine, *Confessions*(translated H. Chadwick, Oxford, 1991) 8. 6. 14-15.

13 —— Frank, *Geschichte des Christlichen Mönchtums*, pp. 40-42.

14 —— Voragine, *The Golden Legend*, pp. 678-686.

15 —— 패트릭 기어리,《메로빙거 세계. 한 뿌리에서 나온 프랑스와 독일》, 이종경 역(지식의 풍경, 2002), 192-195쪽.

16 —— Frank, *Geschichte des Christlichen Mönchtums*, pp. 42-45.

17 —— 기어리,《메로빙거 세계》, 196-198쪽.

18 —— Gundrun Gleba, *Klöster und Orden im Mittelalter*, 2nd ed.(Darmstadt, 2006), pp. 14-15.

19 —— 파트리키우스의 성인전은 9세기 말에 쓰여진 아일랜드어와 라틴어 텍스트로 전해오는데, 당대의 기록이 아니기에 적지 않은 부분이 의문시 된다. Whitley Stokes, ed. and tr., *The Tripartite Life of Patrick: With Other Documents Relating to that Saint*, 2 vols.(London, 1887).

20 —— D. Ó Cróinín, "Patrick", *Lexikon des Mittelalters* vol. VI, col. 1791-1792.

21 —— Gleba, *Klöster und Orden im Mittelalter*, pp. 15-16.

22 —— Gleba, *Klöster und Orden im Mittelalter*, pp. 17-18.

23 —— 이 통계는 자크 르 고프,《서양 중세 문명》(문학과지성사, 2008/개정판), 204쪽에서 재인용.

24 —— Brown, *The Rise of Western Christendom*, pp. 252-255.

25 —— Frank, *Geschichte des Christlichen Mönchtums*, pp. 45-47. 콜룸바누스의 제자 갈루스(Gallus)가 세운 스위스의 성 갈렌(St. Gallen) 수도원도 유명하다. 이 수도원 의 방대한 도서관에는 중세 초기 이래 제작된 귀중한 필사본들이 보존되어 있다. 성 갈렌 수도원은 얼마 후 베네딕투스 수도회 소속이 되었으며, 현재는 주교교회이다.

26 —— Brown, *The Rise of Western Christendom*, p. 254; H. Haupt, "Columban", *Lexikon des Mittelalters* vol. III, col. 65-67.

27 —— Gleba, *Klöster und Orden im Mittelalter*, p. 18.

28 —— 기어리, 《메로빙거 세계》, 198-202쪽.

29 —— Frank, *Geschichte des Christlichen Mönchtums*, p. 48.

30 —— 이 내용은 프랑크의 책에서 요약한 것이다. Frank, *Geschichte des Christlichen Mönchtums*, pp. 39-40.

31 —— Jacobus de Voragine, *The Golden Legend*, pp. 186-189.

32 —— Frank, *Geschichte des Christlichen Mönchtums*, p. 46.

33 —— C. H. Lawrence, *Medieval Monasticism*, 2nd ed.(London, New York, 1989), pp. 53-54.

34 —— 비드, 《영국민의 교회사》, 2권 1장, 75-77쪽.

35 —— 비드, 《영국민의 교회사》, 1권 14장, 52-54쪽.

36 —— I. N. Wood, "The Mission of Augustine of Cabterbury to the English", *Speculum* 69(1994), pp. 1-17.

37 —— 《성 베네딕도 규칙》, 허성식 번역 · 주해(들숨날숨, 2011), 68-72쪽.

38 —— 《성 베네딕도 규칙》, 58장, 406-409, 414-417쪽.

39 —— 《성 베네딕도 규칙》, 33장과 58장, 252쪽, 408-409쪽.

40 —— 《성 베네딕도 규칙》, 5장, 126-127쪽.

41 —— 《성 베네딕도 규칙》, 2장, 65장,

42 —— 《성 베네딕도 규칙》, 418-423쪽.

43 —— 《성 베네딕도 규칙》, 20장, 188쪽.

44 —— 성무일도의 라틴어 표현은 'Opus Dei', 즉 '하나님의 일'이다. 베네딕투스와 수도사들 은 기도에 이러한 공적인 의미를 부여했다. 《성 베네딕도 규칙》, 163쪽 각주 209 참조.

45 —— 신약성경에 등장하는 시간 구분은 고대 그리스인들과 유대인들의 전통을 따랐다. 이 는 하루가 자정부터 시작된다고 생각한 로마적 전통과는 구분된다. 그리스인들이 발 전시킨 시간개념은 동틀 때부터 해질 때까지를 구분하는 낮을 다시 열두 시간으로 나 눠 제1시에서 12시로 구분했다. 그리하여 〈신약 성경〉과 〈베네딕투스 수도 규칙〉에 등 장하는 시각들은 6을 더해야 오늘날의 시각에 해당한다. 제1시는 6시에서 7시 사이를

가리키고, 제6시라 함은 12시를 가리킨다. 이런 시간 규칙에 따르면 낮의 길이가 달라
지는 여름과 겨울은 한 시간의 길이가 달라진다.

46——《성 베네딕도 규칙》, 8-18장, 165-175쪽. 수도사들의 취침시간은 오늘날의 시각으로
저녁 8시에서 새벽 2시까지로 정해져 있었다.
47——《성 베네딕도 규칙》, 48장, 324-326쪽.
48——《성 베네딕도 규칙》, 2장, 92-94쪽.
49——《성 베네딕도 규칙》, 39장, 292-293쪽.
50——《성 베네딕도 규칙》, 40장, 300-301쪽.
51——《성 베네딕도 규칙》, 22장, 200쪽.
52——《성 베네딕도 규칙》, 3장, 103-104쪽.
53——《성 베네딕도 규칙》, 2장, 92-96쪽.
54——《성 베네딕도 규칙》, 31장, 236-238쪽.
55——《성 베네딕도 규칙》, 53장, 356-358쪽.

비잔티움 제국과
그 너머

4

제국의 재건과 유스티니아누스

로마제국 동부와 서부의 상이한 운명

3세기 위기를 거친 후 로마제국의 무게중심은 확연히 동방으로 기울었다. 콘스탄티누스 황제가 330년 제국의 수도를 콘스탄티노폴리스로 이전한 것은 이런 상황을 감안하되 직면한 위기를 타개하고 제국을 재건하려던 모색이었다. 4세기 말 그리스도교를 제국의 국교로 공식화한 테오도시우스 황제는 제국의 운명과 관련해서 중요한 변화를 가져왔다. 4분통치 체제 아래서도 제국은 하나의 정치체를 구성하고 있었으나, 테오도시우스는 죽기 전 제국을 동서로 분할해 두 아들에게 동등한 권위로 상속했다. 이제 동부와 서부는 각각의 재정과 군사력으로 국경을 방어하고 통치해야 했다.[1] 그는 이 일이 장차 초래할 결과를 예상조차 못했겠지만, 사실상 영구 분열의 길을 결정지었던 것이다. 제국의 통일에 대한 이념은 이후에도 계속 존재했지만, 동서 제국은 점점 반목이 심해졌고 공동체 의식도 약화되었다. 게르만 대이동으로 인한 격변도 가세하면서 동서의 차이는 더욱 심화되었다. 동부에서는 5세기 초 이래 상황이 진정되어 변화된 환경에 적응해나갈 수 있었던 반면, 서부에서는 위기가 476년 서로마의 멸망으로 이어졌고, 얼마 후 제국의 영토에는 게르만 계승국가들이 들어섰다.

통상 476년 서로마제국의 멸망 이후 동쪽 절반의 제국을 '동로마제국' 혹은 '비잔티움 제국'이라고 부르지만 이는 정확한 명칭이 아니다. 콘스탄티노폴리스에 수도를 둔 로마 문명의 계승자는 이후로도 스스로를 "로마제국"(Imperium Romanum)이라 칭했기 때문이다. 동로마제국, 후기 로마제국, 비잔티움 제국, 그리스 제국 등은 모두 카롤링 왕국이 성립한 후 이 왕국의 통치자들이 동쪽에 위치한 제국을 폄하해 부르던 칭호였다. 이 제국은 승계하는 국가의 부재로 인해 현재까지도 서유럽 역사가들에게 정당한 평가를 받지 못하고 있다. 이와 같은 맥락을 인지하면서도, 이 책에서는 비잔티온 혹은 비잔티움에 중심지를 둔 로마제국이라는 의미에서 '비잔티움 제국'이라는 칭호를 사용할 것이다. 이들을 계속 '로마제국'이라 부른다면 그 이전에 존속했던 고대의 로마제국과 혼동을 겪을 수밖에 없기 때문이다.

새로운 제국의 중심 콘스탄티노폴리스는 제국의 정체성과 과제를 상징적으로 보여준다. 본래의 그리스어 지명 '비잔티온'이 암시하듯이 이 도시는 그리스 영토에 속하면서 소아시아와의 경계에 위치했다. 고대 문명의 중심지를 가까이에 두고 있으면서 동쪽으로는 흑해에서 지중해로 연결되는 보스포루스 해협에 걸쳐 있었다. 육로로는 오직 한 방향으로만 접근이 가능해 방어에 탁월한 입지였으며, 기후도 쾌적했다. 도시가 지닌 지정학적 입지와 사통팔달의 장점으로 인해 비잔티움 제국은 유럽 대륙과 인도 및 중국을 이어주는 교역뿐 아니라, 에게해에서 흑해로 들어가는 해로도 지배할 수 있었고 상업과 교통의 중심지 역할을 할 수 있었다. 이는 주변세계에 자신의 문화를 확산시킬 수 있었다는 의미이다. 콘스탄티누스 황제는 리키니우스와의 전쟁에서 최후의 승리를 거둔 전승지이자 그리스도인이 많았던 이 도시에 자신의 이름을 붙여 새로운 권력기반으로 삼고자 하였다. 이 제국에 부여된 새로운 시대적 과제는 동서 문명을 아우르고 통합하는 것이었다. 콘스탄티노폴리스는 6세기 중엽 유스티니아누스 황제 시기에 인구 약 50만 명에 이르렀던 당대 최대, 최고의 도시로 옛 로마를 대신하기에 부족함이 없던 "새로운 로마"였다. 로마를 모델로 건설되었으며, 설계 단계부터 주요 공간에 그리스도교 종교시설들이 배치되어 이교적 도시들과 확연한 대조를 이루었다.[2]

서로마제국의 멸망 이후 동부 속주들은 다소 축소되었어도 국경선과 제국을 유지할 수 있었다. 그리고 한동안 서부를 회복하기 위한 노력을 이어갔다. 비잔티움 제국의 군주와 지배 귀족층은 상실한 제국의 영토, 특히 서부에 대해 여전히 합법적인 지배권을 주장했다. 그렇지만 유스티니아누스 시대를 제외하고는 이를 무력으로 관철할 만한 역량이 없었다. 황제 제논이 테오도릭에게 사령관 직위와 권한을 주어 오도아케르를 제거한 후 그 지역을 통치할 권한을 부여한 것은 서부 영토를 회복하려는 노력의 일환이었다. 게르만족들이 대부분 서쪽으로 이동해 국가를 세우고 정착함으로써 서부와 달리 동부는 게르만 대이동으로 인해 초래되었던 위기에서 벗어났다. 그렇지만 동쪽으로 확장하려던 비잔티움은 페르시아에 의해 제지되었으며, 이민족들과 군사적 충돌도 빈번했다. 그의 뒤를 이어 황제에 오른 인물은 아나스타시우스(재위 491-518)였다. 그는 페르시아와 불가르족의 공격을 저지하는 데 온 힘을 기울였고, 프로폰티스해에서 흑해를 잇는 장성을 쌓아 방어를 강화했다. 그는 지적인 인물이었으며 제국 내부의 종교 분쟁에 이해가 깊었다. 온건한 단성론자였던 그는 중립적인 태도를 견지하다가 나중에는 공공연히 단성론을 내세우는 쪽으로 기울었다. 아나스타시우스는 강경한 단성론과는 거리를 두면서 제국의 분열을 막으려 노력했으나, 이러한 태도는 정통 신앙 측으로부터 반발을 샀다. 그의 가장 큰 기여는 합리적인 재정개혁을 통해 인민들의 부담을 줄이면서도 재정을 건실하게 유지하여 제국을 안정시킨 점에 있었다.[3]

비잔티움 제국의 경제는 견고하여 소농 위주의 안정적인 생산력을 유지했고 교역도 활발했다. 이를 기반으로 제국은 중세 초기에 지중해 세계에서 가장 선진적인 문화를 발전시켰다. 비잔티움의 체제는 디오클레티아누스가 확립한 전제정(Dominatus)을 토대로 했으며, 자문기관으로 변모해 중요성을 상실한 원로원 대신 강력한 관료기구로 하여금 황제를 보좌하도록 했다. 또 대부분의 전투력을 국경 군대에 배치하던 방식을 바꿔 제국 내부에서 동원할 수 있는 군사력을 창출했고, 제위 계승자에게 줄을 서던 황제 근위대가 아니라, 황제에게 충성하는 새로운 성격의 친위대를 군대의 핵심세력으로 육성했다. 군사령권도 여러 장군들에게 분산시켰으며 모두 황제의 통제하에 종속시켰다.[4]

준비된 황제 유스티니아누스

유스티누스 1세(재위 518-527)는 발칸반도의 속주 일리리쿰 출신으로 친위대 사령관을 역임하다가 전임 황제 아나타시우스의 사후 황제에 올랐다. 그는 교육을 받은 적이 없었기에 스스로 통치 역량이 부족하다는 사실

4-1 유스티니아누스 황제와 신하들

을 인지하고 있었다. 황제는 이를 보완하려 유능한 조카 유스티니아누스에게 일찍부터 국정에 참여할 기회를 주었다. 그에게 제위 계승을 준비시킨 셈이다. 유스티누스 황제는 재위 초기에 그리스도인의 통합을 위해 칼케돈 공의회의 결정을 무시하던 전임자의 종교 정책을 뒤집었다. 그는 정통 신앙의 수호를 천명하고 단성론을 지지했던 주교들 50여 명을 면직시켰으며 일부는 투옥했다.[5] 이처럼 선명한 종교정책은 황제의 신뢰를 얻고 있던 숨은 실력자 유스티니아누스의 영향이었다. 유스티니아누스는 제국이 그리스도교 특히 정통 신앙을 기반으로 재건되어야 한다고 믿었다. 이교도 근절이 중요한 정책 목표로 설정됨으로써 이교는 물론 이단에 대해 강력한 박해를 추진했다. 제국 내 이교도들에게는 차별과 박해의 고통스러운 시기가 도래한 것이다. 523년에는 아리우스파는 물론이고 유대인과 이교도를 권력 주변에서 배제시키기 위해 관청에서 일할 수 없도록 제도화했으며, 그 후에도 이단들을 일관되게 차별하고 박해했다. 이러한 강경한 종교정책은 서쪽의 동고트 왕국을 자극했다. 테오도릭은 이를 계기로 가톨릭과 아리우스파 사이에 유지되던 종파간의 평화를 중단시킴으로써 이탈리아 내의 가톨릭교도들은 예기치 않게 고난을 겪게 되었다.

유스티니아누스(재위 527-565)는 숙부가 사망하기 전 공동 황제가 되었고, 그의 사후 527년 곧바로 황제로 등극했다. 여러 측면에서 제국의 상황이 나아지고 있던 시기에 준비된 황제가 권력을 장악한 것이다. 프로코피오스가 남긴 기록에 따르면, 그는 황제가 되기 전 무희 혹은 매춘부로 활동했던 테오도라와 만났다. 그녀는 지적이고 아름다웠으나 황후가 되기에는 부적합한 신분이었기에 황실에서는 혼인을 강하게 반대했다. 그럼에도 불구하고 유스티니아누스는 그녀를 황후로 만들어 어느 정도 국정 파트너로서의 역할을 부여했다. 황제는 신성한 사명을 내세웠는데, 이단세력을 뿌리 뽑아 정통 신앙으로 통일된 제국을 건설하고, 하나님의 축복에 힘입어 로마제국의 상실한 영토를 회복하겠다는 구상이었다. 이러한 맥락에서 529년에 이교도들에게도 그리스도교 신앙교육을 거쳐 세례받는 것을 의무화했고, 유대인의 법적 자유를 제한했으며, 신플라톤주의[6]의 온상인 아테네의 플라톤 아카데미를 폐교시켰다. 이에 대해 반발하는 자들에게는 재산 몰수와 추방 등 강력한 법적 제재를 취했다.[7] 한편 단성론을 지지하던 황후 테오도라는 황제의 이교 및 이단에 대한 입장과 거리를 두었다. 그녀의 유보적인 입장은 종교정책에 대한 단성론자들의 반발을 누그러뜨리는 데 효과적인 수단이었다. 황제는 로마 교회를 포섭해야 했을 뿐 아니라, 상당한 세력을 이루고 있던 단성론자들과의 충돌을 피하려 했기 때문에 극단적인 단성론 지지세력 외에 다양한 스펙트럼의 이단 사상을 어느 정도 용인하는 조치들을 취했다.[8] 하지만 그의 이런 노력에도 불구하고 그리스도교 세력을 하나로 통합시킬 수는 없었다. 로마 교황이 반발하고 있었고, 단성론을 지지한 세력들은 독립된 교회를 세워 분리하려는 태도를 보였다.

정권 초기에 황제가 추진했던 정책들은 신민들에게 많은 희생과 부담을 초래했으며, 기존에 권력 가까이 있던 당파세력들을 소외시켰다. 이런 맥락에서 청색파와 녹색파 세력은 연대해 532년 초 콘스탄티노폴리스에서 대규모 폭동을 일으켰는데. 이것이 '니카의 반란'이다. '승리' 또는 '정복'을 의미하는 '니카Nika'를 외치며 반란을 일으켰다고 해서 이런 이름이 붙여졌다. 이 폭동은 황제권에 위태로운 상황을 초래했으나 테오도라의 결단력과 충신 벨리사리우스와 나르세스의 적절한 대응으로 극복할 수 있었다. 특히 테오도라는 반란세력을 피해 도주하려던 유스티니아누스에게 용기 있

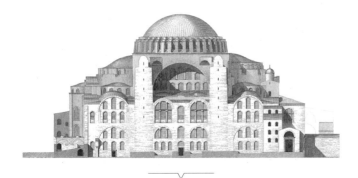

4-2 하기아 소피아 성당의 모습(6세기)

게 맞서 싸우라고 조언하여 반란 진압과 황제권 수호에 크게 기여했다. 이 일이 불안정했던 그녀의 권위를 확립하는 결정적인 계기가 되었다. 황제권 은 다시 회복되었지만, 이 반란으로 수만 명이 목숨을 잃고 수도 콘스탄티 누스의 절반이 화재로 소실되는 등 큰 피해를 입었다.[9]

니카의 반란으로 황제의 궁전은 물론 '신성한 지혜'의 하기아 소피아 성당도 폐허가 되었다. 유스티니아누스는 곧바로 당대 최고의 건축가 이시 도루스와 안테미우스를 발탁하고 대규모의 인력과 재정을 투입해 재건축 에 들어갔다. 약 6년간에 걸친 공사 끝에 537년 12월 27일 하기아 소피아 성당은 준공되었다. 기존 바실리카식 건물을 대신한 새로운 성당은 직경 32미터, 높이 50미터의 거대한 둥근 돔이 기둥 없이 버티고 있는 정사각형 의 구조물로서 압도적 위용을 자랑했다. 돔은 초월적인 하나님과 그 권위를 지상에서 대변하는 황제를 동시에 상징했다. 성당 내부는 모자이크 성화와 화려한 금은 및 보석으로 장식되었고, 예수가 수난당할 때 사용되었다고 하는 참 십자가를 비롯해 다양한 성유물들이 비치되었다. 완공한 성당에 들어선 유스티니아누스 황제는 "내가 당신(솔로몬)을 이겼소"라는 말을 남겼 다고 한다. 현재까지 그 자리에 버티고 서 있는 건축물은 그 후 발생한 지진 으로 돔이 무너져서 562년에 재건축한 성당이다.[10]

개혁과 팽창정책

황제는 정권 초부터 내치와 국정의 효율성을 제고하기 위해 법률, 행정, 재정 등 모든 분야에 걸쳐 대대적인 개혁을 추진했다. 대표적인 분야는 로마법 정리였는데, 이는 유스티니아누스가 후대에 남긴 최대의 업적으로 꼽힌다. 로마법은 로마가 공화정 시기부터 세계제국으로 발전하던 장구한 시간에 걸쳐 그때그때 필요에 맞추어 제정되었다. 그로 인해 방대한 내용에 비해 일관된 체계가 결여되었고, 서로 충돌하거나 모순되는 부분도 존재했다. 황제는 국정 운영을 원활하게 하고 온전한 법치를 구현하기 위해 정연하고 체계화된 법전이 필요했기 때문에 이 과제를 트레보니아누스에게 전담시켰다. 여러 종류의 법전 중 가장 중요한 의미를 지니는 것은 《학설휘찬 Digesta》이었다. 이것은 16명의 편찬위원이 40명의 법에 대한 학설들을 모아 발췌하고 이를 50권으로 편찬한 것이다. 주제별로 법적 논점에 대해 가장 권위 있는 한 가지만 발췌해 표제별로 세분화했고, 여기에 수록되지 않은 학설은 무효화시켰다. 그 외에 초학자를 위한 요약판 법전《법학제요 Institutiones》, 하드리아누스 황제 때부터 534년까지의 칙법을 엮은《칙법집 Codex》, 그리고 유스티니아누스 황제 재위 중 반포한 법을 그의 사후 편찬한《신칙법 Novellae》이 제작되었다. 이 로마법 정리작업은 실용적인 목적과 더불어 비잔티움 황제의 절대권력에 법적인 근거를 부여하는 또다른 목적을 지니고 있었다.[11] 1583년 프랑스 로마법 학자 고드프루아(Denis Godefroy)가 이 네 종류의 법전을 엮어《시민법대전 Corpus Iuris Civilis》이라는 이름으로 간행했는데, 통상《로마법 대전》이라고 불리는 책이 이것이다.

라틴어로 쓰여진 이 법전들은 그리스화가 진행되고 있던 비잔티움 제국에서 소수의 지식인들만 사용할 수 있었다. 그런 이유에서 대다수 사람들이 이해할 수 있도록 그리스어 축약판도 필요했다. 한편 이 법은 당대의 통치에는 그다지 공헌하지 못했으며, 짧은 기간에 급하게 만들어져 통일성이 다소 부족했다. 그럼에도 불구하고 황제의 권력에 법적 근거를 제공했고, 서방국가들의 정치적, 법적 기초를 형성하는 데에도 영향을 미쳤다. 로마법은 12세기에 들어 서유럽의 대학들에서 본격적으로 연구되었고, 또 르네상스기를 거치면서 서양법의 발전에 결정적으로 기여했다. 이 법이 후대까지 큰 권위를 가지며 활용될 수 있던 것은 법의 내용이 지닌 합리성 때문이었다고 평가된다.

유스티니아누스 황제는 제국의 옛 영토를 회복하려 강력한 팽창정책을 추진했는데, 명장 벨리사리우스가 주도했고, 위기에 직면할 때마다 전략가 나르세스가 극복할 방안을 찾아냈다. 벨리사리우스는 아프리카로 건너가 반달족을 제압했고, 테오도릭 사후 이탈리아를 지배하고 있던 동고트 왕국을 결정적으로 약화시켜 제국의 통제하에 두었다. 에스파냐에서도 서고트족에 맞서 이베리아 반도의 남동부 지역을 다시 되찾았다. 약 20년에 걸친 정복전쟁으로 비잔티움 제국은 북아프리카, 이탈리아, 에스파니아 남부, 시칠리아 등을 획득하고 지중해를 다시 내해로 두게 되었다. 하지만 서부에서의 정복전쟁에 너무 많은 인력과 재원을 투입한 대가도 치러야 했다. 제국은 동부지역을 방어하지 못하고 도나우강 지역을 상당 부분 상실했다. 황제는 페르시아 세력과 평화조약을 체결하고 사실상 재정으로 침략을 무마시키려 했다. 그렇지만 시간이 지나면서 페르시아는 점점 더 많은 돈을 요구했다. 이에 못지않게 곤혹스러운 새로운 문제는 슬라브인들이 불가르족과 동맹을 맺고 발칸 지역을 습격하기 시작했는데, 국경을 방어할 군사력이 없었다는 점이다. 제국의 재원마저 거의 고갈되어 동부의 핵심지역이 공격을 받아 황폐화되어도 어찌할 도리가 없었다.[12]

유스티니아누스 황제는 당대인에게 로마제국의 영광을 회복하고 그리스도교 보편 제국의 꿈을 실현할 수 있는 인물로 생각되었다. 그와 같은 기대가 이루어지지 못한 이유 중에는 팬데믹의 발생도 결정적이었다. 540년에 이집트 남부에서 발병해 541년에서 543년 사이 지중해 전역에 급속도로 확산되었던 페스트는 제국에 막대한 인명 손실을 초래했다. 프로코피오스는 이 전염병으로 제국 수도의 주민 절반이 목숨을 잃었으며, 542년에는 약 4개월간 매일 5천에서 1만 명씩 목숨을 잃었다고 기록했다. 황제도 이 역병에 걸려 1년 정도 국사를 볼 수 없을 정도였으니, 제국이 겪은 엄청

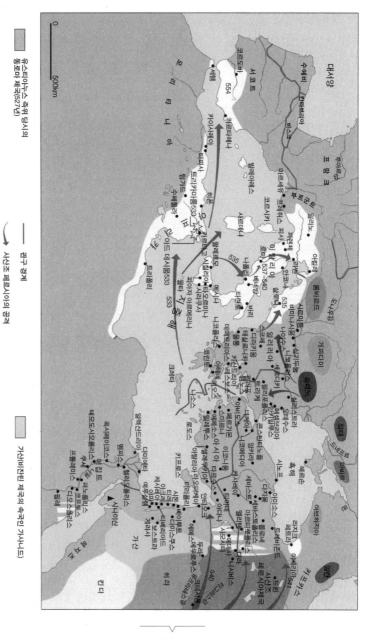

0
500km

유스티니아누스 즉위 당시의
동로마 제국(527년)

유스티니아누스의 정복

관구 경계

사산조 페르시아의 공격

☆ 전투

가산(비잔틴 제국의 속국인 가산니드)

히라(사산 왕조의 속국인 라크미드)

4-3 유스티니아누스 황제 사망 이후 비잔티움 제국

149

난 위기와 혼돈은 충분히 짐작할 만하다.[13] 이 제1차 페스트 팬데믹은 근동 지역은 물론이고 이탈리아, 프랑스 남부, 그리고 잉글랜드까지도 전파되었다. 페스트는 760년까지 지중해와 서유럽 등지에 간헐적으로 출몰하며 많은 생명을 앗아갔다. 이는 마치 고대 세계의 흔적을 지워버리고 새로운 시대를 재촉하는 상징과도 같았다.[14]

그리스화되던 제국

황제가 교회의 우두머리 역할을 겸하는 황제교황제(Caesaropapism)는 4세기 전반 콘스탄티누스 황제에게서 비롯되었다. 그는 종교문제를 황제의 고유 권한이라 생각하며 교리나 신학적인 논쟁을 포함해 모든 교회문제에 개입하려 들었고, 교회를 자율적인 기관으로 인정하지 않았다. 그는 로마제국이 천상의 왕국을 지상에 투영한 존재이며, 스스로는 그리스도교 세계를 대변하는 지상의 통치자라 자부했다. 제국 통치에서 교회가 차지하는 비중이 점차 커지고 있었기에 황제는 교회의 열렬한 보호자를 자처하면서도 동시에 교회를 확고하게 장악하려 했다. 니케아 공의회를 소집하고 주도한 것은 이와 같은 의식의 표출이었다.

이러한 전통은 유스티니아누스에게서 전형적인 형태로 발전했다. 유스티니아누스 황제는 그리스도교 군주라는 자의식이 분명했으며, 하나님의 대리인으로서 개인과 사회에 대한 황제의 통치를 정당화했다. 황제의 강화된 권력은 세속이 아니라 하나님의 권위와 의지에 토대를 두었다. 그의 재위기간에 제국에는 통치권의 신성화와 국가교회주의가 확립되었다. 비잔티움 제국의 황제는 그리스도교 제국의 상징이자 신하와 백성들에게 숭배의 대상이었다. 반면 신민은 그의 노예와 같은 존재로 전락했다. 그는 교회의 독자성을 인정하지 않았고, 성직자들도 종처럼 대했다. 이처럼 유스티니아누스 이래 비잔티움 제국에서는 전제 권력인 황제권이 교권에 대해 우위를 차지하는 단일한 국가-교회 체제가 발전했다.[15]

황제는 콘스탄티노폴리스의 총대주교를 비롯해 교회 사제들을 임명혹은 파면시켰고, 수도원 재산도 비교적 자유롭게 사용했다. 실생활에서 교회의 지배력이 점점 커지면서 일부 콘스탄티노폴리스의 총대주교는 종교적 권위를 이용해 종종 황제의 권위에 도전했고, 황제의 정책을 변경시키는 경우도 있었다. 그렇지만 총대주교의 권위가 중세시대 로마 교황의 권위에 비할 정도는 아니었다. 총대주교는 콘스탄티노폴리스에서 멀리 떨어진 지역에는 영향을 미치지 못했다. 이는 알렉산드리아와 안티오키아 총대주교구의 권위 및 지역적 영향력이 강력했던 탓도 있었고, 비잔티움 제국 내 언어의 다양성도 영향을 미쳤다. 비잔티움 교회 내에는 이집트의 콥트인이나 슬라브인처럼, 그리스어가 아니라 지역어를 토대로 독립적인 교회 조직을 유지하는 곳들이 적지 않았다. 반면, 라틴화된 서유럽에서 교황의 영향력은 라틴어로 전체가 소통할 수 있었고, 교황 중심의 계서화된 교회 조직이 차츰 확립된 사실에 기반했다.

비잔티움 제국은 유스티니아누스 재위 시기만 해도 서쪽에 대한 지향이 뚜렷했다. 하지만 그의 무리한 확장정책이 좌절된 후에는 그리스화 혹은 비잔티움화되는 추세를 피할 수 없었다. 유스티니아누스 황제가 사망하고 얼마 지나지 않아 그가 정복했던 제국의 서부 지역은 다시 이민족들에게 넘어갔다. 이는 그의 군사적 성과가 일시적이었음을 확인시켜 주었다. 또 제국의 군사적 약화와 외교력의 부재는 주변 국가들과 끊임없는 전쟁을 초래했다. 이후 아랍인을 비롯해 튀르크인, 불가리아인, 슬라브인 등으로부터 계속 위협을 받으면서 제국의 관심은 자연스레 동부에 집중되었다.[16] 7세기에 그리스어가 제국의 공용어로 사용된 것도 크게 이상할 것이 없었다. 실질적으로 동부 지역에는 로마제국 시대에도 라틴어가 전체에 통용된 적이 없었기 때문이다. 적지 않은 지식인들은 당시에도 그리스 문화에 대한 존경 때문에 그리스어를 사용하는 경향이 있었다. 비잔티움 궁정에서는 6, 7세기에 라틴어 대신 그리스어가 사용되었고, 학교에서도 호메로스, 플라톤, 아리스토텔레스 등 그리스 고전들이 교육되었다. 건축이나 조각에서도 그리스적인 특징은 계승되었다. 반면 로마의 영향은 제도적인 부분에 많이 잔존했고, 도시의 건축은 로마를 모델로 웅장하게 세워졌다. 더불어 화려한 채색은 페르시아나 시리아 등의 영향이었다. 이처럼 비잔티움 제국은 점점 더 지정학적 영향을 받으면서 기존의 라틴적 속성은 차츰 상실하거나 약화되어 그리스화되는 경로를 밟았다. 유스티니아누스 황제는 영광스러운 새 시대를 개막하고자 했으나, 결국 쇠락해 가던 옛 로마제국의 마지막 부분을 장식한 셈이다.[17]

비잔티움 제국은 이후에도 로마의 국가제도와 관료제, 헬레니즘의 영향을 포함한 풍요로운 그리스 문화, 그리고 그리스도교 등의 기반 위에 계속 발전했다. 특히 문화에 있어서는 주변 문화를 통합하는 특성을 지녔다. 고대 문화 및 이교적인 문화까지 보존하여 "문화의 수집가"라는 별칭을 얻었다. 고대 세계의 문화적 보고들은 비잔티움 제국 내에서 계승되고 발전했다. 서유럽은 라틴어를 공용어로 삼았고, 성직자들이 학문의 발전을 주도했기에 그리스적인 고전을 계승하기 어려웠던 반면, 비잔티움에서는 세속적인 교육이 활발히 이루어져 속인들이 그리스의 고전, 과학, 사상을 계승하고 발전시킬 수 있었다. 그 결과 비잔티움은 오랫동안 학문과 문화는 물론이고 국가체계와 상업활동에서 서유럽보다 월등했다. 세계의 부와 문화적 보고는 콘스탄티노폴리스 중심의 비잔티움 제국에 집중되었으며, 이곳은 지중해 전체와 세계 문명의 중심적 기능을 수행했다.

동쪽으로 이동한 그리스도교

신학 논쟁과 네스토리우스파

4세기 이후 그리스도교계 내에서 가장 큰 신학적 쟁점은 예수의 본성에 대한 해석, 즉 그리스도론이었다. 5세기 중반까지 열렸던 네 차례의 공의회(325년 니케아 공의회, 381년 콘스탄티노폴리스 공의회, 431년 에페소스 공의회, 451년 칼케돈 공의회)는 모두 이 문제를 두고 논쟁을 벌였다. 신학 논쟁에서 주도권을 행사하던 안티오키아와 알렉산드리아 두 교회는 고유한 전통을 고수함으로써 갈등이 차츰 심화되었다. 알렉산드리아에서는 안티오키아 출신의 아리우스를 이단으로 판정하는 데 결정적인 역할을 한 알렉산드로스와 아타나시우스가 연이어 대주교로 활동하며 입장을 강화했다. 그후 안티오키아 교회 출신 콘스탄티노폴리스 총대주교 크리소스토무스(349?-407)가 황후 에우독시아의 부패를 신랄하게 비판하며 궁정과 불화를 겪었을 때, 알렉산드리아의 총대주교 데오필루스가 여러 죄목을 내세워 그를 기소했다. 그런데 크리소스토무스가 해당 재판에 나타나지 않자 그에게 면직 결정이 내려졌고, 황제는 그를 유배까지 보냈다. 콘스탄티노폴리스에서는 이 일로 인해 두 지도자의 지지 세력이 물리적으로 충돌하는 일까지 발생했다. 이처럼 신학적 견해 차이로부터 커져간 두 교회의 주도권 다툼은 해당 총대주교구를 대표하는 성직자들 사이의 개인적 반목까지 겹쳐 과열되었다. 5세기 초 알렉산드리아 교회가 단성론, 즉 그리스도의 속성이 신성으로 통일되었다는 점을 강조했다면, 안티오키아 교회는 양성론, 즉 그리스도의 신성과 인성이라는 상이한 두 속성의 존재를 부각시키는 입장이었다. 이후의 신학 논쟁은 두 세력 외에 로마와 콘스탄티노폴리스 교회가 합류해 더욱 복잡한 방식으로 전개되었다.[18]

안티오키아 학파의 대표자 네스토리우스(386?-451)는 428년 콘스탄티노폴리스 총대주교로 서임되고 얼마 지나지 않아 예수의 모친 마리아의 호칭을 '그리스도의 어머니'(크리스토코스 christokos)라고 불러야 한다고 주장했다. 이는 '하나님의 어머니'(테오토코스 Theotokos)로 불러야 한다고 주장하던 알렉산드리아 총대주교 키릴루스에 대한 반발이었다. 마리아의 호칭에서 비롯된 논쟁은 재차 그리스도론 논쟁으로 발전했다. 네스토리우스는 그리스도는 하나님이 아니고, "하나님을 지닌 자"이며, 신성과 인성 양성의 구분은 두 인격을 전제한다고 주장했다. 키릴루스와 네스토리우스 사이에 전개된 논쟁이 430년 지역 종교회의에서도 네스토리우스에게 불리하게 기울자 그는 황제에게 공의회 소집을 요청했고, 431년 6월 22일 에페소스 공의회가 열렸다. 정해진 개회 일시가 되었으나 안티오키아 측 주교들이 도착하지 않자 네스토리우스도 회의장에 나타나지 않았다. 그렇지만 로마 교회의 지지를 등에 업은 키릴로스는 예정대로 회의를 개최해야 한다고 촉구해 관철했다. 회의를 주재한 키릴로스와 에페소스 주교 멤논은 네스토리우스의 의견이 니케아 신조에 배치된다고 결론지었다. 그로 인해 네스토리우스는 이단으로 판정되었고, 콘스탄티노폴리스 총대주교를 포함해 교회 내 모든 지위를 상실했다.

며칠 후 요한네스를 비롯한 안티오키아 주교들이 도착했고, 이들은 결정 내용에 격하게 반발했다. 그리하여 따로 회의를 소집해 키릴루스와 멤논을 파문했다. 황제는 논란이 되는 공의회를 무효로 선언했지만, 로마 교회가 키릴로스의 입장을 지지함으로써 혼란이 가중되었다. 얼마 후 황제의 특사는 네스토리우스, 키릴루스, 멤논 모두를 직위에서 해제하는 강경조치를 취했다. 황제 테오도시우스 2세가 교회 지도자들을 장악하지 못한 탓도 있었지만, 결국 에페소스 공의회는 교회의 분열을 수습하기보다는 오히려 크게 촉발시키는 역할을 했다.[19] 일방적인 회의 진행과 불공정한 판결로 교회들 사이의 갈등과 불신의 골은 더욱 깊어졌다. 433년 황제가 중재하여 화해조치가 취해지고 키릴루스의 의견이 대체로 수용되었지만, 모두를 만족시킬 만한 합의에 다다랐거나 갈등이 해소된 것은 아니었다. 아무튼 네스토리우스의 파문은 확정되었고 그를 추종하는 사람들도 이단 신봉자로 판결되었다.[20]

2차 에페소스 공의회(449년)는 콘스탄티노폴리스의 알렉산드리아파 수도원장 에우티케스가 주장하는 극단적인 단성론을 판단하기 위해 소집되었다. 그는 예수의 인성이 신성에 흡수되었다는 입장이었다. 그런데 황제가 일방적으로 그의 입장을 지지함으로써 로마 교황은 이를 위협과 폭력이 난무한 '강도 공의회'라고 비판했다. 그 후 새로 즉위한 황제 마르키아누스는 앞선 공의회를 무효로 선언하고 451년 칼케돈에서 새로운 공의회를 소집했다. 이때에 약 600명의 주교들이 참석해 그리스도론 논쟁은 절정에 이르렀다. 칼케돈 공의회에 로마 교황은 직접 참석하지 않고 특사들을 참석시켰지만, 로마 교회는 비로소 이 논쟁에서 주도적인 역할을 수행했다. 가장 큰 성과는 황제, 로마 교회, 그리고 다수파 주교들이 결렬될 수도 있던 위기를 수습하고 가까스로 칼케돈 신조에 합의해 "그리스도는 상이한 두 개의 본성을 지녔으나 뒤섞이지 않은 채 통합된 하나의 인격체"라고 규정한 점이다. 단성론을 내세운 알렉산드리아 주교 디오스코루스와 에우티케스는 단죄되어 파직되었고, 네스토리우스를 계승한 안티오키아의 입장에 대해서도 이단 판정이 재확인되었다. 종교지도자들이 집결한 공의회는 신앙 문제로 인한 분열을 극복하지 못하고, 교회의 분열을 영구화했다. 이단으로 낙인찍힌 알렉산드리아와 안티오키아 교회 측에서는 칼케돈 공의회에 대해 저항했으며, 점차 '정통 신앙'과 구분되는 분파를 형성했다.[21] 단성론자들은 아르메니아에서 시리아, 팔레스티나에서 이집트에 이르기까지 제국의 동부에 널리 퍼져 있었다. 간헐적이기는 하지만 제국은 이들 이단들을 강도 높게 박해함으로써 제국 내에 그들이 활동할 수 있는 공간을 사실상 박탈했다.

칼케돈 공의회의 부산물 — 그리스도교의 동방 전파

칼케돈 공의회 이후 6세기 초까지 안티오키아와 알렉산드리아로 대표되는 동방 교회와 정통 신학을 대변하는 로마와 콘스탄티노폴리스 중심의 서방 교회 사이에는 교류조차 단절되었다. 비잔티움 제국은 정통 신앙을 매개로 로마 교회와 협력한 반면, 시리아와 이집트를 소외시켰다. 이는 결과적으로 이들 단성론 지역에서 분리주의 경향을 더욱 촉진시켰고, 온건한 단성론과 화해하려는 노력은 별 성과를 거두지 못했다. 결국 독자적인 길을 선택한 알렉산드리아 교회로부터 이집트의 콥트 교회가 분리되어 나왔다. 한편 네스토리우스를 추종하던 그리스도교 공동체는 신앙의 자유를 찾아 제국 경계 외부, 즉 페르시아 지역으로 넘어가 유랑하며 신앙을 고수했다. 처음부터 의도한 것은 아니었으나 이들에 대한 박해가 새로운 지역, 특히 동방과 아시아에 그리스도교를 확산시키는 결과를 낳았다. 이는 칼케돈 공의회 결정의 부산물이었다.[22]

북메소포타미아 지역의 아르메니아는 314년 성 그리고르의 통치하에 명목상 그리스도교 왕국이 되었다. 그러나 얼마 지나지 않아 정치적으로 로마와 페르시아 제국에 의해 분할되었다. 본래 비옥한 초승달 지역은 사방으로 개방되었기에 두 제국이 만나는 시리아와 메소포타미아 지역에 살던

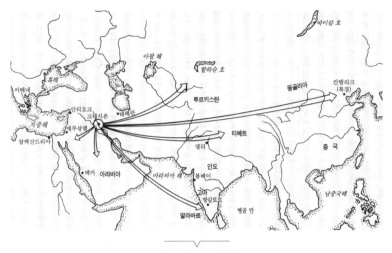

4-4 네스토리우스 교단의 동방 전교

그리스도교인은 서로 밀접히 교류하며 고유한 문화를 상대 지역에 전파했다. 양측의 그리스도교는 동일한 아르메니아 교회에 소속되어 있었다. 그런데 칼케돈 공의회가 동서 교회의 균열과 비정통교회의 단죄라는 중대한 결과를 초래하면서 이 지역에도 신학적 장벽이 형성되었다. 제국들의 정치적 경계를 기점으로 서로 적대적인 성격의 그리스도교들이 대립하는 양상을 띠었다. 근동 지역의 그리스도인은 상황에 적응하며 비잔티움 제국과 사산조 페르시아의 조로아스터교 그늘 아래에서 생존해야 했다.[23]

    네스토리우스 교단의 초기 터전은 로마와 페르시아 경계 지역에 위치한 에데사였다. 이곳은 시리아적 전통을 계승한 동방 교회의 중심지 역할을 했다.[24] 그런데 이들 그리스도인들은 적국 로마제국에서 그리스도교가 공인된 후 위기를 맞았다. 이들은 스파이 역할을 하고 있다는 의심을 받아 339년 이후 전면적인 박해에 직면했다. 먼저 세금이 인상되고, 조로아스터교로 개종하도록 압력이 들어오더니, 그 후에는 무차별 학살이 자행되었다. 교회사가 소조메누스에 따르면 379년까지 이름이 확인된 사망자만 1만 6천 명 이상을 헤아렸고, 기록되지 않은 자들도 셀 수 없이 많았다. 이들은 5세기 전반에 재차 더 끔찍한 박해를 당했는데, 이때 집단 학살로 희생된

숫자는 15만 3천 명에 이르렀다. 그런 비극적 상황을 겪고도 사산 왕조 내에서 그리스도인은 사라지지 않았으며, 상당수는 타 지역으로 이주하며 그리스도교를 확산시키는 역할을 했다.[25] 비잔티움 제국의 황제 제논은 네스토리우스의 이단적 성격이 좀더 뚜렷해지자 489년 에데사의 신학교를 폐쇄하고 네스토리우스파 신도들을 제국 밖으로 추방했다. 그러자 쫓겨난 자들은 니시비시에 새로운 신앙의 거점을 마련했다. 니시비시의 주교 바바이는 497년 셀레우키아-크테시폰에서 사산 왕조 내의 주교들을 모두 모아 공식적으로 서방 교회로부터 독립을 선언했고, 독자적인 네스토리우스 교회를 탄생시켰다.[26]

6세기에는 사산 왕조와 비잔티움 제국 사이에 전쟁이 벌어졌다. 포로가 된 그리스도인들은 메소포타미아와 중앙아시아 주변부의 도시와 촌락에 강제 이주되었다. 이들은 6세기에 중앙아시아 유목민인 에프탈족과 돌궐족에게 그리스도교와 문명을 전파했다. 7세기에는 사마르칸트와 부하라 일대의 소그디아나에 선교했고, 사마르칸트에 대주교구를 설치했다. 이들은 9세기까지 중앙아시아와 초목지역에 10여 개 교구를 건설했다. 네스토리우스교는 비단길 중간 지점에 위치한 소그드 상인들의 대상행렬을 따라 확산되었고, 박트리아와 소그디아나를 거쳐 텐산산맥 북쪽과 타림분지까지 퍼졌다. 그리고 그곳에서 다시 당나라 수도 장안까지 전파되었다.[27]

그리스도교를 중국에 전한 인물은 사산조 페르시아(대진 大秦)의 주교 알로펜(Alopen 阿羅本)이었다. 그는 중국에 도달한 최초의 선교사였다. 그의 일행은 635년 장안에 도착해 성경을 번역하고 내용을 해설했다. 태종에게 공식으로 포교 허가를 받았고, 조정이 재정을 지원하여 대진사(大秦寺)라는 사원도 세웠다. 중국에서는 처음에 이를 페르시아의 종교라 생각하고 파사교라 했으나, 현종 때 '큰 태양처럼 빛나는 종교'라는 의미에서 '경교'(景教)라 부르게 되었다. 이들의 활동을 기념하는 비석이 781년에 세워진 대진경교유행중국비(大秦景教流行中國碑)다. 이 비석에는 경교가 처음 전파된 때부터 781년까지 약 150년간 중국에서 교세를 넓혀가는 과정이 기록되어 있다.[28] 당시 그 지역에서 수만 명의 신도를 확보했다고 한다. 경교의 성공적인 활동은 9세기 들어 위기를 맞았다. 845년 당 무종 때 회창의 법난이 발생하여 불교를 탄압했는데, 이 때 경교를 포함한 외래종교들도 더불어 금지되었다. 이러한 조치는 1년 후 무효화되었지만, 875년부터 약 10년간 중국 전역에 큰 혼란을 초래한 황소의 난에 경교가 연루되어 다시 결정적 위기를 맞았다. 결국 대외 환경의 변화까지 겹쳐 경교는 중원에서 차츰 약화되다가 자취를 감추었다.[29] 그렇지만 중앙아시아에서는 이후에도 경교가 상당 기간 살아남았다. 13세기 후반 마르코 폴로(Marco Polo, 1254-1324)가 원나라를 여행하고 남긴 《동방견문록》은 네스토리우스교의 자취에 대해서 언급한다. 예컨대 폴로는 모술에 로마 교회와는 구별되는 네스토리우스교도들이 살고 있다고 지적하고, 총주교에 해당하는 자톨릭(Jatolic)이 종교조직을 총괄하고, 성직자들을 사방으로 파견한다고 밝혔다. 그는 그들의 생업과 상업 정보까지도 소상히 기록했다.[30] 동방 그리스도교는 몽골의 멸망 이후 자취를 감추었다.

이슬람 세계의 부상

예언자 무함마드와 이슬람교

아라비아 지역은 고대 지중해 문명권에서 경제적·문화적으로 주변 지역에 속했다. 그런데 비잔티움 제국과 페르시아 사이의 오랜 전쟁으로 인해 아프리카와 아시아를 무리지어 왕래하던 대상들이 아라비아가 안전한 통행로였기에 선호했다. 통상로의 길목에 위치한 메카가 교역의 중심지로 성장한 것은 이와 같은 상황에서 비롯되었다. 이 도시는 지중해에서 홍해와 인도양으로 연결되는 주요 통로로 발전했으며, 이로 인해 메카의 상인들은 다른 세계와 꾸준히 접촉하게 되었다.

메카에는 아랍인들이 섬기던 카바 성전이 있었기에 오래전부터 그곳을 순례하는 행렬이 끊이지 않았다. 이러한 순례 전통과 종교의식은 후에 이슬람교에 적지 않은 영향을 주었다.[31] 그리고 이러한 종교문화는 상업이

4-5 카바 신전

번성할 수 있던 또다른 요인이었다. 카바(카으바 Ka'ba)는 구전에 따르면 에덴에서 쫓겨난 아담이 세운 최초의 성전인데, 노아 홍수 때 상실했다고 한다. 그 후 아브라함과 이스마엘이 카바 성전을 재건했는데,[32] 이때 천사장 가브리엘이 검은 돌을 가져다주었다고 전한다. 신전에는 기적을 상징하는 검은 돌이 안치되어 있다.[33] 이 구전에서 시사하듯이 다신교였던 카바 신앙이 먼저 존재했고, 그 토대 위에 유일신교인 이슬람교가 등장했다. 이슬람교에서 카바 성전은 가장 신성한 곳이고, 카바 순례는 알라의 명령이라고 가르친다.[34] 이 '하지 순례'를 지키기 위해 통상 이슬람력의 마지막 달인 9월 초에는 가장 큰 규모의 순례행렬이 이곳에 집결된다. 순례자들은 시계 반대 방향으로 4회는 빠르게, 3회는 천천히 돈 후 미나 평원에서 기도하고 꾸란을 낭독한다. 전 세계 무슬림이 매일 5회 기도할 때 경배를 표하는 중심지도 이 카바 성전이다.[35]

  아라비아 지역은 6세기에 이르러 아라비아 북부를 장악한 비잔티움 제국이 압력을 가해왔기에 어려움을 겪었다. 이 시기에 무함마드(570-632)가 등장했다. 그는 메카의 지배권을 쥐고 있던 꾸라이쉬 부족 출신이었고, 상인이던 아버지는 그가 태어나기 몇 달 전에 사망하여 유복자 신세였다. 그는 여섯 살 때에 모친도 사망하여 숙부의 보호하에 자랐다. 그는 카라반의 낙타를 모는 일을 하며 사회생활을 시작했고, 협상가이자 중재자로 역량을 보여 대상인들의 주목을 끌었다. 무함마드는 부유한 과부 카디자에게 고용되어 상인으로 살았는데, 그녀가 그에게 청혼을 해 가정을 이루게 되었다. 어린 시절부터 종교에 관심이 많던 무함마드는 대상무역에 종사하면서 유대인, 그리스도인, 페르시아인 등을 만나 여러 종교들과 접촉할 기회를 가졌다.

무함마드는 40세 무렵(610년경) 독특한 종교 체험을 했다. 이슬람력으로 9월인 라마단 달의 어느 날 밤 그가 히라 동굴에 있을 때 천사장 가브리엘이 나타나 "이크라"("읽으라")라고 명령했다. 문맹이었던 그가 읽을 줄을 몰라 머뭇거리자 가브리엘이 세 번이나 그에게 읽으라고 지시했다. 천사장은 "인간을 창조하신 주의 이름으로 읽으라. 그분은 인간이 알지 못하는 것을 가르치신다"라고 말했다 한다. 무함마드는 이 신비한 경험을 하고 나서 유일신 알라에 대한 가르침을 사람들에게 전하는 예언자가 되었다. 그는 본래 새로운 종교를 개창할 의도가 없었다. 단지 전통적인 다신교와 우상숭배에 빠져 있는 민중들을 일깨우고 알라의 온전한 가르침을 상기시키려는 목적으로 활동했다. 그런데 의도치 않게 새로운 종교를 창시하게 되었다. 그의 초기 활동은 성공적이지 못했다. 종교적으로 경쟁관계였던 카바 성전 추종자들의 박해를 받아 죽을 고비를 맞기도 했다. 또 알라 앞에서는 누구나 평등하고, 부자는 가난한 자와 재산을 나눠야 한다고 설교하고 다녔기 때문에 기득권층으로부터 반발을 샀다. 초기에 그를 추종한 세력은 주로 가난한 자와 하층민이었다.[36]

무함마드는 622년 메카에서 북쪽으로 200마일 정도 떨어져 있는 도시 야스리브의 초청을 받아들여 이주했는데, 그곳에서 종교적인 성공을 거두었다. 이슬람교에서는 이를 가리켜 "거룩한 이주"라는 의미의 히즈라(헤지라)라고 칭하고, 이슬람의 달력은 이 해를 원년으로 삼고 있다. 야스리브는 후에 도시의 이름을 '예언자의 도시'라는 의미의 메디나로 변경했다. 무함마드는 그곳에서 도시의 지배권을 장악해 통치자가 되었고, 종교와 정치가 일치하는 '움마'(ummah)라는 신자들의 공동체를 발전시켰다. 그는 알라를 따르는 자들이 인종이나 신분과 상관없이 모두 한 형제라는 공동체 의식을 내세웠다. 또 기도할 때 방향은 메카의 카바 성전으로, 예배일은 금요일로 정해 지켰다. 그는 예언자이자 정치적 수장의 지위를 수행했는데, 정치지도 자로서도 탁월한 면모를 보였다. 메디나가 성장하고 인적 결속이 강해지자, 메카의 세력이 위협을 느껴 침공해 왔다. 메디나 세력은 무함마드의 지도력 하에서 전쟁을 승리했고(630년), 메카로 입성하여 그곳을 이슬람교의 성지로 발전시켰다. 그는 메카 시민을 개종시키고, 주변 부족들을 함락시켜 강력한 이슬람 국가를 건설했다. 무함마드는 632년 메카 순례를 마치고 메디나로 돌아온 후 열병으로 사망했다.[37]

꾸란의 가르침과 무슬림의 의무[38]

꾸란(쿠란)은 무함마드가 알라로부터 받은 계시와 설교를 집대성한 이슬람교의 경전이다. 이 책 1장 1절은 "은혜로우시고 자비로우신 하나님(알라)의 이름으로"라는 구절로 시작한다.[39] 무슬림은 7개 절로 이루어진 제1장을 매일 다섯 차례, 예배 때 17회 이상 암송한다. 이런 맥락에서 신학적 의미와 더불어 실천적 의미에서도 첫 일곱 절이 꾸란의 근본적 가르침이자 핵심이다.[40] 그 내용은 다음과 같다―"은혜로우시고 자비로우신 하나님(알라)의 이름으로 온 누리의 주님이신 하나님(알라)께 찬미를 드리나이다. 그분은 은혜로우시고 자비로우시며 심판의 날을 주관하시도다. 우리는 당신만을 경배하오며 당신에게만 구원을 비노니 저희들을 바른 길로 인도하여 주옵소서. 그 길은 당신께서 축복을 내리신 길이며 노여움을 받은 자나 방황하는 자들이 걷지 않는 가장 올바른 길이옵니다." 여기에는 무슬림들이 절대자를 어떤 존재로 믿고 있는지가 명백하게 나타나 있다.

무함마드가 죽은 후 엮어진 이 경전은 무슬림들의 신앙, 행동, 생활의 기준이다. 그 내용은 그리스도인들이 사용하는 성경과 적지 않은 부분을 공유한다. 물론 공유하는 부분을 세밀히 대조해 보면 중요한 차이가 있다. 성경은 여러 저자들이 장기간에 걸쳐 쓴 글들을 특정 시기에 모아 편찬한 책인 반면, 꾸란은 단독 저자가 22년에 걸쳐 서술한 통일성이 두드러진 책이다.[41] 또 꾸란에 따르면, 예수는 알라의 종이며 예언자라고 서술되어 있다. 그렇지만 하나님의 아들도 신도 아니다. 그리고 십자가에서 죽지 않았고, 죽음을 보지 않고 승천했다. 이슬람교에서는 예수가 무함마드란 선지자가 올 것을 예언했다고 가르친다. 그의 예언에 따라 무함마드는 최후의 예언자가 되었고, 이후로는 더 이상 예언자가 없다. 무함마드는 스스로를 신성한 존재라고 내세우지 않았으며, 단지 알라의 예언자라고 주장했을 뿐이다.

이 경전은 현재도 이슬람 국가들에서 모든 법의 원천이 되고 있다. 예컨대 술, 돼지고기, 도박, 고리대금, 우상 제작 등이 금지되어 있기 때문에 오늘날도 그대로 지키고 있다. 무함마드는 알라로부터 여성들은 외출할 때 베일(히잡, 부르카)을 쓰도록 권고하라는 계시를 받았다고 하는데, 그 영향으로 이슬람 사회에서 여성은 몸을 가리는 베일을 써야 한다. 이는 남성으로부터 유혹과 간음을 예방하는 효과가 있다고 가르친다. 이처럼 꾸란은 본래 당시 아라비아의 사회적 문제 혹은 혼란을 극복하려는 의도로 쓰여졌다. 모든 이슬람교도는 법 앞에 평등하고, 사회에는 신분 구분이 없으며, 별도로 성직자 신분도 두지 않았다. 이슬람교에서는 모든 사람이 성직자이기 때문이다. 이는 6, 7세기 다른 문명권의 사회 관습과 비교할 때 상당히 관용적이라는 평가를 받는다. 그렇지만 꾸란의 내용 중 모호성을 지니고 있는 부분들이 많아 이슬람 내에서 학자와 법률가들이 무함마드의 글 〈하디스〉를 참조하고 논의를 거쳐 법과 제도로 만들어 실생활에 적용하며 사회를 이끌어 왔다.[42]

이슬람 신앙을 고백하는 무슬림에게는 꾸란의 토대 위에서 여러 본질적인 의무가 부여되어 있으며, 이것이 그들의 삶을 구성한다. 첫째는 "알라가 유일신이며, 무하마드는 그의 예언자"라고 고백하는 일이다. 둘째는 메카를 향해 매일 정해진 시간에 다섯 번 기도하는 일이다. 물이나 모래로 얼굴, 다리, 손을 씻고 메카를 향해 아랍어로 기도를 해야 한다. 셋째, 가난한 사람들을 돌보는 선행을 해야 한다. 이를 통해 인간과 공동체에 대한 책임을 지게 된다. 넷째, 이슬람력 9월 라마단에 금식하는 의무가 있다. 다섯째,

일생에 한 번 메카를 순례해야 할 의무가 있다. 메카 순례는 이슬람교에 강한 응집력을 부여한 요소라고 평가된다.[43] 앞서 언급한 의무들 외에 신성한 의무로 강조되는 것이 거룩한 전쟁, 즉 성전(聖戰 지하드)이다. 이는 본래 이슬람교를 전파하기 위해 무슬림에게 부과된 종교적 의무였다. 따라서 무력만 뜻하는 것이 아니라, 마음, 펜, 지배, 검 네 가지에 의한 싸움 모두를 의미했다. 현재 이슬람법에는 성년이 된 모든 남성은 지하드에 참가할 의무가 있다고 규정하고 있다. 지하드 참가자에게는 전리품을 분배하고, 순교자에게는 천국이 약속된다.

급속한 팽창과 그리스도교 세계에 대한 위협

무함마드 이전부터 아랍인들은 사막 지역으로부터 아라비아 주변 지역, 즉 비옥한 초승달 지역으로 팽창하고 있었다. 그들은 비잔티움이나 페르시아 지역으로 가서 농사를 짓거나 병사가 되었다. 아랍인들의 인구 과잉과 정치적인 혼란, 주변의 매력적인 토지가 그들의 이동을 부추겼다. 일부 역사가는 무함마드가 등장하지 않았더라도 아랍인들은 대규모로 이동했으리라고 추정한다. 632년 무함마드가 사망할 무렵 무슬림들은 아라비아 반도를 단일한 정치체로 결속시켰지만 반도를 벗어나지는 못했다. 그 주변은 상이한 언어 장벽이 있어 새로운 종교의 확대를 가로막았다. 하지만 그로부터 불과 한 세대도 지나지 않아 그 지역 전체는 극적인 변화를 맞았다. 무함마드는 생전에 후계자 문제를 비롯하여 그들의 공동체가 어떻게 발전을 도모해야 할지 뚜렷한 청사진을 제시한 바가 없었다. 그의 사후, 장인 아부 바크르(재위 632-634)는 예언자의 대리자라는 의미를 지닌 '칼리파'로 추대되었다. 칼리파는 꾸란을 해석하는 권한과 정치적 전권을 행사했다. 초기 칼리파들이 무하마드의 측근들이었던 것은 이러한 역할에 합당하다고 인정되었기 때문이다. 칼리파들은 이후 최고의 종교 및 정치 지도자로 군림하면서 정복전쟁을 지도했고, 아랍 세계를 급속히 팽창시켰다. 칼리파 우트만(644-655)은 우마이야 가문 출신의 첫 번째 지도자였는데, 왕조를 세워 750년까지 이슬람 세계를 통치했다.[44] 무슬림들은 먼저 다마스쿠스와 예루

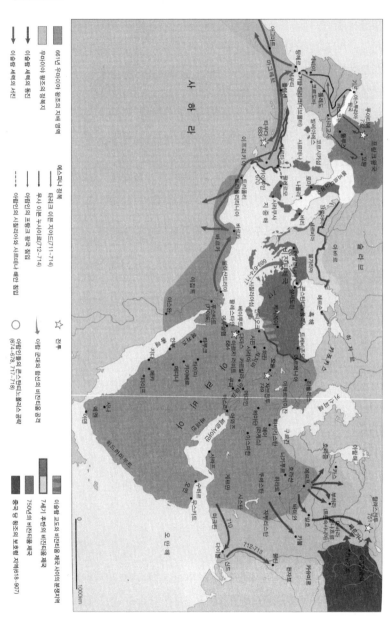

4-6 우마이야 왕조시대 이슬람의 확산

살렘을 정복해 시리아와 팔레스티나 지역 전체를 그들의 지배하에 두었으며, 크테시폰을 공격해 페르시아 제국을 카스피해 너머로 물러나게 했다. 그 후에는 아프리카로 시선을 돌려 642년에 알렉산드리아를 장악했다. 내부 분열로 한동안 주춤했으나 670년대부터 다시 튀니지, 모로코, 카르타고 등을 함락시켰고, 유럽으로 건너가 711년에는 에스파냐에 전면 공격을 전개했다. 무슬림은 결국 718년에 이베리아 반도 대부분을 차지했다. 이들은 비잔티움 제국 중심부로도 진출을 꾀했으나 성공하지 못했다. 7세기 말은 물론 715-718년 사이에도 함대를 동원한 대대적 원정을 감행한 바 있었다. 비잔티움은 바다에서는 그리스의 불을 이용해 함대를 격퇴했고, 육지에서는 대대적인 성벽 보수작업을 해두었기에 성벽을 지킬 수 있었다. 그 후로도 아랍인들의 지속적인 공격시도가 있었으나, 740년 레온 3세가 아크로이논에서 최종적으로 승리함으로써 아랍인과의 긴 전쟁은 일단락되었고, 두 제국 사이에 새로운 경계선이 한동안 유지되었다.[45]

이슬람의 급속한 팽창에는 무슬림의 의무이자 종교적 동기가 큰 기여를 했다. 하지만 아랍인들이 종교적 목적에서 강제로 정복을 한 것은 아니었다. 이슬람의 호전성을 나타내는 표현 "한 손에 칼, 한 손에 꾸란"은 위기감을 느낀 이슬람의 상대국들이 만든 용어였다. 아랍인은 이슬람교를 자신들을 위한 종교로 이해했다. 더불어 아랍인들은 다른 종교인, 특히 성서의 민족들에게 강제로 개종을 강요하지 않았다. 이민족들이 아랍어를 학습해 꾸란을 읽는 것은 실제적으로 쉬운 문제가 아니었다. 물론 피정복민들에게 압박을 가하지 않았던 것은 아니다. 그들은 아라비아 반도에 인구가 증가하자 비옥한 토지를 정복하거나 약탈물을 탈취하려 노력했다. 이슬람 정부는 개종보다 공납을 요구했는데 그들이 대체로 피정복민에게 환영을 받은 결정적 이유는 이전 지배자, 특히 로마제국에 비해 적은 세금을 거두었기 때문이다. 정복한 지역에서는 무슬림뿐만 아니라 일반 주민들에게도 이전보다 더 적은 세금을 공평하게 과세했다. 아랍인들은 정복 초기에 분리 정책을 취했다. 정복지에서는 원주민들이 압도적 다수였기에 동화될 위험을 차단해야만 했다. 그들은 무장세력으로서 군사력을 동원해 지역을 완벽히 통제하되 거리를 두며 공존을 모색했다. 한편 비잔티움 제국의 그리스도 인들은 이교도와 이단들을 박해했고 삼위일체 교리를 강요했는데, 새로운 지배자들은 그들과 달랐기에 피정복민들로부터 해방자로 인식되어 호감을 샀다. 에스파냐에서 박해를 당하던 유대인들도 같은 입장이었다. 이로 인해 정복자들의 종교와 언어를 받아들이는 사람들이 점차 늘어났고, 자발적으로 개종하는 자들도 많았다. 정부가 세금 감면을 노리고 개종하는 자들을 막기 위해 조치를 취해야 할 정도였다. 그 영향으로 한때 이슬람세력이 지배했던 지역들은 아랍의 지배세력이 후퇴한 후에도 이슬람교를 버리지 않았고, 현재까지도 대체로 이슬람교를 유지하고 있다. 아랍인의 진정한 역량은 군사적 능력보다 피정복민을 이슬람으로 동화시킨 힘에 있었다. 이와 같은 요인들로 인해 이슬람세력은 본격적으로 정복전쟁을 전개한 지 한 세기도 지나지 않아 대제국을 형성했다.[46]

초기 이슬람의 발전에 있어서 가장 큰 위험 요소는 외부에 존재하던 적이 아니었다. 정복활동이 거듭 성공을 거두었지만, 내부에서는 칼리파의 계승문제로 수니파와 시아파로 나뉘어 분열과 갈등을 겪어 왔다. '수니'란 무함마드의 말과 행동을 추종하는 자들을 의미하는데, 수니파는 오늘날까지도 전체 무슬림의 90퍼센트 정도를 차지하는 다수파이다. 초기 수니파는 실제적인 권력을 장악하고 있던 우마이야 가문으로 대표되는 세력이었다. 이들은 칼리파가 꾸라이쉬 부족에서 선출되어야 한다고 주장했다. 반면 시아파는 무함마드의 사촌이었던 알리의 추종자들로써 무함마드 가문에 칼리파의 계승권이 있다고 주장하는 소수파였다. 이들은 무함마드가 본래 초대 칼리파로 알리를 지명했다고 주장하며 알리 이전의 세 명의 칼리파는 적법하지 않은 권력의 찬탈자라고 간주했다. 시아파는 권력과 수의 열세 때문에 호전적인 성격을 띠게 되었고, 오늘날 이란의 무슬림으로 대변되는 분파이다.

유럽 대륙에 진출한 무슬림들은 711년에 내전으로 취약해져 있던 서고트 왕국의 수도 톨레도를 점령했고, 이어 그들의 왕국까지 붕괴시켜 코르도바를 수도로 이슬람 국가를 건설했다. 이들은 피레네 산맥을 넘어 한

때 프로방스까지도 차지했다. 북쪽으로 이동해 732년에는 투르 근처에서 프랑크 왕국의 궁재 카롤루스 마르텔루스가 통솔하는 군대와 전쟁을 벌였는데, 결정적인 패배를 당한 후 피레네 이남 에브로 강과 두에로 강 남쪽의 이베리아 반도의 영토에 머물렀다. 정복자들은 그 지역의 앞선 문명을 계승했으며, 아랍인과 베르베르 이주민, 토착 그리스도인과 유대인이 공존하는 혼합 문명을 이루었다.

무슬림 제국이 그리스도교 왕국들과 국경을 접하고, 그리스도인들이 무슬림 제국하에서 신민으로 생활하게 됨으로써 전에 없던 새로운 상황이 전개되었다. 대체로 그리스도교 세계에서는 이슬람을 성서의 맥락에서 해석하는 틀을 벗어나려 하지 않았다. 권위 있는 성직자들은 무함마드가 거짓 예언자이고, 무슬림들은 정통 그리스도교에서 벗어난 이단이기에 '교회의 적'이라고 판단했다. 반면 무슬림들은 꾸란에서 성서의 백성들, 즉 유대인과 그리스도인들을 존중하라는 명령에 따라 그들의 지배하에 있던 '보호민'들에게 자체적인 종교활동을 허용했다. 다만 인두세를 내도록 했고, 새로운 회당이나 교회를 건축하거나 찬송을 부르는 등의 두드러진 행위에 대해서는 제한을 두었다. 무슬림들은 피정복민을 기대 이상으로 우대했는데, 그들이 수적으로 압도적으로 많았을 뿐 아니라, 통치에 필요한 전문성을 지녀 이슬람 정부를 돕는 역할을 할 수 있다고 판단했기 때문이다. 그들은 납세자, 관료, 기술자로서 이슬람 사회에 유용했다.[47]

이슬람의 지배가 일시적이 아니라 기약 없이 지속됨으로써 무슬림과 그리스도인 사이의 관계에도 차츰 변화가 발생했다. 개종이 강요되지는 않았으나, 대략 750년에서 950년 사이에 예속민인 그리스도인들이 자발적으로 개종을 선택하는 경우가 많았다. 한편 그리스도인들은 개종을 해도 특정 후견인의 피보호자로 받아들여져야 했고, 공동체의 완전한 구성원 자격을 얻지 못했기에 차별을 피할 수 없었다. 이로 인한 갈등과 차별 때문에 이슬람 사회 내에 사회적 긴장이 높아지고 때로는 폭발하기도 했다. 결국 이러한 문제를 해소하고자 아바스 시대에 이르러서는 인종이 아니라 종교에 의해 규정되는 진정한 의미의 이슬람 사회로의 전환이 일어났다. 이슬람 세계 내의 그리스도인들 중 대략 75-90퍼센트는 점진적으로 무슬림이 되었으며, 나머지는 개종을 하지 않고 남았으리라 추정된다.[48]

맺음말

동서 로마의 분리 후 6세기 중엽 등장한 황제 유스티니아누스는 제국의 재건을 위해 많은 노력을 기울였다. 그가 추진한 개혁조치들과 옛 로마제국 영토를 회복하려던 시도는 적지 않은 업적을 이루었으나, 의욕이 과했던 탓인지 제국의 취약성도 노출시켰다. 그는 제국의 풍부한 재정을 고갈시켰고, 동부의 핵심지역 방어를 소홀히 하여 페르시아와 슬라브인들이 제국의 변방은 물론 핵심지역까지 넘보게 만들었다. 더군다나 예기치 않은 페스트 팬데믹의 막대한 피해까지 가중되어 제국에서 라틴 시대 영광의 재현은 불가능해졌으며, 확고하게 그리스화되는 길로 들어섰다. 한편 유스티니아누스는 강화된 권력을 기반으로 황제권을 신성화했으며, 하나님의 대리인임을 스스로 내세우며 전제적 통치를 정당화하는 전통을 발전시켰다.

정통-이단에 대한 신학적 논쟁은 내용이 단순하지 않다. 당대의 공의회에서도 늘 의견은 갈리었으며, 현재의 판단은 당시와도 또 차이가 있다. 4, 5세기의 공의회는 당시 교회 내의 불완전한 신학적 이해로 인한 이견과 분열을 수습하기보다 오히려 영구화시켰다. 이단으로 판정된 세력은 합법적으로 활동할 공간을 확보할 수 없었기에 제국 외부, 특히 동쪽으로 이동하며 신앙을 고수했고, 이로 인해 유라시아 대륙의 여러 이질적인 문명에게 최초로 그리스도교를 접할 기회를 갖게 되었다. 7, 8세기 한반도 지역에서 발견된 여러 그리스도교 유물들이 이들 네스토리우스파 교인들의 영향이었는지는 아직도 밝혀지지 않았다.

이슬람 세력은 무함마드가 사망한 후 얼마 지나지 않아 이웃한 비잔티움 제국을 위협하며 지중해 동쪽 지역까지 진출했고, 7, 8세기에는 이집트와 북아프리카를 거쳐 지중해 남쪽 지역을 석권하여 이베리아 반도까지 차지함으로써 엄청난 규모의 이슬람 세계를 형성했다. 그 결과 7세기 이후 지중해 세계는 비잔티움 제국, 이슬람 세계, 그리고 라틴 왕국이 경쟁하며 대립한다. 이슬람 제국은 로마제국의 영토 가운데 상당한 부분을 차지하고 그곳에 잔존하고 있던 고대 문명을 흡수해 발전의 기반으로 삼았다. 무슬림 통치자들은 그들의 지배하에 편입된 그리스도인에게 강제로 개종을 요구하지는 않았으나, 차별이나 불이익까지 없던 것은 아니었다. 그렇지만 피정복민들은 앞선 로마제국에 비해 새로운 지배자가 더 적은 세금을 요구했을 뿐 아니라, 이교도나 이단을 박해하지도 않았기 때문에 호감을 가졌다. 이로 인해 정복자의 종교와 언어를 수용하는 자들은 꾸준히 이어졌다. 이슬람의 지배가 기약 없이 지속되면서 8세기 후반 이후에는 대다수 그리스도인들도 무슬림으로 개종을 선택했다.

주

1 —— 프리츠 하이켈하임,《로마사》, 김덕수 역(현대지성사, 1999), 900-901쪽.

2 —— 오스트로고르스키,《비잔티움 제국사》, 26-27쪽.

3 —— Peter Brown, *The World of Late Antiquity AD 150-750*(London, 1971), pp. 147-148.

4 —— 오스트로고르스키,《비잔티움 제국사》, 23-25쪽.

5 —— Andrew Louth, "Justinian and his legacy", Jonathan Shepard ed., *The Cambridge History of Byzantine Empire c.500-1492*(Cambridge, 2008), pp. 105-106.

6 —— 신플라톤주의는 플로티노스(Plotinos, 205?~270)가 플라톤의 철학을 계승·발전시킨 이원론적 사상으로 3세기 이후 로마제국에서 성행했다.

7 —— 오스트로고르스키,《비잔티움 제국사》, 57-58쪽.

8 —— Chris Wickham, *The Inheritance of Rome: A History of Europe from 400 to 1000*(London, 2010), p. 94. 한편 553년 제2차 콘스탄티노폴리스 공의회에서는 앞선 칼케돈 공의회에서 정통 신앙에 부합하다고 인정받았던 안티오키아 학파 세 사람의 글에 대해 이단 판정을 내렸는데, 그 글들은 '세 개의 텍스트'(삼장서, 三章書)라 불렸다. 이는 칼케돈 공의회의 결정에 대한 단성론자들의 반발을 진정시키려는 유스티니아누스 황제의 노력이었다. 그러나 의도와 달리 교리문제로 인한 대립만 격화시키는 결과를 초래했다.

9 —— 비잔티움 제국의 역사가 프로코피오스에 따르면, 이 반란으로 10만 명이 목숨을 잃었다. E. Patlagean, "The Empire in its Glory", R. Rossier ed., *The Cambridge Illustrated History of the Middle Ages* vol. 1,(Cambridge, 1997), p. 151.

10 —— Wickham, *The Inheritance of Rome*, pp. 232-235; Janetta Rebold Benton, *Art of the Middle Ages*(London, 2002), pp. 31-32.

11 —— Louth, "Justinian and his legacy", pp. 108-109; 루치오 데 조반니, 「로마법과 유스티니아누스 대제의 법전 편찬」, 에코 편,《중세》 1권(시공사, 2015), 116-118쪽.

12 —— Louth, "Justinian and his legacy", pp. 109-111.

13 —— Susan Scott & Christopher J. Duncan, *Biology of Plagues: Evidence from Historical Populations*(Cambridge, 2001), pp. 5-6.

14 —— 이와 관련한 학술적 논의는 다음 문헌에서 잘 정리하고 있다. Lester K. Little, *Plague and the End of Antiquity: The Pandemic of 541-750*(Cambridge, 2007).

15 —— 오스트로고르스키,《비잔티움 제국사》, 12-13, 57-58쪽.

16 —— 오스트로고르스키,《비잔티움 제국사》, 67-79쪽.

17 —— Andrew Louth, "Byzantium Transforming(600-700)", Jonathan Shepard ed., *The Cambridge History of Byzantine Empire c.500-1492*(Cambridge, 2008), pp. 221-226.

18 —— 샤츠, 《보편공의회사》, 61-63쪽.

19 —— 김호동, 《동방 기독교와 동서문명》(까치, 2002), 93-97쪽; P. L'Huillier, *The Church of the Ancient Councils: The Disciplinary Work of the First Four Ecumenical Councils*(New York, 1996), pp. 143-179.

20 —— 에페소스 공의회에 대한 상세한 설명은 샤츠, 《보편공의회사》, 61-70쪽 참조. 특히 65쪽에서 현재 대다수 가톨릭 교의사(教義史) 학자들이 정통 신학의 범주에 네스토리우스를 수용할 수 있다는 입장을 지지한다고 샤츠가 평가한 점에 주목할 필요가 있다.

21 —— 샤츠, 《보편공의회사》, 83-85쪽.

22 —— 김호동, 《동방 기독교와 동서문명》, 97-98쪽.

23 —— Peter Brown, *The Rise of Western Christendom*, pp. 276-282.

24 —— 에데사에서는 예수의 탄생을 축하하기 위해 방문했던 세 명의 동방박사가 자기 도시에서 갔던 현자들이라고 주장한다. 김호동, 《동방 기독교와 동서문명》, 100쪽.

25 —— J. Stewart, *Nestorian Missionary Enterprise: The Story of a Church on Fire*(Edinburg, 1928), pp. 24-36.

26 —— 김호동, 《동방 기독교와 동서문명》, 102-106쪽. 서유럽에서 라틴어 번역성서 〈불가타〉가 등장할 무렵, 페르시아의 그리스도인들은 시리아어로 번역한 신약성서 〈페쉬타〉를 사용했다.

27 —— 김호동, 《동방 기독교와 동서문명》, 108-118쪽.

28 —— 김호동, 《동방 기독교와 동서문명》, 118-128쪽.

29 —— 김호동, 《동방 기독교와 동서문명》, 154-159쪽. 한반도에도 7-8세기에 경교가 전래된 것으로 보이는 고고학적 흔적들이 출토되고 있는데, 이와 관련한 정보와 논의는 정수일의 다음 저작들 참조. 《신라·서역 교류사》, 《세계 속의 동과 서》, 《실크로드학》, 《고대문명교류사》, 《문명교류사 연구》, 《한국 속의 세계(상·하)》, 《문명담론과 문명교류》, 《초원 실크로드를 가다》 등.

30 —— 김호동 역주, 《마르코폴로의 동방견문록》(사계절, 2000), 109-111쪽.

31 —— 이슬람 신자를 가리키는 '무슬림'은 절대자 알라에게 귀의한 자 혹은 순종하는 자를 의미한다. 이 의미를 발전시켜 이슬람을 신의 뜻에 순종하는 종교로도 설명한다. 한자어로는 이슬람교를 '회교'(回敎) 혹은 '회회교'(回回敎)라고 부른다.

32 —— 《꾸란》 2장 127절. 이 책에서 언급하거나 인용하는 이슬람 경전은 한국어판 《의미 번역 꾸란》이다.

33 —— 검은 돌(하자드 알아스와드)은 본래 흰색이었는데 인간의 죄로 검게 되었다 한다.

34 —— 《꾸란》 5장 97절에는 "하나님이 카으바를 성스러운 집으로 두셨다"고 언급하고 있다.

35 —— 두 번째 성전은 무함마드가 메디나에 세운 무함마드가 안치된 성전이고, 세 번째는 무함마드가 하늘로 승천했다는 예루살렘 성전이다.

36 —— P. M. Holt et al. eds, *Cambridge History of Islam*, vol. 1(Cambridge, 1970), pp. 31-36.

37 —— Holt et al. eds, *Cambridge History of Islam*, vol. 1, pp. 41-54.

38 —— 이 부분은 역사적 맥락에서 다소 벗어나지만, 이슬람 세계 이해에 기본 토대가 될 것이기에 첨가한다.

39 —— 《꾸란》 1장 1절. 한국어 《의미 번역 꾸란》은 아랍어 '알라'로 표기되는 절대자를 '하나님'으로 옮기고 있다. 이하 단락에서는 혼란을 피하기 위해 '알라'라는 용어를 병기한다.

40 —— 한스 큉, 《한스 큉의 이슬람—역사·현재·미래》, 손성현 역(시와진실, 2012), 137쪽.

41 —— 한스 큉, 《한스 큉의 이슬람》, 142-143쪽.

42 —— 맬리스 루스벤, 《이슬람이란 무엇인가》, 최생열 역(동문선, 2002), 113-133쪽. 이 부분은 꾸란이 해석되고 적용되는 구체적인 과정을 설명해 준다.

43 —— 한스 큉, 《한스 큉의 이슬람》, 254-280쪽.

44 —— Tamin Ansary, *Destiny Disrupted: A History of the World Through Islamic Eyes*(New York, 2009), pp. 53-60.

45 —— 오스트로고르스키, 《비잔티움 제국사》, 119-120쪽.

46 —— Ansary, *Destiny Disrupted*, pp. 72-78.

47 —— 리처드 플레처, 《십자가와 초승달, 천년의 공존》, 박홍식·구자섭 역(21세기북스, 2020), 38-57쪽.

48 —— 플레처, 《십자가와 초승달, 천년의 공존》, 63-70쪽.

2부
그리스도교 세계의 성장 (750-1050)

개요

카롤루스 통치하의 프랑크 왕국은 당시 서방 그리스도교 세계 대부분을 하나의 정치체로 통합했다. 카롤루스 궁정을 대표하던 지식인 알퀴누스는 그 왕국을 가리켜 '그리스도교 제국'이라 표현했고, 이를 가능케 한 카롤루스를 '유럽의 아버지'로 칭송했다. 8세기 말에 이르러 서방 라틴 세계는 그리스도교 세계와 동일시되었다. 그리고 794년 프랑크푸르트 종교회의에서도 '그리스도교 세계'라는 용어를 동방을 배제하고 서방만을 지칭하는 의미로 제한해 사용했다. 4세기 말 이래 로마제국의 동부와 서부가 분열되어 차츰 제 길을 갔듯이, 그리스도교 세계도 8세기 이래 라틴 세계와 동방 세계로 나뉘어 성장과 발전을 모색했다. 정치와 종교의 역할이 분리되었던 라틴 세계에서는 교황이 세계를 통합하는 역할뿐 아니라, 정치적 정통성을 담보하는 역할까지도 담당했다.

중세 그리스도교 세계는 영역이 일정하지도 성격이 단일하지도 않았다. 1054년 동방과 서방 사이의 분리 이전에도 두 권역 사이에 이질적인 모습이 점점 현저해졌으며, 뒤늦게 그리스도교 세계에 포섭된 지역들도 각기 고유한 역사적·문화적 성격을 유지해 나갔다. 그리스도교 세계는 주변 문명권에 대해서, 그리고 내적으로 지배세력의 관념 속에서만 통일성을 유지했다. 특히 이슬람 세계의 팽창과 위협은 그리스도교 세계가 스스로를 새롭게 자각하는 중요한 계기를 제공했다. 급속히 팽창하던 이 이질적인 문명은 일부 그리스도교 세계를 정복하거나, 국경을 맞대고 대치했다. 정치적 지형의 변화로 두 세계는 지배세력에 편입되지 않고 본래의 종교적 정체성을 유지하려 애쓰던 신자들을 포함하게 되었다. 중세 유럽에는 이슬람과 유대교라는 두 유일신교를 신앙하는 신민들이 그리스도교 세계의 안과 밖에서 독특한 역사적 역할을 수행했다.

2부에서는 그리스도교 세계가 내적으로 어떻게 성장하고 발전했는지 살펴본다. 이 시기에 서방에서는 새로운 황제가 등장했고 교황은 라틴 세계를 아우르는 종교 수장의 지위를 확립하기 위해 노력하고 있었다. 수도원 개혁운동은 침체되고 있던 종교기관의 개혁적 흐름을 일으켜 교황청 개혁운동으로까지 발전하였다. 비잔티움 제국은 성상 파괴운동으로 한동안 큰 혼란을 겪었으나, 그 후 제국 주변의 슬라브인들을 그리스도교화시키며 중추적인 문명으로서의 역할을 지속해 나갔다.

먼저 5장은 프랑크 왕국의 발전과 봉건사회의 성격을 살펴본다. 클로비스로부터 시작된 메로빙 왕조가 갈리아 지역의 게르만 세력들을 평정하고 새로운 통치체제를 구축하는 과정이었다면, 궁재였던 피피누스로부터 시작된 카롤링 왕조는 주변 지역을 정복해 하나의 그리스도교 세계로 통합해 나갔으며, 이 과정에서 서유럽에 새로운 황제권을 구축했다. 쿠데타로 권력을 장악한 피피누스는 결여된 정통성을 확보하기 위해 로마 교황의 권위에 의존하였고 이는 종교적 권위와 정치권력이 상호 의존하는 서유럽 특유의 이중적 통치체제의 형성으로 이어졌다.

카롤링 시대에 그리스도교는 대외적으로 널리 확대되었을 뿐 아니라, 정치, 사회, 문화 등 각 영역에서도 내재화되었다. 모든 영역에 걸쳐 그리스도교가 원리로 적용되었지만, 당시 사회체제가 얼마나 그리스도교 정신에 충실했는지 가늠하기란 쉽지 않다. 중세에 형성된 세 위계 담론은 그리스도교가 불평등한 신분사회에서 어떤 역할을 했는지 엿볼 수 있는 단초를 제공한다.

6장에서는 라틴 교회가 교황 중심체제로 발전해가는 과정을 검토한다. 로마 교황은 8세기에 당면한 위기를 타개하고자 프랑크 왕국의 통치자와 연대함으로써 이탈리아 내에서 교황령을 출현시키면서 현실적인 이득과 안정을 확보할 수 있었다. 더불어 외부 세계에 대해서도 콘스탄티누스 기진장을 근거로 차츰 고양된 종교적 권위를 주장했다. 한편 촌락과 지역에서 귀족세력에게 휘둘리던 수도원들은 위기를 극복하기 위해 개혁운동에 나섰고, 일부 후견자의 지지까지 더해져 여러 지역에서 수도원 개혁운동이 전개되었다. 종교기관의 독립성과 자유를 관철하기 위해서는 초지역적인 교황의 권위를 필요로 하였기에 라틴 세계는 점차 교황 중심의 교회체제로 발전하였다.

그렇지만 신성로마제국의 등장과 제국교회체제의 형성은 이와 다른 움직임을 대변한다. 독일의 통치자들은 귀족세력을 주축으로 한 봉건적 토대가 형성되는 것과 병행하여 교회 조직을 세속 권력을 위해 동원할 수 있는 체제로 변모시키고 있었다. 세속의 권력자들은 관료제나 중앙집권적 토대가 빈약한 현실을 감안하여 제도교회의 역량을 필요로 했다. 신성로마제국에서 전개된 이 흐름이 정치와 종교에서 어떤 부작용과 갈등을 초래했는지 고찰할 것이다.

그리스도교 세계가 확대되던 양상과 더불어 내부에서 겪게 된 진통에 대해서는 7장에서 검토한다. 비잔티움 제국 내부에서는 성상을 둘러싸고 분쟁이 벌어졌고, 이는 로마 교황과의 갈등으로도 발전했는데, 이 요인이 제국 내부와 외부에 어떤 결과로 이어지는지 살펴볼 필요가 있다. 동서 교회가 분리된 원인에는 종교문화적 차이가 있었지만, 정치적 요인도 이를 심화시켰다.

9세기에 라틴 제국은 분열과 해체의 과정을 겪지만, 이 위기로 공교롭게 당시 이교 지역들에 그리스도교가 널리 확대되었다. 스칸디나비아 지역과 엘베강 동편 슬라브 지역 개종 과정은 앞선 게르만 왕국들의 개종과 비교할 때 주목할 만한 여러 특징들이 있었다. 부분적으로는 헌신적인 선교사들의 포교가 있었으나, 무엇보다 문명 세계의 변화를 관찰하던 주변 사회들이 자발적으로 그리스도교를 수용하기 위해 접근해 온 것이 특징이다. 이 과정에서 로마를 중심으로 한 가톨릭 세력과 콘스탄티노폴리스를 중심으로 한 정교 세력 사이의 경쟁도 가열되었다.

한편 이슬람 세력은 단기간에 아시아, 아프리카, 유럽까지 아우르는 거대한 무슬림 세계를 구축했을 뿐 아니라, 지중해를 상당 부분 관장하게 됨으로써 그리스도교 세계에 직접적 위협이 되었다. 특히 에스파냐에서 이슬람 세계가 그리스도교 세계와 직접 마주하며 위협하게 됨으로써 정치적·문화적 긴장이 고조되었다. 이러한 변화는 그리스도교 세계가 스스로를 하나의 종교로 성찰하는 계기가 되었으며, 차츰 국면 전환을 위한 노력도 생겨났다. 그리스도교 세계는 중세 전기 내내 끊임없이 요동치고 있었다.

• Heikki Mikkeli, *Europe as an Idea and an Identity*(London, 1998), pp. 17-20. 한편 유럽이라는 용어는 중세에 명료하게 정의된 적은 없지만, 이슬람이라는 이교 세력의 공동 위협에 직면하여 신앙적 동질성을 지닌 공동체의 연대가 필요하다는 맥락에서 종종 사용되었다.

카롤링 제국과
세 위계

5

유럽을 만든 카롤링 가문

메로빙가와 주교의 지위

프랑크 왕국의 영토는 상이한 성격의 네 권역, 즉 아우스트라지아, 네우스트리아, 브루군디아, 그리고 아퀴타니아로 구분된다. '동쪽의 땅'을 의미하는 아우스트라지아(Austrasia)는 라인강 중·하류 동편 지역을 가리키며 게르만 대이동 전 프랑크족이 머물렀던 게르만적 성격이 두드러진 영토였다. 반면 네우스트리아(Neustria)는 '새로운 땅'이라는 의미로 프랑크족이 서쪽으로 이주해 정착한 지역이다. 이곳은 그전까지 로마제국의 영토였다. 브루군디아(Brugundia)는 5세기 중엽 부르군트족이 이주해 세운 왕국의 영토였으나, 6세기 중반 프랑크족이 합병하여 부르군트의 정체성을 어느 정도 유지한 채 종속되었다. 후에 프랑크 왕국이 분열하면서 부르군트는 다시 독립할 기회를 맞는다.[1] 그 외에 6세기 초 서고트로부터 획득한 남부 갈리아 지역 아퀴타니아(Aquitania)는 독립된 권역을 유지하다가 합병되었다. 이처럼 왕국을 구성하는 각 지역은 고유한 특성을 지녔기에 지배집단의 성격, 로마화의 정도, 그리스도교화 시기 등에 차이가 있었다. 왕국 내에 정치적 갈등이 격화되면 각 권역은 분열될 소지도 충분했다.

프랑크 왕들은 왕국을 사실상 개인의 사유물로 간주했기에 511년 클로비스는 그의 아들들에게 각 지역을 분할해 상속했다. 대를 거듭하면서 분할 왕국에 후사가 없거나 권력 의지가 남다른 강력한 인물이 등장하면 왕국 전체가 다시 한 사람의 통치자에 의해 통합되기도 했다. 이 과정에서 종종 유혈사태도 발생했다.[2] 전체적으로 메로빙 왕조는 왕국을 공동으로 통치하고, 분할해 상속하는 전통을 이어갔다. 그러나 이러한 통치 및 상속 방식은 통치자가 바뀔 때마다 국왕과 귀족들 사이에, 그리고 각 권역의 지역 기득권 세력들 사이에 끊임없는 갈등과 분쟁을 불러왔고, 그로 인해 국력을 소모하고 왕권을 쇠락케 하는 결과를 낳았다. 지역의 귀족들은 자신들의 권력기반을 강화해 국왕의 지배로부터 벗어나려고 노력했다.[3]

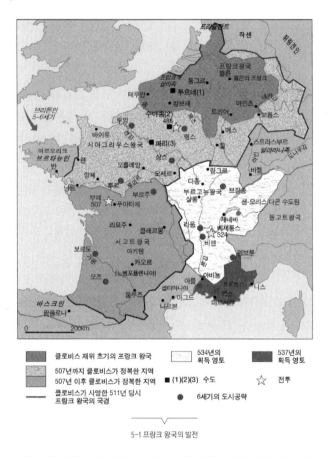

5-1 프랑크 왕국의 발전

프랑크 왕국의 통치자들은 자신에게 충성스러운 인물을 지역교회를 책임지는 주교로 발탁하여 제도교회를 장악하고자 했다. 당시 대부분의 주교는 갈리아-로마 귀족가문 출신으로 독립적이고 큰 영향력을 지녔으며, 투르의 주교 그레고리우스(538-594)의 사례에서 볼 수 있듯이 갈리아에서는 일부 가문이 여러 대에 걸쳐 주교직을 독점했다. 이들은 다른 유력한 가문들과도 긴밀하게 얽혀 있어 차기 주교의 선출에도 영향력을 발휘했다. 주교들은 종교적 역할 외에 주교구의 통치권을 행사했고, 토지, 노예, 재산 등에 대해 처분권을 지녔다. 이렇듯 6, 7세기에 주교는 세속적인 이해관계와 분리시킬 수 없는 막강한 권한을 지녔기에 가문들 사이에 주교직을 두고 치열한 경쟁이 벌어지기도 했다.[4] 주교의 자질에 종교적인 경건함보다 유력 가문이라는 배경이 더 중요하게 작용한 이유는 주교가 실제로 수행하는 업무와 역할을 영향력 있는 귀족들이 더 능숙하게 처리한다고 인식했기 때문이다. 그로 인해 세속인으로 생활하다가 곧바로 주교로 임명된 자들이 적지 않다. 물론 종교적으로 고매한 인물에 대해 존중이 없던 것은 아니다. 수도원에서 좋은 평판을 얻은 인물 중 행정능력이나 정치적 수완을 갖춘 인물이 주교로 천거되기도 했다. 당대인에게는 성과 속의 구분이 뚜렷하지 않았기에 세속 관직을 수행하던 자가 주교직을 맡는 것에 대해서도 거부감이 거의 없었다. 세속에서 높은 지위를 지닌 후 주교직을 차지하는 경우가 빈번해지면서 주교직이 세속의 지위들보다 더 높은 지위로 인식되기도 했다.[5]

　메로빙 시대에는 갈리아-로마 귀족들이 종교적 역할을 독점하고, 프랑크 귀족들은 주로 군사적·정치적 역할을 담당하는 경향이 두드러졌다. 교회법에 따르면 주교는 성직자와 민중에 의해 선출되어야 했지만, 실제로는 그러한 원칙이 준수되지 않았다. 왕국이 안정되면서 국왕들은 주교 선출에 개입했으며, 지역 귀족들도 이를 수수방관하지 않고 가급적 자신들에게 유리하도록 관철하려 했다. 결국 영향력을 가진 자들끼리 합의를 거쳐 주교가 결정되었으며, 이 과정에서 대가가 지불되기도 했다. 한편 국왕은 왕권이 하나님의 의지에 달려 있다는 것을 부정하지 않았고, 명분상으로라도 신앙의 관점에서 자격을 갖춘 인물들을 채우려 했다. 그리고 갈리아-로마 귀족들이 그에 필요한 조건을 가장 만족시키고 있다고 보았다. 당시 국왕들의 종교적 태도는 주교들이 장악한 수도원들에 어떻게 기부했는지 보면 알 수 있다. 예컨대 다고베르투스는 사실상 왕실 수도원의 역할을 하고 있던 생드니에 많은 토지와 보화는 물론 독립적인 권한을 의미하는 불입권을 하사했다. 국왕의 이러한 선물과 후원에 대해 수도사들은 정기적으로 왕가의 구성원들과 왕국의 안녕을 기도함으로써 보답했다.[6]

카롤링가의 부상과 피피누스의 기진

　통합 왕국을 건설한 메로빙 왕조의 클로타리우스 2세(재위 613-629)는 아우스트라지아에서 두각을 나타내고 있던 두 인물 아르눌푸스와 피피누스를 발탁해 아르눌푸스(580-641)에게는 메츠의 주교를, 피피누스(580-640)에게는 아우스트라지아의 궁재(宮宰 major domus)를 맡겼다. 각 권역마다 존재하던 국왕의 궁정에서는 귀족 가문의 대표인 궁재가 궁정 업무를 전담하며 왕권을 대행했다. 아우스트라지아의 통치권을 행사하다가 부친의 사망으로 왕국의 단독 통치자가 된 다고베르투스가 네우스트리아의 파리를 중심으로 왕권의 기반을 강화하려 하자 아우스트라지아를 대표하던 아르눌푸스와 피피누스 두 가문은 동맹을 맺었으며, 자제들을 결혼시켜 공고한 세력을 구축해 나갔다.[7] 이후 메로빙가가 쇠락하는 기미를 보였을 뿐 아니라, 어린 왕들이 연이어 즉위하자 궁재 가문이 권력을 통제할 수 있는 기회를 갖게 되었다. 피피누스의 후손 가운데 아우스트라지아의 궁재를 역임한 헤르스탈의 피피누스(2세. 635-714)는 687년 테르트리 전투 승리를 계기로 네우스트리아와 부르군트의 궁재 지위를 모두 차지하며 유례없는 권력을 행사하게 되었다. 이 가문은 강력한 전사공동체를 기반으로 여러 대에 걸쳐 궁재를 역임하면서 지속적으로 권력을 확장했다. 피피누스 2세로부터 궁재직을 계승한 그의 서자 카롤루스 마르텔루스(Carolus Martellus, 재위 714-741)는 왕국 내에 내분과 반란 등 혼란스런 상황이 전개되었지만, 이를 모두 종식시켰다. 그는 특히 732년 투르-푸아티에 전투에서 이슬람 세력의 공격을 격퇴해 그리스도교 왕국을 위기로부터 지켜내며 큰 명성을 얻었다.[8]

  8세기 전반 카롤링가는 왕권을 차지할 수 있는 절호의 기회를 잡았다. 비잔티움의 황제 레온 3세(재위 717-741)는 726년 종교적 명분과 경제적 실리를 이유로 성상 파괴령을 공포했는데, 이 사안으로 인해 대외적으로 로마 교황과의 관계도 크게 훼손되었다. 교황 그레고리우스 2세(재위 715-731)가 그 결정에 따르기를 거부하자 황제는 남부 이탈리아에 교황이 관할하던 영토와 사법권을 몰수해 콘스탄티노폴리스 총대주교에게 이관시켜버렸다. 한편 랑고바르드족은 이 무렵 비잔티움 총독이 머물던 라벤나를 점령하고 로마를 위협했다. 교황청에서는 더 이상 황제에게 도움을 기대할 수 없었기에 서유럽으로 눈길을 돌렸다. 교황은 궁재 카롤루스 마르텔루스와 그의 아들 피피누스(3세, 재위 741-768)에게 연이어 사신을 보내 도움을 요청했다. 피피누스는 751년 교황 자카리아스(재위 741-752)에게 사신들을 보내 프랑크 왕국에서 쿠데타가 발생하면 재가할 의향이 있는지 물었고, 교황은 실권을 행사하고 있는 피피누스가 왕위에 올라 통치하는 것을 바람직하게 생각한 다는 의견을 표명했다. 피피누스는 이와 같은 교황의 지지 의사를 근거로 프랑크 귀족들의 동의를 이끌어낸 후, 메로빙 왕가의 마지막 왕 칠데릭 3세를 폐위시켜 수도원에 유폐시키고 왕위에 올랐다.[9]

피피누스의 국왕 대관 및 도유식에는 교황을 대신해 보니파티우스가 참석해 의례를 주관했다고 알려져 있다.[10] 그 후 754년에 교황 스테파누스 2세(재위 752-57)는 프랑크 왕국을 직접 방문해 피피누스와 그의 아들들에게 한 차례 더 도유식을 거행했다. 그는 피피누스를 "로마인들의 보호자"(patricus Romanorum)라고 선언했다. 이 명칭은 본래 비잔티움 황제가 이탈리아를 다스리던 총독에게 하사한 칭호였으나, 이번에는 교황이 프랑크 왕국의 왕에게 부여했다. 이로써 국왕의 정통성을 '교황의 인가'에 근거를 두는 선례가 마련되었고, 메로빙 왕조의 혈통의 순수성은 교황이 보증한 종교적 정통성에 의해 대체되었다. 이제 교황은 세속 군주에게 신적인 권위를 부여하는 존재가 되었고, 국왕은 교황과 그리스도교 세계를 보호하는 역할을 부여받았다.[11] 이어 피피누스는 754년과 756년 두 차례에 걸쳐 군대를 이끌고 이탈리아로 원정을 가서 로마 교회를 랑고바르드족의 군사적 위협에서 해방시켰다. 그는 756년에 무력으로 빼앗은 중부 이탈리아의 옛 라벤나 총독부 영토를 베드로의 무덤에 바쳤다. 통상 '피피누스의 기진'(寄進)이라고 불리는 이 사건을 계기로 베드로의 후계자 교황은 교황령(Status Pontificius, Patrimonium Petri)의 주인이 되어 세속적인 지배권을 행사할 수 있게 되었다. 피피누스의 기진 이전에도 로마 교회가 재산을 기증받은 바는 있었으나, 통상 이 사건을 교황령의 기원으로 간주한다.

피피누스의 기진 이후 교황과 프랑크 국왕 사이의 동맹은 통치자가 바뀔 때마다 갱신되었다. 교황령에 대한 상세한 언급은 817년 루도비쿠스 조약에 처음 서술되어 전하는데, 이는 카롤루스와 교황 하드리아누스 1세

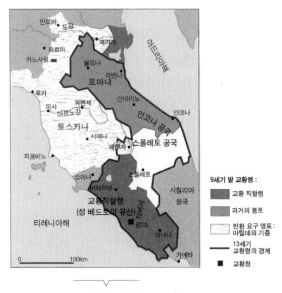

5-2 교황령(9-13세기)

(재위 772-795) 사이에 체결된 내용을 반영한 것이다. 그 범위는 캄파니아와 로마의 해안 지역 북쪽으로부터 로마냐와 라벤나에 이르렀고, 베네벤토, 롬바르디아, 그리고 이탈리아 도시들 상당수도 포함되었다. 9세기 말 이후 카롤링가가 더 이상 교황령을 지켜주지 못하면서 종종 교황령 유지에 위기가 찾아왔고, 영토상의 변화도 뒤따랐다. 그렇지만 962년 신성로마제국의 등장과 오토 황제의 제관으로 이전 카롤링 시대의 계약은 재차 갱신되었으며, 교황령도 다시 안정을 회복했다.[12]

이상적인 황제 카롤루스

피피누스의 아들이자 후계자인 카롤루스(Carolus Magnus, 재위 768-814)는 당대는 물론 후대에도 이상적인 그리스도교 황제로 평가된다. 그는 현재 유럽의 탄생 및 통합을 상징하는 존재로 추앙받고 있다. 그의 궁정에서 황제를 가까이에서 모실 기회를 가졌던 수도사 아인하르두스(Einhardus 770-840)는 그의 사후 《카롤루스 대제의 전기 Vita Caroli Magni》를 저술했다. 세속인에 대한 최초의 성인전인 이 글에서 그는 황제의 인간적인 면모와 종교적인 열심, 황제로서의 위대함을 찬양했다. 그에 따르면 카롤루스는 평생 프랑크족 고유 복장을 즐겨 입고 사냥을 즐기는 전사였다. 그는 일상에서 미사와 기도에 성실히 참여했으며, 심지어 식사시간에도 성 아우구스티누스의 글《하나님의 도성》을 낭독하게 할 정도로 경건했고, 그리스도교 이념을 구현하기 위해 불철주야 노력했다. 프랑크 왕국은 그의 평생에 걸친 원정의 성과로 크게 확장되었다. 그 결과 잉글랜드와 비잔티움 제국을 제외한 그리스도교 세계 대부분이 하나의 정치체 안에 통합되었다.[13]

하지만 카롤루스의 업적 중에는 그의 군사적 원정과 정복이 진정 그리스도교적 이념에 부합했는지 의문이 들게 하는 사례도 있다. 예컨대 카롤루스는 왕국의 동쪽 경계를 안정시키고, 이민족을 그리스도교화한다는 명목으로 772년부터 804년에 걸쳐 작센을 정복했다. 정복을 마치기까지 오랜 세월이 소요된 사실이 시사하듯이 작센족은 목숨을 내걸고 저항했다. 카롤루스는 작센족에게 항복하고 그리스도교를 받아들이라고 요구했다. 힘의 열세를 절감한 작센의 귀족들은 782년 기득권을 보호해주겠다는 약속을 믿고 투항해 협력자로 변신했다. 반면 대다수의 작센 민중은 지도자 비두킨트를 중심으로 격렬히 싸웠다. 불복한 가장 큰 원인은 프랑크족이 공납 및 십일조를 요구한 사실과 관련이 있었다. 803년 알러 강변에 위치한 도시 베르덴(Verden)에서는 약 4,500여 명의 민중이 하루 만에 학살되는 참혹한 사건이 자행되었는데, 이를 고비로 저항은 결정적으로 사그라들었다.[14] 그렇지만 카롤루스는 이후에도 반발하던 피정복민을 처형했고, 분산해 강제로 이주시켰다. 작센족은 이런 만행을 겪었기에 원치 않았지만, 그리스도교를 받아들이지 않을 수 없었다. 이교도의 개종에는 이러한 피 흘림의 역사가 숨어 있었으나, 이 전쟁을 통솔하고 지휘한 카롤루스는 1166년 성인으로 시성되었다.

카롤루스는 작센 외에 북부 이탈리아의 랑고바르드를 정복했고, 에스파냐와 바이에른 원정에도 나섰다. 그는 서유럽뿐 아니라, 일부 슬라브 지역도 무력으로 제압했다. 그는 정복한 지역에 법률을 반포해 질서를 유지

5-3 레오와 카롤루스에게 영대와 기를 하사하는 베드로(모자이크, 라테라노 성당)

했고, 통치를 위한 기틀을 확립했다. 그리고 그리스도교 세계의 건설을 위한 교두보로 수도원들을 세웠다. 정복한 지역들이 안정되면, 해당 종교기관들을 차츰 교구 및 주교구 조직에 편입시켰다. 카롤루스의 평생에 걸친 정복 과정을 통해 프랑크 왕국은 9세기 초 그리스도교 세계 대부분을 하나의 정치체 내에 통합했다. 그의 왕국은 북해에서 지중해, 그리고 대서양에서 엘베강까지 이르렀다. 이러한 군사적 업적을 기려 알퀴누스는 카롤루스를 "유럽의 아버지"(patricius Europae)라고 칭송했고, 프랑크 왕국을 "그리스도교 제국"(imperium Christianum)이라 칭했다. 그는 또 카롤루스를 로마 교황, 비잔티움 황제와 함께 "세상에서 가장 높은 지위에 있는 세 사람 중 하나"로 꼽았다.[15]

이레네의 제위 찬탈과 라틴 황제의 등장

비잔티움의 황제 레온 3세가 공식화한 성상 파괴 정책은 콘스탄티노스 5세(재위 741-75) 때에 절정이었다. 그런데 이 정책을 계승한 그의 아들 레온 4세(재위 775-780)가 병으로 사망한 후 변화가 있었다. 제위를 물려받은 레온 4세의 아들 콘스탄티노스 6세(재위 780-797)가 나이가 어려 황태후인 그의 모친 이레네(Irene)가 섭정을 맡아 국정을 주도했는데, 그녀는 공교롭게도 열렬한 성상 옹호론자였다. 그녀는 신중하게 성상 관련 정책을 전환시키려 시도했다. 문제는 반세기 동안 성상 파괴가 전개되면서 주요 관리들과 성직자들이 모두 성상 파괴주의자들로 교체되었다는 사실이다. 이레네는 먼저 콘스탄티노폴리스 총대주교를 사임시키고 황태후 비서 타라시오스가 그 자리를 차지하도록 했다. 그 후 그녀는 787년에 니케아에서 공의회를 소집했다. 타라시오스가 의장으로 주재한 이 공의회에서는 기존 입장을 뒤집어 오히려 성상 파괴 행위를 이단으로 규정하고, 성상에 적대적인 글들을 제거할 것을 의결했다. 공의회는 성상이 신적 원형과 구별되며, 상대적인 숭배의 대상이 될 뿐이고, 하나님께 바치는 흠숭(latreia) 혹은 예배의 대상이 되지는 않는다고 변호했다.[16]

콘스탄티노스 6세 주변에 집결되어 있던 성상 파괴론자들은 황제가 성년이 되어 이런 상황을 반전시킬 것을 고대했다. 그런데 이레네는 아들이 성년이 된 후에도 섭정을 끝내지 않고 공동황제로 통치권을 행사할 의도를 드러냈다. 이에 반발한 성상 파괴론자들과 군부는 황태후를 황궁에서 밀어냈고, 790년 10월 콘스탄티노스 6세를 단독 통치자로 선포했다. 하지만 콘스탄티노스가 지지자들의 기대에 부응하지 못하자 이레네가 다시 황궁으로 복귀할 수 있는 환경이 만들어졌다. 게다가 황제는 전쟁 중 무책임하게 도주했을 뿐 아니라, 분별없는 행동으로 간통까지 범해 지지세력과 교회로부터 불신을 샀다. 결국 이레네는 그를 폐위시킨 후 앞을 볼 수 없도록 두 눈을 뽑았으며, 비잔티움 제국의 역사상 최초로 단독으로 통치하는 여제(재위 797-802)의 자리에 올랐다. 여황제가 제국의 군대를 통솔한 사례가 없었기에 그녀의 등극은 제국을 동요시켰다. 이레네는 신민들의 지지를 확보하기 위해 수도원들과 콘스탄티노폴리스 주민에게 인기를 얻을 만한 정책을 남발했다. 특히 도시세를 폐지하고, 관세를 크게 낮추어 일시적으로는 주민의 열광적인 지지를 이끌어냈으나, 그로 말미암아 제국의 재정이 곧 난관에 봉착했다.[17]

성상 숭배 논쟁으로 비잔티움 제국과 갈등을 빚던 로마 교황은 제국으로부터 벗어날 기회를 엿보고 있었다. 비잔티움 제국에서 로마 교회의 입지는 크게 약해졌고, 황제는 성상 문제를 비롯하여 로마 교회의 입장과 배치되는 방향으로 압력을 가중시켜 왔기에 교황으로서는 대안 마련이 절실했다. 그러던 중 프랑크 왕국의 두드러진 발전과 비잔티움에서 전개되고 있던 혼란스런 상황은 교황으로 하여금 서방에 새로운 황제를 옹립할 빌미를 제공했다. 당대에는 세상에 하나의 합법적인 제국 및 황제권만 존재할 수 있다는 관념이 지배적이었고, 로마제국을 계승한 비잔티움 제국이 그 역할을 수행하고 있다고 인식되었다. 로마 교황은 이레네 여제가 황제위를 찬탈했다는 논리를 근거로 라틴 세계에서 새로운 황제를 옹립할 구상을 했으리라 추정되고 있다.

프랑크 국왕 카롤루스는 774년 오랜 기간 이탈리아를 괴롭혀 오던 랑고바르드족을 제압해 그 영토를 프랑크 왕국에 편입시켰고, 다른 영토들도 정복하며 거대한 그리스도교 세계를 구축하고 있었다. 교황 레오 3세(재위 795-816)는 재임 초기에 로마 귀족들의 반감을 사 난처한 지경에 처해 있었다. 799년 4월에는 전임 교황의 조카 파스칼리스의 사주를 받은 자객들의 습격을 받고 감금되었다가 가까스로 탈출했다. 그는 독일 파더본에 머물고 있던 카롤루스를 직접 찾아가 도움을 요청했다. 카롤루스는 자초지종을 들은 후 교황과 함께 군대를 이탈리아로 파견했다. 교황을 공격했던 폭도들도 카롤루스를 찾아가 레오 3세의 죄를 열거하며 자신들의 행위를 정당화했다. 결국 카롤루스가 개입해 재판으로 시시비비를 가리는 일이 불가피해졌고 그는 800년 11월 말 직접 로마를 방문해 12월 23일에 개최된 재판을 주관했다. 그 자리에서 카롤루스는 교황의 서약을 근거로 교황의 결백을 인정했고, 폭동을 일으킨 자들에게는 유죄 판결을 내림으로써 교회를 보호하고 이탈리아의 질서를 바로잡았다.[18]

그로부터 이틀 후 성탄절이 되자 카롤루스는 아들과 함께 성 베드로 성당에서 개최된 미사에 참석했다. 그런데 로마 교황은 미사 중 카롤루스에게 기습적으로 황제 대관식을 거행했고, 카롤루스를 "하나님에 의해 대

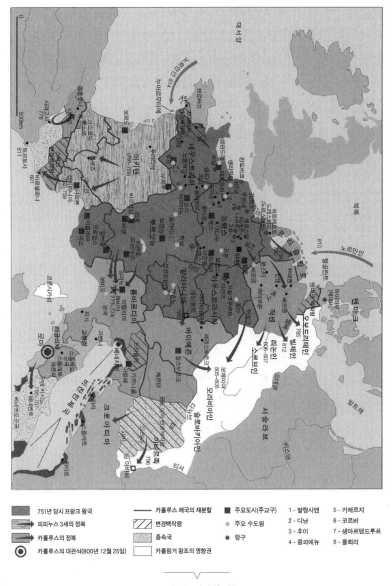

751년 당시 프랑크 왕국	카롤루스 제국의 재분할	주요도시(주교구)	1 - 발랑시엔 5 - 키에르지
피피누스 3세의 정복	변경백작령	주요 수도원	2 - 디낭 6 - 코르비
카롤루스의 정복	종속국	항구	3 - 후이 7 - 생마르탱드투르
카롤루스의 대관식(800년 12월 25일)	카롤링거 왕조의 영향권		4 - 콩피에뉴 8 - 플뢰리

5-4 카롤루스가 건설한 제국

관된 위대한 황제"라고 칭송하며 축복했다. 카롤루스는 무릎을 꿇고 교황이 수여하는 황제의 관을 받아들였다. 그의 전기에는 카롤루스가 대관식 계획을 사전에 알았더라면 성전에 들어가지 않았을 것이라고 서술되었다. 하지만 당대 〈프랑크 왕국 연대기〉에 재판 후 국왕의 측근들이 모여 황제 즉위를 논의했음을 시사하는 기록이 있는 것으로 보아 카롤루스가 대관식을 사전에 인지했을 뿐 아니라, 동의했으리라고 추정된다. 아무튼 황제 대관의 아이디어가 누구에게서 처음 나온 것인지는 단정할 수 없지만 당일 대관식을 주도한 것은 교황이었으며, 로마인들이 이를 열렬히 환영했던 사실에 주목할 필요가 있다. 교황령과 이탈리아의 항구적인 안정이 절실했던 교황에게는 카롤루스 같은 능력과 신앙심을 겸비한 황제가 필요했다. 하나의 제국과 한 사람의 황제만 존재할 수 있다는 인식에 당시의 세계가 사로잡혀 있었다는 점을 감안하면, 교황은 로마 교회가 주도해 만들어 낸 서방의 제국 및 황제가 동방의 비잔티움 제국을 대체하기를 원했던 것으로 보인다. 로마 교황은 황제를 선택할 권리가 마치 자신에게 있는 것처럼 처신했다. 카롤루스를 황제로 대관한 후 동서 두 제국을 하나로 통합하려는 의도가 교황에게 있었는지 알 수 없지만, 실현 가능성은 높지 않았다.[19]

카롤루스는 대관식 전후로 비잔티움 황제들과 사신을 왕래하며 외교 관계를 이어갔다. 황제 대관으로 인해 비잔티움이 크게 경악되었을 테지만, 801년과 802년 아헨과 콘스탄티노폴리스 사이에는 평화 협정을 위한 사절단이 오갔다. 801년 비잔티움 사신의 아헨 방문에 대한 답방으로 802년에는 프랑크 왕국의 사절이 이레네를 만나기 위해 콘스탄티노폴리스에 방문했다. 항간에 카롤루스의 사절단이 이레네에게 청혼하기 위해 비잔티움에 갔으나, 여제의 최측근 아이티오스가 혼인을 강하게 반대해 성사될 수 없었다는 주장이 있다.[20] 마침 카롤루스의 세 번째 부인이 사망한 후였고, 이레네도 과부였기에 불가능한 일은 아니었다. 하지만 학자들은 이구동성으로 이 시나리오는 개연성이 매우 낮은 꾸며낸 이야기라고 평가한다.[21] 사신들이 콘스탄티노폴리스에 도착했을 때 비잔티움은 이미 재정이 파탄나기 직전이었고, 쿠데타의 조짐이 있을 정도로 불안했다. 그리고 그로부터 얼마 후 이레네는 관리와 군인들이 일으킨 반란으로 제위에서 추방되었다.

니케포로스(재위 802-811)가 제관을 쓴 후 콘스탄티노폴리스의 분위기는 크게 달라졌다. 무엇보다도 비잔티움에서는 카롤루스의 황제 대관을 황제위 찬탈로 이해했기 때문이다. 한편 이 무렵 제국은 페르시아와 슬라브 세력들로부터 국경을 방어하는 데 어려움을 겪었다. 그 상황을 이용해 카롤링 제국의 새로운 황제가 비잔티움 제국을 정복하러 올 수 있으리라는 우려도 있었다. 프랑크에서는 외교적 갈등을 해소하기 위해 여러 차례 협상을 시도했는데, 812년 쿠데타로 황제가 된 나약한 미카일 1세 랑가베와 겨우 타협에 도달했다. 카롤루스는 정복했던 베네치아와 달마치아를 비잔티움에게 양도했고, "로마인의 황제"라는 칭호도 포기했다. 이 표현은 이후 비잔티움의 황제에게만 해당되었다. 반면 비잔티움은 서부의 제국을 인정하고 로마시에 대한 권리를 더 이상 주장하지 않기로 했다.[22] 이로써 카롤루스는 결국 비잔티움의 황제와 대등한 지위를 인정받았으나, '고대적', '로마적' 황제권을 추구하지는 않았다. 그가 대관식 이후 더 이상 로마를 방문하지 않은 사실이 이러한 맥락을 잘 보여준다. 그럼에도 이제 실체적으로 그리고 법적으로 유럽에는 두 개의 제국이 존재하게 되었다.

카롤루스는 페르시아의 바그다드에 건설된 이슬람의 칼리파 하룬 알 라시드(Harun-al-Rachid, 786-809)와도 우호적인 외교 관계를 맺고 있었다. 그는 801년 칼리파에게 유대인 이삭을 사신으로 파견해 황제위에 오른 사실을 알렸는데, 돌아올 때에는 코끼리와 함께 귀환했다. 이 진귀한 선물은 지중해의 항구도시 포르토 베네레(Porto Venere)를 경유해 802년 7월 육로로 아헨에 도착했다. 중동에서 코끼리는 권위의 상징이었는데, 칼리파는 그에게 아불 아바스(Abul-Abbas)라는 아바스 왕조 개창자의 이름까지 붙여주었다. 이슬람 세계에서는 새로운 그리스도교 제국의 등장을 인정한 것은 물론이고 축하까지 했던 것이다. 810년 《프랑크 국왕 연대기》에 이 코끼리의 사망 소식이 기록되었을 정도로 페르시아에서 건너 온 선물은 카롤링 제국에서 중요하게 취급되었다.[23]

카롤링 제국의 통치

통치의 토대와 궁정예배당

광대한 그리스도교 제국을 건설한 카롤루스 황제는 해결해야만 하는 산적한 과제들을 갖고 있었다. 제국에는 언어와 종족, 관습과 문화 등 매우 다양한 이질적인 요소들이 혼재했기에 이를 통합하여 제국을 통치해야 했지만, 그 조건이나 환경은 열악했다. 예를 들어 엘리트 관료나 관료제도가 갖추어지지 않았고, 정규 군대도 없어 주로 황제의 군사적 역량에 의존하고 있었다. 세금제도도 확립되지 않아 통치에 필요한 재원은 카롤링 왕조의 사적 소유에 크게 의존했다. 제국 전체에 적용되는 통일적인 법령(capitulare)을 반포하고, 질서를 부여하는 일도 시급했다. 그렇지만 통치를 위한 체계적인 기반을 만들기에 카롤루스는 이미 고령이었고, 이 일은 그가 그동안 해오던 정복전쟁과는 매우 상이한 과제였다.

카롤링 시대에 통치의 일익을 담당한 세력은 백작들과 주교들이었다. 이들은 대체로 귀족 출신으로 제국 정부에서 외교나 정치에 참여했다. 국왕은 대개 각 지역의 토착 귀족에게 실질적 지배관계를 인정하는 의미에서 백작 작위를 수여했다. 이들은 관직을 수여받은 후 국왕의 이름으로 지역에서 통치하며 재판관의 역할을 수행했다. 이들은 지역에서 평화와 정의를 유지하고, 왕의 재산을 감시했으며, 전쟁 등 유사시에 병력을 동원하고 그 군대를 지휘했다. 제국 내에는 대략 500개 정도의 백작령이 있었으리라 추정되는데, 일부 왕의 영향력이 미치지 못하던 지역도 존재했다.[24] 제국을 떠받치는 또다른 기둥은 주교들과 수도원장들이었다. 이들은 봉건제하에서 국왕의 봉신인 종교 제후이자 토지 지배자들로서 주군인 국왕에게 봉건적 의무를 수행하며 다양한 방식으로 통치에 동원되었다. 카롤루스는 백작과 주교가 1인씩 짝을 이루어 왕국 곳곳을 돌아다니며 감시하는 체제도 구상했다.[25]

중앙집권이나 관료제가 확립되지 않았기에 당시 제국의 질서는 통치자가 직접 전국을 돌아다니며 힘을 과시해야 유지되었다. 카롤루스는 이곳

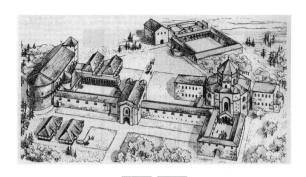

5-5 아헨 궁정의 모습(왼편이 궁전, 오른편이 궁정예배당)

5-6 아헨 궁정예배당의 황제 좌석

저곳 이동하는 왕이 쓸 임시 궁전을 곳곳에 세웠고, 794년부터 카롤링가의 겨울 궁전이 있던 아헨을 제국의 수도에 준하는 통치 거점으로 삼으려 왕궁을 건설했다.[26] 왕궁에는 소박한 규모의 궁전과 군사시설을 구비했고, 별도의 궁정예배당을 두었다. 이 궁정예배당은 당시 명성이 높았던 라벤나의 산 비탈레(San Vitale) 교회의 구조와 외관을 모방했으며, 기둥 건축에 필요한 대리석은 이탈리아에서 직접 가져왔고, 내부는 금과 은으로 화려하게 장식했다. 2층에 마련된 카롤루스 대제의 좌석에 오르는 단은 구약성경에서 가장 영화로운 왕으로 추앙되는 솔로몬의 왕좌를 본떠서 다섯 개의 계단으로 이루어졌다. 황제가 앉는 의자는 별다른 장식 없이 수수한 목재의 형태를 그대로 유지했는데 이는 예수가 우연히 밟고 지나갔던 성물로 제작되었기 때문이다. 제작자들은 예수의 흔적이 깃들인 이 의자가 황제의 신적인 권위를 가장 잘 드러낼 수 있으리라 판단했다. 이러한 이유에서 이 의자는 후대까지 아무런 장식 없이 그대로 보존되어 왔다.[27] 교황으로부터 '새로운 콘스탄티누스'라는 찬양을 받은 카롤루스는 이곳 아헨이 '새로운 로마'로 손색이 없기를 바랐다. 그는 이 궁정예배당 곳곳에 종교적 장식과 의미를 부여해 황제의 권위를 최대한 높이려 노력했다. 카롤링 제국에 이어 신성로마제국의 모든 통치자들은 이 예배당에서 국왕 대관식을 거행했으며, 이 의자에 앉은 채 예배에 참여했다.

궁정예배당 성직자들은 궁정의 예배를 관장했을 뿐 아니라, 프랑크 왕국에서 가장 중요한 성유물들을 맡아 보관했다. 이들이 통치와 관련해 담당한 중요한 업무는 황제 및 제국에 관련된 공문서를 다루는 상서 업무였다. 라틴 세계에서는 성직자들 외에 읽고 쓸 수 있는 역량을 지닌 지식인이 없었기에 이들이 문서 업무와 종교 관련 활동들을 독점했다. 궁정예배당 성직자들은 통치자의 주변에 상주하며 국왕에게 자문하는 기능도 담당했다. 이들은 국왕과 왕국의 대소사를 돌보는 정치적 봉사를 하며 차츰 정치적 역할을 학습할 수 있었고, 개인적으로 국왕의 신임을 얻을 기회도 가졌다.

카롤링 르네상스

메로빙 시대에도 기록문화가 명맥을 유지하고 있었으나, 전체적으로 볼 때 7세기와 8세기의 지적 수준과 기록 관리 상황은 변변치 않았다. 오래 전 기록된 문헌들은 대부분 상실되어 전하지 않았고, 더 이상 새로이 생산되지도 않았다. 일부 라틴어를 구사하는 자들이 있었지만, 그들이 사용하던 라틴어는 부정확했고 어휘도 풍부하지 않았다. 성직자들은 대부분 성서를 읽어도 그 의미를 해석할 수 없었고, 경험이나 구전으로 필요한 부분을 습득하는 정도였다. 일부만이 과거의 권위 있는 주석이나 가르침을 살펴볼 수 있었다. 예외적으로 생드니 수도원 등에 귀족을 위한 학교가 있었으나, 그 외에는 대부분 자취를 감추어 지식의 전수나 후학 양성이 원활하게 이루어지지 못했다.[28]

이러한 상황에서 8세기 중후반에서 9세기 초 사이 카롤링 시대에 수도원과 주교구 내 일부 학교들이 서서히 출현했다. 교회 개혁을 시작한 것은 국왕 피피누스였지만, 그의 주된 관심은 도덕 회복에 있었기 때문에 문화적인 영역에서 변화를 주도할 수 없었다. 결정적인 전기는 카롤루스에 의해 이루어졌으며, 그의 개혁 목표는 789년에 입안된 법령 〈보편적 권고 Admonitio generalis〉에 잘 나타나 있다. 그는 개혁을 통해 "오류들을 시정하고, 불필요한 것을 제거하며, 바른 것을 효과 있게 교육하려고 한다"고 설명했다.[29] 제도적·정치적 틀 내에서 그리스도교 신앙으로 신민들을 돌보고 나아가 하나로 통합하려는 구상이었다. 이러한 정신은 이후 만들어진 법령들과 9세기 초에 개최된 종교회의들에서도 계승되었다.[30] 카롤루스가 시도한 일련의 문화적·종교적 혁신을 역사가들은 통상 "카롤링 르네상스"라고 표현한다. '르네상스'란 용어가 붙은 것은 고대의 교육 전통과 문헌을 의도적으로 재발굴하고 축적해 성직자들의 교육 수준을 향상시키고, 그리스도교 선교를 도모한다는 목표 및 구상과 관련이 있다. 카롤루스는 글을 쓸 역량은 없었기에 고대적인 기준으로 교양인이 아니었지만, 문화적·지적 관심은 컸으며, 문화적 활동을 통치 차원에서 활용하려 했다.

카롤루스는 774년부터 학자들을 프랑크 왕국 밖에서 궁정에 불러들였고, 나중에는 좀더 본격적으로 학자들을 초빙했다. 그는 랑고바르드 궁정에서 활동하던 문법의 권위자 페트루스를 비롯하여 에스파냐, 잉글랜드, 아일랜드 등에서 당대 최고의 지식인들을 지속적으로 접촉해 자신의 궁정에서 활동할 수 있도록 후원했다. 당시에는 프랑크 왕국보다 주변 국가의 지적인 수준이 훨씬 높았기에 외국인 학자들을 초빙할 수밖에 없었다. 이들 학자들을 대표하던 인물은 앵글로색슨인이었던 알퀴누스(Alcuinus 735-814)였다. 그는 자유학과 신학뿐 아니라, 광범위한 영역에서 높은 학식을 지녔으며, 교회개혁 주창자이기도 했다. 카롤루스는 지식인들에게 권위를 부여하고 필요한 경제적·문화적 기반을 제공했다. 이들의 활동이 구심점이 되어 아헨은 유럽 문화의 거점으로 부상했고, 황제는 교회를 갱신하고 제국을 지적으로 혁신할 교두보를 마련했다.[31]

상세한 자료가 남아 있지 않아 카롤링 시대 지역교회의 실상을 정확히 알기는 어렵다. 그렇지만 전해지는 단편적인 자료들은 메로빙 시대 이후 제도교회들이 수행했던 역할에 대해 의구심을 갖게 만든다. 남아 있는 교구 목록들을 보면 보르도, 제네바, 아를, 베지에 등 유럽 전역에서 상당수 주교직이 장기간 공석으로 남아 있었다. 이런 현상은 대략 7세기 말부터 10세기까지 이어졌다.[32] 여러 이유가 있지만, 이러한 핵심적인 성직의 공백만으로도 상당한 지역에서 교구교회들이 제 역할을 감당하지 못했으리라 추론할 수 있다. 봉건제도가 정착하면서 전사계급이 지역의 종교기관들을 장악하거나 영향력을 행사했고, 이는 심각한 투쟁으로 발전하는 경우가 많았다. 1000년 이전 유럽에서 제도화된 기관을 통해 양성된 성직자 집단은 늘 부족했다. 이런 상황으로 인해 상당수 민중들이 이교로 복귀했거나, 형식상으로 그리스도교에 머물러 있더라도 실제로는 이교나 토속종교의 영향하에 있었으리라 생각된다. 카롤루스가 제국을 무력으로 통합하던 거칠고 혼란스러운 시대에 그리스도교가 사회를 통합시키기 위해 노력했다고는 하지만, 그에 대한 지나친 과장은 경계해야 한다. 교황이나 공의회 등 중앙에서 전개된 논의나 결정만으로 이 시기 그리스도교의 실상을 단순화시켜 이해해서는 안 된다.

카롤루스가 교회와 관련해 여러 개혁조치들을 추진한 것은 이와 같은 상황을 개선해야 한다고 인식했기 때문일 것이다. 그는 말단 교구조직을 새롭게 했고, 주교 및 대주교 중심으로 교구를 정비했다. 그 결과 대부분의 농촌 마을은 카롤링 시대에서야 비로소 교구로 조직되었다. 독일 지역의 대주교구로는 쾰른, 마인츠, 잘츠부르크, 트리어 등이 있었는데, 카롤루스 사후 831년에 함부르크가 추가되었다. 황제는 또한 십일조 징수를 강화해 황제령으로 십일조를 세금화했다. 이를 통해 교구사제에 대한 경제적 지원을 개선했다. 그는 또 상당한 정도로 사유 교회에 대한 독립성을 보장했

5-7 카롤링 소문자체

는데, 그 결과 귀족이 사유 교회에 대한 권한을 행사하고, 감독권만 주교가 가졌다. 이 외에도 그는 교구사제와 수도사의 교육 수준 향상에 관심을 가 졌다. 제국에 능력 있는 성직자와 세속 귀족 등 인적자원이 필요하다고 생 각했으며, 비잔티움 제국에 미치지 못하는 카롤루스 궁정의 권위와 위엄도 높이려 했다.[33]

문화적 혁신

카롤루스의 궁정은 교육혁신의 산실이었다. 제국은 사회의 그리스도 교화와 더불어 포괄적인 교육 프로그램을 추진하고, 그 성과를 행정에도 반영하려 했는데, 이 과제는 황제가 머무는 궁정에서 시작되었다. 이 과업 을 이끌었던 알퀴누스는 요크의 수도원 학교를 모델로 기존 메로빙 시대의 궁정학교를 새롭게 혁신하려 했다. 교육 내용, 즉 커리큘럼을 지칭하는 '자 유학'은 본래 자유로운 인간에 적합한 학예라는 의미로 그리스의 소피스트 들로부터 발전했으며, 5세기 초 7 자유학예(septem artes liberales)로 확립되 었다. 그리스도교에서는 본래 고대 학문에 대해 비판적인 인식이 우세했지 만, 아우구스티누스의 가르침으로 입장이 달라지는 계기가 마련되었으며, 자유학예도 새로운 의미를 지니게 되었다.[34] 이른바 "지혜의 일곱 기둥"은 기초학인 문법, 수사학, 논리학의 3학, 그리고 음악, 천문학, 기하학, 산술의

4과가 포함된 용어이다. 이 7 자유학예가 카롤링 시대 지식과 학문의 토대가 되었다. 하지만 이러한 지식들은 학문과 관련이 있다기보다는 성경을 이해하고, 종교적 전례를 수행할 능력을 배양하는 등 실용적 목적에 치우쳐 있었다. 궁정학교는 속인보다는 성직자를 위한 교육을 수행했기에 그 내용은 이후 성당 및 수도원 학교의 모델이 되었다.[35]

알퀴누스를 비롯한 궁정학자들이 특별히 정성을 쏟은 사업은 정확하고 통일적인 텍스트를 복구하는 일이었다. 그리고 그들의 수고로 《그레고리우스 성사집》[36], 교황 하드리아누스 1세(772-795)의 《교회 법령집》, 《베네딕투스 수도 규칙》 원본 등이 복원될 수 있었다. 그 과업의 기초는 라틴어 구사 및 사용 능력이었다. 학자들은 라틴어 고전들을 필사하는 중에 정확히 해독할 수 있는 카롤링 소문자체(minusculum)라는 이후 서양 인쇄체의 기원이 되는 글씨체를 고안했다. 이들은 문법도 표준화하여 문법적으로도 정확한 라틴어를 쓸 수 있게 만들었다.[37] 더불어 필사와 서적 만드는 기술에도 큰 진전이 있었다. 메로빙 시대에는 프랑크 왕국에 불과 몇몇 필사실만이 존재했는데, 카롤링 시대에 들어 그 수가 급속히 늘어났다. 카롤링 궁정은 필사본들을 생산하는 데 여러 모로 기여했다. 이후에는 주교좌 교회들과 수도원들에서 이런 일을 계속 이어갔다. 그 결과 고대 저자들의 서적은 대부분 9세기의 필사본으로 오늘까지 전해지고 있다. 메로빙 시대까지 기록된 필사본은 2천 개에도 미치지 못하지만, 카롤링 시대의 필사본은 현재 약 8천 개 정도가 전한다.[38] 그리고 제본, 다양한 색감, 상아와 금은 세공 등 장식에 있어서도 괄목할 만한 발전이 있었다.

건축, 특히 교회 건축에서는 당시로서 혁신적인 석조 건축이 도입되었다. 알프스 이북에 거의 목조 건축만 존재하던 시절에 이는 기술적·예술적으로 커다란 진보였다. 대표적인 건축물로는 로마적 바실리카의 모범인 생드니 교회(775년), 풀다 수도원(790-819년 사이), 로르쉬 수도원, 잘츠부르크 대성당, 아헨의 궁전 및 궁정예배당 등이 건축되었다.[39] 한편, 라인강과 도나우강을 연결하는 운하와 라인강을 가로지르는 목재 교량 건설이 시도되었으나 미완으로 끝났거나 홍수에 떠내려갔다. 은본위제 화폐제도의

5-8 어느 필경사의 최후-필사 작업의 가치

확립도 매우 중요한 업적이었다. 중세 내내 유럽 전역에서 통용된 폰두스(pondus), 솔리두스(solidus), 데나리우스(denarius) 체제가 확립되었으며,[40] 당시 도입된 화폐단위의 명칭은 현재도 일부 유럽 화폐에 남아 있다.

　　카롤링 르네상스는 고전 작품들을 중세에 소개하고 보급시켰으며, 성직자와 학자 계층을 위한 지식의 기반을 구축하는 데 어느 정도 성공하여 유럽에 공통의 문화적 기반을 남겨놓았다. 그리고 궁정 학교에서 양성된 귀족 출신 성직자들이 다시 주교구와 대수도원을 중심으로 문화적 거점을 확산시켰다. 하지만 한계도 분명했다. 저명한 중세사가 자크 르 고프는 엘리트 계층과 군주 및 교회의 필요만을 충족시킨 폐쇄적인 지배계층 문화의 성격이 두드러졌다고 평가하고, 르네상스라고 칭하기에는 여러 면에서 미흡하다고 주장했다. 9세기 초 경건 황제 루도비쿠스 시기에 진행된 베네딕투스 수도회의 개혁으로 수도원의 외부학교들이 폐쇄되어 속인의 교육기회가 축소된 것도 이런 비판에 일조했다. 당시에 정성을 들여 제작된 필사본이나 화려한 코덱스 서적들은 글과 책이 널리 유통되어 많이 읽히기 위한 것이라기보다 교회나 귀족들이 귀중한 보물로 간직하기 위한 사치품으로서의 성격이 두드러졌다. 그로 인해 필사된 글들은 지식과 정신에 깊이 영향을 미쳤다기보다는 경제적인 재화로서의 가치가 더 컸다. 또 필사를 담당한 수도사들은 그 내용에 대한 관심보다는 오류를 범하지 않고 정성스럽고 아름답게

203

옮겨 쓰는 일에 더 집중했는데, 그들에게 이와 같은 활동이 하나님을 위해 시간과 노력을 기울이는 참회와 공덕을 쌓는 행위였기 때문이다.[41] 결국 당대의 문화적 업적은 고전의 내용을 많은 사람들에게 보급하기보다는 보존 자체에 치중했다고 평가된다.

카롤링 시대의 혁신이 폐쇄적인 그리스도교 문화의 속성을 띠고는 있었지만, 재발견된 고대 문화와 그리스도교를 접속시키고 통합시켰다는 점은 중요한 기여였다. 이런 혁신으로 인해 중세의 문화는 그리스-로마보다는 고대 말의 그리스도교적 전통과 연계될 수 있었다. 이 시대의 문화에 대한 태도와 문화생산자의 관심 때문에 주로 그리스도교적 문화가 진흥되고 개발되었다. 그렇지만 그리스도교와 관계 맺지 않은 문화가 전혀 생산되지 않은 것은 아니었다. 필사문화가 정착되면서 이교적인 고전들도 상당수 필사되었다. 그중에는 베르길리우스, 호라티우스, 키케로, 살루스트, 오비디우스, 타키투스 등 수많은 고대 저자들이 포함되어 있다. 이들 작품은 카롤링 시대에 필사된 것들이 가장 오래된 사본인 경우가 많은데, 그때 필사되지 않았더라면 현재까지 전해지지 않았을 것이다.[42] 전체적으로 카롤링 시대와 비잔티움 시대를 거치며 그리스도교가 동서 유럽 문화의 옷을 입게 되었다. 그러나 카롤루스의 계승자 루도비쿠스 시대에는 여러 위기들이 심화되었으며, 특히 외부의 공격으로 말미암아 문화유산들이 파괴되고, 문화활동도 약화되었다. 그로 인해 문화의 중심지도 차츰 궁정으로부터 대수도원들로 이동했다. 10세기 이후에는 쾰른, 마인츠, 잘츠부르크 등 주요 주교구들과 성당학교가 외부의 침입에도 피해를 입지 않고 보존되면서 다시 문화의 중심지로 부상한다.

세 위계와 봉건 사회

봉건 사회와 교회

유럽 봉건제도의 형성은 4세기에서 10세기까지 계속된 혼란과 무질서가 그 배경이다. 외부 세력의 위협으로 생명과 재산에 대한 보호가 절실한 상황이 전개되면서 자신의 힘으로 생명과 재산을 지킬 수 없는 자유민들이 무력을 가진 유력자들에게 의탁하게 되었다. 이 과정은 강압적으로 이루어지기도 했고, 자발적으로 수용되기도 했는데, 결국은 무사들이 지배하는 사회체제로 전환되었다. 카롤링 시대 전후 프랑스와 서부 독일 등에서 전형적인 봉건제가 형성된다고 설명하지만, 실은 각 지역의 상황이나 필요에 의해 자생적으로 발전했기에 지역마다 제각기 다른 관행과 제도적 발전이 이루어졌다.

저명한 중세사가 마르크 블로흐는 봉건사회의 주요 특징을 농민층이 종속적 지위에 있던 반면 전사계급이 우월한 위치를 차지했고, 전사계급 내에 봉토를 매개로 한 복종과 보호의 유대관계가 널리 채택되었으며, 권력이 세분화된 것이라고 지적했다. 그는 중세 봉건사회의 본질을 사회 최상층에서 최하층에 이르기까지 일관되게 복종과 보호의 유대관계가 형성되었던 점에서 찾았다.[43] 여기서 등장하는 봉건제도는 봉토(封土 beneficium, feodum)의 보유를 매개로 발전한 사회제도이며, 주로 군사적 봉사에 대한 대가로 토지 혹은 재산권을 한시적으로 대여 혹은 양도하는 체제를 뜻한다. 봉건제는 자유민 사이의 독특한 보호와 의존의 상호관계가 핵심이었다. 이 자유민들은 주로 통치와 전쟁을 담당하는 귀족을 지칭한다. 이 봉건적 관계는 인신을 의탁하는 봉신(封臣)이 보호를 제공하는 주군(主君)의 제안을 수용하고 신하가 될 것을 맹세하는 신종서약(臣從誓約)을 거행하면 성립한다. 그 후에는 봉신에게 봉토를 수여하는 의식이 진행되는데, 이 모든 과정은 종교적 양식으로 이루어졌다.

이와 같은 봉건제의 특성은 중세의 종교생활과 교회 구조에도 영향을 미쳤다. 주로 도시들을 중심으로 형성된 고대 말 이래 교회에는 신자들이 주교가 중심이 된 하나의 공동체로 조직되어 있었다. 고대적 토대 위에 교회 조직이 성장했거나 연이어 발전한 곳에는 공적인 교회 조직이 자리를 잡았다. 하지만 도시가 드물고 촌락이나 숲으로만 둘러싸여 봉건영주들이 지역의 지배자로 등장한 사회에서는 그와 전혀 다른 교회 구조가 형성되었다. 이러한 곳에서는 예배와 성사 등 종교적 필요를 조직하는 주체가 신자들의 공동체가 아니라 봉건 영주였다. 영주가 공동체를 위해 사제를 조달하고, 교회도 건축했다. 귀족들의 사적인 영토 위에 교회가 설립되는 곳도 마찬가지였다. 이는 영주에게 속해 있는 일종의 사유 교회였다. 이 교회는 주교의 관리 아래에 있고, 소속 사제의 서품도 주교가 수여하지만, 해당 교회의 재산권과 소속 사제의 임명권 등은 영주의 권리에 속했으며, 이는 카롤링 시대에 교회법으로도 보호되었다.[44]

세 위계와 3 신분

서기 1000년이 조금 넘어설 무렵 캉브레의 주교 제라르는 "태초부터 인류는 기도하는 자들, 경작하는 자들, 싸우는 자들, 이렇게 세 부류로 나뉘어져 있었다"라는 말을 남겼다.[45] 거의 동시대에 랑의 주교 아달베롱은 이를 좀더 정교하게 설명했다—"신자들의 사회는 오직 하나의 몸을 이루지만, 국가는 세 위계로 되어 있다. …… 귀족은 전사이자 교회의 보호자로서 강자와 약자를 모두 보호한다. …… 농노는 아무 가진 것이 없어 노동을 통해 살아간다. …… 그들의 주인들은 자신들이 농노를 먹여살린다고 주장하지만, 실은 농노에 의해 식량을 얻는다. …… 하나님의 집은 기도하는 자, 싸우는 자, 노동하는 자의 세 부류로 나눠진다. 이 세 집단은 공존하되, 한 편의 봉사가 다른 두 편의 활동의 조건이 되며, 각 집단은 전체를 도울 책임이 있다. 이 세 집단은 하나로 통합되기 마련이기에 법이 승리하고 세계가 평화를 누릴 수 있다."[46] 이처럼 중세 성기(盛期)에 일부 교회 지도자들은 그리스도교에서 선호하는 3이라는 구분과 종교적 용어인 위계(ordo)라는 용어를 합성해 사회경제적 토대와 정치적 기득권을 반영한 '세 위계'라는 새로운 개념을 주창했다.

위에 언급한 당대의 기록들에 기반해 통상 중세 봉건사회의 인적 구성을 기도하는 사람(성직자), 싸우는 사람(전사), 노동하는 사람(농민)의 세 위계로 구분한다. 이를 창안한 자들은 하나님의 구상에 따라 현실세계에서 사람들에게 주요 역할이 부여되었기에, 각자는 주어진 위치를 수용해 상호

5-9 세 위계와 3 신분(기도하는 자, 싸우는 자, 노동하는 자)

협력하고 보완해 조화를 이루면서 하나님의 뜻을 구현하는 것이 삶에 대한 바른 태도라고 주장하였다. 이에 따라 중세 사회는 세 개의 층위로 구분된 하나의 위계화된 피라미드형 구조를 이루었다고 설명되었다. 그렇지만 실상은 성직자들에 의해서 종교적 권위가 영향력을 발휘하고 귀족들이 농촌에 기반한 봉건적 질서를 지배하는 체제가 그리스도교적 세계관에 부합하다는 담론이 형성되었던 것이다. 이 담론은 당대의 사회구조를 신성화하고, 이를 하나님이 창조한 의도에 부합하다고 주장함으로써 소수의 엘리트가 다수의 민중을 지배하는 불평등한 사회구조를 고착화시키고 신분상의 이동을 불가능하도록 정당화시키는 역할을 수행했다.[47]

세 위계는 차츰 3 신분 개념으로 발전했다. 신분은 좁게는 성직자와 속인 혹은 평신도로 구분되었고, 성직자는 선별된 제1신분으로서 구별된 위상을 가졌다. 4세기 이래 정착한 성직자의 독신은 이 차이를 보여주는 가장 두드러진 특징이었다. 그렇지만 실제로 금욕을 실천하지 못하는 성직자들이 많아 교회개혁 때마다 독신 엄수가 주요 목표로 제시되곤 했다. 성직자들은 교구교회에 소속되어 평신도들을 위한 사목 업무에 전념하는 재속

성직자와 세속과 거리를 둔 채 수도생활에 몰두하는 수도 성직자로 구분되었다. 성직자의 신분적 특권은 이들에게 세속법이 아니라 교회법만 적용된다는 점에서 일차적으로 확인된다.

중세 서유럽의 성직자들에게는 종교적 기능 외의 역할도 부여되었다. 그들이 라틴 그리스도교 사회에서는 거의 유일하게 교육을 받은 지식인이었기 때문이다. 성직자들은 통치자들 가까이에서 정치와 외교, 입법과 재판을 도왔다. 그리고 사회에 종교적 원리와 정신이 구현되고, 신민들이 그에 따라 살도록 개인과 사회의 감독 및 통제 기능을 했다. 중세 말에 이르면 심지어 부부의 성생활까지도 종교의 이름으로 규율하는 일이 발생했다.[48] 종교와 제도 교회가 인간과 사회의 영역 전반에 걸쳐 관여하고 신앙의 이름으로 통제하려 시도했기에 여러 부작용이 뒤따랐고, 후대에 그리스도교에 대해 부정적인 비판이 야기되었다. 한편 상당수 성직자들은 종교 본연의 영역을 벗어나 일탈하기도 했고, 신민들의 종교적 심성에 기대어 권력화된 교회는 권한과 부를 주체할 수 없어 세속화의 유혹에 빠지기도 했다.

제2신분은 싸우는 자들, 즉 귀족들이었다. 이들의 지위는 카롤링 시대에 기병이 전투 주력부대로 부상하면서 확고해졌고, 귀족의 정체성은 말을 타고 손에 무기를 든 기사(騎士)로 대표되었다. 협의의 봉건제도란 무력을 지닌 자유민들 사이에 주군과 봉신이라는 유대관계를 상호 권리와 의무 관계로 체결한 주종제도를 뜻했다. 뤼트게(F. Lütge)는 봉건제를 "귀족인 주군이 토지와 그 위에서 생활하고 일하던 사람들을 지배하는 체제"라고 정의했는데, 여기서 보듯 귀족이란 단지 토지를 많이 소유한 사람이 아니라, 예속민에 대한 통치권과 사법권을 행사할 수 있는 지배 신분을 의미했다. 이러한 신분은 법으로 정의된 것이 아니라, 사회 통념에 의존한 우월한 지위였다. 이러한 귀족의 우월성은 세습에 의해 신분적 성격으로 고착되었다.

봉신은 주군에게 세 가지 주요 의무를 이행해야 했다. 첫째는 '봉사'이다. 이는 군사적 의무로써 봉신이 주군과 함께 전투에 참여하는 가장 중요한 의무를 뜻했다. 봉신은 통상 1년에 40일 정도 필요한 비용을 스스로 부담하며 이 의무를 수행했다. 하지만 이 기간 이상 싸울 의무는 없었다. 둘째 의무는 '조언'이다. 이는 주군의 궁정 즉 법정에 참석해 재판을 돕는 것을 의미했다. 주군이 홀로 많은 재판을 수행할 수는 없었기 때문이다. 세 번째 의무는 경제적 의무인 '부조'였다. 잉글랜드 존 왕 시기에 작성된 〈대헌장〉 12조에 명기된 바에 따르면 봉신은 일반적으로 주군 장자의 기사 서임, 주군 장녀의 결혼, 주군이 포로가 되었을 경우 석방금 등의 재정적 원조를 부담해야 했다.[49] 한편 주군에게 주어진 책임도 그에 못지않게 무거웠다. 무엇보다 주군에게는 봉신을 보호하고 부양할 의무가 있었는데, 이를 위해 봉토를 수여했다. 그리고 주군도 봉신을 신체적으로 보호할 책임과 재판에서 비호할 의무가 있었다. 귀족의 자제가 기사로 서임되거나, 봉건적 계약관계를 체결할 때에는 사제가 입회했다. 성직자는 귀족의 무력을 축복하되 교회와 신앙의 수호, 평화와 정의 등 종교적 명분에 걸맞게 무기를 사용할 것을 강조했다.

노동하는 자들을 가리키는 제3신분은 주로 농민을 지칭했다. 따라서 앞서 언급한 귀족들은 속인이되 노동하지 않았다. 그들의 정체성은 싸우고 통치하는 데 있었다. 농민들 중에는 통상 농노라 불리는 부자유한 자들과 자영농 같은 자유민이 섞여 있었다. 농민들 사이에 지위나 경제적 부담에 차이는 있지만, 중세에는 모두 영주의 보호와 사법권 아래 있었다. 대다수 농민은 농노로서 토지에 결박되어 경제적·사회적 부담을 지고 있었다. 중세 사회는 이들이 노동으로 성직자와 귀족을 부양하는 구조였다. 중세 말에 이르면 상인들이 주축이 된 도시의 시민들이 새로운 세력으로 성장하고, 국왕도 일반 귀족들과 확연히 구분되는 권력과 정체성을 지니게 되면서 세 신분에 기초한 계서화된 위계구조와 질서가 더 복잡해지고, 한편으로는 유동성을 지니게 된다. 세 위계와 3 신분은 현실에 정확히 부합한 것이 아니었지만, 그 이데올로기적 근간은 19세기에 이르기까지 영향력을 발휘했다.

맺음말

카롤링가의 통치자 피피누스와 카롤루스 부자의 치세는 프랑크 왕국의
발전뿐 아니라, 교황권과 세속 통치자 사이의 관계에서도 중대한 전환점
이었다. 쿠데타로 권력을 차지한 피피누스는 자신에게 결여된 정통성을 만
회하기 위해 국왕의 정통성을 교황의 인가에 의존했다. 이와 같은 관행은
이후 서유럽의 통치자들에게 계승되어 교황의 정치적 권한으로 자리 잡게
되었다. 이어 피피누스는 무력으로 정복한 중부 이탈리아 영토 일부를 교
황에게 기진하여 교황령을 탄생시켰다. 이와 같은 프랑크 왕과 교황 사이
의 연대는 한 세대 후 카롤루스의 대관으로 결실을 맺었다. 교황 레오 3세
는 라틴적 '그리스도교 제국'을 이룩한 카롤루스를 황제로 대관하여 비잔
티움 제국의 서방 간섭을 배제하려 했다. 이로써 동방과 달리, 라틴 세계에
만 고유한 성속 권력의 분점체제가 형성되었다.

정복자 카롤루스는 제국 통치의 토대를 이루었으나, 제도적 기반을 확립
하는 과업까지 완수하지는 못했다. 서방에 제국이 부활했으나, 통치를 위
한 세도적 기반, 재정, 관료집단 등이 아직 미약했다. 이로 인해 불가피하
게 백작들과 주교들이 통치의 일익을 담당했다. 이 과정에서 그리스도교
는 다양하고 이질적인 제국의 구성원들을 하나로 통합시키고 이어주는
핵심적인 요소였으며, 성직자와 종교기관은 이와 관련하여 결정적 역할
을 수행했다. 카롤루스가 사망한 후 제국은 분열의 길로 들어섰지만, 그
가 라틴 세계에 남긴 공통의 기반은 후대까지 유럽적 유대감의 원천으로
작용했다.

카롤링 시대를 거치며 중세의 전형적 제도라 할 봉건제도와 장원제도도
발전해 나갔다. 봉건제도는 정규군이 존재하지 않던 프랑크 왕국에서 일
종의 총동원체제로 구상되었으며, 지배집단인 귀족들이 군사적 봉사를
수행하는 대가로 주군으로부터 봉토를 제공받는 상호적인 방식이었다. 장

원제도는 인력이 부족하던 촌락의 토지에 필요한 노동력을 묶어두기 위한 농업 생산체제였으며, 농민들은 노동력을 제공하는 대가로 일정한 토지와 보호를 제공받았다. 세 위계와 3 신분제는 봉건적 사회질서를 그리스도교에 기반하여 해석한 담론으로 등장했으나, 결국 불평등한 사회구조를 정당화하고 신분상의 변화를 불가능하게 만드는 이데올로기로 중세 내내 남용되었다.

주

1 —— 기어리, 《메로빙거 세계》, 166-169쪽.

2 —— 기어리, 《메로빙거 세계》, 205-207쪽.

3 —— Friedrich Prinz, *Europäische Grundlagen deutscher Geschichte*(4.-8. Jahrhundert), Gebhardt Handbuch der deutshcen Geschichte, 10th ed., vol. 1(Stuttgart, 2004), pp. 304-317.

4 —— 기어리, 《메로빙거 세계》, 170-175쪽.

5 —— 기어리, 《메로빙거 세계》, 176-181쪽.

6 —— 기어리, 《메로빙거 세계》, 224쪽. 다고베르투스 시기의 번영과 동방으로의 확대에 교회 세력이 어떤 역할을 했는지는 다음 문헌이 상세히 설명한다. Prinz, *Europäische Grundlagen deutscher Geschichte*, pp. 317-328.

7 —— 기어리, 《메로빙거 세계》, 209-212쪽.

8 —— M. Costambeys et.al., *The Carolingan World*(Cambridge, 2011), pp. 38-51. 테르트리의 승리로 피피누스가 곧바로 권력을 차지한 것은 아니었다. 그는 주도면밀한 집권 과정을 통해 경쟁자들을 물리쳤다.

9 —— Heinrich Fichtenau, *The Carolingian Empire: The Age of Charlemagne*(New York, 1964), pp. 16-18.

10 —— 교황의 승인과 관련된 기록들은 후일 날조되었을 가능성이 제기되고 있다. 근래 카롤링 시대 연구의 권위자 매키터릭은 피피누스가 프랑크 대귀족들 및 주교들의 지지와 동의를 얻어 왕위 찬탈을 정당화할 목적으로 교황의 승인을 날조했다고 주장했다. Rosamond Mckitterick, "The Illusion of Royal Power in the Carolingian Annals", *The English Historical Review*, Vol. 115, No. 460(2000), pp. 1-20.

11 —— Fichtenau, *The Carolingian Empire*, pp. 18-19.

12 —— T. F. X. Noble, "Kirchenstaat", *Lexikon des Mittelalters*, vol. V., col. 1179-1183.

13 —— Rosamond Mckitterick, *Charlemagne. The Formation of a European Identity*(Cambridge, 2008), pp. 7-10.

14 —— Mckitterick, *Charlemagne*, pp. 104-105.

15 —— 알퀴누스가 사용한 이러한 표현들은 조심스러운 해석이 필요하다. 이 용어들은 오랜 전통을 통해 형성되었으며, 과거의 로마제국은 물론 현실적으로 존재하는 비잔티움 제국과의 관계를 염두에 두고 해석되어야 하기 때문이다. 이는 카롤루스의 황제 제관 및 그 후의 칭호와도 관련되어 있다. 다음 문헌에는 그에 대한 상세한 논의가 담겨 있다. Fichtenau, *The Carolingian Empire*, pp. 62-78.

16 —— 오스트로고르스키, 《비잔티움 제국사》, 139-141쪽. / 샤츠, 《보편공의회사》, 114-117쪽.

17 —— 오스트로고르스키, 《비잔티움 제국사》, 141-144쪽.

18—— Costambeys et.al., *The Carolingan World*, pp. 160-161.

19—— 카롤루스의 황제 대관에 대해서 당대의 사료들은 서로 모순된 서술을 하고 있다. 관련 주제의 구체적 논의는 다음 문헌에 담겨 있다. Costambeys et.al., *The Carolingan World*, pp. 161-167.

20—— 신뢰성이 떨어지는 《테오파네스 연대기》(Theophanes, *Chronograpia*)에 이러한 이야기가 전한다. H. Dannenbauer ed., *Quellen zur Geschichte der Kaiserkrö-nung Karls des Grossen*(Berlin, 1931), p. 25. 노리치는 그의 책 《비잔티움 연대기》 에서 이를 사실로 단정한다. 존 줄리아스 노리치, 《비잔티움 연대기》, 남경태 역(바다출판사, 2007), 1권, 628-631쪽, 2권, 29-30쪽.

21—— Ralph-Johannes Lilie, *Byzanz unter Eirene und Konstantin VI.*(780-802) (Frankfurt a.M. 1996), p. 211; Peter Classen, *Karl der Grosse, das Papstum und Byzanz: die Begründung des Karolingischen Kaisertums*(Sigmaringen, 1998), pp. 84-86.

22—— 오스트로고르스키, 《비잔티움 제국사》, 148-158쪽.

23—— 플레처, 《십자가와 초승달》, 91-92쪽.

24—— Fichtenau, *The Carolingian Empire*, pp. 104-117.

25—— Fichtenau, *The Carolingian Empire*, pp. 120-139.

26—— Mckitterick, *Charlemagne*, pp. 137-139, 157-162.

27—— 이 의자와 궁정을 상세히 설명하는 문헌은 찾기 어렵다. 필자는 2004년경 아헨의 궁정 예배당을 방문했을 때 현지의 해설사로부터 본문의 내용을 전해 들었다. 피히테나우도 이 궁전이 지닌 의미에 대해 간략한 설명을 피력했다. Fichtenau, *The Carolingian Empire*, pp. 83-84.

28—— Giles Brown, "Introduction: the Carolingian Renaissance", R. Mckitterick ed., *Carolingian culture: emulation and innocation*(Cambridge, 1994), pp. 3-13.

29—— Admonitio generalis, *MGH Capitularia regum Francorum* I, 58, 1-5.

30—— McKitterick, *Charlemagne*. p. 240, 307.

31—— Brown, "Introduction: the Carolingian Renaissance", pp. 28-29.

32—— 관련 자료는 르 고프, 《서양 중세 문명》, 88쪽에서 재인용.

33—— Mckitterick, *Charlemagne*, pp. 295-310.

34—— 파트리치아 스토파치, 「고전 시대의 유산과 그리스도교 문화: 보에티우스와 카시오로루스」, 에코 편, 《중세》 1권, 546-547쪽.

35—— 프란체스코 스텔라, 「요크의 알퀴누스와 카롤링거 왕조의 르네상스」, 에코 편, 《중세》 1권, 562-567쪽.

36—— 그레고리우스 1세가 단행한 전례 개혁을 토대로 교황 하드리아누스 1세(재위 772-795)가 편찬한 교회 전례서를 말한다.

37—— Fichtenau, *The Carolingian Empire*, pp. 88-90; Mckitterick, *Charlemagne*, pp. 317-320.

38—— 스텔라, 「요크의 알퀴누스와 카롤링거 왕조의 르네상스」, 564쪽.

39—— 아헨 궁전예배당을 비롯하여 카롤링 시대의 조각, 성유골함 세공, 미술에서 인체에 대한 묘사 등의 변화에 대해서는 다음 문헌을 참조하라. Benton, *Art of the Middle Ages*, pp. 44-49.

40—— 1 pondus(폰두스) = 20 solidi(솔리디) = 240 denarii(데나리).

41—— 자크 르 고프, 《중세의 지식인들》, 최애리 역(동문선, 1999), 38-42쪽.

42—— 베르길리우스, 호라티우스, 키케로, 살루스트, 오비디우스, 타키투스 등 수많은 고대 저자들의 상당 수 작품은 카롤링 시대에 필사된 사본들이 가장 오래된 사본인 경우가 많다. Brown, "Introduction: the Carolingian Renaissance", pp. 38-40.

43—— 마르크 블로크, 《봉건사회》, 한정숙 역(한길사, 2001) 신판 II권, 353쪽.

44—— Volker Leppin, *Geschichte des mittelalterlichen Christentums*(Tübingen, 2012), pp. 66-68.

45—— 조르주 뒤비, 《세 위계: 봉건제의 상상세계》, 성백용 역(문학과지성사, 1997), 33-36쪽.

46—— 르 고프, 《서양 중세 문명》, 422쪽의 번역문을 문맥에 맞추어 약간 수정했다.

47—— 르 고프, 《서양 중세 문명》, 430-431쪽.

48—— 물론 교회의 의도대로 신민의 삶이 통제되지는 않았다. 박흥식, 「중세 도시에서의 매춘」, 서울대학교중세르네상스연구소 편, 《사랑, 중세에서 종교개혁기까지》(산처럼, 2019), 284-289쪽.

49—— "우리 왕국에서는 공동의 협의(대회의)에 의한 것을 제외하고는 어떤 병역면제세나 보조금도 부과될 수 없다. 짐의 몸값을 위한 것이나 짐의 장자의 기사작위 수여나 장녀의 결혼을 위한 것만은 예외이지만, 그 경우에도 상납금이 합리적으로 부과되어야 한다……" P. J. Geary ed., *Readings in Medieval History*, vol. II,(New York, 1992) p. 414 §12을 필자가 번역함.

교황 중심 교회의
확립

6

위조문서와 전통의 형성

콘스탄티누스 기진장

8세기 중엽까지 교황의 영향력은 사실상 이탈리아에 국한되었다. 600년경 교황 그레고리우스 1세가 잉글랜드 선교를 주도하면서 북유럽 지역으로 종교적 권위를 확대할 새로운 기회가 주어졌으나, 후대 교황들은 이를 이어갈 수 없었다. 그러던 중 앞서 5장에서 살펴본 카롤링가와의 연대를 통해 서유럽 지역에서 교황권이 확립되고 나아가 확장되는 결정적인 계기를 맞았다. 귀족의 대표였던 피피누스는 살아 있는 국왕을 폐위시키고 왕권을 차지하는 과정에서 교황의 지지 의사가 필요했기 때문이다. 피피누스는 그 후 랑고바르드족으로부터 획득한 영토의 일부를 로마 교회에 헌납함으로써 교황령의 창건에 기여하였다. 교황은 프랑크 국왕의 정통성을 인정해 준 대가로 경제적 기반을 확보하게 된 것이다. 이어 800년에는 교황 레오 3세(재위 795-816)가 카롤루스를 황제로 대관하여 서유럽에 단절되었던 황제권도 부활시켰다. 교황은 카롤링가와의 결속을 계기로 세속 군주에게 신적인 권위를 부여하는 자격을 지닌 존재로 인정되었으며, 더불어 교회와 이탈리아를 보호할 무력을 확보할 수 있었다. 이로써 교황과 황제는 중세 서유럽 사회를 지탱하는 종교권력과 세속권력을 나누어 갖는 동시에 상호 의존적인 관계로 발전했다.

그런데 새로운 제국을 탄생시킨 교황, 나아가 교황청은 당시에 라틴 세계에 대해 어떠한 구상을 갖고 있었을까? 콘스탄티누스 기진장(寄進狀, Constitutum Constantini)은 8세기 후반 로마 교황 중심의 세계에 대한 구상을 엿볼 수 있는 특이한 기록이다.[1] 교황권을 논하는 부분에서 익히 알려진 위조문서부터 거론하며 가톨릭을 노골적으로 비판하려는 불순한 의도를 지닌 것이 아니냐고 생각할 사람이 있을지 모르겠다. 그러나 중세에 문서 위조는 매우 흔한 일이었고, 오늘날의 위조와 다른 맥락을 지녔다. 그와 같은 이유에서 이 사료를 다루는 의도를 의심할 필요는 없다. 분명한 사실은 로마 교황의 수위권과 교황 중심 교회를 확립하는 과정에 위조문서들이 관여되어 있을 뿐 아니라, 실질적으로 크게 기여했다는 점이다.[2]

앞서 살펴보았듯이 피피누스는 756년 랑고바르드족을 정복한 후, 그 영토의 일부를 교황에게 기진했다. 그 사실을 알게 된 비잔티움 제국에서는 피피누스가 소유권을 넘긴 교황령이 비잔티움 제국에 속한 영토라며 반발했다. 이런 논란이 일고 있던 무렵 교황청 측에서 제작한 것으로 추정되는 문서가 〈콘스탄티누스 기진장〉이다. 이 문서는 매우 흥미로운 사료이기에 오랜 기간에 걸쳐 역사학계 내에서 다양한 연구와 논의가 진행되어 왔다. 지금까지도 누가 이 문서를 작성했는지 확인되지는 않지만, 그 기록에 담긴 내용과 형식을 볼 때 교황청 상서청이 조직적으로 개입해 만든 위조문서라는 사실에는 거의 이견이 없다.[3] 위조문서임에도 불구하고, 이를 제작한 세력이 내세우던 사상과 이해관계를 그대로 반영하고 있기에 역사적 분석 및 설명을 필요로 한다.

이 문서는 콘스탄티누스 황제가 실베스테르 교황(재위 314-335)에게 보낸 서신 형식을 띠고 있다. 그에 따르면, 315년경 황제가 나병에 걸렸을 때 제국의 뛰어난 의사들이 다 달려들어 고치려 했고, 이교도 사제들까지도 동원되었지만 나을 가망이 없었다. 절망하고 있던 황제의 꿈에 베드로와 바울 사도가 나타나 그가 죄악 때문에 나병에 걸렸다는 점을 지적하면서 교황 실베스테르가 그의 병을 고치리라는 계시를 주었다. 황제는 계시에 따라 교황을 궁전으로 데려왔고, 사람들이 지켜보는 가운데 교황 앞에서 참회하고 하나님과 그리스도에 대한 신앙을 고백했다. 그 후 교황은 황제에게 세례를 집전했는데, 나병이 치유되는 기적이 발생했다. 황제는 이를 통해 그리스도교의 하나님이 진정한 신이고, 자신이 숭배하던 신들은 악마였다는 사실, 그리고 교황이 베드로의 권위를 물려받은 그리스도의 지상 대리인임을 깨닫게 되었다고 고백했다. 교황좌가 제국 황제의 옥좌보다 더 영광스럽고 고귀한 자리라고 인정하기도 했다. 황제는 그가 받은 은총에 대한 보답으로 자신의 소유와 권한 가운데 많은 부분을 교황에게 양도한다고 선포했다. 우선 로마 교황과 그 후임자들에게 안티오키아, 알렉산드리아, 콘스탄티

6-1 교황 실베스테르에게 기진하는 콘스탄티누스(13세기 프레스코화).

노폴리스, 예루살렘 등 4개의 총대주교구들에 대한 관할권 및 전 세계 그리스도교를 관장하는 최상의 지위가 주어졌다고 선언했다. 오랜 기간 논란이 끊이지 않던 로마 교황의 수위권을 이 문서가 노골적으로 명시한 사실에 주목할 필요가 있다.

이어 콘스탄티누스 황제는 자신이 이미 라테라노 성당과 베드로-바울 성당을 건설한 사실을 언급하고, 교황과 후임자에게 제국의 동서남북, 즉 유대, 그리스, 아시아, 트라키아, 아프리카, 이탈리아에 있는 영토와 섬들을 선물했다. 그뿐 아니라, 세계 최고의 궁전인 로마의 라테라노 궁전, 황제의 관, 교황의 삼중관, 황제의 외투와 장식, 황제의 홀, 창, 휘장을 주었다.[4] 그리고 나아가 로마시, 이탈리아 전체, 그리고 서방 속주들에 대한 통치권을 교황에게 넘겨준다고 표명했다. 끝으로 교황의 통치를 방해하지 않기 위해 비잔티움에 자신의 이름으로 건설될 도시로 황제 자신은 물러간다고 선언했다.

교황청의 구상

이 문서의 내용이 사실이라면, 교황은 이미 4세기 초 서로마 황제가 지니고 있던 소유는 물론이고 권한과 통치권을 모두 물려받은 것이 되고, 교황령도 당연히 교황에게 속한 영토였기에 비잔티움 제국에서 소유권을 주장할 이유가 없었다. 그렇지만 당대에 그 누구도 이 문서의 존재에 대해 알고 있지 못했다. 그도 그럴 것이 이 문서는 8세기 후반, 추정컨대 756년과 760년 사이 교황청 상서청이 관여해 만들어낸 위조문서였으며,[5] 작성된 뒤 한동안은 공적인 영역에서 그 내용이 언급되거나 문서의 이름이 거론된 적도 없었다. 이 기진장의 위조를 기획한 인물은 논란의 소지가 있는 교황령을 비롯한 이탈리아의 영토를 신앙이 없거나 하나님에 대해 충성심이 결여된 자들로부터 지켜내고자 했을 것이다. 그곳을 교황의 소유로 바꿔 하나님과 교회를 위해 사용하는 것이 더 바람직하다고 생각했기에 윤리적으로 볼 때 부도덕한 일이지만 종교적 확신 내지 사명감으로 위조를 수행했을 것이다. 그리고 그로부터 반세기가 지난 후 로마 교황은 카롤루스를 황제로 대관했다. 콘스탄티누스 기진장에 근거해 서방에서 황제를 선택할 권한이 교황 자신에게 있다는 점을 만천하에 드러내고자 했을 수도 있다.

이 문서에 담긴 소유권이나 각종 주장들과 별개로, 우선 이 기록은 당대 교황이 세상에서 어떤 존재로 인정받기를 원했는지 보여주고 있다. 실베스테르는 콘스탄티누스 황제 재위기에 교황이었지만, 교회가 겪고 있던 여러 변화들에 대해 별다른 목소리나 의견을 내지 않아 공적 문서에 거의 등장하지 않는다. 즉 존재감 없던 교황이었다. 하지만 이 기진장 서두에는 로마 교황이 베드로의 계승자로서 정통 신앙의 대변자라는 점이 강조되었다. 이는 이단 문제뿐 아니라, 8세기 초부터 불거진 비잔티움 황제와의 갈등을 염두에 두었을 것이다. 황제의 성상 파괴령에 대해 반발하던 로마 교황의 입장을 두둔하며, 제국 백성들이 모두 교회의 가르침에 순종해야 한다는 점을 의도했다고 볼 수 있다. 더구나 기진장은 황제가 서방에 대해 주장할 수 있는 권한이 더 이상 존재하지 않는다는 점도 부각시켰다.

둘째, 이 문서는 콘스탄티누스 황제를 끌어들여 그리스도교 세계 전체에 대해 교황 수위설을 주장하고 있다. 반복적으로 강조되던 '보편 교회'이라는 칭호는 교황이 중심이 된 그리스도교 세계를 의미하는 표현이었다.

셋째, 교황에게 양도된 영토들과 황제보다 우월한 교황의 지위를 강조한 점에서 알 수 있듯이 교황은 이 문서를 근거로 교회는 물론 세속 사회에 대한 통치를 겸해야 한다고 주장하고 있다.[6] 즉 기진장을 통해 교황의 세속적 지배에 대한 권리를 확보하려 했다. 이는 문서 마지막에 교황에게 양도한 지역들을 나열한 부분에서 두드러지게 표현되었다. 당시 논란이 되던 지역은 라벤나 주변을 중심으로 한 교황령이었으나, 8세기 초 성상 문제로 비잔티움과 충돌이 일어났을 때 교황이 황제의 입장을 따르지 않음으로써 박탈당했던 이탈리아 남부 지역에 대한 권한과 랑고바르드 지배자가 영향을 미치던 베네치아와 그 주변까지 아우르는 이탈리아 지역에 대해 재차 교황의 세속 지배권을 주장하며 비잔티움 황제의 오랜 간섭에서 벗어나려 했던 것으로 추정된다. 이처럼 기진장은 교황이 황제를 대신해 이탈리아를 소유하고 통치할 근거를 마련하기 위한 목적을 지니고 있었다.[7] 콘스탄티누스 황제가 지니고 있던 권력과 권위의 상징들을 모두 나열한 후 그것을 교황이 양도받았다는 점을 명시한 것은 서방 세계의 합법적인 상속자이자 양도자임을 부각시키려던 의도였을 것이다.[8] 교황청은 8세기 중엽 독자적이며 본격적인 외교활동을 벌이고 있었으며, 그 궁극적인 목표는 그리스도교 세계 전체를 교황의 지배하에 두려는 것이었다고 추론할 수 있다.

그런데 교황권이 아직 그리 강력하지 않았으며, 내부 문제도 안정되지 않아 세속 권력에 대해 적극적인 주장을 내세우기 어려웠던 시기에 어떻게 이토록 과감하고, 치밀하며, 위험한 기획을 시도할 수 있었을까? 교황이 이 문서의 작성을 사전에 인지했거나 혹은 직접 관여했는지, 그리고 당대 교황들과 교황청이 이러한 목표를 공유하며 일관되게 추진했는지 등에 대해서는 확인할 수 있는 다른 자료가 없어 수수께끼로 남아 있다. 그뿐 아니라, 콘스탄티누스 기진장이 8세기 이후 실제 어떻게 활용되었는지도 다소 불분명하다. 이후 과정은 알 수 없지만, 이 기진장은 9세기 중엽에 작성된 또다른 위조문서 위이시도루스 문서와 함께 교회법 학자 그라티아누스가 1140년경 편찬한 권위 있는《그라티아누스 교서집 Decretum Gratiani》에 실렸다. 교황이 이 문서를 실제로 인용한 사례는 1054년 레오 9세가 콘스탄티노폴리스의 총대주교에게 보낸 서신에서 언급한 것이 최초였다. 그 이후 콘스탄티누스 기진장은 교황의 세속적 권력기반을 보증하는 중요한 문서로 기능했다.[9] 이 문서를 위조한 사람은 당시까지 확립되어 있지 않았던 중세 교황제의 기본 사상, 즉 '보편 교황', '황제의 보호자', '성 베드로의 대리자' 등을 이 문서를 통해 주장한 것인데, 공교롭게도 이와 같은 교황 측의 희망사항이 중세 성기에 교황권이 신장되면서 그리스도교 세계에서 그대로 실현되었다.

이 문서에 의문을 제기한 자들도 일부 있었으나, 오랫동안 진위를 문제 삼거나 판가름할 수 있는 상황이 허락되지 않았다. 르네상스 시대에 이르러 비로소 독일인 니콜라우스 폰 쿠에스(Nicolaus Cusanus, 1401-1464)가 형식상의 문제를 지적하며 이 문서가 위작임을 최초로 확인했고, 그로부터 7년 후 1440년에 로렌초 발라(Lorenzo Valla, 라틴명 Laurentius 1407?-1457)가 〈위작 콘스탄티누스 기진장에 대한 연설〉에서 언어상의 문제와 내용상의 모순을 지적하며 논리적으로 허위문서임을 규명했다. 그는 콘스탄티누스가 당시 권력을 확장하려 시도했을 뿐이었는데, 그의 권력이 안정되지도 않던 시기에 커다란 몫을 이양한다는 점은 설득력이 없다고 강변했다. 더불어 315년에는 로마를 이전하는 것도, 새로 옮길 도시의 이름도 결정되지 않았는데, 이 문서에는 '콘스탄티노폴리스'라는 지명이 언급되어 있다는 점, 황제에게 하나밖에 없는 홀을 양도했다는 점 등의 모순을 지적했다.[10] 하지만 발라의 주장은 당대에 널리 알려지지 않았으며, 그로 인해 반향도 그다지 크지 않았다. 이와 같은 비판은 좀더 시간이 지난 후 종교개혁 시기에 후텐과 루터에 의해, 그리고 출판된 인쇄물을 통해 비로소 널리 확산되었다.[11]

9세기 중반에는 이시도루스의 이름으로 작성된 위조문서, 즉 위이시도루스(Isidor de Seville 570-636) 문서가 제작되었다. 교회사가 할러(J. Haller)가 이 문서를 "세계사에서 가장 커다란 사기"라고 평가했을 만큼 중요한 원칙들이 포함되어 있지만, 이것도 진위 여부가 드러나지 않고 중세에 실제적인 영향력을 발휘했다. 여기에는 "교황은 최상위 법정으로서 고소를 받은 주교들을 언제나 재판에 회부할 수 있다", "모든 주교회의의 결정에 대해 교황의 동의권이 필요하다", "성직자에게 고유의 사법적 신분을 부여한다" 등과 같은 내용들이 포함되어 있다. 이는 중세 성기 이래 교회법에서 일반적으로 수용되던 중요한 관행들이었는데, 공의회 등의 결정이 아니라 이 위조 문서에 근거가 있었다. 이처럼 위조문서들은 모두 앞선 시기의 권위 있는 교부나 성자 혹은 통치자의 이름을 빌려 교황권의 신장을 꾀했다. 이를 위조한 자들은 문서를 통해 교회의 일관된 전통을 형성하고자 시도했고, 적지 않은 경우 실제로 목적을 이루었다.[12]

이런 위조 행위들이 결과적으로 교황청에게 이득이 된 것은 분명하다. 하지만 앞서도 언급했듯이 이와 같은 기획에 교황 혹은 관련 성직자들이 얼마나 깊이 관여했는지 확인할 수 없고, 교황청 내에 이 모든 변화를 일관되게 조정하던 주체 혹은 세력이 있었는지도 확실하지 않다. 따라서 의심하는 정도로 그치는 것이 적절할 듯하다. 이와 같은 위조사건을 두고 교황청을 매도하려는 태도는 섣부르거나 부적절하다고 할 수밖에 없다. 문서 위조 자체보다 콘스탄티누스 기진장이나 위이시도루스 문서를 이후 교황청에서 어떻게 활용했으며, 궁극적으로 무엇을 추구했는지 등에 더 주목해야 할 것이다.

제국교회체제

신성로마제국 황제와 교황

교황청이 지향하고 있던 목표와 달리 1000년경에도 로마 교회의 주요 업무와 실질적인 영향력은 전체 그리스도교 교회에 미치지 않았다. 이 무렵까지 교황이 알프스를 넘은 것은 베네딕투스 8세(재위 1012-1024) 시기 단 한 차례뿐이었다. 베네딕투스는 새로이 부상하던 투스쿨라니 가문 출신으로서 당시 대립교황(교회법에 따른 적법한 교황에 대립하여 교황권을 행사하던 이)과 경쟁하고 있던 터라 외부세력의 지원이 필요했다. 한편 독일 왕 하인리히 2세(재위 1002-1024)는 사촌인 오토 3세의 예기치 않은 죽음으로 공석이 된 왕위에 올라 권력을 안정시키기 위해 부단히 노력했다. 그는 개혁적인 클뤼니 수도원과도 관계를 맺었고, 지지기반을 필요로 하던 교황가의 기대를 충족시켜 주고 있었다. 교황 베네딕투스는 1014년 로마에서 그를 황제로 대관했고, 1020년에는 황제 방문에 대한 답방 형식으로 독일의 밤베르크를 방문했다.[13] 이와 같은 예외적인 사례가 시사하듯이 11세기 전반까지도 교황의 이탈리아 외부세계에 대한 영향력은 제한적이었으며, 사실상 이탈리아 내에서조차 그 입지가 탄탄하지 않았다. 교황의 권력을 떠받치고 있던 것은 종교적 권위보다는 오히려 교황령과 콘스탄티누스 기진장이라는 세속적 기반이었다. 세력 다툼에 몰두하던 로마 귀족들은 교황직이 지닌 종교적 기득권 때문에 교황을 자신의 가문에서 배출하거나 최소한 자신의 편으로 끌어들여 그들에게 유리한 구도를 만들어내고자 경쟁했다. 그러한 상황을 타개하고 독립성을 확보하기 위한 교황청의 주된 전략은 독일의 통치자에게 의지하는 것이었다. 당시 교황은 보편교회의 수장으로 확고한 입지를 구축하지 못해 불안정한 지위에 있었으며, 서방 세계 전체에 미치는 그의 종교적 권위는 일반적으로 생각하는 것보다 뒤늦게 관철되기 시작했다. 이는 세속 군주가 작성한 문서들이나 그들의 행적들에서도 확인할 수 있다.

서유럽 황제와의 관계는 교황이 직면한 현실적 상황을 반영했다. 교황은 황제를 대관했고 축성했으나, 황제들은 교황의 축성을 받는 수동적인 존재에 머무르지 않았고, 오히려 교황을 수호하고 교회를 감독하는 권한을 행사했다. 이는 신성로마제국의 제관을 받은 오토 1세가 교황과 맺은 협정에서 잘 드러난다. 동프랑크 왕국의 지배자 오토는 936년 국왕이 된 후 확고한 권력기반을 확립하려고 부단히 노력했다. 특히 헝가리와의 전쟁은 그의 역량을 과시하는 좋은 계기였다. 오토는 955년 헝가리가 온 유럽을 위기에 빠뜨렸을 때 동프랑크 제후들로 구성된 연합군을 이끌고 아우크스부르크 인근 레히펠트에서 헝가리 군대를 제압하는 결정적인 승리를 거두었다. 반면 헝가리는 이 패배를 계기로 침략을 포기하고, 그리스도교를 받아들였다. 오토는 이 승리를 기반으로 황제권을 엿볼 수 있었다.[14] 그의 이탈리아 원정은 이를 위한 첫 행보였다. 당시 이탈리아에서는 국왕 후고(재위 926-948)와 그의 아들 로타르(재위 931-950)가 사망한 후 혼란이 지속되었다. 오토는 951년 이탈리아 원정을 성공적으로 수행한 후 파비아에서 "프랑크인과 랑고바르드인의 왕"을 자칭했다. 그리고 로타르의 부인이었으나, 과부가 된 아델하이트와의 재혼을 통해서 이탈리아에서의 권력 행사를 정당화하고자 했다.

그로부터 10년 후 북이탈리아의 맹주를 노리는 베렝가가 세력을 확장하자 교황은 오토에게 도움을 요청하면서, 그 대가로 황제 대관을 약속했다. 오토는 무력으로 이탈리아를 평정한 후 962년 2월 2일 로마에서 교황 요하네스 12세(재위 955-963)에 의해 황제에 올랐다. 이른바 신성로마제국이 출현한 것이다.[15] 동프랑크 왕국의 통치자는 이제 독일뿐 아니라, 이탈리아와 부르고뉴의 군주가 되었으며, 사실상 잊혀져 가던 카롤링 제국의 계승자를 자칭했다. 제국의 성립으로 대제후들이 선거를 통해 독일 왕을 선출해 아헨에서 대관한 후, 교황이 다시 로마에서 그에게 황제 대관식을 거행하는 것이 통상적인 절차로 자리 잡았다. 그리고 황제들은 로마 교회, 즉 교황권과 교황령을 보호하는 과제를 이행해야 했다. 독일의 통치자는 지배 영역이 확대되었고, 황제 대관을 받기 위해서라도 로마를 실질적으로 장악하는 것이 필요했다. 한편 교황의 지지는 황제의 교회 조직을 통한 권력행사를 위해서도 긴요했고, 이탈리아는 경제적으로 독일보다 더 풍요로웠기에 경제적 기대도 있었다. 오토의 경우 재임 중 9년 이상의 시간을 이탈리아에서 보냈는데, 이는 제국 통치에서 이탈리아가 차지하던 비중이 얼마나 컸는지를 시사한다.[16]

황제 대관식 직후인 962년 2월 13일 황제와 교황은 오토의 조약(Diploma Ottonianum)을 체결했는데, 이는 당시 두 권력자의 위상과 상호관계를 엿볼 수 있는 문서이다.[17] 오토는 이 조약에서 피피누스와 카롤루스가 교황에게 기증한 영토의 소유를 재확인하며 교황령의 존재와 소유를 인정했다. 이를 통해서 이 조약이 817년 카롤링 황제 루도비쿠스와 교황 사이에 맺었던 계약의 연장이라는 사실을 분명히 했다. 그리고 향후 선출될 교황은 성직 수여식 거행 이전에 황제와 그의 후계자 앞에서 기존의 모든 약속을 이행하겠다고 서약할 의무가 있다는 점을 명시했고, 그 후에 교황직에 즉위한다는 사실을 명시했다. 그 이유는 "민중들에 대한 불법적인 강압을 방지하기 위함"이라고 밝혔다. 그 외에 교황이 그의 대사를 통해 독일 황제에게 자신의 영토를 정의롭게 지배했는지 해마다 보고해야 할 의무도 거론되었다. 이 조약은 당시에 교황이 사실상 황제에게 종속된 존재였다는 사실을 그대로 보여준다. 황제는 강력한 권력을 기반으로 교황에 대해 영향력을 행사할 법적 근거를 이 문서에 마련해 둔 것이다.[18]

막강한 제후 알레비쿠스 2세의 아들 요하네스 12세(955-964)는 약관 18세의 나이에 교황이 되었다. 하지만 그는 교황으로 선출되는 과정도 부적절했고, 그 후 부도덕하고 방탕한 사생활로도 물의를 빚었다. 교황은 오토가 자신에게 적대적인 로마의 귀족세력을 제압해 줄 것으로 기대하고 있었다. 그런데 차츰 그의 통치가 교황의 권한을 제한하고 있다고 판단했고, 그로 인해 오토가 로마를 떠나자마자 베렝가의 아들과 공모해 황제에 대한 반란을 도모했다. 오토는 이 문제를 판결하기 위해 963년 11월 로마 종교회의를 소집했다. 그는 거기서 요하네스를 폐위시켰고, 후임자로 레오 8세를 앉혔다. 이에 반발한 요하네스는 재차 반란을 도모하다가 다음 해 27세의 나이로 사망했다.[19] 신성로마제국의 황제들은 이후에도 교황을 임명하고 폐위시키는 일을 자신의 정당한 권리로 간주했다. 하인리히 3세 시기(국왕 재위 1028-56, 황제 재위 1046-56)까지 다수의 교황이 재임 중에 폐위되었다. 비잔티움 제국과 마찬가지로 서방의 황제들도 교황과 교회를 감독할 책임이 자신들에게 있다고 주장했다.

중세가 '교황의 시대'라는 통념은 후대에 서임권 투쟁과 십자군 시대를 거치면서 만들어졌다. 그렇지만 실제 많은 일반서적에서 중세시대 교황의 권력이나 권한을 매우 과장되게 해석하고 있다. 일부 예외를 제외하면 교황권이 절정에 달했던 1200년경에도 로마 교황이 세속의 지배자를 신하 부리듯이 함부로 대하지는 못했다. 군주들은 대개 교황의 권위를 인정하며 순종하는 듯한 태도를 보였지만, 이는 주로 불가피한 상황이거나 교황의 도움을 필요로 할 경우에 해당되었다. 서로 간에 이해관계가 충돌하면 군주들은 무력을 동원해서라도 자신의 뜻을 관철하려는 성향을 보였다. 세속 권력자들은 정치적 목적을 위해 그리스도교를 자신에게 유리한 방향으로 이용하려 들었다. 교황권의 성장은 그리스도교가 사회에 확고하게 정착하고, 통치에 제도교회의 도움이 절실히 필요해진 상황을 전제로 점진적으로 진척되었던 것이다.

오토 왕조와 살리 왕조의 제국교회체제[20]

제국교회(ecclesia imperii, ecclesia regni)란 독일 왕과 제국에 대해 특권적인 관계가 형성되어 있던 교회를 지칭한다. 여기에는 신성로마제국 내 모든 주교 교회, 주요 수도원들, 왕의 사유 교회들이 포함된다. 특히 오토 왕조에서 살리 왕조 초기에 걸쳐 왕권과 제국교회는 긴밀하게 결속되어 있었는데, 이를 '오토 왕조와 살리 왕조의 제국교회체제'라고 한다. 오토 대제 이래 이 종교기관들은 왕의 특별한 보호를 받았을 뿐 아니라, 국가통치의 중요한 도구였다. 통치자들은 주교와 제국 수도원장을 임의로 임명했고, 교회 기관을 왕권에 결합시켰다.[21] 카롤링 시대에도 주교들은 제국 행정에서 중요한 역할을 수행했다. 관료제의 토대가 결여되었던 제국에서 국왕은 교회 조직을 이용해 권력기반을 확대하고 정치적 과제를 처리했다. 특히 경건황제 루도비쿠스는 주교 교회와 대수도원들에 불입권(immunitas)을 봉으로 하사하여 제국교회의 기초를 확립했다. 통치자들이 세속 제후들에게는 불입권을 좀처럼 하사하지 않고, 주로 종교기관들에 특혜를 주었던 이유는 그 것들이 특정 가문에 속하지 않았기 때문이다. 제국교회에 속한 토지와 소유는 그 누구도 상속하거나 사유화할 수 없었다. 반면 세속 제후들은 봉토를 상속하고 사유화해 권력을 확대하려던 경향이 있어 국왕에게 큰 위협이 되었다. 결국 국왕이 안정적인 권력기반을 확보하는 데에는 제국교회의 확고한 지배가 필수적이었고, 이를 위해서는 성직 임명권, 즉 서임권(敍任權)을 행사할 수 있어야 했다. 주교는 교회법상 성직자와 민중에 의해 선출하도록 되어 있었다. 11세기 중엽까지 실제 선출과정에는 성직자들 중 성당참사회원들만 참여했고, 국왕이 민중의 대표로서 사실상 전적으로 영향력을 행사했다. 그리고 선출된 성직자에게 종교적인 상징물인 홀과 반지를 전달한 것도 국왕이었다.[22] 당시에 이러한 관행에 대해 그 누구도 이의를 제기하지 않았다. 이는 왕권의 신성함에 대한 관념이 교회가 통치자에게 복속되는 것을 가능케 했기 때문이다.

오토 1세는 통치 초기에 예기치 않게 형제들의 반란을 겪은 후 공작령들에 대한 감시뿐 아니라, 서임권 행사를 통해 독일 전체 주교좌교회를 국왕의 직간접적인 통제하에 두었다.[23] 그는 궁정예배당을 개편하여 교회에 대한 장악력을 더욱 높였는데, 여기에는 쾰른 대주교와 로트링엔 공작을 겸했던 아우 브루노의 영향이 컸다. 국왕은 실무 경험과 제국의 사정에 정통할 뿐 아니라 신뢰할 수 있는 인물을 고위 성직에 앉히려 했다. 이를 위해 궁정예배당은 인력을 양성하고 검증하는 기능을 했다. 궁정예배당 성직자들은 대부분 귀족 출신 중 천거되었는데, 궁정 내에서의 봉사 및 경험을 통해 신앙은 물론 통치 안목도 키우게 되었다. 또 이들은 왕국의 문서업무를 담당하는 과정에서 왕과 개인적으로 친분을 쌓고 신임을 얻을 수도 있었다. 이런 이유에서 국왕은 궁정예배당 출신 중에서 그의 통치에 중요한 역할을 하던 제국주교들을 선출했다. 오토는 주교로 서임한 69명 중 14명을 궁정예배당 사제 중에서 선발했다. 하인리히 2세와 콘라트 2세는 전체 주교 중 3분의 1을, 하인리히 3세는 2분의 1을 이곳에서 선발했다. 오토 왕조와 살리 왕조 초기(919-1056년 사이)에 선출된 전체 주교 303명 중 궁정예배당 사제 경력이 있는 인물은 111명으로 전체의 37퍼센트에 달했다. 신분이나 경력이 확인되지 않는 경우가 20퍼센트 정도이니 실제 비중은 더 높았으리라 추정된다.[24] 이곳을 거친 주교들은 주교좌성당학교를 통해서 궁정예배당과 유사한 교육이나 인력 양성을 수행하였기에 그들이 공유하던 관념을 재생산할 수 있었다. 당대 대부분의 주교와 제국수도원 원장들은 상층 귀족 집안 출신이었다. 그리고 그들 가운데 약 20퍼센트는 왕의 친족들이었다. 국왕의 이해관계가 걸려 있던 핵심 요직은 그가 신임하는 충성스러운 인물을 임명해 분권적 경향을 견제했고, 그 외 지역은 해당 지역의 토호세력에게 맡겨두었다. 한편, 수도사 출신의 비정치적인 주교는 매우 드물었다. 이를 통해 이 시기 종교기관들의 성격을 어느 정도 가늠할 수 있다. 국왕을 가까이에서 모셨던 주교들은 국왕과 제국의 이해관계가 걸린 지역에서 국

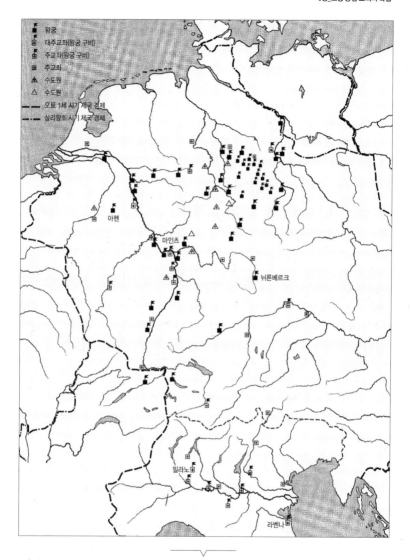

왕궁
대주교좌(왕궁 구비)
주교좌(왕궁 구비)
주교좌
수도원
수도원
오토 1세 시기 제국 경제
살리왕조 시기 제국 경제

아헨

마인츠

뉘른베르크

밀라노

라벤나

6-2 오토 왕가와 살리 왕가 통치자의 주요 체류지(919-1125)

왕의 대리인으로 행동했던 것이다.[25]

제국주교들은 임명 과정에서 국왕의 봉토를 수수하고 봉신의 지위를
받아들였기 때문에 그에 따른 의무를 지녔다. 첫째, 이들은 주교구 내에서

주군의 이해관계를 대변하고, 제국 차원에서도 주어진 역할을 수행했다. 구체적으로는 국왕의 법정에 배석해 재판업무를 담당하거나 자문에 응했고, 정치고문이나 외교사절로 협상이나 조약을 체결했다. 국왕과 제국을 위한 기도와 미사, 교육활동과 설교 등에 이르기까지 종교활동 중에도 어느 정도 정치적 성격을 내포했다.

둘째, 주교들은 국왕이 전쟁이나 원정을 떠날 때 병력을 동원했을 뿐 아니라, 간혹 전장에 나가 군대를 지휘하는 임무도 맡았다. 예컨대, 980-982년 사이 오토 2세 재위기에 군대동원령이 내려져 제국에서 약 2천 명의 무장기사가 소집된 바 있었다. 그 병력 중 4분의 3에 이르는 1,510명은 고위성직자들이 동원한 병력이었다.[26] 이는 당시 제국의 전투력에서 제국교회가 차지했던 비중을 보여준다. 교회법에서는 성직자의 전쟁 참여를 금지했지만, 예외적인 경우가 허용되었고, 십자군원정에서 보듯 실제 성직자의 전쟁참여는 드물지 않았다.

셋째, 주교들은 왕과 그를 수행하는 기사들에게 숙식을 제공할 의무가 있었다. 국왕은 신하들을 거느리고 제국 전역을 이동하면서 장기간 원정을 수행하는 일이 많았다. 그럴 경우 국왕은 몇몇 통치 거점에 존재하던 임시거처뿐 아니라, 봉신들의 대수도원이나 주교교회도 이용했다. 국왕과 수백명이 넘는 기사 및 신하들이 장기간 체류할 때 소요되는 물자와 비용을 감당하는 것은 큰 부담이 아닐 수 없었다.[27] 이 외에도 주교들에게는 주군을 위한 크고 작은 의무들이 있었다. 하지만 그들은 국왕이 제국교회에 하사한 다양한 재산, 경제적 특권 및 수입 때문에 이러한 의무들을 자명한 것으로 받아들였다.[28]

프랑크 왕국에서도 통치자들은 교회를 통치의 방편으로 활용했으며, 이후 서유럽 국가들에는 유사한 전통들이 계승되었다. 그렇지만 특히 신성로마제국의 경우 10, 11세기에 주변 국가와 비교할 수 없을 정도로 포괄적이고 정교한 제국교회체제를 발전시켜 강력한 국가를 구축했다. 예컨대 프랑스 왕은 10, 11세기에 77개의 주교구 가운데 왕령지 내부의 25개 주교구에 대해서만 직접 영향력을 행사할 수 있었고, 나머지는 다른 제후들이 영

6-3 신성로마제국 황제의 제관(오토 1세 시기 제작, 신성화된 왕권의 상징)

향력을 행사했다.[29] 반면 독일 왕은 모든 주교구를 통치행위에 동원할 수 있었다. 이와 같이 독일의 통치자에게 유리한 제국교회 및 주교들의 협력체제를 뒤흔들어 놓은 것이 '교회의 자유'를 기치로 내세웠던 수도원 개혁운동과 그 연장선상에서 발생한 서임권 투쟁이었다.

당대 유럽의 모든 주교가 이들 제국주교들처럼 정치적이었다는 점을 강조하려는 것은 아니다. 그보다는 카롤링 시대까지 세상을 등지고 금욕과 고행의 모범을 보이는 수도사와 같은 모습을 주교에게 기대했다면, 10세기에 들어서는 세속에서 적극적 역할을 수행하는 주교를 오히려 이상적인 성직자로 인식하는 경향이 있었다는 사실에 주목할 필요가 있다. 당대 사회는 주교들에게 교회와 왕국의 번영을 위해 적극적인 역할을 기대했으며, 국왕과 제국을 위한 봉사가 본래의 종교적인 임무에서 그리 벗어나지 않은 것으로 보았다.[30] 주교들을 포함한 당대인에게 왕이나 황제는 속인으로 인식되지 않았다. 왕권의 신성함에 대한 관념으로 인해 인간 위에 두드러진 성화된 존재로 이해되었다. 오토 1세의 동생 브루노를 비롯한 당대 여러 성인전에서 확인되듯이 주교들은 종교적, 세속적 역할 사이에서 별다른 갈등을 느끼지 않았고, 교회와 제국의 이익을 위해 최선을 다했다. 그들에게는 제국에 대한 봉사가 곧 교회와 하나님을 위한 봉사였기 때문이다.[31] 독일 국왕의 도유식과 대관식에서 선포되었듯이 왕권은 하나님으로부터 주어졌으며 성직자 집단 전체와 일치를 이루고 있었다. 당시에 국왕을 "주님의 기름 부은 자"(christus Domini)라고 칭한 것은 단순히 상징적 수사가 아니라, 그리스도의 대리인으로 인정하고 고백하는 표현이었다. 한편 이 무렵 다른 유럽 국가에서는 왕권에 대해 이와 같은 성스러운 지위를 부여하는 표현이 등장하지 않는다. 심지어 교황도 서임권 투쟁 이전까지 '그리스도의 대리인'이라는 직함을 거의 관철하지 못했다. 앞서 살펴봤듯이 교황은 10세기에 이르기까지 이탈리아 내에서도 대단한 권위를 지닌 존재로 인정되고 있지 않았다.[32]

수도원과 교황청의 개혁

위기의 종교기관들

하나님의 뜻을 받들어 세상과 교회를 인도한다는 교황들의 주장과 달리 중세 성기에 교황좌는 로마의 일부 유력 가문들의 손에 좌지우지되었다. 크레센티와 투스쿨라니 가문이 대표적이었다. 그들은 자신의 가문에서 직접 교황을 배출하거나 영향을 미칠 수 있는 특정 후보를 교황으로 옹립하는 일에 관여했다. 그 과정에서 교황좌를 돈으로 거래하기도 했고, 세속적 이해관계를 놓고 가문들 사이에 싸움을 벌이기도 했다.[33] 한편 그 모습을 지켜보던 신성로마제국의 황제들은 로마 귀족들의 파벌싸움에서 교황청을 구하겠다는 명분을 앞세워 교황 선출에 개입했다. 대표적인 인물이 하인리히 3세였다. 그는 독실한 그리스도인이자 클뤼니 수도회 개혁의 지지자라 자부했는데, 1046년 황제로 대관을 받기 위해 로마를 방문했다가 교황좌를 둘러싼 대립과 갈등이 상상 이상인 것을 보고 큰 충격을 받았다. 그는 그 후 10년간 황제로 재위하면서 로마 귀족들을 불신하여 직접 네 명의 독일인 주교를 교황으로 임명했다. 로마 귀족들이 그의 의사를 묻지 않고 옹립한 베네딕투스 9세를 다시 폐위시킨 일도 있었다. 반면 교황청 입장에서 볼 때, 그는 전횡을 일삼던 폭군이었다.[34]

신성로마제국이 성립한 이후 962년에서 1055년 사이, 서방에서는 총 23회의 종교회의가 개최되었다. 이 회의들은 대체로 시노드, 즉 지역 종교 회의 성격이었으나 황제가 소집했기 때문에 공의회라고 불린다.[35] 11세기에는 교황이 아니라 황제가 제국 내부의 사안에 대해 자신의 뜻을 관철하기 위해 공의회를 소집하는 경우가 적지 않았다. 앞서 언급한 오토 1세가 요하네스 12세를 폐위시킨 일도 그 중 하나였다. 1014년 로마 시노드에서는 황제 하인리히 2세가 미사 전례를 변경하는 사안과 신자들이 고백하는 신경(信經)에 필리오케(Filioque)를 삽입시키는 사안을 의결했다. 황제는 교리적 측면에서 민감하고 중대한 문제의 결정까지도 주도했다.[36] 1046년 수트리 시노드에서는 교황 그레고리우스 6세가 성직을 매매한 정황이 포착되자 황제가 책임을 물어 그를 폐위시킨 일도 있었다.[37] 이처럼 11세기 중엽까지 로마 교황은 서방의 교회를 바른 길로 선도하는 개혁의 주체라기보다 최우선적으로 개혁되어야 할 대상으로 치부되었다. 이런 점에서 10세기에서 11세기 초 사이를 '교황권의 암흑 시대'라고 칭하기도 한다.[38]

촌락이나 궁벽한 지방에 위치한 수도원들이라고 상황이 더 나았던 것은 아니다. 8세기에서 10세기 사이 바이킹과 슬라브족이 서유럽과 중부유럽으로 침입하면서 카롤링 왕조가 지원했던 적잖은 수도원들은 피폐화되었다. 외부적 요인 외에도 수도원들은 세상과 거리를 두는 데 실패하여 세속화되었다. 외딴 지역에 위치한 수도원들은 해당 지역 귀족의 강압에 휘둘리거나 철저히 고립되는 경우가 비일비재했다. 베네딕투스는 수도사가 일평생 한 수도원에만 머무르는 것을 권장한 바 있었다. 수도생활에 유용한 이 원칙은 한편으로 수도원의 고립을 초래해 외부의 간섭에 대응할 힘을 갖추지 못하게 만들었다.

대부분의 지역 수도원들은 베네딕투스 수도 규칙을 그대로 관철하지 못했다. 수도원장은 수도승들이 직접 선출하도록 규정되었고, 선출된 수도원장에 대해 주교가 사후에 승인하는 과정이 필요했다. 그렇지만 실제로는 주교가 처음부터 개입하는 경우가 많아 내부 구성원들의 합의는 빈번히 무시되었다. 교황 그레고리우스 1세는 수도원장 선거에 주교의 간섭을 금지시켰지만, 좀처럼 지켜지지 않았다. 한편 상당수 귀족들은 자신의 영지에 사유 교회나 사유 수도원을 건립했으며, 해당 기관을 사유 재산의 일부 혹은 정치적 목적을 위한 수단으로 취급했다. 그들은 사제나 수도원장을 직접 임명했고, 수입을 관리했으며, 지속적인 영향력 행사를 당연시했다. 상황이 이러했으니 수도원다운 모습을 유지하기가 참으로 어려웠다. 수도사들이 금욕 규정을 철저히 지키지 않는 경우도 빈번했다. 재속 성직자뿐 아니라 수도 성직자도 부인을 거느리거나 혼외관계를 유지하는 경우가 적지 않았다. 수도사들이 사적 이해관계를 추구하는 경향도 있었다. 이로 인해 당시 민중들 사이에서는 문란한 수도사나 사제가 집행하는 성사는 효력이 없을 것이라는 우려가 만연했다.

수도원 개혁운동과 클뤼니

위기를 극복할 희망의 단초는 수도원이 제공했다. 어려움 속에서도 일부 수도원은 종교 본연의 원칙에 충실하려 노력했으며, 그곳의 수도사들은 지역의 속인 영주로부터 수도원의 독립성을 지키기 위한 운동을 전개했다. 이와 같은 수도원 개혁운동은 유럽 몇몇 지역에서 약간의 시차를 두고 상호 독립적으로 진행되었다. 부르고뉴의 클뤼니, 로트링기아의 고흐즈, 프랑스 중부 플뢰리, 그리고 그보다 다소 늦은 시기에 독일 히르스가우 등이 중심지가 되어 개혁적 흐름을 이끌었다. 이 운동은 베네딕투스의 수도 규칙을 실질적으로 회복하려는 목표를 추구했다.

수도원 개혁운동 중 초기에 가장 큰 파장을 미친 사례는 부르고뉴 지역의 클뤼니(Cluny)에서 시작되었다. 아퀴텐의 공작 기욤은 910년 클뤼니 수도원을 설립했다. 일부 성직자들이 기욤을 찾아가 새로운 성격의 수도원을 설립하도록 설득한 결과였다. 이때 세워진 수도원의 특허장에는 기존 수도원과 구별되는 새로운 특징들이 두드러졌다. 첫째, 이 수도원은 봉건적 봉사의 대가로 토지보유를 하지 않았다. 토지를 포함한 모든 재산을 신자들의 자유로운 희사로 간주했으며, 그에 상응하는 봉건적 의무를 일체 지지 않았다. 이는 공작이 설립자로서 누릴 수 있던 사유 교회 영주로서의 권리를 모두 포기했기에 가능했다. 둘째, 수도원의 선거권은 수도사들만 행사하도록 제한하여 원장 선출에 있어서 수도원에 완전한 자율권을 부여했다. 셋째, 수도원을 교황에게 직접 귀속시켜 지역 주교의 간섭을 받지 않도록 했다. 고위성직자나 귀족의 간섭을 배격하겠다는 의지를 분명하게 표명한 것이다. 넷째, 수도사들의 태만을 추방하고, 필사를 비롯한 노동과 공동예배에 보다 많은 시간을 할애하도록 했다. 이처럼 클뤼니 수도원은 설립자의 강력한 의지가 더해져 귀족의 간섭이나 주교의 감독권에서 벗어나 독립성을 확보할 수 있었고, 개혁적 조치들을 통해 베네딕투스 수도 규칙을 충실히 이행할 수 있었다.[39]

유능한 수도원장들이 연이어 통솔하면서 클뤼니 수도원은 개혁운동의 구심점이 되었고, 선교적 열정까지 가미되어 수많은 자매수도원들을 설립했다. 개혁에 대한 시대적 공감과 지지가 뒤따랐기에 가능한 일이었다. 이들 자매수도원은 수도원장 임명 및 해임, 수도사 서약 등에서 본원의 통제를 받았다. 클뤼니 교단은 거느리는 수도원이 크게 늘어나 매우 강력한 교단을 형성하게 되었고, 지역 세력의 간섭으로부터 탈피할 수 있었다. 더불어 교황들도 수도원을 보호하는 일에 관심을 쏟았다. 교황 그레고리우스 5세(재위 996-999)는 수도원장의 초대가 없으면 주교나 외부 성직자는 수도원에서 미사를 집전할 수 없도록 규제했다. 클뤼니 교단의 수도원 수는 단기간에 크게 증가하여 위그(재임 1049-1109)가 수도원장이던 시기에는 1,200개에 이르렀고, 12세기에는 1,500에서 2,000여 개를 헤아리게 되어 하나의 '제국'을 형성했다.[40]

클뤼니 수도원 개혁운동은 영주나 귀족들의 치부 수단으로 전락하던 수도원을 다시 본래의 목적대로 회복하려는 운동이었다. 이들의 공헌 중에는 11세기에 전개된 '하나님의 평화운동'도 있었다. 당시 영주들은 약탈을 위해 소규모 전투를 벌이곤 했는데, 이와 무관한 성직자와 민중들이 이로 인해 입는 일상적인 피해를 방지하기 위해 월요일에서 수요일 사이 외에는 전투를 금지하고, 비전투요원에 대해서는 공격을 못하도록 제한하는 운동을 전개했다. 지역 주교들과 연합하여 이를 위반하는 속인들에게는 파문으로 위협했다. 이 운동은 큰 성과를 거두지는 못했지만, 어느 정도 자의적인 폭력행사를 견제하는 역할을 했다. 평화를 추구하던 종교와 무력을 독점한 귀족들 사이에는 이처럼 늘 긴장이 존재했다.

클뤼니 개혁운동은 교황과 교회의 개혁운동으로 발전해 종교기관, 특히 수도원이 사회적 영향력을 확대하는 데에도 크게 기여했다. 11세기 중엽 이후 수도원 개혁운동은 교황이 주도하는 전유럽적인 개혁운동으로 전환되었다. 개혁의 방향은 성직매매 철폐, 성직자 독신 관철, 속인의 간섭으로부터의 자유 등에 초점이 있었다. 이는 서임권 투쟁과 십자군 원정을 추진할 수 있던 기반이 되었다. 클뤼니 수도회의 외양적인 성취는 사실 수도원이 집단화하여 힘을 행사할 수 있게 됨으로써 가능했다. 교황의 권위가 높아진 것도 영적인 권위보다는 세속적 권력으로서의 위상이었다. 이 클뤼니 수도원의 개혁 정신은 12세기 초에 이르면 다시 약화된다. 이들은 한편으로 호화롭고 거창한 종교의식을 거행하는 전례주의로 기울었고, 다른 한편으로 축적된 엄청난 부를 기반으로 수도원장이던 폰티우스(재임 1109-1122)가 전횡을 일삼다가 결국 교황에게 파문당하는 일까지 발생했다. 이를 계기로 클뤼니 수도원은 침체에 빠졌다. 이 교단 소속 수도원은 대형화, 정형화되는 경향이 두드러졌으나, 개인적 경건, 참회, 금욕 등 수도사들의 기본적인 생활규범을 오히려 소홀히 하면서 세속화 흐름에 편승했다.[41]

카르투지오와 시토 수도회

한편 수도원의 본래적 이상을 추구하며 광야로 도피하려는 움직임도 있었다. 이들이 카르투지오와 시토 수도회다. 이러한 움직임 가운데 가장 빠른 결실은 퀼른의 브루노(Bruno 1032-1101)가 1084년 부르고뉴의 그레노블 주변 산악지대에 설립한 카르투지오 수도회였다. 이들은 침묵, 은둔, 금욕 생활에 전념했으며, 재산 기증받는 것을 금지했다. 이 수도회의 사회적 영향력은 그리 크지 않았으나 존재 자체가 주변에 큰 울림이 되었고, 1127

년에 교황의 공인을 받았다.[42]

　12세기 수도원 개혁운동을 대표하는 시토 수도회는 1098년 몰레슴의 로베르(Robert de Molesme 1028-1111)가 시작했다. 베네딕투스 교단 소속 로베르는 여러 수도원을 전전하다가 프랑스의 황무지 시토(Citeaux)에 새로운 수도원을 설립했다. 그는 클뤼니 수도회의 호화로운 전례를 비판하고, 베네딕투스 계율을 문자 그대로 준수할 것을 주장했다. 이러한 점에서 이 교단도 베네딕투스 수도회의 한 부류였다. 시토 수도회는 교회 안에 불필요한 장식들을 제거하고 소박한 생활을 추구했다. 식사에서 육식을 지양했고, 수도사가 몸이 아파 영양 보충이 필요할 때에만 육식을 허용했다. 클뤼니 수도회는 염색한 검은색 수도복을 착용한 반면, 시토회에서는 의복에 염색하는 것조차 사치로 여겨 값싼 모직 의복을 착용했는데, 그로 인해 "백의의 수도사"라 불렸다. 이 수도회는 단순함, 순결, 은둔 등을 강조했으며, 개인 경건과 자기 포기를 요구했다. 특히 3대 수도원장 스데반 하딩은 시토파 수사들을 위해 "박애 헌장"을 만들어 시토파 수도회의 통일된 삶의 방식으로 삼았다. 그 내용은 '가난한 그리스도'를 모방한 자발적 빈곤과 청빈의 삶에 방점이 있었다.[43]

　시토 수도회는 노동을 수도생활의 본질로 간주했을 정도로 육체노동을 극단적으로 강조했고, 수도사들은 설교나 교육보다 경건의 실천에 중점을 두었다. 당시에는 수도원에 필요한 절대 농지가 별로 남아 있지 않았고, 인적이 드문 지역에 수도원을 세웠기에 기부자들을 끌어들일 요소들도 거의 없어서 많은 노동이 필수적이었다. 또 이 수도원은 대리고행이나 대사(大赦)도 제공하지 않아 그에 따른 수입을 기대할 수 없었다. 시토 수도회의 대안은 주인 없는 땅을 개간해 곡물을 재배하는 것이었다. 원시림, 습지, 경사지 등을 개간하는 활동은 다소 무모해 보였으나, 우호적인 기후 환경 등의 도움으로 긍정적인 결실을 맺을 수 있었다.[44] 잉글랜드의 요크셔 지방에서는 황무지가 양을 방목하는 거대한 초지로 변화되었다. 시토회 수도사들의 헌신적인 노력은 선진적인 농업기술을 발전시키고 농장경영의 합리화를 이끌었다. 한편 개간사업에 더 많은 노동력이 필요해짐에 따라 속인 형제들을

호베도 1147
알비스트라 1143
구드발라 1164
킨로스 1151
니달라 1143
멜로스 1136
비트스코 1158
에스론 1154
에르바드 1144
수로 1162
올리바 1186
보일르 1148
멜리펀트 1142
엘드나 1199
콜바츠 1175
롱 1144
본쇼크 1175
틴틴 1131
웨이빌리 1129
로룸 1165
로이부스 1175
슐레조네 1177
주드르죠 1149
버크패스트
알팅캄프 1125
포르타 1132
니벨 1132
오르발 1132
라 트라페 1147
레보
사비뉴 1147
클레르보 1115
마울브론 1139
츠베를 1138
퐁티뉴 1114
모리몽 1115
엘레
물레슴 1075
시토 1098
하일리겐크로이츠 1163
지르츠 1182
라 가르드디외 1135
세토퐁
라 페르테 1113
오르흠브 1135
시아라발 밀라네스 1135
에그벨
카두앵 1119
스낭크 1148
모리몽 1134
소브라도 1142
라 가르드디외
라 올리바 1150
발생트
르토로네
로마 1140
모레루엘라 1132
퐁투루아드
실바카네
카사마리 1140
타루카 1140
발부에나 1143
발본
포사노바 1135
알코바사 1148
상트 크뢰 1152
산스테파노 1151
상 스피리토 1172

● 클레르보: 80개의 자매수도원   ● 모리몽: 28개의 자매수도원   ▲ 라 페르테: 5개의 자매수도원   12세기 말 총계:
■ 시토: 28개의 자매수도원   ▲ 퐁티뉴: 16개의 자매수도원   [ ] 수도원 밀집지역   수도원 525개

6-4 수도원 개혁운동. 시토 수도회의 확장(12세기)

수도원에 수용하여 평수사들이 크게 늘어났다.[45] 시토 수도회는 경제 상황
의 호전으로 인구가 꾸준히 늘고 토지부족 현상이 심각했던 12세기의 시
대정신을 대변했으며, 초기 그리스도교의 단순성, 체계화된 조직, 공격적
성격 등이 특징이었다. 시토회는 개간사업으로 넓은 토지와 많은 부를 축
적하게 되었는데, 이로 인해 세속화의 유혹에 빠지면서 13세기부터는 성장
이 약화되었다.[46]

시토회 수도원들은 클뤼니 교단처럼 교단 본부에 철두철미한 상명하

복을 실천하면서 그들만의 강력한 규칙과 조직을 갖추었다. 이 수도회는 당시 가장 효율적인 국제조직으로 평가되었으며, 뚜렷한 목표를 추구하여 큰 영향력을 끼쳤다. 클레르보의 베르나르(Bernard de Clairvaux 1090-1153) 같은 걸출한 지도자의 출현도 빠른 성장에 일조했다. 베르나르는 본래 클뤼니 수도원 출신이었으나, 시토회에 입회하여 클레르보에 모범적인 수도원을 건설했다. 그는 명성을 토대로 세속의 일에도 많이 관여하며 당대 유럽에서 가장 영향력 있는 인사가 되었다. 그는 여러 국왕과 교황에게 자문했고, 이 교단 출신 에우게니우스 3세(재위 1145-1153)가 교황이 되자, 교황의 의무에 대한 글을 써 교황청의 남용을 자제시키기도 했다. 에우게니우스는 베르나르를 랑그독에 파견해 알비파 이단을 상대하도록 했고, 제2차 십자군 원정을 추진하는 특사로도 임명했다. 그 영향으로 베르나르가 사망할 무렵 시토회 수도원은 300여 개가 되었고, 1200년에는 500개를 넘어섰다.[47]

이 외에도 11세기 이후 유럽에는 여러 새로운 개혁교단이 설립되었다. 이러한 현상은 그리스도교가 시대적 요구와 종교적 필요에 부응한 결과였다. 클뤼니 수도원의 경우 수도원이 수도원장 혹은 귀족이나 영주에게 봉사하는 경향을 띠었다면, 그 후에는 기존의 정형화된 틀에서 벗어나 금욕, 명상, 수행을 통해 하나님과의 직접적인 교감을 추구하는 자들이 출현했다. 이는 당시에 부상하던 마리아 숭배 혹은 신비주의와 맞닿아 있었다. 수도사 베르나르의 클레르보는 이와 같은 성향을 대표하는 인물이었다. 그는 하나님에 이르는 최종 단계를 하나님과의 신비한 연합으로 이해했다. 이러한 신비주의적 경향은 수도원적 영성운동과 접목되어 새로운 경건운동의 특징을 대변했다.[48] 11, 12세기에 전개된 수도원 개혁운동은 로마 교회가 교황 중심의 교회체제를 확립하고, 교황권을 신장시키는 중요한 기반으로 작용했다. 수도회들은 교황이 세속 제후들로부터 자신들을 지켜주고 독립성을 확보해 줄 수 있는 최후의 보루였기 때문에 교황에게 충성을 다하며 결속했다.[49]

수도원 개혁운동은 세속 문명의 발전에도 여러 모로 기여했다. 시토회에서 보듯 수도사들은 새로운 경작기술을 개발하고, 토지를 효율적으로 활용하는 방법을 발전시켰다. 그들은 연금술과 의료술도 계발했다. 그와 더불어 수도사들의 명상과 지적 활동으로 당대 교회와 시대가 필요로 하던 지식인이 배출되었다. 수도사들이 세상과 거리를 두고 고유한 사명에 집중하는 모습은 민중들의 존경을 받았고, 이는 민중의 경건운동에도 영향을 주었다. 중세의 종교적 개혁운동은 교회 및 사회의 부패에 대한 반발에서 시작된 개혁운동이면서, 동시에 당대의 필요로 인해 토지개간운동, 정치와 종교의 분리 등의 흐름과 관련을 맺었다.

교황 레오 9세

레오 9세가 교황으로 활동한 시기(재위 1049-54)에 핵심적인 역할을 수행한 힐데브란트와 홈베르트가 모두 수도사였던 사실이 시사하듯이 11세기 개혁 수도회들은 교회의 역할을 새롭게 했고, 나아가 교황청에도 개혁의 정신을 불어넣었다. 11세기 중반 이후 개혁적이며 교황권 향상에 역량을 발휘한 교황을 '개혁 교황'이라 하는데, 그 가운데 첫 손에 꼽히는 인물은 레오 9세다. 황제 하인리히 3세는 툴(Toul)의 주교였던 자신의 조카 레오를 교황으로 임명했다. 레오는 주교 재임시 클뤼니 개혁을 적극 지원했기에 황제의 선택은 당대인에게 수도원 개혁운동을 수용한 것으로 간주되었다. 새로운 교황은 성직매매 근절과 성직자의 독신 엄수 등 도덕 개혁을 관철하고자 했으며, 이는 교회가 세상을 이끌어 나가기 위한 선행 조건이라고 보았다.[50] 하지만 레오의 관심은 거기에 머물지 않았다. 그는 탁월한 인재들을 교황청에 불러들여 추기경으로 임명했다. '추기경'이라는 칭호는 그전부터 있었으나, 이제 그 역할을 새롭게 해 추기경단을 교황청 개혁의 주축으로 삼았다. 개혁을 뒷받침하기 위해 그가 발탁한 핵심 인물은 훗날 교황 그레고리우스 7세가 되는 클뤼니 수도원 출신 힐데브란트와 로트링기아 수도원 출신 홈베르트였다. 레오는 이들과 함께 교황청의 행정을 쇄신했고, 교황의 권력을 확대하는 교황군주제 구상을 현실화시켰다.[51] 콘스탄티누스 기진장은 이를 위한 세속적 기반이었다. 그는 이 기진장을 공식적으로 인정하고 동서 교회의 갈등 국면에서 직접 인용한 최초의 교황이었다.[52]

레오는 또한 교황의 영향력을 알프스 이북까지 확장하기 위해 노력했다. 그는 특사들을 유럽국가들에 자주 파견했다. 그리고 이탈리아 도시들은 물론이고, 마인츠와 트리어, 랭스와 아우크스부르크 등 독일과 프랑스의 여러 지역을 직접 순방하며 공의회를 개최했고, 중요한 결정에 교황청의 의견을 반영한 개혁적인 입법을 주도했다.[53] 그는 1053년 아프리카의 다섯 주교가 종교회의를 개최했을 때 그들에게 서신을 보내 "교황 없이 '세계공의회'란 없다"는 메시지를 전달했다.[54] 이는 어떤 종교회의라도 교황이 인준을 해야만 그 회의가 모두에게 유효하고 또 구속력을 가진 공의회로서 권위를 지니게 된다는 의미였다. 그리고 1059년 차기 교황 니콜라스 2세가 개최한 로마 시노드부터는 교황이 전체 교회에 영향을 미치는 중요한 결정을 공표했다. 교황수위권에 대한 신념을 지녔던 레오는 로마 교황 중심의 서방 교회를 실질적으로 확립한 인물이라고 평가할 만하다.[55]

레오가 교황으로 재임하던 시기에 노르만들이 콘스탄티노폴리스 총대주교가 관할하던 이탈리아 남부를 장악한 후 로마식 전례를 그리스인들에게 강요해 갈등이 발생했다. 총대주교 케룰라리오스는 콘스탄티노폴리스에 있는 라틴 교회에 대해서도 유사한 조치를 취했다. 교황은 훔베르트를 콘스탄티노폴리스에 파견해 협상을 벌였으나, 아무런 성과를 거두지 못했다. 훔베르트는 돌아오는 길에 하기아 소피아 성당에 동방교회에 대한 비난과 협상 상대였던 총대주교에 대한 파문장을 남겼고, 콘스탄티노폴리스 교회도 훔베르트를 파문시켰다. 레오가 사망한 후 동서 교회는 실질적으로 분리되었다.[56] 레오는 말년에 노르만의 이탈리아 남부 침입을 막으려 직접 전쟁에 출전했으나, 포로가 되어 고초를 겪기도 했다. 그가 교황좌에 머무른 기간은 5년 남짓에 불과했지만, 그는 여러 면에서 전임 교황들과 확연히 구별된 역할을 수행했다. 그는 교회 개혁의 방향을 제시하고 이를 위한 수단들도 정립하여 교황권을 확립하고 위상을 제고시켰다.

니콜라우스 2세와 교황 선출 규정

하인리히 3세는 여러 교황을 임명하고 또 폐위시켰지만, 1056년 그가 사망했을 때 왕위를 이어받을 아들은 여섯 살에 불과했다. 차기 교황 선출에 그의 후임자는 실질적으로 영향력을 발휘할 수 없었다. 당시에는 개혁운동의 영향으로 속인이 주교를 임명하던 관행에 대해서도 비판적인 분위기가 거셌다. 훔베르트는 "교회법상 황제가 서임에 관여할 근거가 없다"며 황제의 개입을 견제했다. 교황 빅토르 2세(재위 1055-57)까지는 하인리히가 임명했지만, 이러한 상황 때문에 그의 후임자 스테파누스 10세(재위 1057-58)와 니콜라스 2세 같은 개혁적 인물들은 로마 교회 내부의 합의에 의해 교황에 올랐다. 스테파누스는 교회를 쇄신하려는 의지가 분명했지만 아쉽게도 8개월 만에 사망했고, 이어 힐데브란트 등이 주도하여 부르고뉴 출신 니콜라우스 2세(재위 1058-1061)를 교황으로 선출해 교황청 개혁을 이어갈 수 있었다.

니콜라우스 2세는 교황으로 재임한 기간이 채 3년도 못 되었지만, 새로운 교황 선출제도를 도입했다. 그는 1059년 로마 시노드에서 "교황의 지명권과 선출권은 추기경만이 행사한다"는 현재까지도 유효한 이른바 교황 선출 제1원칙을 확립했다. 로마 교회에서 중추적 역할을 하는 추기경단에는 추기경 주교뿐 아니라, 추기경 사제와 추기경 부제도 포함되었다. 이들은 교황에 의해 모두 종신으로 임명되었다.[57] 시간이 경과하면서 교회 내에서 추기경의 역할은 점점 더 중요해졌는데, 추기경들만 교황선출권을 지닌다는 원칙은 자격이 있는 자에게만 권한을 부여한다는 고대부터 관행으로 이어지던 사상에 근거했다. 이러한 변화에 내포된 의미는 무엇보다 교황 선출에 교회 외부세력, 즉 로마 귀족이나 신성로마제국 황제같은 속인들이 개입할 여지를 배제하는 제도적인 장치를 마련했다는 사실에 있었다. 이와 같은 교황 선출 규정의 제정으로 교황과 황제 사이 관계는 차츰 해체되는 단계에 돌입했다.[58]

그렇지만 1059년의 교황 선출규정을 실행하고 관철하려는 노력은 그후로도 다소 지체되었으며, 추기경단이 이를 주도하기까지는 시간이 필요했다. 한편 이 규정을 만들 때에 생각지 못한 부분도 있었다. 추기경들이 교황을 선출한다고만 정해 두었지, 어느 정도의 표를 얻어야 교황으로 결정되는지 구체적으로 규정하지는 않았던 것이다. 그런데 그로부터 꼭 한 세기가 지난 1159년의 교황선거에서 이 문제가 새로운 갈등으로 발전하였다. 당시 대부분의 추기경들은 저명한 교회법학자 알렉산데르를 지지했고, 단지두 명의 추기경만이 빅토르 4세를 지지했다. 이럴 경우 소수 득표자가 사퇴하는 것이 일반적이었으나, 빅토르 4세는 다수표를 얻은 후보를 인정하기는커녕 자신도 추기경단의 표를 획득했으니 교황이라고 주장했다. 결국 그를 겨우 단념시키기는 했으나, 선출규정에 결함이 있다는 점이 확인된 것이다. 이로부터 교훈을 얻은 알렉산데르 3세(재위 1159-1181)는 1179년에 소집한 제3차 라테라노 공의회에서 추기경단 3분의 2 이상의 지지를 받은 자만 교황으로 인정한다는 규정을 추가했으며, 이것이 제2 선출원칙이 되었다.[59]

교황 선출과 관련된 제3 원칙은 콘클라베(Conclave), 즉 교황선거 비밀 회의장에서 선출한다는 원칙이다. 이는 당시 베네치아를 비롯한 일부 이탈리아 도시들에서 지도자를 신속하게 선출하기 위해 채택한 방식이었다. 이원칙은 1241년에 처음으로 교황 선거에 도입되었다. 로마의 막후 실권자 마테오 로소는 교황을 선출하기 위해 모인 추기경들을 셉티초니움 건물에 몰아넣은 후 밖에서 문을 걸어 잠그고 신속하게 결정하라고 압박했다. 결과가나오기 전에는 건물 밖으로 나갈 수 없었으니, 특히 노쇠한 추기경들은 매우 고통스러웠다. 그럼에도 불구하고 추기경들은 손쉽게 합의에 이르지 못했고, 2개월이 소요된 후 겨우 첼레스티누스 4세를 교황으로 선출했다. 그런데 선출된 새 교황이 불과 17일을 재임한 후 사망하는 불상사가 발생했다. 교황 선출을 위해 재차 선거를 해야 했으나 추기경들이 모이기를 거부하여 2년의 공백을 거친 후 1243년에서야 인노켄티우스 4세가 새로운 교황으로 선출되었다. 이처럼 새로운 제도의 도입에는 적잖은 시행착오가 뒤따랐다. 콘클라베 제도의 본격적인 적용은 1271년 그레고리우스 10세를 선출할 때 재개되었다.[60]

니콜라우스 2세 시기에는 황제와 교황 사이의 관계가 멀어지는 또다른 계기도 있었다. 교황이 이탈리아 남부 노르만 세력과 주종관계를 맺은 것이다. 노르만 세력 중 오트비유 가문에 속한 기사들은 11세기 초 예루

6-5 12, 13세기 이탈리아

살렘 순례에서 돌아오던 길에 우연히 남부 이탈리아를 방문했다가 그 지역을 정복해 버렸다. 이들 용병 출신 외지세력이 기존 비잔티움 세력을 압도하며 세력 기반을 확장하는 모습을 지켜본 교황은 이슬람의 위협과 비잔티움과의 갈등에서 벗어나기 위해서는 이들 무장세력과 손을 잡는 것이 필요하다고 판단했다. 그들의 지도자 로베르와 루제로 형제는 자신들의 정통성을 공인받기 위해 기꺼이 교황의 봉신이 되겠다고 자처하고 있었다. 결국 교황 니콜라스 2세는 1059년 여름 로베르와 멜피 조약을 체결했다. 교황은 로베르를 아풀리아와 칼라브리아의 공작으로 공인했고, 노르만들은 교황을 위해 군사적 봉사를 수행하겠다고 서약했다. 이와 같은 교황의 봉건 군주로서의 행위는 콘스탄티누스 기진장에 의거한 것이었다.[61] 그 후 노르만 세력은 비잔티움 영토이던 이탈리아 남부는 물론 시칠리아까지 차지했다. 루제로의 아들 루제로 2세는 인근 지역까지 통합해 정복사업을 완성했으며, 1130년에는 대립 교황 아나클로토스 2세의 봉신 자격으로 시칠리아 왕으로 인정되었다. 그리고 루제로 2세는 1139년에 정통 교황 인노켄티우스 2세와 화해하고 그로부터도 국왕으로 인정받았다.[62] 이와 같은 장기간에 걸친 이탈리아 남부의 정치적·군사적 변화는 교황이 신성로마제국 황제의 보호를 포기하려 했다는 사실과 노르만 왕국이 황제에 대항하며 로마 교회를 위해 싸울 새로운 대안세력으로 성장했다는 점을 확인시켜 준다.

맺음말

콘스탄티누스 증여문서와 위이시도루스 문서로 대표되는 위조문서들은 독특한 방식으로 중세 교황권의 신장과 확립에 기여했다. 이 문서들은 오랜 기간 위조 여부가 확인되지 않은 채 로마 교회 내부에서 먼저 인용되었고, 차츰 법적 근거로도 활용되면서 고유한 교회 전통으로 수용되었다. 문서 제작에 교황청이 어떤 방식으로 관여했는지는 확인되지 않았지만, 교황권을 고양시키고 로마 교회의 권리를 대외적으로 적극 주장하려는 제작자들의 본래 의도는 상당 부분 성취되었다.

세속의 권력자들도 교회 조직을 통치에 활용하기 위해 여러 방안을 마련하고 있었다. 특히 오토 왕조와 살리 왕조의 제국교회체제는 독일의 세속 통치자들이 교회 조직과 고위성직자의 권한을 통치 방편으로 활용하면서 강력한 국가를 구축하려 했던 사례이다. 당대 주교들은 교회와 제국의 이익을 동시에 추구하면서도 별다른 갈등을 느끼지 않았다. 서임권 투쟁이 발생하기까지 성과 속, 국가와 교회가 크게 충돌하는 상황은 좀처럼 전개되지 않았다. 고위성직자들이 세속에서 수행하는 역할에 대한 기대도 상황과 시대가 달라지면서 변화했던 것으로 보인다.

정치 및 사회에서 그리스도교가 장식적 요소로 변질되고 있을 때 희망은 수도원에서 시작되었다. 클뤼니와 유럽 곳곳에서 일어난 개혁운동은 상당한 반향을 얻으며 확산되었고, 이는 그리스도교의 본질을 일깨우며 교황청 개혁운동으로 이어졌다. 귀족들의 폭력 행사를 견제하는 평화운동도 일부 지역에서 전개되었다. 클뤼니에서 시작된 수도원 개혁운동은 새로운 구심점들이 계속 출현하면서 취약점을 보완해갔다. 카르투지오와 시토 수도회 운동은 중세 성기에 이르기까지 시대 필요에 부응하던 수도원 운동의 변화상을 보여준다. 개혁 교황들은 이러한 시대적 흐름 속에서 교회의 자유를 내세우며 교황 중심의 라틴 교회를 확립했다.

주

1——— '기진'(寄進)이란 기부하여 바친다는 의미이다.

2——— 중세시대 성행한 문서 위조에 대한 설명은 다음 책을 참조하라. 호르스트 푸어만, 《중세로의 초대》, 안인희 역(이마고, 2003), 309-368쪽. 2012년 로마 교황청은 교황청 비밀문서고 설립 400주년을 맞아 최초로 주요 소장자료 100건을 일반에 개방했다. 그중에 〈콘스탄티누스 기진장〉도 포함되었다. 필자가 그해 6월 로마 카피톨리오 박물관에서 열린 전시를 참관했을 때 기진장 하단에는 '위조문서'라는 설명이 붙어 있었다.

3——— 이에 대한 가장 권위 있는 사료 편집 및 저술은 푸어만의 연구이다. Horst Fuhrmann ed., *Das Constitutum Constantini*(MGH Fontes Iuris Germanici Antiqui vol. x), (Hannover, 1968).

4——— 문서 후반부에는 교황이 당시 머리에 쓰고 있던 성직자의 관 위에 황제가 제공한 관을 쓰는 것을 사양했고, 그래서 콘스탄티누스가 자신의 손으로 교황 머리에 삼중관을 씌워주었다고 설명되어 있다.

5——— 이 문서의 작성 시기에 대해서는 다양한 견해가 있지만 대체로 교황령이 기증된 직후인 750년대 후반으로 수렴된다. Thomas F. X. Noble, *The Republic of St. Peter: the birth of the papal state 680-825*(Philadelphia 1984), p. 135.

6——— James Bryce, *The Holy Roman Empire*, 3rd ed.(London, 1871), p. 101.

7——— Noble, *The Republic of St. Peter*, p. 137.

8——— Walter Ullmann, *The Growth of Papal Government in the Middle Ages*, 3rd. ed.(New York, 1970), p. 81. 이경구와 같은 일부 연구자는 기진장의 작성에 프랑크 왕국도 염두에 두었다고 주장한다. 교황 자카리아스가 754년 이 문서를 소지하고 피피누스를 찾아가 본래의 영토를 회복시켜 달라고 요청했고, 긍정적인 약속을 얻어냈다는 것이다. 하지만 이런 주장이 폭넓은 지지를 받고 있지는 못하다. 이경구, 「스테파누스 2세와 피펜의 상봉: 그 역사적 의미」, 《서양중세사연구》 9집(2002년 3월), 1-18쪽, 특히 15-16쪽.

9——— 이경구, 「콘스탄티누스 기진장의 작성 목적」, 《서양중세사연구》 11호(2003.03.). 53-55쪽. 이경구의 논문은 콘스탄티누스 기진장에 대한 상세한 한글 해설이라는 측면에서 유용하다. 그렇지만 그는 이 문서의 의미와 활용을 과도하게 수용하는 입장이기에 필자의 관점과는 다소 차이가 있다.

10——— Wolfram Setz, *Lorenzo Vallas Schrift gegen die Konstantinische Schenkung* (Tübingen, 1975). 발라의 주장에 대해서는 임병철 교수의 친절한 논문을 참조하라. 임병철, 「사료 학습 자료로 발라의 〈위작 콘스탄티누스 기진장에 대한 연설〉 읽기」, 《역사교육연구》 37(2020), 135-171쪽.

11——— 로마 가톨릭에서는 19세기에 가서야 비로소 이 문서가 위조문서임을 인정했다.

12 —— Horst Fuhrmann, "The Pseudo-Isidorian Forgeries", in W. Hartmann and K. Pennington, eds. *Papal Letters in the Early Middle Ages*(Washington, 2001), pp. 135-195. 관련 한글 문헌은 다음 서적 참조. 푸어만,《중세로의 초대》, 310-312쪽.

13 —— W. Ullmann, *A Short History of the Papacy in the Middle Ages*, pp. 121-122.

14 —— Friedrich Heer, *Das Heilige Römische Reich. Von Otto dem Großen bis zur Habsburgischen Monarchie*(München, 1977), pp. 39-40.

15 —— 전통적으로 이 시기를 신성로마제국의 시작으로 간주해왔으나, 일부 학자들은 카롤루스가 황제가 된 800년을 신성로마제국의 시작으로 주장한다.

16 —— Alfred Mühr, *Die deutschen Kaiser: Traum und Wirklichkeit des Reiches* (Wiesbaden, 1971), pp. 54-56.

17 —— *MGH Urkunden Ottos I,* no. 235.

18 —— Hans K. Schulze, *Hegemoniales Kaisertum: Ottonen und Salier*(Berlin, 1998), pp. 200-201.

19 —— Schulze, *Hegemoniales Kaisertum,* pp. 202-203.

20 —— 이 부분은 필자의 논문「오토 왕조와 살리 왕조 초기의 제국주교」,《서양사론》 78호 (2003.09.), 61-80쪽에서 상당 부분을 재인용했다.

21 —— 이 개념에 대해서는 학자들 사이에 입장차가 있지만, 이 글에서 상세한 학문적 논의를 설명할 필요는 없을 것으로 보인다. 플레켄슈타인의 견해가 가장 권위가 있다. J. Fleckenstein, "Problematik und Gestalt der ottonisch-salischen Reichskirche"(1985), J. Fleckenstein, ed., *Ordnungen und formende Kräfte des Mittelalters*(1989), pp. 223-224.

22 —— 홀은 양을 치는 막대기를 뜻하며 성도들을 바른 곳으로 인도할 책임이 있음을 의미한다. 그리고 반지는 교회와의 결혼에 대한 상징이다.

23 —— H. Beumann, "Otto der Große(936-973)", H. Beumann ed., *Kaisergestalten des Mittelalters,* 3rd ed.(1991), p. 58.

24 —— 관련 통계는 다음 문헌에서 재인용. A. F. Finckenstein, *Bischof und Reich. Untersuchungen zum Integrationsprozeß des ottonisch-frühsalischen Reiches(919-1056)* (Sigmaringen, 1989), p. 66.

25 —— 박홍식,「오토왕조와 살리왕조 초기의 제국주교」, 65-67쪽.

26 —— J. Fleckenstein, "Grundlagen und Beginn der deutschen Geschichte", J. Fleckenstein u.a. ed., *Deutscher Geschichte vol.1: Mittelalter*(Göttingen, 1985), pp. 123-124.

27 —— 특히 하인리히 2세는 이동하는 국왕 일행을 위한 비용을 주교들에게 대부분 부담시켰

는데, 이 때문에 '제국교회체제의 완성자'라는 평가를 받는다.

28 ── 국왕이 하사한 다양한 특권과 수입에 대해서는 박흥식, 「오토 왕조와 살리 왕조 초기
의 제국주교」, 70-71쪽 참조.

29 ── Fichtenau, *Lebensordnungen*, p. 266.

30 ── 박흥식, 「오토 왕조와 살리 왕조 초기의 제국주교」, 69-70쪽.

31 ── Ruotgerus, "Vita Brunonis archiepiscopi Coloniensis", Irene Ott, ed., *MGH
Scriptores rerum Germanicarum*, Nova Series, vol. 10(1951), cap. 20, p. 19, 24.

32 ── Hartmut Boockmann, "Das Reich im Mittelalter(900 bis 1500)", H. Boock-
mann, u.a., *Mitten im Europa*(1990), p. 64.

33 ── Ullmann, *A Short History of the Papacy*, pp. 121-122.

34 ── Ullmann, *A Short History of the Papacy*, p. 127.

35 ── 종교회의는 주교가 관장하는 지역종교회의 혹은 교구사목회의(synod. synodus)와
초기에는 황제가 관장했고, 비잔티움 제국에서는 황제가 지속적으로 관장하지만, 서
방에서는 10세기 이후 로마 교황이 관장한 공의회(council, concilium)로 구별한다.

36 ── Schimmelpfennig, *Das Papstum*, pp. 130-131. 이는 동서 교회 분열의 중요한 계
기 중 하나였다.

37 ── Schimmelpfennig, *Das Papstum*, p. 128.

38 ── 추기경 카이사르 바로니우스의 표현이다. 호르스트 푸어만, 《교황의 역사 베드로부터
베네딕토 16세까지》, 차용구 역(길, 2013), 127쪽에서 재인용.

39 ── C. H. Lawrence, *Medieval Monasticism. Forms of Religious Life in Western Eu-
rope in the Middle Ages*, 2nd ed., (London/N.Y., 1989), pp. 86-88.

40 ── Lawrence, *Medieval Monasticism*, pp. 92-93 / Gudrun Gleba, *Klosterleben im
Mittelalter*(Darmstadt, 2004), pp. 111-113.

41 ── Werner Goez, *Kirchenreform und Investiturstreit 910-1122*, 2nd ed.(Stuttfart,
2008), pp. 17-25.

42 ── Frank, *Geschichte des Christlichen Mönchtums*, pp. 70-71. 영화 〈위대한 침묵〉은
카르투지오회 봉쇄수도원을 배경으로 했다.

43 ── Lawrence, *Medieval Monasticism*, pp. 174-177 / Frank, *Geschichte des Christ-
lichen Mönchtums*, pp. 72-75.

44 ── Gleba, *Klosterleben im Mittelalter*, pp. 134-136.

45 ── 가톨릭에서는 성직자를 크게 네 부류로 구분한다. 먼저 재속성직자는 주교와 사제처
럼 성직을 받은 자로서 순명과 정결을 서원하고, 재속 교구에 소속된다. 다음은 수도
성직자인데, 이들은 공동체생활을 영위하며 청빈, 정결, 순명 3대 서원을 한다. 초기

에는 사막 같은 곳에서 은거했으나 통상 수도원에서 기도와 노동에 전념한다. 셋째는
성직 수사인데, 수도자들 중 사제의 길을 원하는 자들이다. 재속성직자와 수도성직자
의 절충적 성격을 띠었으며, 두 기능을 모두 할 수 있었다. 끝으로 평수사도 있는데, 이
들은 수도원에 입회하여 수련을 받고, 3대 서원을 하며 서품을 받지 않은 채 평생 기
도와 노동에 힘쓴다.

46 —— Lawrence, *Medieval Monasticism*, pp. 178-180.

47 —— R. W. 서던, 《중세교회사》(크리스천다이제스트, 1999), 272-273쪽.

48 —— Gleba, *Klosterleben im Mittelalter*, pp. 136-141.

49 —— 서던, 《중세교회사》, 134쪽.

50 —— Schimmelpfennig, *Das Papstum*, pp. 149-150.

51 —— Ullmann, *A Short History of the Papacy*, pp.129-130.

52 —— 서던, 《중세교회사》, 103-105쪽.

53 —— Ullmann, *A Short History of the Papacy*, pp. 131-132.

54 —— *Patrologiae cursus completus*. Series Latina ed. Migne(약어 PL), 143, 728 C.

55 —— 샤츠, 《보편공의회사》, 129-130쪽.

56 —— Ullmann, *A Short History of the Papacy*, pp. 132-134.

57 —— 푸어만, 《교황의 역사》, 75-76쪽; Hubert Wolf, *Konklave. Die Geheimnisse der Papstwahl*, 2nd ed.(München, 2017), pp. 39-40. 당시에는 로마뿐만 아니라 중심이
되는 다른 교회들에도 추기경들이 있었다. 특히 로마 교구에 속한 추기경들은 교황을
대리하거나 사역을 돕는 역할을 했다. 현재 추기경은 주교급 이상의 지위로 80세 이하
만 교황 선출권을 갖고 있다.

58 —— Ullmann, *A Short History of the Papacy*, pp. 135-137.

59 —— 푸어만, 《교황의 역사》, 76-77쪽.

60 —— 푸어만, 《교황의 역사》, 77-81쪽 / Wolf, *Konklave*, pp. 65-67.

61 —— Ullmann, *A Short History of the Papacy*, pp. 138-139.

62 —— 11, 12세기 남부 이탈리아와 시칠리아의 자세한 상황은 다음 글을 참조하라. 프란체
스코 마울로 토코, "시칠리아와 이탈리아 남부의 노르만인들", 에코 편, 《중세》 II권,
윤종태 역(시공사, 2015), 109-113쪽.

그리스도교 세계의 확대와
내부 갈등

7

성상을 둘러싼 갈등

정교와 성상 논쟁의 촉발

'정교'란 4세기 초 '정통'(orthodox) 교리와 신앙을 수호하는 교부와 신학자들이 비정통 혹은 이단 세력과 스스로를 구별 짓기 위해 선택한 용어였으며, 얼마 후 공식 명칭이 되었다.[1] 정교회는 1054년 그리스도교 교회가 동서로 나뉘기 이전의 교회 전통, 즉 325년 니케아 공의회로부터 789년 제2차 니케아 공의회까지의 일곱 차례 보편공의회(정교회에서는 이를 '세계공의회'라 표현한다)에서 확정한 근본적인 교리들을 그대로 고수하는 신앙집단을 표방한다. 이들은 그 이후의 종교회의를 보편공의회로 인정하지 않고, 로마 가톨릭의 교황 수위권도 반대한다.[2]

한편 그리스도, 성모 마리아, 성자들의 형상을 모사한 그림을 의미하는 성상(聖像), 즉 이콘(Icon)은 정교회 신앙에서 매우 중요한 역할을 담당해 왔다. 성상 숭배는 4세기부터 민중들 사이에서, 주로 수도원을 중심으로 유행했다. 그렇지만 그와 같은 종교문화는 유대교적 전통이 강한 지역이나 후대의 이슬람교로부터 우상 숭배라고 비난을 받았다. 특히 유대교에서는 그리스도교가 로마-그리스 세계의 영향으로 성경에서 금지한 이교적 우상문화 혹은 형상적 표현을 수용한 것이라고 지적했다. 정교회에서는 민중들에게 사랑을 받는 성상은 성경을 상기시켜주거나 설명하는 것들로서 "육화하신 하나님의 볼 수 있는 육신을 표상"하는 "보이는 말씀"이며, 참다운 회개와 기도를 돕는 필수적인 부분이라고 주장한다.[3]

성상은 그리스도교가 이교도들에게 확장되면서 이교적 풍습이 교리적으로 새로이 해석되어 합법적인 종교생활의 틀 안으로 스며들어 왔다. 6세기 이래 비잔티움이 자리한 그리스와 소아시아 지역에서 성상들은 신자들의 종교심을 표현하는 형식으로 일반적으로 인정되었으며, 거의 성사에 가까운 지위를 보유했다. 민중들은 신학적 논란은 차치하고 성상을 정서적으로 선호했다.[4] 반면 단성론이 영향을 끼치고 있던 제국의 동부에서는 성상에 대한 적대적인 분위기가 지배했다. 동부 지역 출신의 황제가 집권한 후 이와 같은 논란이 촉발된 점은 우연이 아니었다. 레온 3세(재위 717-741)는 시리아 지역의 비천한 가문 출신이었으나 실력으로 승승장구하여 황제의 자리까지 오른 인물이다. 그는 잦은 황제 교체로 혼란스러웠던 시대를 마감하고 제국을 확고하게 장악하여 새 시대를 열었다. 이슬람의 위협적인 공세를 그리스 화약의 도움으로 방어해 이슬람의 거센 기세에 제동을 걸기도 했다. 그런데 레온이 내정에 집중할 무렵 성상 파괴 논쟁이라 불리우는 심각한 분쟁이 발생했다.[5]

레온 3세는 신학 문제에 큰 관심이 없었다. 그보다는 제국을 재편해 황제의 권력에 복종시키고자 했으며, 특히 세력이 커져가던 수도원을 제압할 필요를 느꼈다. 비잔티움의 수도원은 세속으로부터의 도피처인 동시에 종교적 권위를 지닌 성자들을 배출하고 있었다. 수도원은 넓은 영토를 소유했으나 면세 특권을 누렸기에, 황제가 중앙집권을 강화하고 재정을 확대하는 데 장해가 되었다. 레온은 재임 10년차이던 726년에 성상 파괴를 옹호하던 콘스탄티노폴리스 주교들의 신학적 판단을 추종해 성상 숭배가 곧 우상 숭배라는 주장을 공개적으로 표명했다. 그는 그해 에게해에서 발생한 대규모 화산폭발이 성상 숭배에 대한 하나님의 분노의 표징이라고 해석했다. 성상 파괴주의자들은 십자가를 제외한 모든 종교 형상의 사용에 대해 반대하고 있었기에 황제는 우선 궁전의 기념문 찰케(Chalke)에 새겨진 그리스도의 형상을 제거하라고 지시했다.[6] 그는 콘스탄티노폴리스 총대주교 게르마노스와 로마 교황 그레고리우스 2세의 동의를 얻어 이 일을 관철하려 했지만, 두 지도자 모두 이를 단호히 거부했다. 제국 내 성상 숭배자들은 황제의 구상이 관철되도록 지켜보고만 있지는 않았다. 헬라스 테마에서는 그 소식이 전해지자 황제가 유대인과 무슬림의 영향을 받아 성상을 배척한다고 비판하면서 반란을 일으키려 시도했다. 이미 이슬람 제국에서 성상 파괴조치들이 시작되었기 때문에 이러한 비판이 근거 없는 주장은 아니었다. 당대 종교적 영향력이 막강했던 수도사 다마스쿠스의 요한(676-749)도 황제의 조치를 신학적으로 철저히 반박하며 성상의 정당성을 옹호했다. 요한이 이를

7-1 박해받는 성상 수호자들

위해 저술한 세 편의 글은 정교 신앙을 체계화한 대표적인 신학 텍스트로
도 간주된다. 요한은 그리스도가 육신을 입기 전에는 하나님을 표상할 수
없었으나, 성육신으로 가시화되었기에 표상할 수 있게 되었다고 주장했고,
성상 숭배자들은 성상을 원형과 동일시하지 않기 때문에 우상이 아니라는
논리를 내세웠다. 이와 같은 해석은 787년 제2차 니케아 공의회 결정의 중
요한 토대가 되었다. 즉 성상은 숭배 혹은 공경의 대상이 되기는 하지만, 예
배의 대상은 오직 하나님뿐이라는 입장이었다.[7]

　　황제는 더 이상 설득이 통하지 않는다고 판단하고, 성상 파괴를 지시
하는 칙령을 포고하여 무력으로 자신의 입장을 관철했다. 총대주교 게르
마누스를 면직시켰고, 수많은 성상들을 파괴했다. 이 무렵 로마 교황에 오
른 그레고리우스 3세(재위 731-741)는 비잔티움 제국의 성상 파괴 칙령에 반
발하며 황제에게 의견을 전달했는데, 황제는 이를 전달한 사절을 투옥시켰
다. 이로써 비잔티움 황제와 로마 교황 사이의 갈등도 유례없이 심화되었으
며, 정치적 성격으로까지 확대되었다. 이처럼 레온 3세는 아랍의 공격을 막
아내는 혁혁한 공로를 세웠지만, 성상 논쟁을 촉발시켜 제국에 갈등과 분열
의 시대를 열었다.[8]

성상 파괴운동의 절정

　　레온 3세의 뒤를 이은 그의 아들 콘스탄티노스 5세(재위 740-775)는

부친의 정책을 계승했다. 그렇지만 성상숭배를 지지하는 대립황제 아르타바스도스가 집권 초 등장하면서 성상 논쟁은 정치적·군사적 갈등으로 확대되었다. 제국의 테마들도 성상 문제에 대한 입장 차이로 갈라져 대립했으며, 결국 제압되기는 했지만 1년 이상 황제의 권력은 위태로운 상황에 처해 있었다. 다행스럽게도 이슬람 제국은 우마이야 왕조에서 아바스 왕조로 교체되었고, 수도도 바그다드로 이전하면서 제국에 대한 압박은 느슨해졌다. 그렇지만 이 무렵 불가리아가 제국의 새로운 위협으로 부상했다. 전략과 용맹을 겸비한 콘스탄티노스 5세는 동부에서의 전쟁에 몰두하면서 제국을 방어하기 위해 전력을 기울였다. 전쟁에서는 성과가 있었지만 지불해야 하는 대가도 있었다. 이 시기에 로마 교황은 랑고바르드 왕국의 공격에 직면했으나 성상문제로 인한 갈등으로 비잔티움 제국의 도움을 기대하기 어려워지자 프랑크 왕국에서 그 대안을 모색하게 되었다. 교황이 피피누스의 쿠데타를 승인하고 그에게 왕관을 씌워준 것은 이러한 제국의 사정과 관련이 있었다. 그에 대한 대응으로 황제는 이탈리아 남부에 대한 장악력을 강화했다. 그는 그리스화된 남부 이탈리아와 일리리아 지역을 로마 교구가 아니라 콘스탄티노폴리스 총대주교 관할로 변경시켰다. 이로써 그리스적인 동방과 라틴적 서방의 경계가 좀더 뚜렷해졌다. 황제와 교황은 모두 보편 제국과 보편 교회를 표방했지만, 현실에서는 성상 갈등을 계기로 그리스도교 세계의 분리가 더욱 가시화되었다.[9]

콘스탄티노스 5세는 성상에 대한 입장이 확고했으나, 대내외적인 상황을 살피며 조심스럽게 성상 파괴운동을 추진했다. 그는 성상 파괴주의자들로 주교직을 채웠을 뿐 아니라, 민중들과 반대파 성직자들의 설득에도 전력을 기울였고, 황제 스스로 열 편이 넘는 수준 높은 신학 논문을 작성하여 성상에 대한 반대 논리를 전개했다. 그 절정은 754년 히에리아 공의회였다. 이 회의에 참석한 300명이 넘는 주교들은 토론을 거친 후 모두 성상 파괴를 지지한다고 고백했다. 결국 성상 숭배는 엄격하게 금지되었고, 성상 지지자 특히 게르마노스와 다마스쿠스의 요한은 파문되었으며, 성상 파괴 결정을 알리는 포고문이 선포되었다.[10] 황제는 그 후 성상 파괴를 광적으로 집행했고, 성상이 있던 자리에는 황제와 제국을 높이는 세속적인 이미지들을 장식했다. 이와 같은 폭력에 맞서 수도원장 스테파노스를 중심으로 저항 세력들이 대항하면서 많은 희생이 뒤따랐다. 수도사들은 황제의 정책에 강력하게 저항했으며, 황제군은 성상 숭배의 구심점이었던 수도원의 재산과 토지를 몰수하는 조치로 맞섰다. 이 무렵 신앙을 고수하려던 적지 않은 수도사들은 이탈리아 남부로 이주했다.[11]

요동치는 제국과 성상 갈등의 유산

콘스탄티노스의 사망 이후 성상 파괴운동은 잦아들었다. 그의 아들 레온 4세(재위 775-780)도 성상에 대한 입장은 다르지 않았으나, 그는 아버지와 달리 성품이 온건했다. 아테네 출신의 황후 이레네가 성상을 지지하고 있던 점도 영향을 미쳤다. 그런데 레온 4세가 일찍 세상을 떠나고, 780년 나이 어린 아들 콘스탄티노스 6세가 황제에 오른 후 이레네가 섭정을 맡으면서 상황이 달라졌다. 성상 파괴세력이 주요 관직과 성직을 차지하고 있었기에 이레네는 신중하게 반전을 모색했다. 그녀는 자신의 비서 타라시오스를 총대주교로 선출했으며, 787년에는 제2차 니케아 공의회를 소집했다. 그리고 "숭배되어야 하는 것은 성상이 아니라, 성상으로 모사된 성스러운 존재"라고 공식적으로 선언하고, 성상에 대한 적대를 이단 행위로 규정하면서 제국을 성상 숭배 정책으로 전환시켰다. 콘스탄티노스 6세가 성년이 되었으나 이레네가 권력을 내놓으려 하지 않으면서 재차 권력투쟁이 전개되었다. 아들 주변에는 성상 파괴주의자들이 모여들었고, 황태후는 성상 지지 세력을 대변하면서 정면으로 맞섰다. 우여곡절 끝에 이레네는 797년 아들을 밀어내고 비잔티움 역사상 처음으로 여성으로 제국의 단독 통치자가 되어 5년간 통치했다.[12] 이 혼란의 시기에 로마 교황은 비잔티움 제국의 황제위가 단절되었다는 논리를 내세워 카롤루스를 서유럽의 황제로 대관하고, 궁극적으로 비잔티움 제국을 대체하고자 했다. 수위권을 두고 오랜 기간 갈등하던 동방과 서방의 두 그리스도교 수장이 앞장서서 동서 두 제국이 대립할 환경을 조성한 것이다.

이후 비잔티움에서는 성상 숭배가 허용되다가 813년 레온 5세(재위 813-820)가 즉위하면서 다시 금지 국면이 전개되었다. 반대 세력이 다시 결집하면서 분란은 재연되었다. 그렇지만 이제 성상 파괴의 열기가 예전과 같지 않았기에 무력으로 관철할 경우 황제위의 안위를 장담할 수 없었다. 결국 황제 데오필로스(재위 829-842)의 사망을 계기로 성상 파괴주의는 막을 내리게 되었다. 공식적으로 그의 계승자는 미카엘 3세(재위 842-867)였으나 나이가 어려 섭정을 맡게 된 황후 테오도라가 843년 성상 금지령을 철회했다. 그 후 제4차 콘스탄티노폴리스 공의회(869-70)에서는 성상 파괴자를 이단으로 선고함으로써 결국 성상 숭배 전통이 동방 교회에서도 불가결한 흐름으로 확립되었다.[13] 비잔티움 교회는 이를 모든 이단들에 대한 승리로 축하했다. 하지만 제국은 한 세기 이상 지속된 이 분쟁으로 많은 대가를 지불해야만 했다. 황제가 종교문제를 정치적으로 이용하려 했기에 야기된 논란은 제국을 크게 분열시켰고, 정치세력은 물론이고 종교계와 지역 차원에서도 깊은 분열을 겪었다. 이후 성상 수호의 근거지인 수도원은 다시 번성했다. 수도사들은 고위 성직을 차지했고, 수도원에 대한 후원도 크게 증가하면서 수도원은 비잔티움 제국에서 강력한 영향력을 행사했다.

성상 숭배자들의 궁극적인 승리는 그리스의 고유한 종교적·문화적 특성이 결국 그리스도교 내로 수용되었음을 의미한다. 이로 인해 형성된 비잔티움 제국의 종교문화는 서유럽과 구별되는 정교의 고유한 속성으로 자리를 잡았다. 성상 숭배 논쟁을 계기로 비잔티움의 보편제국 이념은 크게 후퇴했으며, 서방에 대해 차지하고 있던 우세한 지위도 더 이상 주장할 수 없게 되었다. 비잔티움 황제들의 제국 서부 영토와 로마 교회에 대한 관심도 크게 축소되었다. 비잔티움과 라틴 세계 사이의 결별은 가속화되었고, 카롤루스 황제의 대관과 교황 중심 교회체제의 구축은 이 국면에 로마 교회가 모색하던 대안이었다.[14] 게다가 이슬람세력이 확장하고 있었기에 비잔티움 제국의 남쪽과 동쪽으로의 발전도 크게 제한되었다. 비잔티움으로서는 북쪽의 슬라브 지역으로의 확대가 유일한 대안으로 남겨져 있던 셈이다. 하지만 제국은 이러한 상황을 잘 활용해 긍정적인 결과를 이끌어냈다.

843년 성상 파괴운동이 종결된 후 비잔티움 제국은 2세기에 걸쳐 군사, 상업, 문화, 종교 등 모든 분야에서 최전성기의 번영을 구가했으며, 고유한 정체성을 발전시켰다. 비잔티움은 지정학적 형세의 변화를 수용해 슬라브 지역에 집중한 덕분에 제국 내의 슬라브인들은 물론이고, 변경 너머에 건설되고 있던 슬라브 국가들을 대부분 정교의 영향권으로 편입시킬 수 있었다. 이 마케도니아 왕조 시기의 번영과 확장으로 인해 비잔티움은 그리스적인 성격의 그리스도교 제국으로 위축될 수도 있는 국면을 극복하고, 슬라브적인 세계를 아우르는 그리스도교 문명의 구심점이 되었다.[15]

동방 교회의 발전과 동서 교회의 분리

슬라브 선교

중세 초 이래 동서 교회는 차츰 주변 세계에 대한 영향력을 높여갔다. 지리적 접근성으로 인해 게르만 지역은 서방, 그리고 슬라브 지역은 동방을 담당했지만, 두 세력의 관심이 중첩되는 접경지역에서는 선교의 주도권을 두고 갈등이 발생했다. 발칸 반도는 6, 7세기 이래 슬라브인들이 대규모로 이주해 슬라브인의 영토로 변화되고 있었다. 비잔티움 제국은 9세기 초 니케포로스 1세(재위 802-811)에 이르러서야 새로운 슬라브인의 정착지에 대해 본격적인 공세를 취했다. 황제는 슬라브인들에게 종주권을 요구하고, 조공 납부 의무도 부과했다. 한때 그 지역의 일부 그리스인들이 저항했으나, 결국 제국의 남부 그리스 재건을 수용할 수밖에 없었다. 그렇지만 811년 황제가 불가리아 세력을 공격하던 중 사망함으로써 비잔티움의 정책에 제동이 걸렸다. 이후 불가리아는 제국과 평화조약을 체결하며 발칸지역에서 터전을 넓히며 발전할 발판을 마련했다.[16]

비잔티움 제국은 9세기 중엽 성상을 둘러싼 갈등이 해소되어 안정을 회복하자 외부 세계에 대해 공세적으로 전환하여 불가리아, 이슬람 세계 그리고 지중해 지역에서 다시 군사적인 우위를 확보해 나갔다. 858년 황제 미카엘 3세(재위 842-867)에 의해 콘스탄티노폴리스 총대주교에 임명된 포티오스는 학자이자 외교관 겸 정치인으로서 제국과 교회가 필요로 한 역량을 모두 구비했다. 그는 연소한 황제를 보좌하여 분명한 목표를 설정하고 교회와 제국을 위해 헌신했다. 로마 교황 니콜라우스 1세가 속인으로 총대주교직에 오른 그를 인정하기를 거부하며 보편교회 수장으로서의 위세를 나타냈다. 하지만 포티오스는 다른 총대주교들이 아랍의 영향력 때문에 힘을 상실해 동방에서 독보적 위상을 지니고 있었을 뿐 아니라, 슬라브 지역에서도 그 영향력을 확대시켰다. 동방 교회는 그의 지도력으로 제국의 발전과 더불어 최고의 전성기를 보냈다. 863년 비잔티움이 육지와 바다에서 아랍에 대해 이룬 대승은 아시아 지역에 걸쳐 국면의 대전환을 의미했고 슬라브 지역에서 새로운 과제를 수행하는 토대가 되었다.[17]

　　이 무렵 모라비아 영주 라스티슬라프는 비잔티움 제국에 사절을 보내 선교사 파견을 요청했다. 제국에 의지해 인접한 독일의 위협을 막아보려는 의도였다. 비잔티움 교회는 그동안 제국 내부로 이주해 온 슬라브인을 그리스도교로 개종시키려 노력해 왔는데 이제 국경 너머로 그 사역을 확대할 기회를 얻게 되었다. 863년 총대주교 포티오스는 이 역할에 적합한 데살로니카 출신의 메토디오스와 콘스탄티노스(생전 이름은 콘스탄티노스, 죽기 직전에 키릴로스라는 이름을 사용했다) 형제를 모라비아에 파견해 선교활동을 전개했다. 당시 제국 내에서는 예배에 그리스어를 사용했고, 제국 외부에서는 선교 목적을 위해 그리스 설교를 해당 지역의 방언으로 통역을 통해 전달하는 것이 일반적이었다. 그런데 동생 콘스탄티노스는 천재적인 어학 재능을 갖추고 있어 슬라브어로 설교할 수 있었을 뿐 아니라, 그들의 문자까지 만들어 성서와 예배서를 번역해 주었다. 그곳에서 사역이 성과를 거두고 있을 무렵 독일 선교사들이 해당 지역에 선교활동을 전개하면서 예기치 않은 갈등이 발생했다. 모라비아 지역이 로마 교회가 관할하는 영토가 되면서 독일인들은 앞서 사역을 수행하고 있던 그리스인들의 활동을 방해했고, 869년에 콘스탄티노스가 사망한 뒤에는 그의 제자들까지 추방했다. 제국의 변경지역에서 동서 교회 사이에 선교가 경쟁적 성격으로 전개되면서 초

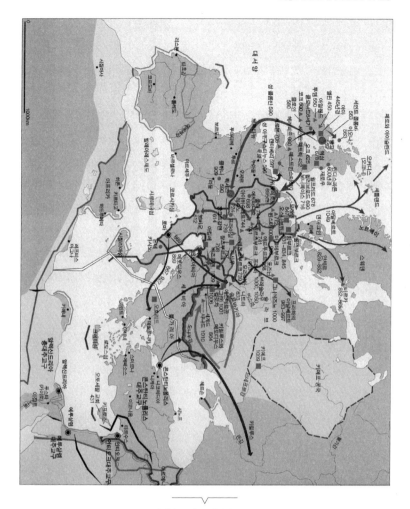

7-2 동유럽과 북유럽으로 확산되는 그리스도교

래된 일이었다.[18] 좀더 시간이 경과한 후 로마 교회는 모라비아인들이 예배에 슬라브어를 사용하는 것을 금지했다. 이후 마자르족이 그 지역을 공격하는 일까지 이어져 비잔티움의 선교활동은 결국 중단되었다. 그 지역의 그리스도인들은 북쪽의 보헤미아로 이주했고, 메토디오스의 제자들은 마케도니아로 가서 또 다른 선교사업을 이어갔다. 모라비아에서 동방 교회의 선교는 좌절되었으나, 메토디우스와 콘스탄티노스 형제가 남긴 유산은 다른 슬라브 국가들에서 결실을 보았다.

불가리아의 경우, '차르'라 불린 통치자 보리스가 라틴 그리스도교와 그리스 정교 가운데 선택을 저울질하다가 프랑크 왕국에 먼저 사신을 보냈다. 그와 같은 상황을 파악한 비잔티움은 프랑크 왕국이 제국의 경계까지 영향력을 확장하는 것을 용인할 수 없어 신속히 불가리아에 압력을 넣었고, 함대까지 동원해 해안에서 무력 시위를 벌였다. 이에 보리스는 콘스탄티노폴리스 총대주교의 보호를 받아들이기로 하고, 864년에 황제를 대부로 삼아 세례를 받았다. 이후 비잔티움은 불가리아의 그리스도교화에 도움을 주면서 정교회 조직을 구축했다. 보리스는 이 과정에서 그리스도교화에 저항하던 귀족들을 제거했다. 그리스도교 수용은 불가리아의 문화에 큰 발전을 가져왔고, 왕국 내부의 통합과 결속에도 기여했다. 그러나 불가리아는 비잔티움 제국이 자국 교회의 독립적 지위를 허용하지 않고 콘스탄티노폴리스 대주교좌의 감독을 받도록 하자 얼마 후 비잔티움에 등을 돌리고 다시 로마 교회와 접촉했다. 로마는 불가리아에 대주교좌 신설을 허용함으로써 로마 교회의 영향권에 편입시키려 했다. 그런데 로마에서 불가리아가 제안한 대주교 후보를 거부함으로써 다시 사태가 틀어졌다. 결국 이 문제는 비잔티움의 황제와 총대주교가 모두 바뀌고 나서 870년에 제국이 불가리아에 어느 정도 자율성을 지닌 대주교좌를 제공하면서 해결되었다. 불가리아는 로마와 비잔티움 두 교회 사이의 경쟁과 갈등을 이용해 교회의 자율성이라는 성과를 얻어낼 수 있었다.[19]

러시아 정교회의 출현

러시아 민족의 개종은 비잔티움 교회가 선교에서 성취한 가장 큰 성과였다. 러시아인의 조상 루스족은 스칸디나비아인들로서 초기에 노브고로드에 정착했고, 9-10세기에는 슬라브 토착민과 함께 키예프에서 공국을 건설했다. 그리고 발트해와 흑해 사이 지역을 장악한 후 인접한 비잔티움 제국과 접촉하게 되었고, 944년 키예프의 대공 이고르(재위 913-945)는 비잔티움과 통상조약을 체결했다. 이고르는 다음 해 동쪽의 트레블랴네족과의 갈등으로 사망했으나, 그의 부인 올가는 갑작스런 대공의 부재에도 불구하고 어린 아들 스비아토슬라프(재위 957-973)가 성장하기까지 섭정으로서 공국을 지혜롭게 관리하며 주변 종족에 대한 정복과 통합을 진척시켰다.[20]

이 무렵 비잔티움의 일부 선교사들이 키예프에서 그리스도교를 전파하고 있었다. 키예프의 통치자 올가는 공국은 물론 새로 정복한 인민들을 통합할 수 있는 기반이 그리스도교라고 판단했다. 955년경 그녀가 콘스탄티노폴리스를 방문한 것은 이를 위한 포석이었다. 올가는 하기아 소피아 성당의 예배에 참석한 후 비잔티움의 황제를 대부로 삼고 세례까지 받았다. 그녀의 개종은 더 큰 구상을 위한 출발점이었지만, 토르를 비롯하여 여러 이교 신들을 숭배하는 귀족과 민중들의 반발도 만만치 않았다. 그녀가 섭정으로 있는 동안 비잔티움 선교사들이 키예프 공국에 파견되어 정교회 성당들을 건축했고 종교 의식도 전달했지만, 그 이상으로 진척시킬 수는 없었다. 그렇지만 그녀는 키예프가 비잔티움 제국과 종교적·문화적으로 결속하는 토대를 놓았으며, 향후 그리스도교 정체성을 지닌 제국으로 발전할 수 있는 길을 열었다.[21]

한편 비잔티움의 절정기를 연 황제 바실레이오스 2세(재위 976-1025)는 의지와 실행력을 갖춘 인물이었으나 재임 초기에 큰 위기를 맞았다. 막강한 왕국을 건설한 불가리아의 차르 사무엘이 팽창정책을 전개함으로써 비잔티움과 충돌했고, 제국 내부에서는 유력자들이 반란을 일으켜 987년에는 바르다스 포카스가 스스로 황제라고 선포하기에 이르렀다. 바실레이오스 2세는 이 위기에서 키예프 대공 블라디미르의 도움을 받아 가까스로 벗어났다. 블라디미르는 988년 군사력 제공의 대가로 황제의 누이 안나와의 혼인을 약속받았다. 이는 정통 황실 소생의 비잔티움 공주가 외국인과 혼인하는 최초의 사례였다. 황제는 대공과 그의 백성들이 그리스도교를 수용한다는 조건을 달아 명분을 구했다. 결국 그 약속에 따라 블라디미르와 신민들은 그리스도교로 개종했고, 러시아 정교회가 건립되었다.[22]

블라디미르(재위 980-1015)의 개종은 외부의 압력 때문이라기보다 스스로 결단한 일이었다. 그는 3형제 중 막내였지만 형제들 사이에서 전개된 오랜 내전에서 외부 바이킹 세력의 지원으로 980년 권력을 잡았다. 그렇지만 공국을 안정적으로 발전시키기 위해서는 토르와 바이킹 신들을 버리고 문명국들의 종교를 받아들일 필요성을 느꼈다. 슬라브 원초연대기에 따르면, 블라디미르는 세계 주요 종교인 그리스도교, 이슬람교, 유대교를 비교하기 위해 사절을 파견했다. 세 종교 중 이슬람교가 가장 먼저 제외되었는데, 즐거움의 원천인 술을 금기시한 것이 문제였다. 다음으로 유대교가 배제되었는데, 나라를 상실한 민족의 종교였기 때문이다. 결국 그는 그리스도교를 선택했고, 라틴 교회보다는 하기야 소피아 성당에서 예배를 드렸던 신하가 극찬했기 때문에 정교를 받아들였다고 한다.[23] 이 이야기의 진위 여부는 불확실하다. 하지만 키예프는 주요 종교들에 대해 알고 있었고, 정교가 그들에게 가장 적합하다고 결론을 내렸으며, 나아가 비잔티움을 발전모델로 삼고 있었다는 점을 시사한다. 키예프의 그리스도교 수용은 당대의 역사적 추세에 순응한 결정이었다. 그 무렵 발트 지역의 슬라브족들뿐 아니라, 폴란드, 헝가리, 덴마크, 그리고 노르웨이까지 모두 그리스도교로 개종을 선택했다.

키예프의 그리스도교화는 러시아의 발전에 중대한 전환점이었다. 비잔티움의 고도로 발전한 제도와 다양한 문화가 키예프로 유입되었고, 비잔티움으로서는 영향력을 크게 확대하는 성과를 얻었다. 그리스도교의 전면적인 수용으로 키예프에서는 토르를 모셨던 옛 신전을 파괴하고 성 바실리우스 성당을 건축했다. 전례는 비잔티움의 양식을 모방했으며, 수도원생활이 장려되었다. 키예프의 제도교회는 사회와 국가에서 중추적인 기관으로 자리 잡았으며, 콘스탄티노폴리스의 총대주교좌 산하에 종속되었다. 키예프를 비롯하여 러시아 대도시들에 하기아 소피아 성당과 같은 비잔티움의 교회나 수도원을 모방한 건축물들이 다수 건축되었다. 사회와 문화 전반에 그리스도교가 침투하면서 종교뿐만 아니라, 귀족들의 교육 및 사회제도 등에도 지속적으로 비잔티움의 영향이 미쳤다. 슬라브인들을 위해 성서를 번역하는 과정에서 콘스탄티노스(키릴로스)와 메토디오스 형제가 개발한 키릴

문자가 도입되어 러시아어로 발전했다. 정치에서는 신성한 권위를 강조하는 전제정치적 기반이 확립되었고, 사형과 같은 가혹한 처벌을 폐기하고 비잔티움의 법률을 도입했다.[24] 1015년 블라디미르가 사망한 후 상속을 둘러싼 갈등이 재연되었다. 영토는 분할 상속이 원칙이었으나, 대공위 계승권을 가진 스비야토폴크가 두 이복동생 보리스와 글레프를 제거하고 왕국을 독차지했다. 동생들은 저항 없이 죽음을 수용했기에 최초의 순교자로 추앙되었다. 비잔티움 제국 몰락 후 러시아인들은 모스크바를 "제3의 로마"로 주장하게 되었고, 그 영향으로 현재도 러시아는 그리스 정교의 본거지로 남아 있다.

동서 교회의 상호 파문

바실레이오스 2세가 사망한 1025년 이후 비잔티움에는 평화로운 시대가 전개되었으나, 무기력한 모습도 노출되었다. 그의 후계자들은 전임 황제의 권력을 유지할 수 없어 초기에는 문관 귀족, 나중에는 속주의 군사세력에 휘둘렸다. 군사력의 약화와 조세 징수의 어려움으로 제국은 빈곤해졌다. 콘스탄티노스 9세 모노마코스(재위 1042-55)는 관료귀족층을 대변하던 황제였는데, 그의 재임기간에 탁월한 학자들이 황제를 자문하면서 대학과 학문이 발전했다. 반면 군부세력의 몰락으로 방어력이 크게 약화되자 용병의 필요성이 대두되었다. 제국 내부에서는 봉기가 발생했고, 외부에서는 호전적인 민족들이 위협하기 시작했다. 동쪽의 셀주크 튀르크족, 서쪽의 노르만족, 북쪽의 페체네그족을 비롯한 스텝 지역 민족들이 대표적이었다. 제국은 페체네그족의 사례처럼 그들의 수장들에게 선물과 토지를 제공하며 평화를 돈으로 사면서 위험한 세력을 다독이는 것이 최선이라 생각했다.[25]

후대에 '동서 교회의 분리'라고 지칭하는 사건이 발생한 것은 이 무렵이었다. 물론 동서 교회가 최종적으로 분리된 것은 특정 시기에 우연히 촉발된 것이 아니라, 오랜 기간에 걸쳐 두 교회가 갈등하고 경쟁하는 과정에서 초래된 결과였다. 이해를 높이기 위해 간략하게 앞선 시대에 있었던 일들을 언급할 필요가 있을 듯하다. 먼저 451년 칼케돈 공의회에서 5개 총대주교들은 모두가 동등하며, 단지 로마 총대주교가 대표성을 지니는 것으로 상호 관계를 규정했다. 이른바 '동등한 자들 가운데 첫 번째'(primus inter pares)라는 원칙이다. 그런데 당시 공의회에서 로마의 교도권을 인정한 28조가 오히려 콘스탄티노폴리스의 승리로 이해되었다. 그로 인해 로마는 이 결정에 반대 입장을 표명했다. 이유는 콘스탄티노폴리스가 사도적 전통을 지닌 알렉산드리아와 안티오키아를 제치고 둘째 서열을 부여받았기 때문이다. 이를 규정한 원칙이 로마가 제국의 첫째 도시라는 논리였는데, 교회 서열이 정치적 지위에 따른 것이라면 그 지위는 추후 변경될 여지가 있었다. 반면 로마가 줄곧 주장하던 원칙은 '사도에 의한 창설'이라는 기준이었으나 이는 수용되지 않았다.[26] 그 이후 로마 교회는 지속적으로 베드로 수위설을 내세워 지상에서 그리스도교 세계의 머리 역할을 주장했을 뿐 아니라, 다른 교회에 대한 감독권까지 행사하려 했다. 그렇지만 다른 총대주교들이 이를 인정하려 하지 않았기에 그와 같은 주장이 제기될 때마다 갈등이 불거졌고, 이후 동방과 서방의 교회 사이에는 불신의 골도 점점 깊어졌다.

　라틴 교회에서 주도한 필리오케 논쟁도 동서 교회 갈등의 불씨로 작용해 왔다. 서방 교회는 6세기부터 아우구스티누스의 가르침을 따라 〈니케아 신조〉의 성령의 발현에 대한 표현에 "필리오케"(filioque "그리고 아들로부터")를 임의로 삽입했다. 이 단어가 삽입됨으로써 '성령이 성부와 성자로부터 발현한다'는 의미를 지니게 되었다. 그리고 8세기 이래 서방에서는 그 내용을 암송했다. 이처럼 로마 교회는 다른 권위들의 동의 없이 성령의 출처에 대한 표현을 변경했으며, 1014년 교황 베네딕투스 8세 시기에는 필리오케를 공식적으로 신조에 삽입했다. 콘스탄티노폴리스 총대주교는 이러한 '이중 발현'의 교리를 비난했고, 결국 로마 교황을 파문하기에 이르렀다. 더불어 8세기 이래 전개되었던 성상숭배 논쟁도 동서 교회의 갈등을 심화시킨 한 요인이었다. 성상숭배 논쟁과 필리오케 갈등은 신학적 해석이 선행된 것이기는 하지만, 동서 두 교회 사이의 문화적·종교적 심성의 차이와 더불

어 종교 수장들의 주도권 다툼이 근원적인 이유였다.[27] 동서 교회의 독립성
이 두드러지면서 종교 관습에 있어서도 차츰 차이가 뚜렷해졌다. 가톨릭이
사제와 수도사들에게 독신을 의무적으로 강요하는 것과 달리, 그리스 정교
회는 사제들의 결혼을 허용했다. 또 가톨릭이 성찬식에 누룩 없는 빵을 사
용하는 것과 달리 정교회는 누룩을 넣은 빵을 사용했다. 이러한 사안들 하
나하나가 모두 갈등요인이었다.

그 후 로마 교황은 서방에서 라틴 교회를 규합하고 조직화하면서 황
제를 대관하는 지위를 확립했고, 수도원 개혁운동의 열기에 힘입어 교황청
개혁을 추진하며 실질적인 영향력을 확장시켰다. 한편 콘스탄티노폴리스
총대주교는 다른 동방의 총대주교들이 영향력을 상실해 가고 있던 상황에
서 러시아를 포함하여 여러 슬라브 국가들을 그리스도교 세계로 새로이 편
입시켰고, 수장의 지위를 행사하며 권위를 높였다. 11세기 중반에는 서방에
서 개혁운동을 야심차게 추진하며 교황권을 확장하던 레오 9세(재위 1049-
54)가 교황으로 있었고, 그에 못지않게 투쟁적인 미카일 케룰라리오스(재위
1043-58)가 동방 교회 수장을 맡고 있어서 양자 사이에 갈등이 발생할 경우
타협이 쉽지 않았다.[28]

11세기 중엽 동서 교회의 갈등이 새로이 점화된 곳은 남부 이탈리아
였다. 노르만의 오트비유 가문은 비잔티움 제국이 관할권을 갖고 있던 이
지역을 무력으로 차지한 후 합법적 지위가 필요했기에 교황 레오 9세를 주
군으로 삼고 스스로 봉신을 자처했다. 그 후 로마 교회는 그곳에서 오랜 신
앙전통을 지속해 오던 그리스인들에게도 라틴 교회의 관습을 강요했다. 콘
스탄티노폴리스의 총대주교 케룰라리오스는 이에 즉각 반발했으며, 콘스
탄티노폴리스에 있는 라틴 교회에 대해서 유사한 조치로 맞대응했다. 그리
고 그들이 따르지 않자 교회를 폐쇄하는 강경조치를 취했다. 이 갈등을 해
결하기 위해 로마 교황은 홈베르투스를 포함하여 3명의 사절을 콘스탄티노
폴리스에 파견했다. 그러나 이들 사절들의 언행은 완고하고 오만했으며, 갈
등을 해소할 만한 타협책도 제시하지 못했다. 홈베르투스는 문제가 해결될
기미가 보이지 않자 1054년 7월 하기아 소피아 성당의 제단에 동방 그리스

도교에 대한 비난과 더불어 케룰라리오스에 대한 파문장을 남겨두고 귀환했다. 동방교회는 이 사안을 다루기 위해 종교회의를 소집하고 사절단의 행동에 상응하는 파문 조치를 결의해 선포했다. 이 사안의 파장은 쉽게 가라앉지 않고 오랫동안 지속되었다. 통상 이 상호 파문조치를 계기로 동서 교회가 결정적으로 분리된 것으로 본다. 그렇지만 근본적인 갈등은 서로 그리스도교 세계의 수위권을 차지하려던 점에 있었다.[29]

스칸디나비아의 그리스도교화

개종과 정치적 복속

스칸디나비아는 지리적으로 고대 문명의 핵심지역으로부터 멀리 떨어져 상대적으로 고립되어 있었다. 이 지역은 게르만들의 대이동이라 불리는 1차 이동, 그리고 이후 11세기 전반까지 이어진 바이킹 시대의 대대적인 2차 이동을 통해 유럽 대륙과의 접촉이 빈번해지면서 라틴화와 그리스도교화가 동시에 진척되었다. 아직도 남아 있는 그들의 건축물과 여러 유물에서 그리스도교를 받아들이기 이전 문화의 흔적들을 엿볼 수 있다. 9세기 초에 제작된 배-무덤 오제베르크(Oseberg)의 주인공은 높은 신분의 여성으로 추정되는데, 남아 있는 유물들에는 그녀가 사후에도 현세에서와 같은 삶을 살도록 기원하는 여러 이교적인 종교문화가 깃들어 있다.[30] 서유럽과 비잔티움 제국에서의 발전을 관찰하고 있던 북구의 왕국들도 다른 국가들처럼 그리스도교로의 개종을 군주권을 강화시키는 정치적 수단으로 이용하려 했다. 1000년을 전후로 이루어진 개종은 라틴 유럽과 스칸디나비아를 이어주는 새로운 촉매제가 되었다.

슬라브 지역에서는 정교의 수용을 선진적인 문명세계에 진입하는 것으로 간주하였기에 비잔티움의 정교회 모델을 선호했다. 반면 서유럽 교회들의 사정은 달랐다. 앞서 아일랜드 수도원의 활동에서 보듯, 그곳 수도사들은 이교도들에게 그리스도교를 전하려는 사명으로 충만했다. 수도사들 중에는 이교도들의 종교뿐 아니라, 관습까지도 개혁하려 시도하다가 희생되는 경우가 많았다. 754년 프리슬란트 선교 중 사망한 보니파티우스의 사례는 당시 독일의 북부와 동부가 여전히 그리스도교에 적대적인 이교도로 둘러싸여 있었음을 시사한다. 하지만 잉글랜드의 경우처럼 중세 초 선교사들이 군주들을 설득해 개종시키려는 사례도 있었고, 북유럽의 경우처럼 문화적·정치적 재조직을 위해 이교 군주들이 오히려 그리스도교 수용에 적극적인 태도를 보이기도 했다.

덴마크에는 9세기 초 구드프레드(Gudfred/Göttrik, 재위 804-810)라는 강력한 통치자가 있었다. 그는 카롤루스 통치 말기에 많은 배를 이끌고 나타나 프랑크 왕국의 북부를 위협하던 바이킹이었다. 카롤루스는 프랑크 연안을 지킬 선박이 없었기에 바이킹들과 타협을 모색했다. 데인인은 금을 보상으로 받는 조건으로 공격을 자제했다. 이처럼 바이킹들은 카롤링 제국과 제한적인 접촉이 있었으나 관계가 계속되지는 않았다. 구드프레드가 사망한 후 그의 두 아들 호릭과 하랄은 서로 왕이라고 칭하며 덴마크의 패권을 차지하기 위해 싸웠다. 당시에 덴마크는 통일되지 못하고 여러 세력들이 할거했는데, 그들은 서로 경쟁적으로 카롤링 제국과 우호적인 관계를 맺으려 시도했다. 루도비쿠스 황제는 이런 상황을 제국에 유리하게 이용했다. 하랄은 상대방보다 한발 빨리 황제에게 도움을 요청했고, 황제의 마음을 사기 위해 기꺼이 그리스도인이 되겠다는 의사를 표명했다. 당시 변방 세력이 비잔티움 제국이나 프랑크 제국과의 정치적 협력을 위해 그리스도교로의 개종을 협상카드로 제시하는 경우는 흔했다. 루도비쿠스는 827년경 권력 투쟁에서 밀려나 추방된 하랄과 그의 가족 및 신하들을 환대했다. 황제는 마인츠 인근 잉겔하임에서 하랄의 일행 400여 명이 함께 세례를 받을 수 있도록 조치했고, 직접 하랄의 대부를 맡아주었다. 황제는 프리슬란트 북동부의 백작령 뤼스틀링엔을 그에게 피난 장소로 수여했고, 그를 봉신으로 삼아 덴마크의 침략을 방어하려 했다. 루도비쿠스는 하랄의 영토와 덴마크 왕국이 향후 그리스도교적인 삶을 지속할 수 있도록 그 지역에 젊은 수도사 안스카리우스(801-865)를 파견했으며, 제국교회의 일원으로 관계를 맺

으려 했다.[31]

  덴마크 지역에 최초로 선교사가 파송된 것은 8세기 초로 앵글로색
슨인 윌리브로드(658?-739)가 덴마크 초대 국왕 앙간티르(Angantyr 재위 710-
738)를 접촉한 사건이다. 그 후 상인들과 전사들이 주기적으로 남쪽으로 내
려와 약탈이나 상업 활동을 했는데, 방문자들은 관찰하거나 들은 것들을
고향에 전달해 본토의 바이킹들도 카롤링 제국에 대한 소식을 단편적이나
마 알고 있었다. 황제 루도비쿠스는 첫 선교 시도 후 한 세기만에 스웨덴 측
으로부터 성직자를 보내달라는 요청을 받았다. 그는 응답으로 829년 당시
덴마크 국경에서 선교활동을 하고 있던 안스카리우스를 비르카에 파송했
다.[32] 그가 어떤 활동을 했는지 구체적으로 알려져 있지는 않지만, 2년 후
지역 종교회의가 열렸을 때, 교황은 안스카리우스를 첫 함부르크 대주교로
임명했고, 스웨덴 그리스도인들을 새로이 건설된 함부르크 대주교좌에 편
입시켰다. 스웨덴인들이 카롤링 제국의 교회 조직에 편재된 사실은 그 사
이 두 지역 사이의 관계가 지속적·조직적 성격을 띠고 있었으며, 스웨덴의
그리스도인 수도 적지 않았음을 시사한다. 새로이 형성되는 북유럽 교회의
지위는 카롤링 왕국에 종속적 성격을 지녔다. 이 시기 북유럽의 포교활동
은 정치세력의 협조로 성공적으로 진행되었으며, 그리스도교 신자들도 늘
고 있었다.[33] 이후 그곳 교회들은 프랑크 제국과 연결되었고, 황제는 북유럽
까지 자신의 통치권에 귀속시키려는 구상을 갖게 되었다. 하지만 루도비쿠
스가 후계 문제를 확실히 정리하지 못한 채 840년 사망함으로써 북유럽의
선교와 정치를 엮는 전략은 실현되지 못했다. 오히려 바이킹의 유럽 공격이
절정에 달하게 되어 교회와 수도원이 큰 피해를 입었으며, 북유럽의 선교활
동도 지속하기가 어려워졌다.

바이킹 출몰 이후

  이후 상황은 기록이 드물어 추적이 어려우나, 849년 덴마크 왕 호릭
이 안스카리우스가 하이타부-슬리아스비히에 교회 건축을 허용했음이 확
인된다. 바이킹의 잦은 출몰로 상거래가 위축되는 일이 빈번해지자, 국왕은

왕래하는 상인들이 안정적으로 교역을 수행할 수 있도록 대응조치를 취했다.[34] 이 지역은 그 후에도 한동안 바이킹의 습격이 이어졌지만, 스칸디나비아의 정치세력들은 위기 국면에서도 그리스도교에 대해 여전히 호의적인 태도를 보였다. 물론 상인들을 보호하는 대가로 군주가 경제적 보상을 요구하는 경우도 많았다. 이로 미루어 통치세력들은 그리스도교 때문에 교역 중심지의 안전에 노력을 기울였다기보다는 문명 세계와의 접촉이나 종교로 인한 경제적 혜택에 관심이 많았으며, 주어진 상황을 최대한 활용하려 했던 것으로 추정된다. 당시 북독일 해안지대에는 슬라브 상인들도 빈번히 방문하며 교역에 참여했다. 슬라브인들은 함부르크에서 볼린과 노브고로드에 이르는 경로를 왕래했다. 이들 발트해를 무대로 교역하는 상인들을 통해 프랑크 제국의 교역품뿐 아니라, 그리스도교와 다른 문물도 슬라브 지역에 널리 전파되었을 것이다. 당시 함부르크는 북방 선교의 전초기지로서 스웨덴과 덴마크는 물론 슬라브 지역까지 영향력을 미치고 있었다.[35]

  카롤링 제국이 분열되고 동프랑크 지역에 작센 왕조가 들어선 이후 군사적 상황은 크게 안정되었다. 특히 오토 대제가 신성로마제국을 개창하던 무렵 다시 주변 지역에 그리스도교를 전파하는 역할을 수행할 수 있었다. 이 시기에 덴마크를 통치한 인물은 푸른 이빨 하랄(하랄 1세, 재위 958?-986)이었다. 기록에 따르면, 하랄은 포파라는 한 사제에게 그리스도교 신앙을 증명해보라고 요구했다. 그러자 포파는 뜨거운 쇳덩이를 손에 쥐고 한동안을 가만히 버티고 있었지만, 손에 아무런 상처도 입지 않았다. 하랄은 이 기적을 직접 목격한 후 그리스도교를 참된 종교로 인정하고 세례를 받기로 결심했다고 한다.[36] 개종의 진정한 원인에 대해서는 논란이 있지만, 하랄은 960년대에 개종한 후 대륙의 성직자들을 적극 받아들여 덴마크 신민들에게 그리스도교를 전파하는 일에 앞장섰으며, 노르웨이도 통합해 다스렸다. 이후 덴마크 지역에는 그리스도교 세력이 꾸준히 성장하여 11세기 중엽 쇼넨에 300개, 제란트에 150개, 퓌넨에 150개의 교회가 존재하게 되었다.[37] 개종자의 증가 규모와 교회 조직의 발전은 북유럽의 그리스도교 확산에 대한 일반적인 추측을 크게 상회한다.

노르웨이는 초기에 군소세력들이 내륙과 주변 섬들을 분할해 지배했으며, 872년 하랄 하르파그리(재위 872-930?)가 최초로 통일 왕국을 건설했다. 그렇지만 그의 통치에 반발한 정적들이 지지세력을 거느리고 주변 지역으로 이주하는 바람에 강한 국가를 구축하지는 못했다. 그 후 그의 아들들 사이에서도 권력 투쟁이 전개되면서 왕국은 심한 분열을 겪었다.[38] 9세기 중엽 왕위에 오른 호콘 1세는 잉글랜드에서 성장했기에 어린 시절 그리스도교를 접한 인물이었다. 그는 왕권을 제도적으로 정비하고, 그리스도교를 통해 왕국을 통합시키려 노력했으나 만만치 않은 저항에 직면했다. 정치적으로 독립을 지향하던 영주들이 개종에 반대했다. 얼마 후에는 덴마크 왕 하랄이 노르웨이를 속국으로 삼고 자신의 이해관계에 부합한 인물을 왕으로 즉위시키는 등 영향력을 행사했다. 혼란을 거듭하던 노르웨이는 995년 울라프 트뤼그바손(울라프 1세, 재위 995-1000)이 왕권을 장악하면서 재차 주변 지역까지 그리스도교를 전파하는 일에 적극성을 띠었다. 하지만 호전적인 덴마크 및 스웨덴의 간섭과 침입으로 정치적 불안정이 지속되어 큰 성과를 거두지는 못했다.[39] 12세기에 이르러서야 룬드에 대주교구가 설치되었고, 이곳이 교황청의 한 관구에 속하게 되었다.

스웨덴에서는 에릭 6세가 10세기 말 최초로 왕위에 올랐다. 뒤이어 왕이 된 그의 아들 울라프 3세 셋코눙(재위 995?-1022)은 1008년 개종하여 스웨덴 최초의 그리스도교 군주가 되었으며, 사후에 성인으로 시성되기도 했다.[40] 그보다 앞서서 스웨덴에서도 선교활동이 전개되었으나, 전면적인 개종으로 이어지지는 않았다. 국왕들과 왕실은 이후에도 세례를 받고 공개적으로 그리스도인을 표방했지만, 귀족들과 민중들 대부분은 전통 신앙을 유지했다. 이교 신전들도 파괴되지 않은 채 잔존했다.[41] 이곳은 유럽에서 가장 늦은 12세기까지도 전통 종교를 유지하던 지역이었다.

이 시기 북유럽 상업 네트워크의 존재와 하이타부(Haithabu) 같은 중계지의 활성화로부터 당시 세계에 대해 여러 정보를 얻을 수 있다. 무엇보다 상인들의 활동 무대가 매우 광범위했으며 개방되어 있었다. 노르웨이의 상인이자 농부 오타르는 9세기 말 노르웨이 북단 노르카프까지 여행했을 뿐

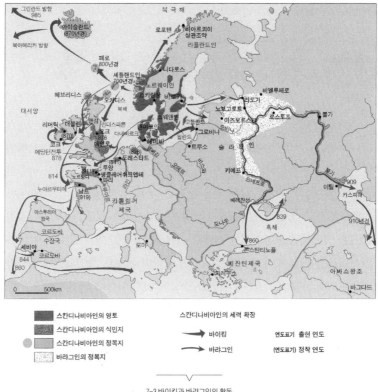

7-3 바이킹과 바라그인의 활동

아니라, 자신의 여행담을 알프레드 대왕 궁정에서 진술했다. 그는 고향 할
로가란트에서 하이타부를 왕래하며 모피 교역에 참여했다.[42] 에스파냐의
토르토사에서 온 유대 상인 앗하르투시의 여행기에 따르면 하이타부에는
스칸디나비아인과 슬라브인 외에 오리엔트 상인들까지도 방문했다.[43] 9세
기 전반 스칸디나비아인들에 의해 동유럽 저지대를 관통하는 드네프르강
과 볼가강이 개방되면서 발트해 지역은 비잔티움은 물론 이슬람 세계와도
연결되었다. 이런 배경에서 노브고로드와 키예프가 급속히 성장할 수 있었
던 것이다. 여러 성인전들도 선교사들이 이와 같은 상업적인 연결망을 충분
히 활용하여 그리스도교를 포교한 사실을 전해준다. 당대의 선교활동은 정
치적 목적과 분리되어 있지 않으며, 통치자들은 대부분 자기 세력을 확

장하려는 의도를 갖고 접근했다.

 ## 이슬람 세계와 그리스도인

아바스 혁명

아부 알 아바스(칼리파 재위 750-754)는 무함마드의 혈통이라고 주장되어 왔으나, 최근 학계에서 규명된 바에 따르면, 그는 이란계 중앙아시아 원주민 출신이었다.[44] 이 야심찬 인물은 750년 이슬람 대제국을 건설한 우마이야 왕조 일족을 다마스쿠스에서 제거하고 칼리파 자리를 차지했다. 그 결과 그를 지원했던 중앙아시아 세력의 이해관계가 전면에 부상했으며, 아부 알 아바스는 이교에 대해서도 포용적인 강력한 군주로 각인되었다.[45] 역사가들은 쿠데타에 가까운 이 사건을 정당화하며 '아바스 혁명'이라고 부른다. 그를 계승한 알 만수르(재위 754-775)는 한편으로 적대 세력과 이단적 징후를 억누르는 데 전념했으며, 다른 한편으로 이슬람 제국의 수도를 지중해 가까운 다마스쿠스에서 동쪽으로 몇백 킬로미터 떨어진 바그다드로 이전했다. 이는 이슬람 역사에 근본적인 변화를 초래한 새로운 전환점이었다. 칼리파는 상비군과 관료제도를 정비하여 강력한 권력을 구축했으며, 과거 페르시아의 통치방식을 모방해 장막 뒤에 머무름으로써 접근이 불가능한 절대적인 존재가 되었다.[46]

아바스 왕가는 문화에 있어서 개방적이며 포용적인 태도를 보였고, 고대 유산을 폭넓게 수용했다. 결과적으로 그리스와 페르시아의 고대 문명뿐 아니라, 인도와 중국의 축적된 문화도 수용하여 아랍 문화의 황금기를 열었다. 통상 이 시기에 페르시아의 사상적 전통이 아랍 전통에 흡수된 반면, 지역에 기반한 종교적 다양성은 배척되고 이슬람 종교의 순수한 성격이 지배하게 되었다고 평가한다. 하지만 근래의 연구자들은 페르시아적 요소와 여러 다양한 종교적 전통이 결코 지엽적 성격으로 치부되지 않았고 문화적 발전에 큰 역할을 했음을 밝혀냈다. 특히 중앙아시아인이 문화, 군대,

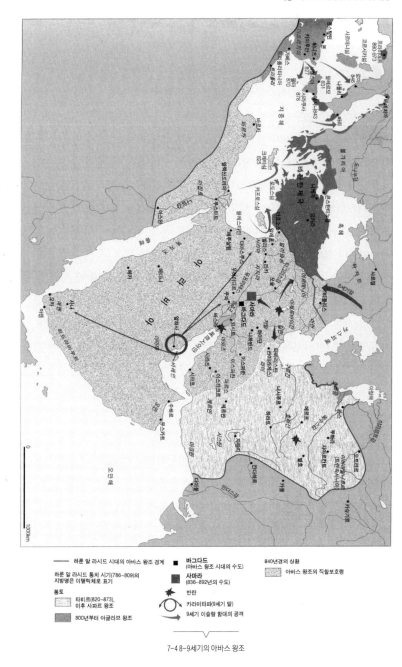

경제 등 다양한 부문에서 지속적으로 중요한 역할을 했는데, 이는 이슬람 세계가 단일한 성격을 지녔다기보다는 혼종적이고 연합적인 특성을 띠었음을 보여준다.[47]

아바스 시대에 이슬람 사회 내부에는 여전히 다양한 성격이 혼재했지만, 표면적으로는 포용적인 분위기가 지배했다. 그로 인해 이슬람이 피정복민에게 개종을 강요하지 않았지만, 이질적인 종교와 문명의 신민들이 차츰 이슬람으로 개종했다. 사회 내에서의 지위나 권력은 아랍계 무슬림들이 독차지했기에 개종자들이 개종을 통해 얻을 수 있는 이득은 그리 크지 않았다. 마왈리라고 불린 이슬람 개종자들은 공동체의 완전한 구성원으로 인정되지 않아 차별을 겪었다. 이들 하층민들은 본래 아바스 혁명을 지지하는 세력이었다. 달라진 점이라면 아바스 왕조의 성립과 더불어 인종에 의해 지배되던 아랍 사회가 차츰 종교와 문화에 의해 규정되는 이슬람 사회로 전환되었다는 사실이다. 차별이 줄어들면서 8세기 중반 이래 약 2세기 동안 이슬람 세계의 피정복민 대부분은 자신의 종교를 포기하고 이슬람교를 받아들였다.[48] 이 시기에 지중해 세계 전역에서 이슬람 세력은 압도적인 힘을 과시하며 승승장구한 반면, 그리스도교 세계가 전반적으로 수세에 몰리게 된 상황도 개종의 흐름에 영향을 미쳤다.

이슬람 지배하의 그리스도인

아바스 왕조 시기 중앙아시아의 그리스도인들은 점차 이슬람 사회에 동화되었을 뿐 아니라 협력하는 존재가 되었다. 그리스도인 지식인들은 이슬람 지배층을 그리스와 페르시아의 고대 문화로 안내했다. 지배집단은 무함마드의 가르침에 따라 다양한 문화적·지적 전통에 대해서 우호적인 태도를 보였으며, 상당수 그리스도인은 자신들이 보존하고 있던 지식을 아랍어로 번역하거나 해설하는 방식으로 지배집단에게 자발적으로 협력했다. 한편 북아프리카에는 이집트의 경우처럼 고립된 채 이전의 종교적 정체성을 유지하려던 집단이 있었다. 하지만 그들 중 일부는 시간이 경과하면서 존립 기반이 약해졌고, 에티오피아의 일부 교회처럼 고유한 노선을 오랫동안 고수하는 경우도 있었다. 또 다른 일부 그리스도인은 이슬람의 정복 과정에서 교회의 기반이 파괴되자 종교적 정체성을 찾아 프랑스 남부 등으로 이주를 선택했다.[49]

그리스도교에서 이슬람으로의 개종은 8세기 중반에서 10세기 중반 사이에 집중적으로 진행되었는데, 이베리아 반도에서는 그 시기가 반 세기 정도 늦었다. 그리스도교 공동체는 신자들의 이탈이 지속되며 위축되고 있었다. 그리스도인들은 개종을 강요받지는 않았을지라도, 일상적인 차원에서 차별과 개종 압력에 시달렸다. 그들에게는 신앙생활이 금지되지 않은 것이 유일한 위안이었다. 그리스도인은 신앙을 유지하는 한 이슬람 사회 내에서 정상적인 가정을 이루기가 어려웠고, 특히 여성들의 경우 생존조차 위협받았다. 주변으로부터 삶을 영위하기 위해 그리스도교를 버리라는 강한 압력을 받곤 했다.[50] 유대인과 그리스도인의 경우 무슬림과 구별하기 위해 독특한 복장이나 표식을 착용해야 하는 경우도 있었다. 물론 이런 차별적 조치가 일관된 제도로 유지되는 경우는 드물었다.[51] 한편 그리스도교와 이슬람 사이의 종교문화 차이로 인한 갈등도 종종 발생했다. 대표적인 사례는 그리스도교에서 민중적 성격으로 발전하던 성상, 성유물, 십자가 등을 숭배하는 문화였다. 무슬림은 이런 관습을 혐오했기에, 일부는 성상에 침을 뱉도록 요구해 그리스도인들의 신앙을 시험했고, 더 과격한 자들은 성상을 무력으로 파괴하기도 했다.[52]

그리스도인은 참된 진리를 소유하고 있다는 확신 때문에 그에 거슬리는 다른 집단들의 종교를 절대적으로 부정해 왔다. 구약시대의 상황은 차치하고라도, 로마시대 이래 타종교와의 만남에서 늘 이런 태도를 견지해 왔다. 그럼에도 초기 그리스도인은 스스로를 배타적인이라고 생각하지 않았다. 궁극적 진리가 그리스도교에 속하기 때문에 그리스도인은 타종교의 진리마저 포괄할 수 있는 것으로 간주했다.[53] 이교 문화에서 유래한 성인숭배를 수용했듯이 그리스도교는 점차 다양한 종교문화에서 기인한 요소들을 포용하는 종교문화로 발전했다. 그런데 이슬람교의 급속한 팽창으로 그리스도교 세계가 정복당하는 신세가 되자 이는 그리스도인들에게 엄청난 충

격을 주었으며, 일부 지역에서는 스스로의 존립을 위태롭게 여기는 상황이
전개되었다. 그리스도교가 다른 거대 종교와 대치하는 국면은 스스로를 하
나의 종교로써 인식하게 하는 계기로 작용했다. 그리스도인들은 그들이 직
면한 위기적 상황 때문에 방어적이며 배타적인 태도를 띠었다. 이슬람 세계
에 대한 생각을 표출한 당대 그리스도인의 글은 드물지만, 대체로 11세기
말 십자군 원정을 구상하기 전까지 이런 인식은 지속되었다. 정치가 안정
되고 사회경제적 상황이 호전된 후에야 그리스도교적 자의식에 변화가 일
기 시작했다.[54]

8세기 이후 그리스도교와 이슬람 두 세계는 서로 대면하게 되었고 교
류가 없지 않았으나, 각 세계의 주민들은 일상에서 상대방으로부터 그다지
배우려 하지 않았으며, 상대방의 종교에 대해서는 더더군다나 관심조차 보
이지 않았다. 스스로의 종교가 유일한 진리라는 사고가 인식의 토대를 이
루고 있었기 때문이다. 한편 이슬람 세계는 자기충족적이었다. 여러 지역의
무슬림들이 메카로 순례를 할 때에도 이슬람 세계를 벗어날 필요가 없었
다. 이슬람 세계 내에는 전체가 교역망으로 연결되어 있어서 멀리까지도 상
품이 거래되었고, 풍부한 지식과 기술도 전달되고 있었다. 이런 환경에 적
응한 무슬림들이 구태여 그리스도교 세계에 관심을 가질 만한 요인이 별반
없었던 것이다.[55]

에스파냐에서의 공존과 문화

에스파냐의 상황은 다른 지역과 차이가 있었다. 이슬람교도들은 북
아프리카로부터 북쪽으로 이동해서 711년 이베리아 반도에 거점을 확보했
다. 그들은 유럽 대륙에 발을 디딘 후 빠른 속도로 북상하여 서고트 왕국
의 수도 톨레도를 점령하고 그 땅의 새로운 주인이 되었다. '아랍어를 사용
하는 자들의 점령지'라는 의미에서 '알안달루스'라 불리게 된 이베리아 반
도 남부는 우마이야 왕조(661-750) 칼리파가 파견한 관리가 통치했다. 그런
데 얼마 지나지 않아 우마이야 왕조의 압드 알 라흐만 1세(재위 756-788)는
아바스 왕조에게 시리아의 근거지를 빼앗긴 후 에스파냐로 넘어와 756년

코르도바를 수도로 삼고 알안달루스를 통치했다. 아프리카를 경유해 바다를 건너온 정복자들은 아랍인들과 그들에게 예속된 아프리카 출신 베르베르인으로 구성되었다. 이베리아 반도에는 기존에 왕국을 건설한 서고트인들 외에 남동부 도시들에 유대인 공동체들도 정주하고 있었다. 그로 인해 이 반도지역은 세 종교와 문화가 공존하면서 상호 영향을 미치는 독특한 환경이 형성되었다. 이곳에서의 종교적 관용과 공존에 대해서 과장된 평가도 있다. 그렇지만 실제로는 지배세력인 이슬람이 이교에 대해 전향적 태도를 보였기에 조화로운 공존이 이루어졌다기보다는 소수 지배로 인한 한계 상황을 헤쳐 나가는 과정에서 상호 협력하는 제도적 토대가 조성되었다.[56]

모사라베(musta'rib, mozárabes)는 이슬람 지배하의 에스파냐에서 개종하지 않은 채 생활하던 그리스도인을 지칭한다. 이들은 일상에서 이슬람으로의 개종을 빈번히 강요받았다. 일부는 이슬람에게 공개적으로 저항하기도 했으나, 대부분 시간이 경과하면서 아랍어를 사용하고 이슬람의 종교와 문화를 받아들였다. 그리스도교 신앙을 유지하는 것이 금지되지는 않았으나, 그럴 경우 사회에서 고립될 수밖에 없었으며, 일상생활은 물론 혼인, 출세, 부, 사회생활 등 다양한 영역에서 차별과 불이익을 겪었다.[57] 특히 도시에서는 개종하지 않고 버티기가 훨씬 어려웠지만, 도시로부터 멀리 떨어진 지역들 중에는 이슬람의 영향력이 상대적으로 적어 고유한 정체성을 유지하던 그리스도교 공동체들이 있었다. 대체로 코르도바에서 멀어질수록 이슬람 국가의 장악력은 약화되어 개별 지역의 상황 및 문화로부터 영향을 받았다. 에스파냐의 북부에는 세력이 강하지 않았으나 서쪽에 서고트의 계승자를 자처하는 아스투리아스(레온)가 있었고, 바스크와 카탈루냐 등 그리스도교 세력들이 등장해 서서히 성장했다.[58]

이베리아 반도에서 그리스도교 세력이 성장하는 과정에서 9세기 전반 갈리시아에서 사도 야고보의 무덤이 발견된 사건은 중요한 계기가 되었다. 아스투리아스 왕국의 알폰소 3세(재위 966-910)는 내부의 반란과 이슬람의 공격을 제압했을 뿐 아니라, 야고보 성인에 대한 숭배가 정착할 수 있는 기반을 제공했다. 그 영향으로 10세기부터 산티아고 데 콤포스텔라를 찾는

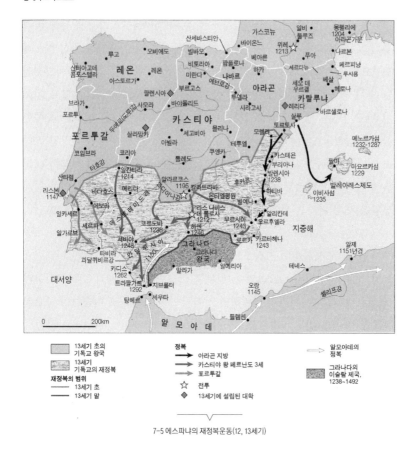

7-5 에스파냐의 재정복운동(12, 13세기)

순례객들이 꾸준히 증가하여 이 북부지역과 순례길에 위치한 교회들의 성
장에도 크게 기여했다. 프랑스의 귀족과 교회들은 순례 문화의 활성화를
계기로 에스파냐와 빈번히 접촉하면서 영향력을 확대해갈 수 일어났다. 클
뤼니 수도회를 비롯하여 프랑스에 있던 교단들은 에스파냐 지역에 교회 및
자매수도원을 설립했으며, 이슬람에 대한 대항이념을 발전시켰다.[59]

　11세기에는 이베리아 반도에 정치적으로도 중대한 변화가 일어났다.
알안달루스를 통치하던 칼리파 국가는 계승권 다툼과 쿠데타로 인해 해체
되었고, 작은 제후국들이 그를 대체했다. 새롭게 성장한 그리스도교 세력들
은 기존 왕국에 대해 군사적 우위를 보였다. 이들 그리스도교 왕국들은 이

슬람 제후들에게 군사적 보호를 제공하고 조공을 받아 부를 축적할 수 있었다. 이런 거래를 통해 부를 획득한 용병들도 등장했는데, 대표적인 사례가 엘 시드(El Cid)라는 전설적인 이름으로 명성을 얻은 카스티야의 귀족 로드리고 디아스였다. 그는 일반적으로 알려진 바와 달리 무슬림을 대적한 그리스도교 영웅이 아니라, 부를 얻기 위해서는 누구와도 거래하던 용병이었다.[60] 그리스도교 왕국들은 11세기 후반 영토 확장을 도모했는데, 그 결과 1064년에는 코브라임, 그리고 1085년에는 톨레도를 정복했다. 북아프리카의 이슬람 세력이 이베리아 반도에서 전개되던 위기적 상황을 관망하고만 있던 것은 아니다. 이슬람 근본주의자 알모라비데족이 지중해를 가로질러 건너와서 알폰소 6세와 전쟁을 벌였으며, 대대적인 승리를 기반으로 알안달루스 지역을 통일했다. 이슬람 세력은 그 후에도 재차 반란과 분열을 겪었지만, 그리스도교와 이슬람 두 진영 사이의 종교적·군사적 적대감이 팽팽하게 대립하는 상황은 지속되었다. 이로써 에스파냐는 공식적인 십자군 원정에 앞서서 종교전쟁의 무대로 전환되고 있었다.[61]

맺음말

비잔티움 제국에서 전개된 성상 파괴운동은 신학적 동기가 뒷받침되었지만, 황제가 수도원의 부와 영향력을 장악해 통제하려는 의도가 결정적으로 작용했다. 황제들은 한 세기가 넘도록 성상 파괴주의자들과 함께 이 정책을 밀어붙였지만, 만만치 않은 저항이 지속되었기 때문에 제국은 커다란 진통을 겪으면서도 결국 별다른 소득을 얻지 못했고, 기껏해야 정교의 고유한 종교적 속성을 확인했을 뿐이다. 반면 라틴 세계는 이 기회를 빌미로 새로운 황제와 제국을 탄생시켰고, 교황 중심 교회체제를 구축하여 동방과의 거리를 더욱 벌렸다. 그로 인해 성상 파괴운동은 그리스도교 세계 내의 괴리와 분열만 심화시킨 사건으로 남게 되었다.

동서 교회는 9세기 이후 주변세계를 선교하는 사역에 관심을 보였다. 특히 접경지역에서는 두 세력이 선교의 주도권을 차지하고 교세를 확장하기 위한 경쟁이 치열했다. 모라비아의 사례처럼 과열된 경쟁이 종종 기존 선교 활동의 성과마저 무산시키는 부정적인 결과로도 이어졌다. 그럼에도 불구하고 비잔티움 제국은 9세기 후반 이래 러시아와 슬라브 국가들의 개종에 관여하여 슬라브 지역을 콘스탄티노폴리스 총대주교구 산하에 종속시키는 성과를 거두었다. 수위권 논쟁에서 시작된 동서 교회의 오랜 갈등과 경쟁, 언어적·문화적 차이는 결국 극복되지 못하고 11세기 중반 동서 교회의 분리로 귀결되었다.

스칸디나비아의 그리스도교화 과정에 대해서는 기록 부족으로 상세히 파악하기 어렵다. 하지만 대부분의 민족은 1000년을 전후로 그리스도교 세계의 일원으로 귀속되었다. 북구의 왕국들과 지배세력은 군주권을 강화시키기 위해 발전한 그리스도교 문명에 개방적인 입장을 보였으나, 민중들 사이에서는 전통 신앙을 지속하고자 하는 태도가 우세했다. 차츰 유럽 전역이 상업 세계의 네트워크에 접속되면서 북유럽 지역도 그리스도교 세계와의 접촉면이 확대되었고, 왕국들의 건설이 진척되면서 그리스도교로의 개종 추세를 거스르지는 못했다.

지중해 남쪽 아프리카와 에스파냐 지역에는 그리스도교 지역이 확대되는 추세보다 더 빠른 속도로 이슬람 세계가 확장되었다. 이로 인해 고대 말 그리스도교 지역에 속했던 곳이 이슬람화되는 경우가 많았다. 피지배민이 된 그리스도인은 신앙을 고수하는 경우도 있었지만, 대부분 생존 기반이 취약해지는 것을 감당할 수 없어 이슬람 사회에 동화되는 길을 선택했다. 신앙을 고수하기 위해 다른 그리스도교 지역으로 이주하는 경우는 비교적 적었다. 한편 알안달루스 지역에서 그리스도교, 유대교, 이슬람교의 세 종교가 상호 공존했던 사례는 여러 측면에서 관심을 끌었다. 이를 비교적 일찍 이상적인 관용 문화가 발전한 사례로 해석하기도 하지만, 실은 소수의 지배를 극복하기 위한 방안으로 도입되었으며 실질적인 갈등과 차별이 존재했다. 전근대시대에 일신교를 믿는 통치세력이 피지배집단의 종교에 대해 관용하기란 생각보다 어려운 일이었다.

주

1 —— 바르톨로메오스, 《신비와의 만남—현대 세계와 정교회 신앙》, 박노양 역(정교회출판사, 2018), 13쪽.

2 —— Orthodox Church, *The Oxford Dictionary of the Christian Church* 3rd ed.(Oxford, 1997), pp. 1197-1199.

3 —— 바르톨로메오스, 《신비와의 만남》, 37-56쪽. 정교회의 성상에 대한 일반적인 설명은 다음 문헌을 참조하라. Kathleen Corrigan, "Iconography", E. Jeffreys ed., *The Oxford Handbook of Byzantine Studies*(Oxford, New York, 2008), pp. 67-76.

4 —— A. 칼리스, 「형상논쟁부터 20세기 초엽까지의 동방교회의 역사」, 레이몬드 콧체/베른트 묄러 편, 《고대교회와 동방교회》(한국신학연구소, 1999), 324-326쪽.

5 —— 비잔티움의 성상숭배 논쟁에 대해서는 방대한 연구가 축적되어 있다. 브루베이커와 할던의 공저는 이 주제에 대해 균형 잡힌 시각을 갖춘 책이다. L. Brubaker & J. Haldon, *Byzantium in iconoclast era c.680-850: a history*(Cambridge, New York, 2011). 특히 레오 3세에 대한 부분은 pp. 69-155 참조.

6 —— Brubaker & Haldon, *Byzantium in iconoclast era*, p. 79.

7 —— 존 메이엔도르프, 《비잔틴 신학. 역사적 변천과 주요 교리》, (정교회출판사, 2018, 개정판), 91-94쪽.

8 —— Brubaker & Haldon, *Byzantium in iconoclast era*, pp. 38-43.

9 —— Brubaker & Haldon, *Byzantium in iconoclast era*, pp. 156-189.

10 —— Marie-France Auzépy, "State of Emergency(700-850)", J. Shepard ed., *The Cambridge History of the Byzantine Empire c.500-1492*, Revised ed.(Cambridge, 2019), pp. 282-284.

11 —— 오스트로고르스키, 《비잔티움 제국사》, 132-136쪽.

12 —— Brubaker & Haldon, *Byzantium in iconoclast era*, pp. 286-294.

13 —— Auzépy, "State of Emergency(700-850)", pp. 287-291.

14 —— 오스트로고르스키, 《비잔티움 제국사》, 167-168쪽.

15 —— 메이엔도르프, 《비잔틴 신학》. 109-110쪽.

16 —— Sergey A. Ivanov, "Religious Missions", J. Shepard ed., *The Cambridge History of the Byzantine Empire c.500-1492*, Revised ed.(Cambridge, 2019), pp. 313-314.

17 —— 오스트로고르스키, 《비잔티움 제국사》, 172-176쪽.

18 —— Kallistos Ware, "Eastern Christendom", J. McManners ed., *The Oxford Illustrated History of Christianity*(Oxford, 1990), pp. 151-152.

19 —— 오스트로고르스키, 《비잔티움 제국사》, 178-182쪽.

20 —— Thomas S. Noonan, "Scandinavians in European Russia", Peter Sawyer ed., *The Oxford Illustrated History of the Vikings*(New York, 1997), pp. 138, 147-150.

21 —— 라스 브라운워스, 《바다의 늑대. 바이킹의 역사》, 김홍옥 역(에코리브르, 2018), 239-241쪽; Jonathan Shepard, "The origins of Rus'", M. Rerrie ed., *The Cambridge History of Russia. Vol. 1: From Early Russia to 1689*(Cambridge, 2006), pp. 58-60.

22 —— 이 시기 비잔티움의 상황에 대해서는 오스트로고르스키 참조. 《비잔티움 제국사》, 236-241쪽.

23 —— 브라운워스, 《바다의 늑대》, 247-248쪽; Shepard, "The origins of Rus'", pp. 64-65.

24 —— 브라운워스, 《바다의 늑대》, 248-252쪽; Shepard, "The origins of Rus'", pp. 66-70.

25 —— 오스트로고르스키, 《비잔티움 제국사》, 257-264쪽.

26 —— 샤츠, 《보편공의회사》, 80-83쪽.

27 —— Ware, "Eastern Christendom", pp. 146-147.

28 —— Jonathan Shepard, "Other Routes to Byzantium", J. Shepard ed., *The Cambridge History of the Byzantine Empire c.500-1492*, Revised ed.(Cambridge, 2019), pp. 72-73.

29 —— Michael Angold, "Belle Époque or Crisis?", J. Shepard ed., *The Cambridge History of the Byzantine Empire c.500-1492*, Revised ed.(Cambridge, 2019), pp. 601-602.

30 —— Jan Bill, "Ships and Seamanship", Peter Sawyer ed., *The Oxford Illustrated History of the Vikings*(Oxford, New York, 2001), pp. 185-188.

31 —— Gwyn Jones, *A History of the Vikings*, 2nd ed.(Oxford New York, 1984), pp. 105-107 / Janet L. Nelson, "The Frankish Empire", Peter Sawyer ed., *The Oxford Illustrated History of the Vikings*(Oxford, New York, 2001), pp. 22-23.

32 —— Rimbert, Vita Anskarii, Cap. 27 in G. Waitz ed., M. G. H. *Scriptores rerum Germanicarum in usum scholarum separatim editi*(Hannover, 1984). 이 절은 필자의 논문 「한자 초기 북유럽의 상인 네트워크」, 《서양중세사연구》 21(2008.03.), 29-37쪽에서 상당 부분을 재인용했다.

33 —— 안스카리우스의 포괄적인 활동에 대해서는 다음 문헌 참조. Martin Kaufhold, *Europas Norden im Mittelalter. Die Integration Scandinaviens in das christlichen Europa (9.-13. Jahrhunder)* (Darmstadt, 2001), pp. 18-25.

34 —— *Vita Anskarii*, Cap. 24.

35 —— Jones, *A History of the Vikings*, pp. 107-109.

36 —— Widukind, *Res gestae Saxonicae* 3.65, ed. Paul Hirsch and Hans-Eberhard Lohmann, MGH SS rer. *Germ. in usum scholarum*(Hanover, 1935), pp. 140- 141. 다른 사료들은 그의 개종 원인을 달리 설명하고 있어 이 기적이 실제 있었던 일인지 논란이 있다.

37 —— Adam, *Gesta Hammaburgensis ecclesiae Pontificum*, IV, 7.

38 —— Jones, *A History of the Vikings*, pp. 87-90.

39 —— Jones, *A History of the Vikings*, pp. 131-132.

40 —— Jones, *A History of the Vikings*, pp. 135-136.

41 —— Kaufhold, *Europas Norden im Mittelalter*, pp. 57-58, 85-87.

42 —— Otto Scheel & Peter Paulsen eds., *Quellen zur Fragen Schleswig-Haithabu im Rahmen der fränkischen, sächsischen und nordischen Beziehungen*(Kiel, 1930), pp. 129-130.

43 —— Ibrahim Ibn Jakub, "Reisebericht", G. Jacob ed., *Arabische Berichte von Gestalten an germanischen Fürstenhöfen aus dem 9. und 10. Jahrhundert*(Berlin & Leipzig, 1927).

44 —— Elton L. Daniel, "The 'Ahl al-Taqadum' and the Problem of the Constituency of the Abbasid Revolution in the Merv Oasis", Journal of the Islam Studies 7, 2(1996), pp. 162-163.

45 —— S. 프레더릭 스타, 《잃어버린 계몽의 시대. 중앙아시아의 황금기, 아랍 정복부터 티무르 시대까지》, 이은정 역(길, 2021), 215-221쪽.

46 —— 플레처, 《십자가와 초승달, 천년의 공존》, 63-65쪽.

47 —— 스타, 《잃어버린 계몽의 시대》, 226-228쪽.

48 —— 플레처, 《십자가와 초승달, 천년의 공존》, 65-70쪽.

49 —— 플레처, 《십자가와 초승달, 천년의 공존》, 71-76쪽.

50 —— 플레처, 《십자가와 초승달, 천년의 공존》, 83-89쪽.

51 —— Habīb Zayyāt, "The Distinctive Signs of the Cristians and Jews in Islam", *al-Machriq* 43(1949), pp. 161-252. 시드니 H 그리피스, 《이슬람 세계 속 그리스도교》(새물결플러스, 2019), 256쪽에서 재인용.

52 —— 그리피스, 《이슬람 세계 속 그리스도교》, 249-255쪽.

53 —— Paul Tillich, *Christianity and the Encounter of World Religions*(Minneapolis, 1977), p. 23.

54 —— 폴 틸리히, 「다른 종교를 비판하는 그리스도교의 원리」, 《오늘의 그리스도교와 해방

의 실천》, 32-34쪽 참조.

55──── 플레처, 《십자가와 초승달, 천년의 공존》, 90-95쪽.

56──── 주동근, 「중세 무슬림 스페인의 종교적 관용에 관한 연구─711년부터 8세기 말까지 코르도바의 종교적 관용을 중심으로」, 《한국중동학회논총》 35권 1호(2014.06.), 159-163쪽.

57──── Dario Fernández-Morera, *The Myth of the Andalusian Paradise: Muslims, Christians, and Jews under Islamic Rule in Medieval Spain*(New York, 2016), pp. 111-117

58──── 리처드 플레처, 「초기 중세시대 700-1250」, 레이몬드 카 외, 《스페인사》(까치, 2006), 86-91쪽.

59──── 플레처, 「초기 중세시대 700-1250」, 100-102쪽.

60──── 플레처, 「초기 중세시대 700-1250」, 95-98쪽.

61──── 플레처, 「초기 중세시대 700-1250」, 103쪽.

3부
그리스도교 세계의 이상과 현실 (1000-1300)

개요

서기 1000년 이후 유럽은 온화한 기후가 유지되면서 농업 생산력이 증대되고 사회도 안정을 누렸다. 중세 천 년 중 그리스도교 세계에 가장 긍정적인 발전과 성과들이 이어졌다. 그래서 이 시기를 '성기'(盛期)로 칭한다. 그 영향은 여러 징후들에서도 확인할 수 있다. 부르고뉴의 연대기작가 라울 글라베는 이 무렵 전개되고 있던 흥미로운 양상의 일부를 기록했다—"1000년에 뒤이은 세 번째 해가 다가옴에 따라, 거의 모든 지방에서, 그중에서도 특히 이탈리아와 갈리아에서 교회 건물을 개축하는 것을 볼수 있다. 대부분의 교회당들이 옛날에 매우 튼튼하게 지어져 개축할 필요가 전혀 없었음에도, 각각의 그리스도교 공동체들은 치열한 경쟁심에서 인근 교회보다 더 호화스러운 교회를 갖고 싶어 했다. 세계 자체가 자신의 노후함을 벗겨내기 위해 진동하고 있었고, 도처에서 '교회의 창백한 외관'에 옷을 입히고 있었다. 그리하여 주교좌에 위치한 거의 모든 교회들, 온갖 부류의 성인들에게 바쳐진 수도원 교회들, 그리고 마을의 조그만 예배당조차도 신자들에 의해 전보다 더 보기 좋게 중수되었다." 대대적인 교회건축 및 개축 움직임은 이 시대의 변화와 성장을 나타내는 하나의 단면이다. 종교기관들은 경제적 기반이 강화되면서 교회의 위신에 걸맞은 품위를 과시하고자 했다. 이러한 지역 차원의 토대 위에서 교황권은 전성기를 맞았고, 종교적 권위가 모든 사람들의 일상에 스며들었으며, 그리스도교 정신이 다양한 분야에서 운영원리로 작동했다.

3부에서는 중세 성기에 만개한 그리스도교 사회의 내부 모습과 라틴 세계의 안과 밖에서 일어난 변화들을 추적한다. 당시의 세계상을 담고 있는 세계지도, 법정의 풍경과 신명재판, 고딕 건축 등 다양한 주제들은 당대인이 무엇을 추구하며 어떤 목표를 따라 생활했는지 이해하는 데 도움이 될 것이다. 이 시기에는 문화와 지적인 영역에서도 큰 변화를 맞았는데, 12세기 르네상스로부터 대학 출현에 이르기까지 중세인의 지적 욕구가 분출되고 있던 상황에서 종교권력이 어떤 태도를 취했으며, 특히 교회의 가르침과 충돌하는 활동에 대해서 어떤 대응을 했는지 살펴볼 것이다.

우선 8장에서는 교황 중심의 일원화된 교회체제가 확립되는 과정에서 교황은 세속과 외부세계에 어떤 지도력을 발휘했는지 돌아본다. 이를 확인할 수 있는 핵심 주제는 서임권 투쟁과 십자군 원정이다. 이 두 사건을 추적하면서 교황이 세속과 이교 세력에 대응해 구현하려던 이상은 무엇이었으며, 실제 현실에서 교황의 지도력이 미친 빛과 그림자는 무엇인지 평가할 것이다.

서임권 문제는 유럽의 그리스도교가 세속 권력과 가장 격렬하게 갈등하고 투쟁했던 사안이었다. 교황과 황제가 왜 이 문제로 투쟁했는지, 그리고 이를 통해 상호간에 어떤 변화가 이루어졌는지 이해하는 것이 필요하다. 서임권 문제가 미처 해결되지 않은 상황에서 그리스도교 세계는 단일한 대오를 이루어 외부 세계에 대해 십자군 원정을 추진했다. 그리스도교 세계와 이슬람 세계의 충돌은 무려 200년이나 지속되면서 외부에는 물론 유럽 사회 내부에도 크고 작은 변화를 가져왔다. 교황 중심 체제를 확립해나가던 교황이 이 원정에서 무엇을 기획했고, 결국 교회에는 어떤 결과가 초래되었는지 성찰해야 할 부분이 많다.

서임권 투쟁과 십자군 원정은 중세 교회의 활동 중에 가장 널리 알려진 사건이다. 하지만 부정확한 사실에 기반해 자의적으로 해석되는 경우가 많다. 원인과 결과를 정확히 파악한다면, "교황은 해, 황제는 달"이라는 표현이 중세 교황과 황제의 관계에 대한 적절한 인식인지 판단할 수 있을 것이다.

9장에서는 당대의 세계관과 사회를 엿볼 수 있는 몇몇 주제들을 파노라마 방식으로 소개한다. 중세적 세계관을 반영하고 있는 세계지도, 하나님의 개입을 통해 시시비비를 가리었던 신명재판, 거대하고 아름다운 고딕 성당, 그리고 그 그늘에 가려 있던 도시에서의 매춘 등은 중세 사회가 얼마나 그리스도교 정신에 충실했는지 파악하는 데 도움이 될 것이다.

현대인들은 중세의 세계지도나 신명재판을 우스꽝스럽게 여기거나, 암흑시대의 유산으로 단정하기 쉽다. 그렇지만 당대인이 신앙을 현실에 적용하며 신의 뜻을 찾고자 했던 의도를 이해한다면 생각이 달라질 것이다. 신의 임재를 상정하는 신명재판이 성립하게 된 배경은 무엇이었는지 살펴보며 중세 사회 곳곳에 스며들었던 이교적 유산을 찾아보는 것도 필요하다.

대도시의 랜드마크로 우뚝 선 고딕 성당들은 중세가 현대인에게 남긴 아름다운 문화유산이다. '고딕'이라는 이름이 시사하듯 이탈리아 인문주의자들은 중세 절정기의 이 건축양식이 그들의 미적 감각에 부합하지 않았기 때문에 의구심을 표하며 정당하게 평가하지 않았다. 이 종교건축물들은 어떻게 출현했고, 그토록 화려하게 장식된 이유는 무엇이었을까? 이 건축물의 유래와 신학적 혹은 사상적 의미는 이를 해명해 줄 것이다.

대성당은 그 건축물의 웅장함만큼이나 커다란 그늘을 갖고 있는데, 그 한 사례가 매춘이라는 성 문화다. 그리스도교는 외적으로는 금욕적 성 규범을 표방했고, 쾌락의 추구가 죄악이라고 가르쳐왔다. 그렇지만 그리스도교적 이념이 지배했던 도시 사회에서 매춘은 합법이었다. 매춘의 성행은 중세 그리스도교 사회에서 그리스도교적 규범과 실제 세계 사이의 모순 내지 간극을 드러내는 하나의 단면이다.

10장에서는 지식과 문화의 영역에서 일어나고 있던 변화들을 살펴본다. 한편으로는 그리스도교 세계가 팽창하면서, 다른 한편으로는 이슬람 세계와의 접촉의 결과로 두 문명의 접변지역이 되었던 에스파냐와 이탈리아에서는 차츰 내적인 교류가 이루어졌다. 그로 인해 빚어진 12세기 르네상스, 그리고 나아가 대학의 발전은 상호 적대적인 듯 간주되는 두 세계가 주고받은 사상과 문화의 열매였다. 두 세계는 제한된 접촉을 통해서도 상호 이익을 얻었다.

하지만 중세에 지식과 사상이 교회의 판단으로부터 자유로울 수는 없었기에 대학에서 활기를 띤 지적인 활동과 문제제기에 대해 교회는 위협이자 그리스도교에 대한 도전으로 받아들이기도 했다. 경계 너머의 지식을 얻는 데에는 많은 제한이 가해졌고, 경계를 넘어서려는 선구자는 이단으로 낙인찍히기도 했다. 교회는 지식과 사상도 통제가 가능하리라 생각했으나, 교회가 설정한 편협한 기준이 늘 문제였다.

다른 한편 12세기에는 대중성을 지닌 이단들이 출현해 확산되고 있었다. 제도교회 밖에서 진행된 종교적 운동들, 즉 이단 운동은 교회와 세속 권력의 공격을 피할 수 없었다. 그렇지만 이단들 중에는 오늘날 복음적이었다고 평가되는 집단도 포함되어 있었기에, 당대 교회의 판단이나 대응에 대해서도 성찰이 필요하다.

● 르 고프 《서양중세문명》, 유희수 역(문학과지성사, 2008, 개정판) 116쪽에서 재인용.

성과 속의
갈등과 충돌

8

교권과 속권의 투쟁

서임권 투쟁

개혁 교황 그레고리우스 7세(재위 1073-1085)와 독일 왕 하인리히 4세(재위 1056-1106) 사이에 1075년부터 서임권을 둘러싸고 첨예한 갈등이 전개되었다. 서임권이란 주교를 위시한 고위성직자 임명권을 가리키는데, 통상이 갈등이 일단락되는 1122년까지 약 반세기를 '서임권 투쟁의 시대'라고 한다. 이는 개혁운동으로 교황권의 위상이 고양되고 있던 시기에 로마 교회가 신성로마제국의 간섭에서 벗어나려는 움직임이었다. 10세기 이래 봉건사회의 안정과 경제 발전이 이어지며 종교기관의 권위와 실질적인 힘은 크게 증대되었다. 교회는 차츰 신앙의 본질과 사회적 역할을 성찰하며 세속권력으로부터 해방되어야 한다는 자각을 하게 되었다. 앞서 6장에서 살펴보았지만, 이 무렵 진행된 수도원 개혁운동은 서임권 투쟁의 배경이자 동력이었다. 클뤼니 교단과 시토 교단 등은 '교회의 자유'(libertas ecclesiae)를 주장하면서, 교회 내부의 정화와 교회를 사유화했던 국왕과 귀족들의 간섭을 배제하려 노력했다. 이 운동은 교황청에도 영향을 미쳐 레오 9세 이래 여러 개혁 교황들을 배출했고, 이들은 성직자의 도덕 개혁은 물론 성직 임명권 남용 문제를 개선하고자 했다. 이와 같은 교회의 자유와 개혁에 대한 주장은 불가피하게 세속군주와의 충돌을 초래하기에 이르렀다. 국왕이 행사하던 권한을 내려놓으라고 요구했기 때문이다.[1]

막강한 권력을 휘두르던 신성로마제국 황제 하인리히 3세가 원정 중에 병을 얻어 1056년 39세의 나이로 돌연 사망하자 그의 아들 하인리히 4세가 왕위를 계승했다. 하지만 그는 여섯 살에 불과했기에 성인이 되기까지 모친 아그네스가 섭정을 맡았다. 독일의 통치자가 적극적인 권한을 행사할 수 없는 상황이 되자 왕권은 크게 위축되었다. 때마침 등장한 개혁 교황들에게는 속권의 간섭을 약화시키고 교황청의 구상을 펼칠 수 있는 절호의 기회가 주어진 것이다. 교황 니콜라우스 2세(재위 1058-1061)가 교황 선출 규정의 제정을 통해 황제의 개입을 배제시키고, 남부 이탈리아를 장악한 노르만 세력을 교회를 위해 싸울 대안세력으로 선택한 것은 이 시기에 교황청의 변화된 태도를 보여주는 두드러진 사례들이다.

하인리히 4세는 1065년 15세가 되자 당대 관습에 따라 성인으로 인정되었다. 자의식이 강한 이 국왕은 온갖 수단을 동원하여 제국의 통치권은 물론 교회와의 관계를 전임 황제 시절로 돌려놓고자 했다. 그는 독일 제후들의 충성심을 불신했기에 가문의 권력 기반이 있던 작센 지역에 군사적 요새를 구축하는 일에 최우선순위를 두었다. 그는 하르츠에 누구도 넘볼 수 없는 견고한 성 하르츠부르크를 축조하고, 기사들을 집결시켰다. 이 성은 통치의 중심지 역할뿐 아니라, 왕의 권위를 높이는 데에도 일조하리라 기대되었다. 하지만 작센 제후들은 국왕이 무력으로 자신들을 제압하려 한다고 판단해 압제와 위협의 상징인 성을 공격했다. 1073년 제후들이 하인리히를 왕에서 끌어내리려고 소위 작센 전쟁을 일으킨 것이다. 하인리히는 가까스로 보름스로 피신했다가 다시 군사력을 모아 작센 제후들을 격퇴했다. 이로써 국왕은 제후들에게 군사적 역량을 과시했지만, 그들과 화해하기 어려운 적대관계가 형성됨으로써 오래도록 관계를 개선할 수 없었다.[2]

하인리히의 다음 목표는 종교제후들 특히 주교들을 상대로 자신의 정치적 목표를 관철하고, 나아가 교황청에 영향력을 회복하는 것이었다. 그레고리우스 교황의 등장 이전에도 독일 왕과 교황 사이에는 갈등의 조짐이 있었다. 대표적인 사례가 1070년 밀라노 대주교직을 둘러싸고 교황 알렉산드르 2세와 갈등을 겪은 사건이었다. 밀라노는 로마 다음가는 대도시로 북부 이탈리아의 최대 거점이었을 뿐 아니라, 전통적으로 독일 통치자의 중요한 권력 기반이었기 때문에 독일 왕으로서는 결코 양보할 수 없는 지역이었다. 밀라노 교구가 지니고 있던 특별한 지위로 인해 오래전부터 이곳에서 교회개혁운동의 성패가 판가름 날 가능성은 예견되고 있었다.[3]

밀라노 대주교 비도는 한 여성과 내연관계를 맺고 있었을 뿐 아니라 성직을 매매한 사실이 드러나 1057년 파타리아 분파라 불리던 도시 내의 개혁세력에 의해 공개적인 비판을 받았다. 교황이 두 차례나 사절단을 파견하고 독일 왕까지 개입하는 복잡한 사정 속에서 결국 비도는 1070년 자진해서 물러날 수밖에 없었다. 하인리히 4세는 교회 서열상 그다음 지위에 있던 고트프리트를 대주교로 임명한다고 통보했으나, 1072년 교황 알렉산데르 2세가 자신이 파문했던 인물이 대주교가 되는 것은 인정할 수 없다고 버티면서 앗토를 후보로 내세우는 바람에 서임이 관철될 수 없었다. 이는 독일 왕이 서임권을 관철하지 못한 최초의 사례였다.[4] 교황과 독일 왕 사이에 밀라노 주교직을 둘러싼 갈등이 힘겨루기 양상으로 발전하면서 당시까지 관행상 국왕의 권한에 속했던 주교 서임권이 교회 개혁의 핵심 사안으로 부상했다. 개혁 교황들은 속인이 서임하는 것은 교회법상 근거가 없다며 신성로마제국 통치권의 토대를 이루고 있던 속인 서임권을 부정하려 했다.[5] 갈등이 고조되고 있던 때에 세속에 대해 더욱 강경한 입장을 보이던 그레고리우스 7세가 새로운 교황으로 선출됨으로써 교권과 속권 사이의 대립은 일촉즉발의 상황을 맞게 되었다. 그렇지만 1075년 이전까지 두 통치자 사이의 관계는 그리 나쁘지 않았다. 1074년 하인리히가 교황의 사절에게 '불순종'에 대해 참회하고 사죄해 교황의 신뢰를 회복한 일이 있었고, 그레고리우스는 동방의 그리스도인들을 돕기 위해 5만 명 이상의 십자군을 이끌고 나설 구상을 독일 왕에게 밝히며 협조를 구하기도 했다.[6]

교황 그레고리우스 7세의 교황군주제

그레고리우스 7세는 세례명에 따라 힐데브란트라 불렸는데, 토스카나에서 1020년경(1022년에서 1025년 사이)에 출생한 것으로 추정될 뿐, 그 외 성장과정에 대해서는 알려져 있지 않다. 그는 수도원 개혁운동이 한창 진행되던 때에 클뤼니 수도원에서 수도생활을 했는데, 그의 능력을 간파한 레오 9세가 1049년 발탁해 교황청에서 활동하게 되었다. 그는 니콜라우스 2세의 재임 시기에 교황청 개혁운동을 주도했다. 그레고리우스는 레오 9세 이래 교황청의 개혁과제들을 추진한 전략가였다.[7] 그의 개혁사상의 정수이자 교회를 위한 구상은 1075년 초에 발표한 27개항의 〈교황 교서 Dictatus Papae〉에 가장 뚜렷하게 표현되었다.[8]

8-1 그레고리우스 7세의 〈교황 교서〉

1. 로마 교회는 오직 하나님에 의해 설립되었다.

2. 오직 로마 교황만 적법하게 보편적이라 불릴 수 있다.

3. 오직 교황만 주교들을 면직시키거나 복직시킬 수 있다.

4. 교황 특사는 설령 주교보다 직책이 낮더라도 종교회의에서 모든 주교보다 우월하며, 또한 그들을 면직시키는 판결을 내릴 수 있다.

5. 교황은 부재자에 대해서도 면직시킬 수 있다.

6. 여하한 경우에도, 교황이 파문시킨 자와 같은 공간에 머물러서는 안 된다.

7. 교황에게만 필요에 따라, 새 법률을 제정하고, 새로운 성의회(聖議會)[9]를 소집하며, 참사회의 수도원을 설립하는 것이 허용된다. 또한 교황에게만 부유한 주교좌를 분할하고 빈한한 주교좌를 통합하는 것이 허용된다.

8. 오직 교황만 제국의 휘장을 사용할 수 있다.

9. 모든 군주들은 오직 교황의 발에만 입맞춤을 할 수 있다.

10. 오직 교황의 이름만 교회에서 암송될 수 있다.

11. 교황의 이름은 지상에서 유일무이하다.

12. 교황은 황제를 폐위시킬 수 있다.

13. 교황은 필요한 경우 주교들을 한 주교좌에서 다른 주교좌로 전보시킬 수 있다.

14. 교황은 원하는 인물을 어떤 교회의 성직자로 서품할 수 있다.

15. 교황에 의해 서품된 자는 어떤 교회라도 관할할 수 있지만, 다른 이에게 종속되지 않는다. 그리고 다른 주교로부터 더 높은 지위를 수여받을 수 없다.

16. 어떤 교구 사목회의도 교황의 명령 없이 전체 종교회의로 소집될 수 없다.

17. 교황의 재가 없이는 어떠한 합의나 문서도 교회법으로 간주될 수 없다.

18. 교황의 결정은 그 누구에 의해서도 수정될 수 없으며, 오직 교황만 여하한 결정이든 철회할 수 있다.

19. 교황은 누구에 의해서도 판단받지 않는다.

20. 교황청에 제소하는 사람은 누구에 의해서도 단죄받지 않는다.

21. 모든 교회의 중요한 제소는 교황청에 회부되어야 한다.

22. 성서가 증거하고 있듯이 로마 교회는 오류를 범했던 적이 없으며, 앞으로도 오류를 범하지 않을 것이다.

23. 교회법에 따라 임명되었다면, 로마 교황은 의심의 여지없이 성 베드로의 공덕에 의해 성화된다. 파비아 주교 성 에노디우스가 이 사실의 증인이고, 많은 교부들이 이에 동의하고 있으며, 이것은 교황 성 심마쿠스의 교서에도 기록되어 있다.

24. 교황의 명령이나 승인을 받은 경우에는 하위 성직자라도 (상급자를) 제소하는 것이 적법하다.

25. 교황은 교구 사목회의의 소집 없이도 주교들을 면직시키거나 복직시킬 수 있다.

26. 로마 교회에 동의하지 않는 자는 가톨릭교도로 인정될 수 없다.

27. 교황은 불의한 자에 대한 신민의 충성을 면제시킬 수 있다.

이 교서는 로마 교회의 지위와 교황의 권한을 규정하고 있다. 이전에 교황의 권한에 대해 이처럼 상세하고 명백하게 정의된 바가 없었다는 점에서 매우 이례적이며 또 중요한 문서라고 할 수 있다. 앞선 시기의 교황들은 로마 교회가 동방의 총대주교좌들보다 우월한 지위를 지녔다고 주장해 왔다. 교황의 지위는 수위권을 지닌 로마 교회의 대표 성직자로서의 지위였다. 반면 이 문서에서 두드러지게 강조하는 바는 로마 교황이 보편적 권위를 가진다는 주장이다. 이런 언급이 전례가 없는 것은 아니지만, 앞선 시대 로마 교황들이 교황의 보편성을 공식적으로 부정하는 기조를 유지해 왔다는 사실을 감안하면 이는 매우 이례적인 주장이었다.[10] 로마 교회는 전 세계 모든 교회와 신도들 가운데 최고의 권위를 지니며, 교황은 이와 같은 로마 교회의 보편적 권위라는 토대 위에 모든 성직자와 속인에게 유효한 권한을 행사하며 지도력을 발휘할 수 있다는 것이다. 이와 같은 전제하에서 그레고리우스는 교황이 그리스도교 세계에서 보편적인 법을 제정하고 판결하는 최고의 입법자이자 동시에 사법권자라고 선포했다. 그가 제정하는 법이 모든 그리스도인에게 적용될 뿐 아니라, 그의 결정과 판결이 최종적인 권위를 지닌다는 주장은 스스로를 정의를 구현하는 최후의 보루로서 인식한다는 의미였다. 이처럼 개혁교황들은 법을 통해 교회와 세상을 지배하려 했다. 법이란 궁극적으로 정의를 구현하기 위한 것이고, 또 정의는 하나님의 속성이자 그리스도교 신앙의 본질적 요소이므로 법은 신앙에 토대를 두어야 한다는 논리를 내세웠다. 로마 교회는 정의의 소재지이고, 교황은 보편적인 법을 통해 지배하기에 그 누구도 교황의 사법적 지배에서 벗어날 수 없다.[11] 성직자가 속인을 지배하는 것이 당연하고, 군주는 사제의 통치에 복속되어야 한다는 논리를 성직정치론이라 하는데, 교황 그레고리우스 7세는 "교황청이 하늘의 일을 판단하는데, 하물며 세속사의 일을 판단하고 결정하는 것은 당연하지 않은가?"라고 주저 없이 말하곤 했다.

　　지역에서는 주교가 중요한 사법적인 기능을 수행하였는데, 그레고리우스 시대를 거치며 교황을 정점으로 하는 성직자의 위계와 교회의 사법권이 개별 주교구까지 영향을 미칠 수 있게 되었다. 주교와 교황 사절 사이의 법적인 권한 내지 위계가 명백히 규정되지 않아 종종 갈등이 있었으나,

〈교황 교서〉에서 볼 수 있듯이 그레고리우스는 교황사절을 파견하여 법적인 문제들을 해결하려는 의지를 보였으며, 점차로 공적 조직을 통해 영향을 확대해 나갔다. 교황의 사법권은 공정성과 중요성을 인정받았고, 주교는 교황의 지시를 따르도록 요구받았다. 지방에 위치한 수도원들은 주교구의 감독을 벗어나 직접 교황과 관계를 맺으려는 경향을 보였고, 새로 신설된 수도회들에서도 교황의 인가를 받으려고 노력했다. 클뤼니와 시토 등 개혁 수도회들에서 이와 같은 흐름은 확연했다. 그 결과 주교구의 독립성이 다소 제한을 받았으며, 주교는 지역을 책임지는 교황의 관리처럼 변모했다. 이러한 변화를 토대로 교황 정부라 불리는 전유럽적인 조직의 형성이 완성될 수 있었다.

교황은 교회 조직에 세속조직과 유사한 계서적인 등급제를 확립했고, 그 정점에서 군주와 같은 권위를 행사했다. 교황이 수장이 되는 교황 정부를 운영하는 요소로는 공의회, 교황 특사, 교서(교황 서신) 등이 대표적이었다. 이러한 요소들은 이미 로마 시대에 출현했으나 11, 12세기에 들어 본격적인 역할을 수행했다.[12] 특히 11세기 중엽 이후 교황의 통제가 늘어가면서 모든 중요한 분쟁들은 교황청의 결정에 의해서 최종적으로 판결되는 경향이 두드러졌다. 교서는 갈수록 증가했고, 교황특사가 사실상 주교들 위에 군림했다. 주교들은 관리이며 법률가이고, 영주이며 지역성직자단의 수장으로서 국왕의 정부와 교황의 정부 양쪽에서 모두 긴요한 역할을 수행했다. 주교들은 소유권이나 십일조와 같이 세속군주들과 이해관계가 걸린 사안이 발생할 경우 교황의 도움을 요청했다.[13]

1075년의 〈교황 교서〉에서 새로운 내용은 그레고리우스가 신성로마제국의 황제를 비롯한 모든 세속 군주들에 대해서 교황권이 더 우월하다는 점을 노골적으로 천명했다는 사실이다. 심지어 교황에게 황제를 폐위시킬 권한도 있다고 언급함으로써 속권이 교권에게 복종해야만 한다는 주장을 명확하게 제시했다. 이는 교황이 스스로를 하나님을 대신하여 지상을 통치하는 '그리스도의 대리자'로 인식하고 있었기에 가능한 선언이다. 그레고리우스 7세 이래 교황은 '그리스도의 대리자'라는 호칭을 즐겨 사용했는데, 그리스도의 이름으로 보편 권력을 행사하려던 의도를 드러낸 것이다. 물론 그 권한의 세속적 토대는 콘스탄티누스 기진장이었으며, 교황이 로마 황제가 소유하고 있던 서로마지역에 대한 통치권을 공식적으로 인계받았기에 가능했다. 교황은 이 권한을 로마 황제가 아니라, 하나님이 교황에게 부여한 것이며, 그로 인해 세상에서 정의를 판단하는 최종적인 권위를 지닌다는 종교적 확신에 가득 차 있었다. 로마 교황 및 로마 교회의 무오류설은 이를 위해 필요한 조건이었다. 하나님의 뜻과 성경을 해석하는 전권이 교황에게 주어졌다고 보기 때문에 교황의 통치는 전통이나 합의제에 구속되지 않았으며, 그로 인해 전례 없는 절대 권력의 구축이 가능했다. 이 교서에 표현된 사상을 통상 '교황군주론'이라고 하는데, 교황이 세상의 군주를 겸한다는 의미이다. 그레고리우스는 성경에서 언급하는 하나님에 대한 절대적인 순종을 베드로의 계승자인 교황 자신에게로 집중시켰다.[14] 교회개혁운동은 본래 성직 매매나 독신을 위반하는 행위 등과 같은 성직자의 일탈을 개혁하는 부분에 초점을 두었던 반면, 그 운동의 결실이자 연장선상에 있던 이 교서는 로마 교회의 특권적 지위와 교황의 보편적 권위를 주장하는 정치적 성격을 띠었다. 그런데 이처럼 도발적이며 비타협적인 그레고리우스 7세의 주장이 현실에서 그대로 받아들여질 수 있었을까? 과연 교황이 이를 관철할 수 있었을까? 이 물음들에 대한 답변은 시간이 지나면서 확인되었다. 아무튼 교황이 세속군주들보다 더 우월한 지위를 갖고 있다고 한다면 세속지배자들이 전통적으로 행사해 오던 서임권 문제를 두고 갈등이 발생하는 것은 시간문제였다.

서임권 투쟁의 전개

서임권 투쟁은 교황 그레고리우스 7세와 독일 왕 하인리히 4세 사이에 주교 서임권을 둘러싼 갈등이 발단이었다. 하인리히는 1075년 초에 이탈리아에 대한 영향력을 회복하려 중부 지역 스폴레토와 페르모의 주교를 직권으로 서임했다가 교황의 반발을 산 적이 있다. 그레고리우스는 그 무렵 개최된 로마의 '사순절 공의회'에서 속인의 성직서임 금지를 선포해 공식화했다. 앞서 소개한 〈교황 교서〉는 바로 이 국면에서 작성된 것으로 추정된다. 교황은 하인리히에게는 이탈리아의 교회정책에 간섭하지 말라고 경고했으며, 속인 서임을 자문했던 그의 측근들을 파문으로 위협했다.[15] 속인 서임 금지 조치에 대한 하인리히의 즉각적인 반응은 알려져 있지 않다. 독일 왕은 그 해 여름에 작센 귀족들의 반란을 완전히 제압했다. 그는 그 여세를 몰아 밀라노 대주교 서임 문제를 자신의 의지대로 매듭짓고자 했다. 교황은 이 무렵 독일 성직자의 성직매매와 독신 위반 문제를 빌미로 독일 교회에 간섭하려 했기에 독일 내에서 불만을 사고 있었다.[16] 하인리히는 공석으로 남아 있던 밀라노 대주교 후보로 고트프리드를 관철하려던 생각을 바꿔 테탈트를 서임했으며, 페르모와 스폴레토에 대해서도 새로운 주교를 서임했다. 하인리히가 이처럼 서임권 행사를 강행한 이유는 이를 명백한 국왕의 권리로 인식하고 있었기 때문이다.[17]

교황은 이탈리아 주교구에 대한 독일 왕의 연이은 개입에 강하게 반발했다. 그레고리우스는 12월에 하인리히에게 보낸 서신에서 이탈리아 주교 서임에 대한 독일 왕의 개입을 비난하고 그에게 서임권을 행사할 법적 근거가 존재하지 않는다는 사실을 지적했다. 하인리히도 물러서지 않고 정면 돌파를 택했다. 그는 1076년 1월 말, 독일의 유력한 제후와 성직자들이 모두 참석하는 제국의회를 보름스에서 소집하였으며, 독일 주교 다수의 지지를 얻어 그레고리우스 교황의 개혁에 반대한다는 사실을 천명하고, 로마 교회, 그리고 로마의 귀족과 민중들에게 교황의 폐위를 요청했다. 하인리히는 그레고리우스가 자신이 물려받은 권위를 도적질하고, 이탈리아 왕국을 강탈했으며, 법을 어기고 주교들을 괴롭혔다고 지적했다.[18] 한편 이 국면에서 교황이 독일 왕과 정면으로 대립한 의도가 단지 이탈리아를 독일 왕으로부터 빼앗는 것에 그치지 않고, '제국'으로서의 성격을 박탈하려는 것이었다고 해석하는 학자도 있다.[19] 〈교황 교서〉에서 주교구의 통합과 분리도 교황의 일방적인 권한이라고 천명했던 점에서 볼 수 있듯이 독일 주교들은 교황의 권력이 점점 더 중앙집권화되는 양상에 부담을 느껴 독일 왕을 지지하는 대열에 합류했다. 밀라노의 파타리아 운동에서 확인되듯이 중북부 이탈리아에서는 교회개혁운동이 진행되고 있었다. 그렇지만 이들 개혁 성직자들이 곧 교황을 지지하는 세력은 아니었다. 오히려 중북부 지역에서도 그레고리우스에 대해 지지보다는 반대가 우세했다.[20]

교황은 하인리히가 제국의회에서 자신의 폐위를 결의했다는 보고를 접한 후 1076년 2월 독일 왕의 폐위와 파문을 결정했고, '보름스 반란'을 주도하여 그리스도교 세계를 분열시키는 죄를 범한 마인츠 대주교를 비롯한 관련 성직자들을 파문했다.[21] 그때까지 그리스도교 세계에서 교황에 의해 폐위된 국왕은 없었다. 그러나 그레고리우스는 더 이상 하인리히를 왕으로서 인정할 수 없었다. 독일에는 즉시 큰 파장이 일었다. 특히 하인리히에게 적대적이던 작센과 남독일 제후들은 연합전선을 펼치며 교황의 결단을 지지했다. 상황이 더욱 첨예화되자 독일 주교들마저 갈등하다가 국왕으로부터 거리를 두기 시작했다. 이들이 제국교회체제를 떠받치던 중추세력이자 왕의 봉신이었음을 감안하면 매우 충격적인 일이었다. 심지어 다수의 독일 제후들은 하인리히가 교황으로부터 파문을 받은 지 1년 이내 파문에서 회복될 수 없으면, 새로운 왕을 선출하겠다고 결의했다. 그리스도교 세계에서 파문의 효력이 이처럼 강력하게 작동했던 경우는 없었다.

주교 혹은 교황이 신자들에게 내릴 수 있던 가장 강력한 처벌 수단은 파문(excommunicatio)이었다. 이는 본래 공동체로부터 축출하는 징계 조치인데, 구체적으로는 구원에 이르는 수단인 성사에 참여할 수 없도록 배제하는 것을 의미했다. 파문당한 자들은 다른 신도들과의 접촉이 금지되었고, 죽더라도 축성된 땅인 교회 묘지에 묻힐 수 없었다. 이 징계는 교정벌의 성격이 강해 파문당한 자가 죄를 참회하고 돌이키면 파문에서 벗어날 수도 있었다. 한편 아나테마(anathema)라 불린 파문은 교정이나 치유를 기대할 수 없을 때 내려지며, 주로 이단 단죄가 이에 해당되었다. 그러나 당시까지만 해도 두 용어가 엄밀히 구별되어 사용되지는 않았다. 1076년과 1080년 하인리히에게 선포된 징계도 아나테마였다. 국왕이 파문을 당한 경우 이론상으로는 그 신민들이 국왕에 대한 책임과 의무로부터 해방되기 때문에 국왕으로서의 권한을 행사할 수 없었다.[22]

8-2 카놋사 성의 현재 모습

　하인리히는 강력한 적대 세력들이 결속하고 신하들이 대부분 등을 돌리고 있는 상황을 파악한 후 제후들이 설정한 시한 이내에 파문에서 벗어나는 전략을 취했다. 그는 1076년 겨울 알프스를 넘어 교황이 체류하고 있던 이탈리아 카놋사로 향했다. 그레고리우스는 하인리히의 보복을 우려하여 당시 이탈리아 북부 토스카나 변경백 마틸데가 소유하고 있는 카놋사 성에 도피해 있었다. 카놋사 성문 앞에 다다른 하인리히는 1077년 1월 말 교회법상에 규정된 참회의식에 따라 참회복을 입고 사흘 동안 성을 돌며 용서를 빌었다. 이 굴욕적인 사건을 '카놋사의 굴욕'이라 한다. 성 안에는 교황 외에 성주 마틸데와 하인리히의 요청으로 그곳에 방문한 클뤼니 종단 수도원장 후고가 머물고 있었다. 마틸데와 후고는 교황에게 독일 왕을 용서해주라고 권고했고, 그레고리우스는 그리 내키지 않았지만 결국 하인리히를 파문에서 회복시켜 주었다.[23]

　하인리히가 경험한 굴욕적인 사건은 통상 언급되듯이 교황권이 황제권보다 우월함을 입증하는 사례라고 할 수 있을까? 그리고 카놋사 굴욕을 계기로 유럽 세계의 주도권이 황제에서 교황으로 넘어간 것일까? 이 사건을 그와 같은 의미로 해석하는 글들도 적지 않지만 카놋사 사건 이후 전개된 상황들을 감안한다면, 이는 적절한 해석이 아니다. 여기서는 하인리히가 수모를 감수하고서라도 왕권을 다시 회복한 사실에 주목해야 한다. 하인리

8-3 카놋사 굴욕

히는 왕권을 상실할 위기를 극복했을 뿐 아니라, 결국 교황 그레고리우스와의 투쟁에서도 최종적으로 승리했기 때문이다. 카놋사 굴욕의 진정한 의미는 독일의 통치자가 그동안 하나님에 의해 왕으로 지명되었다고 주장하던 바를 부정하고 교황에게 무릎을 꿇음으로써 스스로 신성성을 훼손한 사실과 교황이 그리스도교 세계에서 정의를 판단하는 재판관으로 공인되었다는 점에서 찾아야 한다.

하인리히는 파문에서 풀려난 후 국왕의 권위를 인정하지 않고 슈타우펜 공작 라인펠덴의 루돌프를 새로운 왕으로 옹립하려던 독일의 제후 세력에 무력으로 맞섰다. 이들이 교황 그레고리우스와 교감하며 연대하고 있었던 사실도 드러난 터였다. 그리고 하인리히는 얼마 후 보란 듯이 이탈리아 주교직에 대한 서임권도 재차 행사했다. 그레고리우스는 1080년 3월에 열린 종교회의에서 앞서 했던 약속을 지키지 않은 하인리히를 재차 파문했고, 루돌프를 왕으로 선언했다. 그러자 하인리히는 무력을 동원해 루돌프를 제압했고, 그를 대신하여 프리드리히를 슈타우펜의 새로운 공작으로 앉혔다. 그런데 이 국면에서는 예전처럼 하인리히에게 반발하거나, 교황을 지

8-4 교황 그레고리우스의 종말(12세기 오토 폰 프라이징 연대기의 삽화)

지하며 나서는 세력이 없었다.[24] 독일 왕은 한걸음 더 나아가 독일 최남단 브릭센에서 종교회의를 소집했고, 롬바르디아와 독일 주교들의 지지를 받아 클레멘스 3세를 대립교황으로 옹립했다. 그리고 그는 기회를 엿보다가 1084년 군대를 이끌고 가서 로마를 장악했다. 이 때에 대립교황 클레멘스 3세는 로마에서 하인리히를 황제로 대관했으며, 종교회의를 열어 그레고리우스를 폐위시켰다. 그레고리우스는 로마를 떠나 남쪽으로 도피할 수밖에 없었으며, 살레르노에서 노르만들의 보호를 받으며 생활하다가 1085년 쓸쓸히 눈을 감았다.[25]

보름스 협약

그레고리우스 7세는 하인리히 4세의 성직자 서임에 대해 완강한 입장이었는데, 이는 그가 국왕의 신성성을 인정하지 않으려던 태도와 관련되어 있었다. 그레고리우스가 사망한 후 서임권 논란은 애매한 상태로 방치되었으며, 교황과 독일 왕 사이의 관계도 개선되지 않았다. 그레고리우스가 사망한 후 로마 교황좌는 혼란을 겪었고, 1년 만에 빅토리우스 3세(재위 1086-

87)가 후임자로 선출되었으나 하인리히의 지지를 받고 있던 대립교황 클레멘스 3세가 로마에서 영향력을 행사하고 있었기에 교황직을 수행하기 어려웠다. 이어 교황에 오른 우르바누스 2세(재위 1088-1099)도 재임 초기에 로마를 차지할 수 없었다. 그가 1095년 십자군 원정을 주창했을 때에도 독일 국왕과의 갈등이 해결되지 않았기에 프랑스 지역을 다니며 지원을 끌어모았던 것이다. 서임권 문제에 대한 해결은 두 갈등 당사자가 역사의 전면에서 물러난 후에야 비로소 해결 기미를 보이기 시작했다.

속인 서임 문제가 본격적으로 제기된 것은 11세기 중엽이었다. 이 무렵부터 일부 성직자들은 세속적인 속성과 영적인 속성이 혼재된 채 교회가 제기능을 수행할 수 있을지, 아니면 두 이질적인 속성을 분리시켜야 할지 논쟁을 벌였다. 교회개혁이라는 맥락에서 제기된 논의였지만, 제도교회가 직면하고 있던 현실을 감안할 때 쉽게 결론짓거나 해결할 수 있는 성격의 사안은 아니었다. 1100년을 전후로 잉글랜드, 에스파냐, 프랑스 등에서도 성직서임 문제가 부각되었지만, 이들 나라에서는 서임문제를 둘러싸고 교회와 군주 사이에 직접 충돌한 적이 없었다. 관건은 성직 서임과 봉건 신서 사이에 모순이 존재한다는 점이었는데, 국왕이 조건부로 성직 서임을 포기하거나, 교황이 봉건 신서를 허용하는 방식의 타협이 모색되었다. 결국 1105년과 1107년 프랑스와 잉글랜드가 교황청과 체결한 협약에 따르면, 국왕은 서임 포기를 천명했으나 왕궁이 위치한 영토에서는 주교 선출에 결정적인 영향력을 행사할 수 있었다. 그리고 새로운 주교가 임명되기 전에 그에게 주교구를 봉토로 수여하면서 봉건 신서를 거행하는 데 국왕이 합의했다.[26]

독일에서의 해결책도 유사한 맥락에서 진행되었지만, 교황청은 독일과의 협상에서 진척을 보지 못했다. 그레고리우스의 유산을 계승한 후임 교황들은 독일을 교회 분열의 괴수로 인식했고, 독일 주교들은 국왕의 전통적인 서임권을 전적으로 부정하려는 입장에 동의하지 않았다. 1111년 하인리히 4세의 아들 하인리히 5세(재위 1106-1125)와 교황 파스칼 2세(재위 1099-1118) 사이에 체결한 수트리 협약에서는 종교적인 관점을 우선시한 해결책이 제시되었다. 교황 측은 독일 왕이 서임권을 포기하면 그 대가로 제국으로부터 받은 교회의 재산을 넘겨주겠다고 제안했다. 하인리히 5세는 주교구와 수도원의 재산을 넘겨받을 수 있다는 생각에 그 제안에 동의했다. 그러나 독일과 이탈리아의 주교들은 그들이 차지한 세속적인 권한 대부분을 상실하게 될 우려 때문에 이 협약을 격렬히 반대했다. 이로써 교회와 세상 사이의 이해충돌을 분리시킬 수 있는 진정한 교회개혁의 기회는 사라졌다.[27] 이후 여러 해결책들이 논의되었으나, 잉글랜드나 프랑스에서와 달리 독일의 제도교회는 왕권을 뒷받침하는 결정적인 역할을 맡고 있었기 때문에 쉽게 타협에 이르지 못했다.

교황 칼릭스투스 2세(재위 1119-1124)는 이 문제를 해결하기에 적합한 인물이었다. 부르고뉴 백작 가문 출신이자 비엔의 대주교를 역임하면서 유럽의 왕가들과 인연을 맺었고, 교회 내의 신망도 두터웠다. 그는 무엇보다 독일의 서임권 문제를 해결하는 것이 교회의 안정과 발전을 위해 긴요하다고 확신했다. 교황이 주도한 십자군 원정이 이미 진척되고 있었으나, 독일 왕의 지원이나 참여를 이끌어 낼 수 없는 상황도 다급한 이유 중 하나였다. 독일의 제후들도 문제 해결을 원하여 양측에 압력을 넣고 있었다. 칼릭스투스는 하인리히 5세에게 사절을 파견하여 협상을 재개했고, 여러 차례의 회동 끝에 결국 1122년 9월 보름스에서 서임권 문제에 대한 합의에 이르러 〈보름스 협약〉에 서명했다.[28]

양측은 우선 서임권이 교황에게 속한 것이라는 점을 인정했다. 그렇지만 독일 왕이 모든 권리를 상실한 것은 아니었다. 그에게는 주교와 수도원장을 왕의 봉신으로 봉하는 권리를 인정했고, 이들 성직자들은 국왕에게 각종 특권을 수여받는 대가로 충성과 봉사의 의무가 주어진다는 사실이 인정되었다. 이처럼 주교 및 수도원장에게 세속적인 임무와 종교적 임무가 부여되어 있는 현실을 인정하고, 그것을 구분지음으로써 비로소 타협이 가능했던 것이다. 후대에 정교분리라고도 표현하는 개념은 사실상 이 시기에 확립되기 시작했다. 〈보름스 협약〉에서는 독일과 신성로마제국의 다른 지역 즉 이탈리아와 부르고뉴에서 봉신으로서의 신서와 성직 서임의 순서에 차

이를 두었다. 독일 지역에서는 성직수여 전에, 그리고 이탈리아와 부르고뉴에서는 성직수여 후에 국왕에게 봉신으로서 신서를 거행하게 되었다. 이로인해 '교회'(교권)와 '국가'(속권)를 형식적으로 분리했고, 주교와 수도원장은 교회로부터 성직서임을 받고, 이어 국왕으로부터 토지와 영주적 지배권을 비롯한 특권을 받아 봉신의 의무를 수행하는 방향으로 정리되었다.[29] 주교들과 국왕 사이의 관계는 이제 보다 뚜렷하게 봉건법적인 형태로 표현되었다. 이 협약 이래 사람들은 홀을 통한 봉(종교적인)과 깃발을 통한 봉(세속적인)을 구별했다. 갈등의 소지가 없는 것은 아니었지만, 황제와 교황 모두 서임문제에 있어서 유연하고 절충적인 해결에 합의했다. 제도교회가 봉건체제에 편입되어 있는 현실을 인정했기에 국왕이 주교선출에 관여할 수 있도록 허용한 것이다.[30]

서임권 투쟁을 둘러싼 교황과 독일 왕 사이의 갈등은 표면적으로 단지 성직자의 서임에 관한 문제로 간주될 수 있다. 그러나 본질은 중세 그리스도교 세계의 헤게모니를 둘러싼 힘겨루기였다. 보름스 협약 이후 교황은 서임권 행사를 비롯하여 적어도 종교적인 영역에 있어서 독일 왕의 감독으로부터 벗어남으로써 영향력이 현저히 커졌고, 이 사안으로 인해 국왕과 갈등을 빚을 일도 크게 줄었다. 〈보름스 협약〉은 국왕이 제국 교회 수장들에게 일정한 특권으로 봉하는 권리만을 허용했다. 그러나 독일 왕들은 이탈리아에 대한 야욕을 포기하기 어려웠고, 자신의 심복을 이탈리아의 주요 성직에 임명할 수 있는 여지를 갖고 있었다. 황제와 교황은 대체로 상대방을 의식하며 거부당하지 않을 만한 인물을 주교로 추천해 선출되도록 했다.

그렇다면 〈보름스 협약〉으로 인해 제국교회체제는 종말을 고한 것인가? 콘라트 3세(재위 1139-1152) 이래 슈타우퍼 시기 초기에 제국 주교들이 다시 왕권의 지지세력으로 결속했던 사실에서 보듯이 현실적인 권력의 무게중심이 어디에 있는가에 따라 한동안 과거와 같은 관행이 재현되었다. 그렇지만 서임권 투쟁을 통해 독일의 왕권이 상대적으로 약화되면서 제국 제후들은 그들의 권력을 현저히 강화시킬 수 있었다. 독일 주교들도 성향에 따라 교황 지지세력과 국왕 지지세력으로 분열되었다. 반면 하위 성직자들은 대다수가 국왕의 편으로 기울었다. 가장 큰 이유는 이들이 개혁교황들의 독신 주장 요구를 거부하고 있었기 때문이다. 전체적으로 볼 때 서임권 투쟁은 신성로마제국에 깊은 상흔을 남겼다. 그 결과 12세기 이래 잉글랜드와 프랑스에서는 국왕들이 차츰 중앙집권을 강화시켜 가고 있었으나, 제국은 분열을 극복하지 못한 채 국왕의 역량이나 가문의 힘에 의존하는 방향으로 나아갔다.

 ## 십자군 원정 ─ 성전(聖戰)인가 침략인가?

팽창의 거대한 물결

십자군 원정(1096-1291)은 그리스도교 세계가 정치적 안정과 사회·경제적 성장을 발판으로 삼아 외부세계로 진출한 사건이었다. 학자들마다 십자군 원정에 대한 정의가 상이하지만, 교황에 의해 소집되었으며, 원정 참여자들에게는 서약이 요구되었고, 사면과 세속적 특권이 보상으로 부여되었으며, 지리적으로 예루살렘에 있는 그리스도교 성지 획득을 목표로 하였던 이슬람에 대항한 전쟁이라고 간략히 정의할 수 있다.[31] 교황이 주도한 십자군 원정은 직접적으로는 위기에 처한 비잔티움 황제의 군사적 지원 요청에서 비롯되었지만, 유럽 사회의 내적인 성장과 팽창에 대한 필요가 더 본질적인 요인이었다. 10세기 이래 유럽 사회는 장원제도가 정착하고 농업 기술의 발달도 이어져 생산력이 크게 증가했다. 인구의 꾸준히 증가는 그 긍정적인 결실이었다. 한편 식량 생산량의 증대가 인구 증가의 속도를 따라갈 수 없게 되자 유럽 전역에서 토지의 개간과 간척 활동도 활발히 전개되었다. 시토 수도회의 개간 활동은 이와 같은 사회경제적 변화에 대한 선도적인 반응이었다.

한편 외부 세계로 진출해 유럽 사회 내부의 필요를 해결하려는 시도들도 이어졌다. 해적 혹은 바이킹이라고도 불리는 노르만족은 8세기 말 이래 라틴 그리스도교 세계의 변경지역에서 약탈을 일삼았는데, 이는 노르웨이, 덴마크, 스웨덴으로 대표되는 스칸디나비아 지역세력의 대외적 활동이 활발해진 결과였다. 노르웨이는 유럽의 북쪽과 북서쪽으로 이동했는데, 페로 제도를 거쳐, 아이슬란드, 그린란드, 그리고 뉴펀들랜드 섬의 끝자락 랑즈 오 메도우즈(L'Anse aux Meadows)에 정착지를 건설했다. 서유럽지역을 공포에 몰아넣은 것은 덴마크 세력이었다. 이들은 잉글랜드와 프랑스 북부 지역에 큰 피해를 입혔으며, 일부는 프랑스 국왕과 타협하여 노르망디에 정착했다. 노르만 중 지리적으로 가장 동쪽에 위치한 스웨덴은 북해는 물론 드네프르강과 볼가강을 통해 이동했는데, 그들이 이룩한 성과가 키예프 공국의 건설이었다. 이들은 흑해와 카스피해 지역까지도 진출했다. 이들 노르만들은 선진 문명과 접촉하는 과정에서 그리스도교에 대해 알게 되었고, 1000년경까지 대부분 개종했다.

　일부 노르만은 지중해 지역까지 진출해 시칠리아 등에 새로운 영토를 확보했다. 지중해는 1000년 이전 무슬림과 비잔티움이 분점하고 있었다. 이탈리아에서는 베르베르인과 아랍인들 모두를 '사라센'이라고 불렸는데 이들은 이탈리아의 해안 지방은 물론 내륙 깊숙이 침입해 약탈을 일삼고 있었다. 남부 이탈리아를 넘어 교황령까지 위협받던 상황에도 비잔티움은 이탈리아 지역에 군사력을 파견할 형편이 되지 않았다. 그런데 오트비유 가문 출신의 노르만 용병세력이 예루살렘 순례에서 돌아오던 중 우연히 시칠리아에 도착하면서 큰 변화가 일어났다. 이들은 시칠리아와 남부 이탈리아의 기존 지배세력을 몰아내고 실질적인 지배자가 되었으나, 공적인 권위로부터 인정을 받지 못하고 있었다. 교황 니콜라우스 2세는 그들의 요청에 의해 1059년 로베르를 아풀리아와 칼라브리아 공작으로 인정하고 교황의 봉신으로 삼았다. 그후 로베르는 동생 루제로와 함께 남부 이탈리아에서 비잔티움 세력을 완전히 축출했다. 이처럼 유럽인들은 다방면에서 대외 진출을 시도했고, 또 무력에 기반해 상당한 성과를 거두면서 외부세계에 대해 자신감을 갖게 되었다. 십자군 원정은 전체적으로는 1000년 전후로 진행되던 유럽의 대외진출 경향과 궤를 같이했던 팽창의 한 물결이었다.

이슬람 세계와의 접촉 및 충돌

유럽인들은 십자군 원정 전까지 이슬람에 대해 막연한 공포를 지니고 있었을 뿐 충분한 정보가 없었다. 지중해를 비롯해 남부 이탈리아와 에스파냐 등에서는 유럽인과 무슬림 사이에 접촉이나 교역이 이루어졌고, 국지적인 충돌도 있었으나, 대체로 무슬림과 접촉할 기회가 많지 않았다. 그리스도인으로서는 고도의 문명을 발전시키고 있던 이슬람 세력이 선교해야 할 대상인지, 아니면 대적할 적인지 판단하기 어려웠기에 무슬림의 정체성을 새롭게 규명해야 할 필요를 느꼈다. 이는 유럽 사회 내에서 소수집단인 동시에 열등한 지위로 간주되던 또 다른 이교도 유대인 문제와는 다른 차원에 속했다. 물론 그리스도교 세계가 실제로 이슬람을 대적할 만한 힘을 지녔는지, 이를 위해 결집할 수 있는지도 불분명한 상태였다.

에스파냐에서는 비교적 일찍 그리스도교 세력이 공세적으로 전환하고 있었다. 이러한 움직임은 새로운 성지 발견이 계기가 되었다. 예수의 제자 야고보는 세베데의 아들 혹은 대야고보라고도 불리는데, 전언에 의하면 에스파냐까지 가서 선교활동을 하다가 예루살렘으로 돌아와 참수형을 받고 순교했다. 그런데 그의 몇몇 추종자들이 야고보의 시신을 보존하기 위해 그가 선교했던 갈리시아 항구까지 선박으로 운반해 가서 그 지역에 매장했다고 알려졌다.[32] 잊혀졌던 야고보의 무덤이 재발견된 것은 9세기 초였다. 그것의 발견과 관련해서는 여러 이야기가 있는데, 목동 혹은 은수자 펠라지오 혹은 이리아 주교 테오데미르가 별빛의 인도를 받아 기적적으로 그의 무덤을 발견했다고 한다. 그것이 성 야고보의 무덤이라 공인된 후 그 인근에는 사람들이 꾸준히 몰려들었다. 아스투리아스 왕국 알폰소 2세는 야고보의 성유골이 발견된 산티아고 데 콤포스텔라에 큰 교회와 도시를 건설하고 종교적 거점으로 발전시켰다. 이베리아 반도 북부지역은 그리스도인의 접근이 자유로웠기에 순례자들이 이어져 라틴 그리스도교 세계의 중요 순례지로 부상했다. 절정기였던 12세기에는 한 해에 약 50만 명이나 방문했다. 프랑스인들의 에스파냐 왕래가 늘어나면서 특히 클뤼니 수도사들이 이슬람에 대한 성전(聖戰)을 독려했다. 11세기 중엽부터는 군사적·종교적 성

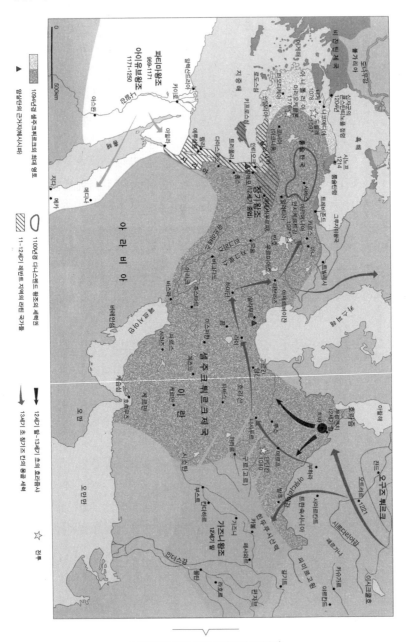

8-5 셀주크 튀르크의 성장과 확대(11세기-13세기 초)

격이 혼합된 종교전쟁도 진행되었다. 이 무렵 이슬람 세력이 분열하고 있었기 때문에 에스파냐 북부의 그리스도교 왕국들은 용병과 기사들을 동원해 이슬람 지역의 재정복에 성과를 거두었다.

비잔티움 제국은 11세기에도 그리스도교 문명의 중심 역할을 수행했다. 슬라브 지역에 선교하며 그리스도교 세계를 확장했고, 비잔티움의 체계화된 국가체제뿐 아니라 문화, 종교의례, 건축 등은 이웃 국가들에서 선진 문명의 모델로 수용되었다. 그러나 11세기 중엽을 고비로 제국은 위기를 맞았다. 비잔티움은 남부 이탈리아에서 노르만들에 의해 축출되었고, 예배용어를 둘러싼 갈등이 결국 동서 교회의 분열로 종결되었다. 이는 대외적인 위기를 알리는 신호였다. 제국의 본격적인 위기는 중앙아시아계 민족 셀주크 튀르크의 급속한 성장에 기인했다. 이들 전사 집단은 소아시아 지역으로 진출하면서 아바스 왕조를 섬기는 수니파 무슬림으로 개종했다. 비잔티움 황제 로마노스 4세 디오게네스(재위 1068-1071)는 가용한 역량을 총동원하고 용병을 모아 몇 차례 방어에 성공했으나, 1071년 만지케르트 전투에서는 튀르크에게 결정적으로 패배했다. 포로가 된 황제는 몸값 지불과 정기적인 조공 약속을 하고 풀려났지만, 그 사이에 제국 내부에서 반란이 일어나 권력을 상실했다. 비잔티움은 만치케르트 패배를 계기로 제국의 영토에서 가장 풍요로운 아시아를 사실상 상실했으며, 내부 혼란까지 이어져 튀르크에 대한 대응은 더욱 힘겨워졌다.[33]

이 무렵 다급해진 비잔티움 황제 미카엘 7세 두카스(재위 1071-78)는 로마 교황에게 도움을 요청했다. 그리스도인을 돕는 것이 필요하다고 판단한 그레고리우스 7세는 1074년 하인리히 4세에게 보낸 서신에서 원정에 대한 구상을 내비쳤다. 그는 이미 5만 명 규모의 원정대를 구성했으며, 이 원정을 계기로 동방 교회가 로마 교회와 재결합할 수 있기를 희망한다고 밝혔다. 하지만 원정대를 이끌고 직접 예루살렘까지 가려던 그의 구상은 서임권 투쟁으로 좌절되었다. 그 후 등장한 청년 장군 알렉시오스 콤네노스(재위 1081-1118)는 초반에 외부의 위협을 막아내고 제국을 비교적 안정시켰으나, 제위 찬탈자라는 약점과 더불어 동시다발적으로 이어진 외부의 침략을 막아낼 수 없었다. 알렉시오스는 1095년 3월 초 로마 교황 우르바누스 2세 (재위 1088-1099)에게 사절을 보내 동방 그리스도교 세계에 대한 지원을 요청했고, 교황은 그에 대해 긍정적으로 답변했다.[34] 황제가 세속군주가 아닌 교황에게 군사력 동원을 요청한 사실이 의아할 수도 있겠지만, 그는 1090년대 초 서방의 제후들에게도 도움을 요청했으며, 플랑드르의 로베르는 교황에 앞서서 이미 군사적 지원을 제공한 바 있었다. 이로 미루어 상당수 유럽인들은 교황이 십자군 원정을 제창하기 이전에 이미 비잔티움 제국이 처한 군사적 위기를 파악하고 있었다.[35]

로마 교황은 1070년대 이래 서임권으로 인한 갈등에서 벗어나지 못해 대규모 군사원정을 주도할 형편이 아니었다. 독일 왕 하인리히 4세는 로마 교황을 인정할 수 없다고 선언한 후 대립교황으로 클레멘스 3세(재위 1080-1100)를 옹립했고, 군대를 이끌고 로마로 진입해 그레고리우스 7세를 남쪽으로 몰아냈다. 한편 우르바누스 2세는 북프랑스 귀족 가문 출신으로 클뤼니 수도원에서 개혁운동을 경험했고, 수도원 부원장까지 오른 인물이다. 그는 오스티아의 추기경 주교로서 서임권 투쟁을 가까이에서 지켜보다가 교황에 선출되었지만 서임권 갈등의 여파로 하인리히 4세와 이탈리아 북부 세력의 지지를 받을 수 없었다.[36] 우르바누스는 한동안 이탈리아 남부에 머무르다가 1093년이 되어서야 겨우 로마의 교황좌를 차지했다. 그는 앞선 개혁교황들에 비해 열악한 처지에 있었다. 교황은 자신이 직면한 상황을 타개하기 위해 동방 교회 및 비잔티움 황제와 화해를 이끌어내려 했고, 십자군 원정이라는 대규모 프로젝트를 주도하여 그리스도교 세계에서의 위상을 굳건하게 세우고자 했다.[37]

우르바누스의 연설과 성속의 열정적 지지

교황 우르바누스는 십자군 원정이 성사되어 많은 사람들이 참여할 수 있도록 프랑스 지역을 돌아다니며 독려했고, 여세를 몰아 그가 소집한 클레르몽 공의회에서 십자군 원정을 공식적으로 천명했다. 샤르트르 출신 수도사 퓔세는 1095년 11월 27일 직접 목격한 공의회 상황을 상세히 기록

8-6 클레르몽 공의회(1095년)

했다.[38] 그에 따르면 교황 우르바누스는 클레르몽에 모인 대주교, 수도원장, 여러 사절 등 약 310명의 성직자들에게 결연한 태도로 십자군 원정의 필요성을 설득했다. 교황은 연설에서 신앙의 타락으로 성도들이 혼란을 겪고 있고, 사회의 평화도 위험에 처해 있다고 강조했다. 귀족들이 무분별하게 사투를 벌여 선량한 신자들과 종교시설들이 파괴되어 피해를 입었다고 지적했다. 그는 세상의 무질서, 폭력, 약탈 등에 대해 하나님의 평화운동을 새롭게 전개하되, 그것을 거부하고 전쟁을 지속하려는 자들에게는 파문을 비롯해 강력하게 대응하라고 지시했다.

그와 더불어 교황은 튀르크족이 그리스도교 영토를 공격해 멸망시키려 하고 있으며, 비잔티움 제국이 도움을 요청했다고 밝혔다. 침략자들은 하나님의 교회를 파괴했으며, 그대로 두면 로마도 곧 위험해지고, 모두의 신앙에도 위협이 된다고 주장했다. 우르바누스는 하나님에 의해 선택된 민족인 프랑스인이 세상의 악과 악마에 대항해 적극 투쟁하고, 세상의 평화를 지키기 위해 노력해야 한다고 권고하면서 비잔티움 제국의 그리스도교를 회복하기 위해 서둘러 성지 예루살렘으로 향하자고 제안했다. 그는 "이 원정이 하나님의 뜻"이며, 침략자에게 정복당함은 하나님에게 불명예가 되고 형제들을 돕지 않는다면 수치스러운 일이 된다고 했다. 그는 이어 그 자리에 참석한 성직자는 물론이고 기사와 보병, 부자와 가난한 자 등 모두가 형제들의 땅에서 사악한 세력을 근절하고, 그리스도인들을 돕기 위해 원정에 참여할 것을 촉구했다. 교황은 부유한 자들은 경제적으로 지원하고, 예속민들은 영주나 주군의 허락을 받은 후 참가하라는 단서를 달았다. 교황은 원정에 참여한 자가 이동 혹은 전투 중에 목숨을 잃으면 죄 사함을 받을 것이며, 원정을 떠나는 자들에게 어떤 어려움도 없도록 교회가 참여자의 재산관리, 상속 등 필요한 편의를 제공하겠다고 약속했다.

교황의 연설에서 그가 사전에 비교적 치밀하게 십자군 원정을 기획했다는 사실을 확인할 수 있다. 그 자리에 참석한 성직자와 속인들은 종교적 열광에 사로잡혔으며 교황의 제안에 기대 이상의 뜨거운 지지를 보냈다. 성직자들은 각 지역교회에 흩어져 이 소식을 신도들에게 전달하였기에 관련 소식은 짧은 기간 안에 프랑스는 물론 유럽 전역으로 퍼져나갔고, 얼마 지나지 않아 많은 그리스도인은 성지 예루살렘으로의 십자군 원정과 종교적 순례를 열망하게 되었다. 무력을 지닌 귀족과 기사들은 물론이고 민중들도 원정의 대열에 합류하고자 준비했다. 교황은 이후 프랑스와 이탈리아의 제후들을 만났고, 여러 교회들에 서신을 보내 십자군 참여를 독려했다. 이후 님, 바리, 로마 등지에서 개최된 공의회에서도 십자군 구상이 논의되었다.[39]

십자군 원정의 동기 — 종교적 열정인가 세속적 욕망인가?

교황이 주도면밀하게 기획해 추진한다고 해도 십자군 원정이 실제로 이루어지기 위해서는 유럽 사회 구성원들의 동의와 크나큰 헌신이 수반되어야 했다. 두 세기에 걸쳐 진행된 전례 없던 십자군의 동방 원정이 실현될 수 있었던 동력은 무엇이었을까? 이 원정은 당대 유럽 사회가 지니고 있던 신앙, 모험심, 기사도, 교회의 권력추구, 국제정치, 경제적 이해관계 등 다양한 특성이 결합된 복합적인 현상이었으며, 중세 라틴 그리스도교 사회의 성격을 잘 드러낸 사건이었다. 원정에 참여한 사람들 대부분이 종교적 명분으로 위장했으나, 실은 세속적 욕망으로 가득 차 있던 자들이라는 주장도 있다. 그렇지만 실제 예루살렘으로의 원정길에 나선 자들 중에는 많은 것을 소유한 영주와 기사들이 주축을 이루었고, 참가자들은 약 3천 킬로미터나 되는 멀고도 낯선 미지의 세계로 장기간에 걸쳐 여행하며 목숨을 걸고 적들과 전투를 벌여야 했다. 그들이 맞닥뜨리게 될 위험을 전혀 모르고 원정에 참여한 것으로 오해해서는 안 된다. 승리가 보장된 것도 아니었기에 다시 고향으로 돌아올 수 있을지도 불확실했고, 가장이 떠나 있는 동안 가족들이 맞게 될 상황이나 예기치 못할 운명을 고려하면 지배계층으로서는 참여를 결정하는 일이 쉽지 않았다. 치러야 할 엄청난 대가에 비해서 얻을 수 있는 성과는 불확실했으며, 그나마 종교적 보상이 큰 위로가 되었을 것이다. 이런 면에서 신앙심과 종교적 이상이 그들을 성지로 이끈 결정적인 동력이었다는 주장은 설득력이 있다.[40] 르 푸이의 주교 아데마르를 비롯하여 십자군 지도자들은 이교도에 비하면 그리스도인이 수적으로 크게 열세였지만, 하나님이 그들을 위해 싸우실 것이라고 낙관하곤 했다. 원정 중에 등장하는 여러 기적 이야기들은 십자군의 동기부여에 도움이 되었을 것이다.[41]

그렇지만 십자군이 제1차 원정에서 비교적 쉽게 예루살렘 성을 차지하자 유럽 내의 분위기는 달라졌다. 그 후 원정이 거듭될수록 세속적 이해관계와 이권을 차지하려는 욕망이 점차 전면에 부상했고, 종교적·세속적 동기들이 교묘하게 결합된 사안들이 노출되었다. 제4차 원정이 예루살렘을 향하지 않고, 콘스탄티노폴리스로 방향을 돌린 사실이 가장 두드러진 사례였다. 이런 사실을 감안하면, 2세기에 걸친 십자군 원정 전체를 단지 하나의 일관된 동기하에 추진되었다고 보는 것은 무리일 수 있다. 원정마다 참여자들도 워낙 다양했기에 각기 상이한 동기와 목표를 갖고 있었다고 보아야 할 것이다. 한 마디로 십자군 원정은 복합적인 동기가 얽혀 추진되었다고 할 수 있다.

교황의 연설에 대한 당대의 반응에서 성전(聖戰)에 대한 순수한 종교적 열정을 확인할 수 있다. 십자군 원정은 종교적으로 뚜렷한 대의명분과 목표를 지닌 활동이었다. 사람들은 교황의 말대로 그리스도교 세계 내부의 갈등을 끝내고, 이교도 세력으로 인해 위기를 겪고 있는 동방의 그리스도인들을 구하려는 목표를 추구했다. 순수한 마음으로 원정에 참여한 민중들은 헌금 모금에도 동참했을 뿐 아니라, 본진이 구성되기도 전에 먼저 은자 피에르의 주도하에 동방으로 이동을 시작했다. 제2차 원정에서는 영향력 있던 시토회 수도원장 클레르보의 베르나르가 이교도에 대한 투쟁을 정당화하며 동방 원정을 촉구했는데, 이러한 성직자들의 목표 제시가 유럽 내의 종교적 사명감을 고양시키는 데 일조했다.

한편, 십자군 원정은 성지순례 관행의 계기적 연속이었다. 11세기 이래 성지순례는 증가 추세에 있었으며, 신분 고하를 가리지 않고 널리 확산되어 있었기에 순례에 대한 종교적 가르침과 문화가 원정을 실천 가능한 프로젝트로 만든 요인 중 하나였다.[42] 예루살렘은 라틴인들이 접근 가능했던 로마와 콤포스텔라보다도 종교적으로 더 큰 의미를 지닌 가장 중요한 성지였다. 하나님의 아들 예수가 활동했고 또 돌아가신 장소였기 때문이다. 십자군에 대한 선전에서도 예루살렘은 순례의 목적지로 묘사되었다. 당대 유럽 그리스도인에게 예루살렘은 신앙의 중심이자 진정한 세계의 중심인 매력적이고 환상적인 공간으로 재인식되었다. 물론 실제 예루살렘은 오랫동안 방치되어 낙후된 도시였고, 십자군 원정에 의해 욕망의 장소로 부상했을 뿐이다. 예루살렘 순례는 11세기 전반까지 무슬림들에 의해 가끔 방해를 받기는 했지만, 대체로 가능했다. 그런 배경에서 십자군 원정자 중에는 스스로를 무장한 순례자로 생각하고 길을 떠나는 자들이 많았다.

십자군의 또 다른 중요한 동기는 교황이 클레르몽에서 선포한 대사(大赦 indulgentia)라는 종교적 보상이었다. 즉 교황은 십자군 원정에 참여하면 죄의 대가로 주어지는 벌을 사면받을 수 있다고 약속했다. '대사'는 학자들이 '면죄' 혹은 '면벌'과 같은 상이한 번역어를 채택하기도 해서 다소 혼란이 있지만, 가톨릭에서는 현재도 대사라는 용어를 사용한다. 이 개념은 십자군 시기에 처음 등장한 후 점차 정교한 교리로 발전했다. 종교개혁 시기에는 이것이 교회의 부패를 상징했으며, 마르틴 루터가 그것의 남용을 비판하는 논제를 발표한 바 있다. 고해성사 때 사제가 고해자의 죄에 대해 금식, 순례, 자선 등 보속을 명하면 그를 이행해야 했는데, 대사란 본래 그 보속을 대체하거나 잠벌을 경감시켜주는 수단이었다. 십자군 시기에는 아직 연옥 교리나 공로의 보고 교리가 출현하지 않았기에 명료한 교리로 정의되지 않았지만, 교황의 사면 약속은 십자군 참여를 유도하는 데 큰 선전효과를 발휘했다.

십자군이 다수의 기사들에게 사회경제적 기회로 인식되었다는 점도 분명하다. 제1차 원정에 참여한 기사들 중 부르고뉴의 마콩 출신이 꽤 있었는데, 이들은 기사 신분임에도 불구하고 매우 궁핍했고, 부모로부터 상속받을 재산도 거의 없었다. 그리고 제1차 원정의 성공 이후 레반트지역에 건설된 십자군 제후국들에 정착한 사람들 중에는 프랑스 출신이 다수였지만, 에스파냐, 아일랜드, 러시아 등 다양한 지역에서 기회를 엿보며 참전한 기사들도 많았다.[43] 이처럼 십자군 원정은 가문 내부에 문제가 있거나 연고지의 경제 상황이 열악한 기사 집단에게 새로운 기회였다. 이들은 동방에서 새로운 부나 이권을 획득할 수 있으리라 기대했다. 대귀족 중에서도 직접 통치할 수 있는 지역을 확보하거나 휘하에 큰 군대를 거느리는 것을 기대하며 원정에 지원하는 자들이 있었다.

원정의 전개

앞서 설명했지만, 로마 교황 우르바누스 2세는 제1차 원정이 시작될 무렵 신성로마제국의 하인리히 4세와의 갈등이 해소되지 않았고, 프랑스 왕 필리프 1세(재위 1060-1108)도 재혼문제로 교황에게 파문을 당하여 십자군 참여가 금지된 상태였다. 원정에 참여한 사람들은 주로 프랑스 기사들과 여러 지역의 제후들이었다. 그 영향으로 시리아와 팔레스타인 거주민들은 서구의 십자군 원정자들을 '프랑크인', 즉 프랑스인이라고 불렀고, 이는 원정이 종식될 때까지 서유럽인들을 지칭하는 명칭이 되었다. 제1차 원정에 유럽의 국왕은 아무도 참여하지 않았고, 제후들이 병력을 이끌었다. 교황은 르 프이의 주교 아데마르에게 원정군 전체에 대한 종교적·정치적 지휘권을 부여했다. 십자군은 네 개의 군대로 나뉘어 각각 정해진 지역에 집결했고, 그리고 거기서 콘스탄티노폴리스까지 육로로 이동했다. 제1진은 로트링겐, 프랑스인, 독일인으로 구성되었는데, 로트링겐 공작 고드프루아 드

부용이 인솔했다. 프로방스인과 부르고뉴인으로 구성된 제2진은 툴루즈 백작 레이몽이 인솔했고, 북부 프랑스의 노르만들로 구성된 제3진은 노르망의 로베르가 통솔했다. 그리고 제4진은 남부 이탈리아의 노르만들이었는데, 보에몽 1세가 인솔했다. 당대 기록에는 제1차 십자군 원정 당시 이동한 병력은 보병 8만 명과 기병 10만 명이라고 언급되어 있지만, 학자들은 전체 병력을 약 4만 명 정도로 추정한다.[44]

비잔티움 황제 알렉시오스 1세 콤네노스는 셀주크 튀르크를 대적할 군사력이 없었기에 이탈리아인들을 끌어들여 대처할 생각이었다. 그는 이 교도들이 성지 예루살렘을 장악하고 있다는 사실이 라틴 그리스도인들을 유인할 구실이 되리라 판단했다. 황제가 본래 원했던 것은 대규모 원정군이 아니라, 당면한 군사적 위기를 대처할 수 있도록 잘 훈련되고 조직된 전사 집단 즉 용병이었다. 비잔티움은 이전에도 용병들을 동원해 군사적 위기를 극복해왔다.[45] 그런데 교황은 예루살렘의 회복이라는 종교적 목표를 전면에 내세웠을 뿐 아니라, 자발적인 참여를 독려한 결과 전투경험이 별로 없는 오합지졸에 가까운 대규모 원정대를 구성했다. 그리고 이 병력이 황제의 휘하에서 전쟁을 수행한 것이 아니라, 서유럽 지휘관들이 독립적으로 지휘권을 행사했다. 그렇지만 황제는 유럽 군대를 환대하며 물자를 지원했고, 그들로 하여금 성유물 앞에서 자신에게 충성 서약을 할 것을 요구했다. 유럽인들은 예상치 못한 황제의 봉신 서약 요구에 반발했다. 황제는 충성 서약을 한 일부 제후들에게는 선물과 보급품을 충분히 제공하며 십자군의 약탈행위를 경계했고, 영토를 탈환할 경우 자신에게 귀속시킨다는 다짐을 받고자 했다. 하지만 이러한 기대는 거의 이루어지지 않았다. 원정이 진행될수록 제국의 영토 내에서 독자적으로 무력을 행사하는 십자군과 이를 지켜보는 비잔티움 황제 사이에는 불신이 커져갔다.[46]

유럽 군대가 콘스탄티노폴리스에 집결한 것은 1097년 4월 말이었다. 그들은 그로부터 약 2년이 지난 1099년 7월 15일에 예루살렘 정복에 성공했다. 제1차 원정은 십자군 역사에서 가장 성공적이었다. 당시 이슬람 세계가 분열되었을 뿐 아니라, 전쟁에 대한 대비가 전혀 없었기 때문에 비교적

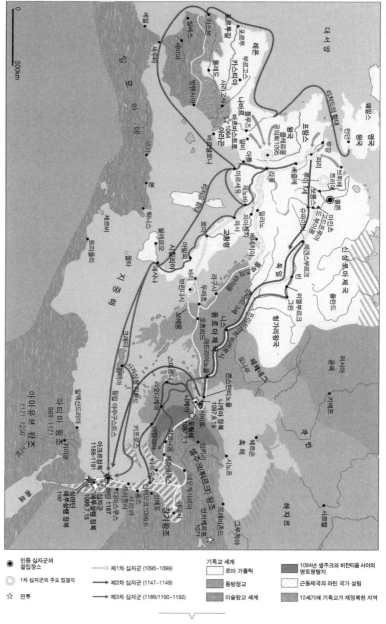

8-7 제1-3차 십자군원정

8-8 근동의 십자군 제후국들

쉽게 승리할 수 있었다. 당대의 사료들은 예루살렘을 정복하는 과정에서
드러난 서유럽인의 잔인성을 고발한다. "성지의 주민들이 그들의 칼날 아래
쓰러졌다. 프랑크인들은 일주일 동안 수많은 사람들을 학살했다. 알 아크
사 사원에서 그들은 7만 명이 넘는 사람들을 죽였다." 또 다른 기록은 이렇
다. "많은 이들이 죽었다. 프랑크인들은 유대인들을 그들의 교회당에 몰아

넣고 산 채로 태워 죽였다. 그들은 또한 성스러운 유적들과 아브라함의 무덤을 파괴했다."[47] "예루살렘의 거리에는 주민들이 흘린 피가 발목까지 찰정도였다"라는 일부 과장된 서술도 있지만, 대체로 기록에서 언급된 야만적인 행위들은 사실에 기반했다. 전투에 임한 십자군들은 두려움과 공포 혹은 이슬람에 대한 증오로 가득 차 과도한 무력을 행사했다. 더 큰 문제는 프랑크인이 전쟁의 승패가 가려진 이후에도 현지 주민들을 상대로 말로 형언하기 어려운 살육을 벌였으며, 성지로 간주하던 도시 예루살렘을 자신들의 손으로 야만스럽게 파괴했다는 사실이다.

지속적인 원정의 토대와 일탈

회수한 영토는 비잔티움 황제에게 반환되리라 생각했기 때문에 교황이나 십자군 지휘부는 원정이 승리할 경우를 대비한 구상을 수립하지 않았다. 하지만 제후들은 서약한 것과 달리 획득한 영토를 황제에게 귀속시키지 않았다. 십자군은 예루살렘까지 이동하는 과정에서 에데사, 안티오키아 등 주요 도시들을 정복했고, 그곳을 중심으로 시리아와 팔레스타인 지역을 통제할 거점을 구축했다. '십자군 제후국'이라고 불리는 에데사 백작령, 안티오키아 공작령, 트리폴리 공작령, 그리고 예루살렘 왕국이 그것이다. 지휘관들은 회의를 열어 로트링겐 공작 고드프루아 드 부용을 예루살렘의 통치자로 추대하기로 결정했다. 예루살렘 왕국의 초대 통치자는 왕 대신 "성묘의 수호자"라고 불리기를 원했다. 그리고 그가 사망한 후에는 그의 동생 보두앵 1세가 예루살렘의 왕이 되었다. 원정에 참여했던 많은 사람들이 돌아가고 잔류한 병력은 기사 300명과 보병 2천 명 정도에 불과했기에 이슬람 세계 내에서 섬과도 같은 성지와 십자군 제후국을 수호하는 과제는 그리스도교 세계에 새로운 부담으로 남았다.[48]

기사단은 환자들을 돌보고 순례자들을 보호하는 사명을 수행하던 자들로서 오랜 연원을 갖고 있다. 이들은 수도사처럼 서약을 하고 가입하지만, 무장한 세력이었기 때문에 이내 십자군 내에서 무시할 수 없는 비중을 차지했다. 세 종류의 기사단이 중요한 활약을 했다. 가장 먼저 조직된 것은 예루살렘 성 요한 기사단인데, 이들은 구호 기사단이라고도 불렸다. 순례자 보호를 위해 본래 십자군 이전에 조직되었다. 또 다른 기사단은 성전 기사단인데, 예루살렘 왕 볼드윈 2세가 솔로몬 성전 터로 추정되는 예루살렘 왕국의 한 구역을 기사단에게 하사하여 이런 이름이 붙여졌다. 이들도 순례자를 보호하는 것이 목적이었고, 유럽 전역에 지부를 구축하고 모금을 통해 십자군을 지원했다. 이들은 모금한 자금을 대부업에 투자하여 유럽의 은행으로 기능했으며, 거대한 부를 축적했다. 셋 중 가장 늦게 생겼으며, 유일하게 민족적인 성격의 조직이 독일기사단이었다.[49]

12세기에는 십자군의 지휘관들과 주기적으로 결성되던 서유럽의 원정세력 외에 그 지역들에 남아 있던 '프랑크' 제후들과 기사들이 군사력의 주축이었다. 13세기에는 새로이 중요한 세력이 부각되었는데, 하나는 레반트의 해안 도시에서 큰 규모의 무역 이익을 추구하던 이탈리아의 선박들과 베네치아, 제노바, 피사 등의 해군력이었고, 다른 하나는 기사단이었다. 특히 기사단이 거점으로 삼고 있던 성채는 내륙에서 군사전략상의 중요한 보루였다. 성채는 작은 병력으로 정복지를 사수하기 위한 전략의 일환이었다. 시리아의 크라크 데 슈발리에(Crac des Chevaliers)와 같은 성채를 건설하고, 그 주변에는 다른 요새들을 구축해 긴급한 상황에 상호 연락할 수 있는 네트워크를 통해 적의 공격에 효과적으로 대응했다.

무슬림들은 12세기 중엽부터 점진적으로 서유럽 세력의 거점을 탈환했고, 1187년에는 예루살렘을 재정복했다. 이를 주도한 살라딘은 성전기사단의 본부로 사용되던 알 아크사를 이슬람교 사원으로 복구시켰다. 서양에서 살라딘이라는 이름으로 알려진 살라흐 앗딘 유수프 이븐 아이유브(1138?-1193)는 티크리트 출신 쿠르드족의 장군이었는데, 제3차 십자군 원정이 추진되기 얼마 전 이슬람 세력을 통솔하기 시작했다. 그는 이집트, 시리아, 예멘, 이라크, 메카, 헤자즈 등지를 아우르는 아이유브 왕조를 건설했으며, 탐욕스러운 유럽의 십자군 군주들에 비해 약속을 잘 지키는 자비로운 군주로 덕망이 높았다. 제3차 원정 중 1192년에 사자심왕 리처드와 평화협상을 체결하는 과정에서 살라딘이 보인 기사도 정신과 자비심은 서방세계에 전설처럼 전해진다.[50] 한편 예루살렘을 상실했다는 소식을 들은 교황 우르바누스 3세(재위 1185-87)는 슬픔에 빠진 후 사망했고, 이어 즉위한 그레고리우스 8세(재위 1187)는 제3차 십자군(1187-90)을 소집했으나 재임 2개월 만에 사망하고 말았다. 서유럽의 위기감이 고조되었기에 여러 왕들과 제후들이 참여한 대규모 원정이 추진되었다. 이 시기에 십자군 원정은 총력전의 양상을 띠고 전개되었지만, 당시 유럽인들 사이에는 예루살렘의 재탈환이 어려우리라는 인식이 팽배해졌다.

십자군이 본래의 목표로부터 이탈해 세속적 이익을 노골적으로 추구한 것은 이러한 비관적인 전망과 무관하지 않다. 특히 제4차 원정(1202-1204)에서의 일탈은 절정에 달했다. 당시 베네치아인들은 지중해에서 상업적 이익을 독점하는 데 관심이 컸다. 원정에서 십자군 이송을 독점한 베네치아는 기한에 맞추어 함선 500척을 준비했으나, 십자군측은 밀린 대금도 지불하지 못한데다 예정된 인원의 3분의 1에 불과한 1만 1천여 명만이 집결했다. 약속을 지키지 못한 십자군은 베네치아의 요구를 수용하지 않을 수 없어 십자군 연합군의 일원인 헝가리가 점유하고 있던 자다르를 함락시키는 일에 동원되었다. 뒤늦게 이 소식을 접한 교황은 제4차 십자군 원정에 참여한 자들 모두를 파문에 처했다. 그런데 십자군은 거기에서 그치지 않고 원정군의 재정난을 해소해 주겠다는 비잔티움의 망명 왕자 알렉시우스 앙겔루스의 제안에 현혹되어 비잔티움 제국의 수도 콘스탄티노폴리스를 약탈하고, 제국 내에 라틴 제국(1204-1261)을 건설했다. 유럽인들은 플랑드르 백작 보두앵을 새로운 라틴 제국의 황제로 추대하고 반세기 이상 수도 주변 지역을 지배했다. 1261년 이 제국이 니케아 제국과 튀르크의 공격으로 멸망할 때까지 비잔티움 제국은 주변으로 밀려나 망명 지역에서 재건작업을 하며 버텨야 했다.[51]

십자군 원정의 성과와 영향

1291년 유럽 세력의 마지막 거점이었던 아크레가 함락되어 이슬람의 손에 들어감으로써 십자군 원정은 종결되었다. 유럽 그리스도교 세계가 약 200년에 걸쳐 추진했던 성지 예루살렘 탈환 프로젝트는 결국 실패로 끝이 났다. 이 원정이 진행되던 시기에 그리스도교 세력이 시칠리아와 에스파냐에서 무슬림에 대해 얻은 성과와 비교해 보면 십자군 원정의 결과가 뚜렷하게 대비된다. 두 지역 모두 십자군과 비교할 수 없을 정도로 적은 자원과 노력이 동원되었지만 시칠리아에서는 노르만 왕국을 건설했고, 에스파냐에서는 13세기에 그라나다를 제외하면 무슬림이 차지하고 있던 영토 대부분을 회복했다.

십자군 원정의 성과로 꼽을 수 있는 것들도 일부 있다. 장기간에 걸친 원정으로 그리스도교 세계와 타문화권 사이에 광범위한 접촉이 이루어졌다. 십자군 제후국들은 동방에서 새로운 거점 역할을 하면서 이질적인 종교 및 문화와 접촉했고, 경제적 교류도 전개했다. 12세기 중엽 이래로 레반트지역에서 서유럽인의 교역활동이 무슬림 때문에 위험을 겪는 일은 드물었다. 베네치아, 제노바, 피사 등 이탈리아 중북부 도시들은 십자군 원정 덕분에 호황을 누렸다. 이들은 선박 임대업으로 상당한 부를 얻었고, 대부업이나 금융업이 발전하는 계기도 되었다. 교역로의 발달로 인해 원거리 무역이 번창하게 되었고, 세계적 규모의 교역체제가 구축되었다.[52] 동방 무역은 그 이전에 비해 십자군 원정을 거친 후 더욱 번성했다. 유럽인들은 아시아로부터 향신료와 비단을 수입하고 은을 지불하는 거래를 확대해나갔다. 하지만 이와 같은 원거리교역의 발전이 십자군 원정 덕분이라고 볼 수만은 없다. 13세기 경제발전의 본질적인 원인은 중세 성기 유럽 내부에서 이루어진 인구와 생산력의 증가, 상업과 경제력의 개선 덕분이었다. 더 정확히 분석하면, 십자군 원정 자체는 이슬람 지역과의 본격적인 교역 발전에 별다른 기여를 하지 못했고, 지중해를 그리스도인의 바다로 회복하지도 못했다. 십자군 원정 기간에 '12세기 르네상스'가 전개되었고 서유럽 도시들의 발전이 이루어졌지만, 이러한 지적 업적과 도시의 발전도 십자군의 직접적인 영향이 아니었다. 이런 이유에서 중세사 대가 르 고프는 "이 전쟁의 유일한 결과는 그 당시까지 유럽에 알려지지 않았던 '복숭아'"였다며 인색하다 못해 냉소적인 평가를 내렸다.[53]

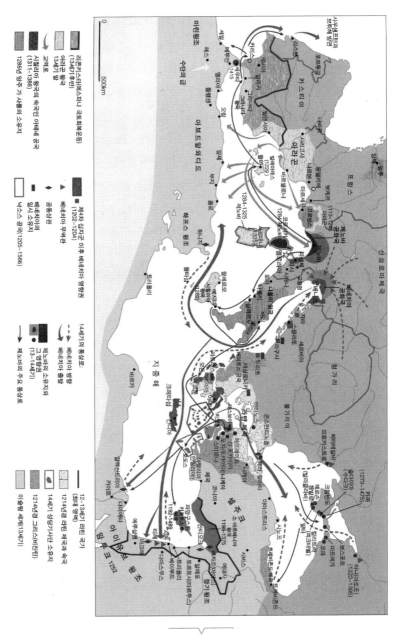

8-9 지중해 지역(8-15세기)

다소 양보해서, 십자군 원정이 여러 면에서 서유럽 사회의 변화를 촉진하고 영향을 끼쳤다고 인정하더라도,[54] 전체적으로 부정적인 측면이 훨씬 두드러졌다. 지속적인 십자군 원정은 라틴 유럽인들에게 공동체적 정체성을 강화시켜 주었다. 그 영향으로 이슬람 세계와 그리스도교 세계, 라틴인과 그리스인 사이의 대립 양상이 본격적으로 부각되었다. 그리고 원정에 참여했던 유럽의 세속 군주들 사이에도 갈등이나 이해관계가 첨예하게 대립하며 적대감이 고조되기도 했다. 서유럽인들의 콘스탄티노폴리스 정복으로 그리스도교 세계 내에서 라틴 세계와 비잔티움 제국 사이의 관계는 결정적으로 악화되었다. 이 제4차 십자군에서 그들이 보여주었던 잔인성과 비전투인에 대한 폭력 및 파괴행위 등으로 인해 15세기에 오스만 튀르크의 공격에 대해서는 공동전선을 기대할 수 없었다.

십자군의 이념과 그 기억은 원정이 끝난 후 여러 세기 동안 유럽인이나 아랍인에게 깊이 각인되었다. 십자군 원정 전후로 이슬람과 그리스도교인 사이에 적대감이 고조된 배경에는 우선 이슬람과 장기간에 걸쳐 전쟁을 겪었던 비잔티움인들의 역할도 있었다. 이들의 이슬람에 대한 나쁜 감정과 적대적 이해는 서유럽에 전달되어 왜곡된 이슬람상이 형성되는 데 영향을 끼쳤다. 특히 제1차 십자군 원정이 성공한 후 서유럽에서 본격적으로 십자군 붐이 일면서 이슬람에 대한 자료들이 많이 생산되었는데 당시 집필된 무함마드 전기 등에는 이슬람에 대한 악의적인 날조가 많이 포함되었다. 예를 들면 그리스도교 세계의 필자들은 이슬람 사회에서 술과 돼지고기를 금지한 이유가 무함마드가 술에 만취하여 돼지들에게 먹혀 사망했기 때문이고, 무슬림들은 그를 죽인 짐승을 혐오한다고 설명했다.[55] 이처럼 이슬람에 대한 왜곡된 지식이나 험담이 널리 퍼지면서 유럽인들에게 이슬람 세계는 타자화·악마화되었다.

이슬람에 현혹되는 자가 없도록 꾸란 번역도 시도되었다. 클뤼니 수도원장 가경자 피에르(1092-1156)의 권고로 1143년 신학자이자 아랍 전문가인 잉글랜드인 케톤의 로베르트가 최초로 꾸란을 번역했다. 그런데 그는 꾸란 주석을 덧붙이면서 왜곡된 내용도 포함시켰다. 예를 들면, 이슬람은 죽음으로 대가를 치르게 한다는 등 근거 없이 폭력성을 부각시켰으며, 이슬람을 방종한 성적 타락의 세계로도 묘사했다.[56] 영웅전 롤랑의 노래가 서유럽에 널리 퍼진 것은 12세기였다. 그 작품에서는 롤랑을 바스크 족속이 아니라, 이슬람과의 갈등에서 희생당한 영웅으로 추앙했고, 무슬림을 우상숭배자들로 서술했다. 더불어 그들이 세 신을 섬기는 다신교도라고 서술하기도 하고, 다른 영웅 서사시에는 이슬람이 아폴로와 제우스를 숭배한다고 기록하기도 했다.[57] 이슬람이 알라가 아니라 무함마드를 숭배하는 종교로 소개하는 서술도 있다. 이처럼 당대의 문헌에 치명적인 오류들이 넘쳐나는 것은 이 문헌들을 통해 이슬람을 객관적으로 이해시키려 하기보다 적대적인 감정을 자극하기 위한 의도로 저술했기 때문이다.

아랍인의 관점에서 보면 십자군 원정은 서유럽인들의 예고 없는 침략 행위였다. 무슬림들은 유럽인의 잔인함이 극에 달했던 기억을 지니게 되었다. 십자군은 초기에 원정에 필요한 물자를 어느 정도 비잔티움 황제로부터 공급받았으나, 얼마 후 황제와 갈등을 빚었을 뿐 아니라 원정이 장기화되면서 현지에서 생필품 대부분을 조달하는 것이 불가피했다. 그 과정에서 구매보다는 민간인들로부터 약탈하는 경우가 많았다. 유럽인들은 정복과 획득한 영토를 수호하는 과정에서 인종적 편견도 극심했다. 그들은 낯선 현지에서 두려움에 사로잡히는 경우가 많았고, 소통에도 어려움을 겪으면서 이교도들은 물론 유대인과 현지의 그리스도인조차 학살하는 경우가 빈번했다. 원정군의 폭력과 학살에 대한 기억은 많은 무슬림들이 유럽인을 부정적으로 인식하게 된 요인이었다. 결국 십자군 원정은 두 문명이 충돌했던 중동 지역을 더욱 폭력적이며, 항구적인 분쟁지역으로 변모시키는 데 일조했다. 십자군에 참여했던 서유럽 기사들은 본국으로 돌아와서도 폭력을 남용하거나 착취를 일삼았는데, 십자군 원정 이후 더욱 번성한 용병 문화는 일종의 그 유산이었다.

십자군 시기에는 본격적인 이단 파괴운동도 일어났다. 교황 인노켄티우스 3세(재위 1198-1216)는 프랑스 남부를 중심으로 세력을 확장하고 있던 카타리파를 제거하기 위해 십자군을 주창했고, 그로 인해 프랑스 왕 필리프 2세부터 루이 9세 시기에 이르기까지 카타리파를 대적할 십자군(1209-1229)이 조직되었다. 그 결과 카타리파의 중심지 알비와 랑그독 지역에서 20만 명 이상의 사람들이 십자군에 의해 학살되었다.[58] 카타리파는 교리상 그리스도교로부터 일탈한 신앙집단이라고 평가되고 있지만, 무장세력은 아니었다. 알비 십자군은 교황에 대한 복종을 거부하는 이들 유럽 내의 이단세력을 무력을 동원해 무자비하게 척결했다.[59] 그리고 십자군 시기에는 유대인에 대한 학대와 학살도 본격적으로 자행되었다. 제1차 원정기에 유럽에는 유대인들이 이슬람과 협력하여 그리스도교 세계를 파괴하려 한다는 근거 없는 음모론이 공공연히 확산되었다. 이슬람을 공격하러 떠나기 전에 내부의 적대적인 세력을 제거하는 것이 당연하다는 반유대적 분위기가 형성되면서 십자군 원정대가 지나는 길에 유대인 촌락이 보이면 이유 없이 공격해 가옥을 파괴하고 주민을 학살하는 경우가 적지 않았다. 프랑스 루앙에서 시작된 폭력행위는 라인강 주변 독일 지역으로도 확산되어 쾰른, 마인츠 등에서 많은 희생이 있었다. 일부 주교는 폭동을 중단시키려 시도했지만, 격분한 폭도들을 억제시킬 수 없었다.[60] 이 시기 유럽 왕국들에서 유대인들은 전적으로 국왕의 보호에 의해 생존을 이어가는 존재였는데, 군주들은 이를 악용해 유대인의 재산을 착취하거나 몰수하는 악행을 저질렀다. 반유대적 분위기가 거세지자 세속 통치자들은 유대인에 대한 본격적인 약탈을 방조하거나 묵인했으며, 그들의 인신을 저당 잡히기도 했다.[61] 유대인들은 십자군 원정이 종식되던 13세기 말 이래 잉글랜드, 프랑스, 독일 등 서유럽 대부분 지역에서 추방되는 운명을 맞았다.[62]

 ## 절정기의 교황 — 인노켄티우스 3세

그리스도교 세계의 최고 재판관

교황들은 장기간에 걸쳐 십자군 원정을 주도하면서 유럽 전역에서 민중들에 대한 폭넓은 지지를 받았고, 정치적 영향력도 강화시켜 나갔다.

교황들은 그리스도교 세계를 실질적으로 좌지우지하며 교회와 세상에 대해 지도력을 발휘했다. 중세 교황권의 절정기는 인노켄티우스 3세 재임기(재위 1198-1216)였다. 인노켄티우스는 교황으로 선출될 때 37세의 젊은 나이였지만, 신학과 법학에 조예가 깊었으며, 그레고리우스 7세가 주창했던 교황군주론을 실현할 야심을 지니고 있었다. 그가 교황이 될 무렵 유럽 주요 왕국들은 물론 비잔티움도 정치적 혼란을 겪고 있었다. 재임 초기 인노켄티우스는 우선 교회 내부를 개혁하는 일에 관심을 기울였으며, 중요한 교서들을 정리해 편찬하는 사업을 전개했다. 그와 더불어 이탈리아 내에서 영토를 획득하거나 황제 오토 4세로부터 일부 교황령을 넘겨받음으로 이탈리아 군주로서의 권한도 강화해 나갔다. 그 후 교황은 예루살렘을 회복하기 위해 제4차 십자군을 천명하고, 그 재정문제를 해결하기 위해 교황청 주도로 성직자에게 20분의 1세를 징수했고, 대사부(면벌부)를 발행하고 판매하는 관행을 확대시켰다. 인노켄티우스가 축성한 제4차 십자군은 성지 탈환과 동서 교회 일치라는 목표를 내걸고 출발했으나, 엉뚱하게 비잔티움 제국을 파괴했고, 제국 내에 라틴 제국을 건설했다. 교황은 초기에 연합세력이었던 헝가리가 점유한 자다르를 공격한 십자군을 파문했지만, 라틴 제국이 형성된 후에는 동서 교회의 분열이 종식될 수 있으리라는 헛된 기대를 품었다.[63]

인노켄티우스가 교황으로서 가장 역점을 두었던 목표는 교황권의 정치적·세속적 위상을 높이는 일이었다. 그는 교황을 "그리스도의 대리인이며, 하나님보다는 나약하지만 인간보다는 위대한 존재"로 간주했다. 그는 이러한 자의식을 토대로 교황이 신성로마제국의 황제를 대관하기 전에 그가 적절한 인물인지 심사할 권한과 의무가 있다고 주장하며 독일 왕 선출 과정에 정치적 영향력을 행사했다. 교황은 결국 오토 4세(재위 1198-1218)를 지지해 황제까지 대관했으나, 곧 그의 이탈리아 정책을 비판하며 파문하고 퇴위를 선포하기도 했다. 이는 사실 교황의 선택이 잘못되었다고 스스로 자인한 셈이었다. 교황은 잉글랜드의 캔터베리 대주교 서임 문제로 존 왕과도 갈등을 빚었는데, 1208년 교황이 추천한 스테판 랭튼을 존이 거부하자 잉글랜드 전체에 성무 금지령을 내렸다. 이로 인해 잉글랜드에서는 성사를 거행할 수 없게 되었다. 존이 그 후에도 계속 반발하자 이번에는 그에게 파문을 내렸다. 존은 국내 정치에서 위기에 몰리자 비로소 교황에게 굴복했다.[64] 이 외에도 인노켄티우스는 존엄 왕 필리프의 이혼 문제, 프리드리히 2세의 황제 승인 문제 등 유럽 국가의 여러 사안들에 개입해 자신의 의지를 관철하려 했다. 교황은 이와 같은 방식으로 세속 국가 및 군주에게 그리스도교 세계의 최고 지배자이자 재판관임을 과시하려 했다.[65]

인노켄티우스가 교황권의 최고 전성기를 구가할 수 있도록 지탱해 주었던 하나의 축은 새로운 종교운동이었다. 11세기 이래 여러 이단운동이 성행했고, 특히 알비파는 점점 널리 확산하여 제도교회의 큰 걱정거리가 되었다. 교황은 1209년 알비파 이단에 맞선 십자군을 천명하고 세속 제후들의 협조로 약 20년에 걸쳐 그들을 척결할 수 있었다. 무력을 통한 제압보다 더 효과적인 전략은 이단에 맞설 조직을 구축하는 일이었다. 그는 이런 맥락에서 1210년대에 도미니쿠스 교단과 프란체스코 교단 설립을 승인했다. 두 탁발수도회는 이단에 대한 대응과 도시 선교를 목표로 활동했는데, 그들이 단기간에 큰 성장과 대중적 지지를 이끌어 낼 수 있던 것은 사회 저변으로부터 교회를 재건하려는 새로운 에너지가 뒷받침되었던 덕분이었다.

제4차 라테라노 공의회와 교황군주국

1215년에 소집된 제4차 라테라노 공의회는 중세 공의회 중 가장 중요한 공의회라는 의미에서 '대공의회'라고도 불린다. 인노켄티우스는 로마에서 개최된 이 공의회가 실질적인 보편공의회가 되도록 하려고 동방과 서방의 모든 주교들과 성직자 및 그리스도교 국가의 제왕들을 초대했다. 콘스탄티노폴리스와 예루살렘의 라틴 총대주교를 포함하여 서구 교회 전역에서 400명 이상의 주교들이 참석했고, 여러 수도원장들과 유럽 군주들이 파견한 사절 등 총 1,200여 명이 참석하여 대성황을 이루었다. 주목해야 할 부분은 규모뿐만 아니라, 다양한 지역과 신분에서 골고루 대표가 파견되었다는 사실이다. 이로써 공의회는 단지 종교지도자들의 회합을 넘어서 그리스

8-10 교황권과 제4차 라테라노 공의회(1215)

도교 세계 모든 신분 대표들의 회합이라는 성격을 지니게 되었다. 공의회에서는 이단에 대한 대응과 교회개혁을 논의했고, 그 외에 십자군원정과 유럽 내의 평화문제도 의제로 다루었다. 사실상 교회 내부의 문제를 제외하면 모든 사안은 세속 제후들의 도움 없이 해결할 수 없었기에 공의회 참여자의 확대는 불가피한 측면이 있었다.[66]

　　교황 주도로 그리스도교 세계 주요 지도자들을 로마에 불러 모은 유례없는 대규모 공의회를 개최하였으니, 이 시기에 가히 인노켄티우스 교황의 권위가 최절정에 달하였다고 할 수 있다. 교황은 이 공의회에서 70개 조항에 이르는 교회 개혁에 대한 합의를 선포함으로써 가톨릭의 기본 교리를 다시 정립했다. 결정사항들 중에는 후대에까지 중대한 영향을 미치는 사안들이 많았다. 교회 조직과 관련해서는 수도회가 지나치게 많다는 지적으로 인해 새로운 수도회의 설립이 금지되었다. 도미니쿠스회는 공의회 직후 공식 승인을 얻어냈지만 이 결정 때문에 수도 규칙만은 기존 아우구스티누스회 규칙을 채택해야 했다. 성직자와 관련해서도 여러 결정이 있었는데, 윤리적으로 문란하게 생활하는 성직자의 성직록 박탈과 성직자의 세속 권력자에 대한 충성 서약 금지가 포함되었다. 신자들의 신앙생활에도 큰 변화가 있었다. 모든 신자는 1년에 한 번 고해성사를 해야 했고, 매년 부활절 축일에 영성체를 해야 할 의무가 규정되었다. 성체에 관한 교리, 즉 화체설이 공식적으로 규정된 것도 신학적으로 중요한 변화였다. 이 외에 유대인과 이슬람교도가 외적으로 식별이 가능하도록 규정했다. 이는 그리스도교인과 이교도가 섞이는 것을 방지하려는 조치였지만, 사회적 차별을 유발할 여지가 있었다. 그리고 성지를 재정복하기 위해 1217년 6월 1일 십자군을 출발시킨다는 교서를 발표하고, 재정 마련을 위한 대책도 입안했다.[67]

인노켄티우스는 약 20년에 걸친 재임기간 동안 교황청 조직과 다양한 자원을 활용하여 중앙행정기능을 갖춘 교황군주국을 구축했다. 교황은 공의회를 통해 교회개혁을 일관되게 추진하고, 유럽 내부의 분쟁들을 해결해 일치된 힘으로 십자군 운동을 더욱 효과적으로 관철하려 했다. 교황의 고양된 위상으로 인해 동방의 콘스탄티노폴리스 총대주교에게까지 그의 영향력이 미쳤고, 유럽 군주들도 그에게 머리를 조아렸다. 하지만 교황의 영향력 확장과 지나친 개입은 왕국이나 군주의 이해관계와 충돌할 경우 갈등으로 발전했으며, 종교 본연의 역할과도 거리가 있었다. 세속 군주들은 일시적으로 교황권에 맞섰다가도 필요하면 화해하고 협력하는 일을 반복했으며, 그 과정에서 정치적 거래 혹은 타협이 빈번했다. 예컨대 1213년 캔터베리 대주교의 서임문제로 교황과 갈등관계에 있던 잉글랜드의 존 왕은 제후들의 도전에 직면하자 교황에 대해 적대적인 태도를 철회했고, 이에 교황은 존 왕을 지지했으며, 교회로부터 강탈한 돈을 갚도록 요구하지도 않았다.[68] 인노켄티우스를 비롯하여 여러 교황들은 파문과 성사금지라는 징계 수단을 사용하며 세속권력에 대해 우월한 지위를 관철했는데, 이 과정에서 징계가 정치적으로 남용되곤 했다. 이 수단들은 교황이 유럽 전역에서 주교 및 하위성직자들의 복종을 끌어낼 수 있었기 때문에 가능했다. 재속성직자뿐 아니라, 수도사들도 교황의 권위를 기성 교회의 권징과 세속권력의 약탈로부터 자신들을 지켜줄 최후의 보루로 여겼기에 교황을 견고하게 지지하고 있었다. 교황의 고양된 권력과 권위는 성직자들의 재산권 보호, 세속권력으로부터 면죄되고 교회법에 의해서만 처벌받을 권리 등을 통해 모든 성직자들의 위상을 높여주는 실질적인 결과를 초래했다.

인노켄티우스 3세는 세속군주들과의 싸움에서 모두 승리하여 절정기 교황권을 대변하는 인물이 되었다. 하지만 이 시기에 교황권은 지나치게 정치적이었고, 세속적이었다. 그는 종교적 권위보다는 교회 조직을 비롯한 가시적인 힘에 의존하며 세속적인 영향력을 확대하기 위해 군주들과 경쟁했다. 인노켄티우스를 비롯하여 여러 교황들이 이렇다 할 의미 있는 성과도 없이 13세기 말까지 십자군 원정을 지속적으로 주창했던 것은 일종의 허위의식의 발로였다. 교회가 교황권의 급격한 쇠락을 확인하게 된 것은 13세기 말이었으나, 그와 같은 결말은 앞선 시기에도 어느 정도 예견할 수 있었다. 한편 서유럽 세속 왕국들은 종교권력의 간섭을 점점 더 부담스러워했다. 군주들은 대규모 십자군 원정을 주도하는 과정에서 중앙집권적 체제를 구축할 수 있었고, 결국 신장된 왕권을 토대로 교회가 차지하고 있던 일부 권한과 기능을 국가로 이전할 것을 요구하게 되었다. 국왕들이 1300년을 전후로 교황정부의 일원이었던 성직자들에게 과세를 요구하게 된 것은 두 권력의 힘의 향배를 결정하는 시금석이었다.

맺음말

개혁교황을 대표했던 그레고리우스 7세는 교회개혁 운동의 여세를 몰아 교황 정부와 주교구를 정비하여 일사불란하게 교황 중심의 교회체제를 구축해 나갔다. 이 체제가 효율적으로 운영되기 위해서는 주교와 수도원장에 대한 서임권 행사가 필수적이었고, 신성로마제국 내에서 실질적으로 서임권을 행사하던 통치자의 권한을 박탈해야 가능했다. 결국 교황과 독일 왕 사이에 이루어진 직접적인 충돌은 많은 후유증을 낳았고, 오랜 갈등과 논의 끝에 보름스 협약으로 타협에 이르렀다. 분쟁의 핵심은 주교들이 교회와 세속에서 이중적 역할을 수행하면서 교황과 군주에게 각기 성직 서약과 봉건 신서를 거행했기 때문이었다. 그레고리우스 교황은 교황 군주제를 주창하면서 그리스도교 세계에 대한 헤게모니를 차지하려 시도했고, 이 사상을 계승한 후대의 교황들도 동일한 목표를 추구했기에 세속화의 위험에서 벗어날 수 없었다.

교황이 주도했던 십자군 원정은 1000년 전후 진행되던 유럽의 대외진출 경향과 궤를 같이했던 팽창의 한 물결이었다. 교황은 이 원정을 계기로 그리스도교 세계를 실질적으로 통솔하기를 의도하였으며 가능한 수단들을 모두 동원했다. 콘스탄티누스 황제 시기에 승리의 상징으로 그 의미가 전도되었던 십자가는 종교적·세속적 욕망을 채워주리라 기대되었다. 그렇지만 유럽의 기사들과 제후들, 민중들과 성직자들이 총동원된 대장정은 성지탈환이라는 애초에 설정한 목표를 이루는 데 실패했을 뿐 아니라, 크나큰 부정적인 유산을 남겼다. 그리스도교 세계와 이슬람 세계 사이에 적대감을 고조시켰고, 라틴인과 그리스인 사이에도 이질감만 부각시켰다. 십자군이 초래한 부정적인 유산은 현재까지도 이어지고 있다.

교황권의 절정기로 평가되는 인노켄티우스 3세 시기는 교회와 종교지도자의 역할에 대해 성찰할 기회를 제공한다. 인노켄티우스는 높아진 교황의 위상을 기반으로 로마가 중심이 된 효율적이고도 일사불란한 교회체제를 구축했고, 교황의 통솔을 받는 강하고 충성된 수도회들을 거느렸으며, 공의회에서 신앙의 기본 교리들을 정립하면서 교회 개혁도 추진했다. 하지만 교황군주론이라는 사상에 사로잡혀 대외적으로 파문과 성사금지 같은 징계수단을 정치적 목적을 위해 남용했고, 다른 군주들과 경쟁하며 최고 군주로서 인정받고자 했다. 교황은 최고 권위의 종교지도자로 만족하지 않고, 조직과 영향력을 확대해 세속적인 권력을 행사하고자 했다. 이와 같은 13세기 이후 교황들의 세속적이며 왜곡된 군주상에서 교황권이 쇠락한 근본 원인을 찾을 수 있다.

주

1——Gerd Tellenbach, *The church in western Europe from the tenth to the early twelfth century* (Cambridge, 1993), pp. 185-186.

2——Harald Zimmermann, "Heinrich IV", ed., by H. Beumann, *Kaisergestalten des Mittelalters*(München, 1984), pp. 120-122.

3——밀라노에서 촉발된 서임권 투쟁은 도시민들이 일으켜 약 20년에 걸쳐 내전의 성격으로 발전했던 코뮌운동과 깊이 연관되어 있었다. 복잡하게 전개되었던 상황에 대한 상세한 설명은 다음 서적을 참조하라. 크누트 슐츠, 《중세 유럽의 코뮌운동과 시민의 형성》, 박흥식 역(2013, 길), 54-79쪽.

4——Tellenbach, *The church in western Europe*, pp. 179-180.

5——속인 서임 금지 주장은 교황 니콜라우스 2세에게 기원이 있다. 그렇지만 당시에는 적용된 사례가 없기에 별 반향도 없었다. 이는 알렉산데르 2세 재임 시기에도 반복되었다. 개혁교황들이 등장하면서 속인 서임 금지의 관철이 교황청의 핵심 개혁과제로 부상했다. Tellenbach, *The church in western Europe*, pp. 182-183.

6——1074년 그레고리우스가 하인리히에게 보냈던 서신에는 교황이 십자군을 떠날 경우 로마 교회를 독일 왕에게 부탁한다는 내용도 있어, 상호간의 원만한 협조체제를 추측하게 한다. *Gregorii VII Registrum*(MGH Epistplae selectae II/1-2, ed. by E. Caspar, Berlin 1920-3) II 30, 31. 이에 대한 상세한 설명은 다음 문헌을 참조하라. Carl Erdmann, *Entstehung des Kreuzzugsgedankens* (Stuttgart, 1955), pp. 149-153.

7——Tellenbach, *The church in western Europe*, pp. 187-193.

8——*Gregorii VII Registrum* II 55a(MGH Epistolae selectae II). 〈교황 교서〉 혹은 '딕타투스 파페'(Dictatus Papae)는 '교황 교령', '교황 법령' 등 여러 용어로 번역된다. 책 이름이나 특정 조약 등을 제외한 중세 교회 문헌들은 대부분 문서가 시작되는 두세 단어로 불렸다. 따라서 일부 예외를 제외하면, 그 단어가 전체 내용의 주제어가 아닌 경우가 많다. 여기서는 〈교황 교서〉라 옮긴다.

9——소수의 추기경이 분야별로 구성한 의회를 뜻한다. '성성'(聖省)이라고도 번역한다.

10——장준철, 《서양 중세의 교황권: 정치적 갈등과 투쟁의 역사》(혜안, 2021), 167-168쪽.

11——이 교서의 내용에 대한 상세한 해설 및 분석은 다음 두 문헌을 참조하라. Eamon Duffy, *Saint and Sinners. A History of the Popes*, pp. 121-122; 장준철, 《서양 중세의 교황권》, 165-186쪽.

12——서던, 《중세교회사》, 111-114쪽.

13——서던, 《중세교회사》, 121-123쪽.

14——Uta-Renate Blumenthal, *The Investiture Controversy: Church and Monarchy from the Ninth to the Twelfth Century*(Philadelphia, 1988), pp. 117-118.

15 —— Arnulf, *Gesta archiepiscoporum Mediolanensium* IV 7, MGH SS VIII. 27.

16 —— Tellenbach, *The church in western Europe*, p. 233.

17 —— Tellenbach, *The church in western Europe*, p. 180.

18 —— Tellenbach, *The church in western Europe*, pp. 234-236.

19 —— Eckhard Müller-Mertens, *Regnum Teutonicum: Aufkommen und Verbreitung der deutschen Reichs- und Königsauffassung im früheren Mittelalter*(Wien-Köln-Graz, 1970).

20 —— Tellenbach, *The church in western Europe*, pp. 211-213.

21 —— *Gregorii VII Registrum III*, 10.(pp. 263-267)

22 —— 장준철,《서양 중세교회의 파문》(혜안, 2014), 300-301, 308-310쪽.

23 —— Werner Goez, *Kirchenreform und Investiturstreit*, pp. 130-132.

24 —— Goez, *Kirchenreform und Investiturstreit*, pp. 135-138.

25 —— Goez, *Kirchenreform und Investiturstreit*, pp. 140-142.

26 —— Tellenbach, *The church in western Europe*, pp. 268-273.

27 —— Tellenbach, *The church in western Europe*, pp. 275-281.

28 —— Tellenbach, *The church in western Europe*, pp. 282-284.

29 —— *MGH Constitutiones* I. 107-108.

30 —— Tellenbach, *The church in western Europe*, pp. 284-286.

31 —— 십자군 원정에 대해 이와 같은 입장을 띠는 대표적인 학자는 마이어(H. E. Mayer) 와 컨스터블(G. Constable)을 들 수 있다. 이와 관련해서 다음 글을 참조하라. Giles Constable, "The Historiography of Crusades", A. E. Laiou and R. P. Mottahedeh, eds., *The Crusades from the Perspectives of Byzantium and the Muslim World*(Washington, 2001), pp. 1-22.

32 —— Jacobus de Voragine, *The Golden Legend*, pp. 389-391.

33 —— 오스트로고르스키,《비잔티움 제국사》, 272-275쪽. / 플레처,《십자가와 초승달, 천년의 공존》, 130-131쪽.

34 —— Ian S. Robinson ed., *Die Chronoken Bertholds von Reichenau und Bernolds von Konstanz 1054-1100* (Hannover, 2003), p. 520. 알렉시오스에 대한 상세한 설명은 피터 프랭코판,《동방의 부름. 십자군 전쟁은 어떻게 시작되었는가》, 이종인 역(책과함께, 2018), 63-74쪽 참조.

35 —— 프랭코판,《동방의 부름》, 143-144쪽.

36 —— Jonathan Riley-Smith, *The Crusades. A History*, 3rd ed.(London, 2014), pp. 23-24.

37——프랭코판,《동방의 부름》, 41-43쪽.

38——Fulcher of Chartres, *A History of the Expedition to Jerusalem 1095-1127*, trans. by Frances Rita Ryan(Minnesota, 1916), I-III. pp. 1-9.

39——Riley-Smith, *The Crusades*, pp. 36-37.

40——토머스 E. 매든,《십자군》, 권영주 역(루비박스, 2005), 42-46쪽.

41——Jonathan Riley-Smith, *The First Crusade and the Idea of Crusading*(Pennsylvania, 1986), pp. 91-99.

42——Riley-Smith, *The Crusades*, pp. 33-36.

43——Pierre Racine, "Une migration au temps des croisades: les voyages de pèlerinage", Michel Balard, Alain Ducellier(dir.), *Migrations et diasporas méditerranéennes*(Xe-XVIe siècles)(Paris, Publications de la Sorbonne, 2002). pp. 459-473.

44——십자군 원정에 참여한 기사와 원정대 전체 규모는 논란이 되고 있다. 라일리-스미스는 비교적 합리적으로 추정했는데, 1, 2차 원정은 약 4만 명이 참여했으며, 그중 기사는 각각 5천 명 정도의 규모였으리라 본다. Riley-Smith, *The Crusades*, p. 38.

45——프랭코판,《동방의 부름》, 142-143, 155쪽.

46——프랭코판,《동방의 부름》, 211-219쪽.

47——당대 이슬람 연대기작가 이븐 알 아시르와 이븐 알 칼라니시의 글은 아민 말루프, 《아랍인의 눈으로 본 십자군 전쟁》, 김미선 역(아침이슬, 2002), 86-87쪽에서 재인용.

48——매든,《십자군》, 83-86쪽.

49——기사단에 대한 상세한 설명은 다음 문헌 참조. Alan Forey, "The Military Orders 1120-1312", J. Riley-Smith ed., *The Oxford Illustrated History of the Crusades*(Oxford/New York, 1995) pp. 184-216.

50——살라딘에 대한 평가는 다소 논란이 있다. 이슬람 자료에 근거한 인물평이 이해에 도움이 되는데, 쿠루드족 출신이기에 이슬람 내에서도 다소 거리를 두고 서술한 자료들이 많다. Tamin Ansary, *Destiny Dusrupted. A History of the World through Islamic Eyes*(New York, 2009), pp. 144-149. / 말루프,《아랍인의 눈으로 본 십자군 전쟁》, 228-284쪽.

51——4차 십자군 원정의 복잡한 상황전개에 대해서는 다음 문헌을 참조하라. 매든,《십자군》, 178-210쪽.

52——재닛 아부-루고드,《유럽 패권 이전. 13세기 세계체제》, 박홍식·이은정 역(까치, 2006), 130-160쪽.

53——Jacques Le Goff, *Kultur des europäischen Mittelalters*(München, 1970), p. 127.

54 —— 이와 관련해서는 다음 문헌을 참조하라. Robert Bartlett, *The Making of Europe: Conquest, Colonization and Cultural Change, 950-1350*(London, 1994).

55 —— Giraldus Cambrensis, *De Principis Instructione*, Distinctio I, Cap. XVII.(RS, vol. 8, p. 68). R. W. Southern, *The Making of the Middle Ages*(London, 1967), p. 41 에서 재인용.

56 —— Southern, *The Making of the Middle Ages*, pp. 39-40.

57 —— Alauddim Samarrai, "Arabs and latins in the Middle Ages: Enemies, Partners, and Scholars" M. Frassetto and D. Blanks eds., *Western Views of Islam in Medieval and Early Modern Europe*(New York. St. Martin's Press, 1999), p. 139.

58 —— Riley-Smith, *The Crusades*, pp. 189-194.

59 —— Rebecca Rist, *The Papacy and Crusading in Europe, 1198-1245*(New York, 2009), pp. 3-12.

60 —— A. M. Haberman, ed., *Massacres of Germany and France*(Jerusalem, 1946), p. 94.

61 —— 12세기 중엽 잉글랜드에서의 반유대주의 분위기에 대해서는 다음 책을 참조하라. 폴 존슨, 《유대인의 역사》 2권, 김한성 역(살림, 2005), 100-105쪽.

62 —— 십자군 원정 이후 진행된 유럽 내 유대인 박해에 대해서는 다음 문헌에서 지역과 주제별로 구분하여 상세히 다루고 있다. Michael A. Signer & John Van Engen eds., *Jews and Christians in Twelfth-Century Europe*(Indiana, 2001).

63 —— John C. Moore, *Pope Innocent III(1160/61-1216): to root up and to plant*(Leiden, 2003). 인노켄티우스에 대한 저술이 많지만, 이 책은 가급적 학문적 논쟁을 피하면서도 균형 있게 저술한 전기로 평가받는다.

64 —— W. Maleczek, "Innozenz III", *Lexikon des Mittelalters* vol. V(München, 2003), col. 434-437.

65 —— 호르스트 푸어만, 《교황의 역사》, 차용구 역(길, 2013), 151-161쪽. / 존 줄리어스 노리치, 《교황 연대기》, 남길영 역(바다출판사, 2011), 336-349쪽.

66 —— 클라우스 샤츠, 《보편공의회사》, 137-139쪽.

67 —— 샤츠, 《보편공의회사》, 141-141쪽.

68 —— Maleczek, "Innozenz III", col. 436.

그리스도교적 세계상과
중세 사회

9

중세의 세계상 — 엡스토르프 세계지도

세계와 우주에 대한 지식

중세인들은 세상과 우주를 어떻게 이해하고 있었을까? 대륙을 평평한 원판이라고 생각하고, 먼 바다로 나가면 벼랑에서 떨어진다고 생각했을까? 물론 중세인 중 지구가 둥글다고 확신하지 못한 사람들도 적잖게 있었겠지만, 상당수 지식인들은 지구가 둥글다는 사실을 알았다. 중세 유럽인의 지식은 고대 세계로부터 물려받은 지적 전통과 성경이라는 두 가지 토대에 기반했다. 이미 고대 그리스 지식인들은 지구를 구형이라고 추론했다. 대표적으로 피타고라스(BC 560-480)는 자연적인 지식과 철학적인 사색을 통해 지구가 완전체, 즉 구형이어야 한다는 결론에 이르렀다. 그리고 천문학자 사모스의 아리스타르크(BC 310-230)는 지구가 천체의 중심이 아니라, 태양 주위를 돌고 있다는 사실을 알아냈다. 이와 같은 지구에 대한 지식은 당대의 세계관을 완전히 뒤바꿀 놀라운 것이었지만, 널리 알려지지는 않았다. 그럼에도 지식이 점차 축적되며 상당한 성과를 얻게 되는데 알렉산드리아의 대표적 지식인 에라토스테네스(BC 276-195)는 지구의 둘레를 계산해 근사한 값을 얻어냈을 뿐 아니라, 세계를 기후에 따라 다섯 지역으로 구분하고, 적도 아래의 남반구에도 누군가가 살 것이라고 추측했다.[1] 이러한 지식들은 모두 지구가 구형이라는 전제하에 얻어진 것이다. 그리스 및 헬레니즘 시대를 대표하는 지리학자는 알렉산드리아에서 활동한 프톨레마이오스(85-160)였다. 그는 《천문학 Almagest》에서 천동설을 보급했다. 그리고 그의 다른 저술 《지리학 Geographia》은 중세 서유럽에 유통되었으며, 15세기 초 야고포 단젤로가 라틴어로 번역해 대항해시대에 큰 영향을 미쳤다. 그는 《지리학》에서 3차원 공간인 지구를 평면인 도면에 그리기 위해 경도와 위도에 의해 세분화한 지도투영법, 즉 원추도법을 고안해 사실적인 세계지도를 완성했다.[2] 이 지도는 경도가 부정확하고, 잘못된 지구 둘레를 근거로 만들어져 서쪽으로 항해하는 것이 인도에 이르는 가까운 길이라는 오류를 유발했다. 그렇지만 이 실수는 결과적으로 인류에게 엄청난 발견을 가능케 하였는데, 콜럼버스가 대서양 항해에 자신감을 갖고 나선 것은 그가 인도로 가는 길을 짧게 계산한 덕분이었다.[3]

이처럼 고대 지식인들은 지구와 우주에 대한 상당한 지식을 축적하고 있었지만, 중세 유럽은 이를 불완전하게 계승했다. 인도 및 근동 지역의 지식과 프톨레마이오스의 고대적 지식은 서유럽이 아니라, 이슬람 세계에서 재발견되었다. 라틴 세계의 학자들은 모두 성직자였기에 관찰과 조사를 통한 세계의 파악에 대해 그다지 관심이 없었다. 성경이 세계에 대한 완전한 지식을 제공한다고 믿었기 때문이다. 권위 있는 종교지도자들은 성경을 근거로 지구가 구형이라는 고대의 지식을 배격하는 가르침을 설파해 많은 사람들에게 영향을 끼쳤다. 예컨대 교부 아우구스티누스는 창세기 1장의 "창조주가 땅과 물이 각각 한 곳에 모이게 했고, 각각을 땅과 바다라고 칭했다"는 서술을 지적하며, 구형이라면 이 말씀과 충돌한다고 주장했다. 성경을 존중하는 중세인들은 이런 진술을 접하면 혼란을 겪을 수밖에 없었으며, 성경과 충돌하는 지식들은 배제되기 일쑤였다.[4] "땅을 허공에 매달았다"(욥 26:7)는 말을 헤아리려 노력했으나, 일치된 견해에 이를 수는 없었다. 하늘이 인간에게 필요한 지식을 계시한다는 믿음이 지배적이었으나, 해석이 문제였다. 한편, 13세기 잉글랜드 수도사 로저 베이컨은 "지구가 둥글기 때문에 더 높은 곳에 오를수록 더 멀리 볼 수 있다"라고 말했고, 프랑스 왕 샤를 5세의 궁정사제 오렘(1325-1382)도 "지구는 공처럼 둥글다"는 기록을 남겼다. 이런 지식들이 어떻게 전수되고 유통되었는지 알 수 없으나, 통념과 달리 중세 성기 이후 교회는 물론 성직자들도 지구가 평평하다는 가르침에 갇혀 있지 않았다. 대항해시대에 들어와서야 유럽인들이 비로소 둥근 지구를 깨닫게 되었다는 일부의 주장도 사실이 아니다.[5]

단테(1265-1321)의 《신곡》은 중세 우주론의 교과서였다. 단테는 《신곡》에서 지옥(Inferno), 연옥(purgator), 천국(paradiso)의 순서로 여행했다. 그는 천국 편에서 태양계, 그리고 가장 높은 곳에 있는 천국, 즉 지고천을 설명했다. 현대인이 그의 생각을 문자 그대로 이해하기는 쉽지 않지만, 그가

9-1 보티첼리의 지옥도

품고 있던 생각의 대부분은 스스로 창안한 것이 아니라, 동시대 사람들이 공유하고 있던 지식에 기반한 것이었다. 단테의 사상은 보티첼리(1485)로부터 미켈란젤로에 이르기까지 당대와 후대인에게 우주와 사후 세계에 대해 많은 영감을 주었으며, 이미지로 형상화할 수 있도록 기여했다.

중세에 인간의 몸은 소우주로 이해되었다. 우주에 떠 있는 각 행성들은 각 신들의 이름으로 불렸고, 여러 기능과 역할을 시사했다. 그리고 행성들은 자율적으로 운동할 뿐 아니라, 불, 공기, 물, 흙 네 가지 원소에 의해 성격이 규정되었다. 원소들은 또 뜨거움, 차가움, 축축함, 메마름의 네 가지 성질을 지닌다고 이해했다. 인간은 우주를 반영하고, 체액이라고 하는 인간의 몸에 있는 네 가지 액체(혈액, 점액질, 담즙질, 우울질)는 우주를 구성하는 네 원소에 대응했다. 그리고 중세인들은 체액이 균형을 이루고 있는 것이 건강한 상태이고, 불균형을 병이 있는 상태라고 가르쳤다. 따라서 치료는 몸을 다시 균형 상태로 돌리기 위한 처방을 의미했다. 인간은 행성, 별자리, 탄생한 시간의 영향을 받는다고 이해되었고, 이를 기반으로 점성학이 발전했다.[6]

중세 TO 지도의 전통

중세에는 군사 지도, 상업 지도, 여행이나 순례를 위한 안내도, 세계 지도 등 여러 종류의 지도가 존재했다. 그 가운데 '마파 문디'(mappa mundi)

9-2 인간의 몸과 별자리의 상관관계

라고 불린 세계지도는 중세인들의 지리관뿐 아니라 세계관이 반영되어 있기에 전형적인 중세 지도라고 간주된다. 통상 지리학사에서는 실제의 세계를 얼마나 정확하게 투영했는가를 중시하기 때문에 세계지도의 계보에 그리스-이슬람-근대 초의 유럽 지도들이 비중 있게 취급된다.[7] 반면 중세의 세계지도는 정확하지 않을 뿐 아니라 에덴동산과 바벨탑 같은 상상의 요소까지 있어 우스꽝스럽게 풍자된다. 그렇다면 중세 세계지도는 그저 암흑시대의 유산일 뿐일까?

세계지도 가운데 가장 정교하고도 높은 수준으로 발전한 사례는 1300년경 제작된 엡스토르프 세계지도다. 이 지도는 1830년 독일 북부의 소도시 엡스토르프(Ebstorf)에 위치한 베네딕투스회 수녀원에서 발견되었다. 수녀원 창고에서 발견되었을 당시 먼지와 습기 범벅이었으나, 하노버에 보내져 역사학자들이 감정을 했고, 1890-1896년 사이 완벽하게 복구되었다. 그렇지만 1943년 10월 8일과 9일 사이에 있었던 영국 전폭기의 공습으로 하노버에 보관 중이었던 많은 고문서들과 더불어 지도 원본도 소실되었다. 다행히 미리 제작해 둔 사본 하나가 오늘까지 전해진다. 이 지도와 관련한 당대의 문헌 자료가 존재하지 않아 지도의 제작 시기나 제작자는 알려져 있지 않다. 독일 북부지역이 상세히 묘사된 점과 발견 장소로 미루어 볼 때 제작된 곳도 엡스토르프 수녀원 혹은 그 주변이라고 추정될 뿐이다. 이 지도의 실물 크기는 가로 358, 세로 356 센티미터이다. 양피지 30개를 붙여서 제작했는데 발견 당시 두 부분이 잘려나간 상태였다.[8]

 너무 크고 무거워 성지순례와 같은 실용적 목적으로 사용할 수도 없었을 터인데, 왜 많은 노력과 비용을 들여 이 지도를 제작했을까? 과연 중세인들은 엡스토르프 세계지도 위에 구체적으로 무엇을 표현했고, 또 현대인은 그것을 통해 중세 및 중세인들에 대한 어떤 지식을 얻을 수 있을까? 이 지도는 외형상 오늘날의 세계지도와 뚜렷한 차이가 있다. 우선, 현대 세계지도에는 일반화된 경위도선이 없으며, 지도의 방위도 오늘날과 차이가 있다. 지도 위쪽은 북쪽이 아닌 동쪽을 가리킨다. 중세 지도는 실측에 근거하지 않았다. 중세의 지리적 지식은 고대 지리 지식을 성경 혹은 그리스도교적 세계관을 토대로 재정립한 것이었다. 서유럽의 중세인들은 그리스의 지리적 전통을 제한적으로 전수받았기에 오히려 고유한 종교문화를 반영한 지도 전통을 발전시킬 수 있었다.

 유럽 전근대시대의 일반적인 지리적 표상이었던 T자형 혹은 TO 지도의 가장 오래된 형태는 기원전 500년경에 그려진 바빌론 세계지도이다. 이 지도에서 세계는 판 형태의 대륙이 물 위에 떠 있는 것으로 상정되었고, 바빌론이 중심부에 위치하고, 유프라테스강과 지중해가 대륙을 가르며 흐르는 형상으로 묘사되었다. 중심부의 육지를 대양의 넓은 띠가 감싸고 있고, 그로부터 뾰족 나온 7개의 삼각형들이 우주 방향으로 솟아 있다. 세상을 우주와의 관계 속에서 표현하였다.[9] 이와 같은 세계상은 이후 천 년간 본질적으로 크게 달라지지 않았으며, 그리스, 로마, 그리고 중세 시대를 거치며 계승되었다.

                    아시아   ↑ 동
  (도나우 강) ———————————— (나일 강)
      유럽 || 아프리카
          (지중해)

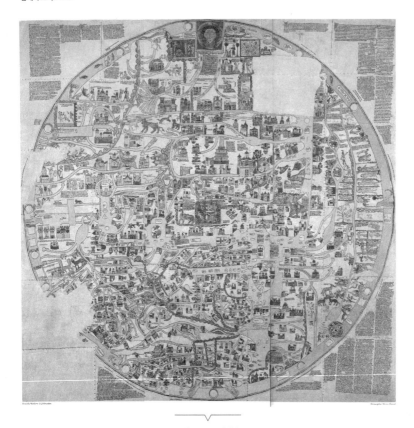

9-3 엡스토르프 세계지도

　　고대 로마인들은 남부 이탈리아와 시칠리아에 거주하던 그리스인들
로부터 지리적 지식을 획득했기에 지구는 구형이고, 육지는 하나의 원판이
라는 관념을 전수받았다. 로마시대 이래로 뚜렷한 변화는 해가 뜨는 지역인
동쪽이 방향의 기준이 되었다는 점이다. 그리하여 아시아가 지도의 위쪽에
놓이게 되었고, 아래 왼쪽에 유럽, 오른쪽에 아프리카가 위치하였다. 대륙
들은 강으로 구분되었는데, 수평으로는 도나우강과 나일강이 흐르고, 수직
으로는 지중해가 흐른다. 중세에는 거기에 그리스도교적인 세계상, 즉 하나
님에 의한 세계창조와 구원의 완성이라는 사상을 반영하고자 했다. 고대의
지식을 중세 유럽에 전달하는 데 결정적으로 기여한 인물은 세비야의 대주

교 이시도루스(570-636)였다. 그는 〈어원학 Etymologiae〉이라는 20권에 이르는 방대한 저술에서 고대적 지식체계를 성경적 세계관으로 재해석하고 융합시켰는데, 이것이 중세 지리지식의 근간을 형성했다. 이시도루스는 알파벳 'T' 자가 예수의 십자가를 의미한다고 재해석함으로써 그의 그리스도교적 입장을 분명히 했다.[10] 이 무렵 세 대륙과 더불어 예루살렘이 지도의 중심에 위치하게 되면서 중세 유럽인들의 세계에 대한 표상을 반영한 TO 지도가 완성되었다. 이 지도는 성경에 대한 중세인의 문자적인 신뢰가 지리적인 관념에 그대로 반영되었음을 보여주는데, 시간이 지나며 점차 지역정보들이 추가되어 정교해졌다. 그 가운데에서도 엡스토르프 세계지도는 가장 진전된 단계를 나타낸다.

엡스토르프 세계지도의 특징

이 지도는 구약성경에 근거한 인류의 시작과 역사적 발전 과정을 표현했다. 즉 지도 가장 윗부분에 구세주 예수의 얼굴이 보이고, 바로 그 옆에 에덴동산에서 선악과를 따 먹는 아담과 이브, 그리고 대칭점에 낙원이 그려졌다. 조금 아래에 노아의 방주(튀르키예의 아라랏산)가 위치하고, 대홍수 이후 노아의 세 아들 셈, 함, 야벳에게 땅을 분배해 인류가 아시아, 유럽, 아프리카로 분리되었다는 성경의 기록을 반영하고 있다. 이처럼 엡스토르프 세계지도는 하나님의 창조로부터 타락, 노아의 방주 등 구원의 역사가 동에서 서, 즉 지도의 위쪽에서 아래쪽으로 전개되는 과정을 보여준다. 하나님의 권위에 대한 도전이자 교만의 상징으로 해석되는 바벨탑은 이 세상의 언어를 혼잡케 한 이유였으며, 예루살렘의 적대점으로 간주되던 바빌로니아도 묘사되었다.[11] 죄악이 지배하는 타락한 세상에서 로마인들의 동쪽에 대한 지향은 중세에 더욱 중요한 의미로 발전했다. 그리스도교는 예수를 세상의 빛이라고 믿었고, 구원이란 그와 더불어 동쪽에서 진행되어 오는 것으로 이해했다. 반면 춥고 경작이 어려운 북쪽지역(지도의 서쪽)은 악마가 거주하는 곳으로 인식되었다. 히에로니무스가 구약성경 다니엘서 2장을 근거로 인간의 역사가 바빌로니아를 포함하여 네 제국, 즉 바빌로니아, 페르시아,

마케도니아, 로마라는 단계를 거친다고 해석한 이래로 중세에는 신성로마제국을 아우른 로마제국이 최후의 제국이고, 그것의 멸망과 더불어 하나님이 직접 통치하는 나라가 도래하여 인류의 구원이 완성된다고 이해했다.[12]

엡스토르프 세계지도의 특징을 몇 가지로 정리해보면, 우선 그림과 글로 구성되었다는 점이 눈에 띈다. 지도 구석의 빈 공간과 지도 내부에는 많은 글이 적혀 있는데, 대개 특정 지역이나 그와 관련된 사건들, 도움이 될 정보들을 제공한다. 예를 들면 아시아 지역의 유래, 바벨탑과 바빌로니아 성의 건축, 앵무새 유사한 특이한 동물들을 해설한다. 마케도니아는 "진정한 그리스, 알렉산드로스의 조국"이라는 설명이 덧붙여졌고, 알렉산드로스는 대정복과 모험으로 인해 중세 기사의 이상으로 묘사되었다. 특정 인종이나 지역에 대한 정보도 기록되었는데, 예를 들면 "누비아인들(수단)은 항상 나체로 생활한다. 그리고 그곳에는 금이 많다"는 등의 설명이 있다. 이처럼 지도는 각 지역 혹은 세상을 설명하는 백과사전의 기능을 했다. 그림도 매우 많고, 그림들은 화려하게 채색되었다. 특히 예루살렘 성은 요한계시록에 표현된 하늘의 예루살렘을 나타내는데, 금박으로 장식해 그 중요성을 강조했다. 로마의 경우 성벽으로 둘러쳐졌는데, 중앙에 테베레강이 흐르고 다리가 놓여 있다. 로마는 교황과 로마 교회의 존재로 인해 그리스도교의 현세적인 중심지였다.

둘째, 지도에는 그리스도교적인 상징과 우화적인 요소들이 다양하게 묘사되었다. 지도의 위와 아래, 그리고 동서 양 끝단에는 예수의 얼굴, 손발이 그려졌다. 예수가 지도 뒤쪽에 서서 지구를 감싸 안고 있는 것처럼 표현되었는데, 이로써 예수의 몸은 세상 그 자체를 상징한다는 점을 알 수 있다. 그의 손과 발은 육지의 끝을 넘어서 대양의 끝까지 미치고 있는데, 이는 그리스도가 현재의 세상사를 주관하고 있다는 의미이다. 그리고 지구의 중심에는 예루살렘이 위치한다. 의미적으로 예루살렘이 그리스도교 세계의 중심임을 표현했다. 반면 서쪽에 있는 대양, 즉 대서양(지도의 남쪽)은 악마의 거주지로 그려졌다. 예수가 그곳을 발로 밟고 있다. 그리고 악마에 대항하기 위해 대륙의 끝에 있는 유럽 지역에 몽생미셸(Mont St. Michel), 세인트 마이클 마운트(St. Michael's Mount), 산티아고 데 콤포스텔라(Santiago de Compostela) 등의 성지들이 위치했다.

셋째, 각 지역에는 상징적인 동물들, 특히 그 당시 유럽에서는 볼 수 없던 여러 동물들이 그려졌다. 현재 우즈베키스탄에 속하는 사마르칸트에는 독수리의 머리와 날개를 지닌 상상의 괴물을 용감한 스키타이족 용사가 칼과 방패를 갖고 상대하고 있다. 그리고 모로코에는 아프리카 코끼리가 표현되었는데, 당대 유럽인들은 이 동물을 본 적이 없었다. 예루살렘 주변에는 커다란 낙타가 자리를 차지하고 있는데, 이 동물은 지각이 뛰어나고 순종을 잘하며, 신성한 물을 발견하는 탁월한 재능을 갖고 있다. 낙타는 영원한 생수인 예수께로 가는 길을 인도한다는 상징적 의미를 내포했다.

넷째, 이 지도는 당시 유럽인들의 다른 대륙에 대한 지식을 가늠하는 척도가 될 수 있다. 유럽, 아시아, 아프리카 세 개의 대륙을 해안선을 중심으로 대략적으로 표현했는데 지리적인 정확성에서는 앞선 시기에 비해 크게 진보한 것이 없다. 각 지역의 크기가 불균형적으로 할당되었으며, 특히 이스라엘은 지나치게 크다. 가시적인 실제 세계의 모사가 목적이 아님을 알 수 있다. 그리고 각 대륙에는 지형과 더불어 당시 도시들과 지역의 대표적인 건축물이나 상징들을 그려 넣었다. 아시아 대륙에서 인도와 중앙아시아는 상세히 그려졌지만, 중국이나 한국은 없다. 아프리카 대륙에는 지중해와 이집트의 해안가가 자세히 묘사되었으나, 프레스터 존이 통치한다는 그리스도교 왕국은 찾을 수 없다. 아프리카 남쪽 끝부분에 여러 기형적인 인간들과 괴이한 동물들이 존재하는데, 제작자가 아프리카 남부에 대한 경험적 지식이 없었으며, 고대의 문헌이나 소문 등에 의존했음을 시사한다. 유럽 지역에는 수도원, 순례지, 교회들, 성, 탑, 다리 등이 많이 표현되었다. 종교 시설들은 당시 그리스도교 세계를 대변하는 장소로 묘사되었다.[13]

엡스토르프 세계지도는 한 마디로 그리스도교적 관점으로 해석된 세계의 모습과 중세의 세계관을 뚜렷하게 보여준다. 당대인들은 이 지도에서 하나님이 섭리하시는 구원의 역사가 전개되는 과정을 관찰할 수 있었고, 역사의 중심이 아시아에서 유럽인들이 살고 있는 방향으로 옮겨지고 있

는 것으로 이해했다. 이 지도는 보는 이들에게 하나님이 인류의 구원 계획
을 실현해 나가고 있음을 알게 하여, 현세적인 고통 가운데서 살아가는 당
대인을 위로하는 역할을 하도록 의도되었다. 결국 중세인들에게 세계지도
란 하나님이 세상을 주관하고 있으며, 인류의 구원이 곧 이루어질 것이라
는 확신을 현재화하여 표현한 것이다. 세계지도의 본질적인 기능이 교훈
적·종교적 성격에 있었기에 지리적 정확성은 그리 중요하지 않았다. 따라
서 정확성을 기준으로 이 지도의 의미가 평가되어서는 안 된다.

 ## 신명재판

게르만적 관습과 그리스도교적 세계관의 결합

신명(神明)재판은 인간사에 신이 개입하여 죄의 유무를 판결하는 방
식인데, 유럽 외부의 여러 원시문명들에서도 발견된다. 중세 유럽에서 널리
수용되었던 신명재판은 게르만 부족법에서 기원했으며, 9세기 카롤루스
왕조 때부터 1215년 제4차 라테라노 공의회에서 공식적으로 폐지되기까
지 민·형사상 분규를 해결하는 공인된 방식이었다. 이는 그리스도교가 지
배적인 사회 운영방식으로 통용되기 이전에 존재했던 문화적·종교적 전통
을 그리스도교에 기반한 사회가 수용하여 재해석하는 과정을 보여준다. 게
르만 부족들은 전통적인 관습법을 계승, 발전시켰는데, 게르만 대이동 이후
로마 문화와 그리스도교의 영향 아래 성문화 작업이 활발히 이루어졌다.
그 과정에서 공동체 질서와 생활양식의 기반으로 게르만적 관습법과 그리
스도교적 세계관이 결합되었다. 물론 모든 사건에 대해 무조건적으로 신명
재판이 채택된 것은 아니다. 중세의 재판에서도 피의자의 자백과 목격자의
증언이 주요 증거로 채택되거나 합의가 권장되었다. 신명재판은 증거가 부
족하고 상반되는 주장들이 충돌하여 결론에 이르지 못하거나, 절도·살인·
강간·간통 등 은밀한 범죄의 경우에 '최후 수단'으로서 거행되었다.[14]
중세 사회에서 갈등과 폭력이 발생하면 봉건 영주들은 이를 통제하

고 시시비비를 가려야 했는데, 통치자의 입장에서도 큰 부담이었다. 영주들은 성문법이 존재하지 않는 상태에서 합리적이며 객관적인 기준에 따라 대중을 설득하는 재판업무를 수행해야 했다. 이러한 상황에서 신명재판은 하나님의 뜻을 빌어 구성원들의 불만, 필요, 공포 등을 해소하고, 공동체의 안정을 도모할 수 있는 유용한 사법적 장치였다. 반면, 교회에서는 성직자가 종교적 권위와 교회법을 토대로 하나님의 뜻과 정의를 세우는 일환으로 재판을 주도하면서 사법권을 행사했다. 신명재판은 세속 권력과 교회 권력이 그 역할을 분담한 사법적 장치의 실례였다. 재판의 전 과정은 신앙에 토대를 두었다. 중세인들은 하나님이 역사의 현장에 개입하여 정의를 구현한다는 믿음을 갖고 있었다. 고소를 당한 피고는 금식을 하고 신명재판을 준비해야 했다. 사제들은 피고가 참여한 미사를 집전하고, 검증하는 대상에 대해서 축성했다. 그리고 사제의 기도를 통해 하나님의 도움이 임재하기를 기원했다.

신명재판의 특성을 잘 보여주는 한 과정이 무덤 검증이다. 당대인들은 살인자가 무덤에 근접하면 그가 살해한 자의 사체에서 피가 흘러나온다는 믿음을 갖고 있었다. 이는 실제로 '살아 있는 시체'에 대한 미신적인 관념으로부터 기원했다. 게르만 서사시 《니벨룽겐의 노래》에도 이와 유사한 내용이 등장한다. 검증방법은 1328년 프라이징의 법전에 상세히 서술되어 있다. 우선 살인 혐의자에게 하나님 앞, 즉 성물이나 제단 앞에서 사망한 자의 죽음에 대해 결백하다고 고백하도록 한 후, 혐의자가 숨기는 것을 막기 위해 모든 옷을 벗긴 채 사망한 자가 있는 무덤으로 데리고 가 시체의 상처에 손을 대게 하거나 입을 맞추게 한다. 그 경우 접촉한 자가 살인자라면 살해당한 자의 상처가 터져 피가 흐르거나, 어떤 특별한 표식을 통해 살해자임을 드러낸다고 간주되었다. 1513년 스위스 루체른의 연대기에는 자신의 부인을 살해한 혐의를 받고 있던 한스 슈피스가 에티스빌에 위치한 공동묘지에서 무덤 검증을 시도한 사실이 기록되어 있다. 살해당한 여인은 이미 땅 속에 매장된 후였으나, 한스는 이웃에 의해 용의자로 지목되어 무덤 검증을 받았고, 결국 범인으로 입증되어 사형에 처해졌다.[15]

서약과 결투

게르만들 사이에 통용되던 서약과 결투는 그리스도교적 형식을 갖추어 신명재판의 한 방식이 되었다. 게르만들은 본래 칼처럼 신성한 힘을 가진 존재 앞에서 서약을 했는데, 서약의 대상이 되는 칼이 거짓된 서약을 한 자를 저주하여 베어버린다는 믿음이 있었다. 그와 달리 그리스도교 사회에서는 성인의 유물 또는 교회의 제단 앞에서 서약을 거행했다. 위증을 하는 경우에는 모독을 당한 성인이나 하나님이 범죄자를 응징하리라는 믿음이 전제되어 있었다.[16] 그리스도인들은 사도행전에 등장하는 아나니아와 삽비라 사건을 연상하면서 거짓 서약을 하면 하나님이 응징하리라는 두려움을 가졌다. 성경에 따르면, 이들 부부는 돈에 대한 욕심 때문에 사도 베드로에게 거짓말을 했고, 그 대가로 두 사람이 차례로 현장에서 목숨을 잃었다.[17]

중세 법정에서는 상당한 기간 동안 서약이 증인을 대신했다. 증인이 없더라도 성유물이나 제단 앞에서 서약을 하면 증인이 증언한 것과 같은 효력을 지녔다. 이런 관행 때문에 서약이 사실상 법정에서 가장 중요한 증명수단이 되었다.[18] 일부는 거짓을 말하면서 하나님의 응징을 두려워했겠지만, 딱히 거짓 증언을 막을 방법이 없었다. 당대 사회도 서약이 남용되는 경향이 있다는 사실을 모르지 않았다. 피고가 결백을 서약하는 경우, 그는 자신의 서약을 지지해줄 사람을 모을 수도 있었는데, 이들은 해당 사건 자체에 대한 조력자들이 아니라, 피고가 공동체 내에서 좋은 평판을 받고 있음을 증명하는 역할을 했다. 아무튼 중세 사회는 차츰 거짓 서약을 해결해야 할 문제로 인식했다.

결투는 재판장이 배석한 가운데 피고측과 원고측이 합의된 대로 실제 싸움을 벌여 정의를 가리는 방식이다. 게르만들은 결투에서의 승리가 성스러운 힘에 기원한다고 생각했는데,[19] 중세에는 이를 하나님이 개입하는 징표로 간주했다. 그로 인해 결투에서 승리하는 자가 의로운 편에 속한다는 생각이 뿌리내렸다. 성경에서 다윗과 골리앗이 겨룬 사례는 결투에 대한 그리스도교적 모델이 되었을 것으로 추정된다. 골리앗이라는 장수는 당대에 힘으로는 맞설 사람이 없던 백전노장의 큰 거인이었다. 하지만 어린

9-4 천사가 비호하는 신명재판, 결투

소년 다윗은 거추장스러운 군복이나 투구도 걸치지 않은 채 결투에서 혈혈
단신으로 맞서 물맷돌로 상대 진영의 장수 골리앗을 제압할 수 있었다. 성
서는 결투에서의 승리가 힘에 의해 좌우되는 것이 아니라, 하나님의 도움
을 받는 정의의 편에 서 있는가 여부가 관건이라고 가르쳤다.[20]

결투는 칼이나 창과 같은 치명적인 무기를 사용하기 때문에 일반적
으로 기사들만 참여했다. 그렇지만 예외적으로 기사와 농민 사이에 결투
가 이루어지기도 했다. 심지어 여성도 결투 당사자로 참여할 수 있었는데,
그럴 경우 후견자나 친척 또는 그를 대신할 기사를 결투에 내세울 수 있었
다. 이러한 대리기사제도가 수용되면서 차츰 보상을 받고 결투를 대신 치
러주는 관행이 생겼다. 독일의 관습법전 《작센 슈피겔 Sachsenspiegel》은
대리기사들이 갖추어야 할 전투형식, 복장, 무기 등에 대해서 자세히 규정
했다.[21] 분쟁의 해결 방식으로 결투가 선호되면서 종종 일반적인 소송에도
이를 적용했다. 신성로마제국 황제 오토 1세의 경우 그의 아들들이 손자들
에게 분할해 상속해야 하는지 여부를 대리인의 결투를 통해 결정했다.[22] 사
법적인 결투와 더불어 중세에 용인되었던 사투(私鬪 Fehde)와 기사들의 토
너먼트도 유사한 성격을 지녔다. 그렇지만 사람들은 결투를 통한 결정이 항
상 정의로운 결과로 귀결되는지 의문을 품었다. 불의가 승리하는 사례들을
빈번히 목도했기 때문이다. 도시민들도 분쟁에 휘말릴 경우 결투에 연루되

었다. 하지만 동업조합에서는 결투로 인한 조합원의 무고한 피해를 회피하려 노력했다. 중세 말에 이르면 사법적 수단으로써 결투를 거행하는 것에 대해 교회의 저항이 점점 커졌으며, 16세기에는 드물게 시행되었다. 그렇지만 유럽 사회에서는 결투가 개인의 명예를 회복하는 수단으로 근대에 성격이 바뀌어 관습으로 살아남았다.[23]

불과 물을 통한 판결

불과 물을 통한 판결은 대표적인 신명재판이었다. 엄격한 의미에서는 이 판결만을 신명재판이라 분류하기도 한다. 서약이나 결투는 본래 자유민이나 귀족에게 허용된 것이었다. 중세 사회에서 서약도 할 수 없고 결투도 허용되지 않았던 예속민을 포괄하기 위해서는 그와 다른 방식의 신명재판이 필요했다. 여성들도 종종 이런 범주에 포함되었다. 이들에게는 하나님께서 자연을 통해 진실을 계시해 주시는 방식이 대안이었다. 하나님이 창조한 자연물, 즉 물과 불이 결백한 사람을 억울한 사정에 빠뜨리거나 고통을 주지 않을 것이라는 전제하에, 유죄 혐의를 받는 피고에게 육체적 고통을 가하거나 상처를 입혀 시시비비를 가렸다. 불 검증의 경우, 피고인에게 불이 붙은 장작더미를 지나가게 하거나 손을 불에 집어넣거나 뜨거운 쇠를 손으로 만지는 등의 방법이 적용되었다. 끓는 물에 손을 넣어 그 안에 들어 있는 돌을 꺼내게 하는 경우도 있었다. 이 일을 거행하고 며칠 후 불에 닿은 부위에 화상이 발생했는지 여부로 죄의 유무를 결정했다. 차가운 물을 이용한 재판은 피의자의 손목과 발을 한데 묶어 연못이나 강에 집어넣는데, 순수하다고 생각되는 물이 그 사람을 거부해 물 위에 뜨면 유죄, 물이 받아들여 가라앉으면 무죄로 판별했다.

신성로마제국의 황제 하인리히 2세(재위 1002-1024)는 한 번 왕궁을 비우고 원정을 다녀온 후 자신의 부재 기간에 황후 쿠니군데에게 부정 혐의를 제기한 적이 있었다. 그녀는 그 의심이 부당하다고 호소하며 결백을 주장했다. 황제는 이 사안을 공정하게 판단할 재판을 열었다. 제후들은 그녀를 동정하며 재판 없이 황제의 마음을 돌리려 노력했다. 그렇지만 쿠니군데는 하나님께서 자신의 결백을 입증해주실 것이라며 신명재판을 자청했다. 얼마 후 한 교회에서 공개적으로 거행된 재판에서 그녀는 뜨겁게 달아오른 보습 12개를 맨발로 걸었다. 하지만 성모 마리아의 도움으로 발에 전혀 상처를 입지 않은 것이 확인되어 성적 순결을 증명했다. 이 이야기는 하인리히 2세의 성인전에 기록되어 널리 알려지게 되었다.[24] 지식인들도 신명재판에서 예외가 아니었다. 필리프 2세가 1200년 파리 대학에 하사한 특허장에는 신명재판에 대한 언급이 포함되어 있다. 여기에서 흥미로운 점은 국왕이나 재판관들이 유죄라고 판단했음에도 불구하고 피의자가 결투로써 결백을 증명하겠다고 주장할 경우 그것을 받아들이지 않고 즉각 형벌을 집행해야 한다고 규정한 내용이다.[25] 이는 신명재판에 대한 의심이 차츰 커지고 있던 상황을 반영하기도 한다. 앞서 언급한 방식 외에도 마른 빵을 입에 욱여넣어 급히 삼키게 하거나, 눈을 가린 채 특정 표식이 적힌 나뭇가지를 뽑도록 하는 등 중세에는 매우 다양한 신명재판의 방법이 있었다.[26]

물과 불을 통한 판결에서는 자연물이 신성한 속성을 갖게끔 만드는 종교의식이 필요했다. 재판은 주로 주교좌성당에서 주교가 입회하고 세속 제후와 그의 가신들, 그리고 많은 군중이 지켜보는 가운데 공개리에 진행되었다. 이는 피고인은 물론, 죄가 없는 일반 민중에게도 법과 질서를 준수하도록 유도하는 교훈적 효과를 의도했기 때문이다. 먼저 사제는 교회 앞에서 피고와 참관인들을 향해 누구라도 범죄와 관련이 있을 경우 참석해서는 안 되며, 위반 시 그리스도교 공동체로부터도 추방당할 것이라고 경고했다. 그 후 사제의 인도로 하나님의 지혜와 자비를 구하는 기도와 찬송가를 부르고, 귀신을 쫓는 퇴마행위를 여러 차례 반복했다. 가마솥을 놓는 자리에 성수를 뿌리고, 물을 끓이기 전에 이를 성화(聖化)하며, 영성체 의식을 통해 참관인들을 정화(淨化)하고, 심지어는 직접 가마솥과 물을 향해 하나님의 뜻을 온전히 드러내라는 경고를 내리기까지 했다. 재판이 시작되면 피고에게 스스로 자백하고 영혼의 구원을 얻을 기회를 주었다. 또 재판 후에는 피고에게 잘못을 뉘우치는 고백을 요구했다. 이런 점에서 신명재판은 일종의 보속과 사면의 성격을 동시에 띠고 있었다.[27]

9-5 불 검증

신명재판은 하나님께서는 결백한 사람을 고통에 빠뜨리지 않으실 것이라는 믿음하에 시시비비를 가리는 과정에 하나님의 개입을 요청한 것이다. 사람들에게 실제적인 위협을 느끼게 함으로써 유·무죄를 떠나 피고로 하여금 자백하게 만들고, 이를 지켜보는 사람들로 하여금 종교적 감동을 자아내게 하는 효과도 있었다. 신명재판은 그리스도교 신앙에 토대를 두고 있었기에, 종교의 영향력에 비례해 널리 대중성을 확보했다. 그렇지만 이러한 재판에는 허점들도 많았다. 우선 귀족이나 성직자가 검증에 응해야 할 경우에는 당사자보다 제3자를 대리로 내세우는 경우가 적지 않았다. 또 신명재판의 척도가 되는 '뜨거운', '달구어진' 등의 표현은 관습적이고 주관적인 것이어서 엄격하게 적용할 수 없었다. 게다가 끓는 물과 달구어진 쇠를 매개로 하는 재판의 경우, 최소 사흘 이상 소요되는 회복기간이 종종 변수가 되었다.

신명재판은 세속에서 그리스도교적 정의를 모색하려는 시도였다. 그런데 점차 이성과 합리성에 기반한 판단이 미신적인 사고를 압도하면서 이와 같은 판결방식은 밀려났다. 1215년 제4차 라테라노 공의회에서, 피를 흘리게 하는 일에 성직자가 관여하는 것을 금지한다는 논리로 신명재판이 공식적으로 폐지되었다. 이 관행이 유럽 전역에서 곧바로 사라지지는 않았지만 점점 드물게 시행되었다. 현실적으로는 이전에 비해 세속 권력의 강제력이 상대적으로 커지면서 작은 공동체 내에서 유효했던 신명재판의 영향력이 축소되었다. 그 후에도 상당 기간은 성직자가 개입하지 않는 결투만 상류층과 부르주아층에서 존속했다. 신명재판은 사라졌어도 고통을 가하는 관습은 여전히 남아 심문 재판에서 고문을 가하는 것이 허용되었다.[28]

멜피의 법

신성로마제국 황제 프리드리히 2세가 제정한 제국 법령 〈멜피의 법〉(1231)은 신명재판에 대한 13세기의 진전된 인식을 담고 있다. 황제는 이 법령에서 결투에 의한 판결을 금지시켰다. 그것이 '자연'과 '이성'에 어긋난다고 판단한 것이다. 결투는 싸움을 통해 누가 옳은지 가리는 것인데, 이는 하나님의 섭리와 무관하게 힘이나 전투 기술에 의해 결정될 수 있었다. 결투에 참여하는 두 사람이 체력, 기세, 정신 등에서 동등한 경우는 거의 없어 필연적으로 불공정이 수반되기 때문에 자연스럽거나 합리적이지도 않으며, 따라서 판결의 '공정성'을 담보할 수 없다는 논리였다. 황제가 볼 때 결투의 결과는 사건의 본질 혹은 유·무죄 여부와 아무런 관련이 없는 우연적인 것에 지나지 않았다. 결투에 승리했다는 것은 그가 단지 강하거나 운이 좋았음을 보여줄 뿐 결백 여부와는 관련이 없다는 점에서 판결의 정당성을 담보하지 못한다는 사실도 지적되었다.

나아가 프리드리히는 정의가 왜곡될 수 있다는 점도 중요시했다. 결투에 의한 판결을 허용함으로 사건은 실제적인 증거가 아니라, 쉽사리 결투에 의존하게 될 가능성이 있다는 것이다. 이렇게 된다면 증거들에 의해 유·무죄가 판결될 수 있던 사안이 묻혀버리고, 또한 결투에 강한 자는 죄를 지어도 처벌을 받지 않게 된다고 보았다. 따라서 "마침내 법정이 철저한 조사를 마쳤는데도 만약 그 사안이 다른 증거들이나 심문을 통해 결론을 내릴 수 없는 상태에 도달하면, 오직 그 경우에 한해서 결투에 의한 재판에 따르도록 한다. 우리는 책임감 있는 재판관이 모든 사실들을 검토하고, 심문과 조사를 통해 얻어진 결과를 철저하고 충실하게 판단할 수 있기를 바란다"라고 결론지었다.[29]

황제는 은밀하게 특정인을 살해했거나 반역죄와 관련된 사건에만 결투에 의한 판결을 허용했다. 물론 두 경우에도 곧바로 결투에 의한 판결이 행해지지는 않았고, 충실히 증거와 심문에 의해 시시비비를 가리려 노력해야 했으며, 그럼에도 불구하고 사건을 판결하기에 충분치 못할 때만 결투에 의한 판결을 허용했다. 이 경우들에 결투 재판을 허용한 이유는 살인을 두려움 없이 행하는 자들을 방지하고, 이러한 범죄를 억제하여 사회를 안정적으로 유지하기 위함이었다. 이 〈멜피의 법〉은 하나님의 개입보다는 이성에 의한 판결이 우선시되고 있던 새로운 시대의 분위기를 압축적으로 보여준다.

고딕 성당

중세 도시

중세는 농촌의 비중이 압도적인 세계였다. 그에 비하면 도시는 일종의 고립된 섬과 같았다. 그렇지만 정치, 종교, 경제 등의 핵심 기능을 수행하는 도시들이 차츰 성장했고, 특히 12, 13세기에는 상업과 교역의 발달에 힘입어 새로운 도시들이 건설되었다. 장원의 발달과 생산력의 증대를 토대로 근거리 교역이 활성화되자 사람들의 경제생활에도 큰 변화가 초래되었으며, 이는 도시의 발전을 자극했다. 도시의 핵심 기능은 생산과 교역이었다. 도시의 경제적 역할이 확대되면서 중세 말기에는 대략 유럽 인구의 10퍼센트가 도시에 거주했다.[30] 도시에는 다양한 사람들이 모여들었다. 시민권이 있는 자들은 대체로 상인과 수공업자들이었지만, 도시에서 생활하며 농업에 종사하는 시민도 있었다. 한편 도시에는 시민권이 없는 거주민들도 적지 않았다. 영주로부터 도망친 자도 있었고, 하인이나 하녀와 같이 특정 가계에 의존적인 자도 있었다. 이들은 시간이 지나도 경제력이 없어 시민이 되지 못했다. 그 외에 도시의 지배자인 영주의 예속민들도 도시에서 생활했다. 그들 중에는 집단생활을 하는 기사들도 있었고, 도시의 행정을 담당하는 자들도 있었다. 반면 귀족들은 통상 도시에서 생활하지 않고 독립된 성이나 저택에 거주했다.

동일한 도시에 거주한다고 모두 동등한 권리를 지녔던 것은 아니다. 유대인들도 도시에서 생활했지만 시민이 아니었으며, 특별한 법적 지위를 가졌다. 이들은 그리스도인이 아니었기에 상인 조합이나 수공업자 조합에 속할 수 없었다. 왕의 보호를 받는 대가로 유대인세를 내는 것이 보통이었다. 이들은 개종을 해야만 개별적으로 도시민이 될 수 있었다. 유대인들은 십자군 원정과 흑사병 발병 시기에 재산을 박탈당하거나 도시로부터 추방되어 생존을 위협받기도 했다.[31] 교구 사제와 수도사 등 성직자들도 도시에서 생활했지만, 시민이 아니었다. 이들은 신분 때문에 도시법이 아니라, 교회법의 지배를 받았다. 그로 인해 면세 혜택을 받았고, 도시법을 위반해도 세속 법정에 불려가지 않았다. 이들은 포도주와 태피스트리 등을 만들어 파는 등 도시의 상업 활동에도 참여했다. 성직자가 세속적인 사안에 관여했으므로 종종 갈등도 발생했다. 이처럼 도시에서 생활하는 상이한 신분의 사람들은 다양한 법적 적용을 받았으며, 도시는 다양한 집단과 다양한 법들이 충돌하는 공간이었다. 그렇지만 시간이 경과하면서 도시 내에 불평등하고, 균일하지 않던 요소들은 차츰 조정 내지 통합되었다.

중세 도시의 외관은 농촌의 모습과 현저하게 구별되었다. 그리고 대도시일수록 성벽으로 둘러싸인 견고한 외관을 과시하는 경향이 있었다. 도시 중심부에는 시청사, 성당, 그리고 시장 기능을 겸하던 광장이 위치했다. 이것들은 시민의 공적인 삶과 관련되었다. 사방에 위치한 도시의 성문은 도시의 중심부로 연결되었고, 그곳에 자리 잡은 광장은 도시공동체의 활동과 그 상업적 성격을 대변했다. 더불어 광장에 붙어 있는 대성당은 그리스도교 신앙이 시민의 삶의 표준이자 의미세계의 중심을 차지했음을 드러낸다. 시민의 대표들, 즉 시참사회원들이 업무를 보던 시청사는 도시민 공동생활의 근간이었다.

도시는 촌락이나 장원에 비해 더 많은 자유와 기회를 제공하고 있었기에 예속민 신분의 사람들이 꾸준히 유입되었다. 이들 예속민은 도시로 도

주해서 1년 이상 지날 때까지 그의 주군이 찾지 않으면 자유민이 될 수 있었다. 민속학자 겸 언어학자 야코프 그림과 빌헬름 그림 두 형제는 과거의 어휘들을 수집해 편찬한 사전에서 이와 같은 상황을 "도시의 공기는 사람을 자유롭게 한다"라는 문구로 압축해 표현했다.[32] 이들은 본래의 독일어 격언 "Stadtluft macht frei"에서 'Luft'라는 단어를 (도시의) '공기'로 해석했다. 하지만 이 단어의 기원이 되는 중세 독일어는 이런 의미만 지녔던 것이 아니다. 법적인 맥락에서 '서약'이라는 의미를 내포했는데 이를 간과해 오역한 것이었다. 달리 말하면, 도시에서 생활하는 사람들에게 자유를 부여한 것은 '공기'가 아니라, 시민들이 도시에서 거행한 '서약'이었다. 외부인이 시민으로 받아들여질 때, 그리고 도시에서 해마다 정해진 서약일에 거행했던 서약 행위로 인해 시민들은 자유를 향유할 수 있게 되었던 것이다.[33] 도시가 자유의 공간이 되기 위해서는 시민들이 도시법에 따른 권리와 더불어 납세, 방위 등 여러 의무도 준수해야 했다. 도시 정부는 시민들에게 도시의 이익을 위해 행동하고, 도시법을 준수할 것을 의무화했으며 이를 제단 앞에서 서약하도록 요구했다.

시민들의 자치기구인 시참사회(consilium)는 도시의 입법, 사법, 행정 업무를 총괄했다. 도시에서는 조합들이 중추적 역할을 담당했기에 도시 내 상인 및 수공업자 조합의 대표들이 시참사회를 구성했다. 대개 시참사회에는 상인들의 비중이 과반수 이상을 차지했고, 수공업자들은 배제되거나 소수 세력을 형성했다. 도시 내 영향력이 큰 조합들일수록 시참사회에서 차지하는 지분이 컸다. 도시는 "공정한 가격"을 통해 시민을 보호하고, "합당한 생계"를 모든 조합원들에게 보장하려는 경제정책을 추구했다. 도시의 핵심적인 구호는 "공동체의 복리"(bonum commune)였다. 도시의 운영원리나 생활 곳곳에서 이와 같은 그리스도교적 공동체를 지향하는 태도가 배어 있었다. 그렇지만 입법, 사법, 행정에서 늘 세속적 이해관계가 개입했다. 시민의 주축인 상인과 수공업자들은 동업조합을 결성해 경제활동과 관련한 조합원 상호간의 이익을 도모했다. 조합은 조합원을 보호하고, 적절한 생계를 보장하며, 도시의 내부 혹은 외부에 대해 자유경쟁을 배제하거나 적어

9-6 중세 말 뉘른베르크 시의 모습

도 제한했다. 이로써 조합원들은 도시 내외에서 관련 영업활동의 자유를 향유했으며, 그들 상호간에는 평등한 관계를 유지했다.[34]

도시의 특징은 유동성이었다. 자유민인 시민들은 신분 상승은 물론 부를 축적할 기회를 가졌다. 또 도시의 학교에서는 시민의 자제들이 읽기, 쓰기, 셈하기를 배울 수 있었다. 대학들도 도시 문화의 한 부분이었다. 도시에 설립된 대학은 시민의 자제들에게 사회적 신분상승의 기회를 제공했다. 1년에 평균 100일 정도는 교회 축일이었기에 도시에서는 많은 축제들이 열렸고, 연극도 공연되었다. 일과 후 선술집에서 전개되는 음주와 놀음은 시민들의 일상의 한 부분이었다.[35] 도시의 시장에서는 14세기 이래 후추와 안경 등을 구입할 수 있었으며, 향료를 얼마나 많이 사용할 수 있는가는 당대에 부자의 상징으로 인식되기도 했다. 시민들은 점차로 유복하고 풍요로운 생활을 누릴 수 있었다. 그렇지만 시민들 사이에는 빈부의 격차가 더욱 벌어졌고, 가난한 자와 범죄자들도 뒤섞여 있었다. 물론 도시에서는 매춘 행위도 금지되지 않았다. 도시는 중세 말에 이르면 농촌사회와는 현격히 다른 공간으로 변모해갔다.

로마네스크와 성지순례 열풍

중세 예술을 대표하는 것은 종교적 건축물이다. 중세 건축물 중 그리스도교와 직접 관련이 없는 성이나 일반 주택 등은 아주 일부만 남아 있다. 그리스도인 신앙생활의 중심이 되었던 교회 공간은 하나의 건축물일 뿐 아니라, 중세인의 신학과 신앙의 표현이었다. 그리스와 로마의 종교에서는 의례가 신전 외부에서 이루어졌고, 신전에는 신상만 보존했다. 하지만 그리스도교에서는 의례가 교회 건물 내부에서 거행되었기에 신자들을 건물 내에 수용해야 했고, 그 결과 종교 건축물의 규모가 커졌고 기능도 달라졌다. 중세 교회 건축은 크게 세 시기로 구분한다. 고대 말부터 8, 9세기까지 비잔티움 미술의 영향을 받은 초기 그리스도교 건축기, 9세기부터 12세기경까지의 로마네스크 시기, 그리고 12세기부터 중세 말까지의 고딕 시기로 나눈다. 서유럽을 중심으로 보면, 로마네스크와 고딕이 중세의 주요 예술 양식이었다. 숭고한 종교성을 반영한 로마네스크는 11세기에 절정이었는데, 수도원 건축에서 두드러졌다. 그 후 도시의 발전과 더불어 등장한 대성당들에는 화려한 고딕 양식이 도입되었다. 하늘로 높이 솟아오른 석조 성당은 도시민의 권위와 자부심을 드러내는 상징물이 되었다.[36]

　　로마네스크란 명칭은 이 양식의 구조적 토대를 이루는 바실리카식 설계와 반원형 아치가 로마시대 건축물로부터 파생되었기 때문에 붙여진 이름이다. 1000년경 서유럽은 지붕과 벽면을 대부분 석조로 건축했는데, 천장만은 목조를 유지하는 경우가 적지 않았다. 기술적으로 석조 천장의 무게를 지탱하기가 어려웠기 때문이다. 건축물의 형태는 많은 시행착오를 거치며 조금씩 개선되고 변경되었는데, 점차적으로 단순 아치보다 늑골 궁륭이나 교차 궁륭을 사용하여 천장 무게를 분산시키는 방안이 적용되어 건물을 다양한 형태로 변형시키고 천장도 좀더 높일 수 있었다. 그렇지만 석조 궁륭의 횡압력을 지탱하기 위해 불가피하게 벽이 육중했고, 창문을 크게 낼 수 없어 채광에 한계가 있었다. 결과적으로 외부에서 보면 교회 공간은 일종의 성채를 연상시켰고, 내부는 단순하고 엄숙한 종교적 분위기를 연출하게 되었다. 이러한 로마네스크 교회들은 목조 건축물의 취약점이었던 화재의 위험을 크게 줄일 수 있었고, 성가대의 찬양이 아름답게 울려 퍼지는 데 효과적이었다. 이 양식의 건축물은 일체화되고 통합된 그리스도교

정신을 구현한 것으로 평가되고 있다.[37]

로마네스크는 지역마다 다양한 성격을 띠며 발전했다. 특히 산티아고데 콤포스텔라 순례길의 출발점인 베즐레의 라 마들랜 수도원과 툴루즈의생 세르냉 성당을 비롯한 여러 로마네스크 교회들은 당시 유럽에서 불고 있던 성지순례 열풍과도 깊게 관련되었다. 여러 성지들을 경유하던 경건한 순례자들은 자신들에게 인상 깊었던 건축물에 대한 정보를 서로 공유했고, 성당 건축을 위한 재원을 조달하는 주요 통로가 되었다. 한편 클뤼니와 시토 등 성장하고 있던 대규모 수도회들은 소속 자매 수도원들의 건축에 각기 고유한 종교적 특성을 반영하며 로마네스크 양식의 확산에 기여했다.[38] 성당 입구에 장식된 반원형의 팀파늄 부조들은 조화와 균형을 중요시했던고전 조각과 달리 비현실적인 모습이 인상적이다. 통상 최후의 심판 모티브가 많이 조각되었는데, 이는 신자들을 향한 묵시론적 경고였다. 부조의 소재와 장식들 중에는 오리엔트의 영향을 받은 것은 물론, 기원을 특정할 수없는 것들도 적잖게 포함되어 있다. 조각물이 위치한 자리가 요구하는 장식성을 충족시키는 과정에서 인물은 고전적인 조화로움보다 추상성이 가미되어 변형된 모습을 띠었지만, 종교적 초월성과 성스러움을 자아내는 효과를 발휘했다.[39]

생드니 수도원과 쉬제

도시가 발전하면서 시민들의 경제력과 종교적 열정을 반영한 새로운양식의 교회가 출현했다.[40] 이 고딕 양식은 파리 북쪽에 위치한 생드니 수도원에서 탄생했다. 생드니(St. Denis, 성 디오니시우스)는 그리스 아테네에서 복음을 전하기 위해 파리까지 건너와서 많은 사람들을 개종시켰고, 로마 군인들에게 체포되어 고문을 당한 후 250년경 몽마르트에서 참수된 순교자였다. 성인전에 의하면 드니는 자신의 목이 땅에 떨어지자 두 손으로 그 목을 쥔채 천사의 인도를 따라 찬송을 부르며 2마일을 걸어갔다고 한다.[41] 생트 주느비에브가 475년 드니가 묻힌 곳에 교회를 세워 그를 기념했다. 메로빙 왕조의 다고베르 1세(재위 629-639)는 파리의 수호성인이 묻힌 그곳에 왕실 수

9-7 생드니 성당 외관

도원을 건축했으며, 왕자들과 귀족 자제들을 교육하는 서프랑크의 종교적 거점으로 삼았다. 이 수도원은 그 권위에 걸맞게 예수를 비롯한 중요 성인들의 유물을 많이 수집함으로써 일찌감치 순례장소로도 널리 알려졌다. 생드니 수도원이 메로빙 시대와 카롤링 시대에 국왕들의 매장지로 확립된 후 19세기 초 루이 18세에 이르기까지 대다수 프랑스 왕들은 왕가의 전통에 따라 이곳에 묻혔다. 프랑스 최고의 수도원이자 왕국의 구심점이었기에 이곳은 여러 차례에 걸쳐 개축되었는데, 건축 측면에서 가장 중요한 변화는 쉬제(1081-1151)가 수도원장이 된 후 일어났다.

쉬제는 농민 집안에서 태어났으나 여러 면에서 출중한 성직자였다. 더구나 그는 루이 6세와 생드니 수도원에서 어린 시절을 함께 보내며 친밀한 관계를 맺고 있었기에 1122년 생드니 수도원장으로 임명될 수 있었다. 그는 정치에도 관여하여 루이 6세(재위 1108-37)와 루이 7세(재위 1137-80) 시절 프랑스의 중앙집권적 관료제도의 확립과 수도원 개혁에도 크게 기여했다. 쉬제가 수도원장이 되었을 때 생드니 수도원은 명성에 비해 크게 쇠락한 상태였고, 건물의 서쪽 부분 벽이 기울면서 비틀어지기까지 했다. 그는 재건축의 필요성을 절감하여 꾸준히 재원 확보 방안을 마련하면서 새로운 기술적 요소들을 도입해 개방감 있는 밝은 수도원을 구상했다. 그는 당대 성직자로서는 이례적으로 직접 설계까지 했고, 백방으로 노력해 필요한 건

9-8 생드니 성당 내부

축 자재를 확보했으며, 공사의 진행과정까지 일일이 개입했다. 결국 건축에 대한 식견과 성당 공간에 대한 이해를 지녔던 쉬제는 새로운 신학적 의미를 구현한 혁신적인 건축물을 만들어냈다. 그는 이 수도원 교회에 대해 자부심이 남달라 자신의 이름과 이미지를 성당 곳곳에 남겼다. 건물의 개축은 총 세 단계에 걸쳐 진행되었는데, 세 번째 단계를 마무리하지 못하고 그는 눈을 감았다. 그렇지만 두 번째 단계인 성당의 동쪽 반원형 돌출부를 건축하는 과정에서 혁신적인 고딕 양식이 뚜렷한 모습을 드러냈다. 이 새로운 건축물은 신자들의 신앙심을 고양시켰을 뿐 아니라, 프랑스에 대한 애국심을 북돋우고 중요 순례지로서 지위를 회복하는 데 결정적으로 기여했다.

쉬제의 수도원 개축에 대한 사상과 여러 일화들은 그가 남긴 두 편의 글에서 살펴볼 수 있다.[42] 그가 특히 역점을 두었던 것은 새로운 기술적 요소들을 도입해 공간들을 분리시키던 두꺼운 벽을 과감하게 제거하고, 개방감이 느껴지는 넓고 높은 공간을 창출하는 것이었다. 그리고 벽에는 넓은 창을 두어 최대한 많은 빛이 성당 내부로 들어올 수 있도록 배려했다. 12세기 신학자들은 빛을 인간과 하나님을 매개해주는 존재로 이해했는데, 쉬제는 빛의 원천이 하나님이며, 동시에 그리스도를 상징한다고 해석했다. 그는 빛이 만물에 생명을 부여하고, 모두에게 공평하게 비추기 때문에 하나님의 속성을 가장 잘 드러낸다고 확신했다. 결국 쉬제는 채색 유리를 통해 반사된 신성하고 아름다운 빛으로 충만한, 경건하고 신비한 공간을 만들어 냈다. 성당은 빛을 통해 지상과 천국을 연결시켜 주고, 성도들은 성당 안에서 하나님을 경험하게 되리라고 생각했다. 이슬람 미술에서 유래한 장미창은 고딕 건축에서 신성한 빛을 구현하는 수단으로 활용되었다.[43]

고딕의 구조 — 초월성에 대한 열망

로마네스크와 비교할 때, 고딕 건축은 수직성을 강조했는데, 이는 하나님에 대한 경외감 혹은 초월성을 향한 열망을 담아내기 위한 것이었다. 하늘을 향해 치솟는 느낌을 구현하는 고딕 양식의 핵심 요소는 첨두아치(pointed arch), 늑골 궁륭(rib vault), 공중 부벽(flying buttress)이었다. 첨두아치는 로마네스크에 일반적이었던 반원형 아치에 비해 천장의 무게를 골고루 분산시켜서 구조물의 공간 분할을 훨씬 자유롭게 구성하는 데 기여했다.[44] 첨두아치는 궁륭의 교차부는 물론이고, 입구, 창 등 모든 아치 구조에 적용되었으며, 아치의 각도를 역학적으로 다양하게 변화시킴으로써 성당의 구조변경도 가능하게 되었다. 아치 모양의 뼈대는 기둥과 기둥 사이를 우산살처럼 연결하는데, 이 뼈대가 갈비처럼 생긴 것을 늑골 궁륭이라 한다. 이 늑골 궁륭도 중요한 기능을 했다. 뼈대 사이를 석회암같이 가벼운 재료로 채워 천장의 무게를 획기적으로 줄였다. 그와 더불어 공중 부벽과 버팀벽의 도입도 의미심장하다. 이것은 벽면에 일정한 넓이로 돌출되어 벽을 보강하는 기능을 했는데, 일부 로마네스크 건물에 이미 사용되고 있었으며, 생드니에서는 아직 제한적으로만 도입되었다. 공중 부벽을 통해 아치의 곡선을 건축물 외부로 연장시켜 내부에는 얇은 벽을 두면서도 궁륭의 무게를 지탱하는 것이 가능해졌다. 공중 부벽과 버팀벽은 채색유리의 채광면을 확대시켰고, 고딕 건축 외관의 특징으로 각인되었다.

쉬제는 생드니 수도원 건축에서 첨두아치, 늑골 궁륭, 공중 부벽, 채색 유리(stained glass) 등을 처음으로 조화롭게 결합시켜 고딕 양식을 탄생시켰다. 고딕 기술의 요소들을 구비하고 있다고 해서 모두 고딕 건축으로

9-9 고딕의 구조. 레겐스부르크 성당

인정되지는 않는다. 고딕의 기술적 요소들은 이미 로마네스크 건축에도 있었으며, 일부 고딕 건축에서는 그 중 일부 요소를 결여하고 있다. 흥미로운 사례가 11세기 말에 완성한 더럼 성당이다. 이 건물에는 위에 언급한 고딕의 특징적 요소들이 모두 도입되었다. 하지만 천장의 무게를 거의 벽과 기둥으로 지지하고 있으며, 부벽이 전체적인 구조를 떠받치고 있지 않아서 로마네스크 양식으로 분류한다.[45] 따라서 고딕의 본질적인 특징은 이런 기술적 요소들을 조합해 구조적으로 새로운 건축을 완성하고, 수직성과 개방감을 구현한 공간을 만들어 냈는가에서 찾아야 한다.[46] 그리고 건축물의 채광성이 증가하면서 채색 유리를 통해 고딕적 효과를 살리는 것이 중요해졌다. 높은 천장과 커다란 채색창으로 쏟아져 내리는 빛은 물질적인 것과 비물질적인 것, 육적인 것과 영적인 것, 인간적인 것과 신적인 것을 결합시키는 과정으로 스콜라 철학의 가르침과 연결되었다. 이후 고딕 건축에서 채색유리는 교회 건축물의 핵심으로 자리 잡았고, 경쟁하듯이 점점 더 커다란 채색 유리창이 벽면을 차지했다. 채색 유리의 형태도 둥근 테 모양의 차륜에서 장미형으로, 그리고 나아가 불꽃 모양으로 화려하게 발전했다. 당시에 최고 품질의 채색 유리는 얻기가 쉽지 않았기에 총 건축비에서 채색 유리

비용이 절반 가까이를 차지했다. 쉬제 시대에 이르러 빛은 색으로 표현되었고, 특히 파란색은 하나님이 머무는 천상을 떠올리는 최상의 색상으로 해석되기 시작했다. 그로 인해 그는 채색 유리 중에서도 가장 고가인 파란색을 독일로부터 조달해 천상의 빛이자 하나님의 세계를 표현했다. 교회는 절대자 하나님이 머무르는 거처였기 때문이다.[47]

고딕의 시대정신은 초월적인 것에 대한 열망이었으며, 고딕 성당은 당대인의 종교심을 표현한 것이었다. 그들은 눈에 보이는 세계가 하나님이 발하는 신성한 빛의 불완전한 굴절이나 반사에 불과하다고 생각했다. 당대 과학자들도 세계 그 자체에 대해 탐구하기보다는 창조된 우주가 어떻게 그 원천인 하나님을 지향하고 있는가를 보여주기 위해 연구했다. 1144년 생드니 수도원 건축의 두 번째 단계 완공을 기념한 봉헌식에는 프랑스 왕 루이 7세와 프랑스와 서유럽에서 온 17명의 대주교 및 주교들이 참석했다. 그들은 모두 혁신적인 새로운 양식의 건축물이 보여준 아름다움과 신앙심의 구현에 큰 감동을 받았다. 그 결과 그로부터 멀지 않은 장래에 그 봉헌식에 참석했던 주교들이 소속된 주교좌성당들은 대부분 고딕 양식의 성당으로 개축되었다고 알려져 있다.[48] 12세기 중엽 일 드 프랑스의 생드니 성당에서 시작된 고딕 건축 문화는 상스, 랑, 파리 등 프랑스 지역에 대규모 성당이 잇따라 기공되면서 확산되었다. 그 영향으로 13세기 전반 고딕적 요소를 더욱 완벽하게 구현한 샤르트르, 랭스, 아미앵 대성당이 완성되면서 이른바 '대성당의 시대'가 전개되었다. 성당 건축에서 드러난 중세인의 종교적 열심뿐 아니라, 기술적인 혁신과 공학적 역량은 오늘날까지도 당대의 높은 문명 수준을 과시하고 있다.

대성당의 그늘

중세 유럽의 성 문화와 매춘[49]
중세 유럽은 금욕주의적 성 문화가 일반적이었다. 그리스도교가 서유럽에서 지배종교이자 도덕의 척도로 자리 잡으면서 성에 대한 입장이 교회 및 성직자의 판단에 영향을 받았기 때문이다. 오리게네스, 히에로니무스, 아우구스티누스 등 중세 초기 교부들은 대체로 육체의 기본적 욕구를 부정하고 수도사처럼 금욕을 추구하며 독신과 동정을 유지하는 것이 신앙원리에 부합한 최고의 생활방식이라고 가르쳤다. 그들은 인간의 성욕이 단지 종족 번식을 위해서 부여된 것이라고 간주하면서 육체의 유혹을 이길 수 없는 자에게만 결혼을 권장했다. 교부들은 결혼한 부부 사이에서도 출산 이외의 목적으로 성적 쾌락을 즐기는 것은 매춘과 다를 바 없다고 했다.[50] 더불어 금욕을 실천한다는 점에서 성직자의 삶이 더 이상적이며 우월하다는 인식도 출현했다. 이와 같이 인간의 육체성을 철저히 부정하려는 태도가 유럽에서 중세 내내 통용되었다. 유스티니아누스 법전이나 829년 파리 종교회의에서는 그와 같은 입장에서 성과 혼인에 대한 엄격한 규범이 제정되었다.[51] 속인은 혼인 전까지 동정을 지켜야 했고, 결혼 안에서의 성행위는 자손을 얻으려는 목적에 충실해야 했다. 그리고 음행으로 인한 것이 아니라면 이혼도 금했다. 심지어 가톨릭교회는 성관계는 밤에만 하고, 단지 필요한 부분만 옷을 벗도록 권장하는 등 부부 사이의 일상까지도 세밀하게 간섭하려 했다. 그로 인해 중세에 교회의 절기와 권고사항을 철저히 준수하는 경건한 부부라면, 그들에게 부부관계가 허용된 날은 1년에 91일 내지 93일 정도밖에 되지 않았다.[52] 그렇지만 육체적 욕망을 편협한 종교적 규범으로 억제하거나, 공권력으로 통제하려는 시도는 신앙인의 삶을 지배하지 못했다.

성직자도 육신의 욕망을 억제하며 성적 금욕의 지침을 실천하지 못하는 경우가 많았다. 10세기 중반 베르첼리의 주교 아토는 해당 교구 성직자 중 "욕정에 사로잡혀 더러운 매춘부들을 집에 출입시키고 공공연히 먹고 자게 하면서 관계를 맺는 자들이 적지 않다"며 분노했다.[53] 교황 그레고리우스 7세는 성직자 독신을 관철하려 노력했지만, 하급 성직자들의 격렬한 반발에 부딪쳤다.[54] 심지어 성지 예루살렘을 탈환하는 신성한 십자군 원정에도 매춘부들은 동행했다. 믿을 만한 정보에 따르면, 12세기 십자군 원정 때 동행한 매춘부의 수가 무려 수천 명이나 되었다고 한다.[55] 한편 그리스도교 세계의 본산이었던 로마에서도 성직자들을 주요 고객으로 삼던 매춘업이 크게 번성했다. 공의회가 소집될 때마다 매춘부들은 대목을 맞았다.[56] 금욕을 서약하고 늘 하나님 앞에서 살겠다고 다짐한 성직자들조차 성욕을 억제할 수 없었다면, 중세 유럽에서 매춘이 사라지기를 기대하는 것 자체가 비현실적이었다. 이처럼 성 규범에서 그리스도교적 이상과 현실 사이의 괴리를 가장 적나라하게 드러내는 문제가 매춘이었다.

통치자 중에는 매춘 문제를 공권력으로 해결해야 한다는 인식을 지닌 자도 있었다. 후에 성인으로 시성된 프랑스 국왕 루이 9세(재위 1226—1270)는 왕국을 종교적 원리에 따라 통치해야 한다는 사명감이 충만했기에 1254년 매춘을 일삼는 모든 여성을 왕국 내에서 추방하고 그녀들의 소유를 몰수하라고 명령했다. 하지만 이는 결과적으로 성과보다는 부작용이 컸다. 그는 2년 후에도 동일한 명령을 되풀이했는데, 이번에는 도심과 주요 거리에서 몰아내는 정도로 목표를 낮추었다. 루이는 1269년 제2차 십자군 원정에 나서면서 재차 매춘 근절을 지시했다.[57] 국왕의 반복되는 의지 표명은 매춘을 파렴치한 범죄행위로 인식시키는 데 기여했지만, 목표를 이루기에는 역부족이었다.

중세인의 매춘에 대한 인식에 큰 영향력을 미친 종교 지도자는 아우구스티누스였다. 그는 "만일 세상에서 매춘부를 모두 추방하면 그녀들이 도처에 퍼져 음욕이 사회를 전복할 것"이라며, 사회 전체의 구원을 위해 매춘의 불가피성을 인정했다.[58] 그는 매춘이 죄라는 사실을 부정하지 않았으나, '더 큰 악을 예방하기 위한 필요악' 또는 '차악'이라고 했다.[59] 그의 고해신부 톨로메오 다 루카는 아우구스티누스의 주석을 쓰면서 앞선 그의 논리를 대중화시켰다. 하수구를 없애면 궁전 전체가 오물로 가득 차게 되듯이 매춘을 추방하면 세상은 남색, 수간 등 더 악독한 죄들로 넘치게 될 것이라고 주장했다. 교회나 종교지도자들은 성적 유희를 저주하면서도 시민들이 매춘부를 접촉하는 '단순 간음'이 동성애와 같은 중죄로 인해 사회 전체에 화를 초래하는 것보다 낫다는 이중 규범을 적용해 매춘을 관용했다.[60] 물론 교회 내에 실용적인 입장만 존재했던 것은 아니다. 레겐스부르크의 베르톨트(1210—1272)처럼 일관되게 매춘의 철폐를 주장했던 탁발수도사도 있었다. 그렇지만 13세기를 지나며 매춘은 도시들에서 일반적으로 용인되었다. 그로 인해 남성은 10대 후반이면 도시의 홍등가에 공공연히 출입할 수 있었다.

도시적 현상

흔히 매춘은 도시적 현상이라고 한다. 매춘은 '인류 역사상 가장 오래된 직업'이라 불릴 정도로 오래전부터 존재했지만, 직업적인 매춘부는 도시 이외 지역에서는 생존이 어려웠다. 12세기 이래 발전한 도시에는 사람들의 이동이 빈번했고, 홀로 생활하는 인구도 많았다. 객지 생활을 하던 원거리 상인뿐 아니라, 성직자처럼 결혼하지 않는 신분도 있었고, 확실한 일자리나 경제력을 갖추지 못해 결혼할 수 없던 수공업 및 상인 조합의 직인, 그리고 대학생 등이 있었다. 결혼 연령은 차츰 높아지는 경향이 있었기에 미혼 인구는 더욱 늘어나 도시에서 결혼한 사람의 비중은 통상 30퍼센트에도 미치지 못했다.[61] 미혼 남성의 증가라는 구조적 특징은 매춘을 필요로 하는 수요가 크게 증가했음을 의미한다. 중세 성기 이래 도시들이 빠른 속도로 성장하면서 초기에는 주로 뜨내기 여성들, 그리고 얼마 후에는 도시에 정주한 여성들이 주로 매춘에 종사했다. 도시에서도 초기에는 종교적 관점에서 매춘을 불법화하고 매춘부를 추방하려는 시도가 있었다. 그렇지만 그 효과가 미미했으며, 기껏해야 도시 밖으로 내모는 정도였다. 도시 당국이 도시법의 범위를 넘어서는 외부 시설까지 철거할 수는 없었다. 결국 매춘이 가능한 구역은 도시의 외곽이나 경계 밖에 조성되었다. 도시는 점차 조금 더 양보해서 도시 내 특정 구역이나 거리에 국한해 매춘을 관용하되 시참사회의 통제하에 두는 데 만족해야 했다. 13세기 이래 대도시들은 물론, 중간 규모의 도시들에서도 유곽은 점차 늘어나는 추세였다. 도시에 조성된 매춘 시설은 본래 미혼 남성을 상대하는 업소였으나, 실제로는 주민은 물론이고, 단기간 도시를 방문하던 상인, 순례자, 타지에서 온 노동자, 그리고 기사나 용병 등도 매춘부의 고객이 되었다. 매춘부들이 거리에서 호객하는 것은 금지되었기 때문에 대개 유곽 안에서 기다렸다. 그렇지만 은밀하게 거리 혹은 특정 공간에서 불법 영업을 하는 자들이 있었으며, 공중목욕탕이나 선술집에서도 경제적 필요나 다른 이유에서 부업으로 매춘에 종사하는 자들이 있었다.[62]

암스테르담의 한 문서에는 "매춘부들의 존재는 우리와 같은 커다란 교역 도시에서는 피할 수 없다. 거룩한 교회도 그들을 관용하기에 우리도 그들을 금하지 않는다"라면서 도시 내 두 개의 거리에 유곽 설립을 허용하는 이유를 밝혔다.[63] 14세기에는 적지 않은 도시에서 매춘을 관용하는 데 그치지 않고, 심지어 공창제를 도입했다. 피렌체 정부가 공창을 도입하면서 내세운 명분은 "덜 나쁜 악을 통해 더 나쁜 악을 제거하려 한다"는 소위 '차악의 논리'였다. 부르고뉴에서는 미혼 남성들의 성적 욕구를 충족시켜 고귀한 여성을 보호하기 위함이라고 밝혔다. 그 외에 중세 말기에 들어 남색에 대한 우려가 커졌기 때문에 젊은이를 이성애로 유도해 동성애를 퇴치하겠다는 명분도 있었다.[64] 도시민 보호와 성폭행 축소라는 측면도 매춘을 관용한 이유 중 하나였다. 부르고뉴 지역 디종의 사료에 따르면 15세기 중반 이 도시에서 집단 강간이 빈번했다. 주민이 채 1만 명을 넘지 않은 이 도시에서 강간 사건이 연평균 20건이나 발생했다. 성폭행에 연루된 자들은 매년 100여 명에 이르렀고, 범법자의 85퍼센트는 미혼 상태의 수공업 직인이었다. 성폭행이 당시 청년 집단 성 풍속의 일부였으나 처벌은 그리 중하지 않은 벌금형이었다.[65] 매춘을 허용해 이 문제를 해결하려 시도한 결과, 얼마 후 100명 이상의 직업적인 매춘부가 이 도시에 존재하게 되었다.[66] 유곽의 형성으로 성폭행이 사라지지는 않았지만, 이전에 비하면 상당히 완화되었다. 매춘은 성적 욕구를 해소시켜 집단강간 등 범죄를 억제하고, 동성애 같은 성적 탈선을 예방하는 등 당대인에게 실제적 방안으로 인식되었다. 이런 탓에 18세에서 40세 사이의 남성들이 주기적으로 홍등가를 방문해 욕구를 해소하는 일은 묵인되었으며, 이런 행위는 비밀스럽기보다 그다지 거리낌 없는 일상이었다.[67]

9-11 매춘 장소로 활용되었던 목욕탕의 풍경

한편 유곽 출입이 금지된 기혼 남성과 성직자들은 사람들의 시선을 피해 밤에 방문하는 경우가 적지 않았다. 뇌르틀링엔 시참사회는 1472년 "성직자들이 유곽에 지나치게 많이 출입하여" 조례를 개정했는데, 낮에는 그들을 관용하되 밤에 유곽에서 소일하는 것만은 금지시켰다.[68] 조례를 어기고 방문하다가 발각되면 벌금을 지불해야 했기에 그런 위험을 피하려던 자들에게는 목욕탕이나 선술집이 대안이었다. 자크 드 비트리(1160/70─1240)에 따르면 파리의 한 사창가에서는 인접한 종교기관의 성직자들이 주요 목표가 되었던 듯하다. "창녀는 도심과 도시 주변 어디에서나 지나가는 성직자를 억지로 유곽으로 끌어들이려 한다. 만일 점찍은 성직자가 들어가려 하지 않으면 창녀는 그의 등에 대고 '이 남색쟁이야' 하고 욕을 해댄다."[69] 종교적 분위기를 해친다고 인식되었기 때문에 교회 및 수도원 주변에는 유곽을 세우는 것이 금지되었지만, 이런 원칙이 늘 관철되지는 못했다.

매춘 정책

도시들은 12세기 이래 매춘을 적절히 통제해야겠다고 판단하고 조례에 관련 사안을 반영했다.[70] 도시에서는 범죄의 온상이 될 법한 매춘 장소를 도시 내 특정 구역으로 한정하고 감독하려 했다. 관련 조례들에서 공통적으로 확인되는 사항은 기혼자, 성직자, 그리고 유대인이나 튀르크인(이슬람교도) 같은 비그리스도인의 유곽 출입을 철저하게 막으려는 태도였다. 그리스도인은 이들 비그리스도인과 성관계를 맺는 것을 위험스럽다고 인식했다. 한편 미성년자나 질병이 있는 여성은 매춘부로 고용될 수 없었다. 도시들은 허용된 유곽 내에서만 매춘이 행해지도록 유도해 도시 내의 질서를 유지하려 했다. 그리고 포주가 매춘부들에게 매춘을 강제하거나 속여 영업할 수 없도록 했고, 벌어들인 수입을 부당하게 빼앗는 것도 경계했다. 매춘부들은 대체로 밤에만 영업할 수 있었으며, 일요일이나 축일, 고난 주간 등에는 영업이 불가능했다. 매춘부들의 유곽 내 숙식을 허용하지 않는 경우도 있었으나, 숙식은 물론 주류 판매까지 가능한 도시들도 있었다. 울름에서는 심지어 매춘부가 손님의 집에 가서 자는 것도 허용했다. 일부 도시에서 유곽은 매춘 장소에 그치지 않고 좋은 술자리와 음악까지 제공되는 오락과 유희의 공간이었다. 이외에 조례에는 포주와 매춘부의 관계, 각종 불법 행위, 매춘부의 복장과 위생, 생활 관련 규정 등이 언급되었다. 포주가 조례 내용을 위반하면 시참사회는 유곽의 영업을 중지시킬 수 있었다.[71] 매춘을 알선하는 행위나 공공연한 유혹도 금지되었다. 많은 도시에서는 시참사회 아래에 매춘을 포함해 풍속을 관장하는 특별한 관리나 조직을 두기도 했다. 매춘부들은 유곽에 머무르며 도시의 조례를 지키는 한 추방될 위험은 면할 수 있었다.[72]

　　14세기 중엽 이후 유럽의 여러 도시에서는 시의 재정으로 공창을 설립한 후 특정 업자에게 임대를 위탁하는 이른바 시영 공창을 설립해 매춘 사업을 독점하거나 적어도 관여했다. 시는 특정인에게 영업과 관리를 위탁하되, 도시의 관련 조례들을 철저히 준수하도록 했다.[73] 1360년 베네치아에서 '작은 성'(Castelletto)이라고 불린 여러 건물로 구성된 단지에 시영 공창이 모습을 드러낸 후 피렌체(1403년), 시에나(1421년) 등으로 확산되었고, 비슷한 시기에 프랑스 도시들에서도 유사한 시설이 도입되었다. 디종에서는 1385년 첫 공창을 설립했는데, 수요가 증가하자 얼마 후 두 번째 공창도 지었다.

그리고 1447년에는 그것을 재차 확장했다. 공창제도는 비교적 도시 규모가 크고 많은 고객의 확보가 가능한 도시들에서 선택했는데, 15세기에도 확대되는 추세였다.[74] 공창 한 곳에서 생활하는 여성의 수는 많아야 15명 정도였으나, 주요 축일이나 정기시, 혹은 공의회라도 열리면 수요에 맞추어 많은 수의 여성이 임시로 고용되었다.

　　시영 공창은 기존 유곽과 달리 비교적 사람들의 눈에 잘 띄는 중심부에 위치하는 경우가 많았다. 시민들의 편의를 감안했을 뿐 아니라, 도시들이 공창을 재정 확보를 위한 방편으로도 활용했기 때문이다. 도시로서는 공창이 임대료를 벌어들이는 이해관계가 달린 사업이었다.[75] 교회와 궁정도 매춘 사업에 직접 관여했다. 잉글랜드 왕 헨리 2세(재위 1154–1189)는 1161년 런던 주변 서더크가를 홍등가로 지정했고, 윈체스터 주교에게 매춘 지역을 관할하며 세를 거둘 권한을 주었다. 다른 구역은 매춘이 허용되지 않았기에 사실상 독점영업권을 제공한 셈이었다. 주교는 다른 유력자들이 도시에서 유곽이나 공창을 운영하지 못하도록 영향력을 발휘해 방해했다.[76] 한편 수도원, 수녀원, 그리고 교황청도 공창을 직접 소유하고 임대 수입을 올렸다. 매춘 사업이 번성하는 만큼 종교기관의 재정도 두둑해졌다.

　　한편 사창가를 집결시키고 철저히 통제하려던 도시의 정책은 한계는 물론 여러 부작용을 낳았다. 본래의 의도와 달리 현실적으로는 불법 매춘을 완벽하게 통제하기 어려웠다. 매춘부들이 손님을 만나기 위해 은밀히 거리로 나가거나 선술집과 공중목욕탕 등에서 영업하는 것을 막을 수는 없었다.[77] 게다가 유곽 주변이 불결해지고 폭력이 난무하는 범죄의 소굴이자 범법자의 은신처로 활용되거나 변모하는 경우가 빈번했다. 유곽으로 인해 공공질서가 위협되는 경우 종종 매춘 영업의 금지 조치가 단행되었다. 한 도시 내에서도 매춘 관련 정책은 일관성 있게 지속되지 않았으며 제한적 허용, 금지, 혹은 추방 등 시행착오를 반복했다. 매춘 문제는 도시에서 끊임없이 논란이 되었다. 도시 내에 매춘을 강하게 비판하는 사람들이 있던 반면, 불가피성을 인정하며 관용하려는 사람들이 뒤섞여 있었다. 그렇지만 중세 성기 이래 매춘은 불법화되지 않았다.

도시의 주변인 매춘부

매춘에 종사하던 여성들에 대한 정보는 단편적으로만 확인할 수 있다. 중세에 여성들이 매춘부가 되었던 이유로는 가난, 타고난 끼, 신분 상실, 가정 문제(근친상간, 강간 등) 등이 언급되고 있지만, 경제적 이유가 가장 결정적이었다.[78] 사례 연구에 따르면, 매춘부나 포주는 전업의 성격을 지니기 어려웠다. 매춘에 따른 수입이 많지 않아 다른 일을 병행한 경우도 많았고, 역으로 불황기에 다른 생업 기회가 축소되면 매춘으로 생계를 이어가려는 여성들이 증가했다.[79] 디종에서 매춘부의 약 80퍼센트는 극빈층이었다. 몸을 파는 노동은 대체로 현실에서 벗어나거나 생존을 위한 막다른 선택이었다.

매춘부는 대체로 외국인 여성을 고용하는 경우가 많았다. 해당 도시민의 자녀는 고용할 수 없었거나 가능하더라도 기피했다. 비그리스도인 여성도 마찬가지였다. 그로 인해 매춘부는 대부분 이방인이나 외국인으로 채워졌다.[80] 15세기 중엽 피렌체의 시영 공창에는 종사자 중 70퍼센트가 플랑드르, 독일, 북프랑스 등에서 온 외국인이었으며, 28퍼센트만이 토스카나 출신이었다.[81] 디종에서는 사창 매춘부의 약 70퍼센트가 디종이나 인근 지방 출신이었지만, 공창 매춘부는 대다수가 외국인이었다. 도시들이 그 지역 여성들을 보호하려는 의도와 더불어 매춘부 스스로가 고향이나 출신 지역에서 매춘업에 종사하는 것을 꺼리던 경향도 영향을 미쳤다. 대부분은 가족을 잃은 후 홀로 되거나 집단 강간 등을 겪은 후 상처를 안고 매춘업에 발을 들였다. 그리고 10대 후반에 매춘을 시작해 30세가 넘으면 공창을 떠났다.[82]

매춘부의 활동은 육신의 음행의 발로이고 자신뿐 아니라 다른 사람의 육체와 영혼에 해를 끼친다고 판단되었다. 그로 인해 도시 사회는 매춘의 필요성을 인정하면서도 매춘부들을 차별하고 주변화시켰다. 그녀들은 사회적 지위가 인정되지 않아 시민권을 획득하지 못했으며, 공식적으로 청혼을 받을 수도 없었다. 그들은 고소할 권리가 없었고, 법정에서 답변도 허락되지 않았으며, 재산 상속권도 없었다.[83] 매춘부들은 도시에서 생활하면서도 그 사회에 속하지 않는 '타자'로 취급되고, 더 큰 악을 방지하기 위한 소모품처럼 다루어졌기에 보호받지 못했다. 한편 매춘부들을 그 사회 구성원의 공동 재산으로 치부하는 경향도 있었다. '공용 여성'(common woman)이라는 칭호는 그들이 남성들의 공동체에 소유권이 있는 존재라는 의미였다.[84] 일부 도시에서는 매춘부에게 성교를 강요하는 것이 합법적으로 인정되었는데, 이는 그들에게 거절할 권리조차 없었기 때문이다.

매춘부에게는 차별과 낙인도 뒤따랐다. 그들은 도시의 일정 지역에만 머물러야 했으며, 단정한 여성들과 구분 짓기 위해 외출 시에는 특정 색상의 모자를 쓰거나 복장에 독특한 매듭 혹은 표식을 부착해야 했다. 고급 의상의 착용이나 사치품 장식도 금지되었다. 매춘에 종사하는 것을 일종의 사회적 죄로 간주해 낙인을 찍어 관리했던 것이다.[85] 그로 인해 종종 공격받기 쉬운 처지에 놓였다. 매춘부는 유대인처럼 불결한 자로 간주되어 다른 시민들과 섞이는 것이 경계되었으며, 목욕탕 출입도 금지되었다. 하지만 그녀들이 공동체로부터 완전히 격리되었던 것은 아니다. 미사에는 참석할 수 있었으며, 일부 교회에는 매춘부들이 앉는 별도의 자리가 마련되었다. 그녀들의 종교적 회심에 대한 기대 때문이었다.

매춘의 대가로 고객이 지불하는 비용은 그리 비싸지 않았다. 수공업자 조합의 직인도 정기적으로 방문할 수 있을 정도였다. 네 명의 매춘부와 잠자리를 한 대가로 달걀 한 개 값을 지불했다는 기록도 있다. 뉘른베르크에서는 유곽을 한 차례 방문하는 요금이 1페니였고, 밤을 지새우면 3페니를 지불했다. 매춘부의 벌이가 어느 정도였는지 확인하기는 어렵지만, 중세말 전업 매춘부가 대략 일반 노동자에 준하는 수입을 올렸으리라 추측된다.[86] 흑사병 발병 이후 노동인구의 감소, 개인의 경제력 향상 등에 힘입어 매춘에 종사하는 여성들의 경제력도 어느 정도 나아졌다. 이 무렵 일부 도시에서 매춘부의 법적 지위를 개선하려는 시도도 있었다. 랑그독에서는 비로소 매춘부가 법정 증인으로 출두하고, 유언장을 작성하며, 결혼 계약을 하는 사례가 있었다. 일부 매춘부는 조합처럼 유사시의 필요를 위해 공동으로 돈을 모으고, 그 기금에서 교회 제단에 초를 밝히며, 아프거나 사정으로 생계를 이어갈 수 없는 여성을 지원하는 경우도 있었다.[87]

매춘의 실상은 그리스도교 세계를 표방하던 서유럽에서 그리스도교적 윤리가 철저히 적용되거나 관철되지 않았다는 사실을 잘 보여준다. 통념과 달리 중세 사회는 세속화되었으며 수요와 공급이 조절하는 시장원리 아래서 개별 정책도 선택되었다. 도시에서 매춘이 관용된 것은 종교적 가르침이 아니라 도시민의 실용적인 태도 때문이었다. 종교개혁은 매춘에 대해 비판적으로 성찰하는 계기가 되었다. 16세기 중반 유럽 대부분 지역에서 유곽은 철폐되었고 제한적인 매춘도 허용되지 않았다. 마르틴 루터는 인간의 본성에 거슬러 금욕을 강요하는 성직 제도의 이면에 교회의 부패와 모순이 자리하고 있다고 지적하고 성직자의 결혼을 권장했고, 교회기관 혹은 그리스도인의 공창 운영을 강하게 비판했다.[88] 장 칼뱅은 루터보다 더 과격하게 성 산업을 반대하고, 간음과 불륜을 처벌했다. 매춘에 관용적이던 가톨릭 지역에서도 신교 지역 못지않게 부정적인 기류가 커져 매춘을 더 엄격히 규제하려는 입장으로 선회했다. 한편 로마에서는 교황이 1566년 교서를 통해 매춘부의 추방을 명령했는데, 매춘부뿐 아니라 그들에게 의존해 생업을 이어가던 자들까지 총 2만여 명에 이르는 사람이 도시를 떠나려는 움직임을 보이자 그 명령을 번복했다.[89] 대부분의 유럽 국가가 종교개혁의 조류에 편승함으로써 이후 수세기 동안은 매춘은 어두운 음지에 자리를 잡았다. 그렇지만 종교개혁 시대에도 매춘을 신앙심 혹은 도덕으로 대처하려는 시도는 한계를 보였다. 매춘의 끈질긴 생명력은 남성의 뿌리 깊은 성적 욕망과 경제적 이해관계의 합작품이었다.

맺음말

엡스토르프 세계지도는 인간사의 전개 과정을 담고 있다. 중세인들은 이 지도를 통해 인류 역사의 전개과정이 하나님의 섭리에 따라 이루어져 왔고, 지금도 하나님은 세상사를 주관하고 있으며, 종말과 구원이 멀지 않았다는 점으로부터 위로를 얻을 수 있었다. 중세의 세계지도는 가시적인 세계보다 의미의 세계를 중시하며 구원의 날을 고대하던 중세인의 모습을 떠올릴 때 그 의미를 이해할 수 있을 것이다.

신명재판은 재판에서 증인이나 증거가 부족하여 진실 혹은 정의를 판별할 수 없을 때 의존하던 방식으로 하나님의 직접적인 개입을 통해 당면한 분규를 해결하려는 시도였다. 하나님이 현실세계에 개입한다는 믿음을 지닌 중세인에게 신명재판은 더없이 정의로운 판결을 기대할 수 있는 도구였다. 성직자가 재판을 주도했지만, 그 내용은 그리스도교적 세계관에 게르만들의 토속종교 혹은 이교적 관습이 결합되어 고유한 사법적 전통을 구성했다. 서약과 결투, 물과 불을 통한 판결은 모두 하나님이 현세에 개입하는 것을 전제하지만, 실제로는 미신이나 우연적인 요소가 작용할 가능성이 열려 있었다. 라테라노 공의회와 〈멜피의 법〉에서 볼 수 있듯이 13세기에는 이러한 관습이 이성과 합리성에 기반한 판결의 공정성을 담보할 수 없다는 것을 당대 사회도 인정했다.

시민들의 경제력이 향상되면서 그들은 종교적 열정과 자부심을 충족시킬 새로운 양식의 종교 건축물을 소망하게 되었다. 쉬제에게서 시작된 고딕양식은 12세기에 상당한 수준에 이르렀던 건축기술에서의 혁신과 12세기의 신학이 결합하여 성취한 결과였다. 그로 인해 성당은 경건성을 추구하던 전례공간에서 탈피하여 하나님의 빛으로 충만하게 채워진 신성한 공간으로 거듭났다. 이 건축양식은 신자들의 초월적인 것에 대한 열망을 만족시키며 유럽의 대성당 시대를 열었다.

그렇지만 도시에는 화려한 대성당의 그늘에 매춘, 음주, 도박, 폭력 등 그리스도교적 이상과 괴리를 보여주던 문화들이 자리잡고 있었다. 당대 사회는 매춘이 추방되어야 할 죄라는 것을 부정하지 않았으나, 성폭행, 동성애 등 더 악한 죄로부터 사회 전체를 보호하기 위해 매춘을 허용하는 것이 불가피하다는 소위 '차악의 논리'가 인정되었다. 금욕을 추구하던 성직자들이 유곽의 주요 고객이었으며, 종교기관들도 공창과 같은 성 산업에 참여하여 수익을 올리고 있었다는 사실은 그리스도교 사회의 적나라한 치부를 보여준다. 중세 도시의 매춘 문화는 그리스도교 세계를 표방한 유럽 사회에서 그리스도교적 윤리가 철저히 적용되지도 관철되지도 않았다는 사실을 확인시켜 준다.

주

1 —— 사이먼 가필드, 《지도 위의 인문학》, 김명남 역(다산북스, 2015), 30-38쪽.

2 —— Birgit Hahn-Woernle, *Die Ebstorfer Weltkarte*, 2nd ed.(Ostfidern, 1993), pp. 12-18 / 맬컴 스완스턴·알렉산더 스완스턴, 《지도의 역사》, 유나영 역(소소의책, 2021), 25-42쪽.

3 —— 앤서니 그래프턴, 《신대륙과 케케묵은 텍스트들》, 서성철 역(일빛, 2000), 68-73쪽. 이 책에서 그래프턴은 프톨레마이오스의 영향에 대한 일반적인 오류들을 교정한다.

4 —— 조르조 스트라노, 「교부의 관점에서 본 천구와 지구」, 에코 편, 《중세》 I권, 525-528쪽.

5 —— Louise M. Biship, "The Myth of the Flat Earth", S. J. Harris & B. L. Grigsby, *Misconceptions about the Middle Ages*(New York/London, 2008), pp. 97-101.

6 —— Peter Gerllitz, "Krankheit", *Theologische Realenzyklopädie* vol. 19(Berlin, 1990), p. 676.

7 —— 대다수 지도의 역사에서 중세 세계지도는 언급조차 되지 않는다. 맬컴 스완스턴·알렉산더 스완스턴, 《지도의 역사》, 유나영 역(소소의책, 2021) 참조.

8 —— Hahn-Woernle, *Die Ebstorfer Weltkarte*, pp. 7-11.

9 —— Hahn-Woernle, *Die Ebstorfer Weltkarte*, pp. 12-14.

10 —— *Isidori Hispalensis Episcopi Etymologiarum sive Originvm libri XX*(약어 Etymologiae) I, 3, 9.

11 —— Hahn-Woernle, *Die Ebstorfer Weltkarte*, pp. 52-54.

12 —— Hahn-Woernle, *Die Ebstorfer Weltkarte*, p. 25.

13 —— 지도에 대한 상세한 설명은 다음 문헌을 참조하라. Hahn-Woernle, *Die Ebstorfer Weltkarte*, pp. 41-77. / Jürgen Wilke, *Die Ebstorfer Weltkarte*, 2 vols.(Bielefeld, 2001).

14 —— H.-J. Becker, "Gottesurteil", *Lexikon des Mittelalters* vol. IV(München, 2003), col. 1594-1595.

15 —— 프라이징 법전과 한스 슈퍼스의 사례는 다음 책에서 재인용. Wolfgang Schild, *Die Geschichte der Gerichtsbarkeit*(München, 2002), pp. 18-20.

16 —— Schild, *Die Geschichte der Gerichtsbarkeit*, p. 20.

17 —— 신약성서 사도행전 5장.

18 —— Walter Koschorreck, *Der Sachsenspiegel in Bildern*(Frankfurt a.M., 1976), pp. 144-145.

19 —— 소수 의견이기는 하지만, 결투가 게르만적 전통에서 기원한 것이 아니라는 주장도 있다. H. Geffcken, *Fehde und Duell*(Leipzig, 1899), p. 7.

20 —— 구약성서 사무엘상 17장.

21 —— *Sachsenspiegel Landrecht*, I 63.

22 —— Schild, *Die Geschichte der Gerichtsbarkeit*, p. 22에서 재인용.

23 —— Ute Frevert, *Ehrenmänner. Das Duell in der bürgerlichen Gesellschaft* (München, 1991).

24 —— Gerhard Köbler, *Bilder aus der deutschen Rechtsgeschichte*(München, 1988), pp. 79-80. / C. Walter, *Prozeß und Wahrheitsfindung in der Legenda Aurea* (Diss. Kiel, 1977), p. 104.

25 —— C. H. 해스킨스, 《대학의 기원》, 김호권 역(삼성문화문고, 1986), 173-178쪽.

26 —— Schild, *Die Geschichte der Gerichtsbarkeit*, p. 22.

27 —— Ordines iudiciorum Dei, *Formulae merovingici et karolini aevi*, ed. by Zeuner, pp. 608-613. David Herlihy ed., *The History of Feudalism*(London, 1971), pp. 115-121에서 재인용.

28 —— Schild, *Die Geschichte der Gerichtsbarkeit*, p. 22.

29 —— *Historia diplomatica Friderici secundi*, ed., J.-L.-A. Huillard-Bréholles(Paris, 1854), vol. IV, Pt. I, pp. 105-106. Herlihy ed., *The History of Feudalism*, pp. 121-122에서 재인용.

30 —— Eberhard Isenmann, *Die deutsche Stadt im Spätmittelalter 1250-1500*(Stuttgart, 1988), pp. 19-25.

31 —— Isenmann, *Die deutsche Stadt im Spätmittelalter*, pp. 100-101.

32 —— Jacob Grimm & Wilhelm Grimm, *Deutsches Wörterbuch*, vol. 17(München, 1984), p. 480.

33 —— Heinrich Mitteis, "Über den Rechtsgrund des Satzes 'Stadtluft macht frei'", Carl Haase ed., *Die Stadt des Mittelalters* vol. II(Darmstadt, 1987), pp. 182-202.

34 —— 박흥식, 「소상인동업조합과 중세도시의 배타성」, 《역사학보》 165(2000.03.), 211-240쪽. / 박흥식, 「중세 동업조합의 총회(Morgensprache): 북독일 도시의 사례를 중심으로」, 《서양사론》 67(2000.12.), 65-93쪽. / 박흥식, 「중세 도시는 상인길드의 볼모였는가? 괴팅엔의 사례」, 《서양중세사연구》 33(2014.03.), 381-413쪽.

35 —— 박흥식, 「주사위는 던져졌다. 주사위 놀이를 통해 본 중세 서양인의 일상」, 《서양중세사연구》 13(2004.03.), 135-166쪽.

36 —— 로마네스크 건축에 대한 상세한 설명은 다음 문헌을 참조하라. Andreas Hartmann-Virnich, *Was ist Romanik? Geschichte, Formen und Technik des romanischen Kirchenbaus*(Darmstadt, 2004).

37 —— 앙리 포시용, 《로마네스크와 고딕》, 정진국 역(까치, 2004), 108-132쪽.

38—— Hartmann-Virnich, *Was ist Romantik?*, pp. 70-73.

39—— 포시옹,《로마네스크와 고딕》, 187-226쪽.

40—— '고딕'(Gothic)이라는 이름은 16세기 이탈리아 미술사학자 조르지오 바사리가 '미 개하며 세련되지 못하다는 의미'로 표현한 데서 유래했다. 고전적인 표준과 일치하지 않기에 붙여졌으나, 고딕 양식을 창안한 쉬제는 이를 현대 양식(opus modernum, modern work)이라 불렀고, 당대인들은 현대 양식, 프랑스 양식 혹은 국제 양식이 라 칭했다.

41—— Jacobus de Voragine, *The Golden Legend*, pp. 622-627.

42—— Erwin Panofsky ed., *Abbot Suger on the Abbey Church of St. Denis and Its Art Treasures*, 2nd ed.(Princeton, 1979).

43—— 김중기,《고딕 문화의 탄생》(미당, 2003), 97-108쪽.

44—— 이 기술의 원류를 이슬람 건축에서 찾기도 한다. 하지만 이슬람의 영향을 시칠리아 혹은 남이탈리아의 성당 건축이 매개한 것인지, 십자군이 매개한 것인지 등은 논란 이 되고 있다.

45—— 김중기,《고딕 문화의 탄생》, 80-83쪽. / Louis Grodecki, *Gothic Architeckture* (New York, 1985), pp. 7-22. / 이종경,「창조적 모험: 고딕 건축을 통해 본 중세의 기 술과 엔지니어링」,《서양중세사연구》4(1999.06.), 69-75쪽.

46—— 고딕의 개념에 대해서는 오랜 논쟁이 있다. Günther Binding, *Was ist Gotik?: Eine Analyse der gotischen Kirchen in Frankreich, England und Deutschland 1140-1350*(Darmstadt, 2000), pp. 15-34. / 니콜라우스 페브스너,《유럽 건축사 개 관》, 김복지 외 공역(태림문화사, 1993), 83-85쪽.

47—— 미셸 파스투로,《돼지에게 살해된 왕─프랑스 상징의 기원이 된 불명예스러운 죽음》, 주나미 역(오롯, 2018), 178-182쪽.

48—— 김중기,《고딕 문화의 탄생》, 155쪽.

49—— 이 절의 상당 부분은 필자의 다음 논문에서 재인용한다. 박흥식,「중세 도시에서의 매춘」, 서울대학교중세르네상스연구소 편,《사랑, 중세에서 종교개혁기까지》(산처럼, 2019), 282-302쪽.

50—— 조르주 뒤비,《중세의 결혼: 기사, 여성, 성직자》, 최애리 역(새물결, 1997), 40쪽에서 재 인용. 오늘날 경제적 대가를 받고 몸을 파는 행위를 매춘이라고 칭하는 것과 달리, 중 세에는 매춘이 경제적·법적 맥락만을 의미하지 않았다. 상대를 가리지 않는 문란한 성행위를 모두 포함했다.

51—— James A. Brundage, *Law, Sex, and Christian Society in Medieval Europe* (Chicago: University of Chicago Press, 1987), pp. 114-23. / *Monumenta Ger-*

maniae Historica, Capitularia II, 1, 45, 46.

52 —— 장 베르동, 《중세의 쾌락: 서양 중세 사람들의 사랑, 성 그리고 삶의 즐거움》, 이병욱 역 (이학사, 2000), 85쪽.

53 —— Anne L. Barstow, *Married Priests and the Reforming Papacy: The Eleventh Century Debates*(New York: Edwin Mellen, 1982), p. 208에서 재인용.

54 —— 성직자의 독신, 즉 육체적 욕정으로부터 거리를 두는 사람의 방식은 그레고리우스 개혁의 핵심 의제였다. 구자섭, 「성직자 독신의 제도적 확립과 서임권 분쟁」, 《서양사연구》 49(2013), 175-218쪽. / Augustin Fliche, *La Réforme Grégorienne*, 3 vols. (Paris: Honoré Champion, 1924—1937).

55 —— 아랍의 연대기 작가 아부 알피다(Abu al-Fida)의 글에는 당시 성지에서 매춘부들이 노골적으로 구애를 한 상황이 묘사되어 있다. Francesco Gabrieli, *Arab Historians of the Crusades*, trans. E. J. Costello(London: Routledge & Kegan Paul, 1984), pp. 204-206.

56 —— 1414년 콘스탄츠 공의회가 개최되었을 때 1,500명 이상의 매춘부들이 현지에서 영업을 했고, 한 고급 창부는 무려 800굴덴을 벌었다고 한다. Iwan Bloch, *Die Prostitution*, vol.1(Berlin, 1912), p. 790.

57 —— *Ordonnances des rois de France*, vol. 1, 65, art. 34 (1254), 77(1256), 104(1269). 이 외 유럽 각 국왕의 매춘 근절 시도에 대해서는 번 벌로·보니 벌로, 《매춘의 역사》, 서석연·박종만 역(까지, 1992), 192-195쪽 참조.

58 —— Augustinus, *De ordine*, II, iv, *Patrologia Latina* 32.

59 —— 차악의 논리는 13세기 토마스 아퀴나스에게서 반복되었다. *Summa theologiae*, II-II, q. 10, art. 11.

60 —— Jacques Rossiaud, *Medieval Prostitution*, trans. Lydia G. Cochrane (New York, 1988), pp. 80-81, 87-89.

61 —— 16세기 전반 다종의 사례 연구에 따르면 결혼 연령은 남성 24.5세, 여성 21.9세였다. Rossiaud, *Medieval Prostitution*, p. 15. 한편 도시에서는 여성인구가 과잉 양상을 보였다. 일반적으로 남성인구에 비해 10~25퍼센트 더 많았던 것으로 추정된다. Bloch, *Die Prostitution*, pp. 691-692.

62 —— Ruth Mazo Karras, "Prostitution in Medieval Europe", in Handbook of Medieval Sexuality, ed. by Vern L. Bullough and James A. Brundage(New York, 1996) pp. 243-260. p. 253.

63 —— Bloch, *Die Prostitution*, p. 806.

64 —— 제프리 리처즈, 《중세의 소외집단: 섹스, 일탈, 저주》, 유희수·조명동 역(느티나무,

1999), 186-189쪽.

65 —— Rossiaud, *Medieval Prostitution*, pp. 11-13, 21-22, 27-29.

66 —— 100명의 매춘부 중 공창에서 20-30명, 사창에서 약 60명, 공중목욕탕에서 20-30명이 매춘에 종사했다. Rossiaud, *Medieual Prostitution*, p. 10, n. 13 참조.

67 —— Rossiaud, *Medieval Prostitution*, pp. 38-42.

68 —— Bloch, *Die Prostitution*, p. 777.

69 —— 리처즈, 《중세의 소외집단》 175쪽에서 재인용.

70 —— 런던에서는 1161년, 그리고 쾰른에서는 1229년에 처음으로 매춘 문제가 조례에 등장한다. E. J. Burford, *Bawds and Lodgings: A History of the London Bankside Brothels c. 100-1675*(London: Peter Owen, 1976), p. 32. / Franz Irsigler and Arnold Lassota, Bettler und Gaukler, Dirnen und Henker: Aussenseiter in einer mittelalterlichen Stadt. Köln 1300-1600, 5th ed.(München, Irsigler and Lassota, *Bettler und Gaukler*, 1993), pp. 180-181.

71 —— Bloch, *Die Prostitution*, pp. 765-768.

72 —— 스트라스부르의 1493년 조례에 따르면, 이 도시에서는 매춘을 단속하는 인원이 7명이었다. Bloch, *Die Prostitution*, pp. 810-811.

73 —— 유희수, 《사제와 광대》, 98-99쪽.

74 —— Rossiaud, *Medieval Prostitution*, pp. 59-60.

75 —— 프랑크푸르트에서는 세금을 납부하면 여성에게 매춘 영업이 허용되었다. 정기시가 열리는 기간에 도시 외부의 여성이 매춘 시설로 들어와 주거하며 매춘을 할 수 있었는데, 시는 그 대가로 일주일에 1굴덴을 징수했다. Bloch, *Die Prostitution*, p. 763.

76 —— Karras, "Prostitution," p. 245.

77 —— 1469년 스트라스부르에서 매우 많은 사람이 허가 없이 매춘 행위를 하다 적발된 사실을 밝히고 있다. 그들은 개인 집, 비밀 유곽, 주막, 목욕탕, 이발소, 방앗간 같은 장소에서 개인적으로 대가를 받고 매춘을 했다. Bloch, *Die Prostitution*, pp. 780-81.

78 —— 당대 교회법학자들도 매춘이 경제적 필요 때문에 발생한다고 언급했다. Rossiaud, *Medieval Prostitution*, p. 38.

79 —— 잉글랜드의 매춘을 연구한 코발레스키(Kowaleski)와 골드버그(Goldberg)에 따르면 매춘부들은 비교적 수입이 적었고, 포주들은 적은 자본으로 영업했기에 매춘이 전업은 아니었다. 매춘 종사자는 소매업이나 식료품업 등을 겸업했으며, 생존을 위해 여러 일을 했다. 여성들이 돈을 벌 수 있는 방법이 제한적이었기에 경제적 곤궁과 기회의 부족이 여성으로 하여금 매춘에 나서도록 유도했다는 것이다. Karras, "Prostitution," pp. 247-248.

80 ——— Karras, "Prostitution," p. 251, n. 34.

81 ——— R. C. Trexler, "La Prostitution florentine au XVe siècle: Patronages et clientèles," *Annales ESC 36*(1981), p. 986.

82 ——— Rossiaud, *Medieval Prostitution*, pp. 32-33.

83 ——— 니키 로버츠, 《역사 속의 매춘부들》, 김지혜 옮김(책세상, 2004), 143쪽.

84 ——— Lyndal Roper, "The Common Man, the Common Good, Common Women: Gender and Meaning in the German Reformation Commune," *Social History* 12 (1987), p. 3.

85 ——— 리처즈, 《중세의 소외집단》, 178-179쪽.

86 ——— Peter Schuster, *Das Frauenhaus: Städtische Bordelle in Deutschland 1350 bis 1600*(Paderborn: F. Schöningh, 1992), p. 113.

87 ——— Bloch, *Die Prostitution*, p. 769.

88 ——— 마르틴 루터, 《독일 민족의 그리스도인 귀족에게 고함》, 황정욱 역(길, 2017), 87-93, 134-135쪽.

89 ——— Preserved Smith, *The Age of Reformation*(New York: Henry Holt, 1920), pp. 506-507.

문화, 지식, 이단

10

12세기 르네상스

세속 및 이교 문화와 그리스도교 문화의 결합

'12세기 르네상스'란 1050년에서 1250년 사이 전개된 유럽 라틴 세계의 지적·문화적 변화를 의미한다. 이 용어는 1927년 찰스 호머 해스킨스가 《12세기 르네상스 The Renaissance of the Twelfth Century》를 출간한 것을 계기로 영어권에서 중요한 역사개념으로 확립되었다.[1] 해스킨스는 문화사적인 측면에서 12세기에 로마네스크 양식의 절정, 고딕 양식의 대두, 속어시의 만개, 라틴어로 된 새로운 지식과 새로운 문학 등이 나타났다고 설명했다. 학문적으로 논란이 없는 것은 아니지만, 이 용어는 12세기 유럽 사회에서 표출되었던 문화적 양상과 특징을 반영하고 있다. 십자군 원정이 전개되던 12세기 유럽은 공간적으로 확장하고 있었으며, 상업의 발전과 교역 기회의 확대 등 경제적 변화들이 잇따랐다. 사회 내부도 상인과 도시민으로 대표되는 새로운 집단의 도약으로 개화기를 맞고 있었다. 12세기 전반에 활동한 샤르트르의 주교 베르나르는 "우리들은 거인들의 어깨 위에 올라탄 난쟁이다. 앞선 시대보다 멀리 볼 수 있는 것은 그들 위에 서 있기 때문이다"라는 말을 남겼는데, 여기서 표현되었듯이 당대 지식인들은 여러 변화들을 경험하면서 문화가 진보하고 있다는 자의식을 지니게 되었다. 12세기 르네상스는 당대인의 지적·문화적 욕구가 결합된 시대정신이었다. 해스킨스가 장황하게 서술했지만, 이는 특정 궁정이나 왕조의 산물도 아니고, 한 국가에서 시작한 것도 아니었다. 경제적 변화가 그 원인이라고만 말하기도 어렵다. 그보다는 세속 및 이교 문화와 그리스도교 문화의 결합이라는 독특한 성격에 가깝다.

중세 초 서유럽의 지식인들은 그리스어를 제대로 구사할 수 없었다. 대표적으로 고대의 지식을 중세에 전해 준 이시도루스나 베다 같은 대학자들도 대체로 라틴어로 쓰여진 자료를 중심으로 방대한 편찬 작업을 진행했다. 반면 비잔티움에서는 고대 그리스의 축적된 유산이 수용되어 다양한 분야에서 활용될 수 있었다. 그리스어로 기록된 고대의 문헌들은 시리아어와 아랍어 등으로 번역되며 확산되었지만, 라틴 문화권과의 지적 교류는 단절되어 서유럽에는 거의 영향을 주지 못했다. 이들 문헌과 전통이 서유럽에 전파될 수 있던 중요한 계기가 12세기 르네상스였다. 이 시기에 시리아어, 히브리어, 아랍어 등으로 쓰여진 과학과 철학 저술들이 라틴 세계에 전달되어 새로운 지적 원천으로 이용될 수 있었다. 아랍화한 그리스 지식을 적극 수용한 곳은 시칠리아를 포함한 남부 이탈리아와 에스파냐였다. 시칠리아는 지리적으로 아프리카와 유럽 사이의 지중해 중심부에 위치하여 다양한 문화권의 영향을 받았다. 이곳은 비잔티움 제국이 실질적인 영향력을 상실하면서 이슬람과 노르만의 지배를 받았는데, 무슬림이 그 지역 주민의 다수를 차지했다. 루제루 2세(1095-1154)와 프리드리히 2세(1194-1250)가 시칠리아를 통치하던 12, 13세기에도 이곳에서는 이슬람 지역과 인적, 문화적, 상업적 교류가 활발했다.[2]

이슬람의 지식이 전달된 지적·학문적 통로로써 더 중요한 지역은 에스파냐였다. 이 지역은 무슬림이 정복해 몇 백년간 지배하면서 그들이 수용하고 발전시킨 그리스의 학문적 전통을 발전시키고 있었다. 그리스도교 세계를 대변하는 알폰소 6세가 1085년 톨레도를 함락시키고 에스파냐 중북부의 영토를 장악한 사건은 문화적으로 중요한 전기가 되었다. 11세기 중반 이후 그 지역은 그리스도교와 이슬람이라는 이질적인 문명들이 만나 교류하고 공존하는 공간으로 변모했다. 그곳에는 수많은 아랍의 과학 지식은 물론 그리스적 전통에 접근할 수 있는 서적들이 가득했다. 초기에 일군의 유대인 학자들은 여러 도시에서 일부 문헌들에 대한 번역을 시작했다. 그러던 중 차츰 톨레도 대주교 레이몽(재위 1125-1152) 등이 나서서 번역 사업을 적극 지원하면서 에스파냐 내부에서는 물론이고 서유럽 여러 나라의 학자들도 톨레도로 몰려들었다. 그 결과 그리스도인, 유대인, 무슬림이 협력하고 교회와 왕실이 후원하여 그리스어와 아랍어로 쓰여진 철학, 의학, 자연과학 분야의 저술들이 라틴어로 옮겨질 수 있었다.[3] 이 시기 번역자들은 르네상스의 선구자들이라고 할 만하다. 이러한 노력을 통해 결국 에우클레이

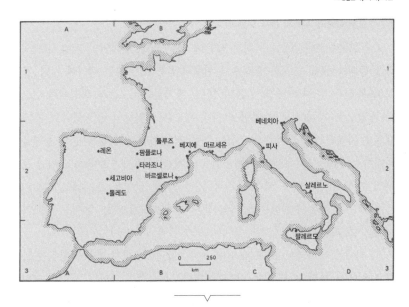

10-1 12세기 르네상스 중심지

데스(유클리드)와 프톨레마이오스는 물론이고 아리스토텔레스의 저작 전체가 서양 사상의 한 부분으로 편입될 수 있었다. 이보다 조금 이른 시기에 노르만족이 시칠리아 및 남부 이탈리아를 정복하면서 이탈리아 남부의 살레르노를 중심으로 고대와 이슬람의 중요 의학 서적들도 소개되었다.[4] 그 외에 잉글랜드의 캔터베리도 그리스어와 아랍어 번역 중심지로 어느 정도 명성을 얻었다.

이 과정에서 보듯 12세기에 선진적인 지식과 문화는 모두 동방에서 왔다고 할 수 있을 정도로 그리스와 아랍의 영향이 지대했다. 에스파냐와 이탈리아에서 진행된 지적 작업은 그리스와 아랍 유산의 일차적 수용, 즉 번역에 치중되었다. 그 후 이곳에서 획득한 지식이 샤르트르, 파리, 랑, 랭스, 오를레앙 등 프랑스의 일부 도시들에 전해지면서 고대 그리스·로마 문화와 이슬람의 지식이 본격적으로 수용되고 재해석되었다. 이와 같은 전달과 학습 과정을 통해 아리스토텔레스의 사상은 그리스도교권 지적 전통과 융합되었으며, 이는 13세기에 스콜라 철학이 융성하는 토대가 되었다.

도시 혁명과 '지식의 전사' 아벨라르

12세기 르네상스는 지식과 학문에 대한 열망, 지식인의 탄생, 고딕의 탄생 등과 더불어 도시를 중심으로 진행되었다. 르 고프는 이러한 지적·문화적·혁신을 '도시 혁명'의 일환이었다고 평가한다.[5] 그는 사회경제적 변화를 배경으로 지식에 대한 열망을 지닌 새로운 시민들이 등장했다고 본다. 새로운 지식인의 탄생이란 가르치는 것을 직업으로 삼게 된 자들의 출현을 의미하고, 이는 도시에서의 노동분업을 전제한다. 도시는 보유하고 있던 문화적·사상적 잠재력을 토대로 결국 봉건사회에 균열을 초래해 근대로의 문을 여는 역할을 수행했는데, 이와 같은 지적 변화를 엿볼 수 있는 장소가 12세기 초 파리였다.

피에르 아벨라르(Pierre Abélard, 1079-1142)는 12세기 전반 프랑스는 물론 유럽에서 가장 눈에 띄던 지식인이었다. 그는 당대 사회가 필요로 하던 새로운 지식, 특히 철학과 신학에 대한 욕구를 충족시켜준 창의적인 인물이었기에 주목을 끌었다. 그는 수사학적 설득력을 지녔을 뿐 아니라, 재치와 기지도 넘쳤다. 이 전도유망한 학자는 한창 명성을 얻고 있던 1117-18년 무렵 중세에 가장 유명했던 애정 행각과 뒤이은 성기 거세 사건으로 파리를 발칵 뒤집어 놓기도 했다. 아벨라르와 엘로이즈의 사랑 이야기는 우연히 남겨진 서신들과 아벨라르가 이름 없는 친구를 위해 집필한《나의 불행 이야기》(1133년경)라는 제목의 자서전 때문에 알려지게 되었다. 두 연인 사이에 오간 서신들은 당사자들이 사망한 후 발견되었고, 장 드 묑이 그 일화를 〈장미 이야기 le Roman de la Rose〉라는 제목으로 재구성해서 선풍적인 인기를 끌었다.[6]

아벨라르는 브르타뉴의 르 팔레에서 기사 가문의 장남으로 출생했다. 부친은 자식 교육에 열의가 남달라 일찍부터 아벨라르를 앙주 백작령 내 여러 성당학교에 보냈다. 로슈에서 그는 약 5년간 유명한 철학자인 로슬랭을 사사했다. 21세가 되던 1100년, 논리학을 공부하기 위해 파리의 노트르담 성당학교로 진출했는데, 학문을 위해 장자로서의 권리와 유산 상속도 포기했다. 그는 파리에서 당대를 대표하는 논리학자이자 성당학교 교장 샹

10-2 아벨라르와 엘로이즈

포의 기욤(1070-1121)에게 약 1년간 배웠다. 그런데 아벨라르는 얼마 후 스승과 논쟁을 벌여 지적인 욕구와 명석함을 증명했지만, 그의 무례한 태도로 인해 많은 적대자들을 만들었다. 그는 그 후 스테팡 드 갈랑드의 후원으로 파리 남동쪽 믈룅에서 강의를 시작했다. 배움에 대한 욕구를 지닌 학생들이 그에게 몰려 성황을 이루었다. 아벨라르는 이후 몇 곳을 전전하며 가르쳤으나 기욤의 방해가 뒤따랐고, 건강도 나빠져 고향에서 요양한 후 1109년 파리로 귀환했다.

　아벨라르는 다시 기욤을 사사하던 중 스승과 보편자 논쟁을 벌여 기욤의 명성에 큰 손상을 입혔다. 이 사건 후 기욤 제자들 중 아벨라르 추종자들이 생겼고, 먼 지역으로부터 그를 찾는 학생들도 있었다. 아벨라르는 기욤 때문에 더 이상 노트르담 성당학교에서 강의할 수 없게 되자 수도원 주임사제 갈랑드의 도움으로 생트 주느비에브 수도원에서 약 3년간 강의하며 명성을 얻었다. 아벨라르는 장자권을 인계하기 위해 고향에 갔다가 파리로 귀환하지 않고 신학을 공부하러 랑의 안젤름에게 갔다. 그러나 안젤름의 가르침이 진부하다고 비판하고, 임의로 에스겔서를 강의해 주위를 놀라

게 했다. 결국 그는 이 일을 계기로 안젤름 및 그의 제자들과 평생 적대관계
를 형성하였다.

　'지식의 전사'를 자처한 아벨라르는 학문적 전통을 순순히 수용하기
보다는 끊임없이 의문을 제기했으며, 나아가 당대의 대가들의 지적 권위에
도 계속 도전했다. 그는 1114년 다시 파리로 돌아가 노트르담 성당학교의
교사가 되었다. 그는 아리스토텔레스의《범주론》을 새롭게 해석해 큰 반향
을 불러 일으켰으며, 논리학을 매력적인 학문으로 격상시켰다. 이 무렵 그
가 학자로 인기와 명성을 얻게 되어 프랑스뿐 아니라 전 유럽에서 배우고
자 하는 학생들이 쇄도했다. 1116년 새로운 파리 주교 질베르는 아벨라르
의 역량을 인정해 그를 노트르담 성당학교 교장으로 임명했다. 그는 "세상
에 진정한 철학자는 나밖에 없다"는 투의 자만심과 지적 욕구로 충만했다.
그는 학문에 대한 열의가 대단했으나, 사람들과 우호적 관계를 맺는 데에
는 서툴렀다.[7]

스콜라학과 도시의 필요

　수도원은 중세 초 서양의 문화적 중심지로서 전통의 명맥을 이어주
었지만, 학문적 수준이 높지는 않았다. 수도원 교육은 수도사 양성에 목
표가 있었기에 신앙을 북돋고 수도사의 기본 역량을 갖추는 데 초점을 두
었다. 수도사들은 성경과 기도서를 읽을 수 있어야 했고, 종교 의례를 거
행하며, 성경 지식을 전달하는 역할이 최선이었다. 넓고 깊은 지식을 갖
는 것보다 좋은 신앙인이 되도록 엄격하게 훈육하는 데에 수도원은 관심
이 많았다. 주교좌교회에 딸린 성당학교는 도시에 위치했기에 수도원에
비해 상대적으로 개방적이었으나, 교육 내용이나 방식에서는 사제를 양
성한다는 점 외에 수도원 교육과 본질적인 차이가 없었다.[8] 12세기에 북
부 프랑스의 여러 성당학교들은 '7 자유학예'를 교수하여 학문의 중심지
로서 명성을 얻었다. 이들 성당학교의 교육은 기본 교과에만 한정되지 않
았다. 샤르트르의 주교 풀베르는 저명한 자유학예 학교를 세웠고, 샤르트
르와 오를레앙은 문법과 수사학, 랑과 파리는 논리학과 신학으로 유명했

다. 성당학교에서는 주교 혹은 참사회원 가운데 교육을 담당하던 학무관에게 인가를 받은 교사들이 교육을 담당했다. 12세기 르네상스라는 현상으로도 표출되었던 지식의 급격한 팽창이 이런 변화의 배경을 이루고 있었다.[9]

'스콜라학'이라는 용어는 본래 성당학교들에서 이루어진 지적 활동과 사상체계를 의미했다. 이곳에서는 새로운 학문을 추구했던 것이 아니라, 아벨라르에게서 볼 수 있듯이 지적인 유산을 학습하되 엄격한 논리와 변증법을 활용하고, 이성을 강조했다. 이런 맥락에서 스콜라학을 '신앙과 이성의 결합 혹은 조화'라고도 정의한다. 스콜라학을 체계화하는 과정에는 여러 학자들이 기여했는데, 보에티우스를 첫 출발로 보기도 하고, 캔터베리의 안젤름 혹은 아벨라르에서 시작해 토마스 아퀴나스(1225-1274)가 완성했다고도 한다. 핵심은 그리스도교 신학과 플라톤 및 아리스토텔레스 철학의 융합이었고, 결국 신학이 철학을 지배한 학문체제라 할 수 있다.[10] 이들 스콜라 학자들에 의해 고대 이래의 두 가지 난제가 중요하게 다루어졌다. 하나는 신의 존재 증명 문제인데, 안젤름(1033/34-1109)이 답변을 시도했고, 다른 하나는 보편개념의 본질, 소위 실재론과 명목론의 문제였다. 후자는 보편개념은 실재하는가(realism, 실재론), 아니면 단지 이름만으로 존재하는 추상에 불과한 것인가(nominalism, 유명론) 등의 물음에 답하는 것이었다.[11]

아벨라르는 노트르담 성당학교 교장 시절 성기 거세 사건으로 큰 수치와 모멸감을 겪었으나, 그 이후에도 학문에 정진했다. 그는 생드니 수도원으로 은신해 논리학을 적극 활용해 전통적인 지식 탐구방식을 비판했다. 당대에 논리학은 논의가 적합한지 여부를 판단하는 기술로 이해되었으나, 아벨라르는 세상의 이치를 질서정연하게 해주는 방법으로 논리학에 접근했다. 그는 아리스토텔레스의 논리학을 재발견했으며, 변증법을 통해 상반된 입장을 조화시킨 대안논리를 만들어 내고, 나아가 논리학을 통해 종교 혹은 신학의 애매함과 모순을 해결하려고 했다. 아벨라르는 〈찬반논변집 Sic et Non〉 도입부에서 학문적 방법론에 대해 설명하면서 이성을 특히 강조했다. 그는 교부들의 저술과 성서의 권위를 무비판적으로 받아들이던 당대의 지적 풍토에 대해 비판하면서 토론과 논쟁을 통해 검증된 사실만 진리로 수용할 것을 주장했다. 그는 심지어 성경도 필사 오류, 해석자의 실수, 이해부족 등으로 인해 오류가 생길 수 있다고 보았다. 나아가 아벨라르는 이성이 모든 학문의 출발점이자 사유의 토대라고 주장하면서 이성을 종교 및 신학의 영역까지 확장해 소위 "이해를 추구하는 신앙", 신앙과 이성의 조화를 추구했다.[12] 그는 논리적 방법론에 기초하여 성서 및 교부문헌에서 제기된 신학사상, 삼위일체, 예수의 가르침을 재해석했는데, 이 과정에서 정적들에게 공격의 빌미를 주었다.

아벨라르는 지성과 이성을 신학에 적용하려 노력했으나, 이에 대해 거센 반발이 있었다. 전통적 학문을 대표하던 시토회 수도원장 클레르보의 베르나르는 논증에 기초한 변증법이 신학에 침투하는 것을 경계하고, 교육이나 설교보다 경건의 실천을 중시했다. 두 사람은 성경이 학문의 대상이 될 수 있는지에 대해 의견이 달랐고, 이슬람과 유대인에 대한 태도에서도 대립했다. 아벨라르는 성경의 권위를 수용하면서도 성경이 학문의 대상이 될 수 있다는 입장이었다. 그는 십자군 시대에 살면서도 반유대주의적 주장이나 알비파 이단 척결에 동조하지 않았다.

아벨라르는 전통을 적극적으로 계승하지 않은 채 신학을 독자적인 방식으로 탐구했고, 더구나 당대인에게 큰 대중적 인기를 얻었기 때문에 당대 학자들에게 견제를 받았다. 그는 1121년 수아송 공의회에 기소되어 단죄를 받았고, 그의 책들은 불살라졌다. 아벨라르는 그 후에도 이곳저곳 전전하며 고초를 겪었으나, 강의와 저술활동을 중단하지 않았다. 파리의 생트 주느비에브에서 강의할 때는 솔즈베리의 존, 브레시아의 아르놀드, 피에르 롱바르 등 다음 세대의 학문발전에 중요한 역할을 하게 될 제자들에게 깊은 영향을 끼쳤다. 그러나 안젤름과 베르나르 등 당대 종교지도자들은 아벨라르가 미칠 학문적 악영향을 우려하여 그를 고발했다. 1140년 상스 공의회에서 아벨라르의 반박은 수용되지 않은 반면, 그가 신학의 영역에서 새로운 시도를 감행했고, 이성을 넘어서는 부분을 믿으려 하지 않았으며, 다른 신학자들을 지성화시켜 그리스도교에서 이탈시켰다는 등의 비

판이 지지를 받았다. 결국 이단으로 판결받은 아벨라르는 어떤 공적인 견해
도 표명할 수 없었다.[13] 가톨릭 측은 이 무렵 정통 신앙을 협소하게 정의하
면서 교회 권위에 도전하는 자들을 이단으로 단죄하는 경향을 보였다. 아
벨라르는 가경자(可敬者) 피에르의 비호 덕분에 겨우 감금은 피할 수 있었
다. 그는 피에르가 수도원장으로 있는 클뤼니로 피신했다가 부르고뉴의 샬
롱에 위치한 생 마르셀 수도원에서 1142년 4월 21일 생을 마감했다. 아벨라
르는 독창적 사상을 발전시켰고, 인식의 지평을 끊임없이 확대해 스콜라철
학이 만개하는 데 결정적인 역할을 수행했다. 그는 전통을 그대로 수용하
려 하지 않고 늘 의문을 제기하는, 새로운 지식인의 전형이었다.

아벨라르에게서 보듯 12세기에는 전문적으로 사고하며, 지식을 생산
하고 전수하는 교사들이 등장했다. 이들 생계형 지식인은 대부분 시민 출
신이었다. 교사들은 주교 혹은 학무관으로부터 강의개설을 허락받은 후 각
자 방을 세내어 강의하고, 학생들로부터 수업료를 받았다. 학생들은 마치
상인이 물건을 구매하듯 더 나은 지식을 얻기 위해 비교하면서 선생을 선
택할 수 있었다. 12세기 볼로냐와 파리에서 대학이 출현한 것은 이와 같은
지식인의 등장에서 비롯되었다.

전체적으로 보면 신학이나 철학에 관심을 갖고 있던 자들은 소수였
지만, 도시의 상인들은 실용적 측면에서 문자 해독능력을 필요로 했다. 그
들은 상거래 과정에서 계약을 체결하고, 영업 실적을 기록하고, 원거리에
있는 상인들과 의견을 교환하기 위해 문해력을 갖추어야 했다. 대학이 설립
되어 운영되는 도시는 그 수가 많지 않았지만, 중세 후기에 이르면 상당수
도시에는 시참사회가 운영하는 도시학교 혹은 속인학교가 출현했다. 성직
을 지망하지 않는 시민 중에 라틴어와 산술 능력을 갖추어 사회적 위신을
얻고자 하는 자들이 적지 않았다. 이들은 성당학교보다 도시의 속인학교를
선호했기에 차츰 교육기관의 운영이 성직자와 교회로부터 벗어나기 시작
했다. 그 영향으로 라틴어 외에 속어가 교육의 언어로 사용되었다. 13세기
경에는 일상의 계약, 재판, 법률, 행정문서에서 속어의 비중이 점점 더 커졌
다. 학교는 이와 같은 변화에 영향을 미쳤고, 또 영향을 받았다. 이렇게 양

성된 속인 지식인은 도시나 군주의 통제하에 있던 기관에서 서기 역할을
수행했다.[14]

 **대학[15]**

볼로냐에서 시작된 대학 제도

교사와 학생 공동체로 출발한 대학은 특정인이 설립한 것이 아니라,
새로운 지식에 대한 당대의 욕구와 사회적 필요에 의해 형성되었다. 아벨라
르와 같은 지식인이 대학의 설립에 지적인 자극을 제공했지만, 도시가 성장
하고 교회나 세속정부에서 전문 지식인력이 필요했던 이유도 있었다. 그렇
지만 설립자도 없었고, 관련 기록도 남아 있지 않기에 '최초의 대학'이 언제
시작되었는지는 알 수 없다. 그만큼 초창기 대학은 당대인에게 크게 주목
을 받지 못했다. 대체로 대학이 국왕이나 교황으로부터 공식적인 특허장을
받은 해를 건립 시기로 여기고 있지만, 대개 그 이전부터 이 새로운 형태의
지식 및 교육 공동체는 존속했다.

파리를 비롯한 북부 프랑스의 여러 성당학교들이 학문의 중심지로
성장하던 때에 이탈리아에서도 지식이 급격히 확산되었다. 이탈리아에는
로마제국의 유산으로 간주되는 도시적 생활양식, 법률 문화, 상업적 활동
등이 단절되지 않은 채 명맥을 이어가고 있었으며, 대학의 출현은 그 연장
선상에서 이루어졌다. 법학 분야에는 북부의 볼로냐 대학, 그리고 의학에
있어서는 10세기 이래 융성하던 남부의 살레르노 대학이 대표적이었다. 이
대학들은 종교기관에 소속되지 않은 채 교사들과 학생들이 자유로이 활동
하고 있었다는 점에서 기존 교육체제와 확연하게 구별되었다.

이탈리아에서 로마법 연구가 활발해질 수 있던 계기는 유스티니아
누스 대제 시절 간행된 《학설휘찬》의 재발견과 관련이 깊다. 교사들과 법
률가들은 이 법전의 재발견을 계기로 법률 연구를 재개했는데, 볼로냐가
그 중심지였다. 초기에 대표적인 학자는 이르네리우스(Irnerius 1055-1125)였

10-3 중세 대학의 풍경, 1350년경 볼로냐

다. 그는 1088년 이래 볼로냐 대학에서 로마법을 강의했으며, 그의 로마법 주석은 추종자들이 '주석학파'라는 이름의 학파로 발전시킬 정도로 탁월했다. 그 영향으로 볼로냐는 법학의 중심지로 자리 잡게 되었다. 12세기 중엽에는 이 대학에서 수학한 수도사 그라티아누스(Gratianus ?-1158)가 교회법을 로마법의 논리에 따라 정리하는 대업을 이루었다. 그가 집필한 대표작은 1140년 편찬한 〈그라티아누스 교서집 Decretum Gratiani〉이다. 이 책은 본래 사적으로 선별한 법령집이었으나, 후일 《교회법대전 Corpus Juris Canonici》에 수록됨으로써, 공적인 법전의 권위를 인정받게 되었다.

학생들이 도시로 몰려들면서 대학도시에는 이들과 도시민 사이에 발생하는 크고 작은 분란도 끊이지 않았다. 시민들은 타지에서 온 사람들을 상대로 세를 놓고 장사를 하며 이득을 얻었지만, 학생들은 불이익을 겪는 경우가 많았다. 대학인들은 시민들과 달리 도시법으로 보호받지 못하던 취약한 삶의 조건 때문에 보호와 특권이 절실했다.[16] 볼로냐의 일부 교사들은 1155년 대관식을 치르기 위해 로마로 가던 중 그곳에 잠시 머문 신성로마제국의 프리드리히 1세에게 도움을 요청했고, 황제는 그로부터 3년 후 대학도시로 여행하는 학생들의 안전 통행권과 대학인이 도시에서 소송에 연루될 경우 해당 도시의 법정을 피해 교사 혹은 주교의 법정을 선택할 권리를 부여했다. 이 법령(Authentica Habita)은 현존하는 가장 오랜 대학에 대한 특권이라는 데에 의의가 있지만, 선언적 의미에 그쳤을 뿐 대학인들의 처지를 실질적으로 개선하지는 못했다.[17]

학생들은 자신들을 보호하고 학업 성취를 용이하게 할 조직이 필요했다. 당시 도시에서는 상인이나 수공업자 조합처럼 동업조합 방식의 결사체가 일반적이었다. 하지만 학생들 대부분은 시민권을 소유하지 않은 외지인이었기에 조합 결성이 허용되지 않았다. 그 대안은 동향인들끼리 연합한 '동향단'(同鄕團 natio)의 결성이었다. 볼로냐의 경우 초기에 동향단이 지역별로 세분화되어 있었으나, 12세기에 잉글랜드, 독일, 프로방스, 롬바르디아 등 상당한 규모를 갖춘 조직으로 확대되었다. 파리에도 프랑스, 피카르디, 노르망디, 잉글랜드 등의 단위로 동향단이 결성되었다. 대학인의 초기 활동은 동향단에 기반을 두었으나, 이후 포괄적이고 체계적인 지식 전수를 도모하는 중 '대학'(universitas)이라는 공동체로 발전했다. 대학은 동업조합과는 달랐지만 차츰 자율권도 획득했다.

볼로냐 대학은 학생이 주도하는 대학의 특성을 대변하였는데, 이 조직의 대표였던 총장은 대학의 목적을 이루는 데 필요한 사안들을 주도적으로 해결했다. 이 자치 조직은 교수들에 대해 상당한 권력을 행사했다. 교수, 즉 사설 강사는 학생 대표에게 서약을 했고, 이주할 때는 허가를 받았으며, 단 하루라도 강의가 충실하게 이루어지지 못한 경우에 대해서는 벌금을 지불해야 할 의무를 지녔다. 볼로냐 대학의 교수들 대부분은 성직록을 갖고 있지 않은 속인이었기 때문에 경제적으로 대학 조직에 종속되었다. 볼로냐에서는 초기에 법학만 가르치다가, 12세기 말에는 수사학, 로마법, 교회법, 의학 등 적어도 4개의 교과과정이 개설되었다. 이처럼 대학은 처음에 선생들과 학생들의 공동체로서 구성원의 이익을 보호하고 증진시키기 위해 결성된 동업조합과 유사한 조직이었고, 중세 말에 이르러서 고급 교육을 받을 수 있는 곳으로 발전했다.

파리 대학의 자치권 — 그리스도교 성지에서 학문의 중심지로

프랑스 국왕 루이 6세(재위 1108-1137)는 중세 초 이래 그리스도교 성지로서 종교 중심지 역할을 수행하던 파리에 대한 장악력을 강화했고, 행정업무를 주로 이곳에서 처리함으로써 파리를 권력의 중심지로 조성했다. 필리프 2세(존엄왕, 재위 1180-1223)는 그 여세를 몰아 이 도시를 명실상부한 프랑스의 수도로 삼았다. 루브르 궁전의 신축과 노트르담 주교좌성당의 건설은 이런 변화를 상징했다.[18] 이 시기에 아벨라르를 비롯한 여러 교사들이 지식인 공동체를 활성화시켜서 12세기에 이미 학생이 수천 명에 이를 정도였다. 교사들과 학생들은 센강의 시테 섬과 노트르담 성당학교로 집결했는데, 생 빅토르 성당, 남쪽의 생트 주느비에브 수도원 등 차츰 센강 좌안이 학문의 중심지로 발전했다. 교사들이 '라틴어 구역'이라 불리던 시테 지역에서 합법적으로 가르치려면 주교좌성당에서 문서행정과 교육을 총괄하는 학무관으로부터 교수면허를 발급받아야 했다. 교사들은 점차 결속해 하나의 조직을 형성했고, 그들의 대표가 학무관과 교과과정을 비롯해 학교 운영을 협의했다. 12세기 파리에서 주교좌 성당학교가 대학으로 발전하는 과정이나 경계는 분명하지 않았으나, 이 무렵부터는 '대학'이라 칭할 수 있다. 파리 대학은 그 구성원이 대부분 성직자였기에 교회의 사법권에 속했고, 라틴어로 교육을 수행했다. 이러한 사법적·언어적 특성으로 인해 대학은 지역에 활동 기반을 갖고 있으면서도 국제적 네트워크와 연결되었다. 주교가 학위 취득자에게 발행하던 교수면허는 얼마 후 교황에 의해 유럽 어느 곳에서나 가르칠 특권으로 확대되었다.[19] 이런 특성들은 대학이 소속된 도시에 대해 대항할 토대가 되었다.

대학이 차츰 세력화되자 도시 및 시민들과의 갈등도 심화되었다. 1200년에 파리에서 발생한 폭력사태가 그 대표적인 사례였다. 한 선술집에서 독일 학생의 몸종이 폭행을 당하자 동료 학생들이 몰려가 보복했고, 질서유지를 책임진 파리 총감과 무장한 시민들은 해당 학생들의 근거지를 습격했다. 이 과정에서 학생 여러 명이 살해되었다. 교수들은 폭력을 행사한 시민들에 대한 처벌을 국왕에게 요구했고, 총감이 연루된 것을 문제 삼으며 보상도 요구했다.[20] 필리프 2세는 이 국면에서 대학인들이 타 도시로 이주할 것을 우려하여 파리 대학에 최초로 특권을 하사했다. 그는 대학인의 법적 지위를 성직자에 준하는 것으로 인정해 주교 법정에 귀속시켰으며, 더불어 학생들에 대한 안전조치와 폭력행위에 대한 엄단을 약속했다. 이 일을 계기로 학생들에 대한 체포와 재산 압류 등은 제한되었다.[21]

파리 대학은 여러 권위와 세력에 둘러싸여 있었다. 직접적으로는 도시 정부와 주교의 관할 아래 있었고, 조금 떨어져서 프랑스 국왕과 교황이 영향력을 행사했다. 대학의 자유와 권리는 이들의 인식과 상호 이해관계 속에서 확보되거나 제한을 받았다. 이런 상황에서 필리프 왕의 조치와 보호는 대학의 자율성과 자치권 확보에 중요한 토대가 되었다. 파리의 대학인들은 국왕으로부터 특권을 받게 되어 큰 용기를 얻었으며, 대학의 자율성을 확보하기 위해 더욱 결집했다. 이들은 대표를 선출하고 내부 규정을 정할 수는 있었으나, 그 이상의 권한은 없었다. 도시의 조합들이 시참사회의 통제를 받듯이, 대학은 교수 자격과 교육 활동 전반에 대해 주교와 학무관의 통제하에 있었다. 하지만 국왕의 조치로 인해 그들의 권한도 일부 제한을 받게 되었다. 교황과 세속 군주 사이의 대결 구도로 인해 성속의 지배자는 대학에 영향력을 확대하려 경쟁했다. 대학은 이러한 상황을 이용해 스스로 해결할 수 없는 문제가 발생할 경우 적극 보호를 요청했다.

교황은 이미 12세기 말부터 파리 대학을 보호하기 위한 조치를 시행했다.[22] 대학은 상업활동을 본업으로 삼는 조합들과 달리 경제적으로 의존적이었다. 대학인들이 생계에 충분한 성직록을 지급받는 경우는 소수에 불과해 경제적으로 열악했으며, 교수들에게 지불되는 강사료도 넉넉지 않았다. 그런 형편을 고려하여 1179년 제3차 라테라노 공의회에서는 무상교육 원칙을 선포하고 궁핍한 학생에게 수업료를 면제하며, 교수들에게 성직록을 지급하도록 규정했다.[23] 이러한 조치가 대학인의 사정을 어느 정도 개선했는지는 분명치 않지만, 이런 노력은 교회가 대학의 활동을 지지하고 있었음을 확실히 보여준다. 파리 대학이 신학의 영역에서 명성을 얻을수록 교황들은 대학에 대한 영향력을 높이려 했고, 교황청의 꾸준한 지원과 관심은 파리 대학이 권리와 자유를 확대하는 지렛대 역할을 했다.

교황의 영향력 확대

교황권이 절정에 달했던 인노켄티우스 3세 재위기(1198-1216)에 교황과 파리 대학의 관계는 더욱 긴밀해졌다. 대학은 파리 주교 및 학무관과 갈등을 빚을 때면 교황에게 도움을 요청했다. 예를 들어 학무관이 교수 자격증에 수수료를 부과하려 하자 교수들은 교황에게 호소했고, 교황은 1208년 쟁점이 된 사안을 대학과 논의해 조정하라고 지시했다.[24] 그 후에도 교황은 수시로 파리에 교황 대사를 파견하며 지속적인 관심을 보였다. 인노켄티우스 3세의 총애는 1215년 교황 특사 로베르 드 쿠르송을 통해 파리 대학에 학칙을 부여한 사례에서 정점을 이루었다.[25] 그 내용에는 당시 현안이었던 교수의 성직록과 급료, 교과과정 구성, 교수 자격, 총장의 권한, 수업료, 복장 및 사망시 장례 규정 등 대학 내부의 다양한 사안들이 포함되었다. 이로써 파리 대학은 주교 혹은 학무관의 직접적인 통제에서 벗어나 학칙에 의해 운영할 수 있는 길이 열리면서 상당한 자치권을 확보하게 되었다. 여기서 보듯, 당시 대학이 누리고 있던 특권은 학문 혹은 사상의 자유와는 거리가 있었다. 그보다는 구성원들이 대학을 운영하는 과정에서 부딪히는 각종 애로사항을 해소해 주는 시혜에 가까웠다.

대학 도시에서 시민과 학생들 사이의 분쟁은 일상이었다. 1229년 초 사육제 기간에 파리에서 일부 학생이 선술집 주인과 술값 때문에 벌인 시비는 며칠 사이에 예상치 못한 사태로 발전했다. 시민들과 학생들 사이에 유혈 폭동이 전개되어 그에 가담하지도 않은 일부 학생이 희생되는 불상사가 벌어졌다. 섭정을 맡고 있던, 루이 9세(재위 1226-1270)의 모친 카스티야의 블랑슈는 강경 진압을 지시했고, 파리 주교는 대학인들이 자신의 사법적 통제 아래 있다며 대학인들을 자극했다. 파리 대학은 조속히 적절한 조치를 취해달라고 요구했으나 받아들여지지 않자 결연히 이주를 결정했다. 결국 대부분의 교수는 파리를 떠나 프랑스 내 다른 도시 혹은 잉글랜드 대학으로 이주했다.[26] 중세 대학은 특정 공간이나 건물을 의미하지 않았기에 이동에 큰 장애가 없었다. 대학인들은 분쟁이 발생할 경우 강의 중단은 물론 아예 대학을 타 도시로 이주하며 투쟁하는 경우가 빈번했다.[27]

　　사태가 장기화되자 파리 시는 큰 경제적 손실을 입었으며, 왕국의 위상에도 흠집이 생겼다. 1231년 8월 사태 수습에 나선 루이 9세는 앞서 필리프 2세가 파리 대학에 부여한 특권을 재차 보증했고, 독립성과 세속적 권한을 확대해 주었다. 이로써 대학 총장은 관할 아래 있는 대학인들에게 사법권을 행사하게 되었고, 대학에 물품을 공급하는 상인 및 수공업자 조합에 대해서도 감독권을 갖게 되었다. 이 위기 때도 대학은 교황에게 도움을 요청했고, 그레고리우스 9세(재위 1227-41)는 든든한 후원자가 되었다. 그는 서신을 통해 파리 주교에게 지시하는 한편, 프랑스 국왕에게도 사태 해결에 적극 나설 것을 촉구했다. 결국 파리 대학은 성속의 경쟁구도를 효과적으로 이용하면서 자유와 권한을 확대해 나갈 수 있었다.

　　이단 문제는 13세기 초 그리스도교 세계의 가장 큰 근심거리였다. 교황청은 이단에 대적하기 위해 도미니쿠스와 프란체스코 두 탁발 수도회를 인가하며 적극 대응했다. 이단으로 판정되었으나 교세가 확장되고 있던 카타리파 중심지와 가까운 툴루즈에 1229년 교황이 대학을 설립한 것도 그런 이유에서였다. 파리 대학 신학부는 신학을 정립하고, 엘리트 성직자를 양성하는 역할을 담당했기에 교황이 충성스런 일꾼으로 활용할 수 있었다. 그레고리우스 9세가 1231년 포고한, '대학의 대헌장'이라 불리는 교서(Parens scientiarum)에는 파리 대학에 대한 기대와 신뢰가 잘 드러나 있다.[28] 그는 대학을 '지혜의 특별한 작업장'이라 지칭하며 인재 양성의 성과를 치하하고, 주교와의 분쟁을 종식시키기 위해 더 큰 권한을 부여했다. 즉 교수 선발 시 학무관의 자의적 결정을 제한해 교수단의 권한을 신장시켰으며, 교수들에게 학칙의 결정과 집행에 완전한 자유를 보장했다. 그 외에 총장 선출권, 강의 정지권과 자유 이주권, 불법 투옥 및 채무로 인한 체포 금지, 집세 산정 권리의 대학 귀속 등도 포함되었다. 교황은 그 누구라도 이와 같은 내용에 반박하거나 위반하는 것을 허용하지 않는다고 못 박았다. 이처럼 대학인의 결속력과 교황의 적극적인 후원에 힘입어 파리 대학은 자율성과 자치권을 확대하였다. 대학인들이 선출한 총장이 그 구성원들에 대한 재판권을 행사하게 된 사실이 그 핵심이었다.

학문의 자유를 위한 시험대 — 아리스토텔레스의 《자연학》과 《형이상학》

파리 대학은 교회와 국가로부터 지원과 보호를 받았지만, 성과 속 모두로부터 일정한 거리를 두며 고유한 주체로 활동했다. 대학인들은 대부분 성직자 신분이라 하더라도 학업에 종사하는 동안 교회의 감독에서 상당히 자유로웠으며, 신학 혹은 신앙 문제에 대한 여러 사상들을 접할 수 있었다. 그와 같은 상황에서 학문의 자유에 대한 이상도 점차 성숙해져 갈 수 있었다. 그렇지만 여전히 교육 내용에 대해서는 교회의 감독을 받는 처지였다. 13세기에 교회가 가장 경계하던 지식은 유럽에서 재발견된 고대 그리스 철학자 아리스토텔레스의 자연학과 형이상학에 대한 가르침이었다. 그리스도교 세력이 에스파냐 중부를 재정복한 후 톨레도에서는 대주교 라이문두스의 지원 아래 그리스 고전과 그에 대한 아랍인들의 해석이 라틴어로 번역되었다. 12세기 초까지도 라틴어로는 아리스토텔레스의 논리학 관련 저작들만 소개되었으나, 12세기 중반에 《자연학》과 《형이상학》 등이 번역되었고, 13세기 전반에는 그의 거의 모든 저작을 라틴 세계에서 연구와 교육에 이용할 수 있었다.[29] 아리스토텔레스의 가르침은 대학에서 7 자유학예 중심의 학문체계를 재편해야 할 정도로 지적 충격을 주었으며, 파리 대학의 일부 교수는 이미 13세기 초 그의 《자연학》을 강의하기 시작했다.[30]

파리 대학이 신학과 신앙의 보루로 남기를 기대했던 가톨릭교회는 이교적 지식의 확산을 우려했다. 교회 지도자들은 아리스토텔레스의 《자연학》과 《형이상학》이 그리스도교적 세계관에 본질적인 도전이 된다고 판단하여 1210년 상스에서 개최된 시노드에서 파리에서 그의 저술 및 주해서 읽는 행위를 금하고, 위반 시 파문할 수 있다고 위협했다.[31] 동일한 인식은 쿠르송이 파리 대학에 부여한 1215년 학칙에도 반영되었다.[32] 이는 대학의 교육 내용을 둘러싼 최초의 본격적인 충돌이었다. 교황청은 이단 사상이 파리 대학에 스며드는 것을 저지하려 했으나, 아직 아리스토텔레스 저작에 대한 본격적인 논의가 이루어지기 전이었기에 면밀한 학문적 검토를 거친 조치는 아니었다.

시노드의 금지령과 파리 대학의 조치는 의도와 달리 아리스토텔레스의 가르침에 대한 호기심을 오히려 자극하여 그의 사상이 확산되는 추세를 막지 못했다. 학예학부 교수들에게 관련 강의는 금지되었지만, 그의 저작들을 읽고 연구하는 활동은 용인되었다. 그리고 파리를 벗어나면 툴루즈, 옥스퍼드, 나폴리 대학 등에는 그와 같은 제한조치가 적용되지 않아서, 아리스토텔레스에 대한 논의가 활기를 띠었다. 파리 대학에서 툴루즈 대학으로 이주한 한 교수는 아리스토텔레스의 《자연학》 강의 개설을 '학문의 자유'에 대한 상징으로 인식하기도 했다.[33]

교회의 통제에 파리 대학의 대응은 다양했다. 아리스토텔레스에 심취한 학예학부 교수들은 수업에서 다루지는 않았으나, 아베로에스[34]의 주석에 따라 그의 《형이상학》과 《자연학》을 이해하면서 이교적인 자연주의 우주관에 경도되었다. 반면 신학부에서는 금지령을 존중하는 신중한 입장이었다. 1245년 파리 대학 교수로 초빙된 알베르투스 마그누스는 교회의 우려가 근거 없는 것이 아님을 인식했다. 아리스토텔레스가 우주와 자연, 인간과 신학의 영역에 대해 절대자를 전제하지 않고 단지 이성에 의존해 사고했기 때문이다.[35]

이후에도 강의금지령이 여러 차례 반복된 것으로 미루어 볼 때, 사실상 그 효과는 미미했던 듯하다. 도시의 개방성과 지식인들의 네트워크가 금지령을 무력화시켰던 것이다. 파리 이외의 대학들에서 강의와 연구가 활발하게 이루어졌을 뿐 아니라, 아리스토텔레스의 가르침이 신앙과 조화를 이룰 수 있다는 인식도 생겨나고 있었다. 금지령이 철회되기 전에 쾰른으로 돌아간 알베르투스 마그누스가 그곳 도미니쿠스 형제들에게 아리스토텔레스 저작 전체에 대해 주해한 것도 당시 그의 저작에 담긴 정확한 의미를 알리는 것이 필요하다는 인식 때문이었다.[36] 논란 속에서 1255년 3월 19일 발효된 파리 대학 학예학부의 새로운 학사 규정은 아리스토텔레스의 모든 저작을 정규 수업에 사용하도록 허용했다. 이는 학예학부 교수들이 결국 교회와 보수적인 성직자들에게 승리했음을 의미한다.

1270년대의 금지령과 파리 대학의 저항

금지령 폐기로 파리 대학에서 아리스토텔레스를 자유롭게 학습하게 된 후 브라방의 시제르로 대표되는 일부 교수들은 그리스도교의 진리와 충돌하는 지점까지 나아갔다. 반면 프란체스코회를 대변하던 보나벤투라는 그 사상이 내포하고 있는 이교적 위험성과 오류들을 부각시키며 아리스토텔레스에 대한 비판을 주도했다. 한편 1256년부터 수년간 파리 대학에서 가르친 뒤 1268년 다시 파리로 돌아와 후학을 지도하던 토마스 아퀴나스는 계시된 진리와 이성의 진리를 모두 존중하면서 아리스토텔레스의 자연학과 그리스도교 신앙을 통합하려는 노력을 기울였다.[37]

그 상황에서 보수적 입장에 서 있던 파리 주교 에티엔 탕피에가 1270년 세계의 영원성을 비롯한 아리스토텔레스의 오류를 13개의 명제로 정리해 단죄했다. 이 조치로 파리 대학에서 학예학부 교수와 보수 신학자들 사이에 찬반 논쟁이 다시 격화되었다. 교황 요하네스 21세(재위 1276-77)는 1277년 1월 파리 주교에게 분쟁 관련 내용을 조사해 보고하도록 지시했으나, 탕피에는 불과 한 달 만에 교회에 위협이 된다고 판단되는 219개의 명제를 작성한 후 직권으로 금지령을 공포했다. 왜 그가 교황에게 보고하는 절차를 거치지 않고 직접 포고했는지는 알려져 있지 않다. 그 명제들에는 그리스도교 신앙이나 교리를 부정하는 것은 물론 이성을 강조하는 합리적·자연주의적 경향까지도 포함되었다. 아퀴나스의 주장들도 포함된 것으로 미루어 교회 당국과 보수 신학자의 그에 대한 반감이 반영되었으리라 추측된다.[38]

극단적인 '1277년 금지령'은 영향력이 매우 컸다. 잉글랜드의 캔터베리 대주교도 같은 시기에 이단 금지령을 발표했기에 이 논란은 옥스퍼드 대학으로도 확대되었다.[39] 금지령 포고 후 파리 대학 학예학부 교수들은 신학 논쟁을 삼가겠다고 서약했고, 신학자들의 학문적 작업도 위축되었다. 이 금지령은 파리 대학에 대한 가톨릭교회의 가장 큰 간섭이자 중세 과학과 종교 사이의 관계를 보여주는 결정적 사건으로 평가된다.[40] 그렇지만 당시 신학자들이 학예학부 과정에서 아리스토텔레스《자연학》을 필수로 이수했음을 감안하면 과학 자체를 부정하려는 시도로 평가하는 것은 부적절하다. 교회는 아리스토텔레스의 가르침을 제거하려던 것이 아니었다. 철학에 '신학의 시녀' 역할만을 요구하면서, 자율적인 학문으로 발전하는 것에 반발한 것이다.[41] 당시에는 진리가 연구에 의해 발견되기보다는 계시에 의해 이미 주어져 있고 때문에 단지 해석될 수 있을 따름이라는 관념이 지배적이었다. 중세 대학에서는 신학의 영역을 침범하지 않는 한 비교적 자유롭게 연구할 수 있었기에 이 시기를 제외하면 과학과 철학 사이에 첨예한 충돌은 없었다.

주교와 보수 신학자들이 아리스토텔레스주의자의 자연세계에 대한 탐구를 하나님의 전능성을 제한하는 것으로 간주해 금지령을 시도했으나, 약 반세기 후인 1325년 아퀴나스의 신학이 입지를 확고히 하면서 금지령은 폐지되고 파문 판결도 모두 무효화되었다. 금지령은 한동안 학문 활동에 부정적 영향을 미쳤으나, 탁월한 학자들이 연이어 배출되고 한층 합리적이며 설득력을 지닌 사상이 대학의 학풍을 지배하면서 학문의 내용을 철저히 통제하려던 교회의 시도는 좌절되었다.

중세 말의 변화와 대학의 위기

중세 대학은 자치조직으로 시작했으며, 발전 과정에서 국왕과 교황으로부터 큰 지원을 받았다. 이는 대학이 지식 생산과 인력 양성에서 사회의 필요를 충족시켰고, 필요한 경우 대학 구성원들이 결집해 저항했기 때문이다. 국왕과 교황 사이에 성속의 갈등과 경쟁 상황은 대학이 독자적 영역을 확보하는 데 유리한 환경을 제공했다. 그렇지만 대학의 정신과 발전 방향은 군주나 교황이 결정한 것이 아니라, 대학이 현실을 타개하기 위해 분투하는 과정에서 산출된 소산이었다.

독자적인 사회 세력으로 인정받은 대학은 중세 말기에 외부 환경이 크게 변화함에 따라 위기를 맞았다. 13세기 이래 군주와 교황이 대학 설립에 적극 나선 이후 일종의 붐을 이루어 14세기 말에 이르면 유럽에 대학의

10-4 1500년경 유럽의 대학들

수가 30개를 넘었고, 15세기 말에는 70-80개에 이르렀다. 이제 한두 대학이 지식 생산이나 교육을 주도하거나 독점할 수 없게 되었다. 한편 교황권의 분열 및 쇠퇴로 대학의 자치권을 지탱해주던 한 축이 무너짐으로써 대학이 누리고 있던 특권과 자유도 위태로워졌다. 대학에 대한 교회의 간섭은 줄어든 반면, 더욱 강력해진 군주들이 대학을 장악하면서 상당수 대학은 국가기구에 통합되었다.[42]

대학의 재정적 취약성도 문제였다. 학생들은 대학에 등록할 때부터 수업과 각종 시험 등 다양한 명목으로 수수료를 지불했다. 하지만 그와 같은 수입으로는 대학이 필요로 한 공간과 시설, 대학 운영에 필요한 재정 등을 모두 충당할 수 없었다. 일부 귀족 혹은 유력자들이 건물과 토지를 기부해 사숙(私宿 college)을 짓기도 했지만 드문 일이었다. 대학은 교회의 성직록이나 군주의 지원을 기대할 수밖에 없었다. 대학이 차츰 지역에 고착화되는 양상을 보이면서 속한 도시로부터 지원받는 재정의 비중도 크게 늘었다. 그러나 이와 같은 재정의 종속은 대학이 구성원의 보호와 자유를 위해 저항하는 것마저 불가능하게 만들었다.

더불어 대학은 제도화되는 과정에서 사회를 개혁적으로 변화시키기보다 다른 조합들처럼 기득권에 안주하거나 집착하는 경향을 보였다. 사회적 수요가 늘어나 대학 교육이 출세와 지위 상승에 유리하게 작용하면서 졸업생들은 주로 성직자, 관료, 법률가, 의사 등으로 진출했다. 이러한 세속적 성취는 대학을 직업 교육의 장으로 인식하도록 해 초창기의 지적인 탐구 정신을 약화시켰다. 한편 학생 중 일탈하는 사례들도 많았으나, 대학은 관대한 판결로 종종 사법권을 남용했다. 이처럼 대학은 중세 말 이익집단으로 변모하면서 진정한 위기를 겪었다. 그 결과 15세기 이후 대학은 유럽 사회의 정신적 발전을 견인하지 못했으며, 지적 혁명이라 불리는 르네상스와 과학혁명도 대학과는 거리가 먼 곳에서 꽃피웠다. 중세 대학에도 교육과 학문의 자유에 대한 이상은 존재했지만, 현실의 다양한 요인들은 그 이상을 위협했다. 전체적으로 볼 때 대학인들은 시대적 한계 속에서도 사상의 자유를 제한하려는 체제와 불의에 저항하며 대학의 전통을 발전시켜 왔다.

이단과 마법

마녀와 이단의 동일시

이단과 마법은 분명 구별되는 개념이자 현상이지만, 중세에는 이것이 일정 부분 혼용되었다.[43] 마법을 부리는 마녀는 사탄을 섬기는 시녀로 간주되었고, 초자연적인 현상도 하나님이나 사탄이 그 원인이라고 이해했다. 중세에는 그리스도교 신앙에 부합하지 않는 내용은 사탄이 개입한 일로 치부해 버렸다. 이와 같은 기준에서 자연재해와 기근, 가축의 폐사나 질병 등 기대하지 못했던 불행이 발생하면, 이는 악마가 부리는 마녀의 탓으로 돌려졌다. 마녀는 악마와 성교를 벌이고, 식인행위를 의례처럼 거행하고, 날아다니거나 변신하는 능력을 지녔으며, 악마가 주관하는 모임에 참석하는 존재들이었다. 그들의 궁극적인 목표는 그리스도교 세계를 붕괴시키는 것이라고 상정되었다.[44]

중세에 민중들이 마술이나 마녀에 대한 신앙을 갖고 있던 사실은 근래에 어느 정도 확인되었다. 그리고 민중 신앙 혹은 민중의 종교문화는 오랜 기간에 걸쳐 그리스도교의 형성 및 제도화 과정에 영향을 미쳤다.[45] 그러나 그 실체를 파악할 만한 결정적인 자료들은 남아 있지 않다. 전해 오는 허다한 마녀 이야기는 대부분 교회의 관점에서 민중 신앙을 판단하거나 처벌하는 근거로 제시되었던 책들에 토대를 두고 있다. 대표적인 저술은 도미니쿠스회 수도사이자 이단재판관 하인리히 크라머와 야콥 슈프랭거가 쓴 《마녀를 심판하는 망치 Malleus Maleficarum》이다.[46] 중세에도 마녀의 실재를 부정하던 성직자들이 적지 않았기에 1486년 출판된 이 책은 마녀와 마법의 여러 모습을 설명하며 실재한다는 사실을 알리고, 심문과 재판을 담당하는 자들에게 마녀에 대처하는 실제적인 방안을 제시했다.

종교의 초자연적인 성격 때문에 제도교회는 그리스도교와 이교 및 마법을 구별하고, 신자들을 바른 신앙으로 계도해야 할 필요를 느꼈다. 교회는 그리스도교만이 올바른 신앙이라는 점을 강조하고, 그 범주에서 벗어나는 종교적 추구나 행위에 대해서는 이교, 마법, 미신, 사교 등으로 판단했다. 그렇지만 마술이나 마법은 유럽에 그리스도교가 지배적인 신앙이 되기 이전부터 존재했고, 그리스도교가 확립된 후에도 민중 문화의 성격으로 남아 종교적 속성과 혼재하면서 관계를 맺어왔다. 일부 이교적 요소들은 중세를 거치며 그리스도교 내로 수용되었으며, 축제 등의 종교문화와 성인 숭배 전통에도 이와 같은 요소가 포함되었다. 그렇지만 교회는 이교와 마법이 성경이나 예수의 가르침과 본질적으로 다른 왜곡된 신앙의 추종이라는 점을 가르쳐야 했다.[47] 한편 마법은 이교 전통의 요소들을 그리스도교에 대한 거부 혹은 적대 풍조와 결합시키면서 대안적 종교로 발전했다. 그로 인해 마법이나 마녀는 교회에서 이단의 한 형태로 간주되었으며, 전형적인 이단은 마왕을 숭배하는 마녀로 취급되었다.[48] 예컨대 카타리파는 악마를 숭배하는 마녀 혐의를 받았고, 발데스파도 마법을 행하는 자들로 취급되어 발데스파를 지칭하는 프랑스어 '보드와'(Vaudois)에서 유래한 '보드리'(Vauderie)란 용어는 '마법'을 의미하게 되었다. 13세기에 개최된 종교재판에서도 마녀와 이단은 동등하게 취급되었고, 교황들도 자신을 적대하던 비판자들을 이단이자 악마와 거래하는 자들이라고 비난했다.[49]

이단의 번성

이단에 대한 대부분의 사료는 이들을 하나님에 대한 바른 신앙에서 일탈한 집단으로 규정한 가톨릭 측이 작성했다. 이러한 사료의 성격 때문에 중립적인 관점에서 이들에 대해 파악하기가 어렵다. 유럽에서 이단의 활동은 1000년 전후로 두드러지기 시작했다. 이 시기에 이단의 활동이 활발해진 이유에 대해서는 여러 의견이 있다. 가장 전형적인 입장은 이를 교회의 부패 및 성직자의 타락과 연결시키는 견해이다. 10세기 이래 수도원을 중심으로 개혁운동이 시작되었으나, 이는 민중들의 종교적 욕구에 부응하기보다는 성직자의 윤리적인 타락 개선에 초점이 있었다. 그리고 개혁운동은 결과적으로 성직자를 특권계급으로 만들고, 교회 조직을 더욱 관료적인 성격으로 변모시켰다. 그와 같은 개혁운동에 수용될 여지가 없었던 민중의 순수한 종교적인 열망이 제도교회 밖에서 분출되기 시작한 것으로 보는 입장이 있다. 한편 가톨릭교회가 중세 성기에 제도적 기반을 갖추면서 교리들을 정립했는데, 그 기준을 만족시키지 못하는 종교적 지향이 이단으로 판정되었다고 보기도 한다. 이 시기 교회는 중세 전기까지 문제 삼지 않았던 신앙행위를 본격적으로 배척하게 되었다는 것이다.[50] 다른 한편 사회경제적 변동성의 확대로 도시 수공업자, 몰락한 기사, 여성 등 급격한 변화에 잘 적응하지 못하거나 불이익을 받던 자들이 평등주의 사상의 영향으로 이단으로 기울었다는 견해도 있다. 특히 여성은 중세 사회에서 합법적으로 활동할 공론장이나 직업이 제한되었으며, 종교의 영역에서도 수동적이었다. 하지만 카타리파와 발데스파 등의 이단들은 여성에게 설교할 자격을 부여하는 등 여성에게 훨씬 많은 관심과 활동의 장을 제공했다.

이단들이 출현하거나 번성한 지역은 대체로 정치적으로 분열된 곳이었다. 강력한 왕권이 형성된 지역에서는 세속 정부가 사회의 혼란을 유발할 이단의 위험에 대해 초기에 대처했기에 확대될 수 없었다. 이런 이유에서 이단은 주로 남부 프랑스, 저지대 지역, 북부 이탈리아, 라인강 유역의 독일 등에서 번성했다. 특히 이 지역 도시들에서는 이단을 지지하는 세력도 존재해 이단 사상의 전파가 용이했다. 일부 지방 귀족은 제도교회를 견제하거나 약화시키기 위한 방안으로 이단을 지지하며 지역에서의 영향력을 증대시키기도 했다. 이들은 이단을 색출하는 데 협조하지 않았으며, 일부 여성들은 이단을 보호하는 데 적극성을 띠기도 했다.

교회는 점차 보수화되는 경향이 있었으며, 상당한 지역에서 이단들보다도 민중들에게 신뢰를 얻지 못했다. 카타리파가 번성했던 몽타이유의 경우 이단들은 민중들의 어려움을 공감하며 연대하려는 태도를 보였다. 민중들은 자신들을 약탈하는 가톨릭교회와 달리 카타리파가 봉헌을 요구하지도 파문을 선언하지도 않으며, 오히려 청빈의 이상을 실천하면서 민중들의 편에서 봉건 세력이나 교회에 대해 연대하여 대항해 준다고 인식했다. 민중들은 카타리파와 가톨릭 사이에 누가 교리적으로 바른지 알지 못했으나, 이단들이 모든 면에서 진짜 그리스도인답다고 확신했다.[51]

중세 성기 유럽의 이단들 중에는 극단적인 이원론을 나타내는 마니교와 천년왕국사상의 특징을 지닌 세력들이 적지 않았다. 마니교는 유대-그리스도교의 지도자였던 마니(Mani 216-276)가 창시한 종교로 선신과 악신이 세상을 만들었으며, 영적인 것은 선하고 물질적인 것은 악하다는 극단적인 이원론을 견지했다. 위구르와 중국 지역에도 확산되었던 이 종교는 10세기 이래 불가리아와 비잔티움 지역에서 보고밀파의 형성 및 유행에 큰 영향을 미쳤다.[52] 천년왕국사상이란 그리스도교에서 종말에 예수 그리스도가 재림하여 지상에 자신의 왕국을 건설하고 천 년간 통치한다는 사상이다. 이 가르침을 근거로 중세 내내 여러 이단 종파들이 출현했다. 12세기 이래로 유럽에는 좀더 큰 영향력을 발휘한 다양한 이단들이 등장했다. 대표적인 이단은 발데스파와 카타리파였고, 그 외에 위클리프와 롤라파, 베긴회, 후스파 등 종교개혁 운동의 선구자로 평가받는 집단들도 포함되었다.

발데스파는 중세 교회가 이단으로 판정했으나, 오늘날에는 그들의 교리가 성경의 가르침에서 크게 벗어나지 않았다고 평가된다. 이들의 지도자는 리용 출신의 부유한 상인 발데스(Petrus Valdes, 약 1140-약 1205)였다. 그는 거지 성자 성 알렉시스 이야기를 우연히 듣고 감화를 받은 후 가진 재산을 다 팔고, 가족 부양도 포기한 채 청빈한 생활의 실천에만 힘을 쏟았다. 그는 성경의 많은 부분을 속어 프로방스 프랑스어로 번역했으며, 사도들과 같은 청빈한 삶을 추구했다. 발데스의 이와 같은 사역은 곧 가톨릭교회와의 갈등을 불러일으켰다. 발데스와 그의 추종자들이 금욕은 물론 교회법이 허용하지 않는 설교 사역을 적극적으로 수행하고 있었기 때문이다.[53] 이 사안은 공식적으로 1179년 제3차 라테라노 공의회에서 다루어졌다. 로마에 파견된 발데스파의 대표자는 그들이 사용하는 번역 성서를 제시하면서 자신들이 바른 믿음을 추구하는 자들이라고 주장하며 교황 알렉산데르 3세에게 설교권을 요청했다. 그 자리에서 발데스파에 대한 신학적 심문도 이루어졌는데, 결국 자발적인 청빈에 대해서는 긍정적인 평가가 내려졌지만, 설교권은 허용되지 않았다.[54]

발데스파의 사역과 활동이 대중의 호응을 얻으며 더 많은 추종자들을 거느리게 되자, 리용 대주교는 위험스럽게 생각했다. 발데스파는 별도의 사제 없이 모든 신도가 사제라고 주장하는 민중 종교적인 성격을 띠었다. 성숙한 신앙인이라 인정되면 남녀를 가리지 않고 설교를 할 수 있었다. 이들은 대부분 농민과 수공업자들이었으나, 성경을 열심히 탐구하여 성경 지식이 해박했다. 이들은 신약성서를 근거로 7성사 중 영세, 혼배, 성체 성사만을 인정했다. 그리고 망자를 위한 기도와 연옥을 부정했고, 성인숭배와 일체의 서약을 거부했으며, 군대 소집에도 응하지 않았다. 이들의 주요 가르침과 반성직주의적 태도는 제도교회의 가르침과 충돌했다. 결국 대주교는 1182년 허용되지 않은 설교를 했다는 명목으로 그들을 파문하고, 리용에서 추방했다. 발데스파는 1184년에 교회의 가르침을 그대로 따르지 않고, 교리는 물론 교회의 권위도 부정했다는 구실로 교황으로부터 이단으로 판정되었다.[55] 이들은 제도교회로부터 인정받지 못했지만, 남부 프랑스와 이탈리아 산간지역을 전전하며 신앙생활을 이어갔다. 발데스파가 가혹한 박해를 받고 근거지를 옮겨가면서도 계속 존속할 수 있던 것은 한두 명의 카리스마적 지도자에 의존하기보다는 집단에 의해 유지되는 특성 때문이었다.[56] 이들의 영향력은 차츰 줄어들었지만 프랑스와 이탈리아 지역에서 종교개혁 시기에도 존속했으며, 스위스 개혁파나 멜란히톤 같은 종교개혁가와 접촉하며 활동을 이어갔다. 2015년 6월 프란치스코 교황은 이탈리아 토리노에 있는 발도파 교회를 방문해서 과거 가톨릭교회가 신앙의 이름으로 저지른 폭력에 대해 사죄한 바 있다.

카타리파에 대한 로마 교회의 대응

중세 성기 유럽에서 가장 큰 세력을 형성한 이단은 카타리파였다. 이들의 명칭은 그리스도와 사도들을 따르는 '순수한'(katharos) 그리스도인이라고 스스로 주장한 데에서 기원했다. 프랑스 남부의 알비가 거점이었기에 '알비파'라고도 불렸다. 카타리파는 보고밀파의 영향을 받았는데 저지대, 라인란트, 이탈리아, 에스파냐 그리고 프랑스 등 유럽 여러 지역에 분포했고, 분파마다 교리도 상당히 차이가 있었다. 가장 잘 알려졌을 뿐 아니라, 가톨릭교회에 큰 위협이 되었던 분파는 알비파였다.[57] 이들은 극단적인 이원론 사상에 토대를 두었는데, 마니교의 특징인 육체는 악하고 영혼만 선하다는 이원론적 종교사상을 근거로 피조된 물질의 본질을 모두 악하다고 취급했다. 이런 맥락에서 카타리파는 하나님의 아들 예수는 육신이 아니라 영만 세상에 온 것이라는 가현설을 주장했고, 구약의 하나님을 사탄과 동일시했다. 그리고 예수가 교회를 세우지 않았다는 점을 강조하면서 가톨릭교회를 악의 산물로 규정하고, 그 교리들도 대체로 부정했다. 이와 같이 과격한 주장으로 인해 그들은 교회와 타협할 수 없었다.[58]

카타리파의 핵심 교리는 신자들이 육체, 즉 물질세계로부터 해방되고 영과 결합해 완전함과 순수함을 획득하는 위령안수 의례(콘솔라멘툼, consolamentum)에 있었다. 그들은 영이 정화 과정을 거쳐 천상의 존재로 변화해 진정한 본향으로 돌아간다고 주장했다. 일반 신자는 이 의식을 죽기 직전에 받고, 그 후로는 금식을 하며 죽음을 기다렸다. 반면 종교생활에 전념하는 완덕자(perfecti)는 종신 서약을 할 때 받는다. 완덕자에게는 금욕, 특히 독신과 단식이 필수였으며, 이미 결혼한 자는 가정생활을 포기해야 했다. 완덕자들은 예배에서 주기도문을 암송하고 주기적으로 서로 죄를 고백하는 등 가톨릭적인 특징을 어느 정도 모방했다. 안수를 받은 완덕자는 죄를 짓지 않는 순결한 상태를 유지하는 한 이를 타인에게 전할 능력이 있다고 믿었다. 이런 점에서 참된 경건을 실천하는 카타리파의 완덕자는 세속적이고 부패한 가톨릭교회의 사제와 대비된다고 생각했으며, 그로 인해 자신들만이 참된 그리스도인이라고 주장했다. 비교적 단순한 카타리파의 종교사상은 대중에게 상당한 호소력을 지닌 채 확산되었다. 카타리파의 전성기에 완덕자의 수는 1,000명을 상회했으며, 이들은 가톨릭교회에 대항하기 위해 지역에 기반한 계서제적 조직도 구축했다. 남부 프랑스 일부 지역에서는 가톨릭교회 조직을 능가할 정도였다.[59]

　　당대 교회는 초기에는 설득이나 추방 같은 개별적이며 즉흥적인 방식으로 이단에 대응했지만, 차츰 성적 일탈자나 악마의 조종을 받는 자들로 낙인을 찍어 악마화했다. 지역 교회의 대응으로 확산세를 저지할 수 없자 교황 알렉산데르 3세(재위 1159-81)는 투르 공의회에서 이단 혐의자들을 조사해 확인된 자들은 투옥하고 그들의 재산을 몰수하라고 지시했다. 또 제후들에게는 무력을 동원해 이단을 척결해 달라고 요청했다. 이단의 기세가 심상치 않자 로마 교회의 대응도 점차 강경해졌다. 교황 루키우스 3세는 황제 프리드리히 바르바로사의 도움을 받아 이탈리아 경계 밖의 이단에 대해 대응하고자 시도했다. 이단 문제를 새로운 차원으로 끌어올린 인물은 교황 인노켄티우스 3세였다. 그는 우선 극단적인 청빈을 추구하거나 설교권 없이 설교를 하는 등의 위반이나 기타 이단적 관습을 지녔을지라도 교황 권위에 순종한다면 관용하겠다는 입장을 표명했다. 롬바르디아 지역의 이단인 겸양파의 경우 교황의 이와 같은 입장에 동조하는 태도를 보였다.[60]

　　교회의 다양한 노력에도 불구하고 카타리파는 계속 번성했고, 남부 프랑스 알비에서 카타리파의 영향력은 제도교회를 위협하는 수준으로까지 성장했다. 1208년 한 시토파 수도사이자 교황 사절이 그 지역에서 카타리파에 의해 살해되는 사건이 발생했는데, 인노켄티우스 3세는 이 사건을 계기로 더 이상 설득이 유효하지 않다고 판단하고, 이단에 대한 십자군원정, 즉 '알비 십자군'을 선포했다. 교황은 북부 프랑스의 귀족들에게 카타리파와 그들을 비호하는 툴루즈 백작에 대한 전쟁에 협력해 줄 것을 요청했다. 1209년 첫 군사작전의 지휘관은 시토회 수도원장 아놀드 아말릭이었는데, 그는 베지에를 정복하는 과정에서 이단과 가톨릭 신자를 가리지 않고 모두 학살하는 참극을 벌여 물의를 빚었다. 프랑스 국왕까지 가담한 십자군의 대대적인 공격에 카타리파는 속수무책이었다. 그들은 저항했지만 결국 심각한 타격을 받아 거점이 와해되었다. 1209년에서 1229년까지 지속된 십자군 원정으로 약 백만 명에 이르는 사람들이 학살되었고, 그중에는 카타리파가 아닌 랑그독 주민들도 다수 포함되었다. 대대적인 군사행동에도 불구하고 이단들은 완전히 근절되지 않았고, 생존자들은 타 지역으로 흩어져 신앙을 이어갔다.[61]

　　유럽에서 이단을 척결하기 위해서는 세속군주들의 협조가 필수적이었다. 이단들은 대부분 교회의 통제가 느슨한 지역에 터를 잡았으며, 교회는 직접 물리력을 행사할 수 없었기에 언제나 세속정부의 도움으로 실질적인 대응을 했다. 알비 십자군이 진행되던 시기에 신성로마제국 황제 프리드리히 2세는 1220년 제국 법령에 이단 관련 규정을 포함시켜 처형하기 시작했다. 프랑스 왕 루이 8세는 1226년에 이단과 연루된 자를 공직 임명에서 배제하고 재산을 몰수하는 법을 제정했다. 에스파냐에서도 그와 유사한 제도가 도입되었다. 이처럼 세속 통치자들은 이단에 대한 교황청의 입장을 지지했는데, 이는 세속 국가들의 실질적인 이해관계와도 결부되어 있었기 때문이다. 프랑스의 경우 남부지역은 알비 십자군 이전까지 국왕의 영향력이 미치지 않던 지역이었으나, 이 사건을 거치며 국왕의 통제 지역으로 흡수해 세속적인 영토를 확대하는 기회로 삼았고, 독일은 정치적으로 위협이 될 수 있던 이단 세력의 제거에 협조함으로써 황제 대관을 위한 명분으

로 삼았다.⁶²

탁발수도회와 종교재판소

이단운동이 활발했던 시기에 출현한 탁발수도회는 교회개혁뿐 아니라, 이단 대응에 있어서도 가장 강력한 수단이었다. 수도원 개혁운동의 결실이었던 클뤼니 교단과 시토 교단 등은 농촌에 기반을 두었다. 수도회들은 당대 사회의 호응과 협력으로 그 규모와 영향력이 크게 확대되었지만, 수도사들의 활동은 대체로 수도원의 담장을 넘어서지 않았다. 반면 교회 조직 밖에서 추구되던 민중의 종교적 열망은 이단 혐의를 받고 있었다. 한편 12세기 이래 도시들이 빠른 속도로 성장했지만 늘어나는 인구에 비해 교구조직이 확대되지 못했기에 도시에서의 영혼 구제 및 사역이 절실한 문제였다. 때마침 카타리파를 비롯한 몇몇 이단들은 도시를 새로운 근거지로 삼아 세력을 확장하고 있었다. 도미니쿠스회와 프란체스코회의 등장은 이와 같이 교회로서는 절박한 상황을 배경으로 했다. 도시는 수도사들이 추구하던 세속과의 거리를 유지하기 어려웠을 뿐 아니라, 공동체적 생활에도 부합하지 않아 그동안 수도회들의 관심이 미치지 않았다. 그러나 프란체스코회와 도미니쿠스회는 사람들이 밀집한 도시에서 새로운 역할을 발견했다. 이 두 교단은 신도들의 기부를 받지 않고 철저한 청빈의 원칙을 견지하며 탁발에 의존해 생활한다는 의미에서 탁발수도회 혹은 걸식 교단이라고 불린다. 탁발수도회에서는 수도사 개인은 물론이고, 수도원마저 재산을 소유하지 못하도록 했는데, 도시에서는 집단적인 걸식이 가능하여 공동생활을 위한 토대를 유지할 수 있었다.

프란체스코(1182-1226)는 아시시에서 부유하고 명망 있는 직물상인의 아들로 성장했다. 그는 이웃 도시 페루자와 벌어진 전쟁에 참전한 후 포로로 잡혀 1년간 수감된 적도 있었으나, 그 후에도 탐욕적인 생활을 이어갔다. 그는 기사가 되기 위해 떠난 여정에서 하나님의 목소리를 듣고 집으로 돌아와 번민의 시간을 보내던 중 한 한센병자를 만나 변화되었다. 그는 부친의 집과 부요한 생활로부터 결별하고 가난한 사람들과 함께 살기로 작정했다.[63] 프란체스코는 일정한 거처도 없이 맨발로 다니며 설교를 했고, 노동을 하면서 가난한 자들을 위해 가진 것을 모두 내어주는 생활을 했으며 추종자들이 늘자 공동생활을 하게 되었다. 그렇지만 교구사제들은 이들을 발데스파와 비교하며 비판했고, 설교도 금지했다. 프란체스코는 1210년 교황 인노켄티우스 3세를 찾아가 복음적인 간략한 회칙을 제출하고 인준을 요청했다. 교황은 제도교회의 포용력을 과시할 목적에서 과격한 청빈운동으로 기울 위험성이 있던 프란체스코 세력을 인정하고 설교를 지속하는 것을 허용했다. 얼마 후 클라라를 비롯하여 여성들 중에도 프란체스코를 따르려는 자들이 모여들어 산 다미아노(San Damiano)에 수녀회도 형성되었다.[64]

프란체스코회는 1217년 교황 호노리우스 3세 시기에 교단으로 공식 승인을 받았고, 1223년 교황청 교서에 최종 승인된 규칙이 발표되었다. 프란체스코를 추종하는 수도사들은 개인이나 공동체 모두 재산을 소유하지 않았으며, 심지어 돈을 부정한 것으로 여겨 손으로 만져서도 안 된다고 생각했다. 이들은 나병환자들을 돌보고 농번기에는 농사일을 도와주었다. 프란체스코는 자연도 구원받을 수 있다고 주장했는데, 자연에 대한 그의 관심은 르네상스 문화에 영향을 미쳤다. 프란체스코 수도회는 설립자의 생애 말년에 빠른 속도로 성장했으나,[65] 그의 사후 적지 않은 변화가 뒤따랐다. 자매들로 구성된 제2 수도회가 성장했고, 평신도 운동의 성과인 제3 수도회도 출현했다. 한편 본래의 수도회는 내부의 노선대립으로 프란체스코의 종지를 철저히 준수하는 데 역점을 두었던 소수의 회칙엄수파와 현실 적응의 불가피성을 옹호하는 다수의 온건파로 분리되었다. 전자에 속한 과격세력은 이단적 성격으로 발전했고, 온건파는 1230년 교황 교서를 계기로 재산을 소유하고 돈을 기증받는 것도 허용하면서 기존 수도회와 유사한 모습을 띠었다.[66]

프란체스코에 앞서서 사도적 청빈운동에 뛰어든 인물은 카스티유 귀족가문 출신 구스만의 도미니쿠스(도밍고, 1170-1221)였다. 그는 사제의 길을 준비하며 철학과 신학을 공부하던 중 1203년 남프랑스 카타리파 활동 지역을 여행할 기회를 가졌다. 그는 거기서 카타리파 지도자들이 민중들의 존경을 받는 반면, 가톨릭 사제들은 경멸당하는 것을 보고 큰 충격을 받았다. 그는 교황의 지시로 랑그독의 프루이유에서 이단에 빠졌다가 회복된 여성들을 위해 수도원을 세우고 사역했으며, 한동안 이단 지역에서 순회설교 활동을 전개했다. 그는 설득력 있는 설교와 공격적인 토론으로 카타리파의 거점이었던 툴루즈 지역에서 상당한 성과를 거두었다. 도미니쿠스는 1215년 주교의 지원으로 금욕적이고 헌신적인 수도사들을 양성하는 일을 시작했다. 그는 이 조직을 승인받기 위해 교황 인노켄티우스 3세에게 새로운 교단 설립을 요청했다. 제4차 라테라노 공의회에서 새로운 수도회의 설립을 금지했기 때문에 이 수도회는 아우구스티누스의 수도 규칙을 채택하는 방식으로 1217년에 승인을 받았다. 도미니쿠스 수도회는 교황의 승인을 받은 후 활동 영역이 전체 교회로 확대되었으며, 알비를 비롯한 여러 지역에 선교사를 파송했다.[67]

. 도미니쿠스회는 탁발생활을 원칙으로 했고, 청빈을 중요시하여 개인도 교회도 재산을 소유하지 못하도록 했다. 이들은 설교를 통해 도시민의 영혼을 구제하기 위해 노력했다. 도미니쿠스 수도사들의 최우선적인 목표는 이단과의 투쟁이었다. 이들은 이단에 빠진 신자들을 설득할 뿐 아니라, 이단을 색출하고 종교재판을 통해 카타리파를 근절시키는 데에도 앞장섰다. 이들은 이단 척결 외에도 도시에서의 사역에 집중하면서 성경과 신학 연구에 힘썼고, 교단이 주도하여 여러 학교를 설립했다. 그 결과 이 교단에서는 알베르투스 마그누스, 토마스 아퀴나스 등 13세기를 대표하는 많은 학자들을 배출했다. 중세 말에 가장 큰 권위를 얻고 있던 파리 대학 신학교수의 절반 이상이 이 수도회 소속이었다. 교수 중 프란체스코 수도사의 비중도 적지 않았다. 이들 탁발수도사들은 13-14세기에 대학과 학문의 발전에도 중요한 역할을 담당했다.[68]

탁발수도사들은 신학적인 내용보다는 예화와 일상생활에 연관된 그림 등을 이용해 설교함으로써 도시민들을 사로잡았다. 이 설교들은 큰 반향을 불러일으켜서 신자들의 부도덕한 삶을 참회시키고, 이단들을 경계하게 만드는 분위기를 형성했다. 이들 탁발수도사들은 민중들 가까이에서 본

10-5 위령안수 의례를 거행하는 카타리파와 수도사들

을 보였기에 대중적인 기반이 점차 확대되었다. 두 교단의 설립자가 사망한 후에도 탁발수도회는 교세가 지속적으로 성장하여 1300년경에는 각 교단 소속 수도사가 3, 4만 명에 이르렀다. 탁발수도사들은 교회법상으로 일반 사제들을 도와서 고해를 받고 성례를 베풀 수 있었으며, 장례식 같은 의식도 처리해 주었다. 이들은 교구교회의 사역과 중복되는 사역을 했을 뿐 아니라, 당대 관행대로 종교적 봉사에 대해 수수료를 받았기 때문에 기존 교구교회의 기반을 침해하는 측면이 있었고, 일종의 경쟁관계로 발전하여 갈등이 초래되기도 했다.[69] 탁발 교단들의 교세가 크게 확장됨에 따라 탁발수도사들도 청빈과는 차츰 거리가 멀어졌다. 교단이 원칙으로 삼았던 금욕이나 소유에 대한 규정에 대해서도 타협과 수정이 이루어졌다.

　　본래 이단 문제에 대한 대응은 주교들이 관장했으나 교황 그레고리우스 9세는 그 한계를 인식했다. 주교가 관할 지역 내에서 발생하는 이단 사건의 조사를 진행하고 교회법에 따라 재판을 거행했지만, 주교는 그 외에도 관심을 기울여야 할 다른 업무들이 많았고, 이단은 일단 교회의 조사나 대응이 본격화되는 기미를 보이면 타 지역으로 피신해 효과적인 성과를 얻기 어려웠다. 그레고리우스가 1233년 이단 척결을 위해 도입한 초지역적인 새로운 대책기구가 종교재판소(Inquisition)였다. 교황은 종교재판소에 광범위한 권한을 부여했다. 소속 재판관들은 교황에게만 통제를 받은 채 해당 지역에서 모든 주민에 대한 사법권을 행사했고, 세속 권력의 도움을 얻을 수 있었다. 이단에 대한 지식과 경험이 많은 도미니쿠스의 선임 수도사들이 주로 종교재판관에 임명되었는데, 이들은 조사와 심문을 거쳐 이단 여부를 판정했고, 이단이 확인되면 잘못된 믿음을 철회하도록 설득했다. 하지만 그 처벌은 가혹하여 이단으로 판정된 수많은 카타리파 교도들은 화형에 처해졌고 재산은 몰수되었다. 교황 인노켄티우스 4세는 1252년 종교재판소에 고문 권한까지 부여해 심문에는 끔찍하고 다양한 고문들이 동원되었다. 종교재판소의 적극적인 활동으로 이단에 대한 압박은 한층 고조되었고, 결국 이단 세력은 현저히 약화되는 결과로 이어졌다. 카타리파의 경우 1320년대에 이르면 유럽에서 흔적을 찾기 어려울 정도가 되었다.[70]

종교재판소에 대해서는 대체로 고문과 처형이 무차별적으로 자행된 비인륜적인 억압기구였다는 평가가 주류를 이루고 있다. 하지만 그와 상반되는 연구결과나 해석도 존재한다. 종교재판소에서는 대부분 고행형을 선고했고, 사형에 처해진 자의 비중이 그리 많지 않았다는 것이다. 그리고 당대에는 세속 당국이 이단을 판결할 때에도 화형이 많았다는 것이다. 종교재판소에 의해 이단에 대한 재판이 공정한 절차를 거쳐 진행됨으로써 사적으로 응징되던 관행이 법치로 대체되었다는 점에서 오히려 긍정적이었다는 주장이 있다. 이와 같은 반론이 큰 공감을 얻지는 못하지만, 이단재판에 대한 자료들이 제한되어 있기에 그에 대해 역사적 판단을 내리기가 쉽지만은 않다.[71]

맺음말

12세기 이래 유럽의 지적·문화적 영역에 큰 변화가 일어났다. 이를 아우르는 개념인 '12세기 르네상스'는 사실 단일 운동이라기보다는 성격이 다른 여러 요소가 유럽 여러 지역에서 동시에 분출된 것이었다. 그리고 그 핵심적인 성격은 세속 및 이교 문화와 그리스도교 문화의 결합이었으며, 그 결과 아리스토텔레스의 사상이 그리스도교 문화 내로 수용되었고, 신앙과 이성을 조화시키는 스콜라학이 융성하게 되었다. 이 무렵 도시에는 전문적으로 사고하며 지식을 생산하는 지식인들이 출현했고, 아벨라르는 그 가운데 초기에 가장 두드러진 인물이었다.

새로운 지식에 대한 갈망과 욕구는 대학을 등장시켰다. 대학은 법학과 의학 등 실용적인 목적에서 출발했지만, 교회법과 신학 등 신앙 혹은 교회와 관련된 학문이 곧 주축을 이루며 발전했다. 초창기 주요 대학이었던 파리 대학의 사례에서 볼 수 있듯이 대학의 교육은 교회의 감독하에 있었다. 교황과 파리 주교는 이교적 지식의 확산이나 이단적 가르침에 대응하여 대학이 신앙의 보루로서 역할을 수행해주기를 기대하며 대학을 후원했다. 1270년대의 금지령 사건에서 확인되듯이 교회는 철학을 비롯한 학문이 신학의 시녀 역할에 충실하기를 원했을 뿐이었고, 자율적인 학문으로 발전하는 것은 거부했다. 하지만 지식인들의 활성화된 지적 교류와 네트워크는 교회의 통제를 극복하는 중요한 수단이 되었으며, 차츰 통제가 불가능하다는 사실이 분명해졌다.

한편 가톨릭교회의 세속화와 중세인의 종교적 열망은 이단의 번성을 초래했다. 특히 발데스파의 사례는 성경의 가르침에 위배되는가 여부보다 가톨릭교회에 순응하는가 또는 위협이 되는가 여부가 이단 판정의 중요한 기준이었음을 보여준다. 교회의 노력에도 불구하고 카타리파가 크게 번성한 이유는 당대인들이 보기에 성직자들보다도 그들이 진정한 그리스도인처럼 인식되었기 때문이었다. 대대적인 알비 십자군과 탁발수도회의 기여로 중세의 이단운동은 큰 타격을 받았지만, 중세 내내 이단이 끊임없이 등장하도록 유발했던 근본 요인은 실은 교회 내부에 있었다.

주

1 —— 이 용어는 1840년대 프랑스 학자들이 처음 사용하기 시작했고, 해스킨스의 책이 대중화시켰다. C. H. 해스킨스, 《12세기 르네상스》, 이희만 역(혜안, 2017).

2 —— 해스킨스, 《12세기 르네상스》, 295-300쪽.

3 —— 당시 교회와 왕실의 구체적인 후원 내용은 다음 논문을 참조. 박소영, 「중세 스페인 톨레도의 번역과 후원」, 《이베로아메리카연구》 26.2(2015), 1-26쪽. 특히 11-20쪽에 후원 과정이 상세히 설명되어 있다.

4 —— 이 과정을 통해 서양에 소개된 구체적인 문헌들과 번역 과정에 대해서는 해스킨스, 《12세기 르네상스》, 300-311쪽을 참조.

5 —— 자크 르 고프, 《중세의 지식인》(동문선, 1999), 12-13쪽.

6 —— 두 연인의 서신과 사랑 이야기는 다음 책들을 참조. 아벨라르·엘로이즈, 《아벨라르와 엘로이즈》, 정봉구 역(을유문화사, 2015). / 에버하르트 호르스트, 《중세 최대의 연애사건》, 모명숙 역(생각의 나무, 2005). 아벨라르의 생애와 학문에 대해서는 버지의 글이 도움이 된다. 제임스 버지, 《내 사랑의 역사》, 유원기 역(북폴리오, 2006),

7 —— 아벨라르에 대한 정보는 1132년경 그가 라틴어로 쓴 자서전 《나의 불행이야기*Historia Calamitatum*》에 전한다. 아벨라르의 내적 동기에 대해서는 다음 글을 참조하라. Mary Martin McLaughlin, Abelard as Autobiographer: The Motives and Meaning of his "Story of Calamities", *Speculum* 42(1967), pp. 463-488.

8 —— Nicholas Orme, *Medieval Schools: From Roman Britain to Renaissance England*(New Haven and London, 2006), pp. 15-40.

9 —— 해스킨스, 《12세기 르네상스》, 18-27쪽.

10 —— 스콜라학과 여러 학자들의 지적 전통에 대한 상세한 설명은 다음 책을 참조하라. 요셉 피퍼, 《중세 스콜라 철학》, 김진태 역(가톨릭대학출판부, 1960).

11 —— 아벨라르는 유명론의 아버지로 불리운다. C. G. Normore, "Abelard and the School of the Nominales", *Vivarium* 30(1992), p. 92.

12 —— 이해를 추구하는 아벨라르의 신앙을 엿볼 수 있는 대표적인 글이 「철학자와 유대인과 그리스도교인 사이의 대화」이다. 강상진, 「12세기 서방 라틴 그리스도교의 자기이해—아벨라르두스(1079-1142)의 '철학자와 유대인과 그리스도교인 사이의 대화'를 중심으로」, 《서양중세사연구》 12(2003.09.), 71-100쪽 참조.

13 —— 호르스트, 《중세 최대의 연애사건》, 208-235쪽.

14 —— Orme, *Medieval Schools*, pp. 68-73.

15 —— 이 절의 내용은 필자의 글 「중세 파리 대학의 자유와 저항」, 서울대학교 인문대학 편, 《팬데믹 너머 대학의 미래를 묻다》(서울대학교출판문화원, 2021), 107-125쪽에서 상당 부분 재인용했다.

16 —— 볼로냐 대학의 초기 상황은 김유경, 「중세 유럽 대학의 자유」, 《서양사론》 74(2002. 09.), 43-48쪽 참조.

17 —— Olaf Pedersen, *The First Universities: Studium generale and the origin of university education in Europe*, trans. by R. North(Cambridge, 1997), pp. 138-141.

18 —— 박용진, "중세 파리의 변화: 국왕의 처소에서 왕국의 수도로", 〈서양사론〉 86(2005. 09.), 42-47쪽.

19 —— Hastings Rashdall, *The Universities of Europe in the Middle Ages*, vol. I(London, 1936) pp. 9-13.

20 —— Rashdall, *The Universities of Europe*, pp. 294-295.

21 —— 특허장 전문은 C. H. 해스킨스, 《대학의 기원》, 김호권 역(삼성문화문고, 1986), 173-178쪽 참조.

22 —— 대학인에게 제공된 특권에는 경제적 사안도 포함되었다. 교황 루키우스 3세(재위 1181-85)는 고액의 집세를 요구하는 주인들로부터 학생을 보호했다. Pedersen, *The First Universities*, p. 142.

23 —— 이광주, 《대학사-이념·제도·구조》(민음사, 1997), 201쪽에서 재인용.

24 —— 이석우, 「중세 대학의 형성과 지배세력」, 대학사연구회 편, 《전환의 시대 대학은 무엇인가》(한길사, 2000), 309-310쪽.

25 —— Rashdall, *The Universities of Europe*, 309. 쿠르송의 학칙은 다음 웹사이트 참조. Statutes Of Robert De Courçon For Paris, 1215, https://salemcc.instructure.com/courses/121/pages/statutes-of-robert-de-courcon-for-paris-1215(2020년 12월 22일 검색).

26 —— Rashdall, *The Universities of Europe*, pp. 334-337.

27 —— 헤르베르트 그룬트만, 《중세대학의 기원》, 이광주 역(탐구당, 1977), 51-54쪽.

28 —— 교황 교서 전문은 해스킨스, 《대학의 기원》, 178-186쪽 참조.

29 —— 이 당시 이루어진 번역활동에 대해서는 박승찬, 《서양 중세의 아리스토텔레스 수용사》(누멘, 2010), 96-117쪽 참조.

30 —— 박승찬, 《서양 중세의 아리스토텔레스 수용사》, 121쪽.

31 —— Fernand van Steenberghen, *Aristotle in the West: The Origins of Latin Aristotelianism*(N.Y. 1970), p. 67.

32 —— 쿠르송은 여러 해 동안 이단 관련 업무에 전념한 인물이다. Peter Classen, *Studium und Gesellschaft im Mittelalter*, ed. by J. Fried(Stuttgart, 1983), pp. 159-160.

33 —— 요하네스 갈란디아는 파리 대학에서 툴루즈 대학으로 이주했는데, 동료에게 서신을 보내 그곳에서는 파리에서 금지된 아리스토텔레스의 《자연학》 강의가 허용되고 있다

며 자부심을 피력했다. Classen, *Studium und Gesellschaft*, pp. 241-242.

34 —— 에스파냐에서 출생한 이슬람 학자로서 본명은 이븐 루쉬드(1126-98)이다. 그는 아리
스토텔레스에 대한 방대한 주석을 통해 그의 사상을 확산시키는 데 공헌했다. 13세기
초 그의 저작이 라틴어로 번역된 후 서방에서는 한동안 아리스토텔레스에 대한 주류
적 해석으로 인정받았다.

35 —— 박승찬,《서양 중세의 아리스토텔레스 수용사》, 120-126쪽.

36 —— 박승찬,《서양 중세의 아리스토텔레스 수용사》, 125쪽.

37 —— 박승찬은 아리스토텔레스에 대한 13세기 중반의 주요 입장을 혼합주의(보나벤투라
와 로저 베이컨), 비판적 수용(대 알베르투스와 토마스 아퀴나스), 극단적 아리스토텔
레스주의(라틴아베로에스주의. 브라방의 시제르와 파리 대학 학예학 교수들)로 나눠
정리했다. 박승찬, "아리스토텔레스 철학의 수용과 스콜라 철학의 발전", 〈가톨릭철학〉
3(2001), 131-139쪽.

38 —— 박승찬,《서양 중세의 아리스토텔레스 수용사》, 132-134쪽.

39 —— 볼프강 E. J. 베버,《유럽 대학의 역사》, 김유경 역(경북대학교출판부, 2020), 74-75쪽.

40 —— 성영곤,「1277년의 아리스토텔레스 금지령과 중세과학의 향방」,《서양중세사연구》
15(2005.03.), 63-89쪽 참조.

41 —— 박승찬,「아리스토텔레스 철학의 수용과 스콜라 철학의 발전」, 149-152쪽.

42 —— 베버,《유럽 대학의 역사》, 89-90쪽.

43 —— 라뒤리,《몽타이유》, 516-519쪽. 마술과 그리스도교 사이의 경계가 뚜렷하게 부각된
것은 종교개혁과 깊은 관련이 있다. 키스 토마스,《종교와 마술 그리고 마술의 쇠퇴》
1권, 이종흡 역(나남, 2014), 119쪽.

44 —— 제프리 리처즈,《중세의 소외집단》, 113-114쪽.

45 —— 카를로 긴즈부르그의《치즈와 구더기》,《마녀와 베난단티의 밤의 전투―16세기와 17
세기의 마법과 농경 의식》등 중세 말, 근대 초 종교재판의 기록을 토대로 미시사적 관
점에서 쓰인 저술들이 이를 상당 부분 규명했다.

46 —— 이 책은 한글로도 번역되었다. 야콥 슈프랭거와 하인리히 크라머,《말레우스 말레피
카룸―마녀를 심판하는 망치》(우물이있는집, 2016).

47 —— 주경철,《마녀―서양 문명은 왜 마녀를 필요로 했는가》(생각의힘, 2016), 38-44쪽.

48 —— Jeffrey Burton Russell, *Witchcraft in the Middle Ages*(Ithaca & London, 1972).

49 —— 리처즈,《중세의 소외집단》, 121-126쪽.

50 —— 이단의 출현을 19세기 말 자유주의적 입장과 연결시켜 설명하기도 하고(Lea), 복음주
의적 입장에서 보기도 한다(Moore). Henry C. Lea, *A History of Inquisition of the
Middle Ages*, 3 vols.(New York 1887-1906). R. I. Moore, *The Origins of Euro-*

pean Dissent(London, 1977).

51 —— 라뒤리, 《몽타이유》, 588-593, 611-615쪽.

52 —— Malcolm Lambert, *Ketzerei im Mittelalter. Eine Geschichte von Gewalt und Scheitern*(Freiburg i.B., 1991), pp. 28-41.

53 —— Lambert, *Ketzerei im Mittelalter*, pp. 108-110.

54 —— Lambert, *Ketzerei im Mittelalter*, p. 110.

55 —— Lambert, *Ketzerei im Mittelalter*, pp. 111-113. 리처즈의 책에는 발데스파에 대해 간결하게 잘 정리되어 있다. 리처즈, 《중세의 소외집단》, 74-77쪽.

56 —— Lambert, *Ketzerei im Mittelalter*, pp. 114-125.

57 —— Arno Borst, *Die Katharer*(Freiburg, 1991), pp. 81-85. 카타리파에 대한 좋은 안내서는 라뒤리가 저술한《몽타이유—중세 말 남프랑스 어느 마을 사람들의 삶》이다. 저자는 파미에 주교 쟈크 푸르니에(Jacques Fournier)가 카타리파의 마지막 소굴이었던 몽타이유 이단재판 기록을 토대로 남부 프랑스 사람들과 삶을 탁월하게 재구성했다.

58 —— Borst, *Die Katharer*, pp. 74-81.

59 —— Lambert, *Ketzerei im Mittelalter*, pp. 165-172. / 라뒤리, 《몽타이유》, 586-593쪽.

60 —— 리처즈, 《중세의 소외집단》, 79-81쪽.

61 —— Lambert, *Ketzerei im Mittelalter*, pp. 151-155. / Borst, Die Katharer, pp. 93-95.

62 —— 리처즈, 《중세의 소외집단》, 85-86쪽.

63 —— 헤르만 헤세, 《성 프란치스코의 생애》, 이재성 역(프란치스코출판사, 2014), 17-42. / Ivan Gobry, *Franz von Assisi*(Hamburg, 1982), pp. 20-25.

64 —— 헤세, 《성 프란치스코의 생애》, 45-61쪽.

65 —— Gleba, *Klöster und Orden im Mittelalter*, pp. 106-110.

66 —— 프란체스코 수도회의 분열과 후기의 발전에 대해서는 Frank, *Geschichte des Christlichen Mönchtums*, pp. 98-102 참조.

67 —— Frank, *Geschichte des Christlichen Mönchtums*, pp. 87-89.

68 —— Gleba, *Klöster und Orden im Mittelalter*, pp. 114-115.

69 —— Frank, *Geschichte des Christlichen Mönchtums*, pp. 90-93.

70 —— Lambert, *Ketzerei im Mittelalter*, pp. 155-162.

71 —— Bernard Hamilton, *The Medieval Inquisition*(New York, 1981)에서 종교재판소에 대해 구체적으로 논증하고 있다. 리처즈, 《중세의 소외집단》, 87-88쪽에서 재인용. 반면 종교재판소의 남용과 폐해에 대해서는 Lambert, *Ketzerei im Mittelalter*, pp. 250-269에서 상세히 다루고 있다. 가톨릭 입장에서 이단의 특징, 식별 방법, 종교재

판 등에 대하여 쓴 대표적인 글은 1376년 도미니쿠스회 수도사 니콜라우 에이메리치 (Nicolau Eymerich)의 《종교재판 편람 Directorium inquisitorium》이다.

4부
그리스도교 세계의 위기 (1300-1500)

개요

위기로 시작했던 중세는 위기로 종결되었다. 13세기까지 안정과 번영을 구가했던 그리스도교 세계가 14세기에 접어들면서 갑작스럽게 위기로 전환된 이유는 무엇이었을까? 위기를 초래한 외부 요인으로는 기후변화를 비롯한 각종 자연재난들과 몽골, 튀르크 등 아시아 민족들의 침입이 거론된다. 그리고 내부적으로는 꾸준한 인구증가를 감당하지 못할 정도의 농업 생산량의 정체, 지배계층에 대한 피지배계층의 불만과 사회적 갈등, 크고 작은 전쟁 등 다양한 요인들이 있었다.

중세 말의 위기를 거치며 봉건 체제는 붕괴하고 새로운 시대로 이행했다. 그렇다면 이는 그리스도교 세계에도 위기였을까? 교회 혹은 종교 영역의 상황을 이해하기 위해서는 이 시기에 심화된 교회와 국가의 충돌, 교황권의 분열, 이단 운동, 공의회 운동 등 다양한 사안들을 살펴보며, 위기의 성격과 요인을 분석할 필요가 있을 것이다.

이 책의 관심은 위기의 원인을 해명하는 데 머무르지 않고, 교회와 그리스도교가 이 위기에 어떻게 대응했는지 살피는 것이다. 더불어 개혁을 요구하는 목소리들이 꾸준히 이어진 결과 종교개혁 운동으로 이어진 과정에도 주목할 필요가 있다. 흥미롭게도 두 세기에 걸친 위기를 거치며 '근대'가 출현했으며, 모든 방면에서 전면적인 변화가 진행되었다. 위기 국면은 어떻게 '근대'로 이어질 수 있었을까? 그리고 근대는 그리스도교에도 긍정적 전망을 의미하는 것이었을까?

11장은 유럽 주요 국가들의 발전을 살펴보는 맥락에서 왕권의 종교적 토대를 검토한다. 카롤링 제국에서 분열되어 나온 프랑스, 독일, 이탈리아뿐 아니라, 유럽 곳곳의 왕국이나 제후국들은 꾸준히 발전을 거듭했다. 국가들은 중세 성기를 거치며 현저한 발전을 이루었지만, 왕권이 쉽사리 안정되지는 않았고, 영토의 경계도 확정되지 않고 계속 변화했다. 미약한 국왕들이 권력의 정당성을 주장하고 또 유지하기 위해서는 다른 제후들이 넘볼 수 없고, 민중들의 지지도 불러일으킬 수 있는 권위 특히 종교적 신성성을 필요로 했다. 카롤링 왕가의 출현 이래 정치세력과 종교적 권위 사이의 결탁이 이러한 정통성의 근간이었다. 각국은 왕가들 차원에서도 신민들이 감히 넘볼 수 없는 왕권의 신성성이라는 전통을 발굴하고 과시할 수 있어야 했다.

한편 유럽 각국에서 왕권이 중앙집권을 강화하는 과정에서 교황을 중심으로 위계화되어 있던 제도교회 세력은 극복해야 할 가장 큰 장애물로 부상했다. 중세 말기에 몇몇 국가에서 노골적으로 표출된 교황과의 갈등은 국왕들이 왕국 내의 종교적 기반을 견제하고 성직자들을 자신의 통제 아래에 두기 위한 투쟁이었다. 국가와 교회 사이에는 중세 내내 사안을 달리하며 긴장과 갈등이 이어졌다. 특히 중세 말기에는 정치화된 교황권이 세속국가들과의 정면충돌을 피하지 않고 강경한 입장을 고수함으로써 교회는 예기치 않은 큰 혼란과 위기를 겪게 되었다.

이 책의 마지막 장인 12장에서는 중세 말의 사회가 위기에 봉착한 원인을 규명하고, 그 영향을 살펴본다. 위기의 원인을 추적해 보면 기후변화에서 비롯되었다는 결론에 다다른다. 역사가들은 그동안 위기의 원인을 자연현상이나 각종 재난들과 관련해서 찾기보다는 주로 역사사료들을 검토하며 역사 내적인 요인들을 통해서만 해명해왔다. 그렇지만 전염병이나 각종 자연재해들이 인간의 삶에 미친 영향이 명백하고, 그 원인이 기후를 비롯한 환경적 요인과 전쟁을 비롯한 인간적 요인들의 결합으로 인해 진행된 것이라면, 중세 말 위기의 원인도 13세기에 시작된 전 지구적 차원의 기후변화로부터 사회경제적 위기, 흑사병, 그리고 대전환으로 귀결된 전 과정을 거시적으로 검토해야 할 것이다. 그것이 그리스도교 세계의 안과 밖을 살펴보겠다는 이 책의 목적에도 부합한다.

이를 위해 구체적으로 기후변화가 페스트균을 자극해 흑사병으로 발전시키고 중앙아시아에서 유럽으로 확산시킨 과정 등 생물학적 위기를 초래한 상황을 추적하고, 더불어 발생한 유럽 사회의 사회경제적 변화와 다양한 재난들이 시너지 효과를 내게 된 이유를 따져본다. 기후변화, 생태환경의 전환, 농업 위기, 정치적·군사적 불안과 전쟁 등은 결국 초대형 복합 위기로 결합하여 사회–생태 시스템을 임계점에 이르게 했다. 중세 말에 닥친 이 종말론적인 위기가 취약한 상황에 놓였던 유럽의 종교기관들과 그리스도교 세계의 한계를 어떻게 변화시켰을지 잉글랜드의 사례를 통해 고찰하게 될 것이다.

유럽 국가의 발전과 교회

— 왕권의 신성화, 종교의 정치화

11

왕권의 신성성

클로비스의 도유

동서고금의 여러 왕권에서 통치자의 신성성을 주장하는 사례들은 많다. 동양의 경우에는 왕권의 신성함이 천자(天子) 개념과 천명(天命) 사상이라는 이데올로기에 기반하고 있는데, 통상 정복 왕조가 스스로를 정당화하기 위해 만들어낸 것으로 해석한다.[1] 유럽의 역사에서는 콘스탄티누스 황제 시기에 로마제국이 그리스도교와 결합하면서 세속 군주를 신성화하는 계기가 만들어졌다. 황제는 제국이 하늘의 왕국을 지상에 투영한 존재이며, 그 자신은 그리스도교를 대변하는 지상의 통치자라고 자처했다. 후에 이러한 전통을 발전적으로 계승한 인물은 비잔티움 제국의 유스티니아누스 황제였다. 그는 그리스도교 군주로서의 자의식으로 충만하여, 스스로 하나님의 대리인 자격으로 세상을 통치한다며 전제정치를 정당화했다. 황제권의 토대를 하나님의 권위에 둠으로써 그가 재위하는 동안 황제권의 신성화가 확립되었다. 이와 같은 황제숭배 문화는 이후 비잔티움 제국에서 계승되었으며, 신민은 황제에게 종속된 존재로 간주되었다.

서유럽에서 왕권의 신성성에 대한 주장은 구약성경에 언급된 도유 의식에 근거를 두고 있었다. 성스러운 기름, 즉 성유(聖油)를 붓는 도유(塗油) 의식은 중세 초 서유럽 전통에서 사제 혹은 주교를 서임할 때에 거행하던 의식이었다. 황제교황주의를 천명한 비잔티움 제국에는 황제가 신성성을 지니고 있어 별도의 축성 의식이 필요하지 않았다.[2] 그렇지만 서유럽의 통치자가 종교적 영역에 대해서 지배권을 행사하고, 경쟁적인 다른 세속 군주들과 차별화시키기 위해서는 신성성을 덧입는 것이 필요했다. 이러한 맥락에서 서프랑크의 국왕 대관식에는 이스라엘의 다윗과 솔로몬 시대에 존재했던 도유 전통이 새롭게 추가되었다. 이를 통해 속인이 신성성을 획득할 수 있다고 생각했다.

투르의 그레고리우스는 《프랑크족의 역사》에서 클로비스의 개종 과

11-1 세례와 도유를 받는 클로비스

정에 하나님의 섭리가 작용했다고 판단했다. 그의 서술에 따르면, 클로비스는 알레만족과 맞선 톨비악 전투에서 패전의 위기에 몰렸는데, 그 순간 예수 그리스도에게 이 전투에서 승리를 허락하면 믿고 세례를 받겠다고 서원했고, 잠시 후 기적적으로 전세가 역전되어 승리를 얻었다(이 책 2장 3절 참조). 이 사건을 경험하고 돌아온 국왕은 496년 성탄절에 랭스 대주교 성 레미기우스의 집도로 세례를 받았다. 그레고리우스는 국왕의 신앙고백과 세례 과정을 설명하면서 세례가 집전되던 장소에 하나님의 향기와 은총이 충만했다고 기록하고 클로비스를 "새로운 콘스탄티누스"라고 찬양했다.[3]

그로부터 약 4세기 후 카롤링 시대 말기에 랭스의 대주교 힝크마르는 《레미기우스 전기》를 집필했는데, 거기서 클로비스의 세례에 대해 서술하는 중에 '도유'라는 새로운 내용을 추가했다. 그는 성령 하나님이 비둘기의 모습으로 현현해 하늘에서 도유식에 사용할 성유를 담은 유리병을 의식을 집전할 레미기우스에게 전해주었다고 언급함으로써 이 의식에 종교적 권위를 가미했다.[4] 비둘기가 전해준 성유는 마르지 않아 이후에도 프랑스 왕의 도유식에 계속 사용되었다고 한다. 역사적으로 확인되지 않은 이 기적 이야기는 카롤링 제국의 분열 후 출현한 서프랑크에서 공식적으로 수용되어 클로비스로부터 이어진 국왕의 신성성을 보증하는 근거로 간주되었으며,[5] 도유식은 하나님으로부터 신성성을 수여받는 신비의 통로로 인정되었다.

기록으로 확인되는 도유식의 사례는 단신왕 피피누스(재위 751-768)가 처음이다. 그는 교황의 동의를 얻어 메로빙 왕조의 계승자를 권좌에서 밀어내고 국왕으로 등극했고, 754년 교황 스테파누스 3세(재위 752-757)가 프랑크 왕국을 방문했을 때 생드니 성당에서 직접 도유를 받았다. 이 무렵 "피피누스를 왕위에 앉힌 것은 하나님"이라는 주장을 정당화하기 위해 국왕 주변에서 클로비스의 도유 신화를 만들어내서 종교적 정통성에 의한 왕위 계승을 지지하는 여론을 형성했을 것으로 추측된다. 서프랑크에서는 대머리왕 샤를(재위 843-877)이 왕으로 즉위할 때 대관식과 도유식을 연이어 거행하는 관례가 도입되었으며, 클로비스의 전통이 깃들인 랭스 대성당은 프랑스 국왕이 신성함을 입는 장소로 자리매김했다. 이로써 국왕은 "신성한 말씀에 의해 보호를 받는 하나님의 사람"이 되었고, 그리스도교에 기반한 신성한 권위를 행사하는 존재가 되었다.[6]

기적을 행하는 왕

프랑스 지역에서는 카롤링 가가 단절된 후 대영지를 보유한 제후들이 대립했다. 10세기 이래 제후 중에는 가스코뉴, 부르고뉴, 아키텐, 노르망디 등지의 공작들, 브르타뉴, 플랑드르, 앙주, 툴루즈 등지의 백작들처럼 쟁쟁한 권력 기반과 영토를 지닌 세력들이 많았다. 그렇지만 이들 제후들은 그들에게 크게 위협이 되지 않을 파리 백작 위그의 아들 위그 카페(Hugues Capet 재위 987-996)를 왕으로 선출했다. 미약한 카페 왕조는 권력의 안정성을 보장받아야 했기에 도유의 전통을 내세워 국왕의 신성함과 세속적 지위를 견고히 지켜내는 것이 필요했다. 게르만 사회에서는 지배자가 자연에 대한 신성한 능력을 지녔다고 받아들이는 전통이 있었기에 프랑크 시대 신민들도 국왕이 신성한 능력을 구비했으리라는 믿음을 지녔다. 이처럼 그리스도교 수용 전부터 오랜 기간 이어져 온 전승도 중세 국왕을 신성한 존재로

만든 하나의 토대였다.[7]

서유럽 군주들은 왕권의 신성성 관념을 발전시키기 위해 사제이자 통치자로서의 권위를 발생시키는 도유식의 전통을 계승했고, 그 능력을 과시하는 치유 의식을 이어나갔다. 위그의 아들 로베르 2세(재위 996-1031)의 기록에는 로베르가 환자의 상처를 만지고 성호를 긋자 나병환자가 치료되었던 사실이 언급되어 있다.[8] 그리고 그의 후손 필리프 1세(재위 1060-1108)와 루이 6세(재위 1108-1137)에게는 '연주창', 즉 결핵성 경부 임파선염 환자를 치료한 기적이 일어났다. 당대인들은 이러한 초자연적인 능력이 도유 의식을 통해 국왕들에게 계승되었다고 믿었다. 국왕은 신민들에게 신성성을 과시하는 기회가 필요했기에 대관식 직후 랭스에서 당시 흔한 질병이었던 연주창 환자를 안수하여 치료하는 순서를 가졌다. 이런 이유에서 "연주창은 왕의 병으로 불렸는데, 왕이 손을 대면 병을 줄 수도 치료할 수도 있을 것으로 믿어졌기 때문이었다".[9] 국왕이 안수하면 연주창이 치료된다는 믿음은 12세기에서 18세기까지 민중들에게 널리 퍼져 있었다. 13세기 이래 국왕이 대관식 이후 코르베니에 들러 연주창 치료에 특화된 성인 마르쿨(Marcoul)에게 미사를 드리는 관행도 생겨났는데, 이러한 성인 숭배 의식이 국왕의 연주창 치료능력의 배가에 효과가 있다고 간주되었다.[10] 연주창은 결핵성 질병이므로 자연히 치료되는 경우가 있었고, 당대인은 목의 종양이 작아지거나 부기만 빠져도 치료되었다고 생각하였다. 물론 왕이 안수를 해도 낫지 않으면, 안수받은 자의 믿음이 문제라고 치부되었다.

이와 같이 국왕이 기적을 베푸는 행위는 이웃 국가 잉글랜드에서도 있었다. 후에 성인으로 시성된 고해왕 에드워드(재위 1042-66)의 치유 기적은 여러 문헌에 언급되어 있으며, 12세기 중엽 헨리 2세도 재임 중에 이러한 기적을 빈번히 베풀었다. 17세기에는 심지어 내전 중에도 연주창 환자들이 청원을 올려 찰스 1세의 초자연적 치료를 요청했다.[11] 그렇지만 도유식에 이은 연주창 치료의 기적은 프랑스에서 더 유명했던 탓에 13세기 프랑스에서 크게 성했고, 16, 17세기까지 널리 확산되어 있었다. 에스파냐에서는 원정대를 조직해 프랑스로 치료받으러 오기도 했고, 국왕이 외유를

11-2 연주창 환자를 치료하는 프랑스 왕

떠나면 안수를 받기 위해 그곳으로 찾아오는 일도 흔했다. 프랑스 국왕은 1825년 샤를 10세까지 랭스에서 도유식을 거행했다. 이러한 의식은 프랑스가 신성하며 결속된 국가로 발전하는 데 크게 기여했다.

카페 왕조의 정치적·종교적 기반을 확립하는 데 기여한 쉬제는 프랑스 왕국의 기원을 클로비스의 개종으로부터 해석하면서 "국왕은 하나님이 선택한 통치자"라고 주장했다. 더불어 그는 "군주는 하나님이 성유를 부어 준 자이고, 프랑스인은 하나님이 선택한 백성"이라고 주장했다. 이는 프랑스의 국왕이 그리스도교적 군주일 뿐 아니라, 프랑스인은 가장 그리스도교적인 민족이라는 의미이다.[12] 이와 같은 인식은 왕권이 세속적 힘과 여러 요구를 제압하는 수단으로 활용되었으며, 인민에게는 자부심을 부여하여 국가를 하나로 통합하는 기반이 되었다.

작센 왕조와 세상의 통치자

영국과 프랑스는 물론 에스파냐에서도 국왕의 도유 의식이 정착되었지만, 유독 독일에서만 그와 다른 분위기가 지배했다. 동프랑크에서는 카롤링 가문이 단절된 후 작센의 공작 하인리히가 국왕으로 선출되었다. 그런데 하인리히 1세(재위 919-936)는 마인츠 대주교의 도유를 거절해 한때 소동이 일었다. 이는 그가 겸손했기 때문이 아니라, 당시 교회의 영향력이 상대적으로 약했던 동프랑크에서 국왕의 권위가 성직자로부터 발원하는 것에 대해 거부감을 지녔기 때문이다. 국왕은 종교적 권위가 왕권을 위압하지 않을까 우려했다.[13] 그렇지만 하인리히의 둘째 아들 오토는 왕으로 즉위했을 때 면면이 이어지던 분할 상속 전통을 청산하고 왕국 전체를 홀로 상속했을 뿐 아니라, 축성식에서 도유식과 대관식을 모두 거행했다. 아들 세대에 이르러서는 종교적 권위와 정당성을 적극 활용하려는 의지를 드러낸 것이다.

　　오토 1세(독일 왕 936-973, 이탈리아 왕 951-973, 황제 962-973)는 부친의 후광으로 비교적 안정된 상황에서 왕위를 계승했다. 연대기작가 비두킨트(Widukind)가 936년 남긴 기록 중에는 '동프랑크 왕국'(11세기까지 이렇게 불림) 오토의 대관식에 대한 흥미로운 부분이 있다. 당시 오토는 대관식 장소로 아헨을 선택했을 뿐 아니라, 스스로 프랑크족의 복장을 착용했는데, 이는 카롤링 국왕들의 전통을 계승하겠다는 의지의 표명이었다. 대관식 행사에는 대주교들과 공작들, 그리고 고위 귀족들이 참석했는데 먼저 세속적 절차가 거행되었다. 이미 제후들 사이에 왕위계승자 선출에 대해서 합의가 이루어졌지만, 형식적인 선거를 다시 진행하고 제후들은 선출된 오토에게 경의를 표했다. 이를 지켜 본 민중은 서약과 더불어 갈채를 보내며 선출 결과에 동의한다는 의사를 표명했다. 그 후 오토는 종교적 의식을 거행하기 위해 새로운 옷으로 갈아입었고, 이어 도유와 대관 의식을 진행했다. 그리고 새로운 국왕이 왕좌에 앉은 채로 대관 미사와 성찬식 순서까지 모두 거행하였다. 비두킨트는 이와 같은 공식적인 의례가 이루어지는 과정을 상세하게 소개한 후 이 대관식에 참석한 사람들 모두가 하나님의 손이 작동하는 것을 목격했다고 서술했다.[14] 과연 그가 신비한 현상을 가시적으로 본 것인지는 알 수 없으나, 오토가 하나님의 뜻과 은총을 힘입어 왕으로 선택되었다는 점을 이와 같이 표현한 것이리라 추측된다. 새로운 왕 오토는 이 의식을 통해 외적인 정통성을 획득했을 뿐만 아니라, 구약성경에 등장하는 다윗과

11-3 오토 3세의 신성화

마찬가지로 하나님의 뜻에 따라 백성을 통치하고 구원해주는 존재로 간주되었던 것이다. 작센 왕조의 공식문서에 기록된 내용은 앞의 프랑스나 잉글랜드의 국왕 축성식과 다소 차이가 있지만, 의미하는 바는 사실상 동일하다. 국왕은 도유를 통해 신성한 존재가 되었고, 재위하는 동안 하나님의 은총을 힘입어 왕국의 신민들을 통치한다는 것이다. 이와 같은 의식은 중세가 막을 내릴 때까지 흔들림 없이 지속되었다.

　　독일 지역에서 국왕의 신성성은 오토 대제의 손자 오토 3세 시기(재위 983-1002)에 다시 부각되었다. 오토 3세는 부친이 해외 원정 중 예기치 못한 시점에 사망했기에 세 살이라는 어린 나이에 도유식을 거쳐 왕이 되었다. 비잔티움 출신 모친 테오파누를 비롯하여 친족들이 섭정을 맡았지만 주변에 통치권을 노리는 세력들이 있어 어수선한 상태였다. 이 무렵 궁정의 요청에 의해 그려진 것으로 추론되는 아헨 복음서 필사본의 이미지는 당시 통치자와 그 측근들이 지니고 있던 종교적 자의식을 잘 보여준다. 이 그림 중앙에는 오토 3세가 '그리스도의 대리인'으로 좌정하고, 그 주위를 4복음서 저자들이 둘러싸고 있다. 국왕의 위쪽에 있는 하나님의 손이 그에게 제관을 씌워주는 것으로 표현됨으로써 그의 권력이 하나님으로부터 왔음을 명백히 나타냈다. 오토의 발아래 좌우로는 성속의 신하들이 머리를 숙이며 도열하고 있다. 이는 오토 3세의 재위기에 왕권이 도전받고 있던 긴박한 상황에서 세속을 초월하는 신성성을 부각시켜 극복하려고 했던 왕실의 의도를 드러낸다. 이 이미지는 신성화된 왕권을 널리 선전하려는 차원에서 제작되었던 것이다.[15] 자의식이 충만했던 오토 3세는 카롤루스의 구상을 실현하겠다고 천명하고 제국 전체를 확고히 장악하려 했다. 그는 자신의 사촌 브루노를 교황(그레고리우스 5세)으로 세우고, 996년에는 그로부터 황제 대관을 받았으며, 로마를 제국의 거점으로 삼기 위해 팔라티노 언덕에 궁전을 짓고 고대 로마 황제의 영광을 재현하려 했다. 나아가 그는 독일 동부의 이교세력들을 모두 그리스도교화하여 원대한 제국을 건설할 다소 비현실적인 목표도 추진했다. 물론 그의 허황된 구상은 이렇다 할 성과를 거두지 못했으나, 오토는 통치자의 신성성에 대한 확신으로 교황과 비잔티움 황제의 역할을 모두 흡수한 하나의 원대한 제국을 구상했던 것이다.[16]

그리스도교를 토대로 왕권의 이념적 기반을 확립하는 일은 국왕 주변 성직자들에게 주어진 중대한 과제였다. 이는 중세 성기까지도 유럽 각국의 왕조와 왕국이 안정된 기반을 지니고 있지 못했기에 더욱 절실했다. 종교적 혹은 신학적 논리와 무력에 기반한 왕국의 논리는 서로 영향을 받았으며, 다양한 이데올로기로 발전했다. 교권과 속권이 충돌했던 서임권 투쟁 시기에 국왕 지지자들은 왕권의 신성성에 근거해 국왕 통치의 보편적이며 그리스도교적 토대를 주장했다.[17] 근대 절대왕정의 이데올로기적 기반이 된 장 보댕이나 자크 보쉬에의 왕권신수설도 그 연장선상에 있었다. 이처럼 중세 프랑스와 잉글랜드의 국왕이 기적적으로 치유의 능력을 베풀 수 있던 것은 왕이 신성한 존재였기 때문이며, 치유는 이를 입증하는 단지 하나의 수단이었을 뿐이다.

왕국들의 발전

왕령지의 확대와 중앙집권

프랑스의 카페 왕조는 왕국 내 대제후들에 비해 영토나 경제력에 있어서 두각을 나타내지 못했으며, 왕권은 실질적으로 파리를 중심으로 한 일 드 프랑스(Île-de-France) 지역에 국한되었다. 왕들이 본격적으로 왕권의 토대를 구축하기 시작한 것은 12세기 이후였다. 루이 6세(재위 1108-37)는 1124년 잉글랜드와 독일 연합세력의 공격에 맞서 제후들의 세력을 모아 왕국을 방어하면서 프랑스를 하나의 통합적인 정치적 단위로 진전시키는 계기를 마련했다. 이 무렵 국왕은 주어진 봉건적 권한을 적극 행사하면서 실질적인 권력을 확장하는 일에도 힘을 쏟았다. 루이 6세의 차남 루이 7세(재위 1137-1180)는 아키텐의 상속녀 엘레아노르 공주와 혼인함으로써 남서부로의 영향력 확대가 기대되었으나, 지속적인 불화를 겪다가 혼인이 무효화됨으로써 그와 같은 희망도 무산되었다. 오히려 엘레아노르가 그 후 앙주 백작 헨리-플란타지네트와 재혼함으로써 프랑스 왕의 왕령지가 거대한 앙주가의 영토에 둘러쌓이는 결과를 초래했다. 앙주 백작 헨리가 1154년 잉글랜드의 왕위까지 계승함으로써 카페 왕조는 위기에 처했다. 그렇지만 이후 존엄왕 필리프 2세(재위 1180-1223)가 앙주-플란타지네트 가문을 와해시키고, 잉글랜드의 실지왕 존(재위 1199-1217)으로부터 프랑스 내의 잉글랜드 영토 대부분을 획득하는 성과를 거두면서 국면이 전환되었다. 존은 부르고뉴 백작과 독일 황제를 부추겨 동맹을 결성하고 프랑스에 맞섰으나, 필리프는 1214년 부빈에서 연합군에 대해 결정적인 승리를 거두었다. 이로써 프랑스 왕은 왕령지를 크게 확대하면서 프랑스의 실질적인 통치자가 되었다. 교황 인노켄티우스 3세가 1209년 카타리파 이단을 제거하기 위해 알비 십자군을 제창했을 때 필리프는 이를 빌미로 남부지방으로 진출했고, 이어 성왕 루이(9세. 1226-1270)가 알비파 토벌을 마무리했다. 결국 이 과정에서 왕권이 남부 프랑스까지 확장되었다.[18]

생드니 수도원장이며 루이 6세와 7세 시기 국왕의 자문이었던 쉬제는 관료제에 기반한 행정 체계를 서서히 발전시켰다. 그와 더불어 전임 왕의 생존 시기에 후임 국왕을 결정하도록 제도화하여 국왕 선출로 인한 분쟁을 줄이고, 유산을 분할하게 될 위험성이 제거되었다. 점차 늘어난 왕령지와 합병지역을 다스리기 위해 행정과 세금 등 제도 개혁도 뒤따랐다. 성왕 루이와 미남왕 필리프 4세 시기(재위 1285-1314)에는 조세 수입의 증가로 재정 기반이 강화되었을 뿐 아니라, 재판과 재정 분야의 전문화까지 이루어져 유럽에서 가장 부유하고 강한 왕국이 되었다. 13세기 초 이래 파리는 프랑스의 실질적인 수도이자 왕국의 구심점이 되었으며, 왕령지의 계속되는 확대로 인해 국왕의 권위도 크게 신장되었다.

교회와 왕국은 상호 의존적인 특성으로 인해 복잡하게 얽혀 있었다. 그리스도교는 국왕의 정통성을 지지해주는 역할을 했고, 세속 세력은 종교기관에 깊이 간섭하며 세속화를 부추겼다. 10세기 이래 성장한 개혁수도회들은 교황을 상위 주군으로 모시며 지역을 넘어서는 조직망을 구축해 지역 귀족들은 물론 왕권에게도 위협적일 정도로 영향력이 커졌다. 이후 교황 주도하에 두 세기 동안 지속된 십자군 원정은 교황권이 절정기를 맞도록 한 중요한 동력이었다. 한편 세속국가들도 왕권이 중심이 되어 십자군을 기획하고 무력행사를 반복함으로써 왕권을 강화시킬 수 있는 중대한 전기를 맞았다. 십자군이 막을 내릴 무렵에는 국왕이 왕국 내의 무력을 독점하기 위해 귀족들과 교회세력에 대한 견제를 더욱 강화했다.

잉글랜드의 역사는 1066년 노르망디 공작 윌리엄의 정복으로 새롭게 시작되었다. 윌리엄(재위 1066-87)은 정복 후 자신이 전임 왕 에드워드의 정당한 계승자라고 주장하며 앵글로-색슨의 관습법을 존중하겠다고 약속했다. 그는 왕국을 봉건적으로 재편해 강력하고 중앙집권화된 왕권을 구축하려 시도했다. 윌리엄은 전체 영토의 약 6분의 1에 해당하는 왕령지를 직접 통치했고, 나머지를 자신에게 충성을 서약하고 군사적 지원을 제공하는 귀족들에게 분배해 위협이 될 만한 세력을 용납하지 않았다. 노르만 왕조(1066-1154)에 이어 등장한 앙주 가문의 플란타지네트 왕조(1154-1399)는 앵글로-색슨의 지방행정조직이나 세금제도를 상당 부분 계승했지만, 노르망디의 봉건제와 일부 프랑스적인 요소를 도입했다. 앙주가의 국왕들은 프랑스 내에 있는 영토를 관리하기 위해 프랑스에 머무는 시간이 많았다. 그렇지만 그들은 잉글랜드 귀족들도 견제해야 했기에 왕권 확립을 위한 토대를 체계적으로 제도화하는 것이 필요했다. 그로 인해 왕의 자문기구를 만들었고, 특히 헨리 2세(재위 1154-89)는 전쟁 재원을 마련하기 위해 병역면제세를 창설했으며, 관세와 도시의 각종 세금을 거두어들였다. 회계청에 왕국의 수입과 지출을 담당시키고, 상서청에 국왕의 문서업무 및 비서 역할을 전담시켜 행정의 전문성과 효율성을 높였다. 헨리 1세와 2세는 국왕의 권위에 기반을 둔 통일적인 법령을 발전시켰는데, 그것이 보통법(common law)의 출현이다. 이와 같은 국왕 중심의 사법제도와 재정의 확립은 국왕이 왕국 전체에 대해 통치권을 행사하게 되었음을 시사한다.[19] 잉글랜드는 프랑스에 비해 작은 나라였지만, 정복왕이 중앙집권적인 체제를 발전시킨 결과 프랑스에 비해 지방색이 옅었고, 왕령지를 팽창시키지 않아도 왕이 제후들의 권력을 통제할 수 있었다. 잉글랜드의 국왕 혹은 그의 대리인은 순회하며 재판했기에 일반 신민들도 왕의 사법권과 접촉할 수 있었다. 국왕의 사법권은 영주들에 비하여 더 공정하다는 인식들이 퍼지면서 12세기 말 이래로 국왕의 법이 영국의 보편적인 법으로 자리 잡게 되었다.

헨리 2세의 아들 '실지(失地)왕' 존(재위 1199-1216)은 형 리처드(재위 1189-1199)에 이어 왕위에 올랐지만, 그 별명이 의미하듯이 부빈 전투의 패배로 프랑스에 있는 잉글랜드의 영토 대부분을 상실했고, 켄터베리 대주교 서임문제로 교황과 갈등을 빚다가 파문을 당하는 등 왕으로서의 권위를 크게 실추시켰다. 게다가 전쟁으로 인해 신민들에게 과도한 세금을 부과해 귀족들과 갈등까지 빚었다. 1215년에 출현한 대헌장(Magna Carta)은 이와 같은 상황에서 존 왕이 국왕 반대파 귀족들의 요구에 떠밀려 어쩔 수 없이 서명한 문서였다. 그 내용 중에는 "공동의 협의에 의한 것을 제외하고는 어떤 병역면제세나 보조금도 부과될 수 없다. 짐의 몸값을 위한 것이나 짐의 장자의 기사작위 수여나 장녀의 결혼을 위한 것에만 부과할 수 있으며, 그 경우에도 상납금이 합리적으로 부과되어야 한다⋯⋯." 등의 조항이 포함되었다. 이 문서는 봉신들이 국왕의 자의적인 권력사용을 제한하고, 관습에 의해 확립된 봉건 계약의 의무사항을 강요하기 위해 만들어졌다. 이 문서에 새겨진 법적 정신은 왕이 의회의 동의 없이 과세할 수 없으며, 누구도 적법 절차와 배심원에 의한 재판 없이는 투옥되거나 불이익을 받지 않는다는 내용이었기에 이후 '법의 지배'라는 서양 법적 전통의 근간을 이루게 되었다. 이 문서가 왕의 통제력을 곧바로 약화시킨 것은 아니었지만, 귀족 및 국민의 대표들과 협의해야 한다는 원칙을 확립하는 계기가 되었다. 존은 이 문서를 무력화시키기 위해 곧바로 교황 인노켄티우스 3세에게 비밀리에 무효화시켜달라는 요청을 했고, 교황은 얼마 후 공개적으로 이 법령을 거부하고 비난하는 교서를 공표했다. 그렇지만 교황의 무효 선언과 파문 위협도 상황을 되돌릴 수는 없었다. 얼마 후 존이 사망하자 귀족들은 1216년과 1225년에 일부만 수정해 대헌장을 재발행했다. 1297년 에드워드 1세는 이를 추인했고, 이 법은 17세기 영국혁명 시기에 의회가 국왕 권력을 견제하는 법적 근거로 작동했다.[20]

대의제도와 교황에 대한 견제

잉글랜드의 발전과 왕권 강화에 중요한 진전을 이룬 인물은 에드워드 1세(재위 1272-1307)였다. 그는 더 이상 유럽 대륙이 아니라, 브리튼 섬이 자신의 통치지역이라는 생각을 확고히 가졌다. 이를 위해서는 귀족들이 왕권을 넘보지 못하도록 하고, 교회에도 국왕의 통치권이 확장되는 것이 필요했다. 에드워드는 우선 1282년에 웨일스를 정복했고, 이 공국을 그의 아들에게 다스리게 했다. 영국 황태자에게 '웨일스 공작'이라는 칭호가 따라붙은 것은 이때부터였다. 에드워드는 이후 스코틀랜드를 차지하기 위한 훨씬 힘겨운 과제에도 도전했다. 그리고 그는 교황과의 갈등을 무릅쓰고 면세의 대상이었던 성직자들에게 세금을 물렸다. 이 외에 그는 중앙정부의 영향력과 국왕의 사법권을 확장했다. 재무청과 전문적인 법정을 설치하여 국왕 정부의 업무를 전문화시켰으며, 봉건 귀족들의 전통적인 권리를 축소시켰다.

11-4 에드워드 1세 시기의 모범의회

에드워드는 1295년 여러 정책을 협의하고 신민들로부터 동의를 얻기 위해 대의기구인 모범의회를 소집했다. 여기에는 이전의 대회의처럼 성속의 대제후들만 참석한 것이 아니었다. 각 주에서 두 명의 귀족, 중요 도시에서 두 명의 시민이 참석했고, 하급성직자들의 대표들도 초대되었다. 국왕은 이 확대기구에서 과세안 동의, 법률 제정, 사법 업무 등 여러 정책에 대한 지지를 구했다. 또 의회를 빈번히 소집했을 뿐 아니라, 참석자를 점점 확대했다.[21] 에드워드 3세(재위 1327-77)는 의회를 상하 양원으로 분리시켰는데, 하원에는 하위 귀족, 도시민의 대표, 지주인 젠트리 대표를 소속시켰고, 상원에는 상위 귀족과 고위 성직자를 배치했다. 평민들을 의회에 참여시킨 것은 평민들의 요구에 따른 것이 아니라, 왕권을 강화시키려던 국왕의 의지였다.

프랑스 국왕은 왕령지뿐 아니라 왕국 전체에 대한 지배자로서 자신의 봉신이 아닌 일반 신민들도 통치의 대상으로 포섭할 필요를 느꼈다. 특히 상업의 발전으로 국왕과 아무런 봉건적 관계를 맺지 않은 도시민들이 경제적·군사적 관점에서 점차 더 중요해졌다. 국왕 필리프 4세(재위 1285-1314)는 교황 보니파키우스 8세(재위 1294-1303)와 갈등을 겪게 되면서 국내의 통합된 지지를 필요로 했는데, 이때 도시민들과 귀족들도 끌어들여 '삼부회'라 불리는 신분제의회를 처음으로 소집했다. 국왕은 세 신분인 성직자, 귀족 그리고 도시민의 대표들로 삼부회를 구성했다. 이 대의기구는 대개 세금에 대한 동의안을 처리하거나 법률안을 시행하기 위해 비정기적으로 소집되었다. 프랑스 왕이 교황과의 갈등에서 결국 승리할 수 있던 것은 삼부회로 대표되는 국내의 결속된 지지 때문이었다. 라틴 세계에서 보편적 종교적 권위를 상징하던 교황을 왕국 내 인민의 결속으로 대응할 수 있었던 것이다. 이 기구의 결성은 왕권의 강화와 관련하여 주목할 만한 변화였지만, 국왕은 삼부회를 대의제적인 통치기구로 확립시키는 데에는 그다지 관심이 없었다. 국왕은 한동안 이 기구를 그가 필요할 때에만 소집했고, 입헌적인 제도로 발전시킬 생각을 하지 않았다.

의회제도의 성립은 유럽에서 잉글랜드와 프랑스만의 독특한 현상이 아니었다. 독일, 에스파냐, 시칠리아 등에서도 대의제도가 발전하고 있었다. 나라마다 다소 상이한 특징을 지녔지만, 왕국 내 여러 세력을 대표하는 대의제를 통해 신민들과 통치자의 상이한 이해관계를 조정할 수 있었고, 국왕은 그 기반 위에 더 강력한 권력을 행사하려고 했다. 평민들의 대표가 포함된 잉글랜드와 프랑스의 대의제는 국민국가의 발전에 중요한 토대가 되었다. 두 나라의 의회는 특히 전쟁이 지속되는 상황에서 더욱 발전했다. 전쟁은 국민감정을 결집시키고, 봉건 군대를 국왕 군대로 전환시켜 국왕의 권력을 강화시켰다. 동시에 왕은 전쟁 비용을 마련하기 위해 의회와의 협상이 필요했다. 특히 잉글랜드와 프랑스 두 나라가 맞서 싸운 백년전쟁을 겪으며 의회가 자주 소집되면서 제도적 입지도 점차 견고해졌다. 여러 세력들의 의견을 조정하는 과정 중에 의회는 성장했고, 이는 국가적 통합을 이루어내는 데에도 기여했다. 그렇지만 중세 말까지도 의회를 주도한 것은 국왕이었다.[22]

영방국가(領邦國家)의 대두

독일에서 서임권 투쟁 시기에 하인리히 4세와 제후들 사이에 전개되었던 갈등은 오랜 기간 왕국의 발전에 부정적인 영향을 미쳤다. 하인리히 5세 이후에는 주요 가문들 내부의 경쟁까지 격화되면서 분권화 경향이 가속화되었다. 결국 독일의 지방 제후들은 점차 독립성을 확보한 반면, 왕권은 크게 약화되었다. 국왕을 선거로 선출한다는 점도 독일의 정치적 불안정에 기여했다. 국왕을 선출하기 위해서는 선출권을 가진 성과 속의 유력자들, 즉 선제후들이 합의에 이르러야 했고, 국왕이 된 자가 신성로마제국 황제의 제관을 쓰기 위해서는 다시 교황의 승인을 필요로 했다는 사실도 강력한 통치자의 등장을 어렵게 만든 요인이었다. 선제후들은 선출된 왕이 무능력할 경우 왕좌에서 물러나도록 압력을 행사하기도 했다. 국왕은 권력자들의 타협을 통해 결정되었기 때문에 가장 강력한 귀족 가문에서 선출되기보다는 선제후들에게 불이익을 끼치지 않을 만한 인물로 정해지는 경우가 적지 않았다. 이런 사정 때문에 서임권 투쟁 전까지만 해도 유럽에서 가장 강력했던 독일 왕의 권력은 13세기를 지나면서 잉글랜드 및 프랑스의 왕권과는 비교할 수 없을 정도로 약화되었다. 점차 중앙집권을 강화해 나가던 주변 국가들과 달리, 독일의 통치자는 중세 말까지 재정을 그가 속한 가문의 세습영지에 거의 전적으로 의지했다. 신성로마제국의 정치적 분권화가 진행되면서 제후들의 봉토는 세습되었고, 영방의 사법권도 국왕에 대해 독립적으로 행사되었다. 국왕은 상속자가 없는 땅에 한해서만, 자신에게 귀속시킬 수 있었다. 여러 도시들이 상업과 교역의 발전으로 번영을 누렸지만, 지역 제후들이 자신의 통치지역의 경제 발전을 주도하면서 그 이득도 황제보다는 영방제후들에게 돌아갔다. 제후들은 독립적인 영방국가 건설을 추진하면서 중앙정부를 무력화시켰다.

제국의 힘의 중심이 황제로부터 지방 제후들에게 분산되도록 결정지은 문서는 금인칙서(Goldene Bulle)였다. 카를 4세(재위 1347-78)는 관행에 따라 이루어지던 황제 선출 과정이 종종 논란을 빚자 1356년 그 원칙을 명문화한 금인칙서를 제정했다. 이 문서에서 황제 선출 권한을 7명의 선제후인 마인츠 대주교, 쾰른 대주교, 트리어 대주교, 보헤미아 왕, 라인 팔츠 백작, 작센 공작, 브란덴부르크 변경백작으로만 제한하여 분쟁의 소지를 제거

11-5 카를 4세의 금인칙서

했다. 그리고 선제후들의 영토는 분할할 수 없고, 세속 선제후의 제후국은 장자상속의 원칙에 따라 상속하도록 규정했다. 이 외에도 선거는 과반으로 결정하고 이를 수용하지 않는 선제후는 지위를 상실한다는 점과 선거 결과는 교황의 승인을 필요로 하지 않는다는 내용이 포함되었다. 교황이 직간접으로 개입하는 경우가 있었기에 이를 방지하고자 했으며, 선거 결과에 불복하는 일도 발생하지 않도록 조처했다. 이 법령의 제정으로 선제후령 분할 금지와 장자 상속이 원칙으로 관철되었을 뿐 아니라, 영토 내에서 강화된 각종 권한이 보장되었다. 선제후들은 기득권의 유지가 자신에게 도움이 되었기 때문에 더욱 보수화되었고, 선제후가 아닌 제후들에게도 유사한 주권이 보장되었다. 결국 금인칙서는 제국 내에서 실권이 황제보다 제후들에게 있다는 사실을 공인한 셈이 되었고, 제국의 권력이 제후들에게 더욱 분산되는 계기가 되었다.[23]

중세 말에 신성로마제국 내에서 영방과 도시들은 점점 더 중요해졌고, 오랫동안 왕권의 기반이었던 종교기관들과 성직 제후들은 부와 권력을 유지했다. 반면 황제는 실질적인 통제권을 상실함으로써 권력의 약화를 피할 수 없었다. 독일에서는 잉글랜드나 프랑스 왕국의 선례를 따라 영방의 제후들이 중심이 되어 세금, 법제도, 군대 등을 정비해 나갔다. 황제라는 명칭은 왕보다 더 높은 지위를 연상시키지만, 이를 뒷받침하는 제도와 권한이 별도로 존재하지 않았다. 황제권은 분권적인 세력이 통치하는 영방으로 침투해 들어갈 수 없었으며, 그로 인해 제국 내에서 황제와 제후의 법적인 지위도 실질적으로 큰 차이가 없었다. 그럼에도 불구하고 중세 말과 근대 초에 걸쳐 제국의 황제가 정치적으로 상당한 영향력을 행사할 수 있었던 것은 그 소유가 유럽 전역에 걸쳐 광범위하게 존재했던 합스부르크 가문에서 황제들이 연이어 배출되었기 때문이다. 그렇지만 이 유력한 가문 출신의 황제들은 불가피하게 다양한 이해관계로 인해 실익이 크지 않은 유럽의 각종 분쟁들에 연루되었으며, 그 영향은 오히려 독일에 부정적으로 작용했다.

교황권의 쇠퇴와 교회의 위기

교회와 국가의 충돌

중세 교회의 권위는 봉건사회 형성기의 혼란과 지역주의를 기반으로 성장했다. 교회는 혼란기에 세속 권력을 대신해 사회질서를 유지하고, 법을 집행했으며, 빈민을 구제했다. 교회는 세속 권력이 인민을 억압하고 무력을 앞세울 경우 이를 견제하는 역할도 했다. 교황권이 절정에 이르렀던 12, 13세기에 이르렀을 때 교황청은 어느 세속 정부 못지않게 효율적인 조직으로 변모했다. 이 시기에 이단 문제, 특히 카타르파와 종교재판의 처리에서 볼 수 있듯이 교회와 국가는 협력해서 상당한 성과를 내기도 했다. 그런데 인노켄티우스 3세 시기에 볼 수 있듯이 교황과 교황청은 강력한 조직과 종교적 권위를 이용하여 지나칠 정도로 세속의 문제에 깊숙이 개입했으며, 유럽의 개별국가 및 사회에서 실질적인 지배권을 행사하려 했다. 이에 자연스레 반발과 더불어 부작용이 뒤따랐다. 유럽 주요 국가들은 당시 효율적인 중앙집권적인 통치조직을 갖추고 신민의 신뢰를 확보하면서 종교적 영역을 제외한 나머지 부문을 포섭해 나가고 있었다. 앞서(8장 3절) 언급했듯이, 독일 슈타우펜 왕가의 오토 4세와 교황 인노켄티우스 3세 사이에 벌어졌던 갈등은 기득권 상실을 우려하던 교회와 권력 확장을 추진하던 세속국가 사이 충돌의 한 사례였다. 교황은 처음에는 경합하던 국왕 후보들에 대한 심사 권한을 주장하더니, 얼마 후 선출된 국왕 오토의 이탈리아 정책에 불만을 품고 그를 파문에 처했으며, 독일 제후들과 연대해 재차 구미에 맞는 새로운 왕을 추대하려 했다. 왕국의 정치질서를 혼란스럽게 교란한 교황의 이러한 행태는 세속 정치에 대한 과도한 개입이었다.[24]

십자군원정이 실패로 종결된 후 각국에서는 교황의 지도력과 교회의 권한 남용에 대한 비판이 거세게 일어났다. 그렇지만 알렉산데르 4세(재위 1254-61) 이후 1294년까지 30년 남짓한 기간 동안 로마 교황좌를 역임한 성직자는 11명이나 되었을 뿐 아니라, 5년 이상 재위에 머물렀던 경우가 단 한 차례도 없었다. 추기경들이 합의에 이르지 못해 교황권이 공석으로 있던 시기도 꽤 길었다. 세속국가의 발전이 두드러지던 시기에 교황권의 공백과 잦은 교체는 교회가 변화에 효율적으로 대처하지 못한 결정적인 요인 중 하나였다. 교황권이 내리막길로 치닫고 있던 국면에 교황에 오른 보니파키우스 8세(재위 1294-1303)는 이 시기 교황청의 현실 인식이 어떠했는지 잘 보여준다. 그는 유능한 행정가이자 교회법학자로 평가받던 인물이었기에 기대를 받았지만, 노년에 들어선 탓인지 시대를 읽어낼 안목이나 위기를 돌파할 지략을 갖추고 있지 못했다. 그는 앞선 시기에 교회의 권위를 높였던 인노켄티우스 3세 못지않게 세속에 당당하게 맞섰으나, 결과적으로 교회를 더 큰 위기에 빠져들게 했다.[25]

보니파키우스는 재임 초기 이전 교황의 사임이 적절했는지 의문을 제기하던 콜로나 가문에 대해 파문과 더불어 십자군을 선포했고, 무력으로 요새들을 함락시켜 치명적인 타격을 가했다. 교황의 이와 같은 대응은 로마에서 가장 강력한 귀족 가문과 화해할 수 없는 상황을 초래했고, 결국 로마에서 교황의 입지를 약화시켰다. 보니파키우스는 자신이 속한 카에타니 가문의 재산과 힘을 키우기 위해 세속적인 이해관계에 무리하게 개입하고, 친인척들을 교회 요직에 등용하는 등 이전 교황들처럼 가문의 이해관계에서 벗어나지 못하는 처신을 되풀이했다. 그는 이탈리아 내의 이권을 위해서라면 세속적인 수단을 동원하는 데 주저함이 없었다. 교황은 신자들의 종교적 필요를 채우기 위해 노력하기보다는 다른 여느 정부처럼 방대한 교회조직을 기반으로 전쟁에 관여했고, 외교, 영지관리, 세금징수 등에 열을 올리며 국제정치무대에서 권력욕에 불타는 탐욕스러운 군주의 모습을 보였다. 그는 마치 모든 군주들과 왕국들 위에 군림하는 듯 세속의 문제들에 대해 개입했다. 쇠약한 독일 왕 알브레히트(재위 1298-1308)에 대해서는 어느 정도 성과를 얻을 수 있었으나,[26] 잉글랜드나 프랑스로부터는 강한 반발에 부딪혔다.

프랑스의 필리프 4세(재위 1285-1314)는 이 무렵 주도면밀하게 왕권을 신장시키고 있었다. 그는 세속 국가의 우월함을 지지하는 신하들을 기용해 국왕 정부의 기틀을 마련했고, 로마법을 토대로 군주가 자국의 영토 내에서 절대적 주권을 지닌다는 관념을 정립했다. 또 그동안 재판에서 중요한 역할을 맡아왔던 사제들을 대신하여 세속적인 법률가들을 중용함으로써 교회의 영향력을 축소시켰다. 한편 필리프 4세는 1295년 잉글랜드 국왕 에드워드 1세가 지배하고 있던 프랑스 남서부 포도주 생산 중심지와 플랑드르를 차지하기 위해 전쟁을 벌였다. 두 지역 모두 경제적으로 중요한 가치를 지녔지만, 프랑스 왕권이 영향력을 미치지 못하고 있었다. 두 나라의 국왕은 전쟁 비용을 마련하기 위해 면세 권한을 누리고 있던 사제들에게 비봉건적인 세금을 걷기 시작했다.[27] 보니파키우스는 1296년 〈재속 사제에게 명함 Clericis laicos〉이라는 교서에서 교황의 동의 없이 세속 군주가 사제에게 과세하는 것을 금지시킴으로써 군주들의 정책에 정면으로 대항했다. 필리프도 물러나지 않고 프랑스의 금은은 물론이고 식량과 무기 등이 로마로 흘러들어가는 것을 금지시켜 교황청에 재정적인 압박을 가했다. 게다가 콜로나 가문과 프란체스코 수도회 지도자들이 교황직 찬탈 주장에 가세함으로써 보니파키우스의 입지는 곤란해졌다. 교황은 위기를 모면하고자 비상시에 한하여 프랑스 국왕이 사제들에게 과세하는 것은 가능하다며 타협했다.

보니파키우스는 얼마 후 로마를 그리스도교 신앙의 구심점으로 삼아 교회 재정을 풍족하게 채우려는 목적으로 1300년을 희년으로 선포했다. 그는 교서에서 이 해에 성 베드로 성당을 방문해 죄를 참회하는 순례자에게는 완전한 사면을 베풀겠다고 약속했다. 연대기작가 조반니 빌라니에 따르면, 이 해 로마에 수십만 명의 순례자들이 방문해 늘 인파로 붐볐다.[28] 교황과 프랑스 왕 사이의 갈등은 이 무렵 새로운 국면에 접어들었다. 필리프는 친교황 세력으로 자신에게 맞서고 있던 남부 프랑스 파미에의 주교 베르나르 세세를 제거하기 위해 왕의 법정에서 그를 반역죄로 판결하고 교황에게 처벌 승인을 요청했다. 보니파키우스는 이를 교권에 대한 침해로 여겨 프랑스 왕에 대한 지지를 철회했고, 재차 성직자들에게 보조금과 세금 납부를 금지시켰다.[29] 국내의 결속과 지원이 필요했던 필리프는 1302년 성직자, 귀족, 도시민의 대표들로 구성된 '삼부회'라고 불린 신분제 의회를 최초로 소집했다. 삼부회에 모인 국왕의 신민들은 국왕에 대한 지지를 선언하고 불법을 저지른 보니파키우스를 교황직에서 끌어내려야 한다고 주장했다. 교황은 그에 맞서 교회와 국가의 관계를 다룬 교서 〈유일한 하나의 교회 Unam Sanctam〉를 발표하여 "세속 권력은 영적 권력에 종속된다", "최고의 판결권은 교황에게 있다", "누구든 구원을 얻으려면 반드시 로마 교황에게 복종해야 한다" 등을 천명했다.[30] 보니파키우스는 이 교서에서 앞선 세기에 교황들과 친교회적 지식인들이 제기했던 주장들을 근거로 교황의 보편적 지배권, 세속 권력에 대해 교황권의 우위를 재차 천명했다.[31]

교황은 교서를 발표할 무렵 이미 필리프를 파문시키기로 결심했다. 이를 미리 간파한 프랑스 왕은 믿을 만한 신하 노가레의 기욤을 로마로 파견하여 교황을 제압토록 지시했다. 기욤은 교황에게 이단행위를 비롯한 여러 범죄행위를 열거하고 해명을 위해 공의회에 출석하라는 소환장을 전달하려 했다. 그는 콜로나 가문의 지원을 받아 고향 아나니에 은거하고 있던 교황을 습격했다. 교황은 지역 귀족들의 도움으로 겨우 풀려나 로마로 돌아갔으나, 폭거의 충격을 이기지 못하고 얼마 후 사망했다. 결국 교회의 영광을 회복할 포부를 지닌 채 교황좌에 올랐던 보니파키우스 8세는 왕정국가들의 발전을 충분히 인지하지 못했을 뿐 아니라, 시대의 요구를 외면한 채 과거와 같은 방식으로 교황권의 강화만을 모색하다가 좌절하고 말았다. 그의 죽음과 더불어 교황권의 전성시대도 사실상 막을 내렸다. 교황은 무리하게 세속 권력과 충돌을 빚음으로써 위기를 자초했고, 그를 지지해 주던 신성로마제국의 쇠퇴로 세속적 기반마저 약화되었다.

아비뇽 유수

보니파키우스에 이어 교황에 오른 베네딕투스 11세(재위 1303-04)는 전임 교황을 추종하던 인물이었지만 필리프 4세와의 갈등이 지속되는 것을 부담스럽게 여겼다. 그는 직무상 아나니에서의 사건을 처리하지 않을 수는 없어 기욤만 처벌하고 사안을 매듭지으려 했다. 하지만 교황이 8개월 만에 사망하자 그마저도 중단되었다. 추기경단은 새로운 교황 선출을 위해 여러 차례 논의했지만 1년 가까이 합의에 이르지 못하다가 가까스로 보르도의 대주교 베르트랑 드 고(Bertrand de Goth)를 교황 클레멘스 5세(재위 1305-14)로 선출했다. 이탈리아 추기경들은 보르도 대주교가 잉글랜드 왕의 신하이기에 프랑스에 대항하는 연합전선을 형성하는 데 도움이 되리라 생각했다. 하지만 베르트랑은 기대와 달리 매우 정치적으로 처신했다. 그는 프랑스 왕을 비밀리에 만나 자신의 교황 선출을 지원해 주면 여러 대가를 제공하겠다고 약속했다.

클레멘스 5세는 교황으로 선출된 후 로마 가까이에는 가지 않으려는 태도를 보였다. 그는 추기경들을 리옹으로 소집해 그곳에서 제관을 썼고, 교황청을 프로방스 백작령 내부의 아비뇽으로 옮김으로써 스스로 필리프의 하수인으로 전락하는 길을 선택했다. 아비뇽은 앙주가의 지배를 받고 있었기에 실질적으로 프랑스 왕의 영향력 아래에 있었다. 클레멘스가 아비뇽 교황청 시대를 열기는 했지만, 그가 그곳에 머문 기간은 그리 길지 않았다. 그리고 그때까지만 해도 새로운 교황의 거처는 유동적이었다. 그의 후임자로 선출된 요한 22세(재위 1316-34)는 아비뇽의 주교를 역임했기에 주교궁을 비롯하여 그곳의 지정학적 장점을 잘 알고 있었다. 그는 경험을 살려 아비뇽 시대의 토대를 마련했다.

11-6 아비뇽 교황궁

인문주의자 페트라르카는 로마에서 아비뇽으로 이전한 교황청의 세속성과 부도덕성을 강하게 비난했다. 그는 교황들이 프랑스 왕의 포로가 되었다는 부정적인 관점에서 이 사건을 '아비뇽 유수'(幽囚)라고 부르기 시작했다.[32] 이는 본래 기원전 6세기에 예루살렘이 정복되고 이스라엘 백성들이 바빌로니아로 유배를 갔던 일을 비유한 용어였지만, 차츰 1309년에서 1376년 사이 교황청이 프랑스로 망명했던 기간을 나타내는 시대적 의미로 채택되었다. 아비뇽 교황청 시기에 프랑스의 교황권에 대한 영향력은 급격히 커졌다. 클레멘스 5세는 재임기간 중 새로 임명한 추기경들을 대부분 프랑스인들로 채웠는데, 이러한 관행은 후임 교황들에게도 이어져 추기경 중 프랑스인이 다수를 차지하게 되었다. 이들은 교황청이 로마로 돌아가는 것을 반대하는 중추 세력을 형성했다. 클레멘스가 프랑스 국왕에게 협력해 관철한 대표적인 사안이 성전기사단의 해체였다.[33] 이들 기사단원들은 마지막 십자군 거점 아크레 함락 후에도 새로운 십자군을 준비하며 동분서주했다. 그렇지만 별다른 성과가 없자 교황이 성전기사단에게 베풀고 있던 다양한 특혜와 그들이 소유하고 있던 방대한 영토 및 재산에 대해 비난이 거세졌다. 특히 필리프 4세는 직면하고 있던 재정위기를 해결하기 위해서 성전기사단원들의 신성모독 행위와 이단 혐의 등 수많은 죄목들을 구실로 그들의 소유를 가로챌 음모를 꾸몄다. 기사단의 해체는 오랜 사법적 절차를 거치며 정당성을 확보해 결정되었지만, 이는 프랑스 왕이 클레멘스 교황을

교묘히 이용해 사익을 취한 대표적인 사례였다.[34]

아비뇽 시기에 교황으로 재임한 7명의 교황은 모두 프랑스인이었다. 이들이 교황좌를 차지하던 시기에 교황의 보편적 권위는 크게 훼손되었다. 아비뇽 교황들은 호화로운 궁전과 성벽을 축조했고, 1348년에는 프로방스 백작으로부터 아비뇽 시 전체를 사들여 난공불락의 교황령 도시를 건설했다. 통상 아비뇽 시대를 교황권의 쇠퇴기이며 교회 분열의 전조로서 비판적으로 평가해 왔지만, 중앙집권적이며 근대적인 교회체제를 구축한 시기로 긍정하려는 입장도 있다.[35] 아비뇽 교황들은 이전 로마 교황들과 달리 세속 국가의 사안들에 관여하는 정치적 행보를 할 수 없었기에 사법, 문서, 특권, 재정 등을 담당하는 부서들을 특화시키는 등 탁월한 행정 수완을 발휘하여 교황청을 정교한 통치기구로 발전시켰다는 것이다.[36] 기존에 로마 교황들은 전문화된 행정을 추기경들에게 맡겼는데, 그 과정에서 일탈행위가 발생했고, 추기경들은 새로이 선출될 교황과 거래하며 자신들의 종교적 특권을 지키는 데 몰두하는 경향이 있었다. 한편 아비뇽 교황들은 로마 교황청으로 흘러 들어가는 수입을 포기할 수밖에 없었기에 새로운 수입원을 필요로 하게 되었다. 그 과정에서 신자들이 사망 후 연옥에 머무는 기간을 감해 주는 대사부(면벌부) 판매로 재정을 채우려 했고, 교황이 임명한 성직자들에게 할당된 세금 수입에도 집착했다.[37] 아비뇽은 프랑스 남부의 상업 및 금융 활동의 영향으로 백년전쟁 중에 전반적으로 궁핍했던 다른 지역들과는 대조적으로 물질적 풍요를 누렸다. 특히 우르바누스 5세(재위 1362-70)와 그레고리우스 11세(재위 1370-78) 시기에는 파리 궁정의 영향을 받아 아비뇽이 문화와 예술의 중심지로 발전했다.

아비뇽 시대에 교황청의 로마 귀환 요청은 지속적으로 제기되었다. 초기에 일부 교황은 로마로 돌아가는 것이 순리라고 생각했다. 요한 22세의 경우 실제로 이탈리아로 돌아갈 계획을 추진했으나, 추기경들의 반대로 실행에 이르지는 못했다. 그 후에도 교황들은 적절한 때가 되면 돌아가겠다고 말했으나, 시간이 흐르면서 아비뇽에 견고한 기반들이 구축됨으로써 귀환의 가능성은 점차 멀어지는 듯했다. 그렇지만 우르바누스 5세 시기에는 로마로의 귀환이 적극 추진되었다. 이탈리아에서의 르네상스 운동, 잉글랜드와 프랑스 사이의 전쟁 등의 상황도 이를 부추겼다. 우르바누스는 1367년에 일시적으로 로마로 복귀해 약 3년간 그곳에 체류했으나, 로마와 이탈리아 중부지방의 소요, 그리고 밀라노 군주의 적대감 등을 경험한 후 다시 아비뇽으로 돌아왔다. 그의 후임자 그레고리우스 11세 재위기간에도 이탈리아에서는 페트라르카와 성녀 카타리나 등이 교황의 귀환을 강력하게 요청했다. 이를 계속 무시할 경우 그곳에서 새로운 교황을 선출하고 교회 분열로 발전할 가능성도 있었기에 결국 교황은 1377년 1월 로마로 귀환했다.[38]

교회의 대분열

어렵게 로마로 복귀한 교황 그레고리우스 11세는 이듬해 사망했고, 로마는 다시 큰 혼란에 휩싸였다. 로마인들은 재차 프랑스인이 교황으로 선출되거나, 교황청이 다시 아비뇽으로 돌아갈 것을 두려워했다. 많은 로마인이 거리로 몰려나와 이탈리아인 교황 선출을 요구하면서 실력을 행사했다. 두려움을 느낀 추기경들은 결국 이탈리아인 바르톨로메오 프리냐노를 교황 우르바누스 6세(재위 1378-89)로 선출했다. 교황청 개혁에 나서겠다고 선언한 새 교황은 기존 추기경들을 탄핵하고, 이탈리아인 추기경을 늘려 프랑스인에 의한 추기경단 지배를 단시일 내에 종식시키려 했다. 이에 반발한 추기경들은 교황 선출이 외압에 의해 불법적으로 이루어졌으므로 무효라고 주장했다. 그들은 우르바누스를 탄핵하고, 프랑스인 클레멘스 7세(재위 1378-94)를 새로운 교황으로 선출했다. 이로써 추기경단은 둘로 나뉘어 대립했고, 클레멘스는 다시 아비뇽으로 돌아갔다. 결국 1378년부터는 합법적인 절차로 선출된 두 명의 교황과 두 곳의 교황청이 공존하는 시대가 시작되었다. 세속국가들은 정치적 이해관계에 따라 로마와 아비뇽 중 한 편의 교황을 선택했다. 북이탈리아, 독일, 잉글랜드 등은 로마 교황을 지지했고, 프랑스와 연합했던 남이탈리아, 에스파냐, 스코틀랜드는 아비뇽 교황을 지지했다. 약 40년간 이들 두 세력이 분열한 채 대립하는 새로운 국면이 전개되

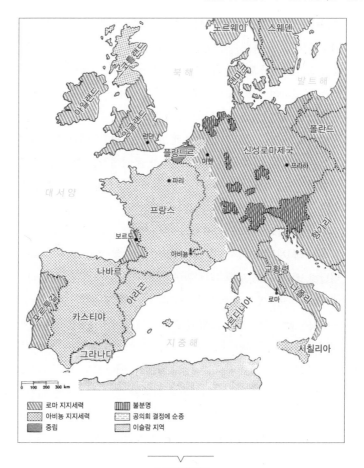

11-7 교회의 대분열

었는데, 이를 '교회의 대분열'(1378-1417)이라고 한다. 이 시기 아비뇽에 머물던 클레멘스 7세(재위 1378-94)부터 베네딕투스 13세(재위 1394-1423)까지의 교황을 제2차 아비뇽 교황이라고 칭한다. 통상 아비뇽 교황은 대분열 이전의 교황들만을 일컫지만, 이 제2차 아비뇽 교황들까지 포함시키기도 한다.

그리스도의 대리자이며, 하나님의 뜻을 헤아리는 능력을 지녔다고 주장하던 교황권이 둘로 분열되어 서로 자신이 진정한 교황이라고 주장했기 때문에 그리스도교 세계는 혼란을 피할 수 없었다. 교황들은 제각기 성

직을 임명했는데, 신도들은 그것이 과연 정당한 행위인지 확신할 수 없었
다. 분열을 끝내고 교회를 통합하기 위해 두 교황을 모두 물러나게 하고 새
로 선출하자는 의견이 있었으나, 교황들이 받아들이지 않았다. 공의회를 통
해 문제를 해결하려 해도 교회법에 따르면 공의회를 소집할 수 있는 권한
이 교황에게만 있었으므로 참된 교황을 가리기 전에는 회의도 소집할 수
없었다. 그렇지만 달리 방법이 없었기에 1408년 대다수 추기경들이 주도해
공의회가 열렸다. 공의회의 권위가 교황보다 우위에 있다는 공의회 우위설
은 파리 대학 총장 마르실리우스(1290?-1342)와 프란체스코회 수도사 오컴
(1287?-1347)에게서 발전했고, 이후 교회 내 궁극적 실권이 교회백성에게 있
다는 의미로 확대되었는데, 교황권의 분열이 장기화되자 더욱 힘을 얻었
다.[39] 1409년에 개최된 피사 공의회에서는 두 교황에게 교회 분열과 신앙
에서 이탈한 죄를 물어 모두 교황 권한을 빼앗아 폐위시킨 후 알렉산데르
5세(재위 1409-10)를 새 교황으로 선출했다. 하지만 두 교황이 그 결정을 불
법이라며 거부함으로써 결국 교황의 수만 셋으로 늘리는 결과를 초래했다.
피사 공의회는 실패했지만 교황주권론에 대항한 최초의 개혁공의회로 평
가된다.[40] 교회일치를 위한 움직임은 그 후로도 이어졌다. 특히 신성로마제
국 황제 카를 4세의 아들이자 헝가리와 독일의 왕위를 차지한 지기스문트
(헝가리 왕 1387-, 독일 왕 1410-, 황제 1433-37)가 이 국면에서 중요한 역할을 했
다. 그는 공의회를 열어 교회의 분열을 종식시켜야 한다는 입장이었다. 이
는 과거 로마 황제 콘스탄티누스가 교회의 보호자와 후견자를 자처하며 정
치적 개입을 정당화했던 사례와 대비된다. 그렇지만 이 시기 지기스문트의
지도력은 긍정적인 평가를 받고 있었다. 대학을 중심으로 활동하던 개혁세
력들도 교회의 근본적인 개혁을 촉구하고 있었다. 공의회파로 불리는 이들
개혁가들은 교회의 궁극적인 권위가 교황보다도 공의회에 있다고 믿고 있
었다. 더 이상 정치적 압력에 저항할 수 없던 피사 계열 교황 요한 23세(재위
1410-15)는 마지못해 1414년에 콘스탄츠에서 공의회를 소집했다.

콘스탄츠 공의회(1414-18)에는 유럽 각국의 주교 200여 명을 비롯하
여 수도원장과 신학자 등 전 기간을 아울러 약 2천 명이 참석했다. 중세 공

의회 중 가장 많은 인원의 참석은 이 회의에 대한 유럽 사회의 높은 관심을 보여준다. 참석자들은 어떻게 교회일치를 이루고 교회의 개혁이라는 과제를 성취할지 논의했다. 토론과 표결방식을 결정하기까지 다양한 논의가 있었다. 공의회 중에는 여러 고비들이 있었는데, 지기스문트는 그때마다 권한과 수완을 발휘하여 회의가 속개되는 데 기여했다. 1415년 4월 급진파들이 주도하여 교서 '헥 상타'(Hec Sancta)를 선포했다. 그 내용에는 공의회가 교회의 최고 권위이며, 교황권을 제한할 수 있다는 주장이 담겨 있었다. 공의회는 이를 토대로 분열을 종식시키기 위한 협의를 이어갈 수 있었다.[41] 결국 콘스탄츠 공의회에서는 진통 끝에 세 명의 교황을 모두 폐위시킨 후, 1417년 오도네 콜론나 추기경을 교황 마르티누스 5세(재위 1417-1431)로 선출하여 교황청을 다시 하나로 통합했다.

개혁적 공의회주의자들이 주도한 콘스탄츠 공의회에서 잉글랜드의 신학자 존 위클리프와 보헤미아의 개혁자 얀 후스는 이단으로 단죄되었다. 위클리프는 '예정된 자들의 교회'라는 영성주의적 교회론을 주장하고 7성사를 배척한 것이 유죄의 근본 이유였다. 그의 영향으로 보헤미아에서 개혁운동을 전개했던 후스도 이단 혐의로 콘스탄츠에 소환되었는데, 관련 위원회에서 심리를 받았다. 후스는 위클리프와 자신의 신학에 대해 해명할 기회를 얻었지만, 위클리프의 이단적 주장을 배척하고 자신의 입장을 철회하라는 요구를 모두 거부했다. 그는 그 대가로 1415년 7월 6일 산 채로 화형을 당했다. 보헤미아 귀족들과 민중들은 이 조치에 대해 거세게 항의했고, 이는 추후 후스파의 개혁운동으로 발전했다.[42] 얼핏 보아 두 개혁가의 처형은 개혁공의회의 성격과 충돌하는 듯이 보인다. 하지만 교회 통합이라는 콘스탄츠 공의회의 과제에는 이단을 척결하는 목표가 포함되어 있었다. 가톨릭 교회의 지도자들은 가시적인 교회의 권위를 부정하는 자들을 용납한 채 교회의 일치를 이룰 수 없다고 판단했던 것이다.

맺음말

국왕의 신성성은 미약한 왕권이 정통성을 주장하는 근거로 도입되었다. 본래 클로비스의 세례에는 없던 도유 의식은 후대 카롤링 시대의 기록에 삽입되어 새로운 전통으로 자리 잡게 되었다. 국왕들은 신성성을 과시하고 증명하는 기회도 필요했는데, 프랑스와 잉글랜드의 경우에는 대관식에서 병자를 고치는 기적을 베푸는 의식으로 정착되었다. 이러한 전통은 중세는 물론 근대까지 이어져 왕권신수설이라는 이데올로기로 발전했다. 중세에는 국왕들이 신성성을 주장할지라도 교황이 확립한 종교적 권위를 뛰어넘을 수는 없었다. 더구나 교황들은 콘스탄티누스 기진장과 교황군주론을 내세우며 세속보다 우월한 통치권을 주장하고 있었다. 유럽 국가들이 중앙집권적인 통치체제를 완성시키기 위해서는 보편적인 지배권을 주장하는 교황의 영향력을 왕국에서 밀어내야만 했다.

프랑스 왕 필리프 4세와 교황 보니파키우스 8세 사이의 격돌은 이런 시대적 변화를 보여주는 사례였다. 보니파키우스는 그레고리우스 7세와 인노켄티우스 3세로 이어지는 교황권의 영광을 재현하기를 희망했다. 필리프가 프랑스의 재정문제를 타개하기 위해 성직자 과세를 관철하려고 하자 보니파키우스는 강하게 반발했다. 이는 이전 인노켄티우스가 취했던 조치들과 비교할 때 전혀 이례적이지 않다. 문제는 그 사이에 세상이 달라졌다는 점이다. 세속의 통치자들은 이제 성직자들이 왕국을 위해 봉사하고, 국가의 재정도 왕국 밖으로 유출해서는 안 된다는 태도를 분명히 했다. 인민의 지지를 결집시키고, 교황을 견제하는 왕국의 새로운 통치수단으로 각국에서 대의제도도 모습을 드러냈다. 보니파키우스는 세속의 문제에 대해서 군주들과 왕국들 위에 군림하는 듯 행세했으나, 예전처럼 통용되지 않았고, 더 이상 의존할 만한 세속 세력도 없었다. 그 이후 교황들은 여전히 거대한 교회 조직을 운영했으나, 그 영적 권위는 이전과 비교할 수 없을 정도로 추락했다.

아비뇽 유수는 중세 라틴 교회가 지니고 있던 또 다른 단면을 적나라하게 노출시켰다. 교회의 구조가 교황 중심으로 조직화되었고, 종교적 통제가 위로부터 아래로 일방향적으로 부가되었기 때문에 교황권의 갈등과 분열은 교회의 전면적인 위기로 귀결되었다. 라틴 교회에는 교황을 대체할 만한 권위나 제도가 부재했기에 분열을 수습하는 일도 어려울 수밖에 없었다. 겨우 공의회를 통해 대분열을 수습했으나, 그 후에도 교황제도가 갖고 있던 취약점은 개선되지 않았다. 결국 아비뇽 교황 시대와 대분열을 거치며 교황이 그리스도교 세계에서 누리고 있던 종교적 권위와 존경은 크게 빛을 잃었다. 비판적인 지식인들과 개혁가들이 이러한 행태를 비판하거나 교회로부터 이탈하는 경향을 보인 것은 하등 이상한 일이 아니었다.

주

1 —— 김현자, "고대 중국의 신성 왕권, 그 신화와 의례 및 상징물들", 《역사민속학》 23(2006), 244-245쪽.

2 —— 비잔티움 제국에서도 12세기 말 이후 도유식을 거행한 일부 사례들이 존재하는데, 이 것은 서유럽으로부터 영향을 받은 것이다. 마르크 블로크, 《기적을 행하는 왕》, 박용진 역(한길사, 2015), 525-530쪽.

3 —— *Gregorii episcopi Turonensis. Libri Historiarum*, ed. Bruno Krusch and Wilhelm Levison, MGH SRM I 1,(Hannover 1951), II. 30-31.

4 —— Hincmar, "Vita Remigius episcopi Remensis auctore Hincmaro", B. Krisch ed., *MGH, Scriptorum rerum Merovingicarum*, t. III(Hannover, 1896), pp. 239-349.

5 —— 이 주제에 대해서는 다음 논문에서 비교적 상세하게 다루고 있다. 홍용진, 「496년(?) 12 월 25일, 클로비스의 세례와 개종」, 《프랑스사 연구》 35(2016.08.), 135-168쪽.

6 —— 블로크, 《기적을 행하는 왕》, 87-90쪽.

7 —— 블로크, 《기적을 행하는 왕》, 71-81쪽.

8 —— *Histor. de France, X, 115a, P. L.*, t.141. col. 931. 블로크, 《기적을 행하는 왕》, 50쪽에 서 재인용.

9 —— James G. Frazer, *The Golden Bough*, vol. I(1890), p. 371. 블로크, 《기적을 행하는 왕》, 69쪽에서 재인용.

10 —— 성 마르쿨의 전설과 신화에 대해서는 블로크, 《기적을 행하는 왕》, 294-346쪽 참조.

11 —— 블로크, 《기적을 행하는 왕》, 59-66, 413-422쪽.

12 —— Suger, *Scriptum consecrationis ecclesiae Sancti Dionysii*, XV. ed. Françoise Gasparri, *Suger: Oeuvres*, vol. I(2 vols., Paris, 1996-2001).

13 —— Friedrich Prinz, *Grundlagen und Anfänge. Deutschland bis 1056*, 2nd ed. (München, 1993), pp. 126-128.

14 —— *Widukindi Monachi Corbeiensis Rerum Gestarum Saxonicarum Libri Tres*, ed. by P. Hirsch & H.-E. Lohmann(Hannover, 1935), L. 2, I-II.

15 —— M. Brandt & A. Eggebrecht eds., *Bernward von Hildesheim und das Zeitalter der Ottonen*, vol. 2(Hildesheim & Mainz, 1993), pp. 86-87.

16 —— Schulze, *Hegemoniales Kausertum. Ottonen und Salier*, pp. 264-295.

17 —— 이에 대한 구상이 〈국왕의 두 신체론〉이다. Ernst H. Kantorowicz, *Die zwei Körper des Königs: Eine Studies zur politischen Theologie des Mittelalters*(München, 1990), pp. 106-204.

18 —— 카르팡티에 외, 《프랑스인의 역사》, 주명철 역(소나무, 1991), 118-152쪽 참조.

19 —— 박지향, 《영국사. 보수와 개혁의 드라마》(까치, 개정판 2007), 238-253쪽.

20—— 존 킬링엄·대니 댄지거, 《1215 마그나카르타의 해》, 황정하 역(생각과나무, 2005), 339-393쪽.

21—— C. Hilary Jenkinson, "The First Parliament of Edward I", *The English Historical Review* 25, no. 98(Apr., 1910), pp. 231-242.

22—— 나종일·송규범, 《영국의 역사》 상권(한울, 2005), 146-151쪽.

23—— Michail A. Boycov, "Der Kern der Goldenen Bulle", *Deutsches Archiv für Erforschung des Mittelalters* 69(2013), pp. 581-614. / 기쿠치 요시오, 《결코 사라지지 않는 로마, 신성로마제국》, 이경덕 역(다른세상, 2010), 160-167쪽.

24—— Hartmut Boockmann, *Stauferzeit und spätes Mittelalter: Deutschland 1125-1517*(Berlin, 1998), pp. 152-158.

25—— M. Mildred Curley, "An Episode in the Conflict between Boniface VIII and Philip the Fair", *The Catholic Historical Review* 13, no.2(1927), pp. 197-198.

26—— Heer, *Das Heilige Römische Reich*. p. 124.

27—— 당시 교황이 교회와 성직자에게 부과했던 세금에 대해서는 장준철, 《서양 중세의 교황권》, 380-381쪽 참조.

28—— 필립 샤프, 《보니파키우스 8세부터 루터까지》(교회사전집 6권), 이길상 역(크리스챤다이제스트, 2004), 24-26쪽.

29—— 당시의 상황에 대해서는 장준철, 《서양 중세의 교황권》, 386-391쪽 참조.

30—— 이 교서에 대한 내용분석은 장준철, 《서양 중세의 교황권》, 398-409쪽 참조.

31—— Walter Ullmann, "Boniface VIII and his contemporary scholarship", *The Journal of Theological Studies*, 27, no.1(April 1976), pp. 58-87.

32—— Francesco Petrarca, "Liber sine nomine", ed. by R. Coogan, *Babylon on the Rhone*(Washington, 1983), pp. 11-22.

33—— Ullmann, *A short history of the papacy*, pp. 280-282.

34—— 성전기사단의 해체는 당대의 복잡한 사정과 관련이 있으며, 여전히 진실에 대해서는 논란이 끊이지 않고 있다. 제임스 와서먼, 《성전기사단과 아사신단》, 서미석 역(정신세계사, 2006), 309-349쪽 참조.

35—— 국내에서는 이영재 박사가 아비뇽 교황을 긍정하는 입장을 대변한다. 이영재, 《유럽 중세교회의 향연 2—근대를 품은 중세교회》(혜안, 2021), 129-135쪽.

36—— 이영재, 《유럽 중세교회의 향연 2》, 150-157쪽.

37—— 아비뇽 교황들의 재정정책에 대해서는 샤프, 《보니파키우스 8세부터 루터까지》, 83-94쪽 참조.

38—— 안나 마리아 보치, 「아비뇽의 교황청」, 에코 편, 《중세》, III권, 61-62쪽.

39 —— 중세 정치사상과 공의회주의에 대한 상세한 설명은 J. 모랄·W. 울만,《중세 유럽의 정치사상》, 박은구·이희만 역(혜안, 2016), 412-448쪽 참조.

40 —— 샤프,《보니파키우스 8세부터 루터까지》, 131-137쪽.

41 —— 샤츠,《보편공의회사》, 168-176쪽. 후에 교서 '헥 상타'의 효력에 대해서는 논란이 제기되었고, 결국 제한적 의미만을 부여했다.

42 —— 샤츠,《보편공의회사》, 177-179쪽. / 스티븐 오즈맹,《종교개혁의 시대, 1250-1550》, 이희만 역(한울, 2020), 235-245쪽.

기후 위기와
대전환

_____

12

기후 위기와 흑사병[1]

기후변화와 페스트균의 확산

유럽의 성장이 이어지던 13세기 후반, 오랜 기간 지속되던 대기 순환 패턴이 급격히 변화하면서 중세 온난기의 안정적인 기후상황에 기반한 유럽의 호황기도 끝이 났다. 이는 1280년경 태양의 흑점 활동이 급감하기 시작한 볼프 태양 극소기(Wolf Solar Minimum)[2]와도 관련이 있는데, 일부 연구자는 1257-1258년의 인도네시아 사말라스 화산 폭발을 기후변화의 계기로 지적하기도 한다.[3] 기후변화에 영향을 주는 요소는 지구 궤도 변화의 강제력, 흑점 주기와 관련된 태양 복사량, 화산 폭발, 이산화탄소 농도의 변화, 대기-해양 상호작용 등 다양하다. 이러한 기후 인자들이 복합적으로 작동해 대기현상을 결정한다. 이 시기에 발생한 기후변화는 곧 소빙하기의 시작을 의미한다.[4] 빙핵, 나이테, 산호, 호수와 바다의 침전물 등 다양한 자연의 흔적들을 측정하고 통계화한 결과에 따르면 소빙하기에 연평균기온은 0.5도에서 최대 1도 정도 하강했다. 소빙하기 동안에도 정상적인 기후를 보이는 해가 적지 않았으나, 유럽에 있어서 주목할 변화는 기상의 불안정성이 지속되면서 겨울은 춥고, 여름은 강우가 많은 해가 대세를 이루었으며, 극단적인 기상이변도 빈번했다는 점이다. 이로 인해 곡물이 생장할 시간이 충분하지 않아 여러 지역에서 기근이 빈발했고, 1315-1317년 사이에는 유럽 전역에 대기근이 발생했다.[5]

대기 순환 패턴의 변화는 1270년대에 시작되었는데, 지구의 기후는 멀리 떨어진 지역과도 서로 관련을 맺고 있기에 거의 모든 지역에서 변화가 동반되었다. 아메리카 서부는 강수량이 증가했으며, 남아시아의 몬순은 약해졌다. 14세기에 접어들어 약해지던 북대서양 진동의 영향으로 북대서양을 지나는 편서풍의 궤적이 이전에 비해 아래쪽으로 변경되면서 남유럽과 북아프리카의 수분을 이전보다 위도가 낮은 중앙아시아 초원지역으로 전달했다. 이는 그 지역의 식물 생장과 생태계에 의미 있는 결과를 초래했다.[6]

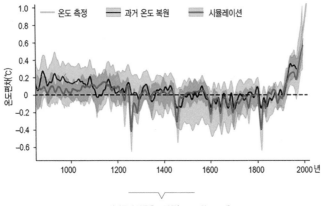

12-1 전지구의 평균온도 변화(IPCC 6차 보고서)

대부분의 미생물학자들이 페스트균의 근원지라고 추정하는 중국 서부의 티베트 고원 서쪽과 중앙아시아 초원지역에 수분 공급이 증가함으로써 비롯된 생태환경의 변화는 예기치 않은 감염병의 출현으로 이어졌다.

페스트균이 옮기는 흑사병은 숙주는 물론 벼룩과 같은 매개생물을 필요로 한다. 이 역병을 인간에게 감염시키는 데 동원되는 여러 매개생물들은 광범위한 지리적 규모에 걸쳐 진행된 기후변화로부터 영향을 받았으며, 변화된 생태적 환경에 민감하게 반응했다. 기후와 감염병의 상호작용은 매우 복잡한 문제인데, 페스트균의 경우 구체적인 생태적 발전과정이 아직 충분히 규명되지 않았다. 하지만 온화하고 습한 날씨가 페스트균의 번식과 활동을 촉진한다는 사실은 확인되었다.[7] 대체적으로 중앙아시아 초원지역의 생태환경의 변화로 흑사병이 풍토병에서 유행병으로 도약하는 기회를 잡을 수 있었다고 추론된다. 페스트균은 그 지역에서 땅을 파고 군집 생활을 하던 야생 설치류, 특히 게르빌루스 쥐에 서식하고 있었다. 그런데 그지역에 수분 공급이 다소 늘어나 식물이 풍부해졌고, 온화하고 축축한 날씨가 지속되자 야생 설치류와 매개생물의 재생산이 활발해지면서 개체수가 크게 증가했다.[8] 그렇지만 상당한 기간이 지난 후 그 지역이 다시 건조해져 기근이 심해지면서 설치류의 생존조건이 악화되자 기존 서식지는 해체되었고, 그에 기생하던 벼룩이 인간과 공생하는 새로운 설치류로 옮겨가도록 강요되었다. 기후 및 생태 조건의 변화가 거듭되면서 페스트균이 인간에게 옮겨갈 수 있는 가능성을 높였다.[9] 1320년대 말부터 평균기온이 회복되었고, 1340년대에는 볼프 극소기까지 끝나 기온이 다시 오르기 시작한 것이 페스트균의 확산에 기여했으리라 추측된다.[10] 이 병원균은 1310년에서 1340년 사이에 중앙아시아 초원에서 차츰 독성이 강한 감염병으로 변이를 일으켰으며, 대상들의 이동 경로와 몽골군의 네트워크를 따라 유라시아 대륙의 여러 지역으로 광범위하게 전파되었다.[11] 서쪽 방면으로 이동한 페스트균은 1346년 흑해 지역의 카파에 다다랐고, 선박을 통해 콘스탄티노폴리스 주변 및 지중해 지역에 광범위하게 확산되면서 결국 중세의 종말을 재촉했다.

대기근

소빙하기가 본격화되면서 유럽, 특히 중북부 유럽에는 1290년대 이래 많은 양의 여름 강수가 내렸고 홍수도 드물지 않았다. 반면 스칸디나비아와 알프스 지역에는 겨울에 기온이 낮아지면서 빙하가 점차 전진하여 산사태와 낙석이 마을을 덮치는 상황까지 발생했다. 아이슬란드와 그린란드에서는 빙산 때문에 항로가 위험해졌고 피요르드 해안의 결빙으로 사람들은 정착지를 떠나야만 했다.[12] 유럽 사회에서는 수십 년에 걸친 기온저하로 경작 가능지역이 지속적으로 축소되었고, 앞선 시기에 개간한 농지들에서는 토양 침식이 대대적으로 발생했다. 대부분의 지역에서 이미 한계지까지 개간이 이루어졌기에 더 이상 농지를 확대할 수도 없었다. 결국 제한된 토지를 보다 집약적으로 이용하는 방법을 모색해야만 했고, 필요한 경우 목초지도 경작지로 전환했다. 기후변화가 초래한 경작 조건의 악화는 압도적으로 농업에 의존하고 있던 유럽 사회에 커다란 타격을 주었다.

유럽 전역에서 강수량이 증가하자 평년 이하의 수확을 얻는 해가 빈번해졌다. 1297년에는 전 유럽적으로 흉년이 들었으며, 기근으로 인한 사망률이 약 5퍼센트에 이르렀다. 악천후와 기근은 14세기 초에도 계속되었으며, 1315-1317년 사이에는 유럽 역사상 최악의 기근이 발생했다. 저지대,

이탈리아, 라인란트, 남부 독일, 잉글랜드, 스코틀랜드, 스칸디나비아, 발트
해 연안과 러시아 등 유럽에서 기근 피해를 입지 않은 지역을 찾기 어려울
정도였다.[13] 풍요로운 토스카나 지역에서도 토양 침식이 심각했고, 피렌체
는 대규모 홍수까지 겪었다. 잉글랜드의 경우 1322년까지 지속된 대기근
시기에 밀 수확이 30-40퍼센트 감소하여 곡물가가 서너 배 폭등했고, 생
존 위기에 내몰린 사람들이 식인까지 했다는 이야기가 전한다.[14] 식량을 수
입에 의존하던 플랑드르의 상황은 다른 지역보다도 더 심각했다. 유럽 전역
의 경제 침체로 직물 수요가 줄어든 반면, 식량 가격은 감당이 어려울 정도
로 올라 도시 노동자들의 고통이 배가되었다. 노동자들이 축적된 사회적 분
노와 불만을 억누를 수 없어 봉기를 일으켰지만, 무위로 끝이 났다.[15] 이 시
기에 잉글랜드와 플랑드르에서는 지역 및 도시별로 10퍼센트에서 15퍼센
트 정도 인구가 감소했다. 기근은 구조적 성격을 띠었을 뿐 아니라, 다른 재
난과도 결합하여 극복에 상당한 시간이 소요되었다.

소빙하기의 환경조건은 생태계에 극심한 스트레스를 주었다. 13세기
말에서 14세기 초 사이 소와 양을 비롯한 가축들은 혹독한 추위와 습한 환
경이 지속되고 마른 건초마저 부족해지자 광범위하게 유행한 동물 감염병
으로 희생되었다.[16] 이 시기에는 병명을 알 수 없는 질병으로 목숨을 잃는
사람들도 적지 않았다. 유럽 전역에서 발병한 동물 감염병, 특히 우역(牛疫)
은 농촌 상황을 극단적으로 악화시켰다. 농사에 이용할 소들이 크게 줄어
들자 노동생산성은 떨어졌고, 주민들의 단백질 공급에도 영향을 미쳤다.[17]
잉글랜드에서는 1315-1316년과 1324-1325년 사이에 양에게 유행하는 감
염병까지 발생해 치명적인 피해를 입었다. 그 결과 양모 수출은 이전의 3분
의 1 수준으로 격감했으며 10년이 지나도록 회복되지 않았다. 이는 질이 좋
은 잉글랜드 양모 공급에 크게 의존하던 플랑드르의 모직물 산업에도 즉각
적으로 영향을 미쳤다.[18]

세계교역 네트워크의 예기치 못한 산물

13세기에 몽골제국(후에 원나라, 1206-1368)이 짧은 기간 동안 엄청난

규모의 대제국으로 발전한 결과 유럽과 중국은 직접 접촉할 수 있게 되었다. 두 세계를 이어주는 교역로가 활성화됨으로써 초래된 의도하지 않은 산물이 흑사병의 창궐이었다. 14세기 초 기후변화로 인해 상대적으로 고립되어 있던 중앙아시아 초원지역의 풍토병은 급성 감염병으로 발전했으며, 이 흑사병은 대상(隊商)과 몽골군의 이동경로를 따라 유라시아 대륙 전역에 널리 확산되었다. 아직 병인학적으로는 충분히 해명되지 않았으나, 1330년대에 중국 내륙지역으로 전파되어 하북 지방으로부터 산서, 하북, 강서, 호북, 광동, 광서 등 광범위한 범위에 걸쳐 퍼졌고, 전례 없는 치사율을 보인 감염병으로 발전한 것으로 추측되고 있다. 몽골 제국의 팽창으로 장거리 이동이 빈번해지면서 페스트균은 대륙 전역으로 확산될 호기를 맞았던 것이다.[19]

이 무렵 이탈리아 도시들이 지중해에서 호황을 누린 것은 동서 교역을 중계하는 역할 덕분이었다. 베네치아는 제4차 십자군 이후 레반트와 흑해 지역 등 지중해 동부와 이집트의 교역에서 큰 특혜를 누리며 교역의 주도권을 차지했다. 반면 제노바는 북아프리카와 북서 유럽에서 베네치아보다 우위를 보였다. 몽골 평화시대에 동서를 연결하는 세 갈래 교역노선은 콘스탄티노폴리스에서 흑해를 경유해 중앙아시아 대륙을 관통하는 북방 노선, 레반트지역에서 바그다드를 경유해 페르시아만과 인도양으로 연결되는 중앙 노선, 그리고 알렉산드리아-카이로와 홍해를 지나 아라비아해로 이어지는 남방 노선이었다. 점차 그물망처럼 진화하고 있던 이들 교역로를 통해 세계 경제는 그 이전 어느 시기보다 긴밀히 결속되고 있었다.[20]

1261년 비잔티움 제국 내에 세워졌던 라틴 제국의 멸망은 베네치아의 교역 독점체제에 균열을 일으켰다. 제노바 상인들은 비잔티움 제국의 재건을 도운 보상으로 페라와 카파를 중심으로 북방 노선을 통해 동방과의 내륙 교역에서 큰 이익을 확보하게 되었다. 반면 베네치아인들은 북방 노선에서 밀려나자 남방 노선을 독점하기 위해 이집트의 맘루크에 공을 들였다. 하지만 맘루크가 향신료 교역에 대한 통제를 차츰 강화하면서 두 세력 사이에 갈등이 고조되었다. 일 칸국의 바그다드 파괴에 이어 맘루크가 1291년

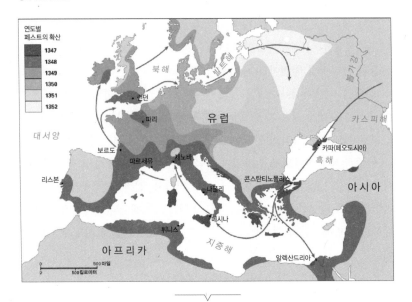

**연도별
페스트의 확산**

- 1347
- 1348
- 1349
- 1350
- 1351
- 1352

북해

발트해

볼가강

런던

파리

유럽

카스피해

대서양

보르도

마르세유

제노바

카파(페오도시아)

흑해

리스본

나폴리

콘스탄티노폴리스

아시아

튀니스

메시나

지중해

아프리카

알렉산드리아

500마일

500킬로미터

12-2 흑사병 제1차 유행의 확산과 전파경로

십자군 최후의 거점 아크레를 장악함으로써 중앙 노선이 사실상 막히게 되
자 제노바 상인들은 북방 노선에 더욱 집중하였다. 이슬람화된 몽골 칸국
들이 레반트와 중동을 지배하게 되면서 남방 노선에 의존하게 된 베네치아
상인들은 더 이상 이전과 같은 번영을 구가할 수 없었다.

　그럼에도 불구하고 13세기 말과 14세기 전반에 걸쳐 베네치아와 제
노바로 대표되는 이탈리아 도시국가들은 여전히 세계교역의 네트워크를 이
어주는 역할을 수행했다. 이 세계 교역 체제에는 이탈리아인 외에 무슬림과
슬라브인 등 다양한 사람들이 참여했고, 그만큼 다양한 지역과 도시들을
경유하며 많은 상품들이 오고갔다.[21] 이탈리아 해양도시들은 기동성과 안
정성이 개선된 대형 선박들을 동원해 주요 항로를 정기적으로 운행하면서
동서 교역로의 서쪽 끝에서 상품을 유럽 전역에 공급했다.[22] 그런데 1347년
예기치 못한 최악의 감염병이 발달한 교역로를 따라 유럽과 구대륙 전역으
로 급속히 확산되는 상황이 벌어졌다.

　페스트균의 이동에는 동서 교역로 중 중앙아시아로 이어지는 북방

노선이 결정적으로 기여했으며, 통상 1346-1347년경 흑사병이 카파로부터 콘스탄티노폴리스를 거쳐 지중해 지역에서 폭발적으로 창궐한 것으로 알려져 있다. 하지만 최근 유럽 내 페스트균의 항구적인 저장소 역할을 한 지역이 없었음이 확인되면서, 이 역병은 최초의 발병 이후로도 중앙아시아에서 육로와 해로가 교차되는 중앙 노선과 홍해를 지나 수로로 이어지는 남방 노선을 거쳐 지속적으로 유럽으로 이동해 갔으리라는 새로운 주장이 주목을 받고 있다.[23] 이에 따르면 페스트균은 아시아에서 유럽으로 주기적으로 유입되었으며, 지중해 주요 항구에 입항한 선박들이 페스트균의 매개 생물인 감염된 쥐와 벼룩을 지속적으로 서쪽으로 공급했으리라 추정된다. 아무튼 교역 네트워크를 통해 제국주의적 팽창을 도모하던 제노바와 베네치아는 이 역병의 유입으로 첫 발병 후 불과 2년 내에 도시 인구의 약 60퍼센트를 상실하는 치명적인 대가를 치렀고,[24] 동서 교역로를 통해 이동한 페스트균은 얼마 후 유럽과 몽골 두 문명에게 모두 치명적인 타격을 가함으로써 동서 교역로마저 단절시키는 결과를 초래했다.[25]

대규모 희생과 흑사병의 질곡

유럽에서 이 역병이 가장 먼저 발병한 지역은 시칠리아의 메시나 항구로 1347년 늦가을 때였다. 교류가 활발한 중요한 무역항이었기에 이곳으로부터 주변 항구 및 해안지대를 거쳐 빠른 속도로 이탈리아 중북부로 확산되었고, 다른 경로로는 프랑스 남부 마르세유로부터 교황청이 위치한 아비뇽을 비롯한 프랑스 전역, 에스파냐, 잉글랜드 지역에 이르기까지 흑사병이 단기간에 전파되었다. 이때부터 1353년까지 걸친 제1차 유행 때 이 역병은 소아시아, 중동, 북아프리카, 그리고 유럽 대부분 지역을 유린했다. 흑사병이 거쳐 간 지역들에서는 어디에서나 최소 30퍼센트에서 50퍼센트의 희생자를 발생시켰다.[26] 유럽 내륙지역과 북유럽, 그리고 동유럽까지 치명적인 피해를 입었다. 한편 이유는 불분명하지만, 중부 독일과 폴란드, 보헤미아 등 흑사병의 피해가 미미했던 일부 지역도 존재했다. 흑사병 확산의 가장 중요한 결과는 짧은 기간에 초래된 대대적 인구 감소이다. 당대인도 이 역

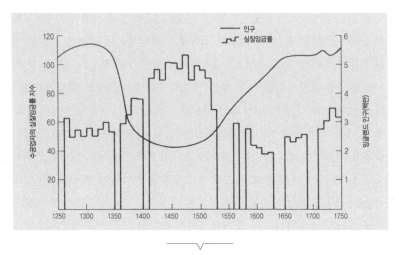

12-3 잉글랜드의 인구와 임금 변화

병의 파괴력에 큰 충격을 받았기에 흑사병은 중세의 질병 가운데 유일한 통계적 관찰의 대상이 되었고, 다양한 통계자료를 남겼다. 교황 클레멘스 6세가 희생자를 조사하라고 지시해 전 세계에서 흑사병으로 4,283만 6,486명이 사망한 것으로 집계되었다. 흑사병 직전 약 7,500만에서 8,000만 명으로 추정되던 유럽 인구는 제1차 유행 직후 5천만 명 이하로 떨어져서 전체적으로 40퍼센트 이상의 사망률을 기록한 것으로 추정된다.[27]

인구변화에서 중요한 부분은 흑사병이 일회적 사건으로 끝난 것이 아니라, 18세기까지 유럽에서 반복되었다는 사실이다. 흑사병은 1360-1363년, 1369년, 1374-1375년, 1382-1383년 등에도 광범위한 지역에서 거듭 발병하면서 인구 회복의 여력마저 앗아갔다.[28] 그 결과 유럽 인구는 1460년대까지 계속 하강곡선을 그렸으며, 최저점에 이르렀을 때에는 1300년경 인구의 절반에도 미치지 못했다.[29] 1665-1666년 사이 런던에서 발병한 흑사병으로 도시민의 15퍼센트인 8-10만 명이 희생되었던 사실에서 알 수 있듯이 15, 16세기에 들어서도 이 역병은 종식되지 않고 불시에 출몰했다. 대부분의 지역에서 이 병은 통상 10개월 정도 지속되다가 사라졌다. 피렌체는 15세기 말까지 총 13회 발병했고, 베네치아는 1348년 이래 300년간 20회

이상 발생했다. 베네치아의 경우 1575-1576년과 1630-1631년 흑사병은 당시 인구의 3분의 1을 사망에 이르게 했다. 이 생물학적 재앙은 수세기 동안 유럽 지역을 떠나지 않고 지역별 국지적으로 출몰하면서 인구 회복을 지속적으로 억제했다. 한 통계에 따르면 흑사병은 유럽 지역에서 1347년에서 1900년까지 6,929회, 1760년까지만 계산하면 6,764회 발병했다.[30] 18세기 중엽까지 매년 16.3개 도시(혹은 지역)에서 계속 발병한 셈이다. 근대까지 페스트 팬데믹으로 사망한 사람은 총 1억 명 정도에 이르는 것으로 추산된다. 18세기 초가 되어서야 1300년경의 인구를 회복하는 것이 가능했을 정도로 흑사병은 장기적인 영향을 미쳤다. 흑사병은 14세기 중엽과 30년전쟁기에 집중되었지만, 그 사이 기간에도 발병 빈도가 매우 잦았다. 이처럼 감염병의 빈번한 발병으로 인한 인구 충격과 위기상황은 중세 말과 근대 초에 걸쳐 유럽사의 전개에 구조적 특징을 형성했으며, 유럽 사회는 인구의 격감과 노동력 부족이라는 굴레에서 오랜 기간 헤어나올 수 없었다. 물론 그 피해가 유럽에만 국한되지도 않았다. 흑해 지역, 중동 지역. 이슬람 지역 등에서도 1840년대까지 유행하여 인구감소의 중요한 요인으로 작용했다. 이 팬데믹에 대한 대응 양상에 따라 15세기 이후 유럽, 중동, 그리고 아시아의 운명이 갈리었다.

 ## 근대로의 이행인가, 대전환인가?

죽음의 승리

당대인은 사상 최악의 감염병이 빠른 속도로 확산되어 큰 인명 피해를 입히는 것을 보며 일대 혼란을 경험했다. 대부분의 사람들은 요한계시록에서 예고한 종말을 연상했고, 실제 종말에 대한 징조들을 목격했다는 사람들도 적지 않았다.[31] 많은 사람들은 충격으로 일상을 지속할 수 없었고, 심지어 일부 사제들도 교회와 신도들을 버리고 도주했다. 이 역병의 전개과정과 사회의 반응을 가까이에서 목격한 인문주의자 조반니 보카치오

12-4 죽음의 승리(15세기 중반 프레스코, 익명의 화가)

(1313-1375)는 그의 책《데카메론》서두에 당시 피렌체의 상황을 사실적으로 묘사했다. 도시민 중에는 인적이 드문 곳으로 멀리 도피하여 역병의 영향력에서 벗어나려는 자들이 있었고, 그와 달리 실컷 마시고 향락을 즐기면서 온갖 욕망을 추구하려는 자들도 있었다. 그렇지만 대다수는 참회하고 절제 있는 생활을 하면서 재앙이 지나가기만을 기원하며 기다렸다.[32] 당대인도 이 역병의 전염성은 인지했지만, 정확한 전염 방식을 알 수 없었기에 효과적인 대응책을 마련할 수 없었다. 사람들은 다른 지역으로부터 들려오는 무시무시한 피해소식으로 인해 대부분 공포에 휩싸였다. 도시 당국이나 제후는 전염된 지역으로부터 이동해 오는 사람들이나 물품을 통제하며 역병의 전파를 막아보려 안간힘을 썼으나 효과는 미미했다. 결국 많은 사람들은 도주가 최선의 방편이라고 생각했으나, 호구지책이 막연하거나 부양할 가족들로 인해 떠날 형편이 되지 않는 자들이 대부분이었기에 운명에 맡길 수밖에 없었다.

성직자나 일반인을 가리지 않고 당대인은 대체로 이 역병의 원인은 인간의 죄에 대한 하나님의 보응이라 생각했다. 그렇지만 하나님이 세상을 멸망시키지는 않고 훈계하여 죄에서 돌이키려는 의도를 갖고 있다고 믿었다. 따라서 하나님의 진노를 누그러뜨리는 종교적 대응이 무엇보다 우선되어야 했다. 의사들은 처방전에서 참회하며 하나님의 도움을 구하고, 그 후 의학에 의존하라고 권고했다. 의사 크누손은 흑사병에 대한 가장 좋은 예 방조치는 "악을 버리고 선한 일을 하며, 죄를 자백하는 것"이라면서 이것이 모든 의학적 조치에 선행한다고 강조했다.[33] 의학에만 의존하는 것은 무모 하고 불경건한 일이었다. 종교적 해결책이 급선무였기에 유럽 사회 어디에 서나 기도와 미사, 행렬과 순례 같은 대규모 종교행사들이 벌어졌고, 신자 들은 성인들의 전구(轉求)에 더욱 간절하게 매달렸다. 14세기에서 16세기 사이는 그리스도교 세계에서 성인 숭배에 가장 열성을 보였던 시기였으며, 이때에 종교기관의 제단들도 비약적으로 증가했다.

죽음에 대한 태도에도 큰 변화가 나타났다. 흑사병으로 인한 대규모 사망은 사람들로 하여금 죽음에 대한 강박과 더불어 공동묘지에 이름도 없 이 버려질 것에 대한 두려움을 불러일으켰다. 이는 한편 기억되고자 하는 욕구도 증가시켰다. 이를 반영하여 유언장에 장례 절차, 매장지, 망자에 대 한 기념 등에 대해 언급하는 경우가 크게 늘어났다. 기부와 자선의 증가, 명 부당 같은 가족 예배당의 신축 붐 등도 이런 추세를 반영했다.[34] 중세 말과 근대 초에 걸쳐 널리 유행한 '죽음의 승리'라는 모티브는 죽음이 지닌 압도 적인 힘을 잘 보여준다. 한편 이 이미지들에는 그리스도가 공정한 심판관 으로 재림하여 고통스러운 시대를 종결시켜주기를 열망하는 태도도 포함 되었다. 당대인은 심판에 뒤이은 구원에 대한 소망으로 죽음에 대한 공포를 어느 정도 완화시킬 수 있었을 것이다. 당대의 죽음에 대한 기억 문화나 회 화작품 등에는 죽음 이후 부활에 대한 소망을 기약하며 죽음에 맞서려는 태도도 엿볼 수 있다.[35]

노동력 부족과 농촌 및 도시의 변화

중세 말에는 흑사병 외에도 기근과 전쟁, 악화되는 경제상황 등이 서 로 복합적으로 영향을 미치며 위기를 심화시켰다. 그 중에서도 특히 흑사 병으로 인한 급격하고도 지속적인 인구 감소는 유럽 전역에서 심각한 노동 력 부족 현상을 불러왔으며, 이는 장단기적으로 거의 모든 영역에 걸쳐 근본적인 변화를 촉발했다. 줄어든 인구 탓에 곡물은 크게 부족하지 않았으나, 도시와 농촌을 막론하고 큰 폭의 임금 상승이 뒤따랐다. 그리고 유례없이 급격한 임금 상승은 많은 부작용을 낳았다. 가계를 제외한 여러 경제주체들이 다양한 방식으로 임금을 억제하려 시도했지만 노동력의 부족을 보충할 방안이 없어서 대부분 실패로 끝났다.[36]

촌락에서는 버려져도 경작할 사람이 없는 땅들이 속출하자 소작인들은 이러한 상황을 활용하여 영주에게 개선된 관계를 요구했다. 영주들은 기득권을 유지한 채 노동력 부족, 고임금, 수입 감소 등에 대처하려 했으나 성공할 수 없었다. 모든 상황이 농민들에게 유리하게 전개되었기 때문이다. 농민들은 지대 하락과 부역 폐지를 주장하며 영주에게 맞섰으며, 이러한 요구들이 수용되지 않으면 도주 혹은 이주를 선택할 수 있었다. 진통이 있었지만, 결국 영주들은 이러한 요구들을 대부분 수용하지 않을 수 없었다. 그결과 예속 노동력에 기반했던 장원제는 점차 와해되었고, 농민들 특히 소작인들은 토지에 결박된 상황에서 해방되어 자영농으로 변신할 수 있었다. 신분의 상승을 관철하지 못한 경우에는 생활조건을 현저히 개선시킬 수 있었다. 잉글랜드에서는 농경지를 목초지로 전환하여 양을 기르는 인클로저가 크게 확대되었는데, 이는 노동력을 덜 필요로 했을 뿐 아니라, 양모로 인한 소득이 농경을 통해 기대되는 수입보다 커지면서 이루어진 변화였다.

도시에서는 흑사병 이후 상품의 생산과 유통이 중단되어 가격이 폭등하기도 했고, 상품을 소비할 사람들이 줄어들어 공급과잉으로 곡물과 같은 생활필수품의 가격이 오히려 폭락하기도 했다. 노동자들이 임금 인상을 요구하면서 시정부나 사용자와 갈등 혹은 분쟁이 발생했고, 극심한 경우 폭동으로도 이어졌다. 결국 노동자의 임금은 상승했고, 여성의 사회적 역할도 증대되었다. 도시의 동업조합에서는 여성을 조합원으로 수용하는 사례가 늘어났고, 여성들로만 이루어진 조합들도 출현했다. 상속에 있어서 여성에게 우호적인 변화가 일어난 것도 인구 급감이 근본 원인이었다. 도시는 농촌에서의 이주를 통해 인력을 상당히 충원할 수 있었지만, 농촌의 노동력 결핍은 상당한 기간이 지나도 나아지지 않았다. 사회적 유동성의 확대는 개인 자유의 신장에 크게 기여했고. 소비와 투자가 증가했고, 노동과 사적 영역이 확장되었다. 그리고 중간 내지 하층계층이 부상하는 등 계층 내의 분화가 가속화되었다.

흑사병으로 새로이 부상한 대표적인 산업은 직물 공예의 일종인 태피스트리 제작이었다. 흑사병 이전 유럽에서는 태피스트리에 대한 수요가 많지 않았다. 필요할 경우 일부는 중동지역에서 수입했고, 일부는 유럽의 몇몇 수도원에서 제작하고 있었다. 그런데 흑사병이 독한 공기를 통해 유포되고, 특히 남풍이 전염병의 확산에 기여한다고 알려지면서 창문들을 차단할 적절한 수단이 필요해졌다. 그 대안이 벽에 거는 태피스트리였다. 흑사병의 유행이 주기적으로 반복되면서 태피스트리 수요는 급증했으며, 이 산업이 번창하면서 관련 노동자들은 크게 늘어났고. 고임금을 받는 직종으로 정착했다.[37]

전체적으로 보아 도시는 흑사병의 위기 속에서도 오히려 번영했다. 그 이유는 도시가 생산을 조절하는 등 경제의 변동에 유연하게 대처할 수 있었기 때문이다. 노동자의 임금이 상승했을 때에는 농촌의 값싼 노동력을 끌어들여 문제를 해결하기도 했다. 이탈리아의 메디치 가문이나 독일의 푸거 가문같이 유럽 전체를 교역의 무대로 삼는 대규모의 상인 자본가들이 등장해 큰 부를 축적한 것도 이 시기였다. 독일 남부의 아우크스부르크를 거점으로 삼고 있던 푸거가는 이탈리아와 북유럽까지 지점을 두어 상업망으로 연결시켰고, 직접 생산과정도 조직하여 직물업, 광업, 제련업까지 손을 뻗쳤다. 이들은 원료를 사들여 주변의 농촌 지역에 가공하도록 위탁하고, 후에 완제품을 수거하여 시장에 판매하는 이른바 선대제를 도입했다. 이와 같은 상인들은 대부분 국왕이나 교황 등의 권력자들과 개인적인 친분 등을 이용하여 결탁하고 이권을 획득하여 그 대가로 그들에게 재정을 지원했다.[38] 도시에서는 상공업과 화폐경제가 활기를 띠게 되었다. 결국 중세 말의 흑사병과 농업위기는 한편으로 전통사회의 위기를 의미했지만, 다른 한편으로는 농업의 구조가 전환되는 계기였고, 그로 인해 도시와 상공업은 동력을 얻게 되었다.

농촌에서는 변화된 농업조건과 소비시장에 적응하면서 농업의 구조가 변화했고, 농업생산의 전문화와 상업화 경향이 뚜렷했다. 높은 인건비와 밀 농사의 낮은 수익으로 인해 축산업은 각광을 받았다. 생활수준 향상이 육류 소비를 증가시키기도 했다. 이 외에 목양, 과수 재배, 포도 재배, 염료 작물 재배와 같은 상업적 농경이 전개되었다. 잉글랜드의 양모 생산, 프랑스의 포도 재배, 북구의 낙농업 등은 모두 이와 같은 발전의 결과였다.[39] 한편 엘베강 동쪽 지역에서는 곡물 위주의 농업생산이 이루어졌고, 소출을 서유럽의 시장에 대량으로 수출했다. 이를 위해 동유럽 영주들은 농민들에게 이주의 자유를 박탈하고 토지에 결박시키면서 부역노동을 강요했다. 이 지역에서 농노제가 오히려 강화될 수 있던 것은 영주와 농민의 힘, 농민의 단결, 경제적 조건, 국가와 영주의 관계 등이 서유럽과 달랐기 때문이다.

확대되는 전쟁

유럽 왕국들은 13세기 말 십자군 원정이 실패로 종결된 후 중앙집권적 국가를 확립해 나가는 데 주력했다. 군주들은 이 과정에서 무력 사용을 마다하지 않았다. 중세 성기에는 교황이 주도한 십자군 원정으로 유럽 내부에서 대규모 전쟁은 상대적으로 줄었다. 그러나 이제 종교적·도덕적 권위를 상실한 교황은 평화를 위한 조정력을 발휘할 수 없었다. 국왕은 지역 제후와 부유한 도시들을 왕권의 통제 아래에 두려 의욕을 보였고, 왕권이 신장하고 있던 잉글랜드에서는 정복전쟁을 적극 추진했다. 에드워드 1세(재위 1272-1307)의 웨일스 합병과 에드워드 2세(1307-27)의 스코틀랜드 정복 시도는 대표적인 사례이다. 에드워드 2세는 심지어 대기근 시기에도 네 차례나 군대를 소집해 전쟁을 벌였고, 스코틀랜드인들은 기근이 발생한 해의 수확기에 맞추어 잉글랜드 국경지역을 침략하고, 철수할 때에는 인근 농촌 지역까지 초토화시키는 전술을 구사해 농민들의 상황을 더욱 벼랑 끝으로 내몰았다.[40]

흑사병 발병 10년 전 시작된 잉글랜드와 프랑스 사이의 백년전쟁(1337-1453)은 에스파냐와 이탈리아까지 관여된 중세 최대의 국제전이었다.

이 전쟁의 직접적인 발단은 프랑스의 왕위계승 문제였다. 카페 왕조의 마지막 왕 샤를 4세(재위 1322-28)가 왕국을 계승할 후계자 없이 사망하자, 프랑스 귀족들은 그의 조카 필리프 6세(재위 1328-50)를 왕으로 선언했다. 그러자 샤를의 누이의 아들인 잉글랜드 왕 에드워드 3세(재위 1327-77)는 자신이 필리프 6세보다 왕위계승에 우선권이 있다고 주장했다. 귀족들은 잉글랜드 통치자가 프랑스까지 지배하는 것을 원치 않았기에 〈살리 법전〉을 근거로 그의 계승권을 부정했다. 결국 에드워드 3세는 프랑스의 가스코뉴 지역을 계속 차지하기 위해 새 왕을 주군으로 인정할 수밖에 없었다. 유럽 최대의 모직물 공업지대였던 플랑드르에 대한 이해관계도 양국 갈등의 중요한 요인이었다. 플랑드르는 명목상 프랑스 왕의 지배하에 있었고, 실제로는 플랑드르 백작이 통치했다. 그런데 이 지역에서 노동자와 상인들이 충돌할 때마다 프랑스 왕은 상인들의 입장을 옹호했다. 이에 반발한 수공업 장인들은 잉글랜드 왕에게 도움을 요청했다. 경제적 이해관계 때문에 잉글랜드는 이 지역이 프랑스 왕에게 전적으로 종속되는 것을 원치 않았다. 한편 프랑스가 잉글랜드와 전쟁 중이던 스코틀랜드를 지원하여 양국 사이의 갈등이 악화되고 있던 상황에서, 필리프 6세의 신하들은 에드워드가 거행한 봉건제적 신서(臣誓)가 요건을 충족시키지 못했다며 재차 신서를 거행할 것을 요구했다. 에드워드가 부당하다며 반발하자 프랑스 왕은 가신으로서의 의무를 다하지 않은 가스코뉴의 몰수를 선언했고, 이에 에드워드가 필리프에 대해 전쟁에 돌입했다.[41]

두 나라의 인적·물적 토대는 인구가 압도적으로 많았던 프랑스가 우월했다. 그렇지만 에드워드 3세가 직접 전쟁을 지휘한 잉글랜드는 초기 크레시 전투에서 장궁(長弓) 부대가 맹위를 떨치며 칼레 성을 장악해 예상 밖의 승리를 거두었다. 이를 시작으로 잉글랜드가 초반 여러 전투에서 우세를 보였으나, 이후 전쟁은 반전을 거듭했으며, 두 나라의 국왕 교체와 내부 사정 등으로 인해 중단과 재개를 반복했다. 마지막 국면에서는 위기에 직면한 프랑스에서 오를레앙의 성녀 잔 다르크(1412-1431)가 출현하며 전쟁의 흐름은 뒤집어졌고, 승기를 잡은 프랑스의 샤를 7세가 1453년 잉글랜드군 최대의 거점 보르도를 점령함으로써 길고도 긴 전쟁은 끝이 났다. 이렇게 종결된 백년전쟁은 여러 면에서 기존 전쟁들과 달랐다. 이 전쟁에서는 전술상 보병의 역할이 강조되고, 섬멸전이 전개되면서 유례없이 많은 사람들이 희생되었다. 그리고 전쟁이 치열해지고 화력도 증강됨으로써 중세 국가의 재정으로 감당할 수 없는 과도한 지출을 유발했다. 각국은 세금 징발로 충당할 수 없는 재원을 유력한 상업 자본으로부터 조달했는데, 최종적인 부담은 위기에 내몰리고 있던 신민들에게 전가되었다. 당시 도시와 농촌을 막론하고 끊이지 않던 봉기는 이런 상황에 대한 저항적 성격을 띠고 있었다.[42] 양상은 달랐지만, 이탈리아, 독일, 그리고 에스파냐 등에서도 전쟁은 끊이지 않았다. 전쟁의 확산과 일상화된 전시 상황은 농업은 물론 상업 전반에도 부정적 영향을 미쳤다. 상인들은 오랫동안 확립해 온 교역로에서도 안전을 보장받을 수 없어 위험을 무릅써야 했다.

중세 말에 빈번해진 국가 간 전쟁은 민중의 생활기반을 초토화시켰지만, 왕권 강화에는 오히려 기여했다. 전쟁 전에도 잉글랜드와 프랑스 두 나라는 비교적 강력한 왕권을 구축하고 있었지만, 대규모 전쟁을 치르면서 왕권은 더욱 강화된 반면, 봉건 군대와 기사제도가 그리 효율적이지 않다는 사실이 확인되면서 귀족의 기반은 약화되었다. 국왕은 봉건군대 대신 국왕이 통솔하는 상비군의 필요성을 절감했으며, 용병에 대한 의존도 좀더 커졌다. 도중에 양국 모두 재원이 충분치 않았기 때문에 새로운 세금을 부과하거나 기존 세금을 늘리면서 재정을 확보해야 했다. 결과적으로 백년전쟁은 두 나라의 절대왕정국가로의 이행을 촉진시켰다. 오랜 전쟁은 국민의식의 성장에도 결정적인 기회였다. 두 나라는 자국의 전쟁 명분을 정당화하면서 상대방을 악마화했는데, 이러한 과정에서 민족주의가 성장했다. 왕국의 구성원들은 국왕을 중심으로 결집했고, 성직자들은 미사를 통해 전쟁의 정당성과 적의 사악함에 대해 설교하여 큰 호응을 샀다. 교회가 국가 이데올로기의 중요한 전파 통로로 활용되었고, 신도들은 하나님의 음성뿐 아니라, 전쟁과 국왕의 소식을 듣고 승리를 간구하기 위해 교회로 모여들었다.[43]

기후환경이 촉발한 대전환

14세기에 대기 순환 패턴의 근본적인 조정과 소빙하기가 겹쳐지면서 기후의 불안정성은 증대되었고, 유라시아대륙 전반에는 이상기후와 환경 재앙이 빈번해졌다. 기후 재난으로 인한 피해는 유럽에만 국한된 현상이 아니었다. 중국에도 대기근이 찾아왔으며, 나일강은 해마다 넘쳐 홍수 피해를 겪었다. 유럽에서 왕권이 가장 일찍 확립된 프랑스와 잉글랜드는 이 어려운 시기에 백년전쟁에 돌입하여 재정 대부분을 쏟아부으며 사회의 대응력을 약화시켰다. 한편 레반트 지역에서는 맘루크와 오스만 세력이 확장하면서 이탈리아 상인들이 지중해 동부의 해양시장 특히 향신료와 사치품 중계교역에서 누리고 있던 기득권도 유지할 수 없었다. 이처럼 13세기 후반 이래 진행된 기후변화, 생태환경의 악화, 농업 위기, 상업과 교역에서의 정체, 그리고 고조되던 정치적·군사적 불안과 전쟁 등 유럽 사회 전반에는 부정적 요소들이 중첩되고 상호 결합하여 위기를 가중시켰다. 1340년대에는 여기에 치명적인 흑사병까지 가세했다. 이로써 사회-생태 시스템은 임계점에 도달했다.[44] 이 복합적 현상을 설득력 있게 설명한 캠벨은 기후가 흑사병의 유행을 지속시킨 연료였으며, 1340년대에서 1370년대 사이에 위기적 요소들이 서로 결합하면서 시너지 효과를 일으켜 퍼펙트 스톰(초대형 복합위기)이 발생했고 그 여파로 유럽 사회는 근본적이고 비가역적 변화, 즉 대전환이 이루어졌다고 주장한다.[45] 이 위기의 성격과 파괴력에 대해서는 이견도 있지만, 근래에 들어서는 기존의 분석을 뛰어넘는 결정적인 위기로 평가하는 주장이 힘을 얻고 있다.

15세기 중엽부터 다시 한 세기에 걸쳐 스푀러 극소기라 불리는 장기간(1460-1550)에 걸친 한랭기가 도래했다. 중세 말까지 소빙하기 현상들이 재차 심화되면서 지구 전체적으로 기후의 불안정이 초래한 환경이 당대인의 생존 조건을 더욱 악화시켰다. 기후가 인간의 활동과 산업에 부정적으로 작용했으며, 감염병의 발병까지 지속되면서 인구와 경제의 본격적인 회복을 억제했다. 흑사병이 주기적으로 발병하면서 사람들이 차츰 적응력을 갖게 되기도 했지만, 15세기 후반 유럽에는 천연두, 말라리아, 장티푸스, 이질

등 오래전에 유럽에서 발병했던 감염병들도 재차 출현했다. 잉글랜드의 경우 1430년에서 1480년 사이 반세기 동안 전국적 규모로 약 11회, 시기적으로는 18년에 걸쳐 각종 감염병이 유행했다. 지역 단위에서는 적어도 20회에 걸쳐 상이한 역병들이 추가로 15년 동안 발병한 사실이 확인된다. 흑사병이 가장 빈번했지만, 그 외에 다른 감염병들도 불시에 출현하는 상황이 반복되었다.[46] 이처럼 감염병은 산업혁명 이전 시기에 유럽인의 일상을 지배했고, 인구감소와 위기적 상황을 결정지은 가장 중요한 요인이었다.

반복되는 감염병으로 유럽 사회는 큰 인명손실이 있었는데, 하층민이 크게 희생된 반면 중상위층의 희생은 상대적으로 적었다. 이는 한편으로 인구 구조가 조정되는 효과를 초래해 생존자들의 삶의 질을 오히려 크게 개선시켰다. 노동자들의 실질 임금에 있어서 1300년과 1500년 사이에 대략 3배가 증가했다. 의도한 것은 아니었지만, 위기 시대에 사회 및 경제에 본질적 변화와 구조 조정이 진행됨으로써 유럽 사회는 오히려 새로운 도약의 기반을 확보하게 되었다. 인구감소, 특히 노동인력의 축소는 여러 방면의 기술발전도 자극했다. 어업, 야금술, 광업에서의 신기술들이 이러한 배경에서 중세 말에 출현했다. 어부들이 고기잡이 배 안에서 잡은 생선을 소금에 절이고, 건조시키며, 나아가 보관하는 설비를 구비함으로써 바다 위에 오랜 시간 체류하며 먼 바다까지 나가는 것이 가능해진 것은 1380년경이었다. 광업에서 물펌프를 이용하여 더 깊게 채굴하면서도 안전을 확보하는 것도 가능해졌다.[47]

중세에서 근대로의 이행 과정에서 흑사병은 '근대'로의 길을 열었을 뿐 아니라, 그 내용과 방향도 결정했다. 유럽 문명은 치명적인 역병에 맞서 극복하는 과정에서 서서히 근대로 접어들었다. 물론 흑사병 발병 이후 일어난 모든 변화의 원인을 이 전염병 탓으로만 돌리는 것은 적절치 않다. 인구감소와 경기침체는 1348년 이전에 시작되었으며, 교역과 생산 등도 감소 내지 쇠퇴하고 있었다. 그럼에도 불구하고 흑사병이 초래한 결과는 불가역적이었을 뿐만 아니라, 지속적이며 구조적인 특성을 지니고 있었기에 중세 말의 다른 변화요인들과 상호 결합하며 근대로의 이행과정을 이끌었다. 이

제 새로운 유럽의 주도권은 오스만 튀르크의 통제로부터 벗어나 있던 저지 대, 잉글랜드, 이베리아 반도 등 대서양에 면한 국가들로 이동했다.

결국, 흑사병은 유럽사의 중대한 전환점이었으며, 유럽인들은 절체절 명의 위기에 비교적 잘 대응하며 극복했기 때문에 그 충격을 크게 완화시 켰고, 근대사회로의 이행을 이루어낼 수 있었다.[48] 그리고 중세 말의 위기 를 통과한 유럽은 오늘날 우리가 '근대'라고 부르는 시기를 맞았다. 하지만 최종적으로 도달한 사회가 후대에 긍정적으로 평가되었다고 해서 약 2세 기에 걸친 위기의 시대마저 당연시할 수는 없다. 역경의 시대에 직면한 사 람들에게는 이상기후, 전쟁, 역병 등의 공격으로부터 생존하는 문제가 절박 했기에 어두운 터널을 통과한 후의 낙관적 변화를 미리 예견하거나 기뻐할 수 없었다. 당대인 대다수는 일상에서 지속적인 불안과 트라우마를 겪으면 서도 신앙과 공동체적 도움에 의존했고, 현세 이후 약속된 내세의 구원에 서 소망과 위안을 얻었다. 한편 일부 사람들은 세속적인 방식의 문제 해결 을 추구했다. 아무튼 유럽인이 위기의 시대를 이겨내고 이룩한 성취를 부정 하거나 과소평가하려 해서는 안 된다. 당대인이 용기 있게 두려움을 맞서서 절망에서 희망을 일구었기 때문에 다음 세대가 근대라는 선물을 가질 수 있었다. 현대인의 관점이 아니라, 당대인의 관점에서 그리고 그보다 앞선 시 대와 비교를 통해서만 중세에 대해서 어느 정도 균형 잡힌 평가가 이루어 질 수 있을 것이다. 어느 시대나 당대인은 최선의 대응방식을 고민하며 사 회를 한 걸음씩 진전시켜 왔다고 인정해야 할 것이다.[49]

 ## 교회와 성직자들의 대응 및 변화[50]

성직자 집단 내부의 구조적인 변화

이제 끝으로 이 전방위적인 위기의 국면에 교회와 성직자 집단은 어 떤 변화를 겪었을지 통계자료가 풍부한 잉글랜드의 사례를 통해 살펴보자. 14세기 중엽 이래 주기적으로 반복된 흑사병은 성직자들도 큰 폭으로 감소시켰다. 성직자들의 사망률은 동일 주교구 내에서도 지역, 지위, 상주 여부 등에 따라 큰 차이를 보였다.[51] 특히 사람들과의 접촉을 통제할 수 있던 잉글랜드 주교들의 사망률이 12퍼센트에 불과했던 반면, 잉글랜드 중부에 위치한 코벤트리와 리치필드 주교구 내에서 정주할 의무가 없던 주임사제는 흑사병 발병기 동안 33퍼센트 사망했고, 상주해야 했던 대리사제는 46퍼센트가 희생되었다.[52] 전체적으로는 1348~1349년 사이에 절정을 보였던 제1차 대유행만으로도 성직자의 절반 정도가 죽음에 이르렀다. 특히 상주하며 사목활동을 담당하던 교구 내의 하위품계 성직자들은 끊임없이 교구민들과 접촉해야 했기에 큰 희생을 치렀던 반면, 대다수 주교들은 대민 접촉을 기피하면서 기대되던 적극적인 종교적 역할을 수행하지 않았다. 지위에 따른 사망률의 차이는 그와 같은 처신의 결과였다. 결국 흑사병으로 대규모 성직 공백이 발생했으며, 그 중에서도 하위 성직자의 부족이 극심했다.[53] 종교기관들은 조속한 충원을 위해 노력했는데, 초기에는 성직을 지망한 대기자들이 많아 충원이 가능했으나, 그 후 인력자원이 고갈되어 성직자의 공백을 메우는 데에는 상당한 어려움이 있었다. 이와 같은 상황에서도 교회가 기존 규모의 성직자를 충원하려 시도하면서 성직자 집단 내부의 구조적인 변화가 뒤따랐다.

통상 성직자가 되려면 기본 요건으로 자유민, 독신, 교육, 신앙 등은 물론이고, 전과 유무와 재정 보증 등을 충족시켜야 했다. 하지만 조급한 충원을 시도하면서 이 모든 요건이 현저히 완화되었다. 에라스무스가 소개한 한 성직자 시험 일화에 따르면 15세기 말 위트레흐트에서는 서품 시험에 지원한 300명의 후보자 가운데 불과 3명만이 정상적으로 통과했다.[54] 결국 공백을 메우는 데 급급하여 성직자의 자질 검증은 요식행위로 전락했고,[55] 체계적 양성과정도 확립되어 있지 않았다. 교회법에는 복사 14세, 차부제 17세, 부제 19세, 사제 24세, 그리고 주교 30세 등 최소 연령 규정이 명시되어 있었으나 준수되지 않았다.[56] 교황은 심지어 사생아, 기혼자, 사제 자녀 등도 서품을 받을 수 있도록 용인해 주는 조치를 취했다. 그 결과 신앙과 지적 역량이 결여되어 성직에 부적합하거나 자격이 없는 것으로 평가되던 자

12-5 파리 격리병원의 흑사병 환자들

들 중 상당수가 성직자로 충원되었다.[57] 기존 성직자들이 성직에 필요한 기준을 완벽히 갖추었다고 전제할 수는 없지만, 앞선 세대와 비교할 때 새로운 성직자들 중에는 미성숙하고, 경험과 지식이 부족하며, 자신의 안위를 우선시하는 자들이 상대적으로 많았다. 그렇지만 누구든 일단 성직에 들어서면, 공석이 많았기에 신속하게 승진할 수 있었다.[58] 이전에 비해 고위직으로 승진하는 연령은 크게 낮아졌으며 성직사회의 유동성도 증가했다. 이 무렵 고위귀족 출신 주교들이 증가한 것은 물론이고, 이른 나이에 주교가 되어 장기간 재직하는 일도 흔했다. 그와 같은 인적 구조의 변화는 종교기관의 위기대응 능력과 사목 활동을 약화시키는 요인으로 작용했다. 결국 흑사병은 종교집단 내에 급속하고 대대적인 인적·구조적 변화를 가져왔을 뿐만 아니라, 성직자의 자질을 하락시켜 교회개혁의 필요성을 부각시키는 결과로 이어졌다.

성직자의 탐욕과 일탈

흑사병은 성직자들의 인간적 나약함을 적나라하게 드러내는 계기도 되었다. 적지 않은 성직자들은 도주했고, 다른 성직자는 더 나은 성직록을 차지하기 위해 치열하게 경쟁하면서 돈과 지위에 대한 욕망을 노골적으로 표출했다. 랭랜드를 비롯해서 많은 당대인들은 성직자의 도덕적 문란 행위를 비롯한 대부분의 악덕이 흑사병으로 인해 초래되었으며, 이 전염병이 모든 불행과 타락의 원인이라고 생각했다. 그렇지만 그러한 폐해들이 흑사병으로 인해 비로소 촉발되었던 것은 아니었다.[59] 빈도나 정도에서 차이가 있었을지라도 성직자들의 복수 성직록 보유, 비정주, 성직매매 등은 이전에도 드물지 않았다. 위기 국면에서 감독이 느슨해지면서 성직자의 일탈행위가 다소 증가했을 수 있었겠지만, 흑사병이 초래한 절망적 상황이 사람들에게 당대의 온갖 모순들을 더 뚜렷하게 인식시키는 계기가 되었을 가능성도 있다.

　잔존하는 교구사목회의 기록들에서는 이 시기에 성직자들의 사치, 음주, 도박, 성범죄 등 윤리적인 문란 행위가 크게 증가한 사실이 확인된다.[60] 〈캔터베리 이야기〉 등 여러 문헌에는 수도사들의 방종과 타락이 희화화되었는데, 이는 당대 수도원 감찰기록과도 일치한다.[61] 이런 맥락에서 상당수 사람들은 흑사병을 타락한 교회와 성직자들에 대한 하나님의 심판이라고 생각했다. 그렇지만 일부 범법기록만으로 흑사병 이후 성직사회가 얼마나 본연의 모습에서 이탈되었는지 판단하기는 쉽지 않다. 적극적으로 사목활동을 하던 성직자들은 조용히 사망한 경우가 많았을 것이고, 장기간에 걸친 흑사병과의 싸움과 절망적 상황에 지쳐 일시적으로 일탈한 경우도 적지 않았을 것이기 때문이다. 늘 그렇지만 기록이 당대 사회를 사실 그대로 비춰주는 것은 아니다. 당대인의 기대에 미흡했거나 사회비판적인 인식의 확산이 성직자에 대한 부정적인 평판으로 남겨졌을 수도 있다.

　복수의 성직록 보유가 용인되었기 때문에 한편으로는 주교를 비롯한 일부 고위성직자가 성직록을 독점했으며, 다른 한편으로는 종교기관의 경제력 약화로 빈곤한 성직자들이 양산되었다.[62] 성직사회 내에 심각한 양극화 현상의 기저에는 주교를 비롯한 성직자들이 왕국의 관리로 봉사하면서 세속사회에 깊이 관여하고, 세속사회의 필요를 교회의 재정으로 조달하는 구조가 영향을 미쳤다. 흑사병이 초래한 사회경제적 쇠퇴는 다양한 갈등들도 부각시켰다. 장기적으로 신분과 지위가 더욱 열악해진 하위 품계 성직자들은 부분적으로라도 육체노동에 종사하며 노동자로서의 정체성도 지니게 되었으며 이전보다 통제가 어려워졌다. 적지 않은 교구들에서는 주임사제의 부재 시에 무능하거나 무책임한 자들이 대리인으로 고용되었기에 흑사병으로 인한 위기적 상황에 대처하기에 미흡했으며, 종교적인 갈망 내지 불만도 해소할 수 없었다. 더구나 성직자들의 불성실함과 빈번한 일탈행위는 교회와 성직자의 권위를 떨어뜨려 반교권주의와 개혁적인 목소리들이 더 큰 반향을 얻을 수 있는 기반을 놓았다.

종교기관의 취약성과 확대되는 속인의 역할

흑사병은 종교기관들의 경제적 기반에도 큰 타격을 가했다. 특히 농촌에 있던 교구들의 수입 및 경제상황은 크게 악화되었고, 일부 교구에서는 성직록의 재정기반까지 잠식하기에 이르렀으며, 인구감소가 심각한 지역에서는 교구가 축소되거나 통합되기도 했다.[63] 종교기관들의 경제적 침체를 유발했던 요인 가운데에는 에드워드 3세 통치기(재위 1327-77) 이래의 빈번한 전쟁, 특히 프랑스와의 백년전쟁으로 인한 막대한 재정부담과 군사적 봉사 및 식량징발이 결정적이었다.[64] 수도원을 비롯한 종교기관들에게는 각종 세금 및 양모 구입비용을 국왕에게 바치도록 강제했다. 특히 수도원들은 구성원 대부분이 낮은 신분 출신이었기에 외압에 저항할 힘을 갖고 있지 않았으며, 국왕에게 빌려준 대금조차 돌려받을 수 없었다. 수도원들은 지대 수입이 급격히 감소했을 뿐 아니라, 토지경영에도 어려움을 겪으며 쇠퇴했다.[65] 1320년에 비해 15세기 말에는 수도원의 수가 3분의 1 내지 4분의 1 정도 감소했으며, 각 수도원의 규모도 상당히 축소되었다.[66] 중세 말 수도원이 전반적으로 쇠퇴함으로 인해 민중의 종교생활에서 재속성직자와 교구교회가 차지하는 영향력이 보다 확대되었다.

한편 흑사병 시기에 역할이 더욱 확대된 탁발수도회들은 전통적으로 수도원에 기부를 해왔던 부유층뿐 아니라 도시의 상인들과 과부들로부터도 기부를 받게 되어 기부의 횟수와 기금 규모 면에서 다른 종교기관들보다 월등한 성과를 거두었다.[67] 흑사병 시기에 탁발수도사들이 적지 않은 지역에서 기부를 유도할 수 있던 이유는 도시는 물론이고 촌락에서도 도피에 급급하던 사제들의 빈자리를 메우며 위험을 무릅쓰고 적극적인 사목활동을 펼쳤기 때문이다. 일부 윤리적으로 비난을 살 만한 처신을 했던 사례들이 있었지만, 이와 같은 변화된 기부경향을 통해 당대인들이 대체로 탁발수도사들을 존경하고 신뢰했음을 확인할 수 있다.[68]

흑사병을 거치며 교구교회들은 구조적인 변화에 직면했다. 주임사제는 교구의 종교 문제, 건물 유지, 재정 등을 총괄했으며, 장원의 영주처럼 경제적 자원들과 각종 수입들을 관리했다. 그렇지만 흑사병 이후 주임사제들은 종종 자리를 비울 때 대리인을 고용했을 뿐 아니라 교구 전체를 임대하기도 했다. 13세기에도 주임사제들은 종종 교구에서 떠나 있었으나 교구교회가 속인에게 임대되지는 않았다. 그런데 특히 1380년대 이후 교구가 하나의 상품처럼 임대료를 받고 임대되는 경우가 빈번해졌다. 잉글랜드의 약 9천 개 교구 가운데 5분의 1 내지 3분의 1이 이런 식으로 대리인에 의해 운영·관리되었으며,[69] 차지인이 속인이든 성직자이든 문제시되지 않았다. 주임사제 혹은 대리사제는 장원의 부재지주처럼 처신했다. 흑사병이 이와 같은 임대관행의 확산에 중요한 전기가 되었다. 그와 더불어 흑사병을 계기로 교구민 가운데 선출된 교구위원들, 즉 속인의 역할도 크게 확대되었다. 교구위원들은 교구 재정의 증대를 위해 적극 활동했다. 이들은 교회건물의 유지, 투자, 장식 등에 대해 결정했고, 흑사병 이후 어려움을 겪던 교구들에 새로운 활력을 제공했다. 그들의 참여는 교구 내 흑사병으로 인한 성직자의 사망을 보충하기 위한 것이었으나, 결과적으로 종교생활과 공동체의 삶에서 그 역할이 확대되었다.[70]

종교기관들은 경작인력이 부족하고 지가가 하락하자 여러 형태로 변화에 대응했으나 부적절한 조치로 인해 오히려 상황을 악화시키는 결과를 초래했다. 촌락에 위치한 수도원 가운데 적지 않은 수가 치명적으로 쇠퇴하는 계기가 되었고, 교구교회는 통합되거나 하나의 상품처럼 임대되었다. 상업적 수단으로 변모해가던 잉글랜드의 교구교회들은 후에 헨리 8세(재위 1509-47)가 주임사제는 교구에 머물고 교구는 종교적 역할에 집중하도록 세속 법을 통해 규제를 가함으로써 비로소 개혁의 계기를 맞게 되었다.[71]

맺음말

13세기 후반 시작된 전 지구적인 기후변화는 중세 유럽을 결정적인 위기와 대전환의 시대에 들어서게 만든 근본 원인이었다. 기후 위기가 본격화되자 흉작과 기근이 빈발했고, 농업을 근간으로 하던 사회에서 발생한 사회경제적인 위기는 모든 부분에 걸쳐 부정적인 영향을 미쳤다. 침체상태에서 벗어날 수 없는 상황에서 사상 유례가 없는 치명적인 감염병까지 발생했다. 더군다나 흑사병의 피해는 일회적으로 끝나지 않고 18세기까지 지속적으로 반복됨으로써 유럽 사회의 구조적인 변화를 재촉했다.

당대 사회는 병인을 파악할 수 없었기에 효과적인 대응을 할 수 없었으며, 하나님의 진노가 속히 지나가기만을 간구할 뿐이었다. 이 전염병이 초래한 노동력 부족은 중세 사회를 지탱하고 있던 장원제를 와해시켰으며, 농촌과 농업, 도시와 산업을 구조적으로 변화시켰다. 한편 이 위기 속에서도 군주들은 강력한 국가를 만들기 위해 크고 작은 전쟁들을 지속하면서 위기를 심화시켰다. 치열한 전쟁은 유례없이 많은 사람을 희생시켰고, 국가의 재정도 모두 소모시키면서 신민들의 부담을 더욱 무겁게 했을 뿐 아니라, 총체적인 위기를 극복할 여력마저 소진시켰다. 그렇지만 이와 같은 상황에서 권위를 상실한 교황은 평화를 위한 조정력을 발휘할 수 없었다. 농촌과 도시에서 이어진 소요와 봉기들은 시대에 대한 저항의 의미를 띠고 있었다.

14세기 중반 흑사병의 발병으로 중세가 임계점을 넘어서 대전환에 들어섰는지, 아니면 근대로의 점진적인 이행과정이었는지는 논란이 있지만, 환경적 위기와 사회적 위기가 중첩되어 진행되었으며, 심각한 노동력 부족 현상이 중세 사회를 지탱해 오던 사회체제의 근간을 무너뜨린 점만은 분명하다. 그럼에도 불구하고 유럽인들은 이 절체절명의 위기를 인내하면서 극복했고, 이 위기에 대한 대응과정에서 새 시대의 성격과 모습이 결정되었다.

이 시기에 교회와 성직자들의 세계도 큰 변화를 맞았다. 성직자가 희생되는 비율이 일반인보다도 높았기에 교회는 공석을 조급하고 무리해서 채우려 했다. 그리고 그 과정에서 성직에 부적합하거나 자격이 없는 자들 중 상당수가 성직을 차지했다. 단기간에 이루어진 이러한 인적 구조의 변화는 사목활동과 교회 위기대응 능력을 약화시켰으며, 성직사회에 대한 비판 분위기를 고조시켰다. 전쟁과 징발로 인해 수도원들의 경제적 기반은 심각한 타격을 받았고, 교구교회들도 그에 못지않은 다양한 어려움에 봉착했다. 대전환의 시기에 지역교회의 차원에서 일반화되었던 위기적 요인들과 성직주의에 대한 만연한 회의주의는 위기의 끝에서 종교개혁의 필요성에 대한 공감대 확산으로 이어질 수 있었다.

주

1──── 이 절은 필자의 다음 논문을 일부 수정하여 재인용한 것이다. 박흥식, 「기후변화, 흑사병 그리고 대전환」, 《역사학보》 252집(2021.12.), 93-120쪽.

2──── 태양 극소기 혹은 극소기란 11년을 주기로 반복되는 태양 주기 중 태양 활동이 가장 적은 기간을 의미한다. 22년 주기와 80년 주기도 있다. 흑점 수의 감소는 대체로 태양 활동을 약화시켜 지구의 기온이 낮아지는 결과를 초래한다. 볼프 극소기는 1280년에서 1350년 사이, 스푀러 극소기(Spörer Minimum)는 1450년에서 1550년 사이를 지칭한다. 소빙하기 가운데 최저 기온을 보인 마운더 극소기(Maunder Minimum)는 1645년에서 1715년 사이를 가리키는데 겨울철 평균기온이 평년 겨울보다 1-1.5도 낮았다. 김범영, 《지구의 대기와 기후변화》(학진북스, 2014), 225-226쪽.

3──── Michael E. Mann et al., "Underestimation of volcanic cooling in tree-ring-based reconstructions of hemispheric temperatures", *Nature Geoscience* 5(Feb. 2012), pp. 202-205.

4──── 소빙하기의 시작과 종료 시점에 대해서는 학자들마다 의견이 다르다. 허버트 H. 램, 《기후와 역사》, 김종규 역(한울, 2004), 362-363쪽. 이 책에서는 소빙하기를 1250-1850년에 걸쳐 지속된 냉각기로 보는 견해를 채택한다.

5──── 볼프강 베링어, 《기후의 문화사》, 안병옥·이은선 역(공감, 2010), 167쪽.

6──── Geir Ottersen et al., "Ecological effects of the North Atlantic Oscillation", *Oecologia* 128(2001), pp. 1-14.

7──── Kyrre L. Kausrud et al., "Modeling the epidemiological history of plague in Central Asia: Palaeoclimatic forcing on a disease system over the past millennium", *BMC Biology* 8.112(2010), pp. 1-14.

8──── Kyrre L. Kausrud et al., "Climatically driven synchrony of gerbil populations allows large-scale plague outbreaks", *Proceedings of the Royal Society B: Biological Sciences* 274(2007), pp. 1963-1969. / Rebecca J. Eisen & Kenneth Gage, "Transmission of flea-borne zoonotic agents", *Annual Review Entomology* 57(2012), p. 69.

9──── Anthony J McMichael, "Paleoclimate and bubonic plague: a forewarning of future risk?", *BMC Biology*, 8.108(2010), pp. 1-3. / Noelle I. Samia et al., "Dynamics of the plague-wildlife-human system in Central Asia are controlled by two epidemiological thresholds", PNAS 108.35(2011), pp. 14527-14532. / Jonas Reijniers et al., "Plague epizootic cycles in Central Asia", *Biology Letters* 10.6(2014), 20140302. pp. 1-4.

10──── C. Pfister et al., "Winter severity in Europe: The fourteenth century", *Climatic*

Change 34(1996), pp. 100-101.

11 —— 페스트균은 벼룩, 설치류, 인간 등 다양한 부류에서 추출되는데, aDNA 게놈 분석에 따르면 중국, 몽골, 구소련, 미얀마 등지에서 광범위하게 발견된다. 이는 페스트균이 서쪽뿐 아니라 다른 지역으로도 확산되었음을 보여준다. Yujun Cui et al., "Historical variations in mutation rate in an epidemic pathogen, Yersinia pestis", *PNAS* 110, 2(2013), p. 580.

12 —— Jean M. Grove, *Little ice ages: ancient and modern*(London/New York, 2004), pp. 153-159.

13 —— 연대기를 비롯한 당대의 여러 기록은 많은 비와 뒤이은 기근에 대해 상세히 언급하고 있다. *Chronicon Abbatie de Parco Lude*, ed. E. Venables(Lincs. Rec. Soc., 1891), p. 24. / *Chronicon Henrici Knighton*, ed., J. R. Lumby(Rolls Ser., 1889), I, pp. 411-412. / Hermann Diemar ed., Die Chroniken des Wigand Gerstenberg von Frankenberg(Marburg, 1909), p. 238. / J. Z. Titow, "Evidence of Weather in the Account Rolls of the Bishopric of Winchester, 1209-1350", *Econ. Hist. Rev.*, 2nd ser. xii(1959-60), pp. 385-386.

14 —— 이 기간 중 잉글랜드와 저지대지역에서는 곡물가가 3-4배 폭등했다. D. Waley & P. Denley, *Later Medieval Europe 1250-1520*, 3rd ed.(London, 2001), p. 93.

15 —— David M. Nicholas, *Medieval Flanders*(London/New York, 1992), pp. 207-208.

16 —— Timothy P. Newfield, "A cattle panzootic in early fourteenth-century Europe", *The Agricultural History Review*, 57.2(2009), pp. 155-190.

17 —— J. A. Raftis, *The estates of Ramsey Abbey*(Toronto, 1957), p. 319.

18 —— Ian Kershaw, "The Great Famine and Agrarian Crisis in England", *Past & Present* 59(May, 1973), pp. 3-50.

19 —— 윌리엄 H. 맥닐, 《전염병과 인류의 역사》, 허정 역(한울, 1998), 175-180쪽. 맥닐은 중국의 인구가 1200년경 1억 2300만이었는데, 몽골족의 지배에서 벗어난 1393년 6500만으로 200년 사이에 인구가 절반으로 급격히 감소한 것도 전쟁과 몽골 지배보다는 전염병의 영향으로 해석한다.

20 —— 아부-루고드, 《유럽 패권 이전》, 163-177쪽.

21 —— 아부-루고드는 여러 권역의 경제들이 통합되고 교류했기에 13세기에 하나의 세계체제가 형성되었다고 평가한다. 아부-루고드, 《유럽 패권 이전》, 148-153쪽.

22 —— 아부-루고드, 《유럽 패권 이전》, 136-139쪽.

23 —— Boris V. Schmid et al., "Climate-driven introduction of the Black Death and successive plague reintroductions into Europe", *PNAS* 112(2015), pp. 3020-

3025. 바닷길을 통한 전파 가능성을 가장 먼저 제기한 것은 돌스였다. 그는 당대 이슬람의 자료에서 페스트균이 중앙아시아 초원으로부터 남쪽과 서쪽으로 이동한 과정을 추적했다. 이 과정에서 초기 중동지역의 흑사병 발병에 대한 기록도 풍부하게 소개했다. Michael W. Dols, *The Black Death in the Middle East*(Princeton, 1977), pp. 35-67.

24 ── Frederic C. Lane, *Venice, A Maritime Republic*(Baltimore, 1973), p. 19. / B. Z. Kedar, *Merchants in Crisis: Genoese und Venetian Men of Affairs and the Fourteenth-Century Depression*(New Haven, 1976), p. 5.

25 ── 아부-루고드, 《유럽 패권 이전》, 391쪽. 근대 초에 이르기까지 흑사병이 발병하는 곳이면 어디서든 수시로 교통망이 단절되어 사람과 물자의 이동이 제한되는 상황이 반복되었다.

26 ── Dols, *The Black Death in the Middle East*, pp. 172-200.

27 ── John Hatcher, *Plague, Population and English Economy*(London, 1977), pp. 21-25.

28 ── 잉글랜드 통계에 따르면 2차와 3차 유행의 경우에도 사망률이 10퍼센트를 상회한 것으로 추정된다. Hatcher, *Plague, Population and English Economy*, p. 25. / 박흥식, 「흑사병과 중세 말기 유럽의 인구문제」, 《서양사론》 93(2007.06.), 28-30쪽.

29 ── 일국 단위의 통계집계가 유일하게 가능한 유럽 국가는 잉글랜드인데, 해처는 모든 자료를 종합하여 15세기 중반의 인구가 흑사병 발병 직전에 비해 약 60퍼센트 감소했다고 추정한다. Hatcher, *Plague, Population and English Economy*, pp. 68-69.

30 ── 이 통계는 비라뱅의 광범위한 문헌 연구에 기반했고, 그가 포함시키지 않은 19세기의 통계는 다른 자료를 참조한 것이다. Jean-N. Biraben, *Les hommes et la peste en France et dans des pays européens et méditerranéens*, vol. 1, pp. 375-449. / Ulf Büntgen et al., "Digitizing Historical Plague", *Clinical Infectious Diseases* 55(2012), pp. 1586-1588.

31 ── John Aberth, *From Brink of the Apocalypse. Confronting Famine, War, Plague and Death in the Later Middle Ages*, 2nd. ed.(New York, 2010), pp. 1-5.

32 ── 보카치오, 《데카메론》, 민동선 역(청목, 1999), 11-22쪽.

33 ── Rosemary Horrox ed., *The Black Death*(Manchester & New York, 1994), p. 176.

34 ── Robert S. Gottfried, *The Black Death: Natural and Human Disaster in Medieval Europe*(New York, 1985), pp. 85-86.

35 ── Aberth, *From Brink of the Apocalypse*, pp. 214-224. 이 주제에 대한 대표적인 문헌은 더피의 연구이다. Eamon Duffy, *The Stripping of the Altars: Traditional Re-*

ligion in England c.1400-c.1580, 2nd ed. (New Haven & London, 2005).

36 —— Samuel K. Cohn Jr., "After the Black Death: labour legislation and attitudes towards labour in late-medieval western Europe", *Economic History Review*, 60(2007), pp. 457-85.

37 —— 다음 기사 참조. https://www.theguardian.com/artanddesign/2020/apr/17/the-forgotten-french-tapestry-with-lessons-for-our-apocalyptic-times (2022년 5월 15일 검색)

38 —— 그레그 스타인메츠, 《자본가의 탄생. 자본은 어떻게 종교와 정치를 압도했는가》, 노승영 역(부키, 2018).

39 —— Christopher Dyer, *An Age of Transition? Economy and Society in England in later Middle Ages*(Oxford, 2009), pp. 194-210.

40 —— Aberth, *From the Brink of the Apocalypse*, pp. 34-35.

41 —— Christopher Allmand, *The Hundred Years War: England and France at War c.1300-c.1450*(Cambridge, revised ed. 2001), pp. 6-12. / 데즈먼드 수어드, 《백년전쟁 1337-1453》, 최파일 역(미지북스, 2018), 17-48쪽.

42 —— Philippe Contamine, *War in the Middle Ages*, translated by M. Jones(Oxford, 1984), 119-172; Allmand, *The Hundred Years War*, pp. 102-111. 특히 시에나와 같은 작은 도시에게 감염병과 더불어 잦은 전쟁으로 인한 재정 위기는 치명적이었다. William Bowsky, *The Finance of the Commune of Siena*(Oxford, 1970).

43 —— Aberth, *From the Brink of the Apocalypse*, pp. 56-59.

44 —— '사회-생태 시스템'(socio-ecological system)이라는 용어는 캠벨에게서 차용했다. 캠벨은 인간사에 개입하는 요소들을 기후, 생태계, 미생물(병균), 인간, 생물, 사회 6가지로 나누고, 그 전체를 사회-생태 시스템이라고 명명했다. 각 요소들은 다른 요소들과 연결되어 직간접적으로 되먹임 작용을 하면서 스스로 독립적인 역학 과정을 갖는다고 설명한다. 어떤 요소도 고립되어 존재하지 않으며, 한 요소의 변화는 다른 요소에 영향을 끼친다는 것이다. 모든 요소가 상호 연관되어 작동하기에 변화를 설명하기 위해서는 전체 시스템에 대한 이해를 필요로 한다고도 강조한다. Bruce B. S. Campbell, *The Great Transition. Climate, Disease and Society in the Late-Medieval World*(Cambridge N. Y., 2016), pp., 21-24.

45 —— Campbell, *The Great Transition*, pp. 10-15.

46 —— Robert S. Gottfried, "Epidemic Disease in Fifteenth Century England", *The Journal of Economic History* 36.1(1976), pp. 267-270.

47 —— Gottfried, *The Black Death*, p. 142. / A. R. Bridbury, *England and the Salt Trade* *in the Later Middle Ages*(Oxford, 1955).

48 ── 이와 같은 관점을 대변하는 학자는 헐리히인데, 1997년 그의 사후 출간된 논문집에서 이런 주장이 잘 드러난다. David Herlihy, *The Black Death and the Transformation of the West*, ed/ by S. K. Cohn, Jr.(Cambridge, Massachusetts, 1997). 대전환과 대분기라는 방식으로 이 부분에 대한 대응에서 유럽이 이슬람 세계 및 중국 사회와 달랐다고 평가하는 연구들이 있는데, 적지 않은 논란이 있기에 여기에서는 언급해 두는 것으로도 충분할 듯하다.

49 ── Dyer, *An Age of Transition?*, pp. 8-13.

50 ── 이 부분은 필자의 다음 논문에서 요약해 재인용했다. 박흥식, 「중세 말기 유럽의 성직자와 교회에 미친 흑사병의 영향」, 《서양사연구》 44(2011.05.), 41-82쪽.

51 ── 코벤트리와 리치필드 주교구 내에 7개의 관구들(archdeaconries)은 성직록 보유 성직자 사망률에 큰 편차를 보였다. 북쪽에 위치한 체스터 관구가 29퍼센트를 보인 반면, 더비는 57퍼센트였다. R. A. Davies, "The Effect of the Black Death on the Parish Priests of the Medieval Diocese of Coventry and Lichfield," *Historical Research*, vol. 62, no. 147(1989), p. 87.

52 ── Davies, "The Effect of the Black Death", pp. 85-90.

53 ── Davies, "The Effect of the Black Death", pp. 85-90. / H. Werner, "Der niedere Klerus am Ausgang des Mittelalters," *Deutsche Geschichts Blätter*, vol. 8(1907), pp. 201-225.

54 ── Friedrich Wilhelm Oediger, *Über die Bildung der Geistlichen im späten Mittelalter*(Leiden/Köln, 1953), pp. 96-97에서 재인용.

55 ── Peter Heath, *The English Parish Clergy on the Eve of the Reformation*(London & Toronto, 1969), p. 16.

56 ── Johannes de Burgo, *Pupilla oculi. De septem sacramentorũ administratione: de decem preceptis Decalogi, ceterisq[ue] ecclesiasticorum officiis*, ed. Augustin Agge (Strasburg, 1514), 7.4.A.

57 ── *Letters from the Northern Register*, ed. J. Rainer, Rolls Series 61(London, 1873), pp. 401-402. / K. Walsh, *A Fourteenth-century Scholar and Primate: Richard Fitzralph in Oxford, Avignon and Armagh*(Oxford, 1981), p. 282.

58 ── J. A. H. Moran, "Clerical recruitment in the diocese of York, 1340-1530: Data and Commentary," *Journal of ecclesiastical history*, vol. 34(1983), pp. 26-27.

59 ── 흑사병 시기에 성직자와 교회를 비판했던 지식인 가운데에는 랭랜드, 초서, 위클리프, 가우어 등이 가장 널리 알려져 있다. 한편 헤어퍼드 주교구의 변화를 연구한 도하

는 흑사병이 성직자들의 타락을 촉진시켰는지 분명치 않다는 입장이다. William J. Dohar, *The Black Death and Pastoral Leadership: The Diocese of Hereford in the Fourteenth Century*(Philadelphia, 1995), pp. 145-148.

60——— Benedict Gummer, *The scourging angel: The Black Death in the British Isles*(London, 2009), pp. 326-327. / C. F. Hefele, *Conciliengeschichte*, vol. VI(Freiburg/Breisgau, 1867), pp. 560-562.

61——— 제프리 초서, 《캔터베리 이야기》, 송병선 역(책이있는마을, 2000), 27-28쪽. / A. Hamilton Thompson, ed., *Visitations of religious houses in the diocese of Lincoln: records of visitation held by William Alnwick, bishop of Lincoln A.D. 1436 to A.D. 1449*, vol. II(1918), p. 11.

62——— William Abel Pantin, *English Church in the Fourteenth Century*(Cambridge, 1955), p. 38. / Heath, *English Parish Clergy*, pp. 24-25.

63——— 헤어퍼드 콜링턴의 두 교구는 이와 같은 이유로 1352년 통합되었다. *Registrum Johannis de Trillek, episcopi Herefordensis, 1344-1361*, ed. J. H. Parry(Hereford, 1912), pp. 174-176.

64——— 1334년 이후 세금부담계층이 훨씬 광범위해졌는데 촌락과 도시에서 가난한 자들의 부담이 크게 늘어났다. Christopher Dyer, "Taxation and communities in late medieval England," R. Brithell & J. Hatcher, eds., *Progress and Problems in Medieval England*(Cambridge, 1996), pp. 188-190. 일부 학자는 1369년과 1381년 사이 영국 국왕이 사용한 전쟁비용을 백만 파운드 이상으로 산정했다. 교구와 성직자들에게는 전통적인 부담 외에도 백년전쟁을 치르기 위해 1369년부터 이전보다 더 무겁고 정기적인 세금이 부과되었다. J. W. Sherborne, "The cost of English warfare with France in the later fourteenth century," *Historical Research*, vol. 50, no. 122(1977), p. 136.

65——— Peter George Mode, *The Influence of the Black Death on the English Monasteries*(Chicago, 1916), pp. 20-33. 피터버러의 수도원은 수도원장의 무능과 부원장의 무지로 폐허가 되었다. A. H. Thompson, *The English Clergy and their Organization in the Later Middle Ages*(Oxford, 1947), pp. 177-178.

66——— 베네딕트 수도원은 50명에서 30명으로, 시토 수도회는 30명에서 18명으로, 아우구스티누스 수도회는 10명에서 7명으로 평균 규모가 각각 축소되었다. Christopher Harper-Bill, "The English Church and English Religion after Black Death," W. M. Ormrod & P. G. Lindley, eds., *The Black death in England*(Stamford, 1996), pp. 97-98.

67 ── Gummer, *Scourging Angel*, pp. 326-327.

68 ── Joseph P. Byrne, *Daily life during the Black Death*(Westport, 2006), pp. 118-119.

69 ── Robert C. Palmer, *Selling the Church: The English Parish in Law, Commerce, and Religion, 1350-1550*(Chapel Hill & London, 2002), p. 12. 종교개혁기에는 임대된 교구의 수가 3,300개에 이르렀다.

70 ── Beat A. Kiimin, *The Shaping of a Community: the Rise and Reformation of the English Parish, c.1400-1560*(Aldershot, 1996). / K. L. French, *The People of the Parish: Community Life in a Late Medieval English Diocese*(Philadelphia, 2001).

71 ── 헨리 8세 시기에 이루어진 변화에 대해서는 필자의 다음 논문을 참조하라. 박흥식, 「헨리 8세의 개혁과 수도원 해산」,《역사학보》214집(2012.06.), 271-294쪽.

그리스도교 세계의 위기?

통상 서양 역사는 오스만 튀르크에 의한 비잔티움 제국 멸망으로 중세가 막을 내렸다고 상정하며, 이를 그리스도교가 지배하던 세계의 종결과 동일시한다. 중세 말의 총체적 위기 국면에서 그리스도교도 위기를 피할 수는 없었지만, 그렇다고 하여 그리스도교가 유럽 사회에서 영향력까지 상실한 것은 아니었다. 중세 말의 위기는 그리스도교 세계를 지탱하고 있던 교황제, 수도원, 성직자 등 제도권 교회에 특히 위기를 불러왔으며, 그 위기는 그리스도교가 새로운 성격으로 거듭나는 대전환의 계기로도 작용했다.

그리스도교가 초기의 민중적·공동체적 성격에서 중세적 모습으로 변화한 결정적 계기는 콘스탄티누스의 전환이었다. 불법적이었던 종교를 황제가 돌연 공인하면서, 로마 제국 말기에는 국교의 지위까지 차지하게 된다. 이로써 교회는 통치권을 가진 특권 기관으로 변모했고, 그리스도인은 차별을 면함은 물론, 부와 권력에 접근하기 유리한 상황이 됨으로써 개종자들이 단기간에 폭발적으로 증가했다. 새로 지어진 그리스도교의 성전과 전례들은 화려해지고 대형화되었으며, 사제들이 전례를 주관하면서 일반 신자들은 구경꾼으로 전락했다. 교회는 권력에 크게 의존했고, 황제는 교리와 같은 핵심적인 신앙의 문제까지 결정권을 행사했다. 이러한 세속화된 종교적 환경에서 성직자가 세속 군주에게 봉사하는 것은 당연시되었다. 한편 그리스도교에 대한 이해가 없던 사람들이 대거 신자가 됨으로써 이교적 요소들이 그리스도교 안으로 들어와 혼합되는 현상도 막을 수 없었다.

유세비우스는 콘스탄티누스 황제의 등장 이후 일어난 기적같은 변화들을 두고 하나님의 나라가 로마 제국에서 가시적으로 구현된 것이라며 환호했다. 하나님의 섭리와 직접적인 개입이 없었다면 불가능한 특별한 은총으로 본 것이다. 하지만 교부 아우구스티누스는 로마 제국은 그리스도의 권위에 의존하지 않는 세속적인 성격의 국가이며, 하나님 나라와는 상관이 없다고 단정했다. 그는 그리스도가 중심이 된 하나님 나라는 세속 국가와 다르다고 강조했다.[1] 로마 황제가 그리스도교를 제국의 종교로 둔갑시킨 이유는 모든 인민이 하나의 강력한 신을 섬겨, 그 신의 도움으로 일원화된 부강한 제국을 재건하려는 데 있었다. 콘스탄티누스는 그리스도교의 신실한 신자가 되려고 애쓰기보다는 제국의 부흥을 더욱 열망했다. 그리스도교는 제국의 종교가 되었지만, 제국은 그리스도교 신앙이나 이념으로 운영되지 않았다. 그리스도교에 대한 이해가 없고, 종교적 간절함도 없던 로마인들이 척박한 환경에서 단기간 내에 신실한 신자가 되리라 기대하기는 어려웠다.

유사한 맥락이 이후 게르만 왕국들에서 재현되었다. 로마 제국의 영토에 들어선 게르만 왕국들은 제국의 영향으로 대이동 전후 대부분 그리스도교로 개종했다. 유럽 대륙의 변방에 있던 국가들마저 1000년경까지 대부분 그리스도교로 개종했다. 개종 여부는 대체로 군주가 결정하면서 일사분란하게 이루어졌지만, 잉글랜드의 사례에서 보듯 일부 지역은 선교활동의 성과였다. 전체적으로 볼 때 유럽의 그리스도교화는 위에서 아래로 이루어졌으며, 개종 과정에서 피지배층의 저항은 크지 않았다. 통치자들도 그렇지만 대다수 신민들은 그리스도교를 이해하거나 학습할 기회 없이 신자가 되었다. 따라서 이들이 건설한 국가 혹은 사회에서 처음부터 그리스도교 신앙의 정수가 구현되기를 기대할 수는 없었다. 많은 개종자에게는 조상 때부터 내려오던 토속종교적 요소 혹은 문화가 훨씬 친숙했다. 제도교회는 선교와 재그리스도교화 과정에서도 그와 같은 이교적 문화 유산을 크게 문제삼지 않았다. 성인 숭배와 성유물 숭배 등에서 보듯 오히려 이교적 요소들을 일부 활용하여 그리스도교를 이해시키고 성인의 삶을 본받도록 유도하려 했다.

그리스도교가 국가종교가 된 왕국들에서 성직자들은 국왕을 위해 중요한 역할을 담당했다. 재속교구의 수장인 주교와 지역 수도원장은 국왕을 위한 봉건적 의무를 수행했을 뿐 아니라, 장원을 소유하고 예속민을 노동력으로 삼아 경제활동에 참여했다. 라틴 세계에서는 성직자들이 유일한 식자층이었기에 교육과 문화 창출 역할을 독점했다. 반면 비잔티움 제국에서는 관료제가 기능했고, 황제의 영향력이 커서 교회의 독립성이 서방만큼 확보되지 못했다.

중세 성기에 확립된 그리스도교 신앙은 전례와 성사가 중심이었다. 7성사는 구원을 완성하고 하나님의 은총을 받는 그리스도교의 핵심 의식이 되었으며, 신자들은 사제가 베푸는 성사를 종교생활의 본질로 간주했다. 그리스도교 세계는 이와 같은 공통의 신앙적 토대를 통해 신자들을 통합하는 힘을 발휘했다. 특히 라틴 세계는 라틴어라는 공통의 언어적 기반까지 더해져 하나의 종교문화적 토대를 구축할 수 있었다. 신자들은 타 지역이나 외국을 방문해도 전례를 드리는 데 그다지 불편함이 없었다. 그에 비하면 동방교회에서는 언어와 문화의 다양성으로 인해 그와 같은 결속이 상대적으로 약했다. 중세 말까지도 신자들의 그리스도교 이해에 성경보다는 미사와 성사, 성인숭배와 순례 문화 등이 더 큰 영향을 발휘했다. 중세의 교회중심적 신앙은 성경 혹은 신앙에 대한 개별적 접근이나 해석을 용납하지 않았다. 교회의 권위가 높아질수록 배타성은 더욱 강화되었으며, 제도교회 밖에서 분출된 종교적 열망은 이단으로 낙인찍혀 배척되었다.

그리스도교 세계의 정체성 형성에는 외부 세계와의 충돌이 큰 영향을 미쳤다. 이슬람 세계는 7세기 이래 유례없이 빠른 속도로 확장되었다. 그러나 서유럽 세계는 이슬람을 직접 접할 기회가 많지 않아 그들의 종교는 물론이고, 물리적 힘과 문화적 역량을 정확히 가늠하기 어려웠다. 십자군 원정은 이와 같은 상태에 있던 그리스도교 세계의 타자인식에 큰 전환을 가져왔다. 십자군 연합세력은 1차 원정에서 비교적 손쉬운 승리를 거두고 성지 예루살렘을 차지했으나, 그 후 시간이 경과할수록 성지 방어와 이슬람 및 이교 지역을 그리스도교화한다는 목적은 멀어져 갔다. 두 세기에 걸쳐 원정이 진행되면서 그리스도교 세계와 이슬람 문명권 사이의 접촉은 광범위하게 이루어졌고, 다양한 파급효과가 있었다. 십자군 원정의 부정적 영향은 다방면에 걸쳐 지대했지만, 라틴 유럽인에게는 그리스도교에 기반한 공동체 의식을 강화시켜주는 계기가 되었다.

중세 교황 체제는 오랜 전통을 거치며 유럽 신자들을 아우르는 효율적인 조직으로 발전했다. 레오 3세, 그레고리우스 7세, 인노켄티우스 3세 등 걸출한 교황들은 성직자의 도덕 개혁과 교회의 자유를 주장하여 큰 반향을 불러일으켰으며, 현실적으로 교회가 세속 통치자와 영주들의 영향력에서 벗어나 상당한 독립성을 얻는 데 기여했다. 그렇지만 상당수 교황은 세속적 이해관계에 과도하게 관여했고, 허위의식에 기반해 최고 종교지도자에 걸맞지 않은 모순적인 행태를 보였다. 개혁교황들의 경우에도 '교황군주론' 같은 비현실적인 이데올로기에 사로잡혀 세속을 지배하려 애를 썼다. 그런 과정에서 교회의 세속화는 피할 수 없었다. 중세의 교황과 황제는 태양과 달에 비유할 수 없다. 교황은 세속 군주들에 비해 압도적인 권력을 지니고 있지 않았으며, 취약한 물리력을 권위로 대체하고 있었다. 세속국가는 통치력을 행사하려면 종교적 권위의 지지가 필요하다는 판단 때문에 대체로 동조했다. 국가와 교회는 상호 의존적인 존재였다. 보름스 협약은 성과 속의 분리라는 타협을 도출했으나, 이 원칙이 실질적으로 자리 잡기까지는 오랜 시간이 소요되었고, 실제로는 그 후에도 한동안 실질적인 힘에 기반한 상호관계가 작동했다.

중세 교황이나 주교들의 행적을 보면 그들에게 '신앙'이 무엇이었을지 의문이 생긴다. 여러 주교들의 성인전에서 확인할 수 있듯 당대에는 세속에서 교회의 이해관계를 관철하려 노력하는 것이 바람직한 신앙행위라고 인식하는 경우가 많았다. 성직자들이 문서 위조를 당당하게 자행한 것도 그 때문이다. 그렇지만 섣불리 중세인들에게 신앙은 요식행위였다거나 신앙이 없었다고 단정하기보다는 신앙에 대한 생각이 현대인들과 차이가 있었다고 이해해야 적절할 듯하다. 기실 현대에도 '신앙의 이름으로' 다양한 일들이 벌어지기 때문에 손쉽게 정의하기는 어렵다. 성과 속에 대한 태도에서 중세인은 근대인과 큰 차이가 있었으며, 신앙을 표현하는 방식도 개인의 신앙고백보다는 종교 의식이나 문화에 가까웠다고 대략적으로 구분할 수는 있을 것이다. 그리스도교는 16세기 종교개혁을 거치며 성경과 신앙고백을 토대로 종교의 본질을 재정립했기 때문이다.

로마 교황이 〈콘스탄티누스 기진장〉을 토대로 교회의 세속적 권력행사가 정당하다고 주장하던 15세기 중엽 로렌초 발라는 진리와 정의를 수호하겠다는 생각으로 그 문서의 허위성을 비판했다.[2] 그리고 그 논고에서 무엇이 교회의 본질인지 되물었다. 거대한 세속적 힘을 지닌 교회인가, 아니면 그러한 힘을 추구하지 않고 복음에 충실하며 세상과 사회를 섬기는 교회인가? 중세 말에 그리스도교가 위기에 처했던 본질적 이유는 기후위기나 전염병 탓도, 전쟁이나 민중봉기 탓도 아니었다. 본래적 역할은 외면한 채 끊임없이 힘, 권력, 재력을 확장하려고만 애쓰던 세속화된 교회 스스로가 원인을 제공했다. 이런 맥락에서 발라의 〈위작 콘스탄티누스 기진장에 대한 연설〉은 교회를 세속적으로 지배하려 했던 당대 교황과 교회를 향한 지식인의 날선 비판이었으며, 중세적 그리스도교 세계의 종언을 알리는 신호였다. 그렇다면 오늘날의 그리스도교는 어떠한가? 지나간 그리스도교 역사를 되돌아보는 것은 현재를 성찰하는 하나의 방편이다. 개인이든 교회든 스스로를 성찰하며 돌아보는 노력을 중단한다면, 과거에 범했던 동일한 오류와 잘못에서 벗어날 수 없을 것이다.

주

1——— Augustinus, De civitate Dei, 2, 8, 58-73; 2, 21, 116-123.
2——— 임병철, 「사료 학습 자료로 발라의 〈위작 콘스탄티누스 기진장에 대한 연설〉 읽기」,《역사교육연구》37(2020), 135-171쪽 참조.

참고문헌

* 이 책에서 인용 혹은 참고한 일부 사료와 사전, 인터넷 자료는 미주에 언급한 서지사항으로 충분하리라 생각되어 참고문헌 목록에서 생략하였습니다. 본서의 일부 장 혹은 절의 내용은 기존 출판된 필자의 다음 글에서 재인용하였습니다.

박흥식, 「오토 왕조와 살리 왕조 초기의 제국주교」, 《서양사론》 78(2003.09.), 61-80쪽.
박흥식, 「한자 초기 북유럽의 상인 네트워크」, 《서양중세사연구》 21(2008.03.), 29-37쪽.
박흥식, 「중세 말기 유럽의 성직자와 교회에 미친 흑사병의 영향」, 《서양사연구》 44(2011.05.), 41-82쪽.
박흥식, 「중세 도시에서의 매춘」, 서울대학교중세르네상스연구소 편, 《사랑, 중세에서 종교개혁기까지》(산처럼, 2019), 282-302쪽.
박흥식, 「중세 문명 다시보기」, 《목회와 신학》 379(2021.01.), 128-134쪽.
박흥식, 「중세 파리 대학의 자유와 저항」, 서울대학교 인문대학 편, 《팬데믹 너머 대학의 미래를 묻다》(서울대학교출판문화원, 2021), 107-125쪽.
박흥식, 「기후변화, 흑사병 그리고 대전환」, 《역사학보》 252(2021.12.), 93-120쪽.

1차 사료
《마르코폴로의 동방견문록》, 김호동 역주(사계절, 2000).
마르틴 루터, 《독일 민족의 그리스도인 귀족에게 고함》, 황정욱 역(길, 2017).
베네딕투스, 《성 베네딕도 규칙》, 허성식 번역 주해(들숨날숨, 2011).
보카치오, 《데카메론》, 민동선 역(청목, 1999).
비드, 《영국민의 교회사》, 이동일·이동춘 역(나남, 2011).
제프리 초서, 《캔터베리 이야기》, 송병선 역(책이있는마을, 2000).
타키투스, 《게르마니아》, 천병희 역(숲, 2012).
Adam of Bremen, *Gesta Hammaburgensis ecclesiae Pontificum*.
Admonitio generalis, *MGH Capitularia regum Francorum*.

Augustine, *Confessions.*

Augustinus, *De civitate Dei.*

Augustinus, *De ordine.*

Caesarius of Arles, *Sermons.*

Christopher Keller, *Historia universalis, breviter ac perspicue exposita, in antiquam, et medii aevi ac novam divisa, cum notis perpetuis.*

Chronicon Abbatie de Parco Lude, ed. E. Venables(Lincs. Rec. Soc., 1891).

Chronicon Henrici Knighton, ed., J. R. Lumby(Rolls Ser., 1889).

Constitutum Constantini ed., Horst Fuhrmann(MGH Fontes Iuris Germanici Antiqui vol. x) (Hannover, 1968).

Die Chroniken des Wigand Gerstenberg von Frankenberg ed. Hermann Diemar(Marburg, 1909).

Eusebius of Caesarea, *The Ecclesiastical History*(Cambridge, 1964-65).

Francesco Petrarca, *Liber sine nomine.*

Fulcher of Chartres, *A History of the Expedition to Jerusalem 1095-1127,* trans. by Frances Rita Ryan(Minnesota, 1916).

Giraldus Cambrensis, *De Principis Instructione.*

Gregorii episcopi Turonensis. Libri Historiarum, ed. Bruno Krusch and Wilhelm Levison, MGH Scriptores rerum Merovingicarum(SRM) I.1(Hannover 1951)

Gregorii VII Registrum(MGH Epistplae selectae II/1-2, ed. by E. Caspar, Berlin 1920-23)

Gregory of Tours, *Historiae.*

Hincmar, "Vita Remigius episcopi Remensis auctore Hincmaro", B. Krisch ed., *MGH, SRM,* t. III(Hannover, 1896).

Historia diplomatica Friderici secundi, ed., J.-L.-A. Huillard-Bréholles(Paris, 1854).

Ibrahim Ibn Jakub, "Reisebericht", G. Jacob ed., *Arabische Berichte von Gestalten an germanischen Fürstenhöfen aus dem 9. und 10. Jahrhundert* (Berlin & Leipzig, 1927).

Isidori Hispalensis Episcopi Etymologiarum sive Originvm libri XX.

Jacobus de Voragine, *The Golden Legend,* ed by E. Duffy, trans. by W. G. Ryan (Princeton and Oxford, 2012).

Letters from the Northern Register, ed. J. Rainer, Rolls Series 61(London, 1873).

Lucius Caecilius Firmianus Lactantius, *De Mortibus Persecutorum.*

Monumenta Germaniae Historica(MGH) Urkunden Ottos I.

Ordines iudiciorum Dei, *Formulae merovingici et karolini aevi,* ed. by Karl Zeuner(1963).

Ordonnances des rois de France.

Pactus Legis Salicae ed. by Katherine Fischer Drew, The Laws of the Salian Franks(Philadelphia, 1991).

Patrologiae cursus completus. Series Latina(약어 PL) ed. J.-P. Migne.

Philostorgios, *Historia ecclesiastica* II. 5, ed. J. Bidez & F. Winkelmann(Berlin 1971).

Pope Gregory the Great, *Epistle* XI,

Quellen zur Fragen Schleswig-Haithabu im Rahmen der fränkischen, sächsischen und nordischen Beziehungen eds., by Otto Scheel & Peter Paulsen(Kiel, 1930).

Quellen zur Geschichte der Kaiserkrönung Karls des Grossen, ed. by H. Dannenbauer(Berlin, 1931).

Readings in Medieval History, 2vols. ed. by P. J. Geary (New York, 1992).

Registrum Johannis de Trillek, episcopi Herefordensis, 1344-1361, ed. J. H. Parry(Hereford, 1912).

Rimbert, *Vita Anskarii*, ed. G. Waitz *MGH Scriptores rerum Germanicarum in usum scholarum separatim editi*(Hannover, 1984).

Ruotgerus, "Vita Brunonis archiepiscopi Coloniensis", Irene Ott, ed., *MGH Scriptores rerum Germanicarum*, NS vol. 10(1951).

Sachsenspiegel Landrecht.

Suger, *Scriptum consecrationis ecclesiae Sancti Dionysii*, XV, ed. Françoise Gasparri, Suger 2 vols.(Paris, 1996-2001).

Summa theologiae.

Visitations of religious houses in the diocese of Lincoln: records of visitation held by William Alnwick, bishop of Lincoln A.D. 1436 to A.D. 1449(1918), ed., by A. Hamilton Thompson.

Voltaire, *Essai sur les mœurs et l'esprit des nations*(1756)

Widukind, *Res gestae Saxonicae*, ed. Paul Hirsch and Hans-Eberhard Lohmann, MGH SS rer. *Germ. in usum scholarum*(Hanover, 1935).

Widukindi Monachi Corbeiensis Rerum Gestarum Saxonicarum Libri Tres, ed. by P. Hirsch & H.-E. Lohmann(Hannover, 1935).

2차 문헌

A. 칼리스, 「형상 논쟁부터 20세기 초엽까지의 동방교회의 역사」, 레이몬드 콧체/베른트 묄러 편, 《고대교회와 동방교회》(한국신학연구소, 1999), 324-326쪽.

C. H. 해스킨스, 《12세기 르네상스》, 이희만 역(혜안, 2017).

C. H. 해스킨스, 《대학의 기원》, 김호권 역(삼성문화문고, 1986).

E. G. 리처즈, 《시간의 지도, 달력》, 이민아 역(까치, 2003).

J. 모랄·W. 울만, 《중세 유럽의 정치사상》, 박은구·이희만 역(혜안, 2016).

R. W. 서던, 《중세교회사》(크리스천다이제스트, 1999).

S. 프레더릭 스타, 《잃어버린 계몽의 시대, 중앙아시아의 황금기, 아랍 정복부터 티무르 시대까지》, 이은정 역(길, 2021).

강상진, 「12세기 서방 라틴 그리스도교의 자기이해: 아벨라르두스(1079-1142)의 '철학자와 유대인과 그리스도교인 사이의 대화'를 중심으로」, 《서양중세연구》 12(2003.09.), 71-100쪽.

게오르크 오스트로고르스키, 《비잔티움 제국사 324-1453》, 한정숙, 김경연 역(까치 1999).

구자섭, 성직자 독신의 제도적 확립과 서임권 분쟁, 《서양사연구》 49(2013), 175-218쪽.

그레그 스타인메츠, 《자본가의 탄생, 자본은 어떻게 종교와 정치를 압도했는가》, 노승영 역(부키, 2018).

기쿠치 요시오, 《결코 사라지지 않는 로마, 신성로마제국》, 이경덕 역(다른세상, 2010).

김경현, 《콘스탄티누스 황제와 기독교》(세창출판사, 2017).

김경현, 「밀라노 칙령, 그 신화의 해체」, 《지식의 지평》 15(2013.11.), 233-246쪽.

김덕수,《로마와 그리스도교》(홍성사, 2017).

김미옥,《중세 음악. 역사·이론》(심설당, 2005).

김범영,《지구의 대기와 기후변화》(학진북스, 2014).

김유경,「중세 유럽 대학의 자유」,《서양사론》74(2002.09.), 37-58쪽.

김중기,《고딕 문화의 탄생》(미당, 2003).

김현자,「고대 중국의 신성 왕권. 그 신화와 의례 및 상징물들」,《역사민속학》23(2006), 243-283쪽.

김호동,《동방 기독교와 동서문명》(까치, 2002).

나종일·송규범,《영국의 역사》(한울, 2005).

니콜라우스 페브스너,《유럽 건축사 개관》, 김복지 외 공역(태림문화사, 1993).

니키 로버츠,《역사 속의 매춘부들》, 김지혜 역(책세상, 2004).

데이비드 밴틀리 하트,《그리스도교, 역사와 만나다》, 양세규·윤혜림 역(비아, 2020).

데즈먼드 수어드,《백년전쟁 1337-1453》, 최파일 역(미지북스, 2018).

라스 브라운워스,《바다의 늑대. 바이킹의 역사》, 김홍옥 역(에코리브르, 2018).

로드니 스타크,《기독교 승리의 발자취》, 허성식 역(새물결플러스, 2020).

로드니 스타크,《기독교의 발흥》, 손현선 역(좋은씨앗, 2016).

로저 콜린스,「비시고트 스페인, 409-711」, 레이몬드 카 외,《스페인사》, 김원중·황보영조 역(까치, 2006), 57-83쪽.

루치오 데 조반니,「로마법과 유스티나아누스 대제의 법전 편찬」, 에코 편,《중세》1권(시공사, 2015), 114-118쪽.

뤼시앵 레뇨,《사막교부, 이렇게 살았다》, 허성식 역(분도출판부, 2009).

리처드 플레처,《십자가와 초승달. 천년의 공존》, 박홍식·구자섭 역(21세기북스, 2020).

리처드 플레처,「초기 중세시대 700-1250」, 레이몬드 카 외,《스페인사》, 김원중·황보영조 역(까치, 2006), 85-117쪽.

마르크 블로크,《기적을 행하는 왕》, 박용진 역(한길사, 2015).

마르크 블로크,《봉건사회》, 한정숙 역(한길사, 2001/신판).

맬컴 스완스턴·알렉산더 스완스턴,《지도의 역사》, 유나영 역(소소의책, 2021).

미셸 파스투로,《돼지에게 살해된 왕. 프랑스 상징의 기원이 된 불명예스러운 죽음》, 주나미 역(오롯, 2018).

바르톨로메오스,《신비와의 만남. 현대 세계와 정교회 신앙》, 박노양 역(정교회출판사, 2018).

박소영,「중세 스페인 톨레도의 번역과 후원」,《이베로아메리카연구》26.2(2015), 1-26쪽.

박승찬,《서양 중세의 아리스토텔레스 수용사》(누멘, 2010).

박승찬,「아리스토텔레스 철학의 수용과 스콜라 철학의 발전」,《가톨릭철학》3(2001), 119-157쪽.

박용진,「중세 파리의 변화: 국왕의 처소에서 왕국의 수도로」,《서양사론》86(2005.09.), 35-61쪽.

박지향,《영국사. 보수와 개혁의 드라마》(까치, 2007/개정판).

박홍식,「소상인동업조합과 중세도시의 배타성」,《역사학보》165(2000.03.), 211-240쪽.

박홍식,「주사위는 던져졌다. 주사위 놀이를 통해 본 중세 서양인의 일상」,《서양중세사연구》13(2004.03.), 135-166쪽.

박홍식,「중세 도시는 상인길드의 볼모였는가? 괴팅엔의 사례」,《서양중세사연구》33(2014.03.), 381-413쪽.

박홍식,「중세 동업조합의 총회(Morgensprache): 북독일 도시의 사례를 중심으로」,《서양사론》67(2000.12.), 65-93쪽.

박흥식, 「흑사병과 중세 말기 유럽의 인구문제」, 《서양사론》 93(2007.06.), 28-30쪽.

박흥식, 헨리 8세의 개혁과 수도원 해산, 《역사학보》 214집(2012.06.), 271-294쪽.

배은숙, 「콘스탄티노폴리스 창건의 지정학적 실익」, 《대구사학》 133(2018.11.), 387-421쪽.

번 벌로·보니 벌로, 《매춘의 역사》, 서석연·박종만 역(까치, 1992).

볼프강 E. J. 베버, 《유럽 대학의 역사》, 김유경 역(경북대학교출판부, 2020).

볼프강 베링어, 《기후의 문화사》, 안병옥·이은선 역(공감, 2010).

사무엘레 바키오키, 《안식일에서 일요일로. 초기 기독교의 일요일 준수 기원에 대한 역사적 고찰》, 이국헌 역(감은사, 2022).

사이먼 가필드, 《지도 위의 인문학》, 김명남 역(다산북스, 2015).

성영곤, 「1277년의 아리스토텔레스 금지령과 중세과학의 향방」, 《서양중세사연구》 15(2005.03.), 63-89쪽.

스티븐 오즈맹, 《종교개혁의 시대, 1250-1550》, 이희만 역(한울, 2020).

시드니 H 그리피스, 《이슬람 세계 속 그리스도교》(새물결플러스, 2019).

아민 말루프, 《아랍인의 눈으로 본 십자군 전쟁》, 김미선 역(아침이슬, 2002).

아벨라르·엘로이즈, 《아벨라르와 엘로이즈》, 정봉구 역(을유문화사, 2015).

아우구스트 프란츤, 《세계교회사》, 최석우 역(분도, 2001).

안나 마리아 보치, 「아비뇽의 교황청」, 에코 편, 《중세》, III권, 61-62쪽.

앙리 포시옹, 《로마네스크와 고딕》, 정진국 역(까치, 2004).

앤서니 그래프턴, 《신대륙과 케케묵은 텍스트들》, 서성철 역(일빛, 2000).

야콥 슈프렝거와 하인리히 크라머, 《말레우스 말레피카룸. 마녀를 심판하는 망치》(우물이있는집, 2016).

에버하르트 호르스트, 《중세 최대의 연애사건》, 모명숙 역(생각의 나무, 2005).

엠마누엘 르루아 라뒤리, 《몽타이유—중세 말 남프랑스 어느 마을 사람들의 삶》, 유희수 역(길, 2006).

요셉 피퍼, 《중세 스콜라 철학》, 김진태 역(가톨릭대학출판부, 1960).

움베르토 에코 편, 《중세》 제1권, 김효정·최병진 역(시공사, 2015).

움베르토 에코, 《장미의 이름 창작노트》, 이윤기 역(열린책들, 1992).

윌리엄 H. 맥닐, 《전염병과 인류의 역사》, 허정 역(한울, 1998).

유스토 L. 곤잘레스, 《중세교회사》, 서영일 역(은성, 1987).

유스토 L. 곤잘레스, 《초대교회사》, 서영일 역(은성, 1987).

유희수, 《사제와 광대. 중세 교회문화와 민중문화》(문학과지성사, 2009).

이경구, 「스테파누스 2세와 피핀의 상봉: 그 역사적 의미」, 《서양중세사연구》 9(2002.03.), 1-18쪽.

이경구, 「콘스탄티누스 기진장의 작성 목적」, 《서양중세사연구》 11(2003.03.), 53-55쪽.

이광주, 《대학사 - 이념·제도·구조》(민음사, 1997).

이석우, 「중세 대학의 형성과 지배세력」, 대학사연구회 편, 《전환의 시대 대학은 무엇인가》(한길사, 2000), 293-322쪽.

이영재, 《유럽 중세교회의 향연 2—근대를 품은 중세교회》(혜안, 2021).

이종경, 「창조적 모험: 고딕 건축을 통해 본 중세의 기술과 엔지니어링」, 《서양중세사연구》 4(1999.06.), 69-75쪽.

임병철, 「사료 학습 자료로 발라의 〈위작 콘스탄티누스 기진장에 대한 연설〉 읽기」, 《역사교육연구》 37(2020), 135-171쪽.

자크 르 고프, 《서양 중세 문명》, 유희수 역(문학과지성사, 2008/개정판).

자크 르 고프, 《중세의 지식인들》, 최애리 역(동문선, 1999).

장 베르동, 《중세의 쾌락: 서양 중세 사람들의 사랑, 성 그리고 삶의 즐거움》, 이병욱 역(이학사, 2000).

장준철, 《서양 중세교회의 파문》(혜안, 2014).

장준철, 《서양 중세의 교황권. 정치적 갈등과 투쟁의 역사》(혜안, 2021).

재닛 아부-루고드, 《유럽 패권 이전. 13세기 세계체제》, 박홍식·이은정 역(까치, 2006).

전수홍, 《함께 읽는 세계교회사》 1(생활성서, 2009).

제임스 버지, 《내 사랑의 역사》, 유원기 역(북폴리오, 2006).

제임스 와서만, 《성전기사단과 아사신단》, 서미석 역(정신세계사, 2006).

제프리 리처즈, 《중세의 소외집단: 섹스, 일탈, 저주》, 유희수·조명동 역(느티나무, 1999).

조르조 스트라노, 「교부의 관점에서 본 천구와 지구」, 에코 편, 《중세》 I권, 525-528쪽.

조르주 뒤비, 《세 위계: 봉건제의 상상세계》, 성백용 역(문학과지성사, 1997).

조르주 뒤비, 《중세의 결혼: 기사, 여성, 성직자》, 최애리 역(새물결, 1997).

존 메이엔도르프, 《비잔틴 신학. 역사적 변천과 주요 교리》, 개정판(정교회출판사, 2018).

존 줄리아스 노리치, 《비잔티움 연대기》, 남경태 역(바다출판사, 2007).

존 줄리어스 노리치, 《교황 연대기》, 남길영 역(바다출판사, 2011).

존 킬링엄·대니 댄지거, 《1215 마그나카르타의 해》, 황정하 역(생각의나무, 2005).

주경철, 《마녀 – 서양 문명은 왜 마녀를 필요로 했는가》(생각의 힘, 2016).

주동근, 「중세 무슬림 스페인의 종교적 관용에 관한 연구―711년부터 8세기 말까지 코르도바의 종교적 관용을 중심으로」, 《한국중동학회논총》 35권 1호(2014.06.), 159-163쪽.

카르팡티에 외, 《프랑스인의 역사》, 주명철 역(소나무, 1991).

카를로 진즈부르크, 《치즈와 구더기―16세기 한 방앗간 주인의 우주관》, 김정하·유제분 역(문학과지성사, 2001).

크누트 슐츠, 《중세 유럽의 코뮌운동과 시민의 형성》, 박홍식 역(2013, 길).

클라우스 샤츠, 《보편공의회사》, 이종한 역(분도, 2005).

키스 토마스, 《종교와 마술 그리고 마술의 쇠퇴》, 이종흡 역, 1권(나남, 2014).

토머스 E. 매든, 《십자군》, 권영주 역(루비박스, 2005).

파트리치아 스토파치, 「고전 시대의 유산과 그리스도교 문화: 보에티우스와 카시오로루스」, 에코 편, 《중세》 1권, 546-551쪽.

패트릭 기어리, 《메로빙거 세계. 한 뿌리에서 나온 프랑스와 독일》, 이종경 역(지식의풍경, 2002).

폴 존슨, 《유대인의 역사》 2권, 김한성 역(살림, 2005).

프란체스코 마울로 토코, "시칠리아와 이탈리아 남부의 노르만인들", 에코 편, 《중세》 2권, 윤종태 역(시공사, 2015), 109-113쪽.

프란체스코 스텔라, 「요크의 알퀴누스와 카롤링거 왕조의 르네상스」, 에코 편, 《중세》 1권, 562-567쪽.

프리츠 하이켈하임, 《로마사》, 김덕수 역(현대지성사, 1999).

피터 브라운, 《성인 숭배》, 정기문 역(새물결, 2002).

피터 브라운, 《아우구스티누스》, 정기문 역(새물결, 2012).

피터 프랭코판, 《동방의 부름. 십자군 전쟁은 어떻게 시작되었는가》, 이종인 역(책과함께, 2018).

피터 히더, 《로마제국 최후의 100년》(뿌리와이파리, 2008).

필립 샤프, 《니케아 시대와 이후의 기독교》(크리스챤다이제스트, 2004).

필립 샤프, 《보니파키우스 8세부터 루터까지》(교회사전집 6권), 이길상 역(크리스챤다이제스트, 2004).

한스 큉, 《그리스도교. 본질과 역사》, 이종한 역(분도출판사, 2002).

한스 큉, 《이슬람-역사·현재·미래》, 손성현 역(시와진실, 2012).

허버트 H. 램, 《기후와 역사》, 김종규 역(한울, 2004).
헤르만 헤세, 《성 프란치스코의 생애》, 이재성 역(프란치스코출판사, 2014).
헤르베르트 그룬트만, 《중세대학의 기원》, 이광주 역(탐구당, 1977).
호르스트 푸어만, 《교황의 역사. 베드로부터 베네딕토 16세까지》, 차용구 역(길, 2013).
호르스트 푸어만, 《중세로의 초대》, 안인희 역(이마고, 2003).
홍용진, 「496년(?) 12월 25일, 클로비스의 세례와 개종」, 《프랑스사 연구》 35(2016.08.), 135-168쪽.

John Aberth, *From Brink of the Apocalypse. Confronting Famine, War, Plague and Death in the Later Middle Ages*, 2nd. ed.(New York, 2010).

Christopher Allmand, *The Hundred Years War. England and France at War c.1300-c.1450*(Cambridge, revised ed. 2001).

Michael Angold, "Belle Époque or Crisis?", J. Shepard ed., *The Cambridge History of the Byzantine Empire c.500-1492*, Revised ed.(Cambridge, 2019), pp. 583-626.

Tamin Ansary, *Destiny Disrupted: A History of the World Through Islamic Eyes*(New York, 2009).

Marie-France Auzépy, "State of Emergency(700-850)", J. Shepard ed., *The Cambridge History of the Byzantine Empire c.500-1492*, Revised ed.(Cambridge, 2019), pp. 251-291.

Anne L. Barstow, *Married Priests and the Reforming Papacy: The Eleventh Century Debates*(New York: Edwin Mellen, 1982).

Robert Bartlett, *The Making of Europe: Conquest, Colonization and Cultural Change, 950-1350*(London, 1994).

Janetta Rebold Benton, *Art of the Middle Ages*(London, 2002).

H. Beumann, "Otto der Große(936-973)", H. Beumann ed., *Kaisergestalten des Mittelalters*(München, 1984), pp. 50-72.

Jan Bill, "Ships and Seamanship", Peter Sawyer ed., *The Oxford Illustrated History of the Vikings*(Oxford, New York, 2001), pp. 185-188.

Günther Binding, *Was ist Gotik. Eine Analyse der gotischen Kirchen in Frankreich, England und Deutschland 1140-1350*(Darmstadt, 2000).

Jean-N. Biraben, *Les hommes et la peste en France et dans des pays européens et méditerranéens*, 2 vols.(Paris, 1975-76).

Louise M. Biship, "The Myth of the Flat Earth", S. J. Harris & B. L. Grigsby, *Misconceptions about the Middle Ages*(New York/London, 2008), pp. 97-101.

Iwan Bloch, *Die Prostitution*, vol. 1(Berlin, 1912).

Hartmut Boockmann, "Das Reich im Mittelalter(900 bis 1500)", H. Boockmann, u.a., *Mitten im Europa. Deutsche Geschichte*(Berlin, 1990), pp. 43-136.

Hartmut Boockmann, *Stauferzeit und spätes Mittelalter. Deutschland 1125-1517*(Berlin, 1998).

Arno Borst, *Die Katharer*(Freiburg, 1991).

William Bowsky, *The Finance of the Commune of Siena*(Oxford, 1970).

Michail A. Boycov, "Der Kern der Goldenen Bulle", *Deutsches Archiv für Erforschung des Mittelalters* 69(2013), pp. 581-614.

M. Brandt & A. Eggebrecht eds., *Bernward von Hildesheim und das Zeitalter der Ottonen*, 2 vols.(Hildesheim & Mainz, 1993).

A. R. Bridbury, *England and the Salt Trade in the Later Middle Ages*(Oxford, 1955).

Giles Brown, "Introduction: the Carolingian Renaissance", R. Mckittercik ed., *Carolingian culture: emulation and innocation*(Cambridge, 1994).

Peter Brown, *The World of Late Antiquity AD 150-750*(London, 1971).

Peter Brown, *The Rise of Western Christendom. Triumph and Diversity. A.D. 200-1000*, 10th Anniversary Revised Edition(Chichester, West Sussex 2013)

Peter Brown, Christianization and Religious Conflict, *Cambridge Ancient History* 13(1998), pp. 632-664.

P. R. L. Brown, "Religious Dissent in the later Roman Empire: the Sace of North Africa", *History* 46(1961), pp. 83-101.

L. Brubaker & J. Haldon, *Byzantium in iconoclast era c.680-850: a history* (Cambridge, New York, 2011).

James A. Brundage, *Law, Sex, and Christian Society in Medieval Europe*(Chicago: University of Chicago Press, 1987).

Jacob Burckhardt, *The Age of Constantine the Great*(New York, 1989).

E. J. Burford, *Bawds and Lodgings: A History of the London Bankside Brothels c. 100-1675*(London: Peter Owen, 1976).

Joseph P. Byrne, *Daily life during the Black Death*(Westport, 2006).

Bruce B. S. Campbell, *The Great Transition. Climate, Disease and Society in the Late-Medieval World*(Cambridge/New York, 2016).

Peter Classen, *Karl der Grosse, das Papstum und Byzanz: die Begründung des Karolingischen Kaisertums*(Sigmaringen, 1998),

Peter Classen, *Studium und Gesellschaft im Mittelalter*, ed. by J. Fried(Stuttgart, 1983).

Samuel K. Cohn Jr., 'After the Black Death: labour legislation and attitudes towards labour in late-medieval western Europe', Economic History Review, 60(2007), pp. 457-85.

Roger Collins, *Early Medieval Europe 300-1000*, 2nd ed.(New York, 1999).

Giles Constable, "The Historiography of Crusades", A. E. Laiou and R. P. Mottahedeh, eds., *The Crusades from the Perspectives of Byzantium and the Muslim World*(Washington, 2001), pp. 1-22.

Philippe Contamine, *War in the Middle Ages*, translated by M. Jones(Oxford, 1984),

Kathleen Corrigan, "Iconography", E. Jeffreys ed., *The Oxford Handbook of Byzatine Studies*(Oxford, New York, 2008), pp. 67-76.

M. Costambeys et.al., *The Carolingan World*(Cambridge, 2011).

Louis William Countryman, *The Rich Christian in the Church of the Early Empire: Contradictions and Accommodations*(1980).

Yujun Cui et al., "Historical variations in mutation rate in an epidemic pathogen, Yersinia pestis", *PNAS* 110, 2(2013), pp. 577-582.

M. Mildred Curley, "An Episode in the Conflict between Boniface VIII and Philip the Fair", *The Catholic Historical Review* 13, no.2(1927), pp. 194-226.

Elton L. Daniel, "The 'Ahl al-Taqadum' and the Problem of the Constituency of the Abbasid Revolution in the Merv Oasis", *Journal of the Islam Studies* 7, 2(1996), pp. 162-163.

R. A. Davies, "The Effect of the Black Death on the Parish Priests of the Medieval Diocese of Coventry and Lichfield," *Historical Research*, 62, no. 147(1989), pp. 85-90.

Jean Décarreaux, *Die Mönche und die abendländische Zivilisation*(Wiesbaden, 1964).

William J. Dohar, *The Black Death and Pastoral Leadership: The Diocese of Hereford in the Fourteenth Century*(Philadelphia, 1995).

Michael W. Dols, *The Black Death in the Middle East*(Princeton, 1977).

H. A. Drake, *Constantine and the Bishops: The Politics of Intolerance*(Baltimore, 2000).

Eamon Duffy, *Saints and Sinners. A History of the Popes*(New Haven & London, 2nd ed., 2002).

Eamon Duffy, *The Stripping of the Altars. Traditional Religion in England c.1400-c.1580*, 2nd ed. (New Haven & London, 2005).

Christopher Dyer, *An Age of Transition? Economy and Society in England in later Middle Ages*(Oxford, 2009).

Christopher Dyer, "Taxation and communities in late medieval England," R. Brithell & J. Hatcher, eds., *Progress and Problems in Medieval England*(Cambridge, 1996), pp. 188-190.?

Rebecca J. Eisen & Kenneth Gage, "Transmission of flea-borne zoonotic agents", *Annual Review Entomology* 57(2012), pp. 61-82.

Carl Erdmann, *Entstehung des Kreuzzugsgedankens*(Stuttgart, 1955).

Eugen Ewig, "The First Contacts of Christianity with the Germans and the Conversion of the Goths", H. Jedin and J. Dolan eds., *History of the Church*, vol. 2.(New York, 1980), pp. 225-230.

Dario Fernández-Morera, *The Myth of the Andalusian Paradise_ Muslims, Christians, and Jews under Islamic Rule in Medieval Spain*(New York, 2016).

Heinrich Fichtenau, *The Carolingian Empire. The Age of Charlemagne*(New York, 1964).

Heinrich Fichtenau, *Lebensordnungen des 10. Jahrhunderts*, 2 vols.(Stuttgart, 1984).

A. F. Finckenstein, *Bischof und Reich. Untersuchungen zum Integrationsprozeß des ottonisch-frühsalischen Reiches(919-1056)*(Sigmaringen, 1989).

Joset Fleckenstein, "Problematik und Gestalt der ottonisch-salischen Reichskirche"(1985), J. Fleckenstein, ed., *Ordnungen und formende Kräfte des Mittelalters*(1989), pp. 223-224.

Augustin Fliche, *La Réforme Grégorienne*, 3 vols.(Paris, 1924—1937).

Alan Forey, "The Military Orders 1120-1312", J. Riley-Smith ed., *The Oxford Illustrated History of the Crusades*(Oxford/New York, 1995) pp. 184-216.

Paul Fouracre(ed), *The New Cambridge Medieval History:* Volume 1 c.500-c.700. (Cambridge, 2005).

Karl Suso Frank, *Geschichte des Christlichen Mönchtums,* 5th ed.(Darmstadt, 1993),

K. L. French, The People of the Parish: Community Life in a Late Medieval English Diocese(Philadelphia, 2001).

Ute Frevert, *Ehrenmänner. Das Duell in der bürgerlichen Gesellschaft*(München, 1991).

Horst Fuhrmann, *Von Petrus zu Johannes Paul II. Das Papstum: Gestalt und Gestalten*(München, 2nd ed., 1984).

Horst Fuhrmann, "The Pseudo-Isidorian Forgeries," in W. Hartmann and K. Pennington, eds. *Papal Letters in the Early Middle Ages*(Washington, 2001), pp. 135-195.

Francesco Gabrieli, *Arab Historians of the Crusades,* trans. E. J. Costello(London: Routledge & Kegan Paul, 1984).

H. Geffcken, *Fehde und Duell*(Leipzig, 1899).

Karl Heinrich Johannes Geffcken, The last days of Greco-Roman paganism (Amsterdam 1978).

Dietrich Gerhard, *Old Europe. A Study of Continuity, 1000-1800*(New York, 1981).

Jean Gimpel, *The Medieval Machine: The Industrial Revolution of the Middle Ages*(New York, 1976).

Gundrun Gleba, *Klöster und Orden im Mittelalter,* 2nd ed.(Darmstadt, 2006).

Gudrun Gleba, *Klosterleben im Mittelalter*(Darmstadt, 2004).

Ivan Gobry, *Franz von Assisi*(Hamburg, 1982).

Werner Goez, *Kirchenreform und Investiturstreit 910-1122,* 2nd ed.(Stuttfart, 2008).

Robert S. Gottfried, "Epidemic Disease in Fifteenth Century England", *The Journal of Economic History* 36.1(1976), pp. 267-270.

Robert S. Gottfried, *The Black Death: Natural and Human Disaster in Medieval Europe*(New York, 1985).

Edward Grant, *The Foundations of Modern Science in the Middle Ages. Their Religious, Institutional, and Intellectual Contexts*(Cambridge/N.Y., 1996).

Jacob Grimm & Wilhelm Grimm, *Deutsches Wörterbuch*(München, 1984).

Louis Grodecki, *Gothic Architeckture*(New York, 1985).

Jean M. Grove, *Little ice ages: ancient and modern*(London/New York, 2004).

Benedict Gummer, *The scourging angel: The Black Death in the British Isles*(London, 2009).

A. M. Haberman, ed., *Massacres of Germany and France*(Jerusalen, 1946).

Raban von Haehling, *Die Religionszugehörigkeit der hohen Amtsträger des Römischen Reiches seit Constantins I. Alleinherrschaft bis zum Ende der Theodosianischen Dynastie(324-450 bzw. 455 n. Chr.)*(Bonn 1978).

Birgit Hahn-Woernle, *Die Ebstorfer Weltkarte,* 2nd ed.(Ostfidern, 1993).

Guy Halsall, *Barbarian Migrations and the Roman West 376-568*(Cambridge, 2007).

Bernard Hamilton, The Medieval Inquisition(New York, 1981).

K. W. Harl, "Sacrifice and Pagan Belief in Fifth- and Sixth-Century Byzantium", Past and Present 128(1990), pp. 7-27.

Christopher Harper-Bill, "The English Church and English Religion after Black Death," W. M. Ormrod & P. G. Lindley, eds., The Black death in England(Stamford, 1996), pp. 79-123.

Andreas Hartmann-Virnich, Was ist Romanik? Geschichte, Formen und Technik des romanischen Kirchenbaus(Darmstadt, 2004).

John Hatcher, Plague, Population and English Economy(London, 1977).

A. Haverkamp and A. Heit eds., Ecos Rosenroman. Ein Kolloquium(München, 1987).

Peter Heath, The English Parish Clergy on the Eve of the Reformation(London & Toronto, 1969).

Peter Heather, The Goths(Malden, 1998).

Friedrich Heer, Das Heilige Römische Reich. Von Otto dem Großen bis zur Habsburgischen Monarchie(München, 1977).

David Herlihy ed., The History of Feudalism(London, 1971).

David Herlihy, The Black Death and the Transformation of the West, ed. by S. K. Cohn, Jr.(Cambridge, Massachusetts, 1997).

Christopher Hibbert, Rom. Biographie einer Stadt(München, 1992).

J. N. Hillgarth ed., Christianity and Paganism, 350-750. The Conversion of Western Europe(Philadelphia, 1969).

P. M. Holt et al. eds, Cambridge History of Islam, vol. 1(Cambridge, 1970).

Rosemary Horrox ed., The Black Death(Manchester & New York, 1994).

Franz Irsigler and Arnold Lassota, Bettler und Gaukler, Dienen und Henker: Aussenseiter in einer mittelalterlichen Stadt. Köln 1300-1600, 5th ed.(München, 1993).

Eberhard Isenmann, Die deutsche Stadt im Spätmittelalter 1250-1500(Stuttgart, 1988).

Sergey A. Ivanov, "Religious Missions", J. Shepard ed., The Cambridge History of the Byzantine Empire c.500-1492, Revised ed.(Cambridge, 2019), pp. 305-332.

C. Hilary Jenkinson, "The First Parliament of Edward I", The English Historical Review 25, no. 98(Apr., 1910), pp. 231-242.

Gwyn Jones, A History of the Vikings, 2nd ed.(Oxford New York, 1984).

Ernst H. Kantorowicz, Die zwei Körper des Königs. Eine Studies zur politischen Theologie des Mittelalters (München, 1990).

Ruth Mazo Karras, "Prostitution in Medieval Europe", in Handbook of Medieval Sexuality, ed. by Vern L. Bullough and James A. Brundage(New York, 1996), pp. 243-260.

Martin Kaufhold, Europas Norden im Mittelalter. Die Integration Scandinaviens in das christlichen Europa (9.-13. Jahrhunder) (Darmstadt, 2001).

Kyrre L. Kausrud et al., "Modeling the epidemiological history of plague in Central Asia: Palaeoclimatic forcing on a disease system over the past millennium",

BMC Biology 8.112(2010), pp. 1-14.

Kyrre L. Kausrud et al., "Climatically driven synchrony of gerbil populations allows large-scale plague outbreaks", *Proceedings of the Royal Society B: Biological Sciences* 274(2007), pp. 1963-1969.

B. Z. Kedar, *Merchants in Crisis: Genoese und Venetian Men of Affairs and the Fourteenth-Century Depression*(New Haven, 1976).

William Paton Ker, *The Dark Ages*(New York, 1904).

Ian Kershaw, "The Great Famine and Agrarian Crisis in England", *Past & Present* 59(May, 1973), pp. 3-50.

Beat A. Kiimin, *The Shaping of a Community: the Rise and Reformation of the English Parish, c.1400-1560*(Aldershot, 1996).

Gerhard Köbler, *Bilder aus der deutschen Rechtsgeschichte*(München, 1988).

Walter Koschorreck, *Der Sachsenspiegel in Bildern*(Frankfurt a.M., 1976).

P. L'Huillier, *The Church of the Ancient Councils: The Disciplinary Work of the First Four Ecumenical Councils*(New York, 1996).

Malcolm Lambert, *Ketzerei im Mittelalter. Eibe Geschichte von Gewalt und Scheitern*(Freiburg i.B., 1991).

Frederic C. Lane, *Venice, A Maritime Republic*(Baltimore, 1973).

C. H. Lawrence, *Medieval Monasticism. Forms of Religious Life in Western Europe in the Middle Ages*, 2nd ed., (London/N.Y., 1989).

Jacques Le Goff, *Kultur des europäischen Mittelalters*(München, 1970).

Henry C. Lea, *A History of Inquisition of the Middle Ages*, 3 vols.(New York 1887-1906).

Volker Leppin, *Geschichte des mittelalterlichen Christentums*(Tübingen, 2012).

Lexikon des Mittelalters 9 vols.(München, 2003).

Ralph-Johannes Lilie, *Byzanz unter Eirene und Konstantin VI.(780-802)* (Frankfurt a.M., 1996).

Lester K. Little, *Plague and the End of Antiquity: The Pandemic of 541-750* (Cambridge, 2007).

Andrew Louth, "Justinian and his legacy", Jonathan Shepard ed., *The Cambridge History of Byzantine Empire c.500-1492*(Cambridge, 2008), pp. 99-129.

Andrew Louth, "Byzantium Transforming(600-700)", Jonathan Shepard ed., *The Cambridge History of Byzantine Empire c.500-1492*(Cambridge, 2008), pp. 221-248.

Ramsay MacMullen, *Christianity and Paganism in the Fourth to Eighth Centuries* (New Haven, 1997).

R. A. Markus, The End of Ancient Christianity(Cambridge, 1990).

R. A. Markus, "Christianity and Dissent in Roman North Africa: Changing Perspectives in Recent Work", *Studies in Church History* 9(1972), pp. 21-36.

Mary Martin McLaughlin, Abelard as Autobiographer: The Motives and Meaning of his "Story of Calamities", *Speculum* 42(1967), pp. 463-488.

Rosamond Mckitterick, "The Illusion of Royal Power in the Carolingian Annals", *The English Historical Review*, Vol. 115, No. 460(2000), pp. 1-20.

Rosamond Mckitterick, *Charlemagne. The Formation of a European Identity*

(Cambridge, 2008).

Anthony J McMichael, "Paleoclimate and bubonic plague: a forewarning of future risk?", *BMC Biology*, 8.108(2010), pp. 1-3.

M. Meslin, *La fête des Kalandes de Janvier dans l'empire romain*(Brussels, 1970).

Heikki Mikkeli, *Europe as an Idea and an Identity*(London, 1998).

Heinrich Mitteis, "Über den Rechtsgrund des Satzes 'Stadtluft macht frei'", Carl Haase ed., *Die Stadt des Mittelalters* vol. II(Darmstadt, 1987), pp. 182-202.

Peter George Mode, The Influence of the Black Death on the English Monasteries (Chicago, 1916).

Theodor Ernst Mommsen, "Petrarch's Conception of the Dark Ages", *Speculum* 17(1942), pp. 226-242.

John C. Moore, *Pope Innocent III(1160/61-1216): to root up and to plant*(Leiden, 2003).

R. I. Moore, *The Origins of European Dissent*(London, 1977).

J. A. H. Moran, "Clerical recruitment in the diocese of York, 1340-1530: Data and Commentary," *Journal of ecclesiastical history* 34(1983), pp. 19-54.

Alfred Mühr, *Die deutschen Kaiser. Traum und Wirklichkeit des Reiches*(Wiesbaden, 1971).

Eckhard Müller-Mertens, *Regnum Teutonicum. Aufkommen und Verbreitung der deutschen Reichs- und Königsauffassung im früheren Mittelalter*(Wien-Köln-Graz, 1970).

Janet L. Nelson, "The Frankish Empire", Peter Sawyer ed., *The Oxford Illustrated History of the Vikings*(Oxford: Oxford University Press, 2001), pp. 19-47.

Timothy P. Newfield, "A cattle panzootic in early fourteenth-century Europe", *The Agricultural History Review*, 57.2(2009), pp. 155-190.

David M. Nicholas, *Medieval Flanders*(London/New York, 1992).

Thomas F. X. Noble, *The Republic of St. Peter: the birth of the papal state 680-825*(Philadelphia 1984).

Thomas S. Noonan, "Scandinavians in European Russia", Peter Sawyer ed., *The Oxford Illustrated History of the Vikings*(New York, 1997), pp. 134-155.

C. G. Normore, "Abelard and the School of the Nominales", *Vivarium* 30(1992), pp. 80-96.

Friedrich Wilhelm Oediger, *Über die Bildung der Geistlichen im späten Mittelalter*(Leiden/Köln, 1953).

Otto Gerhard Oexle, "The Middle Ages through Modern Eyes. A Historical Problem", *Transactions of the Royal Historical Society* 9(1999), pp. 121-142.

Nicholas Orme, *Medieval Schools. From Roman Britain to Renaissance England*(New Haven and London, 2006).

Robert C. Palmer, *Selling the Church: The English Parish in Law, Commerce, and Religion, 1350-1550*(Chapel Hill & London, 2002).

Erwin Panofsky ed., *Abbot Suger on the Abbey Church of St. Denis and Its Art Treasures*, 2nd ed.(Princeton, 1979).

William Abel Pantin, *English Church in the Fourteenth Century*(Cambridge, 1955).

E. Patlagean, "The Empire in its Glory", R. Rossier ed., *The Cambridge Illustrated History of the Middle Ages* vol. 1,(Cambridge, 1997), pp. 148-178.

Olaf Pedersen, *The First Universities. Studium generale and the origin of university education in Europe*, trans. by R. North(Cambridge, 1997).

C. Pfister et al., Winter severity in Europe: The fourteenth century, *Climatic Change* 34(1996), pp. 91-108.

Friedrich Prinz, *Grundlagen und Anfänge. Deutschland bis 1056*, 2nd ed.(München, 1993).

Friedrich Prinz, *Europäische Grundlagen deutscher Geschichte*(4.-8. Jahrhundert), Gebhardt Handbuch der deutchen Geschichte, 10th ed., vol. 1 (Stuttgart, 2004).

Pierre Racine, "Une migration au temps des croisades: les voyages de pèlerinage", M. Balard, A. Ducellier(dir.), *Migrations et diasporas méditerranéennes*(Xe-XVIe siècles)(Paris, Publications de la Sorbonne, 2002), pp. 459-473.

J. A. Raftis, *The estates of Ramsey Abbey*(Toronto, 1957).

Hastings Rashdall, *The Universities of Europe in the Middle Ages*, vol. I(London, 1936).

Jeffrey Richards, *The Popes and thr papacy in the Early Middle Ages 476-752* (London, 1979).

Jonathan Riley-Smith, *The First Crusade and the Idea of Crusading* (Pennsylvania, 1986).

Jonathan Riley-Smith, *The Crusades. A History*, 3rd ed.(London, 2014).

Rebecca Rist, *The Papacy and Crusading in Europe, 1198-1245*(New York, 2009).

Fred C. Robinson, "Medieval, The Middle Ages", *Speculum* 59(1984), pp. 745-756.

Ian S. Robinson ed., *Die Chroniken Bertholds von Reichenau und Bernolds von Konstanz 1054-1100*(Hannover, 2003).

Lyndal Roper, "The Common Man, the Common Good, Common Women: Gender and Meaning in the German Reformation Commune," *Social History* 12(1987), pp. 1-21.

Jacques Rossiaud, *Medieval Prostitution*, trans. Lydia G. Cochrane(New York, 1988).

James C. Russell, *The Germanisation of Early Medieval Christianity*(New York/Oxford: Oxford Univ. Press, 1994).

Jeffrey Burton Russell, *Witchcraft in the Middle Ages*(Ithaca & London, 1972).

Alauddim Samarrai, "Arabs and Latins in the Middle Ages: Enemies, Partners, and Scholars" M. Frassetto and D. Blanks eds., *Western Views of Islam in Medieval and Early Modern Europe*(New York, 1999), pp. 137-146.

Wolfgang Schild, *Die Geschichte der Gerichtsbarkeit*(München, 2002).

Bernhard Schimmelpfennig, *Das Papstum. Grundzüge seiner Geschichte von der Antike bis zur Renaissance*(Darmstadt, 3rd. ed. 1987).

Boris V. Schmid et al., "Climate-driven introduction of the Black Death and successive plague reintroductions into Europe", *PNAS* 112(2015), pp. 3020-3025.

Hans K. Schulze, *Hegemoniales Kaisertum. Ottonen und Salier*(Berlin, 1998).

Susan Scott & Christopher J. Duncan, *Biology of Plagues. Evidence from Histori-*

cal Populations(Cambridge, 2001).

Wolfram Setz, *Lorenzo Vallas Schrift gegen die Konstantinische Schenkung* (Tübingen, 1975).

Jonathan Shepard, "The origins of Rus'", M. Rerrie ed., *The Cambridge History of Russia. Vol. 1: From Early Russia to 1689*(Cambridge, 2006), pp. 58-60.

Jonathan Shepard, "Other Routes to Byzantium", J. Shepard ed., *The Cambridge History of the Byzantine Empire c.500-1492*, Revised ed.(Cambridge, 2019), pp. 53-75.

J. W. Sherborne, "The cost of English warfare with France in the later fourteenth century," *Historical Research*, vol. 50, no. 122(1977), pp. 135-150.

Micharl A. Signer & John Van Engen eds., *Jews and Cristians in Twelfth-Century Europe*(Indiana, 2001).

Preserved Smith, *The Age of Reformation*(New York: Henry Holt, 1920).

R. W. Southern, *The Making of the Middle Ages*(London, 1967).

J. Stewart, *Nestorian Missionary Enterprise: The Story of a Church on Fire* (Edinburg, 1928).

Whitley Stokes, ed. and tr., *The Tripartite Life of Patrick: With Other Documents Relating to that Saint*, 2 vols.(London, 1887).

Gerd Tellenbach, *The church in western Europe from the tenth to the early twelfth century*(Cambridge, 1993).

R. C. Trexler, "La Prostitution florentine au XVe siècle: Patronages et clientèles," *Annales ESC* 36(1981), pp. 983-1015.

Keith Thomas, *Religion and The Decline of Magic*(New York, 1971).

A. H. Thompson, *The English Clergy and their Organization in the Later Middle Ages*(Oxford, 1947).

E. A. Thompson, *The Visigoths in the Time of Ulfila*(Oxford, 1966).

Paul Tillich, *Christianity and the Encounter of World Religions*(Minneapolis, 1977).

J. Z. Titow, "Evidence of Weather in the Account Rolls of the Bishopric of Winchester, 1209-1350", *Econ. Hist. Rev.*, 2nd ser. xii(1959-60), pp. 360-407.

Walter Ullmann, *The Growth of Papal Government in the Middle Ages*, 3rd. ed.,(New York, 1970),

Walter Ullmann, "Boniface VIII and his contemporary scholarship", *The Journal of Theological Studies*, 27, no.1(April 1976), pp. 58-87.

Walter Ulmann, *A short history of the papacy in the Middle Ages*(London & New York, 2nd ed. 2003),

Fernand van Steenberghen, *Aristotle in the West: The Origins of Latin Aristotelianism*(N.Y. 1970).

D. Waley & P. Denley, *Later Medieval Europe 1250-1520*, 3rd ed.(London, 2001).

K. Walsh, *A Fourteenth-century Scholar and Primate: Richard Fitzralph in Oxford, Avignon and Armagh*(Oxford, 1981).

C. Walter, *Prozeß und Wahrheitsfindung in der Legenda Aurea*(Diss. Kiel, 1977).

H. Werner, "Der niedere Klerus am Ausgang des Mittelalters," *Deutsche Geschichts Blätter*, vol. 8(1907), pp. 201-225.

Chris Wickham, *The Inheritance of Rome. A History of Europe from 400 to 1000*(London, 2010).

Jürgen Wilke, *Die Ebstorfer Weltkarte*, 2vols.(Bielefeld, 2001).

Hubert Wolf, *Konklave. Die Geheimnisse der Papstwahl*, 2nd ed.(München, 2017).

Herwig Wolfram, *Die Germanen*, 7th ed.(München, 2002).

Herwig Wolgram, *History of the Goths*(Berkeley, L.A., London, 1990).

I. N. Wood, Gregory of Tours and Clovis, *Revue belge de philologie et d'histoire* 63(1985), pp. 249-272.

I. N. Wood, "The Mission of Augustine of Cabterbury to the English", *Speculum* 69(1994), pp. 1-17.

Habīb Zayyāt, "The Distinctive Signs of the Cristians and Jews in Islam", *al-Machriq* 43(1949), pp. 161-252.

Harald Zimmermann, "Heinrich IV", ed., by H. Beumann, *Kaisergestalten des Mittelalters*(München, 1984), pp. 116-134.

그리스도교 세계의 안과 밖

중세와 그리스도교

Medieval Times and Christianity

지은이 박흥식
펴낸곳 주식회사 홍성사
펴낸이 정애주
국효숙 김의연 박혜란 손상범
송민규 오민택 임영주 차길환

2024. 1. 5. 초판 1쇄 인쇄 2024. 1. 15. 초판 1쇄 발행

등록번호 제1-499호 1977. 8. 1.
주소 (04084) 서울시 마포구 양화진4길 3 전화 02) 333-5161 팩스 02) 333-5165
홈페이지 hongsungsa.com 이메일 hsbooks@hongsungsa.com
페이스북 facebook.com/hongsungsa
양화진책방 02) 333-5161

ISBN 978-89-365-0391-8 (03900)